맛지마 니까야

중간 길이로 설하신 경[中部]

제4권

M111~M152

맛지마 니까야

Majjhima Nikāya

중간 길이로 설하신 경

제4권

M111~M152

초기불전연구원

그분
부처님
공양 올려 마땅한 분
바르게 깨달으신 분께 귀의합니다.

Namo tassa Bhagavato Arahato Sammāsambuddhassa

제4권 목차

제4권 해제 15

제12장 차례대로 품(M111~120) 75

차례대로 경(M111) 77

여섯 가지 청정 경(M112) 91

바른 사람 경(M113) 107

행하고 행하지 말아야함 경(M114) 117

여러 종류의 요소 경(M115) 138

이시길리 경(M116) 152

위대한 마흔 가지 경(M117) 159

들숨날숨에 대한 마음챙김 경(M118) 174

몸에 대한 마음챙김 경(M119) 200

의도적 행위에 의한 태어남 경(M120) 221

제13장 공 품(M121~130) 229
공(空)에 대한 짧은 경(M121) 231
공(空)에 대한 긴 경(M122) 245
경이롭고 놀라운 일 경(M123) 264
박꿀라 경(M124) 277
길들임의 단계 경(M125) 284
부미자 경(M126) 299
아누룻다 경(M127) 310
오염원 경(M128) 321
어리석은 자와 현명한 자 경(M129) 341
저승사자 경(M130) 363

제14장 분석 품(M131~142) 377
지복한 하룻밤 경(M131) 379
아난다 존자와 지복한 하룻밤 경(M132) 386
마하 깟짜나 존자와 지복한 하룻밤 경(M133) 389
로마사깡기야 존자와 지복한 하룻밤 경(M134) 401
업 분석의 짧은 경(M135)....................406
업 분석의 긴 경(M136) 416
여섯 감각장소의 분석 경(M137) 431
요약의 분석 경(M138) 448

무쟁(無諍)의 분석 경(M139) 462
요소의 분석 경(M140) 476
진리의 분석 경(M141) 503
보시의 분석 경(M142) 519

제15장 여섯 감각장소 품(M143~152) 533
아나타삔디까를 교계한 경(M143) 535
찬나를 교계한 경(M144) 546
뿐나를 교계한 경(M145) 554
난다까의 교계 경(M146) 561
라훌라를 교계한 짧은 경(M147) 572
여섯씩 여섯[六六] 경(M148) 578
위대한 여섯 감각장소 경(M149) 593
나가라윈다의 장자들 경(M150) 601
탁발음식의 청정 경(M151) 607
감각기능을 닦음 경(M152) 614

역자 후기 623
참고문헌 629
찾아보기 643
비유 찾아보기 699

약어

A.	Aṅguttara Nikāya(앙굿따라 니까야, 증지부)
AA.	Aṅguttara Nikāya Aṭṭhakathā = Manorathapūraṇī(증지부 주석서)
AAṬ.	Aṅguttara Nikāya Aṭṭhakathā Ṭīkā(증지부 복주서)
ApA.	Apadāna Aṭṭhakathā(아빠다나(譬喩經) 주석서)
Be	Burmese-script ed. of M.(미얀마 육차결집본)
BG.	Bhagavadgīta(바가왓 기따)
BHD	Buddhist Hybrid Sanskrit Dictionary
BHS	Buddhist Hybrid Sanskrit
BL	Buddhist Legends(Burlingame)
BPS	Buddhist Publication Society
BvA.	Buddhavaṁsa Aṭṭhakathā
CBETA	CBETA Chinese Electronic Tripitaka Collection: CD-ROM
CMA	A Comprehensive Manual of Abhidhamma(아비담맛타 상가하)
CPD	Critical Pāli Dictionary
C.Rh.D	C.A.F. Rhys Davids
D.	Dīgha Nikāya(디가 니까야, 장부)
DA.	Dīgha Nikāya Aṭṭhakathā = Sumaṅgalavilāsinī(장부 주석서)
DAṬ.	Dīgha Nikāya Aṭṭhakathā Ṭīkā(장부 복주서)

Dhp.	Dhammapada(법구경)
DhpA.	Dhammapada Aṭṭhakathā(법구경 주석서)
Dhs.	Dhammasaṅgaṇi(담마상가니, 法集論)
DhsA.	Dhammasaṅgaṇi Aṭṭhakathā = Aṭṭhasālinī(법집론 주석서)
DPL	A Dictionary of the Pali Language(Childers)
DPPN.	G. P. Malalasekera's *Dictionary of Pali Proper Names*
Dv.	Dīpavaṁsa(島史), edited by Oldenberg
DVR	A Dictionary of the Vedic Rituals, Sen, C. Delhi, 1978.
Ee	Roman-script ed. of M.
EV1	Elders' Verses I(장로게 영역, Norman)
EV2	Elders' Verses II(장로니게 영역, Norman)
GD	Group of Discourse(숫따니빠따 영역, Norman)
Ibid.	*Ibidem*(전게서, 前揭書, 위의 책)
It.	Itivuttaka(如是語)
ItA.	Itivuttaka Aṭṭhakathā(여시어 경 주석서)
Jā.	Jātaka(本生譚)
JāA.	Jātaka Aṭṭhakathā(본생담 주석서)
KhpA.	Khuddakapātha Aṭṭhakathā(쿳다까빠타 주석서)
KS	Kindred Sayings(상윳따 니까야 영역, Rhys Davids, Woodward)
Kv.	Kathāvatthu(까타왓투, 論事)
KvA.	Kathāvatthu Aṭṭhakathā(까타왓투 주석서)
LBD	Long Discouurse of the Buddha(디가 니까야 영역, Walshe)
M.	Majjhima Nikāya(맛지마 니까야, 중부)

MA.	Majjhima Nikāya Aṭṭhakathā = Papañcasūdanī(중부 주석서)
MAT.	Majjhima Nikāya Aṭṭhakathā Ṭīkā(중부 복주서)
Mil.	Milindapañha(밀린다왕문경)
MLBD	Middle Length Discouurse of the Buddha(중부 영역, Ñāṇamoli)
Mvu.	Mahāvastu(북전 大事, Edited by Senart)
Mhv.	Mahāvaṁsa(大史), edited by Geiger
MW	Monier-Williams' Sanskrit-English Dictionary

Nd1.	Mahā Niddesa(大義釋)
Nd1A.	Mahā Niddesa Aṭṭhakathā (대의석 주석서)
Nd2.	Cūla Niddesa(소의석)
Netti.	Nettippakaraṇa(指道論)
NMD	Ven. Ñāṇamoli's *Pali-English Glossary of Buddhist Terms*

Pe.	Peṭakopadesa(藏釋論)
PED	*Pāli-English Dictionary* (PTS)
Pm.	Paramatthamañjūsā = Visuddhimagga Mahāṭīkā(청정도론 복주서)
Ps.	Paṭisambhidāmagga(무애해도)
Ptn.	Paṭṭhāna(發趣論)
PTS	Pāli Text Society
Pug.	Puggalapaññatti(人施設論)
PugA.	Puggalapaññatti Aṭṭhakathā(인시설론 주석서)
Pv.	Petavatthu (아귀사)
Rv.	Ṛgveda(리그베다)

S.	Saṁyutta Nikāya(상윳따 니까야, 상응부)
SA.	Saṁyutta Nikāya Aṭṭhakathā = Sāratthappakāsinī(상응부 주석서)
SAṬ.	Saṁyutta Nikāya Aṭṭhakathā Ṭīkā(상응부 복주서)
Se	Sinhala-script ed. of M.(스리랑카본)

Sk.	Sanskrit
Sn.	Suttanipāta(숫따니빠따, 경집)
SnA.	Suttanipāta Aṭṭhakathā(숫따니빠따 주석서)
SS	Ee에 언급된 S.의 싱할리어 필사본
Sv	Sāsanavaṁsa(사사나왐사, 교단의 역사)
s.v.	*sub verbō(under the word)*
Te	Thai-script ed. of M.(태국본)
Thag.	Theragāthā(테라가타, 장로게)
ThagA.	Theragāthā Aṭṭhakathā(장로게 주석서)
Thig.	Therīgāthā(테리가타, 장로니게)
ThigA.	Therīgāthā Aṭṭhakathā(장로니게 주석서)
Ud.	Udāna(감흥어)
UdA.	Udāna Aṭṭhakathā(감흥어 주석서)
Uv	Udānavarga(북전 출요경, 出曜經)
VĀT	Vanarata, Āananda Thera
Vbh.	Vibhaṅga(위방가, 分別論)
VbhA.	Vibhaṅga Aṭṭhakathā = Sammohavinodanī(분별론 주석서)
Vin.	Vinaya Piṭaka(율장)
VinA.	Vinaya Piṭaka Aṭṭhakathā = Samantapāsādikā(율장 주석서)
Vis.	Visuddhimagga(청정도론)
v.l.	variant reading(이문, 異文)
VRI	Vipassanā Research Institute
VṬ	Abhidhammaṭṭha Vibhavinī Ṭīkā(위바위니 띠까)
Vv.	Vimānavatthu(천궁사)
VvA.	Vimānavatthu Aṭṭhakathā(천궁사 주석서)

Yam. Yamaka(쌍론)

YamA. Yamaka Aṭṭhakathā = Pañcappakaraṇa(야마까 주석서)

Ybhūś Yogācārabhūmi Śarirārthagāthā(범본 유가사지론)

디가 니까야 각묵 스님 옮김, 초기불전연구원, 2006, 3쇄 2010

상윳따 니까야 각묵 스님 옮김, 초기불전연구원, 2009

앙굿따라 니까야 대림 스님 옮김, 초기불전연구원, 2006~2007

냐나몰리 스님/보디 스님

The Middle Length Discourses of the Buddha(맛지마 니까야 영역본)

보디 스님 *The Connected Discourses of the Buddha*(상윳따 니까야 영역본)

청정도론 대림 스님 옮김, 초기불전연구원, 2004, 4쇄 2012.

아비담마 길라잡이 대림스님/각묵스님 옮김, 초기불전연구원, 2002, 9쇄 2011

우드워드 *The Book of the Kindred Sayings*(상윳따 니까야 영역본)

육차결집본 Vipassana Research Institute(인도) 간행 육차결집 본

초기불교이해 각묵스님 지음, 초기불전연구원, 2010, 3쇄 2012

일러두기

(1) 삼장(Tipitaka)과 주석서(Aṭṭhakathā)들은 별다른 언급이 없는 한 모두 PTS본(Ee)임.
『디가 니까야 복주서』(DAṬ)를 제외한 모든 복주서(Ṭīkā)들은
미얀마 육차결집본(Be, 인도 Vipassana Research Institute 간행)이고,
『디가 니까야 복주서』(DAṬ)는 PTS본이며,『청정도론』은 HOS본임.
M89는『맛지마 니까야』의 89번째 경을 뜻함.
M.ii.123은 PTS본(Ee)『맛지마 니까야』제2권 123쪽을 뜻함.
M89/ii.123은『맛지마 니까야』의 89번째 경으로『맛지마 니까야』제2권
123쪽에 나타남을 뜻함.

(2) 본문에 나타나는 문단번호는 냐나몰리 스님/보디 스님을 따랐음.

(3)『청정도론 복주서』(Pm)의 숫자는 미얀마 6차결집본(VRI)의 문단번호임.

(4) [ ] 안의 숫자는 모두 PTS본(Ee)의 페이지 번호임.

(5) { } 안의 숫자는 PTS본(Ee)의 게송번호임.

(6) 빠알리어는 정체로 표기하였고 영어는 이탤릭체로 표기하였음.

맛지마 니까야 제4권 해제

1. 들어가는 말

『맛지마 니까야』는 부처님과 직계제자들이 남기신 가르침 가운데 그 길이가 중간 정도에 해당하는 경들을 모아서 결집한 것이다. 여기서 중간 정도란 복주서의 설명대로 지나치게 길지도 않고 지나치게 짧지도 않은 길이의 경들[1]을 말한다. 길이가 긴 경 34개는 『디가 니까야』에 결집을 하였다. 그리고 길이가 짧은 경들은 다시 주제별로 나누어서 2904개를 『상윳따 니까야』에 담았고, 숫자별로 분류하여 2305개를 『앙굿따라 니까야』에 모았다. 여기 『맛지마 니까야』에는 이들을 제외한 중간 정도의 길이에 해당하는 경들 152개가 들어있다.

이 152개의 경들은 모두 15개의 품으로 분류되고, 이 15개의 품들은 다시 세 개의 '50개 경들의 묶음'으로 묶어져서 모두 세 권으로 전승되어 온다. 제1권인 『처음 50개 경들의 묶음』(Mūla-paṇṇāsa)에는 제1품부터 제5품에 속하는 M1부터 M50까지의 50개 경들이 포함되어 있다.[2] 『가운데 50개 경들의 묶음』(Majjhima-paṇṇāsa)이라 불리는 제2권

---

1) na-atidīgha-na-atikhuddaka-pamāṇā suttantā — MAṬ.i.14.

2) 『맛지마 니까야』뿐만 아니라 모든 니까야에서 10개의 경들은 하나의 품(vagga)으로 분류가 된다. 그리고 다섯 개의 품들 즉 50개의 경들은 다시 하나의 '50개 경들의 묶음(빤나사, 빤나사까, paṇṇāsa/paññāsa/paṇṇāsaka/paññāsaka)'으로 분류가 된다. 빤나사(paṇṇāsa)는 문자 그대로 '50개로 된 것'이라는 의미이다. 이 방법을 『맛지마 니까야』에 적용시키면 전체 152개의 경들은 15개의 품으로 분류가 되고 이들은 다시 세 개의 '50개 경들의 묶음'으로 분류가 된다.

에는 제6품부터 제10품에 속하는 M51부터 M100까지의 50개 경들이 들어있다. 그리고 마지막인 제3권은 『마지막 50개 경들의 묶음』(Upari-paṇṇāsa)이라 불리는데, 여기에는 제11품부터 제15품에 속하는 M101부터 M152까지의 52개 경들이 포함되어 있다. 주석서에 의하면 『맛지마 니까야』는 일차결집에서 『디가 니까야』 다음에 결집(합송)되어서 사리뿟따 존자의 제자들에게 부촉되어 그들이 함께 외워서 전승해 왔다고 한다.(AA.i.15)

초기불전연구원에서는 분량의 문제 때문에 이들을 전체 네 권으로 번역하여 출간하고 있다. 초기불전연구원의 번역본 제1권에는 제1품부터 제3품까지의 세 개 품 30개의 경들이, 제2권에는 제4품부터 제7품까지의 네 개 품 40개의 경들이, 제3권에는 제8품부터 제11품까지의 네 개 품 40개의 경들이, 제4권에는 제12품부터 제15품까지의 네 개 품 42개의 경들이 실려 있다.

2. 한글 『맛지마 니까야』 제4권의 구성

『맛지마 니까야』 빠알리 원본의 제3권 『마지막 50개 경들의 묶음』(Upari-paṇṇāsa)에는 제11품부터 제15품까지의 다섯 개 품들이 포함되어 있다. 『맛지마 니까야』 한글번역본 제4권에는 이 가운데 제12품부터 제15품까지의 네 품이 들어있다. 빠알리 원본의 『마지막 50개 경들의 묶음』에는 제11장 「데와다하 품」(M101~M110), 제12장 「차례대로 품」(M111~M120), 제13장 「공 품」(M121~M130), 제14장 「분석 품」(M131~M142), 제15장 「여섯 감각장소 품」(M143~M152)의 다섯 품이 들어있는데 이 가운데 처음의 세 품의 품의 명칭은 모두 각 품에 포함된 첫 번째 경의 이름을 품의 명칭으로 채택하였다. 그리고 제14품에 포함된 12개 경들은 모두 부처님 가르침 가운데 중요한 가르침이나 교학의 주제에 대한 분석을 담고 있어서 「분석 품」이라 하였고, 제15품은 이

품에 포함된 10개의 경들이 모두 여섯 가지 안팎의 감각장소[六內外處] 혹은 여섯 가지 감각기능[六根]에 대한 가르침을 담고 있어서 이렇게 경의 명칭을 정하였다.

이 『마지막 50개 경들의 묶음』 가운데 제14장 「분석 품」과 제15장 「여섯 감각장소 품」은 품의 명칭이 드러내듯이 불교의 여러 주제들과 여섯 감각장소에 대한 분석적인 가르침이 담겨 있다. 그리고 제11장 「데와다하 품」, 제12장 「차례대로 품」, 제13장 「공 품」에도 불교의 여러 주제와 여러 외도들의 가르침에 대한 분석과 자세한 설명을 담은 경들이 주로 포함되어 있다. 『맛지마 니까야』의 『가운데 50개 경들의 묶음』이 부처님 가르침에 나타나는 사람들을 유행승 등의 다섯 부류로 나누어서 담은 다섯 개의 품들로 구성되어 있고, 『처음 50개 경들의 묶음』이 「긴 쌍 품」과 「짧은 쌍 품」을 위시하여 부처님의 일반적인 가르침을 담은 다섯 개 품들로 이루어져 있다면, 『마지막 50개 경들의 묶음』은 이처럼 여러 가르침에 대한 분석을 주로 하는 가르침으로 구성되어 있다 할 수 있겠다.

그러면 이제 『맛지마 니까야』 제4권에 포함된 제12품부터 제15품까지의 네 개의 품에 대해서 살펴보자.

(1) 제12장 「차례대로 품」(M111～M120)

「차례대로 품」은 본 품의 첫 번째 경인 「차례대로 경」(M111)의 제목을 품의 명칭으로 채택한 것이다. 「차례대로 경」(M111)은 사리뿟따 존자가 4선 - 4처 - 상수멸의 경지에서 일어나는 마음과 여러 심리현상들[行]을 밝히고 있는 경이다. 즉 초선부터 무소유처까지에서 일어나는 아비담마에서 말하는 심법과 심소법들을 초선의 경지부터 차례대로 하나하나 구체적으로 나열하고 있으며, 미세한 경지인 비상비비상처와 마음과 심리현상들이 일어나지 않는 상수멸의 경지까지 차례대로 언급하고 있다. 이처럼 이 경에는 초선에 나타나는 16개의 심리현상들을 위시해서 무소유처까지에서 드러나는 여러 가지 법들이 열거되고 있다.

그런데 아래의 본 품에 포함된 경들의 간단한 해설에서만 보더라도 이 「차례대로 경」(M111)뿐만 아니라 본 품에 포함된 나머지 9개의 경들도 역시 모두 각 주제와 관련된 여러 법들을 그곳의 차례에 따라 나열하고 있다. 이처럼 본 품에는 각 주제와 관련된 여러 법들을 차례에 따라 나열하고 있는 경들을 모았다. 그래서 이런 나열을 잘 표현하고 있는 '차례대로(anupada)'라는 단어가 경의 중요한 술어로도 나타나고 있고 경의 제목으로도 사용된 「차례대로 경」(M111)을 본 품의 첫 번째 경으로 채택한 뒤, 이 단어를 본 품의 명칭으로도 채택한 것이 아닌가 여겨진다. 이제 각 경들을 간단하게 개관해 보자.

먼저 「차례대로 경」(M111)은 아비담마의 효시로 일컬어지는 사리뿟따 존자가 아라한이 되는 과정에서 위빳사나 수행을 통해서 통찰한 4선-4처의 각각의 증득에서 드러나는 마음과 심리현상들(심소)의 법들을 담고 있는 가르침이다. 다음의 「여섯 가지 청정 경」(M112)은 여섯 가지를 통해서 아라한인가 아닌가를 판단할 수 있다고 설명하시는 부처님의 가르침을 담고 있다. 「바른 사람 경」(M113)은 27가지로 바른 사람인가, 바르지 못한 사람인가를 판단하는 기준을 제시한다.

「행하고 행하지 말아야 함 경」(M114)은 세존께서 간략하게 설하신 받들어 행해야 할 것[善法]과 행하지 말아야 할 것[不善法]에 대한 개요를 지혜제일인 사리뿟따 존자가 자세히 해설하는 방법으로 구성되어 있다. 「여러 종류의 요소 경」(M115)에서 세존께서는 네 가지 주제를 말씀하시고 이를 아는 것을 현자가 되는 기본으로 설하고 계신다. 「이시길리 경」(M116)은 『맛지마 니까야』의 보호주[護呪, 호주]라 할 수 있는 경이다. 본 보호주에는 많은 벽지불(빳쩨까 부처님)들의 이름이 나열되고 있는데 그래서 본경을 본 품에 포함시킨 것이 아닌가 한다.

「위대한 마흔 가지 경」(M117)은 세존께서 '스무 가지 유익함의 편에 있는 구성요소'와 '스무 가지 해로움의 편에 있는 구성요소'를 설하시는 가르침을 담고 있다. 「들숨날숨에 대한 마음챙김 경」(M118)에는 들숨날숨에 대한 마음챙김을 16단계로 설명하시고 이것을 네 가지 마음챙김의 확립의 각각에 배대하여 설하시는 가르침이 들어있다. 「몸에 대한 마음챙김 경」(M119)은 14가지 몸에 대한 마음챙김의 대상을 설명하는 여러 정형구를 담고 있는데 본서 제1권 「마음챙김의 확립 경」(M10)이 수행에 대한 위빳사나적인 접근을 보이고 있는 반면, 본경은 사마타 혹은 삼매를 강조하고 있다. 「의도적 행위에 의한 태어남 경」(M120)은 어떻게 하면 선처에 태어날 것인가, 22가지 선처, 선처에도 태어나지 않음에 대한 가르침을 담고 있다.

(2) 제13장 「공 품」(M121~130)

공(空)으로 옮기고 있는 빠알리 원어는 경에서 주로 세 가지 형태로 나타난다. 첫째는 suñña(Sk. śūnya)이고 둘째는 suññata이며 셋째는 suññatā이다. 여기서 첫째와 둘째는 형용사이고 셋째는 첫째에다 추상명사 어미 '-tā'를 붙여서 만들어진 추상명사이다. 초기불전연구원에서는 형용사로 쓰이는 경우는 대부분 '공, 공한' 등으로 옮기고 추상명사일 때는 주로 '공함'으로 문맥에 따라 적절하게 옮기고 있다.

이 공(空, suñña, Sk. śūnya)과 공성(空性, suññatā, Sk. śūnyatā)은 대승불교의 반야・중관계열에서 강조하고 있는 핵심 술어로 한국불교에서 조석예불과 법회와 행사 때마다 외우는 『반야심경』의 중핵이기도 하다. 용수 스님은 『중론』에서 공 혹은 공성을 연기와 동의어로 설명하며 이것은 공(空)-가(假)-중(中) 삼관 혹은 삼제게(『중론』24:18)로 정리되어 우리에게 잘 알려진 가르침이다. 이런 공의 가르침은 역시 초기불전에 바탕하고 있다고 해야겠는데, 「공(空)에 대한 짧은 경」(M121)과 「공(空)에 대한 긴 경」(M122)이란 이름으로 불리는 본 품의 처음에 포함된 두 개의 경이 그 보기가 된다. 그리고 『숫따니빠따』에서도 세존께서는,

"모가라자여, 항상 마음챙겨 세상을 공하다고 관찰하라.
자아가 있다는 견해를 뽑아내 버려야 죽음을 건너나니
이처럼 세상을 관찰할 때 죽음의 왕도 그를 보지 못하리."[3]

라고 읊고 계신다.

본서 제2권 「교리문답의 긴 경」(M43) §§36~37에서도 사리뿟따 존자는 "확고부동한 마음의 해탈(아라한과의 마음의 해탈-MA.ii.354)이야말로 탐욕이 공하고 성냄이 공하고 어리석음이 공합니다."라고 설명하고 있는데 이것은 열반의 공한 측면을 강조하는 가르침이다. 본 품의 「공(空)에 대한 짧은 경」(M121) §13에 나타나는 '지극히 청정한 구경의 위없는 공'은 이 확고부동한 마음의 해탈에 비견할 수 있겠다. 주석서도 이 「공(空)에 대한 짧은 경」(M121)과 다음 경에서의 공(空)을 "열반을 대상으로 한 공(空)한 과의 증득"(MA.iv.149; MA.iv.160)이라고 설명한다. 그리고 이 두 경은 이처럼 열반과 동의어인 공의 증득을 실현하는 방법으로 각각 10가지 단계와 8가지 단계로 설명하고 있다.

이처럼 본 품은 공을 증득하는 방법과 관계된 이 두 경을 본 품의 맨 앞에 배치하고 품의 이름도 「공(空) 품」으로 정하고 있다. 그러므로 공의 체득을 본 품의 중요한 가르침으로 받아들인다는 뜻일 것이다. 이제 본 품에 포함된 각 경들을 간단하게 개관해 보자.

먼저 「공(空)에 대한 짧은 경」(M121)은 10가지 단계로 공의 경지 즉 열반을 증득하는 것을 설하는데, 그 방법으로 4禪 대신에 4처를 강조한다. 공은 물질이 없는 경지 즉 무색계와 더 깊은 관련이 있기 때문으로 해석해야 할 듯하다. 「공(空)에 대한 짧은 경」(M121)이 무색계 4처를 강조하고 있지만 「공(空)에 대한 긴 경」(M122)은 4禪을 바탕으로 하여 열반인 공의 경지를 체득하는 좀 더 구체적인 수행방법을 여덟 단계로 설

---

3) suññato lokaṁ avekkhassu, mogharāja sadā sato
attānudiṭṭhiṁ ūhacca, evaṁ maccutaro siyā
evaṁ lokaṁ avekkhantaṁ, maccurājā na passati.(Sn.217 {1119})

명하고 있다.

「경이롭고 놀라운 일 경」(M123)에서 아난다 존자는 여래가 갖추고 계신 경이롭고 놀라운 일을 19가지로 자세하게 설명하고 있다. 「경이롭고 놀라운 일 경」(M123)처럼 「박꿀라 경」(M124)의 주제도 경이롭고 놀라운 일인데, 본경은 박꿀라 존자에게 일어난 경이롭고 놀라운 일 36가지를 담고 있다.

「길들임의 단계 경」(M125)에는 『맛지마 니까야』의 15단계 계·정·혜의 정형구를 코끼리 길들이기의 비유 등과 함께 설하시는 세존의 가르침이 들어 있다. 그리고 「부미자 경」(M126)에서 세존께서는 염원 혹은 원력보다는 팔정도의 실참수행을 강조하신다. 「아누룻다 경」(M127)에서 아누룻다 존자는 빤짜깡가 목수에게 무량한 마음의 해탈과 고귀한 마음의 해탈을 설명하고 있다.

「오염원 경」(M128)은 토굴 생활을 하는 출가자들의 구체적인 생활방식과 삼매수행을 방해하는 오염원들과 삼매수행의 체험을 담고 있다. 「어리석은 자와 현명한 자 경」(M129)은 어리석은 자와 현명한 자의 특징을 몸과 말과 마음의 삼업을 통해서 설명하고, 특히 이들이 받게 되는 과보를 자세하게 묘사하고 있다. 「저승사자 경」(M130)은 염라대왕의 심문과 고문과 여러 지옥을 생생하게 묘사하고 있다.

(3) 제14장 「분석 품」(M131~142)

본 품에는 초기불교의 여러 주제들을 분석하여 설명하는 12개 경들이 포함되어 있다. 『맛지마 니까야』의 15개 품들 가운데서 다른 14개의 품에는 모두 10개씩의 경들이 포함되어 있는데 본 품에만 12개의 경들이 담겨 있다.

여기서 '분석'으로 옮기고 있는 술어는 vibhaṅga인데 이것은 vi(분리를 뜻하는 접두어)+√bhaj(*to divide*)에서 파생된 명사로서 '분리하다, 나누다, 분석하다, 해체하다'라는 뜻이다. 그리고 여기서 파생된 동명사 위밧자(vibhajja)라는 술어는 빠알리 『삼장』을 2600년 동안 고스란히 전승해온 상좌부 불교를 특징짓는 말이기도 하다. 그들은 스스로를 '위밧자와딘(Vibhajja-vādin, 해체를 설하는 자들)'이라고 불렀다.[4] 이런 상좌부 불교를 일본학자들은 분별상좌부라 부른다. 분별이란 말이 사량분별이라는 용어에 익숙한 한국불교도에게는 부정적인 어감을 주어서 초기불전연구원에서는 해체나 분석이라고 옮긴다. 분석과 해체 등에 대해서는 『초기불교 이해』 26쪽 이하 등을 참조하기 바란다.

『초기불교 이해』에서도 수차 강조해서 설명하였듯이 부처님의 입장은 분석과 해체를 중시한다. 초기불전의 도처에서 강조되고 있는 오온으로 해체해서 보기 - 무상・고・무아 - 염오 - 이욕 - 해탈 - 구경해탈지의 가르침을 대표적인 예로 들 수 있다. 이 해체해서 보기는 부처님의 두 번째(S22:59)와 세 번째 설법(S35:28)의 핵심이며 이를 통해서 오비구와 가섭 삼형제와 천명의 비구들이 아라한이 되었다. 어디 그뿐인가? 부처님의 상수제자인 사리뿟따 존자(M74)와 부처님의 외아들인 라훌라 존자(M147)도 해체해서 보기를 통해서 아라한이 되었다. 부처님의 적통임을 자부하는 상좌부는 그래서 스스로를 위밧자와딘 즉 해체를 설하는 자 혹은 분석을 설하는 자로 불렀을 것이다.

한편 부처님 가르침을 56개의 주제로 나누어서 주제별로 경들을 모은 『상윳따 니까야』에도 8개의 「분석 경」이 나타나는데 S12:2, S45:8, S47:40, S48:9, S48:10, S48:36, S48:37, S51:20이 그것이다. 이 8개 경들은 모두 「분석 경」(Vibhaṅga-sutta)으로 동일한 경 제목을 달고 있다. 이 가운데 S12:2는 12연기에 대한 분석적인 설명을, S45:8은 팔정도에 대한, S47:40은 사념처에 대한, S48:9~10과 S48:36~37은 오

---

4) 이 술어는 이미 본서 제3권 「수바경」(M99) §4와 『앙굿따라 니까야』 제6권 「왓지야마히따 경」(A10:94) §3에서 "나는 분석해서 말하지(vibhajja-vāda) 한쪽으로 치우쳐서 말하지 않는다."라는 부처님의 말씀으로 나타난다. 분석해서 말함(vibhajja-vāda)에서 분석해서 말하는 자들(Vibhajja-vādin)이 유래된 것이다.

근에 대한, S51:20은 사여의족에 대한 분석적인 설명을 담고 있다. 그리고 「무더기[蘊] 경」(S22:48)과 「포말 경」(S22:95)은 오온에 대한 분석 경이라 할 수 있다.

그리고 여기 『맛지마 니까야』의 본 품의 「업 분석의 짧은 경」(M135)부터 마지막인 「보시의 분석 경」(M142)까지의 8개 경들도 모두 중요한 주제나 술어를 분석하는 「분석 경」들을 모아 놓았다. 이 가운데 M135와 M136은 업을, M137은 6내외처를, M138은 알음알이를, M139는 무쟁을, M140은 요소[界]를, M141은 사성제를, M142는 보시를 분석적인 방법으로 설명하고 있다. 그리고 본 품의 처음 네 경들은 세존이 읊으신 '지복한 하룻밤의 게송'에 대한 분석적인 설명을 담고 있다. 그래서 본 품에다 「분석 품」이라는 품의 명칭을 붙인 것이다.

이렇게 하여 니까야에 나타나는 분석 경들은 불교의 기본 교학인 온·처·계·제·연과 수행의 주제인 37보리분법 등에 대한 분석적인 설명을 담아서 초기불교의 교학과 수행에 대한 주제들을 상세하게 설명해내고 있다.

이제 본 품에 담긴 경들을 간단하게 살펴보자. 먼저 본 품의 처음 네 개의 경들 즉 「지복한 하룻밤 경」(M131)과 「아난다 존자와 지복한 하룻밤 경」(M132)과 「마하깟짜나 존자와 지복한 하룻밤 경」(M133)과 「로마사깡기야 존자와 지복한 하룻밤 경」(M134)은 모두 세존이 읊으신 '지복한 하룻밤의 게송' 가운데 특히 "과거를 돌아보지 말고 미래를 바라지 마라/ 과거는 떠나갔고 미래는 오지 않았다./ 현재 일어나는 현상들[法]을 바로 거기서 통찰한다."는 핵심 구절을 이와 관계된 일화를 통해서 명료하게 설명하는 내용을 담고 있다.

그리고 「업 분석의 짧은 경」(M135)은 업을 분석하는 세존의 일곱 가지 말씀을 담고 있는데, 부처님은 업이 바로 중생들의 주인이고 중생들은 업의 상속자임을 강조하고 계신다. 다시 「업 분석의 긴 경」(M136)에서 세존께서는 업과 과보에 대해서 이를 네 가지로 분석해서 자세하게 설명하고 계신다.

한편 「여섯 감각장소의 분석 경」(M137)에서 세존께서는 여섯 감각장소를 위시한 아홉 가지를 분석하여 설하고 계신다. 「요약의 분석 경」(M138)은 세존께서 요약하여 말씀하신 것을 비구대중의 요청으로 마하깟짜나 존자가 여섯 가지로 분석해서 설명하는 경이다. 「무쟁(無諍)의 분석 경」(M139)은 세존께서는 먼저 일곱 가지로 요약을 하시고 이 일곱 가지를 하나하나 분석해서 설명하시는 경이다.

「요소의 분석 경」(M140)은 딱카실라(딱샤실라)를 통치하는 왕이었다가 출가한 뿍꾸사띠 존자에게 먼저 여섯 가지로 요약을 하시고 나서 이를 하나하나 분석해서 설명하신 경이다. 「진리의 분석 경」(M141)은 세존께서 전법륜의 내용으로 선언하신 사성제를 법의 대장군인 사리뿟따 존자가 자세하게 분석해서 설명하는 경이다. 마지막으로 「보시의 분석 경」(M142)은 세존의 이모이면서 양어머니인 마하빠자빠띠 고따미가 아직 출가하기 전에 부처님께 올린 옷의 보시를 계기로 보시에 대한 세 가지 가르침에 25가지 설명을 담고 있다.

(4) 제15장 「여섯 감각장소 품」(M143~152)

본서의 마지막 품에 해당하는 제15장 「여섯 감각장소 품」에는 「아나타삔디까를 교계한 경」(M143)부터 「감각기능을 닦음 경」(M152)까지의 열 개의 경이 들어있다. 품의 명칭이 보여주듯이 본 품에 들어있는 10개의 경에는 모두 여섯 감각장소의 가르침이 공통적으로 들어있다. 여기서 감각장소는 눈·귀·코·혀·몸·마노의 여섯 가지 안의 감각장소와 형색·소리·냄새·맛·감촉·법의 여섯 가지 밖의 감각장소 즉 육내처와 육외처 혹은 합쳐서 열두 가지 감각장소[十二處]를 말한다. 그래서 본서에 포함된 10개의 경들 가운데 마지막인 「감각기능을 닦음 경」(M152)을 제외한 나머지 9개 경들에서는 모두 여섯 가지 안의 감각장소[六內處, 六內入]와 여섯 가지 밖의 감각장소[六外處, 六外入]로 나타난다. 그러나 「감각기능을 닦음 경」(M152)에는 육내처와 육외처로 표현되는 감각장소[處, 入, āyatana]라는 술어 대신에 감각기능[根, indriya]이라는 술어가 나타나서 여섯 가지 감각기능[六根]으로 나타나고 있다. 여섯 가지 감각기능도 눈 · 귀 · 코 · 혀 · 몸 · 마노를 뜻하기 때문에 이 경도 본 품에 포함된 것이다.

이제 본 품에 들어있는 10개의 경들을 간단하게 정리해 보자. 먼저 「아나타삔디까를 교계한 경」(M143)은 아나타삔디까 장자가 중병에 걸려 극심한 고통에 시달리자 사리뿟따 존자가 문병을 하면서 그에게 설한 육내처 - 육외처 - 육식으로부터 시작하는 가르침을 담고 있다.

「찬나를 교계한 경」(M144)은 중병에 걸려 극심한 고통을 받는 찬나 존자가 칼로 자결하는 내용을 담고 있는데 여기서도 사리뿟따 존자는 그를 문병하면서 그에게 육내처 - 육외처 - 육식에 관계된 설법을 하고 있다.

「뿐나를 교계한 경」(M145)은 전법활동을 하려는 비구가 갖추어야 할 조건을 부처님께서 설하고 계시는 소중한 경인데 여섯 가지 안팎의 감각장소를 토대로 한 부처님의 가르침이 포함되어 있다.

「난다까의 교계 경」(M146)은 난다까 존자가 비구니들에게 설법한 내용을 담고 있는데, 이 가르침 역시 육내처 - 육외처 - 육식의 무상 · 고 · 무아를 강조하고 있다. 이 가르침을 듣고 오백 명의 비구니들은 모두 예류자 이상이 되었다고 한다.

「라홀라를 교계한 짧은 경」(M147)은 부처님의 외동아들인 라홀라 존자가 세존의 설법을 듣고 깨달아서 아라한이 된 내용을 담고 있는 중요한 경이다. 세존께서는 해체해서 보기 - 무상 · 고 · 무아 - 염오 - 이욕 - 해탈 - 구경해탈지의 여섯 단계를 통한 해탈 · 열반을 실현하는 정형구를 말씀하신다.

이처럼 본 품의 처음 다섯 개 경들은 모두 제목에 교계(ovāda)라는 술어가 포함되어 있는 경들로 이루어져 있다. '난다까의 교계'로 옮긴 M146의 경 제목도 원어로는 Nandak-ovāda인데 난다까의 설법을 담고 있는 경이다.

「여섯씩 여섯[六六] 경」(M148)은 존재를 육내처 - 육외처 - 육식 - 육촉 - 육수 - 육애의 육육삼십육(6×6=30)으로 해체해서 설하시고 그래서 염오 - 이욕 - 해탈 - 구경해탈지를 말씀하시는 가르침을 담고 있다.

「위대한 여섯 감각장소 경」(M149)은 근 - 경 - 식 - 촉 - 수의 오륙삼십(5×6=30)으로 해체해서 보아 팔정도 등의 37보리분법이 완성되고 그래서 오취온을 철저히 알고 무명과 갈애를 버리고 사마타와 위빳사나를 닦고 명지와 해탈을 실현하는 사성제의 구조로 전개된다.

특히 본 품의 「난다까의 교계 경」(M146)부터 「위대한 여섯 감각장소 경」(M149)까지의 네 개의 경에는 여섯 감각장소를 토대로 해탈·열반을 실현하는 방법이 명쾌하게 설명되어 나타나는데, 이 네 개의 경이야말로 본 품의 백미가 된다고 할 수 있다.

「나가라윈다의 장자들 경」(M150)에서 세존께서는 나가라윈다의 장자들에게 어떤 사문이나 바라문이 존경과 존중을 받아야 하고 어떤 사문이나 바라문은 존경과 존중을 받지 않아야 하는가를 말씀하고 계신다. 본경에도 육내처와 육외처가 나타나고 있다.

「탁발음식의 청정 경」(M151)에서 세존께서는 공에 들어 머물고 탁발음식을 청정하게 하는 방법 일곱 가지를 말씀하신다. 본경에도 육내처와 육외처가 언급되고 있다.

「감각기능을 닦음 경」(M152)에서 세존께서는 ① 성자의 율에서 위없는 감각기능을 닦음과 ② 도를 닦는 유학과 ③ 감각기능을 닦은 성자에 대해서 설하신다.

3. 한글 『맛지마 니까야』 제4권에 포함된 경들에 대한 해설

이제 본서에 포함된 40개의 경들을 간략하게 요약하면서 간단한 해설을 붙이는 것으로 본서의 해제를 마무리 짓고자 한다.

제12장 「차례대로 품」 (M111~120)

「차례대로 경」 (M111) **해설**

아비담마(abhidhamma)는 법(dhamma)에 대해서(abhi-)라는 뜻이고 이 법을 고유성질을 가진 것[任持自性]으로 정의한다.(DhsA.39 등) 아비담마의 생명은 그래서 고유성질을 가진 법이고, 이 법은 심·심소·색·열반 즉 마음·마음부수·물질·열반의 넷으로 분류된다. 그 가운데 인간의 심리구조를 가장 잘 드러내는 것이 마음과 마음부수이다. 상좌부 불교에서는 이러한 아비담마가 사리뿟따 존자에서부터 비롯되었다고 하는데(DhsA.17; AAṬ.ii.15) 본경은 그 보기가 된다고 할 수 있다.

본경은 사리뿟따 존자가 아라한이 되는 과정에서 위빳사나 수행을 통해서(§2) 통찰한 마음과 마음부수(심소)의 법들을 담고 있는 중요한 가르침이다. 본경에서 부처님께서는 사리뿟따 존자가 통찰한 초선부터 비상비비상처까지의 4禪과 4처 즉 색계삼매와 무색계삼매를 구성하는 여러 법들을 차례대로 들고 계시며(§§3~18), 마지막으로 상수멸을 말씀하신다.(§§19~20)

본경에서 4선 - 4처 - 상수멸의 9가지 증득 가운데 가장 기본이 되는 초선의 구성요소로는 일으킨 생각[尋], 지속적 고찰[伺], 희열[喜], 행복[樂], 마음의 하나 됨[心一境性], 감각접촉[觸], 느낌[受], 인식[想], 의도[思], 마음[心], 열의[欲], 결심[信解], 정진(精進), 마음챙김[念], 평온[捨], 마음에 잡도리함[作意]의 16가지 법들이 나타난다.(§4) 그런데 여기서 언급되는 16가지 법들 가운데서 마음, 마음챙김, 평온, 행복의 넷을 제외한 12가지는 아비담마의 52가지 심소법들 가운데서 13가지 다른 것과 같아지는 것들(aññasamānā) 중의 생명기능[命根]을 제외한 12가지와 동일하다. 이 가운데서 마음의 하나 됨, 감각접촉, 느낌, 인식, 의도, 마음에 잡도리함은 반드시들(sādhāraṇa)이고, 일으킨 생각, 지속적 고찰, 희열, 열의, 결심, 정진은 때때로들(pakiṇṇaka)이다.(『아비담마 길라잡이』 198쪽 이하 참조) 물론 행복(sukha, 즐거운 느낌)은 느낌에 속한다.

이처럼 사리뿟따 존자가 위빳사나를 통해서 통찰한 이러한 법들은 상좌부 아비담마뿐만 아니라 설일체유부 아비담마의 기본이 되는 법수들이다. 본경에서 세존께서는 사리뿟따 존자를 세존의 아들이요, 법의 상속자라 부르고 계시기도 한데(§22) 본경은 사리뿟따 존자가 부처님의 상수제자이고(D14 §1.9) 법의 대장군이라 불리고(M92 §18) 아울러 아비담마의 효시로 일컬어지는(DhsA.17) 훌륭한 증거가 된다고 할 수 있다. 그렇지만 본경에서 이처럼 4선과 4처에 관계된 법들을 분류하고 계신 분은 부처님이므로 아비담마도 결국은 부처님에서 비롯된 가르침이라 볼 수밖에 없다.

「**여섯 가지 청정 경**」(M112) **해설**

출가의 완성과 청정범행의 완결은 아라한이 되는 것이다. 그러면 아라한이 되었노라고 구경의 지혜를 선언하는 자를 두고 어떻게 해서 그가 아라한이 되었다고 판단할 것인가? 부처님 재세 시에는 부처님께서 직접 그 비구가 아라한인지 아닌지를 정확하게 판단하여 주시겠지만(M145 §8; S55:8 §4 이하 등) 부처님이 계시지 않는 시대에는 어떤 방법을 통해서 그가 아라한인가를 판단해야 하는가는 중요한 문제가 아닐 수 없다. 본경은 여섯 가지를 통해서 아라한인가 아닌가를 판단할 수 있다고 부처님께서 설명하고 계시는 가르침을 담고 있다.

본경의 제목은 여섯 가지 청정(Chabbisodhana)인데 본경에서는 여섯 가지 방법으로 구경의 지혜를 선언하는 비구를 검증하는 방법을 제시하고 있기 때문에 이렇게 이름을 붙인 것이다. 본경은 주석서(MA.iv.94)의 설명처럼 다음의 여섯 가지 청정을 담고 있다.

① 네 가지 인습적 표현(본 것, 들은 것, 생각한 것, 안 것에 대한 말)을 통한 검증(§§3~4) ② 오온을 통한 검증(§§5~6) ③ 지·수·화·풍·공·식의 여섯 가지 요소[六大, cha dhāatu]를 통한 검증(§§7~8) ④ 여섯 가지 안팎의 감각장소[六內外處]를 통한 검증(§§9~10) ⑤ 자신의 몸 즉 자신의 수행을 통한 검증, 즉 계의 조목, 감각기능의 단속, 마음챙김과 알아차림[正念·正知]을 잘 갖춤, 다섯 가지 장애의 극복, 네 가지 선의 증득, 누진통의 정형구의 아홉 가지를 통한 검증(§§11~20) ⑥ 남들의 몸 즉 남들의 수행을 통한 검증(§§11~20)

이처럼 주석서는 본경 §§11~20에 나타나는 알음알이를 가진 몸(attano saviññāṇaka-kāya)을 자신의 몸과 남들의 몸의 둘로 나누어서 모두 여섯이 되는 것으로 설명하고 있다. 주석서의 이런 설명이 없으면 왜 다섯 가지의 청정이 아닌 여섯 가지의 청정을 경의 제목으로 하였는지를 파악하기가 힘들 것이다.

「바른 사람 경」(M113) 해설

바른 사람(sappurisa)인가 바르지 못한 사람(asappurisa)인가를 판단하는 것은 중요하다. 그래서 초기경의 도처에서 부처님께서는 바른 사람과 바르지 못한 사람에 대해서 말씀하고 계시는데, 본서 제3권 「보름밤의 짧은 경」(M110)과 본서 「어리석은 자와 현명한 자 경」(M129) 등을 들 수 있다. 그러면 이 둘을 판단하는 기준은 무엇인가? 본경은 27가지로 이 둘을 판단하는 기준을 제시하고 있다. 그 기준은 이러하다. 바르지 못한 사람은 아래의 상수멸을 제외한 26가지 이유로 자신을 칭송하고 남을 비난한다. 그러나 바른 사람은 언제나 도닦음을 최우선으로 여기고 이 26가지 경우에 있어서 자신을 칭송하거나 남을 비난하지 않는다. 그리고 바른 사람에게만 적용되는 상수멸의 증득이 27번째로 언급된다.

본경에 나타나는 27가지는 크게 다음의 네 부분으로 나누어진다.

(1) ①~⑨ 좋은 가문 출신, 큰 가문에서 출가하는 경우, 부유한 가문에서 출가하는 경우, 세력 있는 가문에서 출가하는 경우, 유명하다는 이유, 4종 필수품을 얻는 경우, 많이 배운 경우, 율에 정통한 경우, 법을 설하는 자인 경우(§§3~11)

(2) ⑩~⑱ 숲 속에서만 머묾, 분소의만 입음, 탁발 음식만 먹음, 나무 아래 머묾, 공동묘지에 머묾, 노지에 머묾, 장좌불와, 배정된 것에 따라 머묾, 한 자리에서만 먹음(§§12~20)

(3) ⑲~㉖ 초선부터 비상비비상처까지의 8가지 증득(§§21~28)

(4) ㉗ 상수멸(§29)

여기서 27번째인 이 상수멸의 경우는 바르지 못한 사람이 증득하지 못한다. 상수멸을 증득하면 불환자나 아라한이라는 성자 즉 바른 사람이 되기 때문이다. 그러므로 상수멸은 바른 사람에게만 적용되는 기준이다.

「행하고 행하지 말아야 할 경」(M114) 해설

니까야에서 유익함과 해로움 즉 선법(善法)과 불선법(不善法)의 판단은 중요하다. 선법과 불선법이 판단되어야 비로소 바른 정진이 가능하며(M141 §29 등) 이것은 칠각지의 택법각지의 내용이기도 하다.(S46:2 §12) 그래서 본서 전체에서도 선법과 불선법의 판단은 도처에 나타나고 있는데 본서 제1권 「바른 견해 경」(M9)과 제2권 「끼따기리 경」(M70)과 제3권 「데와다하 경」(M101) 등을 예로 들 수 있다.

당연히 선법이면 그것을 받들어 행해야 하고 불선법이면 행하지 말아야 한다. 본경은 모두 7+6+7=20가지에 대해서 받들어 행해야 할 것과 행하지 말아야 할 것을 말씀하신다. 본경은 세존께서 간략하게 설하신 개요를 지혜제일인 사리뿟따 존자가 이를 해설하는 방법으로 구성되어 있다.

본경은 세존께서 먼저 개요를 말씀하시고(§3, §22, §39) 사리뿟따 존자가 이를 해석하고(§§5~11, §§24~29, §§41~48) 세존께서 이것을 인정하시는(§§14~20, §§32~37, §§51~58) 방법으로 전개되고 있다.

① 세존께서는 먼저 몸의 행위, 말의 행위, 마음의 행위, 마음의 일어남, 인식의 획득, 견해의 획득, 개체의 획득이라는 7가지 경우와 ② 눈·귀·코·혀·몸·마노의 여섯 감각장소로 인지할 수 있는 법이라는 6가지 경우와 ③ 의복, 음식, 거처, 마을, 읍, 도시, 지방, 사람의 7가지 경우에 대해 받들어 행해야 할 것과 받들어 행하지 말아야 할 것에 대한 개요를 설하시고, 사리뿟따 존자가 이 각각에 대해 해로운 법[不善法]들이 증장하고 유익한 법[善法]들이 줄어들면 받들어 행하지 말아야 하고 해로운 법들이 줄어들고 유익한 법들이 증장하면 받들어 행해야 한다고 해석한다. 그리고 다시 세존께서는 이것을 인정하신다.

이처럼 본경은 출가자들뿐만 아니라 모든 사람들의 삶의 토대가 되는 이러한 7+6+7=20가지를 들어서 여기에 대한 바른 판단을 설명하는 수행과 정진의 기초가 되는 가르침이다.

「여러 종류의 요소 경」(M115) 해설

부처님께서는 니까야의 여러 곳에서 현자(paṇḍita)에 대해서 말씀하셨다.(M129 등) 그러면 누가 현자인가? 본경에서 세존께서는 네 가지 주제를 말씀하시고 이 넷을 아는 비구를 일러 현자라 하고, 검증하는 자라 한다고 설하신다. 이 넷은 다음과 같다.

(1) 요소[界]에 능숙한 자(§§4~9) (2) 감각장소[處]에 능숙한 자: 6내처와 6외처(§10) (3) 연기(緣起)에 능숙한 자: 12연기의 정형구(§11) (4) 가능한 것과 불가능한 것에 능숙한 자: 7가지 가능한 것과 불가능한 것이다(§§12~18 = A1:15:1~28).

이 네 가지는 주석서에서 현자를 정의하는 것으로 인용되고 있다.(MA.iv.82) 여기에 대해서는 본서 「차례대로 경」(M111) §2의 주해를 참조하기 바란다.

본경은 이 네 가지 가운데 첫 번째인 요소[界, dhātu]에 능숙한 것(§§4~9)을 다시 ① 18계에 능숙함(§4) ② 지·수·화·풍·공·식의 여섯 가지 요소들[界]에 능숙함(§5) ③ 즐거움의 요소, 괴로움의 요소, 기쁨의 요소, 슬픔의 요소, 평온의 요소, 무명의 요소의 여섯 가지 요소들에 능숙함(§6) ④ 감각적 욕망의 요소, 출리의 요소, 악의의 요소, 악의 없음의 요소, 해코지의 요소, 잔인하지 않음의 요소의 또 다른 여섯 가지 요소들에 능숙함(§7) ⑤ 욕계·색계·무색계의 삼계의 요소들에 능숙함(§8) ⑥ 형성된 요소[有爲界]와 형성되지 않은 요소[無爲界]의 두 가지 요소들에 능숙함(§9)의 여섯 가지로 상세하게 설명하신다. 이처럼 본경에서 세존께서는 여러 가지 요소들을 설하고 계시기 때문에 경을 결집한 분들이 본경의 제목을 「여러 종류의 요소 경」으로 채택한 것이다.

「이시길리 경」(M116) 해설

스리랑카에서는 본경이 보호주[護呪, 호주]로 암송되고 있다.[5] 그러므로 본경은 『맛지마 니까야』의 보호주라 할 수 있다. 4부 니까야에는 각각 하나 이상의 보호주가 들어있다. 『디가 니까야』 제3권 「아따나띠야 경」(D32)은 『디가 니까야』의 보호주이다. 『상윳따 니까야』 제1권 「까시 바라드와자 경」(S7:11)과 「알라와까 경」(S10:12)과 「깃발 경」(S11:3)과 제5권 「병 경」 1(S46:14)과 「병 경」 2(S46:15)의 다섯 개의 경들은 『상윳따 니까야』의 보호주이다. 『앙굿따라 니까야』 제2권 「뱀 왕 경」(A4:67)은 『앙굿따라 니까야』의 보호주이고 본경은 『맛지마 니까야』의 보호주이다. 이처럼 초기불전의 집성인 4부 니까야에서부터 보호주는 각 니까야에 하나 이상씩 포함되어 있다.

본 보호주, 즉 「이시길리 경」의 특징은 많은 벽지불(빳쩨까 부처님)들의 이름이 나타난다는 것이다. 그러므로 벽지불들의 명호를 외우는 것

---

5) 냐나몰리 스님/보디 스님, 1095번 주해 참조

이 본 보호주의 목적이라 할 수 있다. §4에서는 13분의 벽지불의 명호가 산문으로 나타나고 §5에서부터는 본격적으로 게송을 통해서 여러 벽지불의 명호가 나타난다.

주석서에 의하면 500명의 벽지불이 있었기 때문에 [본경에는] 500명의 명호가 나타난다고 한다. 그런데 본경에 나타나는 벽지불이 500명이 못되는 이유를 "여기에 언급한 벽지불들과 언급하지 않은 벽지불들은 그 이름이 동일하다. 이 오백 명의 벽지불 가운데 아난다 등의 이름이 두 명, 세 명, 열 명, 열두 명이 있었기 때문이다."(MA.iv.130)라고 설명하고 있다.

「위대한 마흔 가지 경」(M117) **해설**

팔정도는 아무리 강조해도 지나치지 않다. 부처님께서는 최초의 설법(S56:11)도 중도인 팔정도로 시작하셨고 최후의 설법(D16 §5.27)도 팔정도로 마무리하셨다. 특히 세존의 반열반 직전에 마지막으로 세존의 제자가 된 수밧다 유행승에게 팔정도가 있기 때문에 불교 교단에는 진정한 사문이 있다고 하신, 『디가 니까야』 제2권 「대반열반경」(D16 §5.27)의 말씀은 불교 만대의 표준이 되는 대사자후이다.

본경은 이 팔정도에다 '바른 지혜(sammā-ñāṇa)'와 '바른 해탈(sammā-vimutti)'의 두 가지 구성요소를 더하여(§34 이하) 모두 10가지의 바른 도, 즉 십정도를 설하고 있다. 본경 §34에서 세존께서는 "유학들의 도닦음은 여덟 가지 구성요소를 구족하고, 아라한은 열 가지 구성요소를 구족한다."고 설하셔서 이 십정도가 아라한이 갖추는 것으로 설하고 계신다. 물론 다른 경들의 가르침에 의하면 십정도는 꼭 아라한들만이 갖추는 것은 아닌 듯하다.(S47:13 §6; S55:26 §10)

이제 본경을 요약해 보자. "바른 견해가 먼저다."(§4)라고 하여 바른 견해를 근본으로 강조하시면서 세존께서는 먼저 그릇된 견해를 극복하는 것(§§4~9)과 그릇된 사유를 극복하는 것(§§10~15)과 그릇된 말을 극복하는 것(§§16~21)과 그릇된 행위를 극복하는 것(§§22~27)과 그릇된 생계를 극복하는 것(§§28~33)을 말씀하신다. 그러면서 바른 견해, 바른 정진, 바른 마음챙김의 세 가지 법이 이들 정견, 정사유, 정어, 정업, 정명의 다섯 가지 법을 따르고 에워싼다고 설명하신다. 이렇게 하여 먼저 팔정도의 항목들을 설명하신다.

그런 뒤 다시 바른 견해를 시작으로 바른 해탈까지의 십정도(十正道)를 설하시고(§34), 이러한 십정도로 10가지 그릇된 도를 극복하고, 이 10가지 그릇된 도를 조건으로 일어나는 불선법들을 없애며, 반대로 십정도를 조건으로 일어나는 선법들을 수행을 통해 완성하게 된다고 설하신다.(§35)

이렇게 해서 본경은 20가지 유익함의 편에 있는 구성요소와 20가지 해로움의 편에 있는 구성요소(§36)를 들고 있다. 주석서의 설명처럼 이들은 십정도와 십정도를 조건으로 일어나는 유익한 법 20가지와, 10가지 그릇된 도와 10가지 그릇된 도를 조건으로 일어나는 해로운 법 20가지를 말한다.(MA.iv.135) 이처럼 본경에 언급되고 있는 법들은 모두 40가지로 정리할 수 있고, 그래서 경의 제목을 위대한 마흔 가지로 택하였다.

그리고 본경과 아래 「위대한 여섯 감각장소 경」(M149)의 제목에 나타나는 '위대한'은 mahā를 옮긴 것인데, 이 단어는 본서 전체의 경 제목에서 '긴'으로 옮기고 있는 mahā와 같은 단어이지만 용법이 다르다. 그래서 '위대한'으로 옮겼다. 아래 「위대한 여섯 감각장소 경」(M149)의 해설 마지막 부분도 참조하기 바란다.

「들숨날숨에 대한 마음챙김 경」(M118) 해설

이미 본서 제1권 「마음챙김의 확립 경」(염처경, M10)에서 보았듯이 들숨날숨[出入息]은 몸·느낌·마음·법[身·受·心·法]으로 정리되는 네 가지 마음챙기는 공부의 주제 가운데 첫 번째인 몸[身]에 관계된 14

가지 주제(아래 M119의 해설 참조) 중에서도 다시 첫 번째에 해당되는 것이다. 그리고 이것은 『상윳따 니까야』 제6권 「들숨날숨 상윳따」(S54)의 20개 경들에도 정리되어 나타난다.

본경뿐만 아니라 『상윳따 니까야』 제6권 「들숨날숨 상윳따」(S54)의 모든 경들에 나타나고 있는 들숨날숨에 마음챙기는 공부는 "① 길게 들이쉬면서는 '길게 들이쉰다.'고 꿰뚫어 알고(pajānāti), 길게 내쉬면서는 '길게 내쉰다.'고 꿰뚫어 안다.(§18) … ⑯ '놓아버림을 관찰하면서 들이쉬리라.'며 공부짓고 '놓아버림을 관찰하면서 내쉬리라.'며 공부짓는다." (§21)의 16단계로 구성되어 있다.

이 16단계는 다시 네 개의 무리로 분류되어(§§23~28) 네 가지 마음챙김의 확립의 각각에 배대된다. 16단계 가운데 ①~④의 넷은 사념처의 신념처(身念處, 몸에 대한 마음챙김의 확립)에, ⑤~⑧은 수념처(受念處, 느낌에 대한 마음챙김의 확립)에, ⑨~⑫는 심념처(心念處, 마음에 대한 마음챙김의 확립)에, ⑬~⑯은 법념처(法念處, 법에 대한 마음챙김의 확립)에 해당한다고 설하고 계신다. 이러한 설명은 『상윳따 니까야』 제6권 「낌빌라 경」(S54:10) §§7~10에도 나타난다. 『청정도론』(VIII.186)에서도 이 가운데서 첫 번째 네 개조(①~④)는 초심자를 위한 가장 기본이 되는 명상주제이며, 나머지 세 개의 네 개조(⑤~⑯)는 ①~④의 수행으로 삼매를 증득한 자를 위해 설한 것이라고 설명한다. 그리고 이 네 개의 네 개조는 각각 느낌[受], 마음[心], 법(法)의 관찰로써 설한 것이라고 덧붙이고 있다.

계속해서 본경은 들숨날숨에 대한 마음챙김을 닦고 많이 [공부]지어서 완성되는 이 네 가지 마음챙김의 확립을 통해서 일곱 가지 깨달음의 구성요소[七覺支]가 완성되고(§§29~40), 다시 명지와 해탈[道와 果]이 완성된다(§§41~43)고 설하고 있다.

이렇게 하여 본경은 들숨날숨에 대한 마음챙김을 통해서 명지와 해탈이라는 도와 과를 증득하는 것으로 마무리를 짓고 있다.

「몸에 대한 마음챙김 경」(M119) 해설

이미 본서 제1권 「마음챙김의 확립 경」(M10, 염처경)의 해설에서 살펴보았듯이 초기경들 가운데서 실참수행을 설한 대표적인 경을 들라면 본서 제1권 「마음챙김의 확립 경」(M10, 염처경) 혹은 「대념처경」(D22)과 본서 「들숨날숨에 대한 마음챙김 경」(M118, 出入息念經)과 본경의 셋을 들 수 있다. 마음챙기는 공부에서 가장 중요한 것은 대상이다. 그래서 초기불교 수행법을 집대성한 본서 제1권 「마음챙김의 확립 경」(M10, 염처경)에서는 이 대상을 크게 몸・느낌・마음・법[身・受・心・法]의 네 가지 주제로 나누고 다시 이를 21가지 혹은 44가지 대상으로 세분하여 설하고 있다. 이 네 가지는 네 가지 마음챙김의 확립[四念處]이라 불리며 37보리분법의 7가지 주제 가운데 처음에 자리하고 있다.

이 가운데 첫 번째인 몸[身, kāya]이라는 대상은 다시 14가지로 정리되는데, 이 몸과 관련된 대상만을 집대성해서 설하고 있는 것이 바로 본경 즉 「몸에 대한 마음챙김 경」이다. 이 14가지 주제는 ① 들숨날숨(§4) ② 네 가지 자세(§5) ③ 네 가지 분명하게 알아차림(§6) ④ 32가지 몸의 형태(§7) ⑤ 사대를 분석함(§8) ⑥~⑭ 아홉 가지 공동묘지의 관찰(§§9~17)이다.

그리고 14가지 주제로 된 본경 §§4~17의 이 가르침은 본서 제1권 「마음챙김의 확립 경」(M10) §§4~30과 같은 내용을 담고 있다. 그러나 중요한 차이점이 있다. 「마음챙김의 확립 경」(M10) §5 등에는 다음의 정형구가 나타난다.

"이와 같이 안으로 [자기의] 몸에서 몸을 관찰하며[身隨觀] 머문다. … 그것은 오직 지혜를 증장하게 하고, 오직 마음챙김을 강하게 한다. 이제 그는 [갈애와 견해에] 의지하지 않고 머문다. 그는 세상에서 아무것도 움켜쥐지 않는다. 비구들이여, 이와 같이 비구는 몸에서 몸을 관찰하며 머문다."

그러나 본경에는 이 대신에 §4 등에서 14가지 대상의 정형구 다음에 다음의 정형구가 나타난다.

"그가 이와 같이 방일하지 않고 열심히, 스스로 독려하며 머물 때 마침내 저 세속에 얽힌 재빠르게 일어나는 생각들이 사라진다. 그런 것들이 사라지기 때문에 마음은 안으로 확립되고 고요해지고 하나에 고정되어 삼매에 든다. 비구들이여, 바로 이와 같이 비구는 몸에 대한 마음챙김을 닦는다."

즉 「마음챙김의 확립 경」(M10)에는 '오직 지혜를 증장하게 하고'라고 위빳사나적인 측면을 강조하는 정형구가 나타나지만, 본경에는 '마음은 안으로 확립되고 고요해지고 하나에 고정되어 삼매에 든다.'는 사마타 혹은 삼매와 관계된 정형구가 강조되고 있다. 이처럼 본경은 사마타 혹은 삼매 수행을 강조하고 있다. 그래서 본경 §§18~21에는 네 가지 禪의 정형구가 강조되고 있으며, 이러한 禪을, 더 정확히 말하면 제4선을 토대로 실현되는 육신통의 정형구가 §§37~41에 나타나고 있다. 이 네 가지 선의 정형구와 육신통의 정형구는 「마음챙김의 확립 경」(M10)에는 나타나지 않는다.

「의도적 행위에 의한 태어남 경」(M120) 해설

초기불전의 도처에서 부처님께서는 윤회를 강조하여 말씀하신다. 모든 번뇌를 다 부수어서 아라한이 되어 반열반을 실현하지 못하는 한 모든 존재는 다시 태어나기 마련이다. 이렇게 윤회는 엄격하게 전개된다. 그래서 『청정도론』에서 붓다고사 스님은 출가 수행자인 비구를 "윤회에서 두려움을 보는 자"(Vis.I..43)라고 정의하고 있다. 아라한을 제외한 예류자, 일래자, 불환자라는 성자들을 포함한 모든 존재가 다시 태어나기 마련이라면 인간은 좋은 곳 즉 선처에 태어나기 위해서도 노력해야 한다. 그러면 어떻게 하면 선처에 태어날 것인가? 본경은 그것을 설하고 있다.

본경에서 세존께서는 먼저 믿음, 계행, 배움, 관대함, 통찰지(saddhā, sīla, suta, cāga, paññā)의 다섯 가지 덕목을 갖추어야 한다(§3)고 설하시는데 이 다섯 가지 덕목은 본서 제3권 「에수까리 경」(M96) §9에도 나타나고 있다. 주석서는 이 다섯 가지를 토대로 해서 선처에 태어나는 방법을 설명하고 있는데 본경 §37의 주해에서 인용하고 있는 주석서(MA.iv.149)를 참조하기 바란다. 본경에서 세존께서는 이 다섯 가지를 토대로 하여 태어나고자 하는 선처를 정하여 그곳에 태어나고자 하는 의도적 행위를 닦아야 한다고 말씀하신다.(§§3~36)

본경은 선처 가운데 인간으로는 부유한 끄샤뜨리야 가문과 부유한 바라문 가문과 부유한 장자의 가문의 셋을 들고 있고(§§3~5) 천상으로는 육욕천인 욕계 천상과 범천부터 색구경천까지의 15개의 색계 천상과(§§12 ~32) 공무변처부터 비상비비상처까지의 4개의 무색계 천상(§§33~36)을 들고 있다. 이렇게 선처로 22가지를 말씀하신 뒤에, 마음의 해탈[心解脫]과 통찰지를 통한 해탈[慧解脫]을 바로 지금·여기에서 스스로 최상의 지혜로 알고 실현하고 구족하여 머물게 되면 어떤 곳에도 다시는 태어나지 않는다(§37)고 말씀하시면서 가르침을 마무리 지으신다.

제13장 「공 품」(M121~130)

「공(空)에 대한 짧은 경」(M121) 해설

본경과 다음 경은 초기불전에 나타나는 공에 대한 가르침을 대표하는 경이라 할 수 있다. 본경은 아난다 존자가 "아난다여, 나는 요즈음 자주 공에 들어 머문다."(§2)라는 세존의 말씀을 언급하자 이를 바탕으로 세존께서 설하신 가르침이다. 주석서는 본경과 다음 경에서의 공(空)을 "열반을 대상으로 한 공(空)한 과의 증득"(MA.iv.149; 160)이라고 설명하고 있다. 그러면 어떻게 해서 이러한 구경의 공의 경지(MA.iv.152)를 증득할 것인가? 주석서를 참조하면 본경은 이것을 10가지 단계로 설한다고 정리할 수 있다.(본경 §5의 주해 참조) 그것은 다음과 같다.

① 사람이라는 인식으로 마을이라는 인식을 물리침(§4)

② 앞의 인식들을 물리치고 숲이라는 인식 하나만을 마음에 잡도리함(§5)

③ 같이하여 땅이라는 인식 하나만을 마음에 잡도리함(§6)

④ 같이하여 공무변처라는 인식 하나만을 마음에 잡도리함(§§6~8)

⑤ 같이하여 식무변처라는 인식 하나만을 마음에 잡도리함(§7)

⑥ 같이하여 무소유처라는 인식 하나만을 마음에 잡도리함(§8)

⑦ 같이하여 비상비비상처라는 인식 하나만을 마음에 잡도리함(§9)

⑧ 표상이 없는 마음의 삼매라는 인식 하나만을 마음에 잡도리함(§10)

⑨ 표상이 없는 마음의 삼매를 통해 증득된 도로써 위빳사나를 물리침(§11)[6]

⑩ 지극히 청정한 구경의 위없는 공을 보이심(§§12~13)

이 열 번째인 지극히 청정한 구경의 위없는 공을 주석서는 '구경의 공의 경지(accanta-suññata)'로 표현하고 있다.(본경 §5의 주해 참조) 이 '지극히 청정한 구경의 위없는 공'은 본서 제2권 「교리문답의 긴 경」(M43)에서 "확고부동한 마음의 해탈이야말로 탐욕이 공하고 성냄이 공하고 어리석음이 공합니다."(§§36~37)라고 설명되고 있는 확고부동한 마음의 해탈과 배대할 수 있을 것이다. 주석서와 복주서는 이 경지를 아라한과의 증득이라고 설명하고 있다.(MAṬ.ii.323)

여기서 보듯이 본경은 공의 경지를 체득하는 방법으로 4禪 대신에 4처 즉 공무변처부터 비상비비상처를 강조하신다. 4선은 색계와 배대되어 색계선이라 불리고 4처는 무색계와 배대되어 무색계선이라 불리는데, 공은 물질이 없는 경지 즉 무색계와 더 깊은 관련이 있기 때문으로 해석해야 할 듯하다.

한편 공에 들어 머묾이라는 표현이 본서 「탁발음식의 청정 경」(M151)

---

6) 이 ⑨의 설명은 주석서를 참조한 것이다. 여기에 대해서는 본경 §5와 §§10~12의 해당 주해를 참조할 것.

§2 이하에도 나타나고 있으므로 참조하기 바란다.

「공(空)에 대한 긴 경」(M122) 해설

초기불전에서 공을 설하는 대표적인 경이라 할 수 있는 본경과 앞의 경은 공의 경지를 증득하는 방법을 설하고 있다. 앞의 「공(空)에 대한 짧은 경」(M121)은 무색계 4처를 강조하고 있지만(§§6~9) 본경은 네 가지 禪을 바탕으로 하여 좀 더 구체적인 수행방법을 통해서 공을 체득하고 과위를 증득하는 것을 여덟 가지 단계로 설명하고 있다. 그것을 정리해 보면 다음과 같다.

① 먼저 본경은 대중생활을 떠나서 홀로 머물면서 수행하는 것을 강조하고 있다.(§§3~6) ② 공을 증득하기 위한 토대로 네 가지 禪의 정형구를 설하신다.(§§7~8) ③ 이러한 네 가지 선을 바탕으로 안으로 자신의 오온에 대해서 공을 마음에 잡도리하고, 같은 방법으로 밖으로 즉 남의 오온에 대해서 공을 마음에 잡도리하고, 안팎으로 함께 공을 마음에 잡도리하고, 다시 흔들림 없음(즉 무색계)을 마음에 잡도리한다.(§§9~10) ④ 이를 바탕으로 마음이 경행으로 기울 경우의 대처법과(§11), ⑤ 이야기로 기울 경우의 대처법과(§12), ⑥ 사유로 기울 경우의 대처법과(§13), ⑦ 자신에게 일어난 다섯 가닥의 얽어매는 감각적 욕망을 반조함과(§§14~15), ⑧ 오취온의 일어남과 사라짐을 관찰함(§§16~17)을 설하신다.

여기서 공과 관련이 있는 수행은 ③에 해당한다. 여기서도 공은 흔들림 없음 즉 무색계와 연관되어 있다. 이러한 무색계의 증득을 바탕으로 ⑥~⑧에서 과위를 증득하는 구조로 본경은 전개되고 있다. 그리고 주석서는 이 가운데 ⑥ 사유로 기울 경우에 대한 대처를 예류과와 일래과의 증득에 ⑦ 다섯 가닥의 얽어매는 감각적 욕망에 대한 반조를 불환과의 증득에 ⑧ 오취온의 일어남과 사라짐의 관찰을 아라한과의 증득에 배대하여 설명하고 있다. 그리고 스승과 제자의 관계에 대해서 여러 가지를 설명하는 것으로 경은 마무리된다.(§§19~26)

본경의 전체에서 볼 때 공의 언급은 간단하게 나타난다.(§§9~10) 그렇지만 경을 결집한 분들은 본경의 제목을 「공(空)에 대한 긴 경」으로 정하고 이것을 「공(空)에 대한 짧은 경」 다음에 놓고 있는데 공의 언급을 본경의 가장 큰 특징으로 파악하였기 때문일 것이다.

「경이롭고 놀라운 일 경」(M123) 해설

부처님은 모든 불자들의 스승일 뿐만 아니라 모든 인간과 신들의 스승이기도 하다. 그래서 이미 니까야의 도처에서 부처님은 천인사(天人師)로 묘사되고 있다. 이러한 천인사인 부처님께서는 태어나실 때부터 분명히 일체 생명들과는 다른 경이롭고 놀라운 특질을 가지고 계셨을 것이다. 부처님의 특질에 대한 이런 믿음은 부처님의 직계제자들에게도 당연히 있었다. 본경에서 아난다 존자도 그러하고, 『디가 니까야』 제3권 「확신경」(D28)에서 법의 총사령관인 사리뿟따 존자도 마찬가지였다.

본경의 제목이 보여주듯이 본경에서 아난다 존자는 자신이 '세존의 면전에서 직접 들었고 세존의 면전에서 직접 받아 지녔던' 여래가 갖추고 계신 경이롭고 놀라운 일을 19가지로 자세하게 설명하고 있다. 아난다 존자는 "보살께서 마음챙기고 분명하게 알아차리면서 도솔천에 태어났다."(§3)라는 것을 시작으로 "보살이 어머니에게서 태어날 때 … 이 일만 세계가 진동하고 흔들리고 요동쳤으며 신들의 능력을 뛰어넘는 측량할 수 없는 광휘로운 빛이 그 세계에 나타났다."(§21)라는 것까지 모두 19가지로 '세존께 있었던 경이롭고 놀라운 일'을 말씀드린다.

그러자 세존께서는 "여래에게는 느낌과 인식과 사유가 분명하게 드러나면서 일어나고 분명하게 드러나면서 머물고 분명하게 드러나면서 사라진다."라는 한 가지를 더 추가하신다.(§22) 그래서 본경에는 모두 20가지의 세존께 있었던 경이롭고 놀라운 일을 기술하고 있다. 그리고 19가지 부처님의 경이로움을 기술하고 있는 본경의 §§6~21은 『디가 니까야』 제2권 「대본경」(大本經, D14)의 §§1.17~1.30과 같은 내용을 담고 있다.

본경에는 천상천하유아독존으로 우리에게 널리 알려진 다음의 정형구가 18번째 경이롭고 놀라운 일로 나타나고 있다. 전문을 옮겨 보면 이러하다.

"보살은 태어나자마자 두 발로 가지런히 땅에 서서 북쪽을 향해 일곱 발짝을 내딛고 하얀 일산이 펴질 때 모든 방향을 두루 살펴보면서 '나는 세상에서 최상이요, 나는 세상에서 으뜸이요, 나는 세상에서 가장 어른이다. 이것이 마지막 생이다. 더 이상 다시 태어남[再生]은 없다.'라고 대장부다운 말을 했다."(§20)

「**박꿀라 경**」(M124) **해설**

앞의 경처럼 본경의 주제도 경이롭고 놀라운 일인데 본경은 박꿀라 존자에게 일어난 경이롭고 놀라운 일 36가지를 담고 있다.

본경에서 박꿀라 존자는 예전 재가자였을 적 친구인 나체수행자 깟사빠와의 대화를 통해서 "나는 출가한 이래 80년 동안 단 한 번도 감각적 욕망에 대한 인식이 일어난 기억이 없습니다."(§3)로부터 시작해서 "나는 출가하여 7일 동안은 빚진 사람으로 지역민들이 주는 공양을 먹었습니다. 8일째에 구경의 지혜가 일어났습니다."(§38)까지의 36가지 경이롭고 놀라운 일들을 담담하게 말하고 있다. 이 말을 다 들은 나체수행자 깟사빠는 마침내 구족계를 받고 출가하여 아라한이 되었으며(§39) 박꿀라 존자는 비구승가 가운데 앉아서 반열반에 들었다고 나타나고 있다.(§§40~41)

주석서에 의하면 "이 경은 [부처님이 반열반하신 백 년 뒤에 열린] 제2차 결집에서 합송되었다."(MA.iv.197)고 한다.

「**길들임의 단계 경**」(M125) **해설**

우리 인간이 사는 이 세계는 욕계에 속한다. 감각적 욕망이 넘쳐흐르는 곳이라는 뜻이다. 삼매나 깨달음이나 해탈이나 열반과 같은 고귀한 경지는 이러한 감각적 욕망을 넘어선 경지이고 그래서 감각적 욕망에 휘둘리지 않아야 실현되는 것이다. 그러므로 감각적 욕망이 가득한 이 욕계에 사는 인간들이 이러한 고귀한 경지를 터득하는 것은 결코 쉬운 일이 아닐 것이다.

본경은 이러한 감각적 욕망의 지배를 받는 자야세나 왕자가 아찌라와띠 사미와의 대화에서 "비구가 방일하지 않고 열심히 스스로 독려하며 머물 때 마음이 하나 됨을 얻는다는 것은 불가능한 일이고 있을 수 없는 일입니다."(§5)라고 단언하고 가버리자 아찌라와띠 사미가 부처님께 이러한 사실을 말씀드리는 일화로부터 시작된다.(§6) 세존께서는 먼저 감각적 욕망에 물들어 사는 자야세나 왕자가 "감각적 욕망에서 벗어나야 실현할 수 있는 것을 알고 보고 실현할 수 있겠는가? 그것은 불가능하다."(§7)고 말씀하시면서 여러 비유를 말씀하신다.(§§8~12)

그리고 여래의 출현부터 삼명의 실현까지를 담고 있는 『맛지마 니까야』의 15단계 계·정·혜의 정형구를 코끼리 길들이기의 비유 등을 넣어가면서 설하신다.(§§13~29) 그리고 나서 이런 사람이야말로 "공양받아 마땅하고, 선사받아 마땅하고, 보시받아 마땅하고, 합장받아 마땅하며, 세상의 위없는 복밭[福田]이다."(§30)라고 결론을 내리신다. 특이한 점은 본경은 초선의 정형구 대신에 §§22~24에서 사념처의 정형구가 나타나는 점이다.

본경에는 길들여지고 길들여지지 않은 코끼리와 말과 소의 비유(§8), 야생 코끼리를 잡아와서 조련하는 비유(§12), 코끼리 조련사가 코끼리를 제어하는 비유(§23), 길들여지지 않고 훈련되지 않은 왕의 코끼리(§31)와 길들여지고 훈련된 왕의 코끼리의 비유(§32)가 나타난다. 이런 비유를 들면서 §§13~32에서 길들임의 단계를 설하고 계시기 때문에 본경의 제목을 「길들임의 단계 경」이라 붙였을 것이다.

본경은 감각적 욕망이 가득한 이 욕계에 살고, 더군다나 감각적 욕망을 한없이 자극하는 자본주의의 첨단을 달리는 지금의 대한민국에 사는 우리 불자들이 깊이 음미해봐야 할 가르침이 아닌가 생각해 본다.

「부미자 경」(M126) 해설

대전에서 서울을 가려면 어떻게 해야 하는가? 가려는 염원이나 원력만으로 갈 수 있는가? 아니다. 가려는 염원도 중요하겠지만 당연히 실제 서울로 가는 행위가 중요하다. 그리고 행위만 한다고 해서 갈 수 있는 것도 아니다. 대전에서 방향을 부산으로 잡고 아무리 열심히 가더라도 서울에는 도착할 수 없다. 더 멀어질 뿐이다. 이 당연한 논리를 세존께서는 본경에서 말씀하고 계신다. 해탈 · 열반을 실현하려면 당연히 실현하려는 염원도 있어야 하지만 염원만으로는 안된다. 실제적인 수행을 해야 한다. 수행도 잘못하면 아무리 열심히 하더라도 오히려 해탈 · 열반에서 멀어질 뿐이다. 올바른 수행 즉 팔정도를 실천해야 해탈 · 열반을 실현할 수 있다.

본경은 앞의 경에 나타난 자야세나 왕자와 그의 외삼촌인 부미자 존자와의 대화에서 출발한다. 왕자의 처소를 찾은(§2) 부미자 존자에게 왕자는 '염원을 가지거나, 가지지 않거나, 가지기도 하고 가지지 않기도 하고, 가진 것도 아니고 가지지 않는 것도 아니건 간에 청정범행을 닦는 것은 그 결실을 얻을 수 없다.'고 주장하는 어떤 사문 · 바라문의 견해에 대해서 어떻게 생각하는가를 여쭙고(§3) 부미자 존자는 세존께 다가가서 이 문제에 대해 질문을 드린다.(§§4~7)

세존께서는 그들이 그릇된 견해 등의 8가지 그릇된 도를 가졌다면 아무리 청정범행을 닦더라도 염원의 있고 없음과 관계없이 그 결실을 얻을 수 없으니 그런 그릇된 도는 결실을 얻는 적절한 방법이 아니기 때문이라고 여러 비유와 함께 명료하게 말씀하신다.(§§9~13)

반대로 어떤 사문들이나 바라문들이든 팔정도를 가졌다면 그 결실을 얻을 수 있으니 그런 바른 도는 결실을 얻는 적절한 방법이기 때문이라고 말씀하시면서 위의 동일한 비유를 바른쪽으로 적용하신다.(§§14~18)

성스러운 팔정도는 부처님의 최초설법인 「초전법륜경」(S56:11)의 내용이면서 세존의 마지막 설법의 내용(D16 §5.27)이기도 하다. 이처럼 팔정도는 불교의 가장 중요한 실천도이면서도 진정한 사문과 바라문인가 아닌가를 판단하는 잣대가 된다. 그리고 염원이 있든 없든 팔정도를 닦지 않는다면 청정범행의 결실을 얻을 수 없다는 본경 §§9~13의 말씀과 반대로 염원이 있든 없든 팔정도를 닦으면 청정범행의 결실을 얻을 수 있다는 §§14~18의 말씀은 『상윳따 니까야』 제3권 「까뀌자루 경」(S22:101) §6의 비유와 견주어 볼 수 있다. 세존께서는 그 경에서 수행에 몰두하는 비구가 아무리 '참으로 나는 취착이 없어져서 번뇌들로부터 마음이 해탈하기를.'이라고 염원(원력, 소망)을 가져도 37보리분법을 닦지 않으면 결코 해탈하지 못한다고 강조하신다. 이처럼 본경은 염원 혹은 원력보다는 팔정도의 실참수행을 강조하고 계신다.

「**아누룻다 경**」(M127) **해설**

괴로움을 종식시키고 괴로움에서 풀려나고 벗어나는 해탈(vimutti)은 초기불교의 중요한 주제이다. 그래서 니까야에는 이러한 해탈에 대한 여러 가르침이 나타난다. 본서 제4권의 찾아보기에서 마음의 해탈을 찾아보면 알겠지만 본서에서만 해도 마음의 해탈과 통찰지를 통한 해탈 등 14개 이상의 해탈에 관한 술어가 나타나고 있다. 벗어나는 대상과 벗어나는 방법과 벗어나는 정도와 벗어나는 당체 등의 차이에 따라서 이런 다양한 해탈에 대한 가르침이 초기불전에서 나타나는 것이다. 이러한 해탈들 가운데 본경에서는 무량한 마음의 해탈(appamāṇā ceto-vimutti)과 고귀한 마음의 해탈(mahaggatā ceto-vimutti)이 논의되고 있다.

본경에서 빤짜깡가 목수는 아누룻다 존자에게 무량한 마음의 해탈과 고귀한 마음의 해탈이라는 것은 서로 뜻도 다르고 표현도 다른가, 아니면 뜻은 같고 표현만 다른가를 질문한다.(§4) 아누룻다 존자는 뜻도 다르고 표현도 다르다고 대답하면서(§6) 무량한 마음의 해탈을 4무량심의 정형구로 정리한다.(§7) 그리고 비구가 한 그루의 나무 뿌리만큼의 장소를, … 나아가서 바다에 둘러싸인 대지만큼의 장소를 고귀함으로 가득 채우고 머무는 것을 고귀한 마음의 해탈이라 한다고 정리한다.(§8) 주석서는 "고귀한 마음이란 색계와 무색계의 마음이다."(MA.i.280; AA.iii.776)라고 설명하고 있다.

그리고 "고귀한 마음의 해탈의 결과에 따른 존재의 종류를 보이기 위해서"(MA.iv.201) 작은 광명[小光]으로 충만한 천신, 무량한 광명[無量光]으로 충만한 천신, 오염된 광명으로 충만한 천신, 청정한 광명으로 충만한 천신의 네 가지 존재의 태어남을 설명하며(§9이하) 이어서 비유를 들고 있다.(§§10~12) 아누룻다 존자는 전에 오랜 세월 그 천신들과 함께 지낸 적이 있고 함께 이야기를 한 적이 있고 대화를 나눈 적이 있었다고 말한다. 이러한 설명은 그가 왜 천안제일(A1:14:1-5)로 불리는가를 알 수 있는 좋은 보기가 된다 할 수 있다.

「오염원 경」(M128) **해설**

출가는 수행을 통해서 열반을 실현하기 위함이다. 이러한 목적을 가지고 출가한 자는 (1) 어떻게 일상생활을 영위해야 하며 (2) 어떻게 수행 특히 삼매수행을 해야 하는가? 본경은 꼬삼비의 동쪽 대나무 동산에서 함께 머물고 있는 아누룻다 존자와 난디야 존자와 낌빌라 존자와 세존 간의 대화를 통해서 이 두 가지를 구체적으로 드러내고 있는 중요한 경이다.

본경 §§1~7에 의하면 꼬삼비에는 비구들의 분쟁이 생겼다.[7] 그들은 중재하려는 세존의 말씀도 듣지 않게 되자(§4) 세존께서는 세존의 간곡한 마음이 담긴 게송을 읊으시고(§6) 발라깔로나까라 마을로 가셔서 바구 존자에게 설법을 하시어 그를 기쁘게 하신 뒤에(§7) 동쪽 대나무 동산으로 가시어(§8) 아누룻다 존자와 난디야 존자와 낌빌라 존자와 함께

7) 자세한 것은 본서 제2권 「꼬삼비 경」(M48) §2의 주해를 참조할 것.

대화를 나누시는 것으로 본경은 전개되고 있다. 본경이 설해진 배경은 본서 제2권「고싱가살라 짧은 경」(M31)과 같다. 본경에는 대중생활 특히 작은 절이나 토굴에서 하는 대중생활 방법과 수행에 진전이 없는 원인을 자세히 밝히고 있다.

(1) 먼저 본경에서 아누룻다 존자는 세존의 질문에 대답하면서 출가자가 일상생활에서 갖추어야 하는 다섯 가지를 언급하고 있다. 그것은 ① 항상 서로에 대해 자애로운 몸과 말과 마음의 업(業)을 유지함 ② 먼저 탁발에서 돌아온 자가 자리 등을 준비하고 나중에 돌아온 자는 이것을 정리함 ③ 누구든 물 항아리들이 비어 있는 것을 보면 그것을 준비함 ④ 묵언을 깨뜨리지 않음 ⑤ 닷새마다 법담으로 온밤을 지새움이다.(§§12 ~14)

(2) 그리고 그들은 수행 중에 나타난 광명과 형색이 사라져버리는 원인에 대해서 세존께 질문을 드린다.(§15) 여기에 대해서 세존께서는 아직 깨달음을 이루기 전 보살이었을 때 경험하신 바를 말씀하시면서 삼매를 방해하는 마음의 오염원들 11가지를 말씀하신다.(§§16~26) 그 11가지는 의심, 마음에 잡도리하지 않음, 해태와 혼침, 두려움, 의기양양함, 무력증, 지나친 정진, 느슨한 정진, 갈애, 다양한 인식, 형색들에 대한 지나친 명상이다. 계속해서 세존께서는 이러한 오염원들을 제거하고 성취하신 삼매를 세 종류의 삼매로 설명하시고(§§30~31) 이를 바탕으로 '나의 해탈은 확고부동하다. 이것이 나의 마지막 태어남이며, 이제 더 이상의 다시 태어남[再生]은 없다.'라는 지와 견이 일어났다는 말씀을 하시면서 가르침을 마무리 지으신다.(§32)

본경은 작은 암자에 기거하는 출가자들의 구체적인 생활방식과 삼매수행을 방해하는 오염원들과 삼매수행의 체험을 담고 있는데 수행자들이 눈여겨볼 만하다.

「어리석은 자와 현명한 자 경」(M129) 해설

초기불전은 윤회를 당연한 것으로 강조하고 있다. 이러한 윤회의 주체는 매찰나의 흐름 속에서 무수히 짓게 되는 업이며 이러한 업이 해로운 업[不善業]이면 지금·여기에서도 괴로움을 받고 윤회의 과정 속에서는 지옥·축생·아귀에 태어나 괴로움을 받는다. 반대로 짓는 업이 유익한 업[善業]이면 지금·여기에서 즐거움을 경험하고 윤회의 과정 속에서는 인간과 특히 천상에 태어나 즐거운 과보를 받게 된다. 불교에서 윤회는 육도윤회로 최종적으로 정리가 되는데 본서 제1권 「사자후의 긴 경」(M12) §35 등과 본경에서 보듯이 초기불전은 오도윤회 즉 다섯 가지 태어날 곳[五趣]의 가르침이 주를 이룬다. 여기에 대해서는 『상윳따 니까야』 제2권 해제(64쪽 이하)를 참조하기 바란다.

본경은 어리석은 자(bāla)와 현명한 자(paṇḍita)의 특징을 몸과 말과 마음의 삼업을 통해서 설명하고(§2와 §27), 특히 이들이 받게 되는 과보를 지금·여기에서 받는 것과 지옥·축생·아귀·인간·천상의 다섯 가지 태어날 곳에 태어나서 받는 괴로움과 즐거움으로 자세하게 묘사하고 있다.

세존께서는 먼저 어리석은 자가 몸과 말과 마음으로 해로운 업을 지어서 지금·여기에서 받게 되는 세 가지 괴로움과 슬픔을 설명하신다.(§§3~5) 그리고 어리석은 자는 죽은 뒤에 불행한 상태[苦界], 비참한 세계[惡趣], 파멸처, 지옥에 생겨난다고 말씀하신 뒤에(§6) 지옥에 태어나서 받게 되는 고통과 여러 종류의 축생과 그들이 받는 고통을 묘사하시고(§§7~24) 인간으로 태어나더라도 가난하고 어려운 환경에 태어난 경우를 들고 계신다.(§25)

또한 현명한 자가 지금·여기에서 즉 현세에서 인간으로 누리는 세 가지 즐거움과 기쁨을 말씀하시고(§§28~30) 몸이 무너져 죽은 뒤 천상 세계에 태어나며 전륜성왕의 비유를 들어 천상의 즐거움을 말씀하신다.(§§32~49) 여기서 세존께서는 전륜성왕이 구족하게 되는 일곱 가지 보배(§§34~41)와 네 가지 성취(§§42~45)를 자세하게 언급하시는데, 이것은 『디가 니까야』 제2권 「마하수닷사나 경」(D17) §§1.7~1.21과 같다.

그리고 전륜성왕이 누리는 이러한 즐거움은 천상의 즐거움과 견주면 이름조차 없으며 그것은 작은 조각에도 미치지 못하며 비교 자체가 불가하다고 말씀하시면서(§47) 가르침을 마무리 지으신다.

「저승사자 경」(M130) 해설

불교에서는 금생의 흐름[相續, santati]이 내생으로 연결되어 다시 태어나는 것, 즉 재생(再生, *rebirth*)을 윤회라 부른다. 그래서 주석서에서는 "5온·12처·18계[蘊·處·界]가 연속하고 끊임없이 전개되는 것을 윤회라 한다."(SA.ii.156)라고 명확하게 정리하고 있다. 이처럼 불교의 윤회 혹은 재생은 갈애와 무명을 근본원인으로 한 오온의 흐름이다.

윤회는 초기불전에서는 주로 지옥·축생·아귀·인간·천상의 오도윤회로 나타나며, 여기에다 아수라를 넣으면 육도윤회로 정리가 된다. 이러한 육도윤회 혹은 오도윤회 가운데 지옥·축생·아귀를 삼악도라 하며 그 가운데 지옥이 가장 고통이 심한 비참한 곳이다. 본경은 오도윤회 혹은 육도윤회의 삼악도 가운데서 가장 고통이 심한 지옥을 생생하게 묘사하는 경이다.

본경에서 세존께서는 먼저 "인간을 넘어선 신성한 눈[天眼]으로 중생들이 죽고 태어나고, 천박하고 고상하고, 잘생기고 못생기고, 좋은 곳[善處]에 가고 나쁜 곳[惡處]에 가는 것을 보고, 중생들이 지은 바 그 업에 따라 가는 것을 본다."(§2)라고 말씀하시면서 저승사자가 데려온 죽은 사람과 염라대왕과의 대화를 소개하신다.(§3 이하) 세존의 말씀 가운데 염라대왕은 죽어서 저승사자에게 잡혀온 사람에게 염라대왕이 보낸 다섯 명의 저승사자에 대해 이야기를 하는데 그것은 갓난아이(§3), 노인(§4), 중병에 걸린 사람(§5), 왕의 혹심한 고문(§6), 부패된 시체(§7)이다. 그리고 지옥지기의 살벌한 고문과 지옥지기의 고문 후에 던져지게 되는

대지옥 등의 여러 지옥에서 받는 고통에 대한 생생한 묘사가 담겨 있다. (§§10~27)

세존께서는 이것은 "내가 스스로 알고 스스로 보고 스스로 발견한 것을 그대들에게 말하는 것이다."라고 강조하면서 게송으로 설법을 마무리하신다.

제14장 「분석 품」(M131~142)

「지복한 하룻밤 경」(M131) 해설

본경부터 「로마사깡기야 존자와 지복한 하룻밤 경」(M134)까지의 네 개의 경들은 모두 다음 게송을 중심에 두고 이와 관계된 일화로 구성되어 있다.

> "과거를 돌아보지 말고 미래를 바라지 마라
> 과거는 떠나갔고 미래는 오지 않았다.
> 현재 일어나는 현상들[法]을 바로 거기서 통찰한다.
> 정복당할 수 없고 흔들림이 없는
> 그것을 지혜 있는 자 증장시킬지라.
> 오늘 정진할지라. 내일 죽을지 누가 알겠는가?
> 죽음의 무리와 더불어 타협하지 말라.
> 이렇게 노력하여 밤낮으로 성성하게 머물면
> 지복한 하룻밤을 보내는 고요한 성자라 하리."

본경은 세존께서 사왓티의 제따 숲에 있는 급고독원에서 비구들에게 설하신 것인데, 위의 게송 가운데 처음의 세 구절을 세존께서 설명하시는 것으로 구성되어 있다. 이를 적어보면 다음과 같다.

① 어떻게 과거를 돌아보는가? 나는 과거에 이런 오온을 가졌다고 생각하면서 그것에서 기쁨을 발견한다.(§4) 어떻게 과거를 돌아보지 않는가? 나는 과거에 이런 오온을 가졌다고 생각하면서 그것에서 기쁨을 발

견하지 않는다.(§5)

② 어떻게 미래를 바라는가와 어떻게 미래를 바라지 않는가에 대해서도 앞에서와 같은 방법으로 오온으로 설명하신다.(§§6~7)

③ 어떻게 현재 일어나는 현상들[法]에 정복당하거나 정복당하지 않는가? 배우지 못한 범부가 20가지 유신견을 가지면 정복당한 것이요(§8) 잘 배운 성스러운 제자가 20가지 유신견을 가지지 않으면 정복당하지 않은 것이다.(§9)

「아난다 존자와 지복한 하룻밤 경」(M132) **해설**

본경에서 세존께서는 비구들에게 법을 설하여 가르치는 아난다 존자를 부르셔서 그가 어떻게 지복한 하룻밤의 게송을 암송하고 가르쳤는가를 물으신다.(§2) 아난다 존자는 §3 이하에서 앞의 M131에서 세존께서 설하신 대로 대답을 한다. 그러자 §§12~19에서 세존께서도 똑같이 반복하시는 것으로 경은 구성되어 있다.

「마하깟짜나 존자와 지복한 하룻밤 경」(M133) **해설**

본경은 라자가하의 따뽀다(온천) 원림에서 사밋디 존자가 이른 새벽에 일어나 몸을 씻으러 온천으로 갔는데 어떤 천신이 사밋디 존자에게 지복한 하룻밤의 가르침에 대한 요약과 분석을 통달할 것을 권하고 사라지는 것(§2)으로부터 시작된다. 그러자 사밋디 존자는 세존을 뵈러 갔고(§§3~6) 비구들은 마하깟짜나 존자에게 상세하게 뜻을 분석해주기를 청하고 존자가 이를 설명하는 것(§§7~13)으로 본경은 구성되어 있다.

본서 제1권 「꿀 덩어리 경」(M18)에서 마하깟짜나 존자는 인간의 정신활동을 근 - 경 - 식 - 촉 - 수 - 상 - 심 - [사량 분별] - 사량 분별이 함께한 인식의 더미라는 8지 연기 혹은 9지 연기로 해체해서 상세하게 분석하고 있다.(M18 §§16~18) 존자의 이러한 분석과 해체에 능한 자질은 본경에서도 역시 유감없이 발휘된다. 본경의 §§12~18은 세존께서 읊으신 M131의 지복한 하룻밤의 게송에 대한 마하깟짜나 존자의 상세한 분석을 담고 있는데 존자는 여기서도 존재를 6근 - 6경 - 6식 - 6탐 - 6희로 해체해서 설명하면서 이런 과정으로 인간은 과거를 돌아보고 미래를 바라고 현재의 현상들에 정복당한다고 설파하고 있다.

본서에 나타나는 지복한 하룻밤의 게송에 대한 네 개의 경(M131~M134) 가운데 본경을 제외한 나머지 세 개의 경은 오온을 통해서 게송을 설명하고 있다. 그런데 본경에서 마하깟짜나 존자는 12가지 감각장소(12처) 즉 여섯 가지 안의 감각장소(육내처)와 여섯 가지 밖의 감각장소(육외처)를 통해서 이 게송을 설명하고 있으며(§§13~19), 세존께서도 이것을 옳다고 인정하고 계신다.(§21) 오온과 육내외처의 가르침은 각각 불교의 인간관과 세계관에 해당한다. 세존께서는 나와 세상을 이처럼 오온과 육내외처로 해체해서 무상·고·무아를 철견하고 그래서 염오 - 이욕 - 해탈 - 구경해탈지를 성취하는 것을 불교의 기본적인 교학과 수행으로 강조하고 계신다. 여기에 대해서는 본 해설 가운데 M147과 M148의 해설도 참조하고 자세한 것은 『초기불교 이해』 213쪽 이하 등을 참조하기 바란다.

「**로마사깡기야 존자와 지복한 하룻밤 경**」(M134) **해설**

로마사깡기야 존자는 삭까의 까삘라왓투에 있는 니그로다 원림에 머물고 있었다.(§1) 그때 짠다나 천신이 위 M133처럼 존자에게 나타나서 지복한 하룻밤의 게송에 대한 요약과 분석을 배우기를 권한다. 그러자 존자는 의발을 정돈하여 길을 떠나 사왓티 제따 숲의 급고독원에 계시는 세존을 찾아가서 이 사실을 고한다. 그래서 세존께서는 §§7~14에서 M131의 §§3~10과 같이 가르침을 주시는 것으로 본경은 전개되고 있다.

이처럼 지복한 하룻밤에 대한 가르침은 본 품의 네 개의 경에 나타나고 있는 중요한 설법이다. 지복한 하룻밤으로 옮긴 이유에 대해서는 본서 「지복한 하룻밤 경」(M131)의 제목에 대한 주해를 참조하기 바란다.

「업 분석의 짧은 경」(M135) 해설

본경부터 본 품의 마지막인 「보시의 분석 경」(M142)까지의 8개 경들은 모두 중요한 주제나 술어를 분석하는 분석 경(vibhaṅga-sutta)들을 모은 것이다.

인간은 다양하다. 귀한 사람도 있고 천한 사람도 있고 가난한 자도 있고 부유한 자도 있으며 못생긴 사람도 있고 잘생긴 사람도 있다. 그러면 인간의 이러한 빈부귀천의 천차만별의 모습은 어디에서 기인하는가? 요즘 사람들은 여기에 관심이 많다. 그런데 이것은 부처님 당시의 사람들도 마찬가지였다. 그래서 본경에서 또데야의 아들인 수바 바라문 학도가 세존을 뵈러 와서 "어떤 원인과 어떤 조건 때문에 [같은] 인간으로서 천박한 사람들도 있고 고귀한 사람들도 있습니까?"(§3)라고 질문을 드린다.

여기에 대해서 세존께서는 업(業, kamma)을 강조하셔서, "중생들은 업이 바로 그들의 주인이고, 업의 상속자이고, 업에서 태어났고, 업이 그들의 권속이고, 업이 그들의 의지처이다. 업이 중생들을 구분 지어서 천박하고 고귀하게 만든다."(§4)라고 먼저 이처럼 요약해서 말씀하신 뒤에 이것을 상세하게 설명하신다.

부처님께서는 본경에서 업에 대한 일곱 가지를 말씀하시는데 ① 수명의 길고 짧음은 살생의 문제로(§§5~6) ② 건강과 병약함은 남을 해코지함의 문제로(§§7~8) ③ 못생기고 잘생김은 성냄의 문제로(§§9~10) ④ 세력 없음과 있음은 질투의 문제로(§§11~12) ⑤ 가난과 부유는 보시의 문제로(§§13~14) ⑥ 낮은 가문과 높은 가문은 예경의 문제로(§§15~16) ⑦ 우둔함과 영민함은 법을 질문함의 문제로(§§17~18) 말씀하시어 업이 바로 중생들의 주인이고 중생들은 업의 상속자임을 다시 한 번 강조하신다.(§20) 이 말씀을 들은 수바는 세존께 귀의하고(§21) 경은 마무리가 된다.

「업 분석의 긴 경」(M136) 해설

본경도 업에 대한 부처님의 분석이 담긴 가르침이다. 본경에서 사밋디 존자와 뽀딸리뿟따 유행승은 업과 그 과보에 대한 대화를 나누었다.(§2) 사밋디 존자가 세존을 뵙고 여기에 대해서 여쭙자(§§4~7) 세존께서는 먼저 업과 과보에 대해서 네 가지로 분류하여 설하신다. 그 넷은 ① 십불선업을 짓고 나쁜 곳에 태어나는 자 ② 십불선업을 짓고 좋은 곳에 태어나는 자 ③ 십선업을 짓고 좋은 곳에 태어나는 자 ④ 십선업을 짓고 나쁜 곳에 태어나는 자이다.(§8)

그 뒤 세존께서는 ① 불가능한 업과 불가능한 것으로 나타나는 업(§9, §13, §17) ② 불가능한 업과 가능한 것으로 나타나는 업(§10, §14, §18) ③ 가능한 업과 가능한 것으로 나타나는 업(§11, §15, §19) ④ 가능한 업과 불가능한 것으로 나타나는 업(§12, §16, §20)의 네 가지 경우를 상세히 설명하시는데 이 넷은 각각 §8의 ① 십불선업을 짓고 나쁜 곳에 태어나는 자부터 ④ 십선업을 짓고 나쁜 곳에 태어나는 자까지의 넷과 배대가 된다.

이처럼 불교는 업을 강조한다. 이러한 가르침을 토대로 상좌부에서는 업을 16가지 측면에서 분석해서 설명하는데 업에 대한 중요한 가르침이다. 이것은 『아비담마 길라잡이』 제5장 §§18~21에 잘 정리되어 나타나므로 관심있는 분들의 일독을 권한다.

「여섯 감각장소의 분석 경」(M137) 해설

본경에서 세존께서는 아래에 열거하고 있는 9가지를 분석하여 설하고 계신다. 이 가운데 처음의 7가지는 모두 여섯 가지 안의 감각장소[六內處]와 여섯 가지 밖의 감각장소[六外處]로 구성되어 있기 때문에 본경의 제목을 여섯 감각장소의 분석이라고 하였다. 본경에서 분석하고 계시는 9가지는 다음과 같다.

① 여섯 가지 안의 감각장소[六內處](§4)

② 여섯 가지 밖의 감각장소[六外處](§5)

③ 여섯 가지 알음알이의 무리[六識身](§6)

④ 여섯 가지 감각접촉의 무리[六觸身](§7)

⑤ 열여덟 가지 마노의 고찰: 여섯 가지 안의 감각장소로 기쁨과 슬픔과 평온의 셋을 일으키는 여섯 가지 밖의 감각장소를 고찰하는 18가지(§8)

⑥ 서른여섯 가지 중생의 경지: 재가에 바탕 한 여섯 가지 기쁨, 출가에 바탕 한 여섯 가지 기쁨, 재가에 바탕 한 여섯 가지 슬픔, 출가에 바탕 한 여섯 가지 슬픔, 재가에 바탕 한 여섯 가지 평온, 출가에 바탕 한 여섯 가지 평온(§§9~15)

⑦ 이것을 의지하여 이것을 버림(§§16~20): 주석서는 서른여섯 가지 중생의 경지 가운데 열여덟 가지를 의지하여 열여덟 가지를 버리라는 뜻이라고 설명한다.(MA.v.25)

⑧ 성자가 닦는 세 가지 마음챙김의 확립: 이것은 수행법으로서의 마음챙김을 설하신 것이 아니라 스승이 제자들을 가르칠 때 제자들이 그 가르침을 제대로 이해하거나 실천하지 못하더라도 그것에 대해서 평온과 마음챙김과 분명하게 알아차림를 놓치지 않아야 한다는 것을 설하고 계신다. 그래서 경에서 세존께서는 이 셋을 닦아 성자는 스승이 되어 무리를 지도할 수 있다고 설하신다.(§§22~24)

⑨ 수행을 지도하는 스승들 가운데 위없는 조어장부: 여덟 방향으로 나아가는 자를 뜻한다. 여기서 여덟 가지 방향은 여덟 가지 해탈[八解脫]을 뜻한다.(§§25~27)

본경에서 세존께서는 이처럼 아홉 가지를 분석해서 말씀하신다.

「요약의 분석 경」(M138) **해설**

본경에서 세존께서는 먼저 비구들에게 "비구의 알음알이가 밖으로 흩어지거나 산만하지 않고 또한 안으로 들러붙지 않고 취착하지 않아서 동요하지 않으면 미래에 태어나고 늙고 죽는 괴로움은 일어나지 않을 것이다."(§3)라는 요약의 말씀을 하신다. 그러자 비구들의 요청으로 마하깟짜나 존자가 이것을 6가지로 분석해서 설명을 하는 것이 본경의 내용이다. 6가지는 다음과 같다.

① 알음알이가 밖으로 흩어지고 산만함 - 6경의 표상을 좇아가서 6경의 표상의 달콤함을 취하고 6경의 표상의 달콤함에 매이고 6경의 표상의 달콤함의 족쇄에 묶이는 것으로 설명함.(§10)

② 알음알이가 밖으로 흩어지지 않고 산만하지 않음 - 위와 반대로 설명함.(§11)

③ 마음이 안으로 들러붙음 - 초선부터 제4선까지에서 생기는 희열과 행복, 평온, 괴롭지도 즐겁지도 않음 등의 달콤함의 족쇄에 묶이면 마음이 안으로 들러붙었다고 한다고 설명함.(§§12~15)

④ 마음이 안으로 들러붙지 않음 - 위와 반대로 설명함.(§§16~19)

⑤ 취착하여 동요함-유신견과 오온으로 설명함.(§20)

⑥ 취착하지 않아서 동요하지 않음 - 위와 반대로 설명함.(§21)

그리고 세존께서 이를 인정하신다.(§§23~24)

「**무쟁**(無諍)**의 분석 경**」(M139) **해설**

본경은 세존께서 분쟁의 법과 무쟁의 법을 알아서 무쟁의 도를 닦으라고 설하신 경이다. 먼저 7가지 주제를 요약으로 말씀하시고(§3) 이를 하나하나 설명하신(§§4~12) 뒤에 결론을 내리시는 방법으로 전개된다. 본경의 7가지 요약 혹은 주제는 다음과 같다.

① 감각적 쾌락을 추구해서는 안되고 자기를 학대하는 데 몰두해서도 안된다.

② 이 양 극단을 떠나 여래는 중도를 깨달았나니, 그것은 안목을 만들고 … 열반으로 인도한다.

③ 칭송도 비난도 하지 말고 오직 법을 설해야 한다.

④ 즐거움을 판별할 줄 알아서 안으로 즐거움을 추구해야 한다.

⑤ 비밀스러운 이야기를 해서도 안되고 공개적 비판을 해서도 안된다.

⑥ 침착하게 말해야 하고 다급하게 말해서는 안된다.

⑦ 방언을 고집해서도 안되고 표준어를 무시해서도 안된다.

이런 방법으로 이 일곱 가지 주제를 요약으로 제시하신 뒤 두 번째 주제를 제외한 – 두 번째 주제는 오직 무쟁의 법이다. – 여섯 가지 주제에 대해 그릇된 도닦음과 바른 도닦음으로 설명하시면서 그릇된 도닦음은 분쟁의 법이고 바른 도닦음은 무쟁의 법이라고 다음과 같이 설하신다.

"① 감각적 쾌락을 추구하는 것은 그릇된 도닦음이다. 그러므로 이것은 분쟁의 법이다. 그러나 감각적 쾌락을 추구하지 않는 것은 바른 도닦음이다. 그러므로 이것은 무쟁(無諍)의 법이다. … ⑦ 방언을 고집하고 표준어를 무시하는 것은 그릇된 도닦음이다. 그러므로 이것은 분쟁의 법이다. 그러나 방언을 고집하지 않고 표준어를 무시하지 않는 것은 바른 도닦음이다. 그러므로 이것은 무쟁의 법이다."

이처럼 세존께서는 본경에서 이 7가지 주제를 분쟁의 법과 무쟁의 법으로 나누어서 설하시면서(§§4~12) 무쟁의 도를 닦으라고 강조하시고, 마지막으로 "수부띠 선남자는 무쟁의 도를 닦은 자이다."라고(§14) 칭찬하신다.

「**요소의 분석 경**」(M140) **해설**

본경은 세존께서 라자가하의 도공 박가와의 작업장에서 뿍꾸사띠 존자에게 설하신 가르침을 담고 있다. 주석서에 의하면 뿍꾸사띠 존자는 딱까실라(Takkasīla, Sk. Takṣaśiila, 딱샤실라)를 통치하던 왕이었다고 한다. 그는 빔비사라 왕과 친교를 맺어서 세상에 부처님이 탄생하신 것을 알고 '내 친구가 가능하다면 집을 나와 출가하기를 바랍니다.'라는 왕의 편지를 읽고 환희심이 생겨 출가를 결심하고 인도 중원으로 들어왔다고 한다.(MA.v.33~46)

이 감동적인 이야기는 본경에서 주해로 요약하였으므로 참조하기 바란다. 이렇게 해서 멀리 라자가하로 온 그는 도공의 허름한 작업장에서 자기가 만난 분이 세존인 줄도 모른 채 세존을 친견하고(§§3~5) 세존의 격조 높은 말씀을 듣고(§§7~32) 감격하면서 이분이 바로 그분 세존 부처님임을 알게 된다.(§33)

본경에서도 부처님께서는 뿍꾸사띠 존자에게 먼저 다음과 같이 6가지 주제로 요약해서 설하신 뒤(§7) 아래에서 이를 하나하나 설명하시는 방법으로 가르침을 전개하신다.

① 이 사람은 여섯 가지 요소[界]로 이루어졌다.(§8)

② 이 사람은 여섯 가지 감각접촉의 장소로 이루어졌다.(§9)

③ 이 사람은 열여덟 가지 마노의 고찰로 이루어졌다.(§10)

④ 그는 네 가지 토대를 가지고 있다.(§11)

⑤ 그는 통찰지를 소홀히 여겨서는 안된다. 진리를 보호해야 한다. 버림을 길러야 한다. 고요함을 공부지어야 한다.(§§12~29)

⑥ 여기에 굳게 선 자에게 공상(空想, 허황된 생각)이 일어나지 못하며 공상이 더 이상 일어나지 않을 때 고요한 성자라고 한다.(§§30~32)

아직 정식으로 부처님 제자로 출가하기 전에 이런 법문을 들은 뿍꾸사띠 존자는 구족계를 받기 위해서 발우를 구하러 나갔다가 소에게 받혀서 임종을 한다.(§35) 세존께서는 그가 불환자가 되었다고 말씀하시는 것으로(§36) 감격스러우면서도 안타깝게 본경은 끝을 맺는다.

「진리의 분석 경」(M141) 해설

부처님의 가르침은 네 가지 성스러운 진리, 저 사성제로 귀결이 된다. 그래서 본경을 설하는 사리뿟따 존자는 본서 제2권 「코끼리 발자국 비유의 긴 경」(M28)에서 "도반들이여, 예를 들면 움직이는 생명들의 발자국은 그 어떤 것이든 모두 코끼리 발자국 안에 놓이고, 또한 코끼리 발자국이야말로 그들 가운데 최상이라고 불리나니 그것은 큰 치수 때문입니다. 도반들이여, 유익한 법[善法]은 그 어떤 것이든 모두 네 가지 성스러운 진리[四聖諦]에 내포됩니다."(M28 §2)라고 밝히고 있다. 본경은 이처럼 소중한 사성제의 각 항목을 사리뿟따 존자가 하나하나 명쾌하게 정리하고 있는 가르침이다.

먼저 세존께서는 "여래 · 아라한 · 정등각자는 바라나시의 이시빠따나에 있는 녹야원에서 위없는 법의 바퀴[法輪]를 굴렸나니, 그것은 네 가지 성스러운 진리를 설명하고, 가르치고, 선언하고, 확립하고, 드러내고, 분석하고, 해설한 것이다."(§§2~4)라고 말씀하신다. 이어서 "사리뿟따는 네 가지 성스러운 진리들을 설명하고, 가르치고, 선언하고, 확립하고, 드러내고, 분석하고, 해설할 수 있다."(§§5~6)라고 설하신다.

그래서 사리뿟따 존자가 사성제를 상세히 분석하여 정의하고 있다.

본경은 초기불교의 교학과 수행의 주춧돌이 되는 사성제와 팔정도의 각 항목에 대한 전통적인 정의를 고스란히 간직하고 있는 소중한 경이다.

「**보시의 분석 경**」(M142) **해설**

보시는 재가불자들의 기본 항목이다. 초기불전의 여러 곳에서 보시는 금생의 행복과 내생의 행복을 실현하는 토대로 세존께서 강조하고 계신다. 특히 본서 제2권 「우빨리 경」(M56) §18 등에서 보시는 "보시의 가르침, 계의 가르침, 천상의 가르침"으로 전개되는 순차적인 가르침으로 정형화되어 나타나며 이것을 중국에서는 시 · 계 · 생천(施 · 戒 · 生天)으로 옮겼다.

본경은 세존께서 이러한 보시를 크게 세 가지로 분석해서 말씀하시는 것으로, 세존의 이모이면서 양어머니인 마하빠자빠띠 고따미가 아직 출가하여 비구니가 되기 전의 일화를 담고 있다. 본경에서 마하빠자빠띠 고따미 왕비가 한 벌의 새 옷을 세존께 보시하려 하자(§2) 이를 계기로 세존께서 (1) 14가지 개인을 위한 보시 (2) 7가지 승가를 위한 보시 (3) 4가지 보시의 청정에 대한 말씀을 하시는 것이 본경의 내용이다. 이것을 정리해 보면 다음과 같다.

(1) 14가지 개인을 위한 보시(§5)

① 여래 · 아라한 · 정등각자께 보시하는 것 ②~④ 벽지불, 여래의

제자인 아라한, 아라한과의 실현을 닦는 자에게 보시하는 것 ⑤~⑩ 불환자, 불환과의 실현을 닦는 자, 일래자, 일래과의 실현을 닦는 자, 예류자, 예류과의 실현을 닦는 자에게 보시하는 것 ⑪ 감각적 욕망들에 대해 탐욕을 여읜 이교도에게 보시하는 것 ⑫ 계를 지니는 범부에게 보시하는 것 ⑬ 계행이 나쁜 범부에게 보시하는 것 ⑭ 축생에게 보시하는 것의 열네 가지를 말씀하시고, 이 중에서 위로 갈수록 그 공덕이 더 크다고 말씀하신다.(§6)

(2) 7가지 승가를 위한 보시(§7)

① 부처님을 상수로 하는 [비구와 비구니] 두 승가에 보시하는 것 ② 여래가 완전한 열반에 들고 나서 두 승가에 보시하는 것 ③ 비구승가에 보시하는 것 ④ 비구니 승가에 보시하는 것 ⑤ 승가에 비구와 비구니들을 정해달라고 요청하여 보시하는 것 ⑥ 승가에 비구들을 정해달라고 요청하여 보시하는 것 ⑦ 승가에 비구니들을 정해달라고 요청하여 보시하는 것을 들고 있다.

(3) 4 가지 보시의 청정(§§9~13)

① 보시하는 자는 청정하지만 보시 받는 자는 청정치 못한 보시(§10) ② 보시 받는 자는 청정하지만 보시하는 자는 청정치 못한 보시(§11) ③ 둘 다 청정하지 못한 보시(§12) ④ 둘 다 청정한 보시(§13)

그리고 §14에서 세존께서는 게송으로 이것을 정리하신 뒤 가르침을 마무리하신다.

제15장 「여섯 감각장소 품」 (M143~152)

「아나타삔디까를 교계한 경」 (M143) **해설**

초기불전에는 스님들이나 재가 불자가 중병에 걸려 극심한 고통에 시달리면 부처님이나 직계제자들이 그를 문병하고 그에게 가르침을 베푸는 경들이 나타나고 있다. 예를 들면 본서 「다난자니 경」(M97 §27 이하)과 『상윳따 니까야』 제3권 「왁깔리 경」(S22:87)이 그렇다. 본경에서도 아나타삔디까(급고독) 장자가 중병에 걸려 극심한 고통에 시달리자 사리뿟따 존자를 청하고(§2), 사리뿟따 존자가 문병을 가서 그에게 가르침을 베푼다.

사리뿟따 존자는 먼저 '나는 육내처를 취착하지 않으리라. 그러면 나의 알음알이는 육내처에 의지하지 않을 것이다.'라고 공부지을 것을 가르친다.(§5) 계속해서 6외처, 6식, 6촉, 6수, 4대, 5온, 4처, 세상의 12가지, 보고 듣고 생각하고 알고 탐구하고 마음으로 고찰한 것에 대해서도 6내처와 같은 방법으로 설한다.(§§6~14) 존자의 설법을 들은 장자는 기쁨의 눈물을 흘리고(§15) 얼마 지나지 않아 몸이 무너져 죽은 후에 도솔천에 몸을 받게 된다.(§§15~16)

그리고 아나타삔디까는 천신이 되어 세존께 와서 게송을 읊고 세존께서는 그가 아나타삔디까 장자였음을 인정하신다.(§20)

「찬나를 교계한 경」(M144) **해설**

본경은 중병에 걸려 극심한 고통을 받는 찬나 존자가 칼로 자결하는(sattha āharita), 좀 특별한 내용을 담고 있다. 초기불전에는 이런 자결을 다루는 경들이 몇 개 전해오는데 『상윳따 니까야』 제1권 「고디까 경」(S4:23)과 제3권 「왁깔리 경」(S22:87)과 제4권 「찬나 경」(S35:87)과 본경을 들 수 있다. 조금 다른 형태의 자결이 나타나는 경으로는 『상윳따 니까야』 제6권 「웨살리 경」(S54:9)이 있다.

본경은 사리뿟따 존자와 마하쭌다 존자와 찬나 존자가 독수리봉 산에 머물 때였다.(§2) 그때 찬나 존자가 중병에 걸려 극심한 고통을 받고 있었고 사리뿟따 존자와 마하쭌다 존자가 그에게 문병을 간다. 그들이 문병을 오자 그들에게 찬나 존자는 자결할 것이라고 말하여 그들은 그를 말린다.(§§3~6)

그러자 사리뿟따 존자는 찬나 존자의 허락을 받아서(§8) 그에게 6근, 6식, 6경에 대해서 '이것은 내 것이다. 이것은 나이다. 이것은 나의 자아이다.'라고 여기는지를 질문하자 그는 '이것은 내 것이 아니다. 이것은 내가 아니다. 이것은 나의 자아가 아니다.'라고 대답한다.(§9) 다시 사리뿟따 존자가 무엇을 보고 무엇을 최상의 지혜로 알아서 그렇게 여기는지를 묻자, 찬나 존자는 소멸을 보고 소멸을 최상의 지혜로 알아서 그렇게 여긴다고 대답한다.(§10) 이렇게 대화한 뒤 두 존자는 자기들 처소로 돌아가고 찬나 존자는 자결을 한다.(§12) 사리뿟따 존자가 세존께 가서 이 사실을 고하고(§13) 세존께서는 "찬나 비구는 비난받을 일 없이 칼을 사용했다."(§13)라고 말씀을 하시는 것으로 경은 마무리 된다.

주석서는 그가 사마시시(sama-sīsī)가 되어 완전한 열반에 들었다고 설명한다.(MA.v.83) 사마시시란 아라한과를 얻음과 동시에 완전한 열반에 드는 것을 말한다.

「뿐나를 교계한 경」(M145) **해설**

부처님께서는 다음과 같이 전법의 선언을 하셨다.

"비구들이여, 많은 사람의 이익을 위하고 많은 사람의 행복을 위하고 세상을 연민하고 신과 인간의 이상과 이익과 행복을 위하여 유행을 떠나라. 둘이서 같은 길을 가지 마라. 비구들이여, 법을 설하라. 시작도 훌륭하고 중간도 훌륭하고 끝도 훌륭하며 의미와 표현을 구족했고 더할 나위 없이 완벽하고 지극히 청정한 법을 설하고, 범행(梵行)을 드러내어라."
(『율장』『대품』(Vin.i.20); 『상윳따 니까야』 제1권 「마라의 올가미 경」2 (S4:5))

이런 자신감 넘치는 전법의 선언에 토대해서 부처님 직계제자들도 활발한 전법활동을 하였다. 본경은 이런 전법활동을 하려는 비구가 갖추어야 할 조건을 부처님께서 설하고 계시는 소중한 경전이다. 위축되어 있는 듯이 보이는 한국불교에 몸담은 역자를 비롯한 출가자들은 본경을 읽고 목숨을 돌보지 않는 전법의 발원을 해야 할 것이라고 감히 생각해 본다.

본경은 자신의 고향으로 전도를 떠나는 뿐나 존자와 세존의 대화로 구성된다. 본경에서 세존께서는 먼저 뿐나 존자에게 6근으로 인식되는 6경을 통한 괴로움의 일어남과 소멸에 대한 간단한 가르침을 베푸신다.(§§3~4) 그래서 본경은 이 곳 「여섯 감각장소 품」에 포함된 것이다. 그런 뒤에 그가 머물려는 수나빠란따라는 지방의 사람들에 대해서 그들이 거칠다고 말씀하시면서 그들이 욕설과 험담을 하면, 손찌검을 하면, 흙덩이를 던지면, 몽둥이로 때리면, 칼로 베면, 칼로 목숨을 빼앗아 간다면 어떻게 할 것인가를 순차적으로 물으신다. 뿐나 존자는 이러한 세존의 질문에 하나하나 순차적으로 대답한다. 이렇게 대화를 나누고 세존의 격려를 받은 그는 수나빠란따로 떠난다.(§§5~6)

뿐나 존자는 그 안거 동안 오백 명의 남자 신도들과 오백 명의 여자 신도들을 얻었다. 그는 그 안거 중에 삼명을 실현했고 나중에 완전한 열반에 들었다고 하며(§7) 세존께서도 그것을 인정하시는 것으로 경은 마무리된다.(§8)

「난다까의 교계 경」(M146) 해설

난다까 존자는 『앙굿따라 니까야』 제1권 「하나의 모음」(A1:14:4-11)에서 비구니들을 교계하는 자들 가운데서 으뜸이라고 거명된 분이다. 본경은 왜 난다까 존자가 비구니들을 교계하는 자들 가운데서 으뜸인지를 잘 보여준다.

난다까 존자는 자신이 설법을 할 차례가 되어 마하빠자빠띠 고따미를 상수로 하는 오백 명의 비구니들 처소인 라자까 원림에 가서 법을 설한다.(§5) 그는 육내입의 무상 · 고 · 무아(§6), 육외입의 무상 · 고 · 무아(§7), 육식의 무상 · 고 · 무아(§8), 기름등불의 비유(§9), 심재를 가진 큰 나무의 비유(§10), 능숙한 백정이나 그의 도제가 소를 잡는 것의 비유(§§11~12), 칠각지와 짧은 누진통의 정형구[漏盡通]의 순서로 법을 설한다.(§13)

세존께서는 그 다음 날 다시 난다까 존자로 하여금 비구니들에게 설법을 하게 하시고 난다까는 같은 법문을 설한다.(§§15~26) 이 가르침을 듣고 오백 명의 비구니들은 모두 예류자 이상이 되었다고 한다.(§27)

본경은 해체해서 보기 - 무상 · 고 · 무아가 드러남을 분명하게 보여주는 가르침이다. 본서의 여러 경들(M74, M108, M147, M148 등)에서 보듯이 부처님의 제자들 가운데 비구나 비구니를 막론하고 이처럼 존재를 오온이나 육내외입으로 해체해서 보아 무상 · 고 · 무아를 체득해서 염오 - 이욕 - 해탈 - 구경해탈지를 실현하는 방법을 통해서 깨달음을 실현한 분들이 많다. 본경도 그런 경들 가운데 하나라 할 수 있다.

「**라훌라를 교계한 짧은 경**」(M147) **해설**

부처님 가르침은 '해체해서 보기'가 근본이다. ① 나와 세상을 오온과 육내외처 등으로 해체해서 보면 ② 무상 · 고 · 무아가 분명하게 드러나고, 그러면 ③ 염오 ④ 이욕 ⑤ 해탈 ⑥ 구경해탈지를 통해서 깨달음을 완성하게 된다는 이러한 여섯 단계를 통한 해탈 · 열반을 실현하는 구조로 되어있는 가르침이 니까야의 400군데 정도에 나타난다고 한다.(『초기불교 이해』 54~55쪽 참조)

그리고 본경은 부처님의 외동아들인 라훌라 존자가 세존의 설법을 듣고 깨달아서 아라한이 된 내용을 담고 있는 중요한 경이다. 나아가서 신들도 이러한 부처님의 말씀을 듣고 예류자 이상의 성자들이 되었다고 나타난다. 그러므로 본경은 천상의 신들도 부처님 가르침을 듣고 성자가 되는 것을 보여주는 보기가 되는 중요한 경이기도 하다. 이런 중요한 경의 내용이 해체해서 보기를 토대로 위에서 언급한 여섯 단계의 정형구로 되어 있다는 것도 독자들이 눈여겨봐야 할 부분이라 생각한다.

본경에서 부처님께서는 육근과 육경과 육식과 육촉과, 육촉을 조건으로 하여 일어난 느낌에 포함된 것이나 인식에 포함된 것이나 심리현상들에 포함된 것이나 알음알이에 포함된 것(수 · 상 · 행 · 식)은 항상한가, 무상한가라는 방법으로 문답을 통해서 이들의 무상 · 고 · 무아를 체득하게 하신다.(§§3~8) 그리고 이들에 대한 염오와(§9), 이욕 - 해탈 - 구경해탈지의 정형구를 말씀하신다.(§10) 이 가르침을 듣고 라훌라 존자는 아라한이 되고 신들도 성자가 된다. 이처럼 라훌라 존자는 ① 6내외처와 오온으로 해체해서 보기 ② 무상 · 고 · 무아 ③ 염오 ④ 이욕 ⑤ 해탈 ⑥ 구경해탈지의 정형구를 통해서 아라한이 되었다.

초기불전을 통해서 보면 오비구는 부처님의 두 번째 설법인 『상윳따 니까야』 제3권 「무아의 특징 경」(S22:59)을 듣고 오온의 무상 · 고 · 무아를 통해서, 가섭 삼형제와 1000명의 비구는 제4권 「불타오름 경」(S35: 28)을 듣고 6내외처의 무상 · 고 · 무아를 통해서, 라훌라 존자는 본경에서 보듯이 6내외처 등과 오온의 무상 · 고 · 무아를 통해서 염오 - 이욕 - 해탈 - 구경해탈지로 깨달음을 실현하였다. 이처럼 '나'를 오온으로 해체해서 보고 세상을 12처로 해체해서 보는 것은 깨달음의 단초가 되는 중요한 가르침이다.

「여섯씩 여섯[六六] 경」(M148) 해설

거듭해서 밝히지만 초기불교의 특징을 한 마디로 해 보라면 초기불전연구원에서는 주저하지 않고 '해체해서 보기'라고 말한다. 나와 세상을 5온과 12처 등으로 해체해서 보면 무상 · 고 · 무아가 명명백백하게 드러나고 그래서 염오 - 이욕 - 해탈 - 구경해탈지를 증득하게 된다는 것이 해체해서 보기의 정형화된 가르침이다. 초기불전 수백 군데에 이렇게 나타난다.

본경도 이 해체해서 보기의 정수를 담고 있는 전형적인 가르침이다. 세존께서는 본경에서 6내처, 6외처, 6식, 6촉, 6수, 6애의 여섯 가지를 각각 여섯으로 설하셨기 때문에 「여섯씩 여섯[六六] 경」이라 불린다. 이처럼 본경은 존재를 6내처, 6외처, 6식, 6촉, 6수, 6애로 해체해서 설하시고 그래서 염오 - 이욕 - 해탈 - 구경해탈지를 설하신다.

그리고 본경은 근 - 경 - 식 - 촉 - 수 - 애의 6지연기(六支緣起)를 설하시는 경이기도 하다. "눈과 형색들을 조건으로 눈의 알음알이가 일어난다. 이 셋의 화합이 감각접촉이다. 감각접촉을 조건으로 느낌이 있다. 느낌을 조건으로 갈애가 있다."(§§4~9)라는 방식으로 본경은 6근 - 6경 - 6식 - 6촉 - 6수 - 6애의 6지연기를 설하신다.

그리고 이렇게 6×6=36가지로 해체해서 보면 이 36가지 가운데 그 어느 것도 자아라고 주장할 수가 없다는 것을 부처님께서는 본경의 §§10~15에서 자상하게 설하신다. 예를 들면 눈에 대해서 부처님은 "만일 '눈이 자아다.'라고 말한다면 그것은 타당하지 않다. 눈의 일어남과 사라짐은 알 수 있다. 일어남과 사라짐을 알 수 있기 때문에 ['눈이 자아다.' 라고 말하면] '나의 자아가 일어나고 사라진다.'라는 말이 되어버린다. 그러므로 '눈이 자아다.'라고 말한다면 그것은 타당하지 않다. 그러므로 눈은 자아가 아니다."(§10)라고 눈이 무아임을 결론지으신다.

이처럼 본경에서 세존께서는 먼저 존재를 여섯 - 여섯으로 해체해서 설하시고(§§4~9) 다시 존재를 이처럼 여섯 - 여섯으로 해체해서 보면 이것은 나의 자아가 아님 즉 무아라고 극명하게 드러남을 밝히신 뒤 (§§10~33), 이렇게 하면 지금 · 여기에서 괴로움을 끝내는 것이 가능해진다고 역설하신다.(§§34~39) 이렇게 하여 근 - 경 - 식 - 촉 - 수 - 애에 염오하고(§40) 이욕 - 해탈 - 구경해탈지의 정형구로 깨달음을 실현한다 (§41)는 가르침으로 본경은 구성되어 있다.

이 가르침이 설해졌을 때 60명의 비구들은 취착 없이 번뇌에서 마음이 해탈했다고 본경은 강조하고 있는데(§41) 이처럼 해체해서 보기는 큰 위력을 가진 가르침이다.

「**위대한 여섯 감각장소 경**」(M149) **해설**

앞의 「여섯씩 여섯[六六] 경」(M148)은 존재의 흐름을 근 - 경 - 식 - 촉 - 수 - 애의 육육 삼십육(6×6=36)으로 해체해서 보아 무아 - 염오 - 이욕 - 해탈 - 구경해탈지로 깨달음을 실현하는 것을 설하였는데, 본경은 근 - 경 - 식 - 촉 - 수의 오륙 삼십(5×6=30)으로 해체해서 보아 팔정도 등의 37보리분법이 완성되고, 최상의 지혜로 사성제를 체득하는 구조로 설하고 있다. 본경을 조금 자세히 정리해 보자.

먼저 세존께서는 눈・귀・코・혀・몸・마노 즉 여섯 가지 안의 감각장소[六內處]와 그 대상이 되는 형색・소리・냄새・맛・감촉・법을 여실지견하지 못하면 이 각각에 상응하는 식 - 촉 - 수를 여실지견하지 못하게 되고, 그래서 근 - 경 - 식 - 촉 - 수에 집착하게 된다고 분석하신다. 이렇게 되면 오취온이 적집되고 갈애가 증장하고 그래서 몸과 마음의 불안과 고통과 열병과 괴로움을 겪게 된다고 설파하신다.(§§3~8) 이와 같이 강조하신 뒤에 다시 이것을 극복하는 방법을 해체적인 방법으로 말씀하신다.(§§9~26)

눈・귀・코・혀・몸・마노 즉 여섯 가지 안의 감각장소[六內處]와 그 대상이 되는 형색・소리・냄새・맛・감촉・법을 여실지견하면 여기에 집착하지 않게 되고, 그러면 오취온이 적집되지 않고, 갈애가 제거되고, 그러면 몸과 마음의 불안과 고통과 열병이 제거되고, 그래서 진정한 즐거움을 누리게 된다고 강조하신다.

이렇게 하여 팔정도가 완성되고, 그래서 37보리분법이 완성되며, 사마타[止]와 위빳사나[觀]나도 조화롭게 된다고 하신 뒤, 최상의 지혜를 말씀하신다. 이 최상의 지혜로 철저히 알아야 할 법들(고성제)로는 오취온을, 최상의 지혜로 버려야 할 법들(집성제)로는 무명과 존재에 대한 갈애[有愛]를, 최상의 지혜로 닦아야 할 법들(도성제)로는 사마타와 위빳사나를, 최상의 지혜로 실현해야 할 법들(멸성제)로는 명지와 해탈을 말씀하시는데, 이것은 사성제를 완성하는 가르침이 된다.

앞의 M147과 M148은 해체해서 보아 무아 - 염오 - 이욕 - 해탈 - 구경해탈지로 깨달음을 실현하는 내용을 담고 있는데, 본경은 해체해서 보면 오취온이 적집되지 않고, 갈애 등이 제거되며, 팔정도 등의 37보리분법이 완성되고, 사마타와 위빳사나가 조화로워져서 최상의 지혜로 사성제를 완성하는 구조로 되어있다. 본경은 이처럼 존재를 여섯 감각장소로 해체해서 보아 사성제를 완성하는 세밀하면서도 큰 가르침을 담고 있다.

「**나가라윈다의 장자들 경**」(M150) **해설**

초기불전에서 인도의 종교인들은 사문·바라문으로 표현된다. 사문(沙門, samaṇa)은 계급과 관계없이 집을 떠나 독신생활을 하는 자들을 총칭하는 말이고, 바라문(婆羅門, brāhmaṇa)은 바라문 계급 출신으로 결혼을 하는 종교인이다. 그러면 어떤 사문이나 바라문이 존중과 존경을 받아야 하고 어떤 사문이나 바라문은 존중과 존경을 받지 않아야 하는가? 본경에서 세존께서는 나가라윈다의 장자들에게 이것을 말씀하신다. 세존께서는 이 기준을 탐·진·치, 즉 탐욕·성냄·어리석음으로 말씀하신다.

세존께서는 간단명료하게 이렇게 말씀하신다. 눈 등의 육내처(六內處)로 인식되는 형색 등의 육외처(六外處)에 대해 탐·진·치를 버리지 못하였으며, 안으로 마음이 고요하지 못하고 몸과 말과 마음으로 때로는 옳은 행위를 하고 때로는 옳지 않은 행위를 하는 그런 사문·바라문들은 존중하지 않아야 하고 존경하지 않아야 한다. 일반인들도 그렇기 때문이다.(§4) 그러나 이와 반대로 행하면 존중해야 하고 존경받아야 한다.(§5) 세존의 이런 말씀을 듣고 나가라윈다의 장자들은 부처님의 재가신자가 되었다.(§7)

이런 측면에서 본경은 어떤 가르침을 듣고 그대로 행해서 나의 탐욕이나 성냄이나 어리석음이 증장한다면 그 가르침은 따르지 말고, 반대로 해소가 된다면 그런 가르침은 따르라고 말씀하시는 『앙굿따라 니까야』 제1권 「깔라마 경」(A3:65)과 견줄 만하다. 그리고 본서 제3권 「와셋타 경」(M98) §10 이하의 게송들과 『법구경』 「바라문 품」(Dhp. 390~423)에서도 부처님께서는 진정한 바라문을 여러 가지로 정의하고 계시는데 탐·진·치가 다하고 번뇌가 다한 성자야말로 진정한 바라문이라고 강조하신다.

「**탁발음식의 청정 경**」(M151) **해설**

출가자들의 기본 생활방식은 탁발 혹은 걸식이다. 출가자들은 스스로 직업을 가져 생계를 영위하는 것이 아니라 이처럼 남들에 의지하여 생계를 해결한다. 그러므로 진실한 수행을 하지 않으면 무위도식하는 자가 되기 십상이다. 그러면 출가자들은 어떻게 수행을 해야 무위도식자가 되지 않고 재가자들이 신심으로 만들어 가져온 탁발음식(piṇḍapāta)을 청정하게 하고 빛나게 하는 것인가? 세존께서는 본경에서 이런 중요한 문제를 말씀하신다. 그리고 이것이야말로 진정한 공에 들어 머묾(suññatā-vihāra)이라고 말씀하시고 대인의 머묾(mahā-purisa-vihāra)이라고 말씀하신다.(§2) 본경에서 세존께서는 공에 들어 머물고 탁발음식을 청정하게 하는 방법으로 다음의 일곱 가지를 말씀하신다.

① 먼저 눈 등의 여섯 가지 안의 감각장소[六內處]로 인식되는 형색 등의 여섯 가지 밖의 감각장소[六外處]에 대한 욕심이나 탐·진·치나 적의가 있는가를 반조해 보고, 있으면 버리기 위해서 노력해야 한다. 없다고 안다면 희열과 환희심으로 유익한 법들을 밤낮으로 공부지으면서 머물 수 있다.(§§3~8)

② 같은 방법을 다섯 가닥의 얽어매는 감각적 욕망(§9), ③ 다섯 가지 장애[五蓋]들(§10), ④ 취착의 대상인 다섯 가지 무더기들[五取蘊](§11)에도 적용하신다.

⑤ 다시 사념처, 사정근, 사여의족, 오근, 오력, 칠각지, 팔정도의 37 보리분법과(§§12~18) ⑥ 사마타와 위빳사나와(§19) ⑦ 명지와 해탈을 실현했는가(§20)를 반조해 보고, 만일 이들을 실현하지 못했다고 안다면 이들을 실현하기 위해 정진해야 한다. 실현했다고 알면 희열과 환희심으로 유익한 법들을 밤낮으로 공부지으면서 머물 수 있다.

이렇게 하는 것이야말로 공에 들어 머무는 것이요(§3), 거듭거듭 반조하여서 탁발음식을 청정하게 하는 것(§21)이라고 결론지으신다.

그리고 이 일곱 가지 가르침을 통해서 볼 수 있듯이 본경에서도 위의 「위대한 여섯 가지 감각장소 경」(M149)의 §11 등에서 설하신 방법처럼 알아야 할 것으로 오취온(§11)과 12처(§§3~8)를, 버려야 할 것으로 오욕과 오개(§§9~10)를, 닦아야 할 것으로 37보리분법과 사마타와 위빳사나(§§12~19)를, 실현해야 할 것으로 명지와 해탈(§20)을 들고 있다. 이렇게 하여 본경은 사성제의 방법론으로 탁발음식의 청정을 완성하고 있다.

「**감각기능을 닦음 경**」(M152) **해설**

인간은 살아있는 한, 눈·귀·코·혀·몸·마노라는 이 여섯 가지 감각기능[六根, indriya]을 한시라도 쉬지 못한다. 살아있는 한 인간은 눈·귀·코·혀·몸·마노로 형색·소리·냄새·맛·감촉·법의 대상을 지각할 수밖에 없고 그래서 이를 바탕으로 우리 삶의 모든 사단은 다 일어나고 벌어진다. 이것은 살아있는 인간에게 필연적인 것일 것이다.

그러므로 이 감각기능들을 제멋대로 방치하게 되면 "욕심과 싫어하는 마음이라는 나쁘고 해로운 법[不善法]들이 그에게 [물밀듯이] 흘러들어 올 것이다. 따라서 그는 감각기능을 잘 단속하기 위해 수행하며, 감각기능을 잘 방호하고, 감각기능을 잘 단속한다."(M38 §35 등) 이처럼 이 여섯 가지 감각기능을 닦는 것이야말로 특히 출가자들의 바른 삶의 기본이 될 뿐만 아니라 성자가 되는 첩경이기도 한 중차대한 문제이다.

본경에서 빠라사리야 바라문의 제자인 웃따라 바라문 학도가 세존을 뵈러 오자 세존께서는 이 중차대한 문제를 그에게 질문하신다. "그대의 스승인 빠라사리야 바라문은 제자들에게 어떻게 감각기능을 닦는 것을 가르치는가?"(§2)라고. 그러자 웃따라 바라문 학도는 "여기 눈으로 형색을 보지 않고 귀로 소리를 듣지 않습니다. 이와 같이 가르칩니다."라고 대답한다. 여기에 대해서 세존께서는 "그렇다면 장님이야말로 이미 감각기능을 닦은 자가 될 것이고, 귀머거리도 감각기능을 닦은 자가 될 것이다. 장님은 눈으로 형색을 보지 않기 때문이요, 귀머거리는 귀로 소리를 듣지 않기 때문이다."라고 나무라신다. 웃따라 바라문 학도는 말없이 의기소침하여 아무런 대답을 못하고 앉아있었다.(§2)

이를 바탕으로 세존께서는 본경에서 ① 성자의 율에서 위없는 감각기능을 닦음과(§§4~9) ② 도를 닦는 유학과(§10) ③감각기능을 닦은 성자에 대해서(§§11~16) 설하신다.

이 가운데 ①은 육내처로 육외처를 대할 때 마음에 드는 것, 마음에 들지 않는 것, 마음에 들기도 하고 마음에 들지 않기도 한 것이 일어나는데 이것에 대한 평온을 닦는 것을 뜻한다.(§§4~9) ②는 마음에 드는 것 등의 셋에 대해서 부끄러워하고 수치스러워하고 혐오하는 것이다.(§10) ③은 이 셋에 대해서 혐오스럽지 않다는 인식과 혐오스럽다는 인식과 평온을 조합하여 다섯 가지 방법으로 머무는 것을 말한다.(§§11~16)

여기서 ①은 아직 과위를 얻지 못한 수행자를 ②는 유학을 ③은 아라한을 뜻한다. 그리고 이들 세 가지 감각기능을 닦는 것에 대한 설명은 본경에 인용하고 있는 주석서도 참조하기 바란다.

이런 설명을 마치고 본경은 "아난다여, 항상 제자들의 이익을 기원하며 제자들을 연민하는 스승이 마땅히 해야 할 바를 나는 연민으로 했다. 아난다여, 여기 나무 밑이 있다. 여기 빈집이 있다. 참선을 하라. 아난다여, 방일하지 마라. 나중에 후회하지 마라. 이것이 그대들에게 주는 나의 간곡한 당부이다."(§18)라는 부처님의 간곡하신 말씀으로 끝을 맺고 있다. 이렇게 해서 『맛지마 니까야』의 152개 경들은 모두 마무리된다.

4. 맺는 말

이상으로 초기불전연구원에서 번역·출간한 『맛지마 니까야』 제4권에 포함된 제12장 「차례대로 품」, 제13장 「공 품」, 제14장 「분석 품」, 제15장 「여섯 감각장소 품」(M143~M152)의 다섯 개 품에 포함된 42개의 경들을 살펴보았다. 특히 제14장 「분석 품」과 제15장 「여섯 감각장소 품」은 품의 명칭이 보여주듯이 불교의 여러 주제들과 여섯 감각장소에 대한 분석적인 가르침이 담겨 있다. 그리고 제12장 「차례대로 품」과 제13장 「공 품」에도 불교의 여러 주제와 여러 외도들의 가르침에 대한 분석과 자세한 설명을 담은 경들이 주로 포함되어 있다. 이처럼 본서에 포함된 네 개의 품들에는 여러 가르침에 대한 분석을 주로 하는 가르침이 담겨 있다.

초기불전연구원에서는 초기불교의 특징을 '해체해서 보기'라고 거듭거듭 말해왔다. 나와 세상을 5온과 12처 등으로 해체해서 보면 무상·고·무아가 명명백백하게 드러나고 그래서 염오 - 이욕 - 해탈 - 구경해탈지를 증득하게 된다는 것이 해체해서 보기의 정형화된 가르침이다. 초기불전의 도처에서 이렇게 나타난다.

사정이 이러하기 때문에 역사적으로 부처님의 적통임을 자부해왔으며 빠알리 삼장 특히 부처님의 직설을 담고 있는 빠알리 니까야를 2600여년 동안 잘 전승해온 상좌부는 스스로를 위밧자와딘(Vibhajjavādin, 해체를 설하는 자)이라고 불러왔다.

『맛지마 니까야』에도 여러 경들이 이러한 해체해서 보기를 강조하고 있는데 그 가운데 하나가 본서 「여섯씩 여섯[六六] 경」(M148)이다. 세존께서는 본경에서 존재를 육내처, 육외처, 육식, 육촉, 육수, 육애로 해체해서 보여주시고 그래서 염오 - 이욕 - 해탈 - 구경해탈지를 설하신다. 그리고 해체해서 보면 드러나는 것이 연기의 원리이기도 하다 그래서 본경은 "눈과 형색들을 조건으로 눈의 알음알이가 일어난다. 이 셋의 화합이 감각접촉이다. 감각접촉을 조건으로 느낌이 있다. 느낌을 조건으로 갈애가 있다."(§§4~9)라는 방식으로 6근 - 6경 - 6식 - 6촉 - 6수 - 6애의 6지 연기(六支緣起)를 설하시는 경이기도 하다.

해체해서 보면 극명하게 드러나는 것이 또한 무아다. 해체해서 보면 이 36가지 가운데 그 어느 것도 자아라고 주장할 수가 없기 때문이다. 그래서 부처님은 "만일 '눈이 자아다.'라고 말한다면 그것은 타당하지 않다. 눈의 일어남과 사라짐은 알 수 있다. 일어남과 사라짐을 알 수 있기 때문에 ['눈이 자아다.'라고 말하면] '나의 자아가 일어나고 사라진다.'라는 말이 되어버린다. 그러므로 '눈이 자아다.'라고 말한다면 그것은 타당하지 않다. 그러므로 눈은 자아가 아니다."(§10)라고 눈이 무아임을 결론지으신다. 이렇게 해서 해체해서 드러나는 6×6=36가지 법이 무아임을 명쾌하게 드러내신다.

그리고 이러한 해체해서 보기의 결론은 근 - 경 - 식 - 촉 - 수 - 애에 염오하고(§40) 이욕 - 해탈 - 구경해탈지의 정형구로 깨달음을 실현한다(§41)는 것이다. 그래서 이 가르침이 설해졌을 때 60명의 비구들은 취착 없이 번뇌에서 마음이 해탈한 아라한이 되었다고 본경은 강조하고 있는데(§41) 이처럼 해체해서 보기는 큰 위력을 가진 가르침이다.

『맛지마 니까야』 마지막 권을 읽는 독자님들이 이러한 해체해서 보기를 통해서 해탈 · 열반을 실현하는 토대를 만들어서, 모두 고귀한 사람, 존귀한 사람, 성스러운 사람인 저 성자가 되어 모든 생명들의 훌륭한 복밭이 되어주시기를 발원하며 제4권의 해제를 마무리한다.

제12장

차례대로 품[8)]

Anupada-vagga

(M111~120)

8) 『맛지마 니까야』에 포함되어 있는 152개의 경들은 모두 세 개의 '50개 경들의 묶음(paṇṇāsa)'으로 나누어져서 세 권으로 전승되어 온다. 제1권인 『기본 50개 경들의 묶음』(Mūla-paṇṇāsa)'에는 M1부터 M50까지의 50개 경들이 포함되어 있고, 『가운데 50개 경들의 묶음』(Majjhima-paṇṇāsa)이라 불리는 제2권에는 M51부터 M100까지의 50개 경들이 들어있다. 그리고 마지막인 제3권은 『마지막 50개 경들의 묶음』(Upari-paṇṇāsa)'이라 불리는데, 여기에는 M101부터 M152까지의 52개 경들이 포함되어 있다.
초기불전연구원에서는 분량의 문제 때문에 이들을 전체 네 권으로 번역하여 출간하고 있다. 여기 한글번역본 제4권은 『마지막 50개 경들의 묶음』에 포함되어 있는 다섯 개의 품(vagga) 가운데 두 번째 품인 「차례대로 품」(M111~M120)부터 마지막 품인 「여섯 감각장소 품」(M143~M152)까지의 네 개 품에 포함되어 있는 42개 경들을 싣고 있다.
본서에서는 혼란을 피하기 위해서 『맛지마 니까야』의 전체 15개 품을 제1품부터 제15품까지 일괄적으로 표기하고 있다. 그래서 여기 한글번역본 제3권에는 전체 15개 품 가운데서 제12품부터 제15품까지의 네 개 품이 포함되어 있다.

차례대로 경

Anupada Sutta(M111)

1. 이와 같이 나는 들었다. [25] 한때 세존께서는 사왓티에서 제따 숲의 아나타삔디까 원림(급고독원)에 머무셨다. 거기서 세존께서는 "비구들이여."라고 비구들을 부르셨다. "세존이시여."라고 비구들은 세존께 응답했다. 세존께서는 이렇게 말씀하셨다.

2. "비구들이여, 사리뿟따는 현자[9]이다. 비구들이여, 사리뿟따

9) "'현자(paṇḍita)'란 열여덟 가지 요소[十八界]에 대해 능숙하고(dhātu-ku-salatā), 열두 가지 감각장소[十二處]에 대해 능숙하고(āyatana-kusala-tā), 연기의 구성요소에 대해 능숙하고(paṭiccasamuppāda-kusalatā), 가능한 것과 불가능한 것에 대해 능숙한 것(ṭhāna-aṭṭhāna-kusalatā)인 이 네 가지를 통해 현자라고 한다."(MA.iv.82)
이 정의는 본서 제4권 「여러 종류의 요소 경」(M115) §3에 부처님 말씀으로 나타난다. 복주서는 다음과 같이 상세히 설명하고 있다.
"열여덟 가지 요소[十八界]의 일어남(samudaya)과 사라짐(atthaṅgama)과 달콤함(assāda)과 재난(ādīnava)을 있는 그대로 꿰뚫어 아는 것(yathā-bhūtaṁ pajānana)이 요소에 대해 능숙한 것이고, 감각장소에 대해 능숙한 것도 이런 방법과 같다. 무명 등 열두 가지 연기의 구성요소에 대해 잘 아는 것이 연기의 구성요소에 대해 능숙한 것이고, 이것은 이 결과의 원인이고 이것은 원인이 아니라고, 이렇게 원인을 원인이라고 원인이 아닌 것을 원인이 아닌 것이라고 있는 그대로 꿰뚫어 아는 것을 원인과 원인 아닌 것에 대해 능숙한 것이라고 한다."(MAṬ.ii.270)

는 큰 통찰지[10]를 가졌다. 비구들이여, 사리뿟따는 광대한 통찰지를[11] 가졌다. 비구들이여, 사리뿟따는 명쾌한 통찰지를[12] 가졌다. 비구들이여, 사리뿟따는 전광석화와 같은 통찰지를[13] 가졌다. 비구들이여, 사리뿟따는 예리한 통찰지를[14] 가졌다. 비구들이여, 사리뿟

---

10) "'큰 통찰지(mahā-paññā)'란 큰 계의 무더기, 큰 삼매의 무더기, 통찰지의 무더기, 해탈의 무더기, 해탈지견의 무더기(오법온)를 파악하기 때문에 큰 통찰지이다. 원인과 원인 아님, 증득, 네 가지 성스러운 진리, 네 가지 마음챙김의 확립을 비롯한 37보리분법, 사문의 결실, 최상의 지혜, 궁극적인 진리인 열반을 크게 파악하기 때문에 큰 통찰지이다."(MA.iv.83)

11) "'광대한 통찰지(puthu-paññā)'도 큰 통찰지와 거의 같은 방법인데 여러 가지 무더기들에서 광대한 지혜(ñāṇa)가 일어나기 때문에 광대한 통찰지이다. 여러 가지 요소와 여러 가지 감각장소와 여러 가지 연기 등과 궁극적인 진리인 열반에 광대한 지혜가 일어나기 때문에 광대한 통찰지이다."(MA.iv.83)

12) "'명쾌한 통찰지(hāsa-paññā)'라 하셨다. 어떤 이가 자주 웃고(hāsa-bahu-la), 많이 알며, 아주 만족하고, 아주 환희하면서 계행을 원만히 하고, 감각기능의 단속을 원만히 하고, 음식에 적당한 양을 알고, 늘 깨어있고, 계행의 무더기와 삼매의 무더기와 통찰지의 무더기와 해탈의 무더기와 해탈지견의 무더기를 원만히 하는 것이 명쾌한 통찰지이다. 자주 웃고 아주 환희하면서 원인과 원인 아님을 꿰뚫는 것이 명쾌한 통찰지이다. 자주 웃으면서 아홉 가지 증득을 원만히 하는 것이 명쾌한 통찰지이다. 자주 웃으면서 성스러운 진리를 꿰뚫고, 37보리분법을 닦는 것이 명쾌한 통찰지이다. 자주 웃으면서 사문의 결실을 실현하고, 최상의 지혜를 꿰뚫는 것이 명쾌한 통찰지이다. 자주 웃고, 많이 알며, 아주 만족하고, 아주 환희하면서 궁극적인 진리인 열반을 실현하는 것이 명쾌한 통찰지이다."(MA.iv.84)

13) "어떤 것이 '전광석화와 같은 통찰지(javana-paññā)'인가? 다섯 가지 무더기에 대해 그것이 과거의 것이건, 미래의 것이건, 현재의 것이건, 멀리 있건, 가까이 있건, 그 모든 것에 대해 무상이라고, 괴로움이라고, 무아라고 재빨리 알아차린다(khippaṁ javati)고 해서 전광석화와 같은 통찰지라 한다."(MA.iv.84)

14) "어떤 것이 '예리한 통찰지(tikkha-paññā)'인가? 재빨리 오염원들을 끊어버리기 때문에 예리한 통찰지이다. 감각적 욕망에 대한 생각, 악의에 대한 생각, 해코지하려는 생각이 일어나면 그것을 품지 않고, 계속해서 일어나는 나쁘고 해로운 법들, 일어난 탐욕, 성냄, 어리석음, 질투 등 모든 오염원과 모

따는 꿰뚫는 통찰지를[15] 가졌다.[16] 비구들이여, 사리뿟따는 보름 동안 차례대로[17] 법에 대해 위빳사나를 닦았다.[18] 비구들이여, 이것

든 그릇된 행위, 모든 의도, 존재로 인도하는 모든 업들을 품지 않고 버리고 제거하고 끝내고 없애기 때문에 예리한 통찰지이다. 한 자리에서 네 가지 성스러운 도와 네 가지 사문의 과와 네 가지 무애해와 여섯 가지 신통지를 얻고 실현하고 통찰지로 보기 때문에 예리한 통찰지이다."(MA.iv.85)

15) "어떤 것이 '꿰뚫는 통찰지(nibbedhika-paññā)'인가? 여기 어떤 이는 모든 유위법들에 대해 괴로워하고, 두려워하고, 불만족스러워하고, 따분해하고, 즐거워하지 않고, 모든 유위법들에 대해 기뻐하지 않고, 이전에 꿰뚫지 못했고 이전에 관통하지 못했던 탐욕의 무더기, 성냄의 무더기, 어리석음의 무더기 등 존재로 인도하는 모든 업들을 꿰뚫고 관통하기 때문에 꿰뚫는 통찰지이다."(MA.iv.86)

16) '사리뿟따는 현자이다.'부터 본 문장까지는 『상윳따 니까야』 제1권 「수시마 경」(S2:29) §3에서 아난다 존자가 사리뿟따 존자를 칭송하여 세존께 말씀드리는 내용으로도 나타난다.

17) 복주서는 여기서 '차례대로'로 옮기는 아누빠다(anupadaṁ)를 이렇게 설명하고 있다.
"이것에 의해서 위빳사나 등을 행한다고 해서 빠다(pada)는 증득[等持, 等至, samāpatti, 4선-4처]을 뜻한다. 그래서 아누빠다(anupada)란 '증득(samāpatti)에 따라서(anu-)'라는 뜻이다. 혹은 빠다(pada)는 명상과 관계된 법들(sammasanupagā dhammā)이 위빳사나를 통해서 나타나는 곳의 상태(pavatti-ṭṭhāna-bhāva)를 말한다. 그래서 [주석서에서는] 증득을 통해서(samāpatti-vasena)로 설명하고 있다. 그런데 주석서는 이 빠다(pada)를 순서(kama)의 뜻으로 간주하고 있다. 그러므로 아누빠다는 순서에 따라서(anukkamena)라는 것이 여기서의 뜻이다. 그래서 [주석서는] '차례대로(anupaṭipāṭiyā)'라고 설명하고 있다."(MAṬ.ii.274)

18) "'보름 동안 차례대로 법에 대해 위빳사나를 닦았다(anupada-dhamma-vipassanā).'라고 하셨다. [4禪-4처의] 증득(samāpatti)과 禪의 구성요소(jhānaṅga)에 대해 차례대로(anupaṭipāṭi) 위빳사나를 닦았다는 말씀이다. 이렇게 위빳사나를 닦아서 보름 만에 아라한과를 얻었다. 비록 마하목갈라나 장로의 경우는 7일 만에 아라한과를 얻었지만 사리뿟따 장로의 통찰지가 더 컸다(mahā-paññavantatara). 왜냐하면 마하목갈라나 장로는 일반 제자들의 주 명상대상들을 마치 지팡이 끝으로 띄엄띄엄 짚어가듯이 일부분만을 명상하여(eka-desam eva sammasanto) 7일간 열심히 노력하여 아라한과를 얻었고 사리뿟따 장로는 부처님과 벽지불들의 주 명상대상들을 제

이 사리뿟따가 차례대로 법에 대해 위빳사나를 닦은 것이다."

3. "비구들이여, 여기 사리뿟따는 감각적 욕망을 완전히 떨쳐버리고 해로운 법[不善法]들을 떨쳐버린 뒤 일으킨 생각[尋]과 지속적 고찰[伺]이 있고, 떨쳐버렸음에서 생긴 희열[喜]과 행복[樂]이 있는 초선(初禪)을 구족하여 머문다."

4. "초선에는 일으킨 생각[尋]과 지속적 고찰[伺], 희열[喜], 행복[樂], 마음이 한 끝에 집중됨[心一境性], 감각접촉[觸], 느낌[受], 인식[想], 의도[思], 마음[心], 열의[欲], 결심[信解], 정진, 마음챙김[念], 평온[捨], 마음에 잡도리함[作意]의 법들이 있는바,[19] 그는 이 법들을 차례

외하고 일반 제자들의 주 명상대상 모두를 남김없이(nippadesaṁ) 명상했기 때문이다.

이렇게 명상하면서 보름 동안 정진하여 아라한과를 얻은 다음 부처님과 벽지불을 제외하고 어떤 제자도 내가 얻은 통찰지(paññā)를 얻을 수 있는 자는 없다고 알았다. … 이와 같이 보름 동안 열심히 정진하여 법의 총사령관인 사리뿟따 장로는 세존께서 디가나카라는 유행승에게 느낌에 관한 설법을 하실 때(M74 §14) 출가일로부터 15일이 되던 날 예순일곱 가지 지혜(ñāṇa)를 꿰뚫어 알았고 열여섯 가지 통찰지(paññā)를 얻었다."(MA.iv.86~87)

복주서에 의하면 여기서 예순일곱 가지 지혜란 『무애해도』의 마띠까에서 언급하고 있는 일흔세 가지 지혜 가운데서 여섯 가지 공통되지 않는 지혜를 제외한 들어서 생긴 지혜(sutamaye ñāṇa)부터 시작하여 무애해의 지혜(paṭisambhide ñāṇa)까지의 예순일곱 가지 지혜를 말한다. 그리고 열여섯 가지 통찰지란 본 문단에 나타나는 큰 통찰지 등 여섯 가지와 아홉 가지 증득과 누진통의 열여섯 가지를 말한다.(MAṬ.ii.276)

여기서 '지팡이 끝으로 띄엄띄엄 짚어가듯이 일부분만을 명상한다(yaṭṭhikoṭiyā uppīḷento viya ekadesam eva sammasanto).'는 것은 지팡이를 짚고 걸어갈 때 지팡이가 땅에 닿은 부분은 아주 적고, 닿지 않은 부분이 아주 넓은 것과 같이, 제자들의 주 명상대상 중에서 관찰하지 않은 부분이 많았고, 관찰한 법은 아주 적어서 그 관찰이 성글었다는 뜻이다. 반면 사리뿟따 존자는 목갈라나 존자보다 지혜가 더 컸지만 차례대로 법을 관찰하는 수행 방법으로 아주 자세하고 광범위하게 관찰했기 때문에 더 오래 걸렸다.(마하시 사야도의 『위빳사나 수행방법론』(근간) 제3장 '위빳사나 수행의 관찰대상' 편, 마하시 사야도 지음, 일창스님 옮김 참조)

대로 결정지었다.[20] 그에게 이 법들이 분명하게 드러나면서 일어나

---

19) 여기서 언급되는 16가지 법들 가운데 처음의 다섯 가지는 초선을 구별 짓는 구성요소이고, 나머지는 초선에서 각각의 기능을 하는 정신적인 현상들[法]이다. 본경에서 드러내고 있는 이러한 정신적인 현상들은 자연스럽게 아비담마에서 마음부수들[cetasikā, 심소법]로 정착이 된다. 이처럼 본경에서 정신적인 현상들을 상세하게 구분하는 것은 심도 깊게 법을 정의하고 규명하는 아비담마의 효시가 된다 하겠다.
주석서 문헌에는 "아비담마에서 암송하는 방법은 사리뿟따 장로로부터 비롯되었다(abhidhamme vācanāmaggo nāma Sāriputtattherappabhavo)." (DhsA.17; DAṬ.ii.15)라고 나타난다.
본경 §2에서 세존께서는 "비구들이여, 이것이 사리뿟따가 차례대로 법에 대해 위빳사나를 닦은 것이다."라는 말씀으로 시작하셔서, 본경 §§3~19에서 사리뿟따 존자가 4선-4처-상수멸의 증득으로 드러낸 법들을 "그는 이 법들을 차례대로 결정지었다."라고 하시면서 열거하고 계신다. 법과 사리뿟따 존자를 연결해서 설하시는 이러한 가르침은 왜 상좌부에서 그를 아비담마(abhi-dhamma, 對法)의 효시로 보는가에 대한 좋은 근거가 된다고 여겨진다.

20) "'그는 이 법들을 차례대로 결정지었다(tyāssa dhammā anupada-vavatthitā honti).'라고 하셨다. 그는 차례대로 결정지었고 한정지었고 알았고 분명하게 알았다(vavatthitā paricchinnā ñātā viditā)는 뜻이다. 어떻게? 장로는 이 법들을 볼 때 [대상을 향하여] 기울이는 특징을 가진(abhiniropana-lakkhaṇa) '일으킨 생각(vitakka)'이 있음을 알았다. 그와 같이 [대상을] 계속해서 문지르는 특징을 가진(anumajjana-lakkhaṇa) '지속적 고찰(vicāra)', 충만하게 하는 특징을 가진(pharaṇa-lakkhaṇā) '희열(pīti)', 기쁘게 하는 특징을 가진(sāta-lakkhaṇa) '행복(sukha)', 산만하지 않는 특징을 가진(avikkhepa-lakkhaṇā) '마음이 한 끝에 집중됨(citt-ekaggatā)'이 [있음을 알았다.]
닿는 특징을 가진(phusana-lakkhaṇa) '감각접촉(phassa)', 느끼는 특징을 가진(vedayita-lakkhaṇā) '느낌(vedanā)', 인식하는 특징을 가진(sañjānana-lakkhaṇā) '인식(saññā)', 의도하는 특징을 가진(cetayita-lakkhaṇā) '의도(cetanā)', 분별해서 아는 특징을 가진(vijānana-lakkhaṇa) '알음알이(viññāṇa)'가 [있음을 알았다.]
하고자 하는 특징을 가진(kattukamyatā-lakkhaṇa) '열의(chanda)', 결심하는 특징을 가진(adhimokkha-lakkhaṇa) '결심(adhimokkha)', 노력하는 특징을 가진(paggāha-lakkhaṇa) '정진(vīriya)', 확립하는 특징을 가진(upaṭṭhāna-lakkhaṇā) '마음챙김(sati)', 중립의 특징을 가진(majjhatta-lakkhaṇā) '평온(upekkhā)', 호의적으로 마음에 잡도리하는 특징을 가진(anunaya-manasikāra-lakkhaṇa) '마음에 잡도리함(manasikāra)'이 있음을 알았다.

고, 분명하게 드러나면서 머물고, 분명하게 드러나면서 사라진다.[21] 그는 이와 같이 꿰뚫어 안다. '이와 같이 이 법들은 없었는데 생겨나고, 있다가는 사라진다.'라고.[22] 그는 그 법들에 대해 홀리지 않고 저항하지 않고 집착하지 않고 매이지 않고 벗어나고 자유롭고 한계가 없는 마음으로 머문다.[23] 그는 '이보다 높은 벗어남이 있다.'[24]라고

이와 같이 알면서 [대상을 향하여] 기울인다는 뜻의 '일으킨 생각' 등을 있는 그대로 결정지었기 때문에 차례대로 결정지었다고 한다."(MA.iv.87~88) 복주서에서는 "장로는 오직 이 열여섯 개의 법들만을 파악했고, 이 법들만을 장로가 결정지었기 때문에 그때 이 법들만이 드러났고 다른 법들은 드러나지 않았다."(MAṬ.ii.277)고 설명하고 있다.

21) "'그에게 이 법들이 분명하게 드러나면서 일어나고, 분명하게 드러나면서 머물고, 분명하게 드러나면서 사라진다(viditā uppajjanti. viditā upaṭṭhahanti. viditā abbhatthaṁ gacchanti).'라고 하셨다. 그 법들이 일어날 때에도(uppajjamānā) 분명하게 드러나면서 일어나고, 머물 때에도(tiṭṭhamānā) 분명하게 드러나면서 머물고, 사라질 때에도(nirujjhamānā) 분명하게 드러나면서 사라진다는 말씀이다. 그러나 ① 선정에 든 마음이 그 법들을 안다거나 ② 여러 개의 지혜가 있다고 생각해서는 안된다.
마치 한 손가락 끝으로 동일한 손가락 끝을 닿을 수 없듯이 한 마음으로 동일한 마음이 일어나고 머물고 사라지는 것을 알 수 없다. 이처럼 동일한 마음이라고 여겨서는 안된다. 만일 두 개의 마음이 동시에 일어난다면 하나의 마음으로 다른 하나의 마음이 일어나고 머물고 사라지는 것을 알 수 있을 것이다. 하지만 두 개의 접촉이나 두 개의 느낌이나 두 개의 인식이나 두 개의 의도나 두 개의 마음이 동시에 일어날 수는 없다. 그러므로 여러 개의 지혜가 있다고 생각해서는 안된다.
만약 이렇다면 어떻게 증득 안에서 열여섯 개의 법들이 장로에게 분명하게 드러났는가? [그 禪에서 일어나는 법들(jhāna-dhammā)의 – MAṬ.ii.278] 토대(vatthu)와 대상(ārammaṇa)을 파악했기 때문이다. 그리하여 그가 그 법들의 일어남으로 전향할 때 일어남이 분명하고, 머묾으로 전향할 때 머묾이 분명하고, 사라짐으로 전향할 때 사라짐이 분명하다. 그러므로 '그에게 이 법들이 분명하게 드러나면서 일어나고, 분명하게 드러나면서 머물고, 분명하게 드러나면서 사라진다.'라고 하셨다."(MA.iv.88)

22) "'없었는데 생겨난다(ahutvā sambhonti).'는 것은 일어남(udaya)을 보는 것이고, '있다가는 사라진다(hutvā paṭiventi).'는 것은 사라짐(vaya)을 보는 것이다."(MA.iv.88)

꿰뚫어 안다. 그것을 많이 닦았기 때문에 반드시 그것이 있다고 확신했다."

5. "비구들이여, 다시 사리뿟따는 일으킨 생각[尋]과 지속적 고찰[伺]을 가라앉혔기 때문에 [더 이상 존재하지 않고], 자기 내면의 것이고, 확신이 있으며, 마음의 단일한 상태이고, [26] 일으킨 생각과 지속적 고찰은 없고, 삼매에서 생긴 희열과 행복이 있는 제2선(二禪)을 구족하여 머문다."

6. "제2禪에는 자기 내면에 있으며 확신[淸淨信],25) 희열, 행복, 마음이 한 끝에 집중됨, 감각접촉, 느낌, 인식, 의도, 마음, 열의, 결심, 정진, 마음챙김, 평온, 마음에 잡도리함[作意]의 법들이 있는바, 그는 이 법들을 차례대로 결정지었다. 그에게 이 법들이 분명하게 드러나

---

23) "'홀리지 않는다(anupāya).'는 것은 탐욕(rāga)을 갖지 않는 것이고, '저항하지 않는다(anapāya).'는 것은 적대(paṭigha)하지 않는 것이고, '집착하지 않는다(anissita).'는 것은 갈애와 사견의 집착(taṇhā-diṭṭhi-nissaya)으로 집착하지 않는 것이고, '매이지 않는다(appaṭibaddha).'는 것은 열망과 탐욕(chanda-rāga)으로 매이지 않는 것이고, '벗어난다(vippamutta).'는 것은 감각적 욕망(kāma-rāga)에서 벗어나는 것이고, '자유롭다(visaṁyutta).'는 것은 네 가지 족쇄(yoga)나 혹은 모든 오염원(sabba-kilesa)에서 자유로운 것이고, '한계가 없다(vimariyādīkata).'는 것은 한계를 벗어난 것(nimmariyādīkata)이다."(MA.iv.89)

24) "'높은 벗어남(uttari nissaraṇa)'이란 다른 경에서는 열반을 뜻하지만 여기서는 각각 바로 위 단계의 증득의 특별함(anantara visesa)을 말한다. '이보다 높은(uttariṁ)'은 초선보다 높은 증득을 말한다. 장로는 그것을 많이 닦음으로써 반드시 이보다 높은 벗어남이 있다는 것을 확신(daḷhatara)했다."(MA.iv.90)

25) 복주서는 '확신[淸淨信, sampasāda]'을 이렇게 설명한다.
"'확신(sampasāda)'이라는 것은 오염원의 더러움을 제거하거나(kilesa-kālusiya-apagamana) 지속적 고찰의 혼동이 사라짐(vicāra-kkhobha-vigama)에 의해서 마음이 바르게 확신하는 것(pāsādika-bhāva)을 말한다."(MAṬ.ii.279)

면서 일어나고, 분명하게 드러나면서 머물고, 분명하게 드러나면서 사라진다. 그는 이와 같이 꿰뚫어 안다. '이와 같이 이 법들은 없었는데 생겨나고, 있다가는 사라진다.'라고. 그는 그 법들에 대해 홀리지 않고 저항하지 않고 집착하지 않고 매이지 않고 벗어나고 자유롭고 한계가 없는 마음으로 머문다. 그는 '이보다 높은 벗어남이 있다.'라고 꿰뚫어 안다. 그것을 많이 닦았기 때문에 반드시 그것이 있다고 확신했다."

7. "비구들이여, 다시 사리뿟따는 희열이 빛바랬기 때문에 평온하게 머물렀고, 마음챙기고 알아차리며[正念·正知] 몸으로 행복을 경험했다. 이 [禪 때문에] '평온하고 마음챙기며 행복하게 머문다.'라고 성자들이 묘사하는 제3선(三禪)을 구족하여 머문다."

8. "제3禪에는 평온,26) 행복, 마음챙김, 알아차림, 마음이 한 끝에 집중됨, 감각접촉, 느낌, 인식, 의도, 마음, 열의, 결심, 정진, 평온, 마음에 잡도리함의 법들이 있는바, 그는 이 법들을 차례대로 결정지었다. 그에게 이 법들이 분명하게 드러나면서 일어나고, 분명하게 드러나면서 머물고, 분명하게 드러나면서 사라진다. 그는 이와 같이 꿰뚫어 안다. '이와 같이 이 법들은 없었는데 생겨나고, 있다가는 사라진다.'라고. 그는 그 법들에 대해 홀리지 않고 저항하지 않고 집착하지 않고 매이지 않고 벗어나고 자유롭고 한계가 없는 마음으로 머문다. 그는 '이보다 높은 벗어남이 있다.'라고 꿰뚫어 안다. 그것을 많이 닦았기 때문에 반드시 그것이 있다고 확신했다."

---

26) Ee에는 '평온(upekhā)'이 나타나지만 Be와 Se에는 나타나지 않는다. 아래 §10의 제4선의 구성요소들과 비교해 볼 때 여기서는 느낌으로서의 평온(vedanupekkhā)은 없는 것이 문맥상 더 좋을 듯하다. 역자는 저본인 Ee를 따라서 옮겼다.

9. "비구들이여, 다시 사리뿟따는 행복도 버리고 괴로움도 버리고, 아울러 그 이전에 이미 기쁨과 슬픔을 소멸하였으므로 괴롭지도 즐겁지도 않으며, 평온으로 인해 마음챙김이 청정한 제4선(四禪)을 구족하여 머문다."

10. "제4禪에는 평온[捨][27], 괴롭지도 즐겁지도 않은 느낌[不苦不樂受], 편안함[輕安]에 기인한 마음의 무관심,[28] 마음챙김[念]의 완전한 청정,[29] 마음이 한 끝에 집중됨, 감각접촉, 느낌, 인식, 의도, 마음, 열의, 결심, 정진, 마음챙김, 평온,[30] 마음에 잡도리함의 법들이 있는 바, 그는 이 법들을 차례대로 결정지었다. 그에게 이 법들이 분명하게 드러나면서 일어나고, [27] 분명하게 드러나면서 머물고, 분명하게 드러나면서 사라진다. 그는 이와 같이 꿰뚫어 안다. '이와 같이 이 법들

---

27) "여기서 평온[捨, upekhā]은 위 §8의 행복(sukha) 대신에 나타나는 느낌의 평온(vedanupekkhā)이다."(MA.iv.90)
느낌의 평온과 아래 청정함의 평온(pārisuddhi-upekkhā) 등의 열 가지 평온에 대해서는 『청정도론』 IV.156~170을 참조할 것.

28) '편안함[輕安]에 기인한 마음의 무관심'은 역자가 저본으로 삼은 Ee에는 passi vedanā cetaso anābhogo로 나타나는데 무슨 뜻인지 명확하지가 않다. 그러나 Be에는 passaddhattā cetaso anābhogo라고 나타나고 또 내용도 타당하여 이를 따라 옮겼다.
"'편안함[輕安]에 기인한 마음의 무관심(passaddhattā cetaso anābhogo)'이라고 하셨다. 그곳(제3선)에 있던 행복이 함께한 마음의 관심(cetaso ā-bhoga)은 이제 여기 [제4선]에서는 거친 것(oḷārika)으로 여겨진다. 그래서 편안함에 기인한 마음의 무관심이라 부른다. 그것(행복)이 [제4선에는] 존재하지 않는다는 뜻이다."(MA.iv.90)

29) "'마음챙김[念]의 완전한 청정(sati pārisuddhi)'이란 사문의 결실(sāmañña-phala) 등에서 마음챙김이 완전히 청정한 것을 말한다. 그에게 마음챙김이 없는 때가 없기 때문에(sati-vinimuttā natthi) 마음챙김의 완전한 청정이라 한다."(MAṬ.ii.279)

30) "여기서 평온은 청정함의 평온(pārisuddhi-upekkhā)이다."(MA.iv.90)

은 없었는데 생겨나고, 있다가는 사라진다.'라고. 그는 그 법들에 대해 홀리지 않고 저항하지 않고 집착하지 않고 매이지 않고 벗어나고 자유롭고 한계가 없는 마음으로 머문다. 그는 '이보다 높은 벗어남이 있다.'라고 꿰뚫어 안다. 그것을 많이 닦았기 때문에 반드시 그것이 있다고 확신했다."

11. "비구들이여, 다시 사리뿟따는 물질[色]에 대한 인식을 완전히 초월하고 부딪힘의 인식을 소멸하고 갖가지 인식을 마음에 잡도리하지 않기 때문에 '무한한 허공'이라고 하면서 공무변처(空無邊處)를 구족하여 머문다."

12. "공무변처에는 공무변처의 인식, 마음이 한 끝에 집중됨, 감각접촉, 느낌, 인식, 의도, 마음, 열의, 결심, 정진, 마음챙김, 평온, 마음에 잡도리함의 법들이 있는바, 그는 이 법들을 차례대로 결정지었다. 그에게 이 법들이 분명하게 드러나면서 일어나고, 분명하게 드러나면서 머물고, 분명하게 드러나면서 사라진다. 그는 이와 같이 꿰뚫어 안다. '이와 같이 이 법들은 없었는데 생겨나고, 있다가는 사라진다.'라고. 그는 그 법들에 대해 홀리지 않고 저항하지 않고 집착하지 않고 매이지 않고 벗어나고 자유롭고 한계가 없는 마음으로 머문다. 그는 '이보다 높은 벗어남이 있다.'라고 꿰뚫어 안다. 그것을 많이 닦았기 때문에 반드시 그것이 있다고 확신했다."

13. "비구들이여, 다시 사리뿟따는 공무변처를 완전히 초월하여 '무한한 알음알이[識]'라고 하면서 식무변처(識無邊處)를 구족하여 머문다."

14. "식무변처에는 식무변처의 인식, 마음이 한 끝에 집중됨, 감

각접촉, 느낌, 인식, 의도, 마음, 열의, 결심, 정진, 마음챙김, 평온, 마음에 잡도리함의 법들이 있는바, 그는 이 법들을 차례대로 결정지었다. 그에게 이 법들이 분명하게 드러나면서 일어나고, 분명하게 드러나면서 머물고, 분명하게 드러나면서 사라진다. 그는 이와 같이 꿰뚫어 안다. '이와 같이 이 법들은 없었는데 생겨나고, 있다가는 사라진다.'라고. 그는 그 법들에 대해 홀리지 않고 저항하지 않고 집착하지 않고 매이지 않고 벗어나고 자유롭고 한계가 없는 마음으로 머문다. 그는 '이보다 높은 벗어남이 있다.'라고 꿰뚫어 안다. 그것을 많이 닦았기 때문에 반드시 그것이 있다고 확신했다." [28]

15. "비구들이여, 다시 사리뿟따는 식무변처를 완전히 초월하여 '아무것도 없다.'라고 하면서 무소유처(無所有處)를 구족하여 머문다."

16. "무소유처에는 무소유처의 인식, 마음이 한 끝에 집중됨, 감각접촉, 느낌, 인식, 의도, 마음, 열의, 결심, 정진, 마음챙김, 평온, 마음에 잡도리함의 법들이 있는바, 그는 이 법들을 차례대로 결정지었다. 그에게 이 법들이 분명하게 드러나면서 일어나고, 분명하게 드러나면서 머물고, 분명하게 드러나면서 사라진다. 그는 이와 같이 꿰뚫어 안다. '이와 같이 이 법들은 없었는데 생겨나고, 있다가는 사라진다.'라고. 그는 그 법들에 대해 홀리지 않고 저항하지 않고 집착하지 않고 매이지 않고 벗어나고 자유롭고 한계가 없는 마음으로 머문다. 그는 '이보다 높은 벗어남이 있다.'라고 꿰뚫어 안다. 그것을 많이 닦았기 때문에 반드시 그것이 있다고 확신했다."

17. "비구들이여, 다시 사리뿟따는 무소유처를 완전히 초월하여 비상비비상처(非想非非想處)를 구족하여 머문다."

18. "그는 그 증득에서 마음챙기며 출정(出定)한다.[31] 그는 그 증득에서 마음챙기며 출정하여 과거에 소멸하고 변해버린 그 법들을 관찰[隨觀]한다. '이와 같이 이 법들은 없었는데 생겨나고, 있다가는 사라진다.'라고.[32] 그는 그 법들에 대해 홀리지 않고 저항하지 않고 집착하지 않고 매이지 않고 벗어나고 자유롭고 한계가 없는 마음으로 머문다. 그는 '이보다 높은 벗어남이 있다.'라고 꿰뚫어 알았다. 그것을 많이 닦았기 때문에 반드시 그것이 있다고 확신했다."

19. "비구들이여, 다시 사리뿟따는 비상비비상처를 완전히 초월하여 상수멸(想受滅)을 구족하여 머문다. 그리고 그의 통찰지로 [진리를] 보아서[33] 번뇌를 남김없이 소멸하였다."[34]

20. "그는 그 증득에서 마음챙기며 출정(出定)한다. 그는 그 증득

---

31) "'마음챙기며 출정(出定)한다(sato vuṭṭhahati).'는 것은 마음챙김을 가지고(satiyā samannāgato) 지혜로 알아차리면서(ñāṇena sampajāno) 출정한다는 뜻이다."(MA.iv.90)
"이런 경지에서는 마음챙김이 항상 지혜와 함께하기 때문에 지혜로 알아차린다고 했다."(MAṬ.ii.279)

32) "이 비상비비상처의 경지는 아주 미세하기 때문에 오직 부처님들만이 따로따로 [직접 무상 등으로] 위빳사나(anupada-dhamma-vipassanā)를 할 수 있고 제자들은 할 수 없기 때문에 [비상비비상처에 포함된 모든 법들을] 하나로 묶어서 위빳사나하는 것(kalāpa-vipassanā)을 보이시면서 이렇게 말씀하신 것이다."(MA.iv.90)

33) "'그의 통찰지로 [진리를] 보아서(paññāya cassa disvā)'라는 것은 도의 통찰지(magga-paññā)로써 네 가지 성스러운 진리(cattāri ariyasaccāni)를 보아서 네 가지 번뇌(cattāro āsavā)를 소멸했다는 말이다."(MA.ii.163)

34) "그러나 인도에 거주하는 장로들(Jambudīpa-vāsino therā)은 사리뿟따 장로가 사마타와 위빳사나를 쌍으로 닦아서 불환과(anāgāmi-phala)를 실현한 뒤에 멸진정에 들었다가 멸진정에서 출정하여 아라한과(arahatta)를 얻었다고 한다."(MA.iv.91)

에서 마음챙기며 출정하여 과거에 소멸하고 변해버린 그 법들[35]을 관찰[隨觀]한다. '이와 같이 이 법들은 없었는데 생겨나고, 있다가는 사라진다.'라고. 그는 그 법들에 대해 홀리지 않고 저항하지 않고 집착하지 않고 매이지 않고 벗어나고 자유롭고 한계가 없는 마음으로 머문다. 그는 '이보다 높은 벗어남은 없다.'라고 꿰뚫어 안다. 그것을 많이 닦았기 때문에 그것이 없다고 확신했다."

21. "비구들이여, '그는 성스러운 계(戒)에서 자재를 얻고 완성을 얻었으며, [29] 성스러운 삼매에서 자재를 얻고 완성을 얻었으며, 성스러운 통찰지[慧]에서 자재를 얻고 완성을 얻었으며, 성스러운 해탈에서 자재를 얻고 완성을 얻었다.'라고 바르게 말을 하는 어떤 자가 말한다면, 그는 사리뿟따를 두고 바르게 말하면서 '그는 성스러운 계(戒)에서 자재를 얻고 완성을 얻었으며, 성스러운 삼매에서 자재를 얻고 완성을 얻었으며, 성스러운 통찰지[慧]에서 자재를 얻고 완성을 얻었으며, 성스러운 해탈에서 자재를 얻고 완성을 얻었다.'라고 말해야 한다."

22. "비구들이여, '그는 세존의 아들이고, 적출이고, 입으로 태어났고, 법에서 태어났고, 법에 의해 생겨났고, 법의 상속자이지 재물의 상속자가 아니다.'라고 바르게 말하는 어떤 자가 말한다면, 그는

---

35) "'그 법들(te dhammā)'이란 상수멸의 증득에서는 정신적인 법들이 없기 때문에 그 증득에 있을 때 일어난, 세 가지 원인에서 생긴 물질의 법들(ti-sam-uṭṭhānika-rūpa-dhammā)이거나 이전의 비상비비상처에서 생긴 정신적인 법들이다."(MA.iv.91)
복주서에 의하면 여기서 세 가지 원인에서 생긴 물질의 법들은 업, 마음, 온도, 음식의 네 가지 물질을 생기게 하는 원인들(cattāri rūpa-samuṭṭhānā-ni) 가운데 온도, 업, 음식(utu-kamma-āhāra)의 셋을 말한다.(MAṬ.ii.281) 물질을 생기게 하는 네 가지 원인에 대해서는 『아비담마 길라잡이』 제6장 §9이하를 참조할 것.

사리뿟따를 두고 바르게 말하면서 '그는 세존의 아들이고, 적출이고, 입으로 태어났고, 법에서 태어났고, 법에 의해 생겨났고, 법의 상속자이지 재물의 상속자가 아니다.'라고 말해야 한다.

23. "비구들이여, 사리뿟따는 여래가 굴린 위없는 법륜을 바르게 계속해서 굴릴 것이다."

세존께서는 이와 같이 설하셨다. 그 비구들은 흡족한 마음으로 세존의 말씀을 크게 기뻐하였다.

차례대로 경(M111)이 끝났다.

여섯 가지 청정 경[36)]

Chabbisodhana Sutta(M112)

1. 이와 같이 나는 들었다. 한때 세존께서는 사왓티에서 제따 숲의 아나타삔디까 원림(급고독원)에 머무셨다. 거기서 세존께서는 "비구들이여."라고 비구들을 부르셨다. "세존이시여."라고 비구들은 세존께 응답했다. 세존께서는 이렇게 말씀하셨다.

2. "비구들이여, 여기 비구는 구경의 지혜[37)]를 선언한다. '태어

---

36) "여기서 여섯 가지란 [본경에 나타나는] ① 네 가지 인습적 표현(cattāro vohārā, §§3~4), ② 다섯 가지 무더기(pañca khandhā, §§5~6), ③ 여섯 가지 요소(cha dhātuyo, §§7~8), ④ 여섯 가지 안팎의 감각장소(cha ajjhattika-bāhirāni āyatanāni, §§9~10), ⑤ 알음알이를 가진 자신의 몸(attano saviññāṇaka-kāyo, §§11~20), ⑥ 알음알이를 가진 남들의 몸(paresaṁ saviññāṇaka-kāyo, §§11~20)을 말한다. 이러한 여섯 가지 부분들의 청정(visuddhā)이기 때문에 '여섯 가지 청정(chabbisodhaniya)'이라 불린다."(MA.iv.94)
이처럼 주석서는 본경 §§11~20에 나타나는 '알음알이를 가진 몸(saviññāṇa-ka kāya)'을 자신의 몸(attano kāya)과 남들의 몸(paresaṁ kāya)의 둘로 나누어서 본경의 주제가 모두 여섯이 되는 것으로 설명하고 있다. 주석서의 이런 설명이 없으면 본경의 제목이 왜 다섯 가지 청정이 아닌 '여섯 가지 청정(chabbisodhana)'이 되었는지 파악하기가 힘들 것이다.

37) '구경의 지혜(aññā)'에 대해서는 본서 제1권 「뿌리에 대한 법문 경」(M1)

남은 다했다. 청정범행은 성취되었다. 할 일을 다 해 마쳤다. 다시는 어떤 존재로도 돌아오지 않을 것이라고 꿰뚫어 안다.'라고."

3. "비구들이여, 그 비구의 말을 동의하지도 않아야 하고 반대하지도 않아야 한다. 동의하지도 말고 반대하지도 말고 질문을 해야 한다.

"도반이여, 아시는 분, 보시는 분, 아라한, 정등각자이신 그분 세존께서는 이 네 가지 인습적 표현을 바르게 말씀하셨습니다. 무엇이 넷인가요? 본 것에 대해서 보았다고 말하고, 들은 것에 대해서 들었다고 말하고, 생각한 것에 대해서는 생각했다고 말하고, 안 것에 대해서는 알았다고 말하는 것입니다. [30] 도반이여, 이것이 아시는 분, 보시는 분, 아라한, 정등각자이신 그분 세존께서 바르게 설하신 네 가지 인습적 표현입니다. 존자는 이 네 가지 표현들에 대해 어떻게 알고 어떻게 보아서 취착 없이 번뇌들로부터 마음이 해탈했습니까?""

4. "비구들이여, 번뇌가 다했고 삶을 완성했으며 할 바를 다 했고 짐을 내려놓았으며 참된 이상을 실현했고 삶의 족쇄를 부수었으며 바른 구경의 지혜로 해탈한 비구는 자연스럽게[38] 이와 같이 설명할 것이다.

"도반들이여, 나는 볼 때 홀리지 않고 저항하지 않고 집착하지 않고 매이지 않고 벗어나고 자유롭고 한계가 없는 마음으로 머뭅니다. 도반들이여, 나는 들을 때 … 도반들이여, 나는 생각할 때 … 도반들

---

§51과 제3권 「수낙캇따 경」(M105) §2의 주해를 참조할 것.

38) '자연스럽게'로 옮긴 원문은 ayam anudhammo hoti인데 '이런 성품을 가진다.'로 직역할 수 있다. 주석서는 anudhamma를 본성(sabhāva)이라고 설명하고 있다.(MA.iv.92) 즉 해탈한 비구는 아라한과를 설명하기 위해 이런 성품을 가지게 된다는 뜻이다. 이런 것을 감안하여 역자는 '자연스럽게'로 옮겼다.

이여, 나는 알 때 홀리지 않고 저항하지 않고 집착하지 않고 매이지 않고 벗어나고 자유롭고 한계가 없는 마음으로 머뭅니다. 도반들이여, 나는 이 네 가지 인습적 표현들에 대해 이렇게 알고 이렇게 보아서 취착 없이 번뇌들로부터 마음이 해탈했습니다.""

5. "비구들이여, 그런 비구에게 '좋습니다.'라고 말하고 기뻐하고 즐거워해야 한다. '좋습니다.'라고 말하고 기뻐하고 즐거워한 뒤 그 다음 질문을 해야 한다.

"도반이여, 아시는 분, 보시는 분, 아라한, 정등각자이신 그분 세존께서는 취착의 [대상인] 다섯 가지 무더기들[五取蘊]을 바르게 말씀하셨습니다. 무엇이 다섯인가요? 취착의 [대상인] 물질의 무더기, 취착의 [대상인] 느낌의 무더기, 취착의 [대상인] 인식의 무더기, 취착의 [대상인] 심리현상들의 무더기, 취착의 [대상인] 알음알이의 무더기입니다. 도반이여, 이것이 아시는 분, 보시는 분, 아라한, 정등각자이신 그분 세존께서 바르게 설하신 취착의 [대상인] 다섯 가지 무더기들입니다. 존자는 취착의 [대상인] 다섯 가지 무더기들에 대해 어떻게 알고 어떻게 보아서 취착 없이 번뇌들로부터 마음이 해탈했습니까?""

6. "비구들이여, 번뇌가 다했고 삶을 완성했으며 할 바를 다 했고 짐을 내려놓았으며 참된 이상을 실현했고 삶의 족쇄를 부수었으며 바른 구경의 지혜로 해탈한 비구는 자연스럽게 이와 같이 설명할 것이다.

"도반들이여, 나는 물질은 힘이 없고 본성이 변하는 것이고[39] 안

39) '본성이 변하는 것이고'는 virāgaṁ을 옮긴 것인데 주석서에서 vigacchana-sabhāvaṁ(고유성질이 변하는)이라고 설명하고 있어서(MA.iv.92) 이렇게 옮겼다. Be에는 virāgunaṁ으로 나타나는데 Be의 주석서도 동일하게

식을 주지 못한다고 알고서 [31] 물질에 대한 끌림과 취착,40) 또한 물질에 대한 마음의 고집과 천착과 잠재성향41)을 부수고42) 탐욕을 빛바래고 소멸하고 버리고 완전히 놓아버렸기 때문에, 나의 마음은 해탈했다고 꿰뚫어 압니다.

도반들이여, 나는 느낌은 … 인식은 … 심리현상들은 … 알음알이는 힘이 없고 본성이 변하는 것이고 안식을 주지 못한다고 알고서 알음알이에 대한 끌림과 취착, 또한 알음알이에 대한 마음의 고집과 천착과 잠재성향을 부수고 탐욕을 빛바래고 소멸하고 버리고 완전히 놓아버렸기 때문에, 나의 마음은 해탈했다고 꿰뚫어 압니다.43)

설명한다. 일반적으로 virāga는 탐욕의 빛바램[離慾]을 뜻한다.

40) "'끌림과 취착(upāyūpādāna)'이란 갈애와 사견(taṇhā-diṭṭhi)을 두고 한 말이다. 갈애와 사견은 삼계의 법들에 이끌리고(upenti) 취착하기(upādiya-nti) 때문이다."(MA.iv.92)

41) "'마음의 고집과 천착과 잠재성향(cetaso adiṭṭhāna-abhinivesa-anusaya)'도 갈애와 사견을 두고 한 말이다. 마음은 갈애와 사견을 통해 존재 더미[有身]라는 법들(sakkāya-dhammā)에 머물고(tiṭṭhati) 편견을 갖기 때문에(adhitiṭṭhati) 갈애와 사견은 '마음의 고집(cetaso adhiṭṭhāna)'이고, 마음이 갈애와 사견을 통해 존재 더미[有身]라는 법들을 천착하기 때문에(abhi-nivisati) '천착(abhinivesa)'이고, 그들을 통해 잠재하기 때문에(anuseti) '잠재성향(anusaya)'이다."(MA.iv.92)
"즉 존재 더미[有身]라는 법들에 대해 마음은 '이것은 내 것이고 이것은 나의 자아다.'라고 생각하면서 착 달라붙어 머물고(ajjhosāya tiṭṭhati), 그 갈애와 사견으로 고집하고 그와 같이 존재 더미[有身]라는 법들에 대해 갈애와 사견으로 마음이 잠재해있기 때문에 '잠재성향'이고, 그것은 바로 갈애와 사견을 두고 한 말이다."(MAṬ.ii.282)

42) "여기서 '부숨(khaya)', '탐욕을 빛바램(virāga)', '소멸(nirodha)', '버림(cā-ga)', '완전히 놓아버림(paṭinissagga)의 다섯 단어는 모두 같은 뜻(ve-vacana)이고 [원인(hetu)을 나타내는 탈격(nissakka-vacana)으로 쓰였으며 — MAṬ.ii.282] 부숨(khaya)을 뜻한다."(MA.iv.93)

43) '나는 물질은 힘이 없고 … 나의 마음은 해탈했다고 꿰뚫어 압니다.'의 이 말씀과 거의 같은 내용이 『상윳따 니까야』 제3권 「할릿디까니 경」 2(S22:4)

도반들이여, 이와 같이 나는 이 취착의 [대상인] 다섯 가지 무더기들에 대해 이렇게 알고 이렇게 보아서 취착 없이 번뇌들로부터 마음이 해탈했습니다.""

7. "비구들이여, 그런 비구에게 '좋습니다.'라고 말하고 기뻐하고 즐거워해야 한다. '좋습니다.'라고 말하고 기뻐하고 즐거워한 뒤 그 다음 질문을 해야 한다.

"도반이여, 아시는 분, 보시는 분, 아라한, 정등각자이신 그분 세존께서는 여섯 가지 요소[界]들을 바르게 말씀하셨습니다. 무엇이 여섯인가요? 땅의 요소[地界], 물의 요소[水界], 불의 요소[火界], 바람의 요소[風界], 허공의 요소[空界], 알음알이의 요소[識界]입니다.44) 도반이

---

§4에도 나타난다. 거기서는 할릿다까니 장자가 『디가 니까야』 제2권 「제석문경」(D21) §2.6에 나타나는 삭까(인드라)의 질문에 대해서 질문을 하자 마하깟짜나 존자가 이것을 설명하는 문맥에서 나타나고 있다. 여기에 대해서는 본서 제2권 「갈애 멸진의 짧은 경」(M37) §2와 주해도 참조할 것.

44) "'땅의 요소(pathavī-dhātu)'란 지지하는 요소(patiṭṭhāna-dhātu)이고, '물의 요소(āpo-dhātu)'란 결속하는 요소(ābandhana-dhātu)이고, '불의 요소(tejo-dhātu)'란 익게 하는 요소(paripācana-dhātu)이고, '바람의 요소(vāyo-dhātu)'란 팽창하는 요소(vitthambhana-dhātu)이고, '허공의 요소(ākāsa-dhātu)'란 닿지 않는 요소(asamphuṭṭha-dhātu)이고, '알음알이의 요소(viññāṇa-dhātu)'란 식별하는 요소(vijānana-dhātu)이다." (MA.iv.93)
"지지한다는 것은 여기에 나머지 세 가지 근본물질(sesabhūtattaya)과 파생된 물질(upādā-rūpa)을 지지하기 때문에 지지(支持, patiṭṭhāna)이고, 영혼이 없다는 뜻(nijjīvaṭṭha)에서 요소이기 때문에 지지하는 요소이다. 목욕가루를 외부의 물로 결속하듯이 나머지 세 가지 근본물질을 결속하기 때문에 결속하는 요소이고, 익혀야 할 음식을 외부의 불로 익히듯이 나머지 세 가지 근본물질을 익게 하기 때문에 익게 하는 요소이고, 외부의 바람처럼 나머지 세 가지 근본물질을 팽창시키기 때문에 팽창하는 요소이고, 닿을 수 없는 상태이기 때문에 닿지 않는 요소이고, 대상을 식별하기 때문에 식별하는 요소이다."(MAṬ.ii.282)
여섯 가지 요소[界, dhātu]에 관한 다른 설명은 본서 제4권 「요소의 분석 경」(M140) §8의 주해를 참조할 것.

여, 이것이 아시는 분, 보시는 분, 아라한, 정등각자이신 그분 세존께서 바르게 설하신 여섯 가지 요소들입니다. 존자는 이 여섯 가지 요소들에 대해 어떻게 알고 어떻게 보아서 취착 없이 번뇌들로부터 마음이 해탈했습니까?""

8. "비구들이여, 번뇌가 다했고 삶을 완성했으며 할 바를 다 했고 짐을 내려놓았으며 참된 이상을 실현했고 삶의 족쇄를 부수었으며 바른 구경의 지혜로 해탈한 비구는 자연스럽게 이와 같이 설명할 것이다.

"도반들이여, 땅의 요소는 무아이며, 땅의 요소를 의지한 자아란 없다[45]는 데 나는 도달했습니다. 땅의 요소에 의지한 끌림과 취착, 또한 땅의 요소에 의지한 마음의 편견과 천착과 잠재성향을 부수고 탐욕을 빛바래고 소멸하고 버리고 완전히 놓아버렸기 때문에, 나의 마음은 해탈했다고 꿰뚫어 압니다.

도반들이여, 물의 요소는 … 불의 요소는 … 바람의 요소는 … 허공의 요소는 … 알음알이의 요소는 무아이며, 알음알이의 요소를 의지한[46] 자아란 없다는 데 나는 도달했습니다. 알음알이의 요소에 의지한 끌림과 취착, 또한 알음알이의 요소에 의지한 마음의 편견과 천착과 잠재성향을 부수고 탐욕을 빛바래고 소멸하고 버리고 완전히 놓아버렸기 때문에, 나의 마음은 해탈했다고 꿰뚫어 압니다.

---

45) "'땅의 요소를 의지한 자아란 없다(na ca paṭhavīdhātu-nissitaṁ attānaṁ).'는 대목은 땅의 요소를 의지한(pathavī-dhātu-nissitā) 나머지 요소들과 파생된 물질(upādā-rūpa)과 정신의 무더기, 즉 물질과 정신의 요소를 자아로 여기는 것을 부정하는 것이다. 반면에 ['땅의 요소는 무아이며'라는] 첫 대목은 땅의 요소를 자아라고 여기는 것을 부정한 것이다."(MA.iv.93)

46) "'알음알이의 요소를 의지한(viññāṇa-dhātu-nissitaṁ)'이라는 문구는 함께 생긴 세 가지 무더기와 마음에서 생긴 물질(citta-samuṭṭhāna-rūpa)을 뜻하기 때문에 물질과 정신(rūpa-arūpa)을 다 포함한다."(MA.iv.93)

도반들이여, 이와 같이 나는 이 여섯 가지 요소들에 대해 이렇게 알고 이렇게 보아서 취착 없이 번뇌들로부터 마음이 해탈했습니다.'"

9. "비구들이여, 그런 비구에게 '좋습니다.'라고 말하고 [32] 기뻐하고 즐거워해야 한다. '좋습니다.'라고 말하고 기뻐하고 즐거워한 뒤 그 다음 질문을 해야 한다.

"도반이여, 아시는 분, 보시는 분, 아라한, 정등각자이신 그분 세존께서는 여섯 가지 안과 밖의 감각장소들을 바르게 말씀하셨습니다. 무엇이 여섯인가요? 눈과 형색들, 귀와 소리들, 코와 냄새들, 혀와 맛들, 몸과 감촉들, 마노[意]와 법들입니다. 도반이여, 이것이 아시는 분, 보시는 분, 아라한, 정등각자이신 그분 세존께서 바르게 설하신 여섯 가지 안과 밖의 감각장소들입니다. 존자는 이 여섯 가지 안과 밖의 감각장소들에 대해 어떻게 알고 어떻게 보아서 취착 없이 번뇌들로부터 마음이 해탈했습니까?'"

10. "비구들이여, 번뇌가 다했고 삶을 완성했으며 할 바를 다 했고 짐을 내려놓았으며 참된 이상을 실현했고 삶의 족쇄를 부수었으며 바른 구경의 지혜로 해탈한 비구는 자연스럽게 이와 같이 설명할 것이다.

"도반들이여, 나는 눈과 형색과 눈의 알음알이와 눈의 알음알이에 의해 알 수 있는 법들47)에 대한 열망, 탐욕, 기쁨, 갈애, 끌림, 취착,

---

47) '형색(rūpa)'과 '눈의 알음알이에 의해 알 수 있는 법들(cakkhu-viññāṇa-viññātabbā dhammā)'이라는 이 두 가지는 뜻이 중복되는 듯이 보인다. 그러나 주석서에서는 다음과 같이 각각의 뜻을 설명하고 있다.
"과거이건 미래이건 현재건 눈의 문(cakkhu-dvāra)을 통해 영역에 들어왔다가(āpāthaṁ āgantvā) 사라진 것은 모두 '형색(rūpa)'이라 한다. 그러나 과거이건 미래이건 현재건 눈의 문을 통해 아직 영역에 들어오지도 않고 사라진 것은 '눈의 알음알이에 의해 알 수 있는 법들(cakkhu-viññāṇa-

그들에 대한 마음의 편견, 천착, 잠재성향을 부수고 탐욕을 빛바래고 소멸하고 버리고 완전히 놓아버렸기 때문에 나의 마음은 해탈했다고 꿰뚫어 압니다.

도반들이여, 귀와 소리와 귀의 알음알이와 귀의 알음알이에 의해 알 수 있는 법들에 대한 … 코와 냄새와 코의 알음알이와 코의 알음알이에 의해 알 수 있는 법들에 대한 … 혀와 맛과 혀의 알음알이와 혀의 알음알이에 의해 알 수 있는 법들에 대한 … 몸과 감촉과 몸의 알음알이와 몸의 알음알이에 의해 알 수 있는 법들에 대한 … 마노[意]와 법과 마노의 알음알이와 마노의 알음알이에 의해 알 수 있는 법들에 대한 열망, 탐욕, 기쁨, 갈애, 끌림, 취착, 그들에 대한 마음의 편견, 천착, 잠재성향을 부수고 탐욕을 빛바래고 소멸하고 버리고 완전히 놓아버렸기 때문에 나의 마음은 해탈했다고 꿰뚫어 압니다.

도반들이여, 이와 같이 나는 이 여섯 가지 안과 밖의 감각장소들에 대해 취착 없이 번뇌들로부터 마음이 해탈했습니다.""

11. "비구들이여, 그런 비구에게 '좋습니다.'라고 말하고 기뻐하고 즐거워해야 한다. '좋습니다.'라고 말하고 기뻐하고 즐거워한 뒤 그 다음 질문을 해야 한다.

"어떻게 알고 어떻게 보아야 알음알이를 가진 이 몸[48]과 외부의

viññātabbā dhammā)'에 포함된다. 그러나 쭐라 아바야 장로라는 삼장법사(Tipiṭaka-Cūḷa-abhaya-tthera)는 삼세에서 눈의 영역에 들어왔건 들어오지 않았건 그것은 모두 형색(rūpa)이고, 눈의 알음알이와 관련된 세 가지 무더기는 눈의 알음알이에 의해 알 수 있는 법들이라고 설명한다."(MA.iv.93~94)

48) 주석서(MA.iv.94)의 설명대로 이상으로 본경은 ① 네 가지 인습적 표현(cattāro vohārā)을 통한 검증(§§3~4), ② 다섯 가지 무더기(오온, pañca khandhā)를 통한 검증(§§5~6), ③ 여섯 가지 요소(cha dhātuyo)를 통한 검증(§§7~8), ④ 여섯 가지 안팎의 감각장소(cha ajjhattikabāhirāni ā-

모든 표상들에 대해 나라는 생각과 내 것이라는 생각과 자만의 잠재성향이 제거됩니까?'" [33]

12. "비구들이여, 번뇌가 다했고 삶을 완성했으며 할 바를 다 했고 짐을 내려놓았으며 참된 이상을 실현했고 삶의 족쇄를 부수었으며 바른 구경의 지혜로 해탈한 비구는 자연스럽게 이와 같이 설명할 것이다.

"도반들이여, 전에 재가자였을 때 나는 어리석은 자였습니다. 그랬던 제게 여래와 여래의 제자께서 법을 설해주셨습니다. 나는 법을 듣고서 여래께 믿음을 가졌습니다. 나는 믿음을 갖추어 이와 같이 숙고했습니다. '재가의 삶이란 번잡하고 때가 낀 길이지만 출가의 삶은 열린 허공과 같다. 재가에 살면서 더할 나위 없이 완벽하고 지극히 청정한 소라고둥처럼 빛나는 청정범행을 실천하기란 쉽지 않다. 그러니 나는 이제 머리와 수염을 깎고 물들인 옷[染衣]을 입고 집을 떠나 출가하리라.'라고. 도반들이여, 그런 나는 나중에 재산이 적건 많건 간에 모두 다 버리고, 일가친척도 적건 많건 간에 다 버리고, 머리와 수염을 깎고, 물들인 옷을 입고 집을 떠나 출가했습니다."

13. "그런 나는 이와 같이 출가하여 비구들의 학습계목을 받아

---

yatanāni)를 통한 검증(§§9~10)의 네 가지 검증을 설하였다.
이제 여기 §§11~20에는 '알음알이를 가진 몸(saviññāṇaka kāya)'을 통한 검증으로 계의 조목과 감각기능의 단속과 마음챙김과 알아차림[正念·正知]을 잘 갖춤, 다섯 가지 장애의 극복, 네 가지 선의 증득, 누진통의 정형구가 나타난다.
그런데 주석서(MA.iv.94)는 여기에 나타나는 '알음알이를 가진 몸(saviññāṇaka kāya)'을 자신의 몸(attano kāya)과 남들의 몸(paresaṁ kāya)의 둘로 나누어서 본경의 주제가 모두 여섯이 되는 것으로 설명하고 있다. 주석서의 이런 설명이 없으면 본경의 제목이 왜 다섯 가지 청정이 아닌 '여섯 가지 청정(chabbisodhana)'이 되었는지 파악하기가 힘들 것이다.

지녀 그것과 더불어 생활했습니다.

나는 생명을 죽이는 것을 버리고 생명을 죽이는 것을 멀리 여의고, 몽둥이를 내려놓고 칼을 내려놓고, 양심적이고 동정심이 있으며 모든 생명의 이익을 위하여 연민하며 머물렀습니다. 나는 주지 않은 것을 가지는 것을 버리고 주지 않은 것을 가지는 것을 멀리 여의고, 준 것만을 받고 준 것만을 받으려고 하며 스스로 훔치지 않아 자신을 깨끗하게 하여 머물렀습니다. 나는 금욕적이지 못한 삶을 버리고 청정범행을 닦으며, 도덕적이고 성행위의 저속함을 멀리 여의었습니다.

나는 거짓말을 버리고 거짓말을 멀리 여의고, 진실을 말하며 진실에 부합하고 굳건하고 믿음직하여 세상을 속이지 않았습니다. 나는 중상모략하는 말을 버리고 중상모략하는 말을 멀리 여의고, 여기서 듣고 이들을 이간하려고 저기서 말하지 않고 저기서 듣고 저들을 이간하려고 여기서 말하지 않았습니다. 오히려 나는 이와 같이 이간된 자들을 합치고 우정을 장려하며 화합을 좋아하고 화합을 기뻐하고 화합을 즐기며 화합하게 하는 말을 했습니다. 나는 욕설을 버리고 욕설을 멀리 여의고, 유순하고 귀에 즐겁고 [34] 사랑스럽고 가슴에 와 닿고 예의바르고 많은 사람들이 좋아하고 많은 사람들의 마음에 드는 그런 말을 했습니다. 나는 잡담을 버리고 잡담을 멀리 여의고, 적절한 시기에 말하고, 사실을 말하고, 유익한 말을 하고, 법을 말하고, 율을 말하며, 가슴에 담아둘 만한 말을 하고, 이치에 맞고, 절제가 있으며, 유익한 말을 적절한 시기에 했습니다.

나는 씨앗류와 초목류를 손상시키는 것을 멀리 여의었습니다. 하루 한 끼만 먹었습니다. 나는 밤에 [먹는 것을] 여의고, 때 아닌 때에 먹는 것을 멀리 여의었습니다. 춤, 노래, 연주, 연극을 관람하는 것을 멀리 여의었습니다. 화환을 두르고 향과 화장품을 바르고 장신구로

꾸미는 것을 멀리 여의었습니다. 높고 큰 침상을 멀리 여의었습니다.

금과 은을 받는 것을 멀리 여의었습니다. [요리하지 않은] 날곡식을 받는 것을 멀리 여의었습니다. 생고기를 받는 것을 멀리 여의었습니다. 여자나 동녀를 받는 것을 멀리 여의었습니다. 하인과 하녀를 받는 것을 멀리 여의었습니다. 염소와 양을 받는 것을 멀리 여의었습니다. 닭과 돼지를 받는 것을 멀리 여의었습니다. 코끼리, 소, 말, 암말을 받는 것을 멀리 여의었습니다. 농토나 토지를 받는 것을 멀리 여의었습니다.

심부름꾼이나 전령으로 가는 것을 멀리 여의었습니다. 사고파는 것을 멀리 여의었습니다. 저울을 속이고 금속을 속이고 치수를 속이는 것을 멀리 여의었습니다. 악용하고 속이고 횡령하고 사기하는 것을 멀리 여의었습니다. 상해, 살해, 포박, 약탈, 노략질, 폭력을 멀리 여의었습니다."[49]

14. "그런 몸을 보호할 정도의 옷과 위장을 지탱할 정도의 음식으로 만족하며, 어디를 가더라도 나의 자구(資具)를 몸에 지니고 갔습니다. 예를 들면 새가 어디를 날아가더라도 자기 양 날개를 짐으로 하여 날아가는 것과 같이 나는 몸을 보호할 정도의 옷과 위장을 지탱할 정도의 음식으로 만족하며, 어디를 가더라도 나의 자구를 몸에 지니고 갔습니다. 나는 이러한 성스러운 계의 조목[戒蘊]을 구족하여 안으로 비난받을 일이 없는 행복을 경험했습니다."

---

49) 본경 §13의 이 내용은 본서 「코끼리 발자국 비유의 짧은 경」(M27 §13), 제2권 「갈애 멸진의 긴 경」(M38) §33, 「깐다라까 경」(M51) §14, 『디가 니까야』 제1권 「범망경」(D1) §§1.9~1.10, 「사문과경」(D2) §§43~45, 『앙굿따라 니까야』 제2권 「자기학대 경」(A4:198) §§8~9, 제6권 「우빨리 경」(A10:99) §5 등에도 나타난다.

15. "그런 나는 눈으로 형색을 봄에 그 표상[全體相]을 취하지 않았고, 또 그 세세한 부분상[細相]을 취하지도 않았습니다. 만약 나의 눈의 감각기능[眼根]이 제어되어 있지 않으면, 욕심과 싫어하는 마음[50]의 나쁘고 해로운 법[不善法]들이 나에게 [물밀듯이] 흘러들어올 것입니다. 따라서 나는 눈의 감각기능을 잘 단속하기 위해 [35] 수행했고, 눈의 감각기능을 잘 방호했고, 눈의 감각기능을 잘 단속했습니다.

귀로 소리를 들음에 … 코로 냄새를 맡음에 … 혀로 맛을 봄에 … 몸으로 감촉을 느낌에 … 마노[意]로 법을 지각함에 그 표상을 취하지 않았고, 그 세세한 부분상을 취하지도 않았습니다. 만약 그의 마노의 기능[意根]이 제어되어 있지 않으면, 욕심과 싫어하는 마음의 나쁘고 해로운 법[不善法]들이 나에게 [물밀듯이] 흘러들어올 것입니다.

---

50) '싫어하는 마음'은 domanassa를 옮긴 것이다. domanassa는 산스끄리뜨 duḥ(나쁜, 사악 한) + manas(마음[意])의 합성어인 durmanas의 워릇디(2차곡용)를 취해서 이루어진 daurmanasya의 빠알리 형태이다. 경에서는 나쁜 성질의 심리현상 즉 정신적 고통을 총칭하는 말로 나타나는데 구체적으로는 낙담, 우울, 실의, 고뇌, 슬픔, 비통 등을 뜻한다. 니까야에서 domanassa는 네 가지 정도의 문맥에서 나타나는 듯하다.
첫째는 여기서처럼 abhijjhā-domanassā(욕심과 싫어하는 마음)로도 나타나고, 둘째는 soka-parideva-dukkha-domanass-upāyāsā(근심·탄식·육체적 고통·정신적 고통·절망)로도 나타난다. 셋째는 다섯 가지 느낌과 22가지 기능에서는 정신적 괴로움의 기능[憂根, domanass-indriya, S48:31 §3 등]으로도 나타난다. 넷째로 언급할 것은 기쁨과 슬픔 혹은 정신적 즐거움과 정신적 고통으로 옮길 수 있는 somanassa와 domanassa가 함께 나타나는 것이다. 이 경우 초기불전연구원에서는 대부분 각각 기쁨과 슬픔으로 옮긴다.
여기서 첫째의 경우는 "'싫어하는 마음(domanassa)'이라는 단어로서 악의(byāpāda)의 장애를 설하셨다."(SA.iii.272)는 등의 주석서의 설명에 의거해서 '싫어하는 마음'으로 옮기고 있으며, 둘째와 셋째의 경우에는 dukkha(육체적 괴로움/고통)와 대가 되어서 나타나기 때문에 '정신적 고통/괴로움'으로 옮긴다. 넷째는 '이미 기쁨과 슬픔을 소멸했으므로'로 제4선의 정형구로도 나타난다. 여기에 대해서는 본서 「여섯 가지 감각장소의 분석 경」(M137) §9와 주해를 참조하기 바란다.

따라서 나는 눈의 감각기능을 잘 단속하기 위해 수행했고, 눈의 감각기능을 잘 방호했고, 눈의 감각기능을 잘 단속했습니다. 나는 이러한 성스러운 감각기능의 단속을 구족하여 안으로 더럽혀지지 않는 행복을 경험했습니다."

16. "그런 나는 나아갈 때도 돌아올 때도 [나의 거동을] 분명히 알아차리면서[正知] 행하였습니다. 앞을 볼 때도 돌아볼 때도 분명히 알아차리면서 행하였습니다. 구부릴 때도 펼 때도 분명히 알아차리면서 행하였습니다. 법의(法衣) · 발우 · 의복을 지닐 때도 분명히 알아차리면서 행하였습니다. 먹을 때도 마실 때도 씹을 때도 맛볼 때도 분명히 알아차리면서 행하였습니다. 대소변을 볼 때도 분명히 알아차리면서 행하였습니다. 갈 때도 서 있을 때도 앉아 있을 때도 잠잘 때도 깨어있을 때도 말할 때도 침묵할 때도 분명히 알아차리면서 행하였습니다."

17. "그런 나는 이러한 성스러운 계의 조목을 잘 갖추고 이러한 성스러운 감각기능의 단속을 잘 갖추고 이러한 마음챙김과 알아차림[正念 · 正知]을 잘 갖추어 숲 속이나 나무 아래나 산이나 골짜기나 산속 동굴이나 묘지나 밀림이나 노지나 짚더미와 같은 외딴 처소를 의지했습니다.

나는 탁발하여 공양을 마치고 탁발에서 돌아와 가부좌를 틀고 상체를 곧추세우고 전면에 마음챙김을 확립하여 앉았습니다. 나는 세상에 대한 욕심을 제거하여 욕심을 버린 마음으로 머물고, 욕심으로부터 마음을 청정하게 했습니다. 악의의 오점을 제거하여 악의가 없는 마음으로 머물고, 모든 생명의 이익을 위하여 연민하며, 악의의 오점으로부터 마음을 청정하게 했습니다. 해태와 혼침을 제거하여 해태와 혼침 없이 머물고, 광명상(光明想)을 가져 마음챙기고 알아차리며[正念·正知] 해태와 혼침으로부터 마음을 청정하게 했습니다. 들뜸과 후회를 제거하여 들뜨지 않고 머물고, 안으로 고요히 가라앉은 마음으로 들뜸과 후회로부터 마음을 청정하게 했습니다. 의심을 제거하여 의심을 극복하여 머물고, 유익한 법들에 아무런 의심이 없어서 의심으로부터 마음을 청정하게 했습니다." [37]

18. "그런 나는 마음의 오염원이고 통찰지를 무력하게 만드는 이들 다섯 가지 장애를 제거하여 감각적 욕망들을 완전히 떨쳐버리고 해로운 법[不善法]들을 떨쳐버린 뒤, 일으킨 생각[尋]과 지속적 고찰[伺]이 있고, 떨쳐버렸음에서 생긴 희열[喜]과 행복[樂]이 있는 초선(初禪)을 구족하여 머물렀습니다. 일으킨 생각[尋]과 지속적 고찰[伺]을 가라앉혔기 때문에 [더 이상 존재하지 않고], 자기 내면의 것이고, 확신이 있으며, 마음의 단일한 상태이고, 일으킨 생각과 지속적 고찰은 없고, 삼매에서 생긴 희열과 행복이 있는 제2선(二禪)을 구족하여 머물렀습니다.

희열이 빛바랬기 때문에 평온하게 머물고, 마음챙기고 알아차리며[正念·正知] 몸으로 행복을 경험했습니다. [이 禪 때문에] 성자들이 그를 두고 '평온하고 마음챙기며 행복하게 머문다.'라고 묘사하는 제3선(三禪)을 구족하여 머물렀습니다.

행복도 버리고 괴로움도 버리고, 아울러 그 이전에 이미 기쁨과 슬픔을 소멸하였으므로 괴롭지도 즐겁지도 않으며, 평온으로 인해 마음챙김이 청정한[捨念淸淨] 제4선(四禪)을 구족하여 머물렀습니다."

19. "그런 나는 이와 같이 마음이 집중되고, 청정하고, 깨끗하고, 흠이 없고, 오염원이 사라지고, 부드럽고, 활발발하고, 안정되고, 흔

들림이 없는 상태에 이르렀을 때 모든 번뇌를 소멸하는 지혜로 마음을 향하게 했습니다. 나는 '이것이 괴로움이다.'라고 있는 그대로 꿰뚫어 알았습니다. '이것이 괴로움의 일어남이다.'라고 있는 그대로 꿰뚫어 알았습니다. '이것이 괴로움의 소멸이다.'라고 있는 그대로 꿰뚫어 알았습니다. '이것이 괴로움의 소멸로 인도하는 도닦음이다.'라고 있는 그대로 꿰뚫어 알았습니다. '이것이 번뇌다.'라고 있는 그대로 꿰뚫어 알았습니다. '이것이 번뇌의 일어남이다.'라고 있는 그대로 꿰뚫어 알았습니다. '이것이 번뇌의 소멸이다.'라고 있는 그대로 꿰뚫어 알았습니다. '이것이 번뇌의 소멸로 인도하는 도닦음이다.'라고 있는 그대로 꿰뚫어 알았습니다[漏盡通]."

20. "그런 내가 이와 같이 알고 이와 같이 보았을 때 나의 마음은 감각적 욕망에 기인한 번뇌에서 해탈했고, 존재에 기인한 번뇌에서도 해탈했고, 무명에 기인한 번뇌에서도 마음이 해탈했습니다. 해탈했을 때 해탈했다는 지혜가 생겼습니다. '태어남은 다했다. 청정범행은 성취되었다. 할 일을 다 해 마쳤다. 다시는 어떤 존재로도 돌아오지 않을 것이다.'라고 꿰뚫어 알았습니다.

알음알이를 가진 이 몸과 외부의 모든 표상들에 대해 이렇게 알고 이렇게 보아야 나라는 생각과 내 것이라는 생각과 자만의 잠재성향들이 줄어듭니다.""

21. "비구들이여, 그런 비구에게 '좋습니다.'라고 말하고 기뻐하고 즐거워해야 한다. '좋습니다.'라고 말하고 기뻐하고 즐거워한 뒤 그에게 이렇게 말해야 한다.

"도반이여, 우리가 존자와 같은 그런 동료 수행자를 만나다니 그것은 참으로 우리에게 축복이고 [37] 큰 행운입니다."

세존께서는 이와 같이 설하셨다. 그 비구들은 흡족한 마음으로 세존의 말씀을 크게 기뻐하였다.

여섯 가지 청정 경(M112)이 끝났다.

바른 사람 경

Sappurisa Sutta(M113)

1. 이와 같이 나는 들었다. 한때 세존께서는 사왓티에서 제따 숲의 아나타삔디까 원림(급고독원)에 머무셨다. 거기서 세존께서는 "비구들이여."라고 비구들을 부르셨다. "세존이시여."라고 비구들은 세존께 응답했다. 세존께서는 이렇게 말씀하셨다.

2. "비구들이여, 바른 사람의 성품과 바르지 못한 사람의 성품을 그대들에게 설하리라. 듣고 잘 마음에 잡도리하라. 나는 설하리라."

"그러겠습니다, 세존이시여."라고 그 비구들은 세존께 응답했다. 세존께서는 이렇게 말씀하셨다.

3. "비구들이여, 어떤 것이 바르지 못한 사람의 성품인가? 비구들이여, 여기 바르지 못한 사람이 좋은 가문[51]에서 출가하면 이와 같이 숙고한다. '나는 참으로 좋은 가문에서 출가했다. 그러나 이 다

---

51) "'좋은 가문(uccā kulā)'이란 끄샤뜨리야와 바라문의 두 가문을 말하고, [§4의] '큰 가문(mahā-kulā)'이란 이 둘에다 와이샤(평민)를 더한 세 가문을 말한다."(MA.iv.99)

른 비구들은 좋은 가문에서 출가하지 않았다.'라고. 그는 그가 좋은 가문 출신이라는 이유로 자신을 칭송하고 남을 비난한다. 비구들이여, 이것이 바르지 못한 사람의 성품이다.

비구들이여, 그러나 바른 사람은 이와 같이 숙고한다. '좋은 가문 출신이라고 해서 탐욕의 법들이 완전히 없어지고 성냄의 법들이 완전히 없어지고 어리석음의 법들이 완전히 없어지는 것은 아니다. 비록 좋은 가문에서 출가하지 않았더라도 그가 [출세간]법에 이르게 하는 법을 닦고 합당하게 도를 닦고 [38] 법을 따라 행하면 그는 거기서 존경받고 칭찬받을 것이다.'라고. 그는[52] 도닦음만을 최우선으로 여기고[53] 좋은 가문 출신이라는 이유로 자신을 칭송하거나 남을 비난하지 않는다. 비구들이여, 이것이 바른 사람의 성품이다."

4. ~ *6.* "다시 비구들이여, 바르지 못한 사람이 큰 가문에서 출가하면 … 부유한 가문에서 출가하면 … 세력 있는 가문에서 출가하면 이와 같이 숙고한다. '나는 참으로 세력 있는 가문에서 출가했다. 그러나 이 다른 비구들은 세력 있는 가문에서 출가하지 않았다.'라고. 그는 그가 세력 있는 가문 출신이라는 이유로 자신을 칭송하고 남을 비난한다. 비구들이여, 이것도 바르지 못한 사람의 성품이다.

비구들이여, 그러나 바른 사람은 이와 같이 숙고한다. '세력 있는 가문 출신이라고 해서 탐욕의 법들이 완전히 없어지고 성냄의 법들이 완전히 없어지고 어리석음의 법들이 완전히 없어지는 것은 아니

---

52) "합당하게 도를 닦는(sāmīcippaṭipanna) 비구를 말한다."(MAṬ.ii.286)

53) '그는 도닦음만을 최우선으로 여기고'는 so paṭipadaṁyeva antaraṁ karitvā를 옮긴 것이다. 주석서는 "도닦음만을 마음에 둔다(abbhantaraṁ katvā)." (MA.iv.98)로 설명하고 있어 이렇게 옮겼다. 복주서는 도닦음이 참으로 지자들이 공경하는 이유(viññūnaṁ pūjāya kāraṇaṁ)이지, 좋은 가문 출신이라는 것이 공경의 이유는 아니라는 뜻이라고 설명하고 있다.(MAṬ.ii.286)

다. 비록 세력 있는 가문에서 출가하지 않았더라도 그가 [출세간]법에 이르게 하는 법을 닦고 합당하게 도를 닦고 법을 따라 행하면 그는 거기서 존경받고 칭찬받을 것이다.'라고. 그는 도닦음만을 최우선으로 여기고 세력 있는 가문 출신이라고 해서 자신을 칭송하거나 남을 비난하지 않는다. 비구들이여, 이것이 바른 사람의 성품이다."

7. "다시 비구들이여, 바르지 못한 사람이 유명하고 명성을 가졌다. 그는 이와 같이 숙고한다. '나는 참으로 유명하고 명성을 가졌다. 그러나 이 다른 비구들은 잘 알려지지 않았고 아무런 영향력도 없다.'라고. 그는 그가 유명하다는 이유로 자신을 칭송하고 남을 비난한다. 비구들이여, 이것도 바르지 못한 사람의 성품이다.

비구들이여, 그러나 바른 사람은 이와 같이 숙고한다. '유명하고 명성을 가졌다고 해서 탐욕의 법들이 완전히 없어지고 성냄의 법들이 완전히 없어지고 어리석음의 법들이 완전히 없어지는 것은 아니다. 비록 잘 알려져 있지 않고 명성을 갖지 못했더라도 그가 [출세간]법에 이르게 하는 법을 닦고 합당하게 도를 닦고 법을 따라 행하면 그는 거기서 존경받고 칭찬받을 것이다.'라고. 그는 도닦음만을 최우선으로 여기고 유명하다는 이유로 자신을 칭송하거나 남을 비난하지 않는다. 비구들이여, 이것이 바른 사람의 성품이다." [39]

8. "다시 비구들이여, 바르지 못한 사람이 의복, 음식, 거처, 병구완하는 약품을 얻는다. 그는 이와 같이 숙고한다. '나는 참으로 의복, 음식, 거처, 병구완하는 약품을 얻는다. 그러나 이 다른 비구들은 의복, 음식, 거처, 병구완하는 약품을 얻지 못한다.'라고. 그는 그가 의복, 음식, 거처, 병구완하는 약품을 얻음으로 인해 자신을 칭송하고 남을 비난한다. 비구들이여, 이것도 바르지 못한 사람의 성품이다.

비구들이여, 그러나 바른 사람은 이와 같이 숙고한다. '의복, 음식, 거처, 병구완하는 약품을 얻는다고 해서 탐욕의 법들이 완전히 없어지고 성냄의 법들이 완전히 없어지고 어리석음의 법들이 완전히 없어지는 것은 아니다. 비록 의복, 음식, 거처, 병구완하는 약품을 얻지 못하더라도 그가 [출세간]법에 이르게 하는 법을 닦고 합당하게 도를 닦고 법을 따라 행하면 그는 거기서 존경받고 칭찬받을 것이다.'라고. 그는 도닦음을 최우선으로 여기고 그 얻은 것으로 인해 자신을 칭송하거나 남을 비난하지 않는다. 비구들이여, 이것이 바른 사람의 성품이다."

9. ~ *11.* "다시 비구들이여, 바르지 못한 사람이 많이 배우면 … 바르지 못한 사람이 율에 정통하면 … [40] …

바르지 못한 사람이 법을 설하는 자이면 그는 이와 같이 숙고한다. '나는 참으로 법을 설하는 자이다. 그러나 이 다른 비구들은 법을 설하는 자가 아니다.'라고. 그는 그가 법을 설하는 것 때문에 자신을 칭송하고 남을 비난한다. 비구들이여, 이것도 바르지 못한 사람의 성품이다.

비구들이여, 그러나 바른 사람은 이와 같이 숙고한다. '법을 설하는 자라고 해서 탐욕의 법들이 완전히 없어지고 성냄의 법들이 완전히 없어지고 어리석음의 법들이 완전히 없어지는 것은 아니다. 비록 법을 설하는 자가 아니더라도 그가 [출세간]법에 이르게 하는 법을 닦고 합당하게 도를 닦고 법을 따라 행하면 그는 거기서 존경받고 칭찬받을 것이다.'라고. 그는 도닦음만을 최우선으로 여기고 법을 설하는 자라는 이유로 자신을 칭송하거나 남을 비난하지 않는다. 비구들이여, 이것이 바른 사람의 성품이다."

12. ~ 20. "다시 바르지 못한 사람이 숲 속에서만 머문다.54) …
바르지 못한 사람이 분소의만 입는다. … [41] …
바르지 못한 사람이 탁발음식만 먹는다. …
바르지 못한 사람이 나무 아래 머문다.… [42] …
바르지 못한 사람이 공동묘지에 머문다. …
바르지 못한 사람이 노지에 머문다. …
바르지 못한 사람이 장좌불와를 한다. …
바르지 못한 사람이 배정된 것에 따라 머문다. …

바르지 못한 사람이 한 자리에서만 먹는다. 그는 이와 같이 숙고한다. '나는 참으로 한 자리에서만 먹는다. 그러나 이 다른 비구들은 한 자리에서만 먹는 자가 아니다.'라고. 그는 그가 한 자리에서만 먹는 것 때문에 자신을 칭송하고 남을 비난한다. 비구들이여, 이것도 바르지 못한 사람의 성품이다.

비구들이여, 그러나 바른 사람은 이와 같이 숙고한다. '한 자리에

---

54) "'바르지 못한 사람이 숲 속에서만 머문다(asappuriso āraññako hoti).'는 것은 숲 속에서만 머무는 두타행을 실천하는 것(samādinna-āraññika-dhutaṅga)을 말한다. 본경에서는 아홉 가지 두타행(dhutaṅga)만 언급했지만 상세하게 설하면 열세 가지 두타행이 있는데 그것은 모두 『청정도론』 두타행의 해설(dhutaṅga-niddesa)에서 완전히 설명되어 있다."(MA.iv.99)
『청정도론』 II.2에는 다음의 13가지 두타행이 나열되고 이것은 모두 『청정도론』 제2장(II)에서 설명되고 있다.
① 분소의를 입는 수행 ② 삼의(三衣)만 수용하는 수행 ③ 탁발음식만 수용하는 수행 ④ 차례대로 탁발하는 수행 ⑤ 한 자리에서만 먹는 수행 ⑥ 발우 [한 개]의 탁발음식만 먹는 수행 ⑦ 나중에 얻은 밥을 먹지 않는 수행 ⑧ 숲에 머무는 수행 ⑨ 나무 아래 머무는 수행 ⑩ 노천에 머무는 수행 ⑪ 공동묘지에 머무는 수행 ⑫ 배정된 대로 머무는 수행 ⑬ 눕지 않는 수행.
이 가운데 ② 삼의(三衣)만 수용하는 수행 ④ 차례대로 탁발하는 수행 ⑥ 발우 [한 개]의 탁발음식만 먹는 수행 ⑦ 나중에 얻은 밥을 먹지 않는 수행의 넷이 본서에 나타나지 않는다. 13가지 두타행에 대한 설명은 『청정도론』 제2장을 참조할 것.

서만 먹는 자라고 해서 탐욕의 법들이 완전히 없어지고 성냄의 법들이 완전히 없어지고 어리석음의 법들이 완전히 없어지는 것은 아니다. 비록 한 자리에서만 먹는 자가 아니더라도 그가 [출세간]법에 이르게 하는 법을 닦고 합당하게 도를 닦고 법을 따라 행하면 그는 거기서 존경받고 칭찬받을 것이다.'라고. 그는 도닦음만을 최우선으로 여기고 한 자리에서만 먹는다는 이유로 자신을 칭송하거나 남을 비난하지 않는다. 비구들이여, 이것이 바른 사람의 성품이다."

21. "다시 비구들이여, 바르지 못한 사람이 감각적 욕망들을 완전히 떨쳐버리고 해로운 법[不善法]들을 떨쳐버린 뒤, 일으킨 생각[尋]과 지속적 고찰[伺]이 있고, 떨쳐버렸음에서 생긴 희열[喜]과 행복[樂]이 있는 초선(初禪)을 구족하여 머문다. 그는 이와 같이 숙고한다. '나는 참으로 초선의 증득을 얻었다. 그러나 이 다른 비구들은 초선의 증득을 얻지 못했다.'라고. 그는 초선의 증득을 얻은 것 때문에 자신을 칭송하고 남을 비난한다. 비구들이여, 이것도 바르지 못한 사람의 성품이다.

비구들이여, 그러나 바른 사람은 이와 같이 숙고한다. '세존께서는 초선의 증득에 대해서도 갈애 없음[55]이라고 말씀하셨다. 어떤 식으

---

55) '동일하지 않음'은 atammayatā를 옮긴 것인데 이 단어는 tammayatā와 부정 접두어 a의 합성어이다. 주석서는 여기서 tammayatā는 갈애(taṇhā)를 뜻하고 atammayatā는 갈애 없음(nittaṇhā)을 뜻한다고 설명한다.(MA.iv.99) 복주서는 다음과 같이 설명하고 있다.
"감각적 욕망에 대한 갈애 등 그 갈애에 의해 생긴 것(taṇhāya nibbattā)이 땀마야(tammaya)이고, 중생들은 본성을 따르기 때문에 그들의 상태는 갈애로 이루어졌다(땀마야따, tammayatā). 그것을 버렸기 때문에 갈애 없음(아땀마야따, atammayatā)이다. 다시 말해 nittaṇhā(갈애 없음)를 말한다."(MAṬ.ii.287)
한편 문법적으로 이 단어는 'a(부정접두어)+tam(그것)+maya(~로 이루어진)+tā(추상명사형 어미)'로 더 세분해서 볼 수 있으며, '그것으로 이루어지

로 생각하든 그 초선은 각각의 생각하는 상태와 다르게 된다.'56)라고. [43] 그는 갈애 없음만을 최우선으로 여기고 초선을 증득했다는 이유로 자신을 칭송하거나 남을 비난하지 않는다. 비구들이여, 이것이 바른 사람의 성품이다."

22. ~ *24.* "다시 비구들이여, 바르지 못한 사람이 일으킨 생각[尋]과 지속적 고찰[伺]을 가라앉혔기 때문에 [더 이상 존재하지 않고], 자기 내면의 것이고, 확신이 있으며, 마음의 단일한 상태이고,

---

지 않음'으로 직역할 수 있다.
부정 접두어가 없는 tammaya는 본서 제2권 「검증자 경」(M47) §13에도 나타난다. 그곳의 해당 주해를 참조할 것.
한편 이 atammayatā는 『청정도론』 XXI.135에도 나타난다. 거기서는 '무관심'으로 옮겼다. 그곳에 해당하는 『청정도론 주석서』의 설명을 인용한다.
"'무관심'으로 옮긴 'atammayatā'는 도의 출현으로 인도하는 위빳사나(vuṭṭhāna-gāminī-vipassanā)를 뜻한다. 세간적인 상카라들(형성된 것들)을 대상으로 삼아 수순하는 지혜로 끝나는 도의 출현으로 인도하는 위빳사나가 일어난다. 그 상카라들을 기초로 했고 그 상카라들과 함께 묶여있는 갈애는 그 상카라들이 없이는 일어나지 않는다. 그러므로 그것을 '땀마야(tammaya, 그것으로 이루어진)'라 이름한다. 문법적으로 땀마야는 땀마야따(그것으로 이루어짐)와 다름이 없다. 혹은 땀마야란 갈애(taṇhā)와 함께 한 무더기를 뜻한다. 그들의 상태를 땀마야따라 한다. 그것은 단지 갈애일 뿐이다. 그것과 반대되는 출현으로 인도하는 위빳사나가 아땀마야(atamma-ya)이다. 평온을 버리고 극복하라는 것은 평온에 대한 집착, 오염을 버리고 극복하라는 뜻이다."(Pm.805)
도의 출현으로 인도하는 위빳사나에 대해서는 『청정도론』 XXI.82 이하를 참조할 것.

56) '어떤 식으로 생각하든 그 초선은 각각의 생각하는 상태와 다르게 된다.'는 yena yena hi maññanti tato taṁ hoti aññathā를 옮긴 것인데, 본경에 해당하는 주석서는 별다른 설명을 하지 않는다. 그런데 『상윳따 니까야 주석서』는 이렇게 설명하고 있다.
"'그것은 다르게 된다(tato taṁ hoti aññathā).'라는 것은 [항상하고 즐겁고 자아가 있는 것으로 사량되는 대상이 실제로는 무상하고 괴로움이고 무아로 존재하기 때문에 — SAṬ.iii.10] 다른 형태로(aññen' ākārena) 되고 만다는 말이다."(SA.ii.364)

일으킨 생각과 지속적 고찰은 없고, 삼매에서 생긴 희열과 행복이 있는 제2선(二禪)을 구족하여 머문다. … 제3선(三禪)을 구족하여 머문다. … 제4선(四禪)을 구족하여 머문다. 그는 이와 같이 숙고한다. '나는 참으로 제4선의 증득을 증득했다. 그러나 이 다른 비구들은 제4선의 증득을 얻지 못했다.'라고. 그는 제4선의 증득을 얻은 것 때문에 자신을 칭송하고 남을 비난한다. 비구들이여, 이것도 바르지 못한 사람의 성품이다.

비구들이여, 그러나 바른 사람은 이와 같이 숙고한다. '세존께서는 제4선의 증득에 대해서도 갈애 없음이라고 말씀하셨다. 어떤 식으로 생각하든 그 제4선은 각각의 생각하는 상태와 다르게 된다.'라고. 그는 갈애 없음을 최우선으로 여기고 제4선의 증득을 얻었다는 이유로 자신을 칭송하거나 남을 비난하지 않는다. 비구들이여, 이것이 바른 사람의 성품이다."

25. "다시 비구들이여, 바르지 못한 사람이 물질[色]에 대한 인식을 완전히 초월하고 부딪힘의 인식을 소멸하고 갖가지 인식을 마음에 잡도리하지 않기 때문에 '무한한 허공'이라고 하면서 공무변처(空無邊處)를 구족하여 머문다. …"

26. "다시 비구들이여, 바르지 못한 사람이 공무변처를 완전히 초월하여 '무한한 알음알이[識]'라고 하면서 식무변처(識無邊處)를 구족하여 머문다. … [44] …"

27. "다시 비구들이여, 바르지 못한 사람이 식무변처를 완전히 초월하여 '아무것도 없다.'라고 하면서 무소유처(無所有處)를 구족하여 머문다. …"

28. "다시 비구들이여, 바르지 못한 사람이 일체 무소유처를 완전히 초월하여 비상비비상처(非想非非想處)를 구족하여 머문다. 그는 이와 같이 숙고한다. '나는 참으로 비상비비상처의 증득을 얻었다. 그러나 이 다른 비구들은 비상비비상처의 증득을 얻지 못했다.'라고. 그는 그가 비상비비상처를 증득했다는 이유로 자신을 칭송하고 남을 비난한다. 비구들이여, 이것도 바르지 못한 사람의 성품이다.

비구들이여, 그러나 바른 사람은 이와 같이 숙고한다. '세존께서는 비상비비상처의 증득에 대해서도 갈애 없음이라고 말씀하셨다. 어떤 식으로 생각하든 그 비상비비상처는 각각의 생각하는 상태와 다르게 된다.'라고. 그는 갈애 없음을 최우선으로 여기고 비상비비상처의 증득을 얻었다는 이유로 자신을 칭송하거나 남을 비난하지 않는다. 비구들이여, 이것이 바른 사람의 성품이다." [45]

29. "다시 비구들이여, 바른 사람은 비상비비상처를 완전히 초월하여 상수멸(想受滅)을 구족하여 머문다.[57] 그리고 그의 통찰지로 번뇌들을 보아서 남김없이 소멸한다. 비구들이여, 이 비구는 그 어떤 것도 생각하지 않고 어떤 곳에 관해서도 생각하지 않고 어느 것을 통해서도 생각하지 않는다."[58]

---

57) "[색계와 무색계의 증득은 바르지 못한 사람, 즉 범부도 얻을 수 있지만] 이 상수멸의 증득(samāpatti)은 불환자나 번뇌 다한 [아라한]만이(anāgāmi-khīṇāsavāva) 얻을 수 있으므로 범부(puthujjana)는 해당되지 않는다. 그러므로 바르지 못한 사람의 경우(asappurisa-vāra)도 제외된다(parihīna)." (MA.iv.99)

58) "'어떤 것도 생각하지 않는다(na kañci maññati).'는 것은 어떤 사람을 세 가지 망상(ti maññanā) [즉 갈애와 사견과 자만]으로 생각하지 않는 것이고, '어떤 곳에 관해서도 생각하지 않는다(na kuhiñci maññati).'는 것은 어떤 공간(okāsa)에 관해서도 생각하지 않는 것이고, '어떤 것을 통해서도 생각하지 않는다(na kenaci maññati).'는 것은 어떤 대상(vatthu)을 통해 그

세존께서는 이와 같이 설하셨다. 그 비구들은 흡족한 마음으로 세존의 말씀을 크게 기뻐하였다.

바른 사람 경(M113)이 끝났다.

사람을 생각하지 않는 것이다."(MA.iv.99~100)
복주서는 다음과 같이 조금 더 부연설명을 한다.
"그런 망상들(maññanā)을 성스러운 도로써 모두 끊어버렸기 때문에(samu-cchinnattā) 욕계 존재 등 어떤 공간(okāsa)에 관해서도 생각하지 않고, 코끼리, 말, 들판 등과 발우, 옷, 승원, 토굴 등의 어떤 대상을 통해서도 사람을 생각하지 않는다."(MAṬ.ii.287)
본경에 나타나는 이 어법은 본서 제1권 「뿌리에 대한 법문 경」(M1) §§51~146에서 땅 등의 24가지 대상에 대해서 '[자신을] 땅이라 생각하지 않고 …' 등으로 적용되어 나타나고 있다. 그곳의 주해들을 참조할 것.

행하고 행하지 말아야 함 경

Sevitabbāsevitabba Sutta(M114)

1. 이와 같이 나는 들었다. 한때 세존께서는 사왓티에서 제따 숲의 아나타삔디까 원림(급고독원)에 머무셨다. 거기서 세존께서는 "비구들이여."라고 비구들을 부르셨다. "세존이시여."라고 비구들은 세존께 응답했다. 세존께서는 이렇게 말씀하셨다.

2. "비구들이여, 받들어 행해야 할 것과 받들어 행하지 말아야 할 것을 그대들에게 설하리라. 그것을 들어라. 듣고 마음에 잘 새겨라. 나는 설할 것이다."

"그렇게 하겠습니다, 세존이시여."라고 비구들은 세존께 대답했다. 세존께서는 다음과 같이 설하셨다.

첫 번째 개요

3. "비구들이여, 나는 몸의 행위를 두 가지로 설한다. 받들어 행해야 할 것과 받들어 행하지 말아야 할 것이다. 이 [두 가지] 몸의 행위는 서로 상반된다.[59)]

---

59) "'이 [두 가지] 몸의 행위는 서로 상반된다(tañca aññamaññaṁ kāyasam

비구들이여, 나는 말의 행위도 두 가지로 설한다. 받들어 행해야 할 것과 받들어 행하지 말아야 할 것이다. 이 [두 가지] 말의 행위는 서로 상반된다.

비구들이여, 나는 마음의 행위도 두 가지로 설한다. 받들어 행해야 할 것과 받들어 행하지 말아야 할 것이다. 이 [두 가지] 마음의 행위는 서로 상반된다.

비구들이여, 나는 마음의 일어남도 두 가지로 설한다. 받들어 행해야 할 것과 받들어 행하지 말아야 할 것이다. 이 [두 가지] 마음의 일어남은 서로 상반된다. [46]

비구들이여, 나는 인식의 획득도 두 가지로 설한다. 받들어 행해야 할 것과 받들어 행하지 말아야 할 것이다. 이 [두 가지] 인식의 획득은 서로 상반된다.

비구들이여, 나는 견해의 획득도 두 가지로 설한다. 받들어 행해야 할 것과 받들어 행하지 말아야 할 것이다. 이 [두 가지] 견해의 획득은 서로 상반된다.

비구들이여, 나는 자기 존재의 획득60)도 두 가지로 설한다. 받들

-ācāraṁ).'고 하셨다. 받들어 행해야 할 몸의 행위(sevitabba kāya-samā-cāra)와 받들어 행하지 말아야 할(asevitabba) 몸의 행위는 상반된다(aññaṁ). 그러므로 어떠한 이유로도 받들어 행해야 할 몸의 행위를 받들어 행하지 말아야 할 행위라고 나는 말하지 않는다. 그리고 그 반대의 경우도 마찬가지이다. 이런 뜻으로 말씀하신 것이다."(MA.iv.100)

60) 여기서 '자기 존재의 획득'은 attabhāva-paṭilābha를 옮긴 것이다. 『디가 니까야』 제3권 「합송경」(D33) §1.11 (36)과 『앙굿따라 니까야』 제2권 「자기 존재 경」(A4:172)에도 네 가지 자기 존재의 획득이 나타난다.
『디가 니까야』 제3권 「합송경」(D33) §1.11 (36)과 『앙굿따라 니까야』 제2권 「자기 존재 경」(A4:172)에 나타나는 네 가지 자기 존재의 획득을 인용하면 다음과 같다.
"네 가지 자기 존재(atta-bhāva)의 획득 — 도반들이여, 자기 존재를 획득할 때 자신의 의도가 들어가고 남의 의도는 들어가지 않는 자기 존재의 획득

어 행해야 할 것과 받들어 행하지 말아야 할 것이다. 이 [두 가지] 자기 존재의 획득은 서로 상반된다."

첫 번째 설명

4. 이렇게 말씀하시자 사리뿟따 존자가 세존께 이와 같이 말씀드렸다.

"세존이시여, 저는 세존께서 상세하게 뜻을 설해주시지 않고 간략하게 설하신 말씀의 뜻을 이와 같이 상세하게 이해합니다."

5. "세존께서는 '비구들이여, 나는 몸의 행위를 두 가지로 설한다. 받들어 행해야 할 것과 받들어 행하지 말아야 할 것이다. 이 [두 가지] 몸의 행위는 서로 상반된다.'라고 말씀하셨습니다. 이것은 무엇을 반연하여 이와 같이 설하셨을까요?

세존이시여, 어떤 몸의 행위를 받들어 행할 때 그에게 해로운 법[不善法]들이 증장하고 유익한 법[善法]들이 줄어들면, 그런 것은 받들어 행하지 말아야 합니다. 세존이시여, 어떤 몸의 행위를 받들어 행할 때 그에게 해로운 법들이 줄어들고 유익한 법들이 증장하면, 그런 것은 받들어 행해야 합니다.

이 있습니다. 도반들이여, 자기 존재를 획득할 때 남의 의도가 들어가고 자신의 의도는 들어가지 않는 자기 존재의 획득이 있습니다. 도반들이여, 자기 존재를 획득할 때 자신의 의도도 들어가고 남의 의도도 들어가는 자기 존재의 획득이 있습니다. 도반들이여, 자기 존재를 획득할 때 자신의 의도도 들어가지 않고 남의 의도도 들어가지 않는 자기 존재의 획득이 있습니다."

이 네 가지에 대해서 주석서는 이렇게 보기를 들고 있다.

"유희로 타락해 버린 자라는 신이 첫 번째에 해당하고, 양을 도살하는 자 등에 의해서 죽임을 당하는 양 등이 두 번째에, 마음이 타락해 버린 자라는 신이 세 번째에, 사대천왕 이상의 나머지 신들은 네 번째에 해당한다. 이러한 [신들은] 자신의 의도에 의해서도 죽지 않고 남의 의도에 의해서도 죽지 않기 때문이다."(DA.iii.1024)

세존이시여, 그러면 어떤 몸의 행위를 받들어 행할 때 그에게 해로운 법들이 증장하고 유익한 법들이 줄어듭니까?

세존이시여, 여기 어떤 자는 생명을 죽입니다. 그는 잔인하고 손에 피를 묻히고 죽이고 폭력을 휘두르는 데에 몰두하며 모든 생명들에게 동정심이 없습니다.

그는 주지 않은 것을 가집니다. 그는 마을에서나 숲 속에서 자기에게 주지 않은, 남의 재산과 재물을 도적질로써 취합니다.

그는 삿된 음행을 합니다. 어머니가 보호하고, 아버지가 보호하고, 형제가 보호하고, 자매가 보호하고, 친지들이 보호하고, 법으로 보호하고, 남편이 있고, 몽둥이로 보호하고, 심지어 [혼약의 정표로] 화환을 두른 그러한 여인들과 성행위를 가집니다.

세존이시여, 이런 몸의 행위를 [47] 받들어 행할 때 그에게 해로운 법들이 증장하고 유익한 법들이 줄어듭니다.

세존이시여, 그러면 어떤 몸의 행위를 받들어 행할 때 그에게 해로운 법들이 줄어들고 유익한 법들이 증장합니까?

세존이시여, 여기 어떤 자는 생명을 죽이는 것을 버리고, 생명을 죽이는 것을 멀리 여읩니다. 몽둥이를 내려놓고 칼을 내려놓습니다. 양심적이고 동정심이 있으며 모든 생명의 이익을 위하여 연민하며 머뭅니다.

그는 주지 않은 것을 가지는 것을 버리고, 주지 않은 것을 가지는 것을 멀리 여읩니다. 그는 마을에서나 숲 속에서 남의 재산과 재물을 도적질로써 취하지 않습니다.

그는 삿된 음행을 버리고 삿된 음행을 멀리 여읩니다. 그는 어머니가 보호하고, 아버지가 보호하고, 형제가 보호하고, 자매가 보호하며, 친지들이 보호하고, 남편이 있고, 몽둥이로 보호하고, [혼약의 정표로] 화환을 두른 그러한 여인들과 성행위를 가지지 않습니다.

세존이시여, 이런 몸의 행위를 받들어 행할 때 그에게 해로운 법들이 줄어들고 유익한 법들이 증장합니다."

세존께서 '비구들이여, 나는 몸의 행위를 두 가지로 설한다. 받들어 행해야 할 것과 받들어 행하지 말아야 할 것이다. 이 [두 가지] 몸의 행위는 서로 상반된다.'라고 말씀하신 것은 바로 이것을 두고 설하신 것입니다."

6. "세존께서 '비구들이여, 나는 말의 행위를 두 가지로 설한다. 받들어 행해야 할 것과 받들어 행하지 말아야 할 것이다. 이 [두 가지] 말의 행위는 서로 상반된다.'라고 말씀하셨습니다. 이것은 무슨 연유로 이와 같이 설하셨을까요?

세존이시여, 어떤 말의 행위를 받들어 행할 때 그에게 해로운 법들이 증장하고 유익한 법들이 줄어들면, 그런 것은 받들어 행하지 말아야 합니다. 세존이시여, 어떤 말의 행위를 받들어 행할 때 그에게 해로운 법들이 줄어들고 유익한 법들이 증장하면, 그런 것은 받들어 행해야 합니다.

세존이시여, 그러면 어떤 말의 행위를 받들어 행할 때 그에게 해로운 법들이 증장하고 유익한 법들이 줄어듭니까?

세존이시여, 여기 어떤 자는 거짓말을 합니다. 법정에서나 회의에서나 [48] 친척들 사이에서나 조합원들 사이에서나 왕실 앞에서 증인으로 출두하여, '오시오, 선남자여. 그대가 아는 것을 말해주시오.'라고 질문을 받습니다. 그러면 그는 알지 못하면서 '나는 압니다.'라고 말하고, 알면서 '나는 알지 못합니다.'라고 합니다. 보지 못하면서 '나는 봅니다.'라고 말하고, 보면서 '나는 보지 못합니다.'라고 말합니다. 이와 같이 자기의 목적을 위해서나 남의 목적을 위해서나 어떤 세속적인 이득을 위해 고의로 거짓말을 합니다.

그는 중상모략을 합니다. 그는 여기서 듣고 이들을 이간시키려고 저기서 말합니다. 저기서 듣고 저들을 이간시키려고 여기서 말합니다. 이처럼 화합하는 자들을 이간시키고 이간을 조장합니다. 그는 불화를 좋아하고, 불화를 기뻐하고, 불화를 즐기며, 불화를 일으키는 말을 합니다.

그는 욕설을 합니다. 그는 거칠고, 험하고, 남을 언짢게 하고, 남을 모욕하고, 분노에 휩싸이고, 삼매로 이끌지 못하는 그런 말을 합니다.

그는 잡담을 합니다. 그는 부적절한 시기에 말하고, 사실이 아닌 것을 말하고, 무익한 것을 말하고, 법에 어긋나는 것을 말하고, 율에 저촉되는 말을 하고, 가슴에 새겨둘 필요가 없는 말을 합니다. 그는 이치에 맞지 않고, 무절제하며, 유익하지 못한 말을 부적절한 시기에 말합니다.

세존이시여, 이런 말의 행위를 받들어 행할 때 그에게 해로운 법들이 증장하고 유익한 법들이 줄어듭니다.

세존이시여, 그러면 어떤 말의 행위를 받들어 행할 때 그에게 해로운 법들이 줄어들고 유익한 법들이 증장합니까?

세존이시여, 여기 어떤 자는 거짓말을 버리고, 거짓말을 멀리 여읩니다. 그는 법정에서나 회의에서나 친척들 사이에서나 조합원들 사이에서나 왕실 앞에서 증인으로 출두하여, '오시오, 선남자여. 그대가 아는 것을 말해주시오.'라고 질문을 받습니다. 그러면 그는 알지 못하면 '나는 알지 못합니다.'라고 말하고, 알면 '나는 압니다.'라고 합니다. 보지 못하면 '나는 보지 못합니다.'라고 말하고, 보면 '나는 봅니다.'라고 말합니다. [49] 이와 같이 자기의 목적을 위해서나 남의 목적을 위해서나 세속적인 어떤 이득을 위해 고의로 거짓말을 하지 않습니다.

그는 중상모략을 버리고, 중상모략을 멀리 여읩니다. 여기서 듣고서 이들을 이간하려고 저기서 말하지 않습니다. 저기서 듣고서 저들을 이간하려고 여기서 말하지 않습니다. 오히려 그는 이와 같이 분열된 자들을 합치고 우정을 장려하며 화합을 좋아하고 화합을 기뻐하고 화합을 즐기며 화합하게 하는 말을 합니다.

그는 욕설을 버리고, 욕설을 멀리 여읩니다. 그는 유순하고 귀에 즐겁고 사랑스럽고 가슴에 와 닿고 점잖고 많은 사람들이 좋아하고 많은 사람들의 마음에 드는 그런 말을 합니다.

그는 잡담을 버리고, 잡담을 멀리 여읩니다. 그는 적절한 시기에 말하고, 사실을 말하고, 유익한 말을 하고, 법을 말하고, 율을 말하며, 가슴에 담아둘 만한 말을 합니다. 그는 이치에 맞고, 절제가 있으며, 유익한 말을 적절한 시기에 합니다.

세존이시여, 이런 말의 행위를 받들어 행할 때 그에게 해로운 법들이 줄어들고 유익한 법들이 증장합니다.

세존께서 '비구들이여, 나는 말의 행위를 두 가지로 설한다. 받들어 행해야 할 것과 받들어 행하지 말아야 할 것이다. 이 [두 가지] 말의 행위는 서로 상반된다.'라고 말씀하신 것은 바로 이것을 두고 설하신 것입니다."

7. "세존께서 '비구들이여, 나는 마음의 행위[61]를 두 가지로 설한다. 받들어 행해야 할 것과 받들어 행하지 말아야 할 것이다. 이 [두 가지] 마음의 행위는 서로 상반된다.'라고 말씀하셨습니다. 이것

61) "'마음의 행위(mano-samācāra)'에 그릇된 견해(micchā-diṭṭhi)와 바른 견해(sammā-diṭṭhi)는 취하지 않았다. 그것은 견해의 획득(diṭṭhi-paṭi-lābha)이라는 문단(§10)에서 별도로 언급되기 때문이다."(MA.iv.100)

은 무슨 연유로 이와 같이 설하셨을까요?

세존이시여, 어떤 마음의 행위를 받들어 행할 때 그에게 해로운 법들이 증장하고 유익한 법들이 줄어들면, 그런 것은 받들어 행하지 말아야 합니다. 세존이시여, 어떤 마음의 행위를 받들어 행할 때 그에게 해로운 법들이 줄어들고 유익한 법들이 증장하면, 그런 것은 받들어 행해야 합니다.

세존이시여, 그러면 어떤 마음의 행위를 받들어 행할 때 그에게 해로운 법들이 증장하고 유익한 법들이 줄어듭니까?

세존이시여, 여기 어떤 자는 탐욕을 부립니다. 그는 '오, 저 사람 것이 내 것이라면.' 하고 남의 재산과 재물을 탐합니다.

그의 마음은 악의로 차있습니다. [50] 그는 '이 중생들이 죽어버리기를, 파멸되기를, 파괴되기를, 멸망해버리기를, 없어져버리기를.' 하고 타락한 생각을 품습니다.

세존이시여, 이런 마음의 행위를 받들어 행할 때 그에게 해로운 법들이 증장하고 유익한 법들이 줄어듭니다.

세존이시여, 그러면 어떤 마음의 행위를 받들어 행할 때 그에게 해로운 법들이 줄어들고 유익한 법들이 증장합니까?

세존이시여, 여기 어떤 자는 탐욕을 부리지 않습니다. 그는 '오, 저 사람 것이 내 것이라면.'이라고 남의 재산과 재물을 탐하지 않습니다.

그의 마음은 악의가 없습니다. '이 중생들이 적의에서 벗어나고, 고통에서 벗어나고, 해악에서 벗어나고, 그들 스스로 행복하게 지내기를!'하고 타락하지 않은 생각을 품습니다.

세존이시여, 이런 마음의 행위를 받들어 행할 때 그에게 해로운 법들이 줄어들고 유익한 법들이 증장합니다."

세존께서 '비구들이여, 나는 마음의 행위를 두 가지로 설한다. 받들어 행해야 할 것과 받들어 행하지 말아야 할 것이다. 이 [두 가지] 마음의 행위는 서로 상반된다.'라고 말씀하신 것은 바로 이것을 두고 설하신 것입니다."

8. "세존께서 '비구들이여, 나는 마음의 일어남을 두 가지로 설한다. 받들어 행해야 할 것과 받들어 행하지 말아야 할 것이다. 이 [두 가지] 마음의 일어남은 서로 상반된다.'라고 말씀하셨습니다. 이것은 무슨 연유로 이와 같이 설하셨을까요?

세존이시여, 어떤 마음의 일어남을 받들어 행할 때 그에게 해로운 법들이 증장하고 유익한 법들이 줄어들면, 그런 것은 받들어 행하지 말아야 합니다. 세존이시여, 어떤 마음의 일어남을 받들어 행할 때 그에게 해로운 법들이 줄어들고 유익한 법들이 증장하면, 그런 것은 받들어 행해야 합니다.

세존이시여, 그러면 어떤 마음의 일어남을 받들어 행할 때 그에게 해로운 법들이 증장하고 유익한 법들이 줄어듭니까?

세존이시여, 여기 어떤 자는 탐욕스러워서 탐욕[62]에 찬 마음으로 머뭅니다. 그는 악의를 가져 악의에 찬 마음으로 머뭅니다. 그는 잔인하여 잔인한 마음으로 머뭅니다.

세존이시여, 이런 마음의 일어남을 받들어 행할 때 그에게 해로운 법들이 증장하고 유익한 법들이 줄어듭니다.

세존이시여, 그러면 어떤 마음의 일어남을 받들어 행할 때 그에게 해로운 법들이 줄어들고 [51] 유익한 법들이 증장합니까?

세존이시여, 여기 어떤 자는 탐욕스럽지 않아서 탐욕이 없는 마음으로 머뭅니다. 그는 악의가 없어 악의가 없는 마음으로 머뭅니다.

---

62) "해로운 업의 길(akamma-patha)에 포함된 탐욕 등(anabhijjhādi)을 말한다."(MA.iv.100)

그는 잔인하지 않아서 잔인하지 않은 마음으로 머뭅니다.

세존이시여, 이런 마음의 일어남을 받들어 행할 때 그에게 해로운 법들이 줄어들고 유익한 법들이 증장합니다.

세존께서 '비구들이여, 나는 마음의 일어남을 두 가지로 설한다. 받들어 행해야 할 것과 받들어 행하지 말아야 할 것이다. 이 [두 가지] 마음의 일어남은 서로 상반된다.'라고 말씀하신 것은 바로 이것을 두고 설하신 것입니다."

9. "세존께서 '비구들이여, 나는 인식의 획득을 두 가지로 설한다. 받들어 행해야 할 것과 받들어 행하지 말아야 할 것이다. 이 [두 가지] 인식의 획득은 서로 상반된다.'라고 말씀하셨습니다. 이것은 무슨 연유로 이와 같이 설하셨을까요?

세존이시여, 어떤 인식의 획득을 받들어 행할 때 그에게 해로운 법들이 증장하고 유익한 법들이 줄어들면, 그런 것은 받들어 행하지 말아야 합니다. 세존이시여, 어떤 인식의 획득을 받들어 행할 때 그에게 해로운 법들이 줄어들고 유익한 법들이 증장하면, 그런 것은 받들어 행해야 합니다.

세존이시여, 그러면 어떤 인식의 획득을 받들어 행할 때 그에게 해로운 법들이 증장하고 유익한 법들이 줄어듭니까?

세존이시여, 여기 어떤 자는 탐욕스러워서 탐욕에 찬 인식으로 머뭅니다. 그는 악의를 가져 악의에 찬 인식으로 머뭅니다. 그는 잔인하여 잔인한 인식으로 머뭅니다.

세존이시여, 이런 인식의 획득을 받들어 행할 때 그에게 해로운 법들이 증장하고 유익한 법들이 줄어듭니다.

세존이시여, 그러면 어떤 인식의 획득을 받들어 행할 때 그에게 해로운 법들이 줄어들고 유익한 법들이 증장합니까?

세존이시여, 여기 어떤 자는 탐욕스럽지 않아서 탐욕이 없는 인식으로 머뭅니다. 그는 악의가 없어 악의가 없는 인식으로 머뭅니다. 그는 잔인하지 않아서 잔인하지 않은 인식으로 머뭅니다.

세존이시여, 이런 인식의 획득을 받들어 행할 때 그에게 해로운 법들이 줄어들고 유익한 법들이 증장합니다.

세존께서 '비구들이여, 나는 인식의 획득을 두 가지로 설한다. 받들어 행해야 할 것과 받들어 행하지 말아야 할 것이다. 이 [두 가지] 인식의 획득은 서로 상반된다.'라고 말씀하신 것은 바로 이것을 두고 설하신 것입니다." [52]

10. "세존께서 '비구들이여, 나는 견해의 획득을 두 가지로 설한다. 받들어 행해야 할 것과 받들어 행하지 말아야 할 것이다. 이 [두 가지] 견해의 획득은 서로 상반된다.'라고 말씀하셨습니다. 이것은 무슨 연유로 이와 같이 설하셨을까요?

세존이시여, 어떤 견해의 획득을 받들어 행할 때 그에게 해로운 법들이 증장하고 유익한 법들이 줄어들면, 그런 것은 받들어 행하지 말아야 합니다. 세존이시여, 어떤 견해의 획득을 받들어 행할 때 해로운 법들이 줄어들고 유익한 법들이 증장하면, 그런 것은 받들어 행해야 합니다.

세존이시여, 그러면 어떤 견해의 획득을 받들어 행할 때 해로운 법들이 증장하고 유익한 법들이 줄어듭니까?

세존이시여, 여기 어떤 자는 이런 견해를 가졌습니다. '보시도 없고 공물도 없고 제사(헌공)도 없다. 선행과 악행의 업들에 대한 결실도 없고 과보도 없다. 이 세상도 없고 저 세상도 없다. 어머니도 없고 아버지도 없다. 화생하는 중생도 없고 이 세상과 저 세상을 스스로 최상의 지혜로 알고 실현하여 선언하는, 덕스럽고 바른 도를 구족한 사문・바라문들도 이 세상에는 없다.'라고.

세존이시여, 이런 견해의 획득을 받들어 행할 때 해로운 법들이 증장하고 유익한 법들이 줄어듭니다.

세존이시여, 그러면 어떤 견해의 획득을 받들어 행할 때 해로운 법들이 줄어들고 유익한 법들이 증장합니까?

세존이시여, 여기 어떤 자는 이런 견해를 가졌습니다. '보시도 있고 공물도 있고 제사(헌공)도 있다. 선행과 악행의 업들에 대한 결실도 있고 과보도 있다. 이 세상도 있고 저 세상도 있다. 어머니도 있고 아버지도 있다. 화생하는 중생도 있고 이 세상과 저 세상을 스스로 최상의 지혜로 알고 실현하여 선언하는, 덕스럽고 바른 도를 구족한 사문・바라문들도 이 세상에는 있다.'라고.

세존이시여, 이런 견해의 획득을 받들어 행할 때 해로운 법들이 줄어들고 유익한 법들이 증장합니다.

세존께서 '비구들이여, 나는 견해의 획득을 두 가지로 설한다. 받들어 행해야 할 것과 받들어 행하지 말아야 할 것이다. 이 [두 가지] 견해의 획득은 서로 상반된다.'라고 말씀하신 것은 바로 이것을 두고 설하신 것입니다."

11. "세존께서 '비구들이여, 나는 자기 존재의 획득을 두 가지로 설한다. 받들어 행해야 할 것과 받들어 행하지 말아야 할 것이다. 이 [두 가지] 자기 존재의 획득은 서로 상반된다.'라고 말씀하셨습니다. 이것은 무슨 연유로 이와 같이 설하셨을까요?

세존이시여, [53] 어떤 자기 존재의 획득을 받들어 행할 때 그에게 해로운 법들이 증장하고 유익한 법들이 줄어들면, 그런 것은 받들어 행하지 말아야 합니다. 세존이시여, 어떤 자기 존재의 획득을 받들어 행할 때 해로운 법들이 줄어들고 유익한 법들이 증장하면, 그런 것은 받들어 행해야 합니다.

세존이시여, 그러면 어떤 자기 존재의 획득을 받들어 행할 때 해로운 법들이 증장하고 유익한 법들이 줄어듭니까?

세존이시여, 고통이 함께하는 자기 존재[63]의 획득이 생길 때 그에게 생존을 끝낼 수 없도록 해로운 법들이 증장하고 유익한 법들이 줄어듭니다.

세존이시여, 그러면 어떤 자기 존재의 획득을 받들어 행할 때 해로운 법들이 줄어들고 유익한 법들이 증장합니까?

세존이시여, 고통이 없는 자기 존재[64]의 획득이 생길 때 그에게

---

63) '고통이 함께하는'은 sabyābajjha(악의 있음, 병 있음)를 옮긴 것이다. 주석서에서 "고통이 함께하는(sadukkha)"(MA.iv.100)으로 설명하고 있어서 이렇게 옮겼다.
"'고통이 함께하는 자기 존재(sabyābajjha atta-bhāva)'는 존재(bhava), 즉 윤회를 끝낼 수 없다. 고통이 함께하는 자기 존재(sabyābajjh-attabhāva)는 [범부, 예류자, 일래자, 불환자의] 네 부류가 있다. 범부(puthujjana)는 자기 존재(atta-bhāva)로 존재를 끝낼 수(parinitthāpetuṁ) 없다. 그의 재생연결(paṭisandhi)부터 해로운 법들이 증장하고 유익한 법들은 줄어들어 고통이 함께하는 자기 존재로 태어난다고 한다. 그와 마찬가지로 예류자와 일래자와 불환자도 고통이 함께하는 자기 존재이다.
범부는 고통이 함께하는 존재인 줄 알겠는데 어떻게 불환자가 고통이 함께하는 자기 존재로 태어나고, 어떻게 해로운 법들이 증장하고(abhivaḍḍhanti) 유익한 법들이 줄어드는가(parihāyanti)? 불환자도 정거천(suddhāvāsa)에 태어나서는 정원에서 천상의 깝빠 나무(uyyāna-vimāna-kappa-rukkha)를 보면서 '행복해, 행복해'라는 감흥어를 읊는다(udānaṁ udāneti). 불환자의 존재에 대한 탐욕(bhava-lobha)과 존재에 대한 갈애(bhava-taṇhā)가 제거되지 않는다. 그 갈애가 제거되지 않기 때문에 해로운 법들이 증장하고, 유익한 법들이 줄어들고, 고통이 함께하는 자기 존재로 태어나고, 존재를 끝내지 않았다(aparinitthita-bhava)고 한다."(MA.iv.100~101)

64) "'고통이 없는 자기 존재(abyābajjha atta-bhāva)'에도 [범부, 예류자, 일래자, 불환자의] 네 부류가 있다. 범부도 자기 자기 존재로 존재를 끝낼 수 있어서 다시 재생연결을 받지 않는다. 그가 [금생의] 재생연결을 받는 순간부터 해로운 법들은 줄어들고 유익한 법들만 증장한다. 고통이 없는 자기 존재(adukkha atta-bhāva)로 태어나서 존재를 끝낸다고 한다. 예류자, 일래

생존을 끝낼 수 있도록 유익한 법들이 증장하고 해로운 법들이 줄어듭니다.

세존께서 '비구들이여, 나는 자기 존재의 획득을 두 가지로 설한다. 받들어 행해야 할 것과 받들어 행하지 말아야 할 것이다. 이 [두 가지] 자기 존재의 획득은 서로 상반된다.'라고 말씀하신 것은 바로 이것을 두고 설하신 것입니다."

12. "세존이시여, 저는 세존께서 상세하게 뜻을 설해주시지 않고 간략하게 설하신 말씀의 뜻을 이와 같이 상세하게 이해합니다."

첫 번째 인정과 반복

13. "장하구나, 사리뿟따여. 장하구나, 사리뿟따여. 그대는 내가 상세하게 뜻을 설하지 않고 간략하게 설한 것에 대해 그 뜻을 이와 같이 상세하게 잘 이해하고 있구나."

14. ~ *20.* '나는 '비구들이여, 나는 몸의 행위를 두 가지로 설한다. 받들어 행해야 할 것과 받들어 행하지 말아야 할 것이다. 이 [두 가지] 몸의 행위는 서로 상반된다.'라고 말했다. 이것은 무슨 연유로 이와 같이 설했는가?

사리뿟따여, 어떤 몸의 행위를 받들어 행할 때 그에게 해로운 법[不善法]들이 증장하고 유익한 법[善法]들이 줄어들면, 그런 것은 받들

자, 불환자도 그와 같다.
예류자 등이 존재를 끝낼 수 있다는 것은 이해할 수 있지만 범부가 어떻게 고통 없는 자기 존재로 태어나고, 어떻게 해로운 법들이 줄어드는가? 범부도 마지막 존재(pacchima-bhavika)로 태어나 그 자기 존재로 존재를 끝내는 것이 가능하다. 마치 앙굴리말라가 999명의 목숨을 앗아갔지만 그의 자기 존재는 고통이 없었고(abyābajjha), 존재를 끝낼 수 있었고, 해로운 법들은 줄어들었고(hāyati), 안으로(gabbhaṁ) 위빳사나를 닦고 있었다고 한다." (MA.iv.101)

어 행하지 말아야 한다. 사리뿟따여, 어떤 몸의 행위를 받들어 행할 때 그에게 해로운 법들이 줄어들고 유익한 법들이 증장하면, 그런 것은 받들어 행해야 한다. [54]

사리뿟따여, 그러면 어떤 몸의 행위를 받들어 행할 때 그에게 해로운 법들이 증장하고 유익한 법들이 줄어드는가?

사리뿟따여, 여기 어떤 자는 생명을 죽인다. 그는 잔인하고 손에 피를 묻히고 죽이고 폭력을 휘두르는 데에 몰두하며 모든 생명들에게 동정심이 없다. … [55] …'

<세존께서는 §§5~11에서 사리뿟따 존자가 설명한 것을 그대로 반복하신다. '세존이시여', '세존께서 설하셨습니다.' 등이 '사리뿟따여', '나는 설했다.' 등으로 대체되는 것만 다르다.>

21. "사리뿟따여, 내가 간략하게 설한 것에 대한 상세한 뜻을 이와 같이 알아야 한다."

두 번째 개요

22. "사리뿟따여, 나는 눈으로 인식할 수 있는 형색을 [56] 두 가지로 설한다. 받들어 행해야 할 것과 받들어 행하지 말아야 할 것이다. 사리뿟따여, 나는 귀로 인식할 수 있는 소리를 두 가지로 설한다. 받들어 행해야 할 것과 받들어 행하지 말아야 할 것이다. 사리뿟따여, 나는 코로 인식할 수 있는 냄새를 두 가지로 설한다. 받들어 행해야 할 것과 받들어 행하지 말아야 할 것이다. 사리뿟따여, 나는 혀로 인식할 수 있는 맛을 두 가지로 설한다. 받들어 행해야 할 것과 받들어 행하지 말아야 할 것이다. 사리뿟따여, 나는 몸으로 인식할 수 있는 감촉을 두 가지로 설한다. 받들어 행해야 할 것과 받들어 행하지

말아야 할 것이다. 사리뿟따여, 나는 마노[意]로 인식할 수 있는 법을 두 가지로 설한다. 받들어 행해야 할 것과 받들어 행하지 말아야 할 것이다."

두 번째 설명

23. 이렇게 말씀하시자 사리뿟따 존자가 세존께 이와 같이 말씀드렸다.

"세존이시여, 저는 세존께서 상세하게 뜻을 설해주시지 않고 간략하게 설하신 말씀의 뜻을 이와 같이 상세하게 이해합니다."

24. "세존께서는 '사리뿟따여, 나는 눈으로 인식할 수 있는 형색을 두 가지로 설한다. 받들어 행해야 할 것과 받들어 행하지 말아야 할 것이다.'라고 말씀하셨습니다. 이것은 무슨 연유로 이렇게 설하셨을까요?

세존이시여, 눈으로 인식할 수 있는 어떤 형색을 받들어 행할 때 해로운 법들이 증장하고 유익한 법들이 줄어들면 그런 형색은 받들어 행하지 말아야 합니다. 세존이시여, 눈으로 인식할 수 있는 어떤 형색을 받들어 행할 때 해로운 법들이 줄어들고 유익한 법들이 증장하면 그런 형색은 받들어 행해야 합니다.

세존께서 '사리뿟따여, 나는 눈으로 인식할 수 있는 형색을 두 가지로 설한다. 받들어 행해야 할 것과 받들어 행하지 말아야 할 것이다.'라고 말씀하신 것은 바로 이것을 두고 설하신 것입니다."

25. "세존께서는 '사리뿟따여, 나는 귀로 인식할 수 있는 소리를 두 가지로 설한다. … "

26. "세존께서는 '사리뿟따여, 나는 코로 인식할 수 있는 냄새를 두 가지로 설한다. … [57] …"

27. "세존께서는 '사리뿟따여, 나는 혀로 인식할 수 있는 맛을 두 가지로 설한다. … "

28. "세존께서는 '사리뿟따여, 나는 몸으로 인식할 수 있는 감촉을 두 가지로 설한다. … "

29. "세존께서는 '사리뿟따여, 나는 마노[意]로 인식할 수 있는 법을 두 가지로 설한다. 받들어 행해야 할 것과 받들어 행하지 말아야 할 것이다.'라고 말씀하셨습니다. 이것은 무슨 연유로 이와 같이 설하셨을까요?

세존이시여, 마노로 인식할 수 있는 어떤 법을 받들어 행할 때 해로운 법들이 증장하고 유익한 법들이 줄어들면 그런 법은 받들어 행하지 말아야 합니다. [58] 세존이시여, 마노로 인식할 수 있는 어떤 법을 받들어 행할 때 해로운 법들이 줄어들고 유익한 법들이 증장하면 그런 법은 받들어 행해야 합니다.

세존께서 '사리뿟따여, 나는 마노로 인식할 수 있는 법을 두 가지로 설한다. 받들어 행해야 할 것과 받들어 행하지 말아야 할 것이다.'라고 말씀하신 것은 바로 이것을 두고 설하신 것입니다."

30. "세존이시여, 저는 세존께서 상세하게 뜻을 설해주시지 않고 간략하게 설하신 말씀의 뜻을 이와 같이 상세하게 이해합니다."

두 번째 인정과 반복

31. "장하구나, 사리뿟따여. 장하구나, 사리뿟따여. 그대는 내가

상세하게 뜻을 설하지 않고 간략하게 설한 것에 대해 그 뜻을 이와 같이 상세하게 잘 이해하고 있구나."

32. ~ *37.* ……

<세존께서는 §§24~29에서 사리뿟따 존자가 설명한 것을 그대로 반복하신다. '세존이시여', '세존께서 설하셨습니다.' 등이 '사리뿟따여', '나는 설했다.' 등으로 대체되는 것만 다르다.>

38. "사리뿟따여, 내가 간략하게 설한 것에 대한 상세한 뜻을 이와 같이 알아야 한다."

세 번째 개요

39. "사리뿟따여, 나는 의복을 두 가지로 설한다. 수용해야 할 것[65]과 수용하지 말아야 할 것이다. 사리뿟따여, 나는 음식을 두 가지로 설한다. 수용해야 할 것과 수용하지 말아야 할 것이다. 사리뿟따여, 나는 거처를 두 가지로 설한다. 의지해야 할 곳과 의지하지 말아야 할 곳이다. 사리뿟따여, 나는 마을을 두 가지로 설한다. 의지해야 할 곳과 의지하지 말아야 할 곳이다. 사리뿟따여, 나는 성읍을 두 가지로 설한다. 의지해야 할 곳과 의지하지 말아야 할 곳이다. 사리뿟따여, 나는 도시를 두 가지로 설한다. 의지해야 할 곳과 의지하지 말아야 할 곳이다. 사리뿟따여, 나는 지방을 두 가지로 설한다. 의지해야 할 곳과 의지하지 말아야 할 곳이다. 사리뿟따여, 나는 인간을 두 가지로 설한다. 가까이 섬겨야 할 자와 가까이 섬기지 말아야 할

---

65) '수용해야 할 것'은 sevitabbaṁ을 옮긴 것이다. 이것은 앞의 §10 이하에서 '받들어 행해야 할 것'으로 옮긴 것과 같은 단어이다. 여기서는 문맥에 따라 그 대상이 의복(cīvara)과 음식(piṇḍapāta)일 때는 '수용해야 할 것'으로 옮기고 거처(senāsana) 등에서는 '의지해야 할 곳' 등으로 옮기고 있다.

자이다." [59]

세 번째 설명

40. 이렇게 말씀하시자 사리뿟따 존자가 세존께 이와 같이 말씀드렸다.

"세존이시여, 저는 세존께서 상세하게 뜻을 설해주시지 않고 간략하게 설하신 말씀의 뜻을 이와 같이 상세하게 이해합니다."

41. "세존께서는 '사리뿟따여, 나는 의복을 두 가지로 설한다. 수용해야 할 것과 수용하지 말아야 할 것이다.'라고 말씀하셨습니다. 그러면 무슨 연유로 이렇게 설하셨을까요?

세존이시여, 어떤 의복을 수용할 때 해로운 법들이 증장하고 유익한 법들이 줄어들면 그런 의복은 수용하지 말아야 합니다. 세존이시여, 어떤 의복을 수용할 때 해로운 법들이 줄어들고 유익한 법들이 증장하면 그런 의복은 수용해야 합니다.

세존께서 '사리뿟따여, 나는 의복을 두 가지로 설한다. 수용해야 할 것과 수용하지 말아야 할 것이다.'라고 말씀하신 것은 바로 이것을 두고 설하신 것입니다."

42. "세존께서는 '사리뿟따여, 나는 음식을 두 가지로 설한다. …"

43. "세존께서는 '사리뿟따여, 나는 거처를 두 가지로 설한다. …"

44. "세존께서는 '사리뿟따여, 나는 마을을 두 가지로 설한다. …"

45. "세존께서는 '사리뿟따여, 나는 성읍을 두 가지로 설한다. …"

46. "세존께서는 '사리뿟따여, 나는 도시를 두 가지로 설한다. …"

47. "세존께서는 '사리뿟따여, 나는 지방을 두 가지로 설한다. …"

48. "세존께서는 '사리뿟따여, 나는 인간을 두 가지로 설한다. …"

49. "세존이시여, 저는 세존께서 상세하게 뜻을 설해주시지 않고 간략하게 설하신 말씀의 뜻을 이와 같이 상세하게 이해합니다."

세 번째 인정과 반복

50. "장하구나, 사리뿟따여. 장하구나, 사리뿟따여. 그대는 내가 상세하게 뜻을 설하지 않고 간략하게 설한 것에 대해 그 뜻을 이와 같이 상세하게 잘 이해하고 있구나."

51. ~ *58.* … [60] …

<세존께서는 §§41~48에서 사리뿟따 존자가 설명한 것을 그대로 반복하신다. '세존이시여', '세존께서 설하셨습니다.' 등이 '사리뿟따여', '나는 설했다.' 등으로 대체되는 것만 다르다.>

59. "사리뿟따여, 내가 간략하게 설한 것에 대한 상세한 뜻을 이와 같이 알아야 한다."

결론

60. "사리뿟따여, 만일 모든 끄샤뜨리야들이 내가 상세하게 뜻을 설하지 않고 간략하게 설한 것에 대해 그 뜻을 이와 같이 상세하게 잘 이해하면 그것은 모든 끄샤뜨리야들에게 오랜 세월 이익과 행복을 가져올 것이다.

사리뿟따여, 만일 모든 바라문들이 내가 상세하게 뜻을 설하지 않고 간략하게 설한 것에 대해 그 뜻을 이와 같이 상세하게 잘 이해하면 그것은 모든 바라문들에게 오랜 세월 이익과 행복을 가져올 것이다.

사리뿟따여, 만일 모든 와이샤들이 내가 상세하게 뜻을 설하지 않고 간략하게 설한 것에 대해 그 뜻을 이와 같이 상세하게 잘 이해하면 그것은 모든 와이샤들에게 오랜 세월 이익과 행복을 가져올 것이다.

사리뿟따여, 만일 모든 수드라들이 내가 상세하게 뜻을 설하지 않고 간략하게 설한 것에 대해 그 뜻을 이와 같이 상세하게 잘 이해하면 그것은 모든 수드라들에게 오랜 세월 이익과 행복을 가져올 것이다.

사리뿟따여, 만일 신을 포함하고 마라를 포함하고 범천을 포함한 세상과 사문・바라문들을 포함하고 신과 사람을 포함한 무리들이 내가 상세하게 뜻을 설하지 않고 간략하게 설한 것에 대해 그 뜻을 이와 같이 상세하게 잘 이해하면 그것은 신을 포함하고 마라를 포함하고 범천을 포함한 세상과 사문・바라문들을 포함하고 신과 사람을 포함한 무리들에게 오랜 세월 이익과 행복을 가져올 것이다." [61]

세존께서는 이와 같이 설하셨다. 사리뿟따 존자는 흡족한 마음으로 세존의 말씀을 크게 기뻐하였다.

행하고 행하지 말아야 함 경(M114)이 끝났다.

여러 종류의 요소 경

Bahudhātuka Sutta(M115)

1. 이와 같이 나는 들었다. 한때 세존께서는 사왓티에서 제따 숲의 아나타삔디까 원림(급고독원)에 머무셨다. 거기서 세존께서는 "비구들이여."라고 비구들을 부르셨다. "세존이시여."라고 비구들은 세존께 응답했다. 세존께서는 이렇게 말씀하셨다.

2. "비구들이여, 어떠한 두려움이 생기든지 그것은 모두 어리석은 자에게서 생길 뿐[66] 현자에게서 생기지 않는다. 어떠한 번민이

66) "'어떠한 두려움이 생기든지 그것은 모두 어리석은 자에게서 생긴다(yāni kānici bhayāni uppajjanti sabbānitāni bālato uppajjanti).'고 하셨다. '두려움(bhaya)'은 어리석은 자(bāla)를 의지하여 일어난다. 왜냐하면 현명하지 못한(apaṇḍita) 어리석은 자(bāla)는 왕국이나 지역이나 큰 영역을 바라면서 자기와 비슷한, 과부의 아들이나 불량배들을 여러 명 데려와서 지금부터 그들의 수장이 될 것이라고 생각한다. 그리하여 산이나 풀숲 등 근처에 머물면서 외곽의 마을을 하나씩 침입하면서 흉악범임을 공포하고는 점점 성읍과 지방도 침입한다. 사람들은 집을 버리고 안전한 곳을 찾아 떠나고, 그들을 의지해 살던 비구들과 비구니들도 자신들의 거처를 버리고 떠난다. 가는 곳이 어디건 그곳에서는 공양물이나 거처 등을 구할 수가 없다. 이렇게 하여 사부 대중(catu parisā)에게 두려움이 일어난다.
출가자들의 경우도 어리석은 두 비구가 서로 시비를 걸어 비난하기 시작한다. 꼬삼비에 머물던 비구들처럼 큰 싸움이 일어나고 사부 대중에게 두려움

생기든지 그것은 모두 어리석은 자에게서 생길 뿐 현자에게서 생기지 않는다. 어떠한 재앙이 생기든지 그것은 모두 어리석은 자에게서 생길 뿐 현자에게서 생기지 않는다.

비구들이여, 마치 골풀이나 짚으로 만든 오두막에서부터 시작한 불이, 안팎으로 회반죽이 잘 칠해졌고 바람막이가 잘 준비되었고 빗장이 채워졌고 여닫이 창문이 부착되어 있는 누각을 가진 저택을 태워버리는 것처럼, 어떠한 두려움이 생기든지 그것은 모두 어리석은 자에게서 생길 뿐 현자에게서 생기지 않는다. 어떠한 번민이 생기든지 그것은 모두 어리석은 자에게서 생길 뿐 현자에게서 생기지 않는다. 어떠한 재앙이 생기든지 그것은 모두 어리석은 자에게서 생길 뿐 현자에게서 생기지 않는다.

이와 같이 어리석은 자에게는 두려움이 있지만 현자에게는 두려움이 없다. 어리석은 자에게는 번민이 있지만 현자에게는 번민이 없다. 어리석은 자에게는 재앙이 있지만 현자에게는 재앙이 없다. 비구들이여, 현자에게서는 두려움이 생기기 않고, 현자에게서는 번민이 생기지 않고, 현자에게서는 재앙이 생기지 않는다.

비구들이여, 그러므로 여기서 '우리는 현자가 되고 검증하는 자가 되리라.'라고 그대들은 공부지어야 한다." [62]

3. 이렇게 말씀하시자 아난다 존자가 세존께 이렇게 여쭈었다.

"세존이시여, 어떻게 할 때 비구가 현자이고 검증하는 자라고 불릴 수 있습니까?"

"아난다여, 비구가 요소[界]에 능숙하고 감각장소[處]에 능숙하고 연기(緣起)에 능숙하고 가능한 것과 불가능한 것에 능숙할 때 그 비

이 일어난다. 어떤 두려움이든지 이런 식으로 일어나게 되고, 그 모든 것은 어리석은 자로부터 일어난다고 알아야 한다."(MA.iv.103~104)

구는 현자이고 검증하는 자라고 불릴 수 있다."67)

요소[界]

4. "세존이시여, 그런데 어떻게 할 때 ① 비구가 요소[界]에 능숙한 자라고 불릴 수 있습니까?"

"아난다여, 이러한 열여덟 가지 요소들이 있다.68)

눈의 요소[眼界], 형색의 요소[色界], 눈의 알음알이의 요소[眼識界], 귀의 요소[耳界], 소리의 요소[聲界], 귀의 알음알이의 요소[耳識界], 코의 요소[鼻界], 냄새의 요소[香界], 코의 알음알이의 요소[鼻識界], 혀의 요소[舌界], 맛의 요소[味界], 혀의 알음알이의 요소[舌識界], 몸의 요소[身界], 감촉의 요소[觸界], 몸의 알음알이의 요소[身識界], 마노의 요소[意界], 법의 요소[法界], 마노의 알음알이의 요소[意識界]이다.

아난다여, 이러한 열여덟 가지 요소들을 알고 볼 때69) 그는 요소

---

67) 비슷한 문장이 『상윳따 니까야』 제3권 「일곱 가지 경우 경」(S22:57) §11에 이렇게 나타난다.
"비구들이여, 그러면 어떻게 비구는 세 가지를 면밀히 조사하는가? 비구들이여, 여기 비구는 요소[界]에 따라서 면밀히 조사하고, 감각장소[處]에 따라서 면밀히 조사하고, 연기(緣起)에 따라서 면밀히 조사한다."

68) "'열여덟 가지 요소[十八界, aṭṭhārasa dhātu]' 중에서 열 개 반(안, 이, 비, 설, 신, 색, 성, 향, 미, 촉과 법의 일부)은 물질을 파악한 것(rūpa-pariggaha)이고, 일곱 개 반(의, 안식, 이식, 비식, 설식, 신식, 의식과 법의 일부)은 정신을 파악한 것(arūpa-pariggaha)으로 물질과 정신 둘 다를 파악할 것을 설하셨다. 이 모든 것을 무더기로 보면 다섯 가지인데, 이 다섯 가지 무더기(오온)는 괴로움의 진리[苦諦, dukkha-sacca]이고, 그들을 생기게 하는 갈애가 일어남의 진리[集諦, samudaya-sacca]이고, 그 둘 다 일어나지 않음이 소멸의 진리[滅諦, nirodha-sacca]이고, 소멸을 꿰뚫어 아는(nirodha-pajānanā) 도닦음(paṭipadā)이 도의 진리[道諦, magga-sacca]이다. 요소들에 대한 상세한 설명은 『청정도론』(제15장 §§17~43)에 나타난다." (MA.iv.104)
18계에 대해서는 『초기불교 이해』 제13장(200쪽 이하)을 참조하기 바란다.

에 능숙한 비구라고 불릴만하다."

5. "세존이시여, 그런데 그가 요소에 능숙한 비구라고 불릴만한 다른 방법이 있습니까?"

"아난다여, 그러하다. 아난다여, 이러한 여섯 가지 요소들이 있으니, 땅의 요소[地界], 물의 요소[水界], 불의 요소[火界], 바람의 요소[風界], 허공의 요소[空界], 알음알이의 요소[識界]이다.70)

아난다여, 이러한 여섯 가지 요소들을 알고 볼 때 그는 요소에 능숙한 비구라고 불릴만하다."

6. "세존이시여, 그가 요소에 능숙한 비구라고 불릴만한 또 다른 방법이 있습니까?"

"아난다여, 그러하다. 아난다여, 이러한 여섯 가지 요소들이 있으니, 즐거움의 요소, 괴로움의 요소, 기쁨의 요소, 슬픔의 요소, 평온의 요소, 무명의 요소이다.71) 아난다여, 이러한 여섯 가지 요소들을 알

---

69) "'알고 본다(jānāti passati)'는 것은 위빳사나와 함께한 도(saha vipassanāya maggo)를 말한다."(MA.iv.104)

70) '여섯 가지 요소들[六界, cha dhātu]'은 본서 「여섯 가지 청정 경」(M112) §8, 「요소의 분석 경」(M140) §13, 「아나타삔디까를 교계한 경」(M143) §10과 『디가 니까야』 제3권 「합송경」(D33) §2.2 (16) 등에도 나타나고 있다.

71) "'즐거움의 요소(sukha-dhātu)' 등에서 즐거움은 중생이라고 할 만한 것이 없고 또 공하다는 뜻(nissatta-suññataṭṭha)에서 요소이기 때문에 즐거움의 요소이다. 이런 방법은 나머지에도 적용된다. 여기서 앞의 넷은 서로 상반되는 것(sappaṭipakkha)으로 포함되었고, 나머지 둘은 닮은 것(sarikkhaka)으로 포함되었다. 드러나지 않는 것(avibhūta-bhāva)으로 '평온의 요소(upekkhā-dhātu)'는 '무명의 요소(avijjā-dhātu)'와 닮았기 때문이다. 여기서 즐거움의 요소와 괴로움의 요소가 언급됨으로써 몸의 알음알이의 요소(kāya-viññāṇa-dhātu)가 포함되었고, 나머지 요소가 언급됨으로써 마노의 알음알이의 요소[意識界, mano-viññāṇa-dhātu]가 포함되었다."(MA.iv.105)

이 여섯 가지 요소에 대한 정의는 『위방가』(분별론) §180(Vbh.85~86)에

고 볼 때 그는 요소에 능숙한 비구라고 불릴만하다."

7. "세존이시여, 그가 요소에 능숙한 비구라고 불릴만한 다른 방법이 있습니까?"

"아난다여, 그러하다. 아난다여, 이러한 여섯 가지 요소들이 있으니 감각적 욕망의 요소, [63] 출리의 요소, 악의의 요소, 악의 없음의 요소, 해코지의 요소, 해코지 않음의 요소이다.72) 아난다여, 이러한 여섯 가지 요소들을 알고 볼 때 그는 요소에 능숙한 비구라고 불릴만하다."

8. "세존이시여, 그가 요소에 능숙한 비구라고 불릴만한 또 다른 방법이 있습니까?"

"아난다여, 그러하다. 아난다여, 이러한 세 가지 요소들이 있으니 욕계의 요소와 색계의 요소와 무색계의 요소이다.73) 아난다여, 이러한 세 가지 요소들을 알고 볼 때 그는 요소에 능숙한 비구라고 불릴

나타나고 있다.

72) "'감각적 욕망의 요소(kāma-dhātu)'란 감각적 욕망이 함께한(kāma-paṭi-saṁyutta) 생각(vitakka)을 말하고, '악의의 요소(vyāpāda-dhātu)'란 악의가 함께한 생각을, '해코지의 요소(vihesā-dhātu)'란 해코지가 함께한 생각을 말한다. 출리가 함께한 생각이 '출리의 요소(nekkhamma-dhātu)'인데, 이것은 초선까지 지속된다. 악의 없음이 함께한 생각이 '악의 없음의 요소(avyāpāda-dhātu)'인데, 이것은 자애의 예비단계(mettā-pubba-bhāga)에서부터 시작하여 초선까지 지속된다. 해코지 않음이 함께한 생각이 '해코지 않음의 요소(avihesā-dhātu)'인데, 이것은 연민의 예비단계(karuṇāya pubba-bhāga)에서부터 시작하여 초선까지 지속된다."(MAṬ.ii.291)
이 여섯 가지 요소에 대한 정의는 『위방가』(분별론) §183(Vbh.86~87)에 나타나고 있다.

73) "'욕계의 요소(kāma-dhātu)'란 다섯 가지 욕계의 무더기(욕계의 오온, pañca kāma-avacara-kkhandhā)를, '색계의 요소(rūpa-dhātu)'란 다섯 가지 색계의 무더기를, '무색계의 요소(arūpa-dhātu)'란 네 가지 무색계의 무더기를 말한다."(MA.iv.106)

만하다.”

9. “세존이시여, 그가 요소에 능숙한 비구라고 불릴만한 또 다른 방법이 있습니까?”

“아난다여, 그러하다. 아난다여, 이러한 두 가지 요소들이 있으니 형성된 요소[有爲界]와 형성되지 않은 요소[無爲界]이다.74) 아난다여, 이러한 두 가지 요소들을 알고 볼 때 그는 요소에 능숙한 비구라고 불릴만하다.”

감각장소[處]

10. “세존이시여, 어떻게 할 때 비구가 ② 감각장소[處]에 능숙한 자라고 불릴 수 있습니까?”

“아난다여, 이러한 여섯 가지 안팎의 감각장소들이 있으니, 눈과 형색, 귀와 소리, 코와 냄새, 혀와 맛, 몸과 감촉, 마노[意]와 법이다.75)

아난다여, 이러한 안팎의 감각장소들을 알고 볼 때 그는 감각장소에 능숙한 비구라고 불릴만하다.”

연기(緣起)

11. “세존이시여, 어떻게 할 때 비구가 ③ 연기(緣起)에 능숙한 자라고 불릴 수 있습니까?”

---

74) “‘형성된 요소(saṅkhatā dhātu)’란 조건(paccaya)들이 모여서 만들어진 것으로 다섯 가지 무더기를 말하고, ‘형성되지 않은 요소(asaṅkhatā dhātu)’란 만들어지지 않은 것으로 열반을 두고 한 말이다.”(MA.iv.106)

75) 이 ‘여섯 가지 안팎의 감각장소[六內外處, ajjhattika-bāhirāni āyatanāni]’ 혹은 12가지 감각장소(12處)에 대한 정의는 『위방가』(분별론) §§155~167(Vbh.70~73)에 나타나고 있으며 『청정도론』 XV.1~16에서 설명되고 있으므로 참조할 것.

"아난다여, 여기 비구가 이와 같이 안다. '이것이 있을 때 저것이 있다. 이것이 일어날 때 저것이 일어난다. 이것이 없을 때 저것이 없다. 이것이 소멸할 때 저것이 소멸한다.[76]

즉 무명을 조건으로 의도적 행위들[行]이, 의도적 행위들을 조건으로 알음알이[識]가, 알음알이를 조건으로 정신·물질[名色]이, 정신·물질을 조건으로 여섯 감각장소[六入]가, 여섯 감각장소를 조건으로 감각접촉[觸]이, 감각접촉을 조건으로 느낌[受]이, 느낌을 조건으로 취착[取]이, 취착을 조건으로 [64] 존재[有]가, 존재를 조건으로 태어남[生]이, 태어남을 조건으로 늙음과 죽음과 근심·탄식·육체적 고통·정신적 고통·절망[老死憂悲苦惱]이 발생한다. 이와 같이 전체 괴로움의 무더기[苦蘊]가 발생한다.

그러나 무명이 남김없이 빛바래어 소멸하기 때문에 의도적 행위들이 소멸하고, 의도적 행위들이 소멸하기 때문에 알음알이가 소멸하고, 알음알이가 소멸하기 때문에 정신·물질이 소멸하고, 정신·물질이 소멸하기 때문에 여섯 감각장소가 소멸하고, 여섯 감각장소가 소멸하기 때문에 감각접촉이 소멸하고, 감각접촉이 소멸하기 때문에 느낌이 소멸하고, 느낌이 소멸하기 때문에 갈애가 소멸하고, 갈애가 소멸하기 때문에 취착이 소멸하고, 취착이 소멸하기 때문에 존재가 소멸하고, 존재가 소멸하기 때문에 태어남이 소멸하고, 태어남이 소멸하기 때문에 늙음·죽음과 근심·탄식·육체적 고통·정신적 고통·절망이 소멸한다. 이와 같이 전체 괴로움의 무더기[苦蘊]가 소멸한다.

아난다여, 이렇게 할 때 그는 연기에 능숙한 비구라고 불릴만하다."

---

76) 12연기를 추상화한 본 정형구에 대해서는 본서 제2권 「갈애 멸진의 긴 경」(M38) §19의 주해와 제3권 「사꿀루다이 짧은 경」(M79) §7의 주해를 참조할 것.

가능한 것과 불가능한 것

12. "세존이시여, 어떻게 할 때 비구가 ④ 가능한 것과 불가능한 것에 능숙한 자라고 불릴 수 있습니까?"

"아난다여,[77] 여기 비구는 '바른 견해를 구족한 사람[78]이 형성된 것들[行]을 영원하다고 여기는 것은 있을 수 없고 그런 경우란 없다. 이런 것은 불가능하다.'라고 꿰뚫어 안다. 그는 '범부가 형성된 것들을 영원하다고 여기는 것은 있을 수 있고[79] 그런 경우는 있다. 이런 것은 가능하다.'라고 꿰뚫어 안다.

그는 '바른 견해를 구족한 사람이 형성된 것들을 즐거움이라고 여기는 것은 있을 수 없고 그런 경우란 없다. 이런 것은 불가능하다.'라고 꿰뚫어 안다. 그는 '범부가 형성된 것들을 즐거움이라고 여기는 것[80]은 있을 수 있고 그런 경우는 있다. 이런 것은 가능하다.'라고 꿰뚫어 안다.

그는 '바른 견해를 구족한 사람이 모든 법들[81]을 자아라고 여기는

77) 이하 본경 §18까지의 내용은 『앙굿따라 니까야』 제1권 「하나의 모음」 제15장 「불가능 품」(A1:15:1~28)과 같다.

78) "'바른 견해를 구족한 사람(diṭṭhi-sampanna)'이란 도의 견해(magga-diṭ-ṭhi)를 구족한 성스러운 제자(ariya-sāvaka), 즉 예류자를 말한다."(MA.iv.107)

79) "상견(常見, sassata-diṭṭhi)으로 인해 삼계(tebhūmaka)의 형성된 것들(saṅkhata-saṅkhārā) 가운데 어떤 것을 영원하다고 여기는 것을 뜻한다."(MA.iv.107)

80) "'즐거움이라고 여기는 것(sukhato upagaccheyya)'이란 자아는 더할 나위 없이 즐겁고(ekanta-sukhī) 병 없고(aroga) 죽고 나서도 소멸되지 않는다는 자아에 대한 사견(atta-diṭṭhi)으로 인해 즐거움이라고 여기는 것을 말한다."(MA.iv.107)

81) 여기서 '모든 법들'은 kiñci dhammaṁ(어떤 법)을 옮긴 것이다. 무상·

것은 있을 수 없고 그런 경우란 없다. 이런 것은 불가능하다.'라고 꿰뚫어 안다. 그는 '범부가 모든 법들을 자아라고 여기는 것은 있을 수 있고 그런 경우는 있다. 이런 것은 가능하다.'라고 꿰뚫어 안다."

13. "그는 '바른 견해를 구족한 사람이 어머니의 생명을 빼앗는다는 것은 있을 수 없고 그런 경우란 없다. 이런 것은 불가능하다.'라고 꿰뚫어 안다. 그는 '범부가 어머니의 생명을 빼앗는다는 것은 있을 수 있고 그런 경우는 있다. 이런 것은 가능하다.'라고 꿰뚫어 안다.

그는 '바른 견해를 구족한 사람이 [65] 아버지의 생명을 빼앗는다는 것은 … 아라한의 생명을 빼앗는다는 것은 …

바른 견해를 구족한 사람이 증오심으로 여래의 몸에 피를 흘리게 한다는 것은 있을 수 없고 그런 경우란 없다. 이런 것은 불가능하다.'

고 · 무아의 삼특상 가운데 무상과 괴로움은 모든 형성된 것들 즉 유위법들에만 적용되고 무아는 형성된 것들뿐만 아니라 무위법인 열반까지 포함한 모든 법들에 다 적용된다. 본서 제1권 「뿌리에 대한 법문 경」(M1) §1.26에 의하면 범부는 열반도 자신 혹은 자아라 인식한다. 그래서 무아를 언급하는 이 문맥에서는 모든 법들[諸法, sabbe dhammā]이라는 표현을 하고 계신다. 북방에서도 제행무상과 제법무아로 옮겼다. 이런 것을 고려하여 분문의 kiñci dhammaṁ(어떤 법)을 모든 법들으로 옮겼다.

여기에 대해서는 『앙굿따라 니까야』 제4권 「괴로움 등의 경」(A7:17) §2와 그 주해, 그리고 『상윳따 니까야』 제3권 「찬나 경」(S22:90) §4와 주해도 참조하기 바란다. 그런데 본경에 해당하는 주석서는 이런 설명을 하지 않고 있다. 대신에 주석서는 이렇게 설명한다.

"무아를 말씀하시면서는 까시나 등의 개념을 포함시키기 위해서(kasiṇādi-paṇṇatti-saṅgahattha) 형성된 것(saṅkhāra)이라고 말씀하시지 않고 법(dhamma)이라고 말씀하셨다. 여기서도 성스러운 제자의 경우에는 [열반을] 포함한 네 가지 경지(catu-bhūmaka)로 말씀하신 것이고 범부의 경우에는 세 가지 경지(te-bhūmaka, 욕계 · 색계 · 무색계)로 말씀하셨다고 알아야 한다.

범부가 항상하고 즐겁고 자아라고 취하는 것을 성스러운 제자는 무상이고 괴로움이고 무아라고 취하면서 그런 거머쥠(gāha)을 놓아버린다(viniveṭheti)."(MA.iv.108)

라고 꿰뚫어 안다. 그는 '범부가 증오심으로 여래의 몸에 피를 흘리게 한다는 것은 있을 수 있고 그런 경우는 있다. 이런 것은 가능하다.' 라고 꿰뚫어 안다.

그는 '바른 견해를 구족한 사람이 승가를 분열시킨다는 것은 있을 수 없고 그런 경우란 없다. 이런 것은 불가능하다.'라고 꿰뚫어 안다. 그는 '범부가 승가를 분열시킨다는 것은 있을 수 있고 그런 경우는 있다. 이런 것은 가능하다.'라고 꿰뚫어 안다.

그는 '바른 견해를 구족한 사람이 [부처님 이외의] 다른 스승을 인정한다는 것은 있을 수 없고 그런 경우란 없다. 이런 것은 불가능하다.'라고 꿰뚫어 안다. 그는 '범부가 [부처님 이외의] 다른 스승을 인정한다는 것은 있을 수 있고 그런 경우는 있다. 이런 것은 가능하다.' 라고 꿰뚫어 안다."

14. "그는 '한 세계에 두 분의 아라한 · 정등각자께서 전후가 없이 동시에 출현하신다는 것은 있을 수 없고 그런 경우란 없다. 이런 것은 불가능하다.'라고 꿰뚫어 안다.[82] '한 세계에 오직 한 분의 아라한 · 정등각자께서 출현하신다는 것은 있을 수 있고 그런 경우는 있다. 이런 것은 가능하다.'라고 꿰뚫어 안다.

그는 '한 세계에 두 명의 전륜성왕이 전후가 없이 동시에 출현한다는 것은 있을 수 없고 그런 경우란 없다. 이런 것은 불가능하다.'라고 꿰뚫어 안다. '한 세계에 오직 한 명의 전륜성왕이 출현한다는 것은 있을 수 있고 그런 경우는 있다. 이런 것은 가능하다.'라고 꿰뚫어

82) 하나의 세계에 두 분 이상의 부처님이 출현하지 않는다는 것이 초기불교의 정설이다. 『디가 니까야』 제2권 「마하고윈다 경」(D19) §14와 제3권 「확신 경」(D28) §20과 『앙굿따라 니까야』 제1권 「하나의 모음」(A1:15:10)에도 같은 문장이 나타난다. 그리고 『밀린다빤하』(Mil.236~239)에서도 논의되고 있다.

안다.”

15. 그는 ‘여자가 아라한 · 정등각자가 된다는 것은 있을 수 없고 그런 경우란 없다. 이런 것은 불가능하다.’라고 꿰뚫어 안다. ‘남자가 아라한 · 정등각자가 된다는 것은 있을 수 있고 그런 경우는 있다. 이런 것은 가능하다.’라고 꿰뚫어 안다. ‘여자가 전륜성왕이 된다는 것은 있을 수 없고 … ‘남자가 전륜성왕이 된다는 것은 있을 수 있고 … ‘여자가 삭까(제석)[83]가 된다는 것은 [66] 있을 수 없고 … ‘남자가 삭까가 된다는 것은 있을 수 있고 … ‘여자가 마라가 된다는 것은 있을 수 없고 … ‘남자가 마라가 된다는 것은 있을 수 있고 … ‘여자가 범천이 된다는 것은 있을 수 없고 … ‘남자가 범천이 된다는 것은 있을 수 있고 그런 경우는 있다. 이런 것은 가능하다.’라고 꿰뚫어 안다.”

16. 그는 ‘몸의 나쁜 행위에서 원하고, 좋아하고, 마음에 드는 과보가 생길 것이라는 것은 있을 수 없고 그런 경우란 없다. 이런 것은 불가능하다.’라고 꿰뚫어 안다.[84] ‘몸의 나쁜 행위에서 원하지 않고, 좋아하지 않고, 마음에 들지 않는 과보가 생길 것이라는 것은 있을 수 있고 그런 경우는 있다. 이런 것은 가능하다.’라고 꿰뚫어 안다. 그는 ‘말의 나쁜 행위에서 … 마음의 나쁜 행위에서 원하고, 좋아하고, 마음에 드는 과보가 생길 것이라는 것은 있을 수 없고 그런 경우

83) 삭까(Sakka, *Sk.* Śakra)는 제석(帝釋) 혹은 석제(釋提)로 한역된 신이며, 베다에 등장하는 인도의 유력한 신인 인드라(Indra)를 말한다. 삭까에 대해서는 본서 제2권 「갈애 멸진의 짧은 경」(M37) §2의 주해를 참조할 것.

84) “마치 님바 나무의 종자와 꼬사따끼 나무의 종자 등(nimba-bīja-kosātakī-bījādi)이 달콤한 열매를 맺는 것이 아니라 달갑지 않은 쓴 맛의 열매를 맺듯이, 몸의 나쁜 행위(kāya-duccarita) 등은 달콤한 과보(madhura-vipāka)를 생산해내는 것이 아니라 달갑지 않은 쓴 과보를 생산해낸다.” (MA.iv.123)

란 없다. 이런 것은 불가능하다.'라고 꿰뚫어 안다. 마음의 나쁜 행위에서 원하지 않고, 좋아하지 않고, 마음에 들지 않는 과보가 생길 것이라는 것은 있을 수 있고 그런 경우는 있다. 이런 것은 가능하다.'라고 꿰뚫어 안다.

그는 '몸의 좋은 행위에서 원하지 않고, 좋아하지 않고, 마음에 들지 않는 과보가 생길 것이라는 것은 있을 수 없고 그런 경우란 없다. 이런 것은 불가능하다.'라고 꿰뚫어 안다. '몸의 좋은 행위에서 원하고, 좋아하고, 마음에 드는 과보가 생길 것이라는 것은 있을 수 있고 그런 경우는 있다. 이런 것은 가능하다.'라고 꿰뚫어 안다. 그는 '말의 좋은 행위에서 … 마음의 좋은 행위에서 원하지 않고, 좋아하지 않고, 마음에 들지 않는 과보가 생길 것이라는 것은 있을 수 없고 그런 경우란 없다. 이런 것은 불가능하다.'라고 꿰뚫어 안다. '마음의 좋은 행위에서 원하고, 좋아하고, 마음에 드는 과보가 생길 것이라는 것은 있을 수 있고 그런 경우는 있다. 이런 것은 가능하다.'라고 꿰뚫어 안다."

17. 그는 '몸으로 나쁜 행위를 하는 자가 [67] 그 때문에, 그것을 조건으로 몸이 무너져 죽은 뒤 좋은 곳, 천상 세계에 태어날 것이라는 것은 있을 수 없고 그런 경우란 없다. 이런 것은 불가능하다.'라고 꿰뚫어 안다. '몸으로 나쁜 행위를 하는 자가 그 때문에, 그것을 조건으로 몸이 무너져 죽은 뒤 처참한 곳[苦界], 불행한 곳[惡處], 파멸처, 지옥에 태어날 것이라는 것은 있을 수 있고 그런 경우는 있다. 이런 것은 가능하다.'라고 꿰뚫어 안다.

그는 '말로 나쁜 행위를 하는 자가 … 마음으로 나쁜 행위를 하는 자가 그 때문에, 그것을 조건으로 몸이 무너져 죽은 뒤 좋은 곳, 천상 세계에 태어날 것이라는 것은 있을 수 없고 그런 경우란 없다. 이런 것은 불가능하다.'라고 꿰뚫어 안다.

것은 불가능하다.'라고 꿰뚫어 안다. '마음으로 나쁜 행위를 하는 자가 그 때문에, 그것을 조건으로 몸이 무너져 죽은 뒤 처참한 곳, 불행한 곳, 파멸처, 지옥에 태어날 것이라는 것은 있을 수 있고 그런 경우는 있다. 이런 것은 가능하다.'라고 꿰뚫어 안다."

18. 그는 '몸으로 좋은 행위를 하는 자가 그 때문에, 그것을 조건으로 몸이 무너져 죽은 뒤 처참한 곳, 불행한 곳, 파멸처, 지옥에 태어날 것이라는 것은 있을 수 없고 그런 경우란 없다. 이런 것은 불가능하다.'라고 꿰뚫어 안다. '몸으로 좋은 행위를 하는 자가 그 때문에, 그것을 조건으로 몸이 무너져 죽은 뒤 좋은 곳, 천상 세계에 태어날 것이라는 것은 있을 수 있고 그런 경우는 있다. 이런 것은 가능하다.' 라고 꿰뚫어 안다.

그는 '말로 좋은 행위를 하는 자가 … 마음으로 좋은 행위를 하는 자가 그 때문에, 그것을 조건으로 몸이 무너져 죽은 뒤 처참한 곳, 불행한 곳, 파멸처, 지옥에 태어날 것이라는 것은 있을 수 없고 그런 경우란 없다. 이런 것은 불가능하다.'라고 꿰뚫어 안다. '마음으로 좋은 행위를 하는 자가 그 때문에, 그것을 조건으로 몸이 무너져 죽은 뒤 좋은 곳, 천상 세계에 태어날 것이라는 것은 있을 수 있고 그런 경우는 있다. 이런 것은 가능하다.'라고 꿰뚫어 안다."

결론

19. 이와 같이 말씀하셨을 때 아난다 존자는 세존께 이렇게 말씀드렸다. "경이롭습니다, 세존이시여. 놀랍습니다, 세존이시여. 세존이시여, 이 법문의 이름은 무엇이라 할까요?"

"아난다여, 그대는 이 법문을 '여러 종류의 요소'라고 호지하라. '네 가지 회전'이라고도 호지하라. '법의 거울'이라고도 호지하라. '불사의 북'이라고도 호지하라. '위없는 승전(勝戰)'이라고도 호지하라."85)

세존께서는 이와 같이 설하셨다. 아난다 존자는 흡족한 마음으로 세존의 말씀을 크게 기뻐하였다.

여러 종류의 요소 경(M115)이 끝났다.

---

85) "이 법문에서 '아난다여, 열여덟 가지 요소가 있다. 아난다여, 여섯 가지 요소가 있다.'라는 등으로 여러 종류의 요소를 분석했기 때문에 이 법문을 '여러 종류의 요소(bahu-dhātuka)'라고 호지하라고 하셨다. 요소, 감각장소, 연기, 가능한 것과 불가능한 것(ṭhāna-aṭṭhāna)의 네 가지 고리(cattāro parivaṭṭā)를 설했기 때문에 '네 가지 회전(catu-parivaṭṭa)'이라고 하셨다. 거울을 쳐다볼 때 얼굴의 영상이 분명하게 드러나듯이 이 법문을 쳐다볼 때 요소 등의 뜻이 분명하게 드러나기 때문에 '법의 거울(dhamm-ādāsa)'이라고 하셨다.
적과 싸우는 군인들이 전쟁을 알리는 악기를 가지고 적의 군대에 쳐들어가 적을 물리치고 자신의 승리를 거머쥐듯이 오염원(kilesa)과 싸우는 수행자들은 여기서 말한 대로 위빳사나를 닦아서 오염원들을 물리치고 자신의 아라한과라는 승리를 거머쥐기 때문에 '불사의 북(amata-dundubhi)'이라고 하셨다.
마찬가지로 적과 싸우는 군인들이 무기를 가지고 적의 군대를 물리치고 승전을 거머쥐듯이 수행자들도 여기서 설한 위빳사나의 무기(vipassanāvudha)를 쥐고 오염원들을 부수어 아라한과의 승전을 거머쥐기 때문에 '위없는 승전(anuttara saṅgāma-vijaya)'이라고도 호지하라고 하셨다."(MA.iv.126~127)

이시길리 경

Isigili Sutta(M116)[86)]

86) 문자적으로 '이시길리(isi-gili)'는 선인(仙人, isi)+산(gili)의 합성어이다. 스리랑카에서는 본경이 보호주(護呪, 호주)로 암송되고 있다.(냐나몰리 스님/보디 스님, 1321쪽 1093번 주해 참조) 그러므로 본경은 『맛지마 니까야』의 보호주라 할 수 있다. 4부 니까야에는 각각 하나 이상의 보호주가 있다고 할 수 있다. 「아따나띠야 경」(D32)은 『디가 니까야』의 보호주이다. 「까시 바라드와자 경」(S7:11)과 「알라와까 경」(S10:12)과 「깃발 경」(S11:3)과 「병 경」1(S46:14)과 「병 경」2(S46:15)의 다섯 개의 경들은 『상윳따 니까야』에 나타나는 보호주이다. 「뱀 왕 경」(A4:67)은 『앙굿따라 니까야』의 보호주이다. 이처럼 4부 니까야에서부터 보호주가 포함되어 나타나고 있다.

보호주 혹은 호주(護呪)로 옮기는 단어는 빠릿따(paritta)이다. 이것은 pari(주위에)+√trā(*to rescue, to protect*)에서 파생된 명사로 '보호'라는 뜻을 가졌으며 일반적으로 질병이나 악령의 해코지나 다른 여러 위험 등으로부터 보호하는 주문을 뜻한다. 그래서 호주(護呪)라 옮겨지는 술어이다.

빠릿따는 후대에 새로 만들어진 것이 아니다. 이들은 이미 4부 니까야와 『숫따니빠따』 등의 초기불전에 나타나는 경들인데 보호의 목적으로 독송되고 있기 때문에 빠릿따라 불리는 것이다. 『밀린다왕문경』(밀린다빤하)에는 「보경」(寶經, Ratana Sutta, Sn.222~238), 「온호주」(蘊護呪, Khan-dha-paritta), 「공작호주」(孔雀護呪, Mora-paritta, J.ii.33에 포함되어 있음), 「다작가 호주」(Dhajagga-paritta, 「깃발 경」(S11:3)), 「아따나띠야 호주」(Aṭanāṭiya-paritta, D32), 「앙굴리말라 호주」(Aṅgulimāla-paritta, 「앙굴리말라 경」(M86)을 뜻하는 듯)이 언급되고 있다.

그리고 상좌부에서는 우리에게 잘 알려진 『숫따니빠따』 「길상경」(Maṅ-gala Sutta, Sn.258~269)과 「자애경」(Metta Sutta, Sn.143~152)도 여기에 넣고 있다. 「길상경」 「자애경」 「앙굴리말라 경」 등은 오히려 최고층(最古層)에 속하는 경들이라 할 수 있다.

빠릿따라는 술어가 처음 나타나는 곳은 『율장』 『쭐라왁가』(소품, Cūḷa-vagga)라고 하는데 여기서 세존께서는 「온호주」(蘊護呪, Kandha-pari-tta)를 비구 개인과 비구 승가의 보호를 위해서 읊을 것을 허락하셨다고 한다.(Vin.ii.110)

지금도 남방에서는 여러 보호주들이 많이 독송되고 있는데 「길상경」과 「자애경」은 매일 독송되고 있으며 그 외에도 경우에 따라 여러 보호주들

1. 이와 같이 나는 들었다. [68] 한때 세존께서는 라자가하의 이시길리 산[87]에 머무셨다. 거기서 세존께서는 "비구들이여."라고 비구들을 부르셨다. "세존이시여."라고 비구들은 세존께 응답했다. 세존께서는 이렇게 말씀하셨다.

2. "비구들이여, 그대들은 이 웨바라 산을 보고 있는가?"

"보고 있습니다, 세존이시여."

"비구들이여, 이 웨바라 산은 다른 이름과 다른 명칭을 가졌었다.[88] 비구들이여, 그대들은 이 빤다와 산을 보고 있는가?"

"보고 있습니다, 세존이시여."

"비구들이여, 이 빤다와 산은 다른 이름을 가졌고 다른 명칭을 가졌었다. 비구들이여, 그대들은 이 웨뿔라 산을 보고 있는가?"

"보고 있습니다, 세존이시여."

이 독송되고 있다. 초기경에 나타나는 이런 보호주들은 대승에서도 발전해 왔는데 우리나라에서 널리 독송되는 「천수대비주」와 「능엄주」는 모두 이런 보호주에 속한다 할 수 있다.

87) 이시길리 산(Isigili pabbata)은 라자가하(Rājagāha, 왕사성)에 있는 산의 이름이다. 라자가하는 예전에는 기립바자(Giribbaja)라 불리었는데 이는 문자적으로는 산(giri)의 요새(vaja)라는 뜻이다. 『숫따니빠따 주석서』에 의하면 라자가하는 여기 본경에서 언급되고 있는 웨바라(Vebhāra), 빤다와(Paṇḍava), 웨뿔라(Vepulla), 깃자꾸따(Gijjhakūṭa, 독수리봉), 이시길리(Isigili)라는 이 다섯 개의 산으로 둘러싸여 있기 때문에 기립바자(산의 요새)라고 불렸다고 한다.(SnA.ii.382)
이곳 이시길리 산비탈의 검은 바위(Isigili-passa-kāla-silā)에서 고디까 존자(āyasmā Godhika)도 자결을 했고(『상윳따 니까야』 제1권 「고디까 경」(S4:23) §7 참조) 왁깔리 존자(āyasmā Vakkali)도 자결을 하였다.(제3권 「왁깔리 경」(S22:87) §12 참조)

88) "이시길리(Isigili) 산이 이시길리라는 이름(samaññā)을 갖게 될 때 웨바라(Vebhāra) 산의 이름은 웨바라가 아니었고 다른 이름으로 불렸다는 말이다. 나머지 산의 이름들도 마찬가지이다."(MA.iv.127)

"비구들이여, 이 웨뿔라 산은 다른 이름과 다른 명칭을 가졌었다. 비구들이여, 그대들은 이 깃자꾸따(독수리봉) 산을 보고 있는가?"

"보고 있습니다, 세존이시여."

"비구들이여, 이 깃자꾸따 산은 다른 이름과 다른 명칭을 가졌었다. 비구들이여, 그대들은 이 이시길리 산을 보고 있는가?"

"보고 있습니다, 세존이시여."

3. "비구들이여, 이 이시길리 산은 다른 이름과 다른 명칭을 가졌었다. 비구들이여, 옛날에 오백 명의 벽지불[89]들이 이 이시길리 산에 오래 머물렀다. 그들이 이 산에 들어가는 것은 보았지만 들어간 후로는 아무도 그들을 보지 못했다.[90] 사람들이 이런 상황을 보고는 '이 산이 이 선인(仙人)들을 삼켜버렸다.'[91]라고 말했고 그래서 이시

---

89) "'벽지불[獨覺, 빳쩨까 부처님, pacceka-buddha]'이란 스스로 진리를 깨달으신 분(paccekaṁ saccāni buddhavanto)을 말한다. 모든 성자들도 스스로 진리를 꿰뚫고(paṭivijjhanti) 가르침을 스스로 경험하거늘(paccattaṁ vedanīya-bhāva) 왜 벽지불을 두고는 스스로 진리를 깨달은 분이라고 하는가? 물론 모든 성자들도 스스로 진리를 깨달았지만 여기서는 그런 통찰(paṭivedha)을 두고 말하는 것이 아니다.
예를 들면 제자들은 다른 사람을 의지하여(nissaya-bhāva) 진리를 통찰한다. 다른 이로부터 가르침을 듣지 않고는 예류도를 얻지 못하기 때문이다. 바르게 깨달음을 성취한 분(정등각자, sammāsambuddha)은 다른 이들의 의지처가 되면서 진리를 깨닫는다. 그러나 이 벽지불들은 다른 이의 도움도 없고(aparaneyya) 또한 다른 이를 인도할 능력도 없이(apariṇāyaka-bhāva) 진리를 깨닫는다. 그러므로 스스로(paccekaṁ) 진리를 깨달았기 때문에(buddhavanta) 벽지불들(paccekabuddhā)이라고 한다."(MAṬ.i.115)

90) "편리한 곳(yathā-phāsuka-ṭṭhāna)에서 탁발하여 공양을 마치고 돌아왔을 때 탑의 안쪽(cetiya-gabbha)에 한 쌍의 큰 문이 열리는 것처럼 큰 산이 두 쪽으로 나뉘었고, 그들은 그 안에 들어가서 밤에 머물 장소와 낮에 머물 장소(ratti-ṭṭhāna-divā-ṭṭhāna)를 건설하여 그곳에서 살았고, 더 이상 보이지 않았다. 그래서 이렇게 말씀하시는 것이다."(MA.iv.127~128)

91) "'이 산이 이 선인(仙人)들을 삼켜버렸다(ayaṁ pabbato ime isī gilati)'고 해서 이시길리(Isigili)라고 한다. 여기서 선인들이란 벽지불들을 말한

길리라는 이름이 생겼다.[92] 비구들이여, 나는 벽지불들의 이름을 말하리라. 비구들이여, 나는 벽지불들의 이름을 영광스럽게 하리라. 비구들이여, [69] 나는 벽지불들의 이름을 설하리라. 그것을 듣고 마음에 잘 잡도리하라. 이제 설하리라."

"그러겠습니다, 세존이시여."라고 그 비구들은 세존께 응답했다. 세존께서는 이렇게 말씀하셨다.

4. "비구들이여, 아릿타라는 벽지불이 이 이시길리 산에 오래 머물렀다. 우빠릿타 … 따가라시키 … 야사시 … 수닷사나 … 삐야닷시 … 간다라 … 삔돌라 … 우빠사바 … 니타 … 따타 … 수따와 … 바위땃따라는 벽지불이 이 이시길리 산에 오래 머물렀다."

5. "괴로움이 없고 갈애가 없는 수승한 분들
각자 스스로 깨달음을 얻으셨으니
화살을 뽑아버린 위대한 분들
그들의 이름을 영광스럽게 하리니 잘 들어라.

다."(MA.iv.128)

92) "언제 그들이 여기서 머물렀는가? 과거에 세존께서 출현하시기 전에 바라나시 근처의 어떤 마을에 한 처녀가 들녘을 지키다가 한 분의 벽지불께 오백 송이의 라자 꽃과 함께한 송이의 연꽃(paduma-puppha)을 보시하면서 오백 명의 아들을 갖기를 발원했다. 바로 그때 오백 명의 사냥꾼(miga-luddakā)이 맛있는 고깃덩이를 그분께 보시하면서 이 여인의 아들이 되기를 발원했다.
그녀는 수명이 다하여 천상에 태어났고 그곳에서 죽어 연못 속에 있는 연꽃 가운데에 태어났다. 어떤 수행자가 그녀를 보고 데려다 키웠다. 그녀가 걸을 때마다 발자국을 따라 땅에서 연꽃이 솟아올랐다. 숲 속에서 머물던 어떤 이가 그녀를 보고 바라나시 왕에게 알렸다. 왕은 그녀를 데려와 왕비로 삼았고 그녀는 임신을 했다. 후에 태생, 습생, 화생으로 오백 명의 아들이 태어났는데 그들 스스로 위빳사나를 증장시켜 벽지불의 통찰지를 일으켰다. 그때 그들은 그곳에서 살았고 그리하여 그 산은 이시길리라고 불리게 되었다."(MA.iv.128)

아릿타, 우빠릿타, 따가라시키, 야사시
수닷사나, 삐야닷시 부처님
간다라, 삔돌라, 우빠사바
니타, 따타, 수따와, 바위땃따." [70]

6. "숨바, 수바, 메툴라, 앗타마
앗수메가, 아니가, 수다타
큰 위신력을 가진 힝구와 힝가
이 벽지불들은 더 이상 존재로 인도되지 않네.

두 성자인 잘리와 앗타까
깨달은 분인 꼬살라와 수바후
우빠네미, 네미, 산따찟따
바르고 진실하고 때 없는 현자이시라.

깔라, 우빠깔라, 위지따, 지따
앙가, 빵가, 구땃지따
괴로움의 뿌리인 집착을 정복하신 빳시
마라의 군대를 이긴 아빠라지따

삿타, 빠왓따, 사라방가, 로마항사
웃짱가마야, 아시따, 아나사와
마노마야, 자만을 끊어버린 반두마
티 없고 광휘로운 따다디뭇따

께뚬바라가, 마땅가, 아리야
아쭛따, 아쭛따가마, 뱌마까

수망갈라, 답빌라, 수빠띳티따
아사이햐, 케마비라따, 소라따

두란나야, 상가, 웃자야
수승한 정진력을 가진 다른 성자 사이햐
아난다, 난다, 우빠난다의 열두 분[93]
마지막 몸을 받으신 바라드와자

보디, 최상이신 마하나마
상투를 매어 단엄하신 바라드와자
존재의 족쇄를 끊어버린 띳사와 우빠띳사
우빠시다리, 갈애에서 벗어난 시다리

집착을 건넌 망갈라 부처님
괴로움의 뿌리인 그물을 끊어버린 우사바
고요의 경지를 증득한 우빠니따
우뽀사타, 순다라, 삿짜나마

제따, 자얀따, 빠두마, 웁빨라
빠두뭇따라, 락키따, 빱바따 [71]
빛나는 마낫탓다, 위따라가
마음이 잘 해탈한 깐하 부처님이시라."

7. "이분들과 큰 위신력 가진 다른 벽지불들[94]은

93) "네 명의 아난다와 네 명의 난다와 네 명의 우빠난다를 말한다."(MA.iv.129)

94) "'큰 위신력을 가진 다른 벽지불들(aññe ca mahānubhāvā pacceka-buddhā)'이라고 하셨다. 여기에 언급한 벽지불들과 언급하지 않은 벽지불들은 그 이름이 동일하다. 이 오백 명의 벽지불 가운데 아난다 등의 이름이 두 명, 세 명, 열 명, 열두 명이 있었기 때문이다. 그러므로 여기에 언급한 이

더 이상 존재로 인도되지 않노라.
모든 얽매임에서 벗어나 열반을 얻은
측량할 수 없는 위대한 선인들을 공경할지라."

이시길리 경(M116)이 끝났다.

름에 오백 명의 이름이 모두 언급되었기에 따로 언급하지 않고 '다른 벽지불들'이라고 하셨다."(MA.iv.130)

위대한 마흔 가지 경

Mahācattārīsaka Sutta(M117)

1. 이와 같이 나는 들었다. 한때 세존께서는 사왓티에서 제따 숲의 아나타삔디까 원림(급고독원)에 머무셨다. 거기서 세존께서는 "비구들이여."라고 비구들을 부르셨다. "세존이시여."라고 비구들은 세존께 응답했다. 세존께서는 이렇게 말씀하셨다.

2. "비구들이여,[95] 그대들에게 조건과 도움되는 것이 함께한[96] 성스러운[97] 바른 삼매를 설하리라. 그것을 듣고 마음에 잘 잡도리하

---

95) 본경 §§2~3은 『상윳따 니까야』 제5권 「삼매 경」(S45:28)의 전체 내용을 이루고 있다. 본경에서 '조건과 도움되는 것이 함께한'은 saupanisa sapari-kkhāra를 옮긴 것인데 다음 주해에서 보듯이 주석서의 설명을 따른 것이다. 「삼매 경」(S45:28)에서는 '기반을 가졌고 필수품을 가진'으로 옮겼는데 이것은 문자적인 뜻을 존중한 것이다.

96) '조건과 도움되는 것이 함께한'은 saupanisaṁ saparikkhāraṁ을 옮긴 것이다. 주석서는 여기서 saupanisaṁ은 sapaccayaṁ(조건이 함께한)의 뜻이고, saparikkhāraṁ은 saparivāraṁ(그것에 도움되는 것이 함께한)의 뜻이라고 설명하고 있어서(MA.iv.130) 이렇게 옮겼다.

97) "'성스러운(ariya)'이란 결점에서 벗어난(niddosa) 출세간의 상태(lokutta-ra)를 말한다."(MA.iv.130)
"결점(dosa)에서 멀리 떨어져있기 때문에(ārakāti) 성스럽다(ariya)고 한

라. 나는 설하리라."

"그러겠습니다, 세존이시여."라고 그 비구들은 세존께 응답했다. 세존께서는 이렇게 말씀하셨다.

3. "비구들이여, 무엇이 조건과 도움되는 것이 함께한 성스러운 바른 삼매인가? 이른바 바른 견해, 바른 사유, 바른 말, 바른 행위, 바른 생계, 바른 정진, 바른 마음챙김이 있으니, 비구들이여, 이들 일곱 가지 구성요소를 갖춘 마음이 한 끝에 집중됨[心一境性][98]을 일러 성스러운 바른 삼매가 조건을 가졌다고도 하고, 도움되는 것이 함께 했다고도 한다."

견해

4. "비구들이여, 거기서 바른 견해가 먼저다.[99] 비구들이여, 어

다."(MAṬ.ii.305)

98) '마음이 한 끝에 집중됨[心一境性]'은 cittassa ekaggatā를 옮긴 것으로 니까야 즉 초기불전에서 삼매를 정의하는 술어이다. 여기에 대해서는 본서 제2권 「교리문답의 짧은 경」(M44) §12의 주해를 참조할 것.

99) "'바른 견해가 먼저다(sammādiṭṭhi pubbaṅgamā hoti).'라고 하셨다. '바른 견해(sammā-diṭṭhi)'는 두 종류인데 먼저 오는 것과 나중에 오는 것이다. 먼저 오는 것은 위빳사나의 바른 견해(vipassanā-sammādiṭṭhi)이고, 나중에 오는 것은 도의 바른 견해(magga-sammādiṭṭhi)이다.
위빳사나의 바른 견해란 삼계의 형성된 것들(tebhūmaka-saṅkhārā)을 무상 등으로 검증하는(parivīmaṁsati) 것이고, 도의 바른 견해란 검증을 마친 뒤 [자신의 상속(santāna)에서 긴 세월 잠재해온(anusayita) 오염원(kilesa)의 — MAṬ.ii.306] 윤회(vaṭṭa)를 끝장내면서, 가라앉히면서 일어난다.
마치 농부가 농지를 일굴 때 처음에는 숲에 있는 나무를 베고 그 다음에 불을 놓는 것과 같다. 그 불이 처음에 베어낸 나무들을 남김없이 태우듯이 위빳사나의 바른 견해는 처음에 무상 등으로 형성된 것들을 검증하고 도의 바른 견해는 그 형성된 것들(saṅkhārā)이 다시 일어나지 못하도록 씨를 말리면서 일어난다. 이 두 종류의 바른 견해가 여기에 다 해당된다."(MA.iv.131)

떻게 바른 견해가 먼저인가? 그는 그릇된 견해를 그릇된 견해라고 꿰뚫어 알고, 바른 견해를 바른 견해라고 꿰뚫어 안다.100) 이것이 그의 바른 견해이다."

5. "비구들이여, 그러면 어떤 것이 그릇된 견해인가?

'보시도 없고 공물도 없고 제사(헌공)도 없다. 선행과 악행의 업들에 대한 결실도 없고 과보도 없다. 이 세상도 없고 저 세상도 없다. 어머니도 없고 아버지도 없다. 화생하는 중생도 없고 [72] 이 세상과 저 세상을 스스로 최상의 지혜로 알고 실현하여 선언하는, 덕스럽고 바른 도를 구족한 사문·바라문들도 이 세상에는 없다.'101)라고 하는 것이 그릇된 견해이다."

6. "비구들이여, 그러면 어떤 것이 바른 견해인가?

비구들이여, 나는 바른 견해는 두 가지라고 말한다. 비구들이여,

---

100) "'그릇된 견해를 그릇된 견해라고 꿰뚫어 안다(micchādiṭṭhiṁ micchādiṭṭhī ti pajānāti).'는 것은 그릇된 견해 그 자체가 바로 무상하고(anicca) 괴로움(dukkha)이고 자아라고 할 만한 것이 없다(anatta)고 특징을 통찰(lakkha-ṇa-paṭivedha)하여 대상(ārammaṇa)으로서 꿰뚫어 아는 것이고, 바른 견해는 [통찰하는] 역할(kicca)로써 [바른 견해를 얻은 것을] 미혹하지 않음(asammoha)으로써 꿰뚫어 아는 것이다."(MA.iv.131)

101) 이 정형구는 『디가 니까야』 제1권 「사문과경」(D2/i.55) §§23에 나타나는 아지따 께사깜발리(Ajita Kesakambalī)의 [사후] 단멸론(uccheda-vāda)의 앞부분이다. 니까야에서 이 정형구가 나타나는 곳은 「사문과경」(D2) §2.23, 본서 제2권 「살라의 바라문들 경」(M41) §10, 「확실한 가르침 경」(M60) §5, 제3권 「산다까 경」(M76) §7, 「보름밤의 짧은 경」(M110) §11, 제4권 「차례대로 경」(M111) §5, 『상윳따 니까야』 제3권 「없음 경」(S24: 5) §3, 제4권 「빠딸리야 경」(S42:13) §12, 『앙굿따라 니까야』 제6권 「쭌다 경」(A10:176) §5 등이다.
아지따 께사깜발리(Ajita Kesakambalī)의 [사후] 단멸론(uccheda-vāda)의 이 정형구가 열 가지로 된 그릇된 견해를 포함하고 있기 때문에 『청정도론』 XVII.243에서는 이것을 '열 가지로 된 그릇된 견해(dasa-vatthukā micchā-diṭṭhi)'라 부르고 있다.

번뇌에 물들 수 있고 공덕의 편에 있으며 재생의 근거를 가져오는[102] 바른 견해가 있고, 번뇌에 물들지 않고 출세간의 것이고 도의 구성요소인 성스러운 바른 견해가 있다."

7. "비구들이여, 어떤 것이 번뇌에 물들 수 있고 공덕의 편에 있으며 재생의 근거를 가져오는 바른 견해인가?

비구들이여, '보시도 있고 공물도 있고 제사(헌공)도 있다. 선행과 악행의 업들에 대한 결실도 있고 과보도 있다. 이 세상도 있고 저 세상도 있다. 어머니도 있고 아버지도 있다. 화생하는 중생도 있고 이 세상과 저 세상을 스스로 최상의 지혜로 알고 실현하여 선언하는, 덕스럽고 바른 도를 구족한 사문·바라문들도 이 세상에는 있다.'라고 하는 것이 번뇌에 물들 수 있고 공덕의 편에 있으며 재생의 근거를 가져오는 바른 견해이다."

8. "비구들이여, 그러면 어떤 것이 번뇌에 물들지 않고 출세간의 것이고 도의 구성요소인 성스러운 바른 견해인가?

비구들이여, 성스러운 마음을 가졌고 번뇌 없는 마음을 가졌으며 성스러운 도를 구족하여 성스러운 도를 닦는 자가 있으니, 그가 가진 통찰지, 통찰지의 기능, 통찰지의 힘, 법을 간택하는 깨달음의 구성요소[擇法覺支], 바른 견해, 도의 구성요소[103] — 이것이 번뇌에 물들지

---

102) '재생의 근거를 가져오는'은 upadhi-vepakka를 옮긴 것이다. 주석서는 "재생의 근거라 불리는(upadhi-saṅkhāta) 결과(vipāka)를 가져오는 것(dāyikā)을 뜻한다."(MA.iv.131)라고 설명하고 있다.

103) "'통찰지(paññā)'란 계속해서 분석하여 불사의 문(amata-dvāra, 즉 성스러운 도(ariya-magga) — MAṬ.ii.306)로 인도해주고(paññapeti) 보여주기 때문에 통찰지라 한다. 불사의 문을 보여준다는 뜻에 대해 지배하기(indattaṁ karoti) 때문에 '통찰지의 기능(paññ-indriya)'이다. 무명으로 인해 흔들리지 않기(na kampati) 때문에 '통찰지의 힘(paññā-bala)'이고,

않고 출세간의 것이고 도의 구성요소인 성스러운 바른 견해이다."104)

9. "그릇된 견해를 버리고 바른 견해를 구족하기 위해 노력하는 것이 그의 바른 정진이다. 그는 마음챙겨 그릇된 견해를 버리고, 마음챙겨 바른 견해를 구족하여 머문다. 이것이 그의 바른 마음챙김이다. 이처럼 이 세 가지 법이 바른 견해를 따르고 에워싸나니, 그것은 바른 견해, 바른 정진, 바른 마음챙김이다."

사유

10. "비구들이여, 거기서 바른 견해가 먼저다. 비구들이여, 그러면 어떻게 바른 견해가 먼저 오는가? 그는 그릇된 사유를 그릇된 사유라고 꿰뚫어 알고, 바른 사유를 바른 사유라고 꿰뚫어 안다.105) 이

깨달음의 구성요소가 되어(bojjhaṅgappattā hutvā) 네 가지 진리의 법을 간택하기(catusaccadhamme vicināti) 때문에 '법을 간택하는 깨달음의 구성요소(dhamma-vicaya-sambojjhaṅga)'이다. 도를 성취함으로 인해 빛나는(sobhanā) 견해가 '바른 견해(sammā-diṭṭhi)'이고, 성스러운 도(ariya-magga)의 구성요소(aṅga)이기 때문에 '도의 구성요소(maggaṅga)'이다."(MA.iv.131～132)

104) 니까야에서 팔정도의 바른 견해[正見]는 항상 사성제에 대한 지혜로 정의된다.(본서 「진리의 분석 경」(M141) §24, 『상윳따 니까야』 제5권 「분석 경」(S45:8 §4) 등)
팔정도를 위시한 37보리분법은 니까야와 주석서에서 세간적인 것과 출세간적인 것으로 설명된다.(『초기불교 이해』 277쪽과 352쪽 참조) 이것을 팔정도의 첫 번째인 바른 견해에 적용시키면, 사성제에 대한 개념적인 이해는 세간적인 바른 견해이고 열반을 실현하여 사성제를 통찰해서 생긴 바른 견해는 출세간적인 바른 견해가 된다. 이러한 출세간적인 바른 견해가 여기서 말하는 성스러운 바른 견해일 것이다.

105) "'그릇된 사유를 그릇된 사유라고 꿰뚫어 안다(micchāsaṅkappaṁ micchā-saṅkappo ti pajānāti).'고 하셨다. 그릇된 사유를 그릇된 사유라고 아는 것은 그릇된 사유 그 자체가 바로 무상하고 괴로움이고 자아라고 할 만한 것이 없다고 특징(lakkhaṇa)을 통찰하여 [그릇된 사유를] 대상(ārammaṇa)으로 삼아서 꿰뚫어 아는 것이다. '바른 사유(sammā-saṅkappa)'는 [통찰

것이 그의 [73] 바른 견해이다."

11. "비구들이여, 그러면 어떤 것이 그릇된 사유인가? 감각적 욕망을 사유하고 악의를 사유하고 해코지를 사유하는 것이 그릇된 사유이다."

12. "비구들이여, 그러면 어떤 것이 바른 사유인가?

비구들이여, 나는 바른 사유도 두 가지라고 말한다. 비구들이여, 번뇌에 물들 수 있고 공덕의 편에 있으며 재생의 근거를 가져오는 바른 사유가 있고, 번뇌에 물들지 않고 출세간의 것이고 도의 구성요소인 성스러운 바른 사유가 있다."

13. "비구들이여, 그러면 어떤 것이 번뇌에 물들 수 있고 공덕의 편에 있으며 재생의 근거를 가져오는 바른 사유인가?

비구들이여, 출리에 대한 사유, 악의 없음에 대한 사유, 해코지 않음에 대한 사유106)가 번뇌에 물들 수 있고 공덕의 편에 있으며 재생의 근거를 가져오는 바른 사유이다."

14. "비구들이여, 그러면 어떤 것이 번뇌에 물들지 않고 출세간의 것이고 도의 구성요소인 성스러운 바른 사유인가?

비구들이여, 성스러운 마음을 가졌고 번뇌 없는 마음을 가졌으며 성스러운 도를 구족하여 성스러운 도를 닦는 자가 있으니, 그의 사색, 생각, 사유, 전념, [마음의] 고정, 마음의 지향, 말의 작용[口行]107) —

하는] 역할(kicca)을 통해서 [바른 사유를 얻은 것을] 미혹하지 않아서 꿰뚫어 아는 것이다. 다음의 바른 말 등에서도 이런 방법으로 알아야 한다." (MA.iv.132)

106) 이것이 니까야에 나타나는 '바른 사유[正思惟, sammā-saṅkappa]'에 대한 정의이다.(본서 「진리의 분석 경」(M141 §25 참조)

이것이 번뇌에 물들지 않고 출세간의 것이고 도의 구성요소인 성스러운 바른 사유이다."

15. "그릇된 사유를 버리고 바른 사유를 구족하기 위해 노력하는 것이 그의 바른 정진이다. 그는 마음챙겨 그릇된 사유를 버리고, 마음챙겨 바른 사유를 구족하여 머문다. 이것이 그의 바른 마음챙김이다. 이처럼 이 세 가지 법이 바른 사유를 따르고 에워싸나니, 그것은 바른 견해, 바른 정진, 바른 마음챙김이다."

말

16. "비구들이여, 거기서 바른 견해가 먼저다. 비구들이여, 그러면 어떻게 바른 견해가 먼저 오는가? 그는 그릇된 말을 그릇된 말이라고 꿰뚫어 알고, 바른 말을 바른 말이라고 꿰뚫어 안다. 이것이 그의 바른 견해이다."

17. "비구들이여, 그러면 어떤 것이 그릇된 말인가? 거짓말, 중상모략, 욕설, 잡담이 그릇된 말이다."

18. "비구들이여, 그러면 어떤 것이 바른 말인가?

비구들이여, 나는 바른 말도 두 가지라고 말한다. 비구들이여, 번뇌에 물들 수 있고 공덕의 편에 있으며 재생의 근거를 가져오는 바른 말이 있고, [74] 번뇌에 물들지 않고 출세간의 것이고 도의 구성요소

107) '사색, 생각, 사유, 전념, [마음의] 고정, 마음의 지향, 말의 작용[口行]'은 각각 takka, vitakka, saṅkappa, appanā, vyappanā, cetaso abhiniropanā, vācā-saṅkhāra를 옮긴 것이다. 여기서 보듯이 사유는 [일으킨] 생각[尋, vitakka]과 동의어이다. 그리고 일으킨 생각은 네 가지 禪의 정형구에서 초선을 구성하는 요소로 나타나고 있다.(본서 제1권 「두려움과 공포 경」(M4) §23 등) 그리고 이것은 말의 작용[口行]과 동의어로 나타난다. 본서 제2권 「교리문답의 짧은 경」(M44) §15를 참조하기 바란다.

인 성스러운 바른 말이 있다."

19. "비구들이여, 그러면 어떤 것이 번뇌에 물들 수 있고 공덕의 편에 있으며 재생의 근거를 가져오는 바른 말인가?

비구들이여, 거짓말하는 것을 삼가고, 중상모략하는 것을 삼가고, 욕설하는 것을 삼가고, 잡담하는 것을 삼가는 것이 번뇌에 물들 수 있고 공덕의 편에 있으며 재생의 근거를 가져오는 바른 말이다."

20. "비구들이여, 그러면 어떤 것이 번뇌에 물들지 않고 출세간의 것이고 도의 구성요소인 성스러운 바른 말인가?

비구들이여, 성스러운 마음을 가졌고 번뇌 없는 마음을 가졌으며 성스러운 도를 구족하여 성스러운 도를 닦는 자가 있으니, 그가 네 가지 말로 짓는 나쁜 행위를 억제하고 절제하고 제어하고 금하는 것 — 이것이 번뇌에 물들지 않고 출세간의 것이고 도의 구성요소인 성스러운 바른 말이다."

21. "그릇된 말을 버리고 바른 말을 구족하기 위해 노력하는 것이 그의 바른 정진이다. 그는 마음챙겨 그릇된 말을 버리고, 마음챙겨 바른 말을 구족하여 머문다. 이것이 그의 바른 마음챙김이다. 이처럼 이 세 가지 법이 바른 말을 따르고 에워싸나니, 그것은 바른 견해, 바른 정진, 바른 마음챙김이다."

행위

22. "비구들이여, 거기서 바른 견해가 먼저다. 비구들이여, 그러면 어떻게 바른 견해가 먼저 오는가? 그는 그릇된 행위를 그릇된 행위라고 꿰뚫어 알고, 바른 행위를 바른 행위라고 꿰뚫어 안다. 이것이 그의 바른 견해이다."

23. "비구들이여, 그러면 어떤 것이 그릇된 행위인가? 비구들이여, 산 생명을 죽이고 주지 않은 것을 가지고 삿된 음행을 하는 것이 그릇된 행위이다."

24. "비구들이여, 그러면 어떤 것이 바른 행위인가?

비구들이여, 나는 바른 행위도 두 가지라고 말한다. 비구들이여, 번뇌에 물들 수 있고 공덕의 편에 있으며 재생의 근거를 가져오는 바른 행위가 있고, 번뇌에 물들지 않고 출세간의 것이고 도의 구성요소인 성스러운 바른 행위가 있다."

25. "비구들이여, 그러면 어떤 것이 번뇌에 물들 수 있고 공덕의 편에 있으며 재생의 근거를 가져오는 바른 행위인가?

비구들이여, 산 생명 죽이는 것을 삼가고, 주지 않은 것을 가지는 것을 삼가고, 삿된 음행을 삼가는 것이 번뇌에 물들 수 있고 공덕의 편에 있으며 재생의 근거를 가져오는 바른 행위이다."

26. "비구들이여, 그러면 어떤 것이 번뇌에 물들지 않고 출세간의 것이고 도의 구성요소인 성스러운 바른 행위인가?

비구들이여, 성스러운 마음을 가졌고 번뇌 없는 마음을 가졌으며 성스러운 도를 구족하여 성스러운 도를 닦는 자가 있어, 그가 세 가지 몸으로 짓는 나쁜 행위를 억제하고 절제하고 제어하고 금하는 것 — 이것이 [75] 번뇌에 물들지 않고 출세간의 것이고 도의 구성요소인 성스러운 바른 행위이다."

27. "그릇된 행위를 버리고 바른 행위를 구족하기 위해 노력하는 것이 그의 바른 정진이다. 그는 마음챙겨 그릇된 행위를 버리고, 마음챙겨 바른 행위를 구족하여 머문다. 이것이 그의 바른 마음챙김

이다. 이처럼 이 세 가지 법이 바른 행위를 따르고 에워싸나니, 그것은 바른 견해, 바른 정진, 바른 마음챙김이다."

생계

28. "비구들이여, 거기서 바른 견해가 먼저다. 비구들이여, 그러면 어떻게 바른 견해가 먼저 오는가? 그는 그릇된 생계를 그릇된 생계라고 꿰뚫어 알고, 바른 생계를 바른 생계라고 꿰뚫어 안다. 이것이 그의 바른 견해이다."

29. "비구들이여, 그러면 어떤 것이 그릇된 생계인가? 비구들이여, 계략을 부리고, 쓸데없는 말을 하고, 암시를 주고, 비방하고, 이득으로 이득을 추구하는 것[108]이 그릇된 생계이다."[109]

30. "비구들이여, 그러면 어떤 것이 바른 생계인가?

비구들이여, 나는 바른 생계도 두 가지라고 말한다. 비구들이여, 번뇌에 물들 수 있고 공덕의 편에 있으며 재생의 근거를 가져오는 바른 생계가 있고, 번뇌에 물들지 않고 출세간의 것이고 도의 구성요소인 성스러운 바른 생계가 있다."

31. "비구들이여, 그러면 어떤 것이 번뇌에 물들 수 있고 공덕의 편에 있으며 재생의 근거를 가져오는 바른 생계인가?

---

108) '계략을 부림(kuhanā)', '쓸데없는 말을 함(lapanā)', '암시를 줌(nemitta-katā)', '비방함(nippesikatā)', '이득으로 이득을 추구함(lābhena lābhaṁ nijigiṁsanatā)'의 각각에 대한 설명은 『청정도론』 I.61~82의 생계의 청정에 관한 계(ājīva-pārisuddhi-sīla)에서 상세히 논의되어 있으므로 참조하기 바란다.

109) 재가자는 정당한 직업을 통해서 생계를 유지해야 한다. 『앙굿따라 니까야』 「장사 경」(A5:177)은 재가자들이 해서는 안 되는 장사 즉 그릇된 생계로 무기 장사, 사람 장사, 동물 장사, 술장사, 독약 장사의 다섯 가지를 들고 있다.

비구들이여, 여기 성스러운 제자가 그릇된 생계를 버리고 바른 생계로 생명을 유지하나니, 이것이 번뇌에 물들 수 있고 공덕의 편에 있으며 재생의 근거를 가져오는 바른 생계이다."

32. "비구들이여, 그러면 어떤 것이 번뇌에 물들지 않고 출세간의 것이고 도의 구성요소인 성스러운 바른 생계인가?

비구들이여, 성스러운 마음을 가졌고 번뇌 없는 마음을 가졌으며 성스러운 도를 구족하여 성스러운 도를 닦는 자가 있어, 그가 그릇된 생계를 억제하고 절제하고 제어하고 금하는 것 — 이것이 번뇌에 물들지 않고 출세간의 것이고 도의 구성요소인 성스러운 바른 생계이다."

33. "그릇된 생계를 버리고 바른 생계를 구족하기 위해 노력하는 것이 그의 바른 정진이다. 그는 마음챙겨 그릇된 생계를 버리고, 마음챙겨 바른 생계를 구족하여 머문다. 이것이 그의 바른 마음챙김이다. 이처럼 이 세 가지 법이 바른 생계를 따르고 에워싸나니, 그것은 바른 견해, 바른 정진, 바른 마음챙김이다."

위대한 마흔 가지

34. "비구들이여, 거기서 바른 견해가 먼저다. 비구들이여, 그러면 어떻게 바른 견해가 먼저 오는가? [76] 비구들이여, 바른 견해를 가진 자에게 바른 사유가 생긴다. 바른 사유를 가진 자에게 바른 말이 생긴다. 바른 말을 하는 자에게 바른 행위가 생긴다. 바른 행위를 가진 자에게 바른 생계가 생긴다. 바른 생계를 가진 자에게 바른 정진이 생긴다. 바른 정진을 가진 자에게 바른 마음챙김이 생긴다. 바른 마음챙김을 가진 자에게 바른 삼매가 생긴다. 바른 삼매를 가진 자에게 바른 지혜가 생긴다. 바른 지혜를 가진 자에게 바른 해탈이

생긴다. 비구들이여, 이와 같이 유학들의 도닦음은 여덟 가지 구성요소를 구족하고, 아라한은 열 가지 구성요소를 구족한다."[110]

35. "비구들이여, 거기서 바른 견해가 먼저다. 비구들이여, 그러면 어떻게 바른 견해가 먼저 오는가? 비구들이여, 바른 견해를 가진 자에게 그릇된 견해가 다하게 되고, 그릇된 견해를 조건으로 일어나는 여러 가지 나쁘고 해로운 법들도 다하게 되며, 바른 견해를 조건으로 일어나는 여러 가지 유익한 법들은 수행을 통해 완성된다.

비구들이여, 바른 사유를 가진 자에게 그릇된 사유가 다하게 되고, 그릇된 사유를 조건으로 일어나는 여러 가지 나쁘고 해로운 법들도 다하게 되며, 바른 사유를 조건으로 일어나는 여러 가지 유익한 법들은 수행을 통해 완성된다.

비구들이여, 바른 말을 하는 자에게 그릇된 말이 다하게 되고, … 바른 행위를 하는 자에게 그릇된 행위가 다하게 되고, … 바른 생계를 가진 자에게 그릇된 생계가 다하게 되고, … [77] … 바른 정진을

---

110) 본경에서 보듯이 팔정도에다 '바른 지혜(sammā-ñāṇa)'와 '바른 해탈(sammā-vimutti)'의 두 가지 구성요소를 첨가하면 십정도(十正道, 열 가지 바른 도)가 된다. 이 십정도의 가르침은 『상윳따 니까야』 제2권 「열 가지 구성요소 경」(S14:29) §3과 제3권 「아라한 경」 1(S22:76) §6 {5}와 제5권 「참되지 못한 사람 경」 2(S45:26)에도 나타나고 있으며 『앙굿따라 니까야』 제6권 「명지(明知) 경」(A10:105) 등에도 나타나고 있다.
여기서 보듯이 본경은 '유학들의 도닦음은 여덟 가지 구성요소를 구족하고, 아라한은 열 가지 구성요소를 구족한다(aṭṭhaṅgasamannāgatosekho paṭi-pado, dasaṅgasamannāgato arahā hoti.).'고 설하고 있다. 그런데 『상윳따 니까야』 제6권 「아나타삔디까 경」 1(S55:26) §10에 의하면 바른 지혜와 바른 해탈 두 가지는 예류자인 급고독 장자도 갖춘 것으로 나타난다. 그리고 『상윳따 니까야』 제5권 「쭌다 경」(S47:13) §6과 주해에 의하면 아직 예류자인 아난다 존자도 계·정·혜뿐만 아니라, 아라한만이 갖춘다는 해탈과 해탈지견까지 다 갖춘 것으로 나타나고 있다. 그러므로 니까야에 의하면 십정도는 꼭 아라한들만이 갖추는 것은 아닌 듯하다.

하는 자에게 그릇된 정진이 다하게 되고, … 바른 마음챙김을 가진 자에게 그릇된 마음챙김이 다하게 되고, … 바른 삼매를 가진 자에게 그릇된 삼매가 다하게 되고, … 바른 지혜를 가진 자에게 그릇된 지혜가 다하게 되고, … 비구들이여, 바른 해탈을 가진 자에게 그릇된 해탈이 다하게 되고, 그릇된 해탈을 조건으로 일어나는 여러 가지 나쁘고 해로운 법들도 다하게 되며, 바른 해탈을 조건으로 일어나는 여러 가지 유익한 법들은 수행을 통해 완성된다."111)

36. "비구들이여, 이처럼 스무 가지 유익함의 편에 있는 구성요소와 스무 가지 해로움의 편에 있는 구성요소가 있다.112) 이 위대한 마흔 가지 법문은 구르기 시작했으니, 사문이나 바라문이나 천신이나 마라나 범천 또는 이 세상의 그 어느 누구도 이것을 멈출 수 없다."

---

111) "본경에는 다섯 가지의 '바른 견해(sammā-diṭṭhi)'가 설해지고 있다. 그것은 위빳사나의 바른 견해(vipassanā-sammādiṭṭhi), 업이 자신의 주인이라는 바른 견해(kammassakatā-sammādiṭṭhi), 도의 바른 견해(magga-sammādiṭṭhi), 과의 바른 견해(phala-sammādiṭṭhi), 반조의 바른 견해(paccavekkhaṇā-sammādiṭṭhi)이다.
여기서 ① '그릇된 견해를 그릇된 견해라고 꿰뚫어 안다.'(§4)는 등의 방법으로 설하신 것이 위빳사나의 바른 견해이다. ② '보시도 있고 공물도 있고 …'(§7)로 설하신 것이 업이 자신의 주인이라는 바른 견해이다. ③~④ '바른 견해를 가진 자에게 바른 사유가 있다.'(§34)라고 도의 바른 견해와 과의 바른 견해의 두 가지를 말씀하셨다. ⑤ '바른 지혜가 있다.'(§34)는 것으로 반조의 바른 지혜를 말씀하셨다."(MA.iv.135)

112) "'스무 가지 유익함의 편에 있는 구성요소(vīsati kusalapakkhā)'란 바른 견해 등의 10가지와 [§35에서] '바른 견해를 조건으로 일어나는 여러 가지 유익한 법들' 등으로 설해진 10가지를 말한다.
'스무 가지 해로움의 편에 있는 구성요소(vīsati akusalapakkhā)'란 [§35에서] '그릇된 견해가 다하게 되고'로 설해진 그릇된 견해 등의 10가지와 '그릇된 견해를 조건으로 일어나는 여러 가지 나쁘고 해로운 법들' 등으로 설해진 10가지를 말한다."(MA.iv.135)

37. "비구들이여, 어떤 사문이나 바라문이라도 이 위대한 마흔 가지 법문이 비난받아야 하고 내쳐져야 한다고 생각한다면 지금·여기에서 그를 비난할 수 있는 열 가지 논리적인 근거를 제시할 수 있다. 만일 그가 바른 견해를 비난한다면 그는 그릇된 견해를 가진 사문·바라문 존자들을 공경하고 칭송하는 것이 된다. 만일 그가 바른 사유를 비난한다면 [78] 그는 그릇된 사유를 가진 사문·바라문 존자들을 공경하고 칭송하는 것이 된다. 만일 그가 바른 말을 비난한다면 … 바른 행위를 … 바른 생계를 … 바른 정진을 … 바른 마음챙김을 … 바른 삼매를 … 바른 지혜를 … 바른 해탈을 비난한다면 그는 그릇된 해탈을 가진 사문·바라문 존자들을 공경하고 칭송하는 것이 된다. 비구들이여, 어떤 사문이나 바라문이라도 이 위대한 마흔 가지 법문이 비난받아야 하고 내쳐져야 한다고 생각한다면 지금·여기에서 그를 비난할 수 있는 이런 열 가지 논리적인 근거를 제시할 수 있다."

38. "비구들이여, 욱깔라 지역 사람들113)과 왓사와 반냐 사람들114)과 같은 무인론자들과 도덕부정론자들과 허무론자들도115) 이

113) '욱깔라 지역 사람들'은 Be와 Se를 따라 Ukkalā를 옮긴 것이다. 주석서에서 "욱깔라(Ukkalā)는 욱깔라 지방에 거주하는 사람들(Ukkala-janapada-vāsino)이다."(SA.ii.279)라고 설명하고 있어서 이렇게 옮겼다. Ee와 CPD에는 Okkala로도 나타나는데 지금의 오릿사(Orissa) 주라고 한다. (CPD, DPPN)

114) 원문은 Vassa-Bhaññā인데 『상윳따 니까야』 제3권 「언어표현의 길 경」(S22:62)에도 이렇게 나타나며 주석서는 이를 병렬복합어[相違釋, dvandva]로 해석하고 있어서(SA.ii.279) 이렇게 옮겼다. 그곳의 주석서도 본경에 해당하는 주석서와 같이 설명하고 있다. 한편 『앙굿따라 니까야』 「유행승 경」(A4:30) §5에는 Vassaṁ Bhaññā로 나타나는데 그곳의 주석서도 "왓사(Vassa)와 반냐(Bhañña)라는 두 지역 사람들(janā)"(AA.iii.62)이라고만 할 뿐 자세한 설명이 없다.

위대한 마흔 가지 법문을 비난할 수 없고 비방할 수 없을 것이다. 그 것은 무슨 이유인가? 비난과 공격과 논박에 대한 두려움 때문이다."

세존께서는 이와 같이 설하셨다. 그 비구들은 흡족한 마음으로 세존의 말씀을 크게 기뻐하였다.

위대한 마흔 가지 경(M117)이 끝났다.

주석서에 의하면 이 두 지역 사람들은 본서 제2권 「확실한 가르침 경」(M60) §5에 나타나는 아지따 께사깜발리(Ajita Kesakambalī)의 [사후] 단멸론(uccheda-vāda)과 §13에 나타나는 뿌라나 깟사빠(Pūraṇa Kassapa)의 도덕부정론(akiriya-vāda)과 §21에 정리되고 있는 막칼리 고살라(Mak-khaligosāla)의 윤회를 통한 청정(saṁsāra-suddhi) 혹은 무인론(ahetu-ka-vāda)이라는 세 가지 삿된 견해를 가진 자들이었다고 한다.

그리고 이 셋은 『상윳따 니까야』 제3권 「없음 경」 등(S24:5~7)에서도 이 셋은 ① 무인론자들(ahetuka-vādā = ucchedavādā(단멸론자들), 「없음 경」(S24:5) §3; 막칼리 고살라(Makkhaligosāla) 「사문과경」(D2) §20 이하와 「원인 경」(S24:7) §3을 참조할 것.) ② 도덕부정론자들(akiriya-vādā, 「행위 경」(S24:6) §3) ③ 허무론자들(natthika-vādā, 「원인 경」(S24:7) §3)로 정리되고 있다.(SA.ii.279)

115) '무인론자들과 도덕부정론자들과 허무론자들'은 각각 ahetu-vādā, akiriya-vādā, natthika-vādā를 옮긴 것이다. 본경의 이 문단은 『상윳따 니까야』 제3권 「언어표현의 길 경」(S22:62) §8과 『앙굿따라 니까야』 제2권 「유행승 경」(A4:30) 등에도 나타난다.

그리고 『디가 니까야 주석서』는 「사문과경」(D2)를 주석하면서 업(kamma)과 과보(vipāka)를 부정하는 것을 통해서 이 셋을 이렇게 설명하고 있다.

"이 가운데서 뿌라나 깟사빠는 '행해도 죄악을 범한 것이 아니다.'라고 주장하여 업(kamma)을 부정한다(paṭi-bāhati). 아지따 께사깜발리는 '몸이 무너지면 단멸한다.'고 주장하여 과보(vipāka)를 부정한다. 막칼리 고살라는 '원인도 없다.'고 주장하여 둘 다를 부정한다. 여기서 업을 부정하면 과보도 부정하는 것이고 과보를 부정하면 업도 부정하는 것이다. 그러므로 이들 모두는 뜻으로는 둘 다를 부정하므로 무인론자(ahetuka-vāda)이고, 도덕부정론자(akiriya-vāda)이고, 허무론자(natthika-vāda)이다."(DA.i.166)

들숨날숨에 대한 마음챙김[116] 경

Ānāpānasati Sutta(M118)

서언

1. 이와 같이 나는 들었다.[117] 한때 세존께서는 유명한 여러 장

---

116) '마음챙김'은 sati를 옮긴 것이다. sati(Sk. smṛti)는 √smṛ(*to remember*)에서 파생된 명사이며 중국에서는 念(염)으로 옮겼다. 왜 sati를 마음챙김으로 옮겼는가에 대해서는 『초기불교 이해』 283쪽을 참조하기 바란다.

117) 초기불전에서 마음챙기는 공부는 본서 제1권 「염처경」(M10)과 『디가 니까야』 제2권 「대념처경」(D22)에서 몸[身]·느낌[受]·마음[心]·법[法]이라는 네 가지 대상 가운데 하나에 마음챙김을 확립하는 공부로 정리되어 나타난다. 이 가운데 몸에 관계된 주제 14가지를 모아서 마음챙기는 공부를 설하는 것이 본서의 다음 경인 「몸에 대한 마음챙김 경」(M119)이다.
그 14가지는 ① 들숨날숨(ānāpāna, M119 §4) ② 네 가지 자세[四威儀, iriyāpatha, §5] ③ 네 가지 분명하게 알아차림[正知, catu-sampajañña, §6] ④ 32가지 몸의 부위에 대한 관찰(혹은 혐오를 마음에 잡도리함, paṭikūla-manasikāra, §7) ⑤ 네 가지 근본물질[四大]의 관찰(dhātu-manasi-kāra, §8) ⑥~⑭ 아홉 가지 공동묘지의 관찰(nava-sivathika, §§9~17)이다. 본경의 기본 주제인 '들숨날숨에 대한 마음챙김(ānāpāna-sati)'은 이 가운데 첫 번째 주제인 들숨날숨(ānāpāna)에 대해서 마음챙기는 공부를 16가지로 정리(본서 §§18~21)한 것이다.
본서 제2권 「삿짜까 긴 경」(M36)에 해당하는 주석서는 부처님께서는 들숨날숨에 대한 마음챙김(ānapānasati, 出入息念)을 통해서 증득한 초선이 깨달음을 얻는 길이라고 판단하셨다고 언급하고 있다.(MA.ii.291)
들숨날숨은 중요한 수행법이기 때문에 『상윳따 니까야』 에서도 들숨날숨에

로 제자들과 함께 즉 사리뿟따 존자, 마하목갈라나 존자, 마하깟사빠 존자, 마하깟짜야나 존자, 마하꼿티따 존자, 마하깝삐나 존자, 마하쭌다 존자, [79] 아누룻다 존자, 레와따 존자, 아난다 존자[118]와 그 외 여러 잘 알려진 장로 제자들과 함께 사왓티에 있는 동쪽 원림[東園林]의 녹자모 강당에 머무셨다.

대한 마음챙김을 따로 분리해서 「들숨날숨 상윳따」(S54)로 편성하고 20개 경을 담고 있다. 여기에 대해서는 『상윳따 니까야』 제6권 「들숨날숨 상윳따」(S54)의 해제를 참조하기 바란다.

들숨날숨에 대한 마음챙김은 본서 §15 이하에서 상세하게 설해지고 있다. 그리고 들숨날숨에 마음챙기는 공부는 『청정도론』 VIII.146~237에 상세히 설명되어 있다. 초기불전연구원에서는 본경과 『청정도론』의 설명을 엮어서 『들숨날숨에 마음챙기는 공부』(대림 스님 역, 개정4판, 2011)를 출간하였으므로 참조할 것.

118) 사리뿟따 존자(āyasmā Sāriputta)에 대해서는 본서 제1권 「법의 상속자 경」(M3) §4의 주해를 참조할 것.

마하목갈라나 존자(āyasmā Mahāmoggallāna)에 대해서는 본서 제1권 「흠 없음 경」(M5) §3의 주해를 참조할 것.

마하깟사빠 존자(āyasmā Mahākassapa)에 대해서는 『상윳따 니까야』 제2권 「만족 경」(S16:1) §3의 주해를 참조할 것.

마하깟짜야나 존자(āyasmā Mahākaccāna)에 대해서는 본서 제3권 「마두라 경」(M84) §1의 주해를 참조할 것.

마하꼿티따 존자(āyasmā Mahākoṭṭhita)에 대해서는 본서 제2권 「교리문답의 긴 경」(M43) §1의 주해를 참조할 것.

마하깝삐나 존자(āyasmā Mahākappina)에 대해서는 『상윳따 니까야』 제2권 「마하깝삐나 경」(S21:11) §2의 주해를 참조할 것.

마하쭌다 존자(āyasmā Mahācunda)에 대해서는 본서 제1권 「지워 없앰 경」(M8) §2의 주해를 참조할 것.

아누룻다 존자(āyasmā Anuruddha)에 대해서는 본서 제2권 「고싱가살라 긴 경」(M32) §2의 주해를 참조할 것.

레와따 존자(āyasmā Revata)에 대해서도 「고싱가살라 긴 경」(M32) §3의 주해를 참조할 것.

아난다 존자(āyasmā Ānanda)에 대해서도 「고싱가살라 긴 경」(M32) §3의 주해를 참조할 것.

2. 그 무렵 장로 비구들은 신참 비구들을 경책하고 훈계하였다.[119] 어떤 장로 비구들은 열 명의 신참 비구들을 경책하고 훈계하였고 어떤 장로 비구들은 스무 명 … 서른 명 … 마흔 명의 비구들을 경책하고 훈계하였다. 그 신참 비구들은 장로 비구들의 경책과 훈계를 받아서 차차 고귀한 특별한 경지를 알게 되었다.[120]

3. 그 무렵 세존께서는 보름 포살일의 보름밤에 자자(自恣)[121]

---

119) "'경책하고 훈계하였다(ovadanti anusāsanti).'는 것은 음식에 관한 친절함(āmisa-saṅgaha)과 법에 관한 친절함(dhamma-saṅgaha)인 두 종류의 친절로써 호의를 베풀면서 명상주제에 대한 경책과 훈계(kammaṭṭhān-ovāda-anusāsanī)로써 경책하고 훈계하였다는 말이다."(MA.iv.137)

120) "'특별함을 알았다(visesaṁ jānanti).'는 것은 계행을 구족함(sīla-pari-pūraṇa) 등 이전의 특별함(pubba-visesa)보다 더 고귀하며(uḷāratara), 그 다음 단계인 까시나를 통한 준비의 마음(kasiṇa-parikamma) 등의 [禪의] 특별함을 알았다는 뜻이다."(MA.iv.137)

121) '자자(自恣, pavāraṇā)'는 석 달의 안거(vassa)가 끝날 때(vassaṁ-vuṭṭha, SA.i.276) 모든 대중들이 모여서 석 달간의 생활을 되돌아보고 반성하는 의식이다. 그래서 "안거를 마치는 자자(vassaṁ-vuṭṭha-pavāraṇā)"(SA.i.276)라고도 부르고 있다. 자자는 연장자부터 자신의 잘못을 발로참회하고, 본경에서처럼 혹시 자신이 모르는 가운데 지은 잘못이 있는가를 대중들에게 묻고 대중들의 책망을 기꺼이 받아들이는 의식이다.
『상윳따 니까야 복주서』는 이렇게 설명한다. "자자란 도닦음을 청정(paṭipatti-visodhana)하게 하고 각자 자신의 잘못을 깨끗이(vajja-sodha-na) 하기 위한 기회를 주는 것(okāsa-dāna)을 말한다. 그러므로 일반적으로는 안거가 끝날 때 행해지는 것인데, 이것을 청정해지기 위한 고백(visud-dhi-desanā)이라고 한다."(SAṬ.i.253)
이 자자의식에 대한 좋은 보기는 『상윳따 니까야』 제1권 「자자(自恣) 경」(S8:7)이다. 이 경에서 세존께서 먼저 "비구들이여, 이제 나는 그대들에게 정성을 다하여 청하노라. 혹시 내가 몸이나 말로써 행한 것들 가운데 그대들이 책망해야 할 것은 없는가?"(§3)라고 말씀하고 계신다. 그 다음에 사리뿟따 존자가 "세존이시여, 이제 저도 세존께 정성을 다하여 청합니다. 혹시 제가 몸이나 말로써 행한 것들 가운데 세존께서 책망하셔야 할 것은 없습니까?"(§4)라고 여쭙고 있다.

를 하기 위해서 비구 승가에 둘러싸여서 노지에 앉아 계셨다. 그때 세존께서는 시종일관 침묵을 지키던 비구 승가를 둘러보시고 비구들을 불러 말씀하셨다.

4. "비구들이여, 나는 이런 도닦음 때문에 흡족하다. 비구들이여, 나의 마음은 이런 도닦음 때문에 흡족하다. 비구들이여, 그러므로 여기서 얻지 못한 것[122]을 얻고 증득하지 못한 것을 증득하고 실현하지 못한 것을 실현하기 위해 더욱더 정진하라. 나는 여기 사왓티에서 네 번째 달의 보름인 꼬무디[123]를 맞을 것이다.[124]"

---

122) "'얻지 못한 것(appatta)'과 '증득하지 못한 것(anadhigata)' 등은 아라한과를 말한다."(MA.iv.137)

123) "'네 번째 달의 보름인 꼬무디(komudi cātumāsinī)'란 [우기철의] 마지막 네 번째 달인 깟띠까 달의 보름이란 뜻이다. 왜냐하면 [이 즈음에] 수련(kumuda)이 피기 때문에 꼬무디(komudī)라 불리고, 우기(vassika)인 넉 달의 마지막이기 때문에 '네 번째 달(catumasinī)'이다. 그러므로 '네 번째 달의 [보름인] 꼬무디'라 불린다."(MA.iv.137)
일반적으로 인도의 우기철은 다섯 달로 구성된다. 그것은 ① 아살하(Asāḷha) ② 사와나(Sāvaṇa) ③ 밧다라(Bhaddara 혹은 Poṭṭhapāda) ④ 앗사유자(Assayuja) ⑤ 깟띠까(Kattikā)이다. 이 가운데 네 번째 달인 앗사유자를 '앞의 깟띠까(Pubba-kattikā)'라 하기도 하고 다섯 번째 달인 깟띠까를 '뒤의 깟띠까(Pacchima-kattika)'라 부르기도 한다. 그리고 이 둘은 '깟띠까의 두 달(Kattikā-dvemāsika)'이라고 불리기도 한다.
안거(*vassa*)는 아살하 달의 보름에 시작해서 앗사유자의 보름에 마치는데 이렇게 되면 석 달간 결제를 하는 것이 된다. 이렇게 결제에 임하는 비구를 '깟띠까 석 달을 [결제한 자](Kattikā-temāsika, Vin.iii.261)'라고 부른다. 마지막 깟띠까 달까지 포함하여 결제한 비구를 '깟띠까 넉 달을 [결제한 자](Kattikā-catumāsini, VinA.v.1076)'라 한다.

124) "'오늘 해제를 않고 그것이 올 때까지 어느 곳에도 가지 않고 오직 여기서 머무를 것이다.'라는 뜻이다. 이처럼 비구들에게 해제일을 연기하는 것(pavāraṇa-saṅgaha)에 대해 공고하면서 이와 같이 말씀하신 것이다.
해제일을 연기하는 것은 표백(表白, ñātti)으로만 결정하는 갈마[單白羯磨, ñatti-kamma]를 통해서 행해진다. 이것은 누구에게는 해당되고 누구에게는 해당되지 않는가? 어리석은 범부들에게는 해당되지 않는다. 그와 마찬가

5. 지방에 거주하는 비구들은 세존께서 그곳 사왓티에서 네 번째 달의 보름인 꼬무디를 맞을 것이라는 것을 들었다. 지방에 거주하는 그 비구들은 세존을 뵈러 사왓티로 향했다.

6. 그러자 그 장로 비구들은 더욱더 신참 비구들을 경책하고 훈계하였다. 어떤 장로 비구들은 열 명의 신참 비구들을 경책하고 훈계하였고 어떤 장로 비구들은 스무 명 … 서른 명 … 마흔 명의 비구들을 경책하고 훈계하였다. 그들 신참 비구들은 장로 비구들의 경책과 훈계를 받아서 [80] 차차 고귀하고 특별한 경지[125]를 알게 되었다.

지로 위빳사나를 시작한 자와 성스러운 제자들에게도 해당되지 않는다. 그러나 사마타가 아직 약하거나(taruṇa) 위빳사나가 약한 자에게는 해당된다.
그때 세존께서도 비구들의 마음의 작용을 검증하시면서 사마타와 위빳사나가 약한 것을 아시고 '오늘 해제를 하면 사방에서 안거를 지낸 비구들이 이곳으로 떠나올 것이다. 그들이 [여기 와서] 장로 비구들로부터 거처를 얻어 머물면 특별함을 일으킬 수 없을 것이다. 그리고 내가 만약 유행하면서 떠나버리면 이런 수행처를 얻기가 쉽지 않을 것이다. 그러나 내가 만약 해제를 하지 않는다면 다른 비구들도 이 사왓티로 떠나오지 않을 것이고 나도 유행하면서 떠나지 않을 것이다. 그렇게 되면 비구들의 거처도 방해를 받지 않을 것이다. 그들은 각자 자기의 거처에서 편안히 머물면서 사마타와 위빳사나를 증장시켜 특별함을 일으킬 수 있을 것이다.'라고 생각하시면서 그날 해제를 하지 않고 깟띠까 달의 보름날에 해제하리라고 비구들에게 해제를 연기하는 것을 통고하셨다.
해제일이 연기되어 공부의 발판을 원하는 자에게 법사나 은사들(ācariy-upajjhāyā)이 다가가면 그자도 '만약 발판을 마련해 줄 적절한 분(nissaya-dāyaka)이 오면 그분 곁에서 발판을 얻으리라.'고 생각하면서 여름의 마지막 달까지 머물 수 있다. 그리고 이 해제를 연기하는 것이 비록 단 한 사람에게만 해당된다 하더라도 그것은 모든 대중에게 다 적용된다."(MA.iv.138)

125) "'특별한 경지(visesa)'라고 하셨다. 여기 사마타와 위빳사나가 약한 자들(taruṇa-samatha-vipassanā)이 수행을 하여 사마타와 위빳사나가 강하게 되었을 때 이것은 예비단계의 특별함(pubbe visesa)이라 하고, 그 뒤에 고요해진 마음으로 형성된 것들[行]을 명상하면서 어떤 이들은 예류과를 얻고 … 어떤 이들은 아라한과를 얻었을 때 이것은 그 다음의 고귀한 특별함(apara uḷāra visesa)이라 한다."(MA.iv.139)

7. 그 무렵 세존께서는 네 번째 달의 꼬무디 보름 포살일에 보름달 아래 비구 승가에 둘러싸여 노지에 앉아 계셨다. 그때 세존께서는 시종일관 침묵을 지키던 비구 승가를 둘러보시고 비구들을 불러 말씀하셨다.

8. "비구들이여, 이 회중은 잡담을 하지 않는다. 비구들이여, 이 회중은 떠들지 않는다. 이것은 순수하고 완전한 것이다. 비구들이여, 이 회중은 공양받아 마땅하고, 환대받아 마땅하며, 보시받아 마땅하고, 합장받아 마땅하며, 세상의 위없는 복밭[福田]이니 이 비구 승가는 그러하고 이 회중은 그러하다. 비구들이여, 이 회중에게는 적게 보시해도 큰 [결실을] 가져오고 많이 보시하면 더 큰 [결실을] 가져오나니 이 비구 승가는 그러하고 이 회중은 그러하다. 비구들이여, 이 회중은 세상에서 친견하기 어렵나니 이 비구 승가는 그러하고 이 회중은 그러하다. 비구들이여, 이 회중을 친견하기 위해 어깨에 [먹을거리를 준비한] 자루를 메고[126] 먼 유순의 거리라도 마땅히 찾아가야 하나니 이 비구 승가는 그러하고 이 회중은 그러하다."

9. "비구들이여, 이 비구 승가에는 아라한들이 있다. 그들은 번뇌가 다했고 성스러운 삶을 살았으며 할 바를 다 했고 짐을 내려놓았으며 참된 이상을 실현했고 존재에 대한 족쇄를 부수었으며 바른 구경의 지혜로 해탈했다. 비구들이여, 이러한 비구들이 이 비구 승가에 있다."

---

126) "'어깨에 자루를 메고(puṭosenāpi)'는 것은 여행 도중에 먹을 도시락(puṭo-sa = pātheyya)을 멘다는 것으로 그 도시락을 싸 가지고서라도 마땅히 친견하러 가야 한다는 뜻이다."(MA.iv.139)

10. "비구들이여, 이 비구 승가에는 다섯 가지 낮은 족쇄를 부수어 [정거천에] 화생할[不還] 비구들이 있다. 그들은 그곳에서 완전한 열반에 들어 그 세계로부터 다시는 돌아오는 법이 없다. 비구들이여, 이러한 비구들이 이 비구 승가에 있다."

11. "비구들이여, 이 비구 승가에는 세 가지 족쇄를 부수고 탐욕과 성냄과 미혹이 엷어져서 한 번만 돌아올[一來] 비구들이 있다. 그들은 한 번만 이 세상에 돌아와서 [81] 괴로움을 종식시킬 것이다. 비구들이여, 이러한 비구들이 이 비구 승가에 있다."

12. "비구들이여, 이 비구 승가에는 세 가지 족쇄를 부수어 흐름에 든[預流] 비구들이 있다. 그들은 [파멸처에] 떨어지는 법이 없고 [해탈이] 확실하며 바른 깨달음으로 나아간다. 비구들이여, 이러한 비구들이 이 비구 승가에 있다."

13. "비구들이여, 이 비구 승가에는 네 가지 마음챙김의 확립[四念處]을 닦는 데 전념하는 비구들이 있다. 비구들이여, 이러한 비구들이 이 비구 승가에는 있다. 비구들이여, 이 비구 승가에는 네 가지 바른 노력[四正勤]을 … 네 가지 성취수단[四如意足]을 … 다섯 가지 기능[五根]을 … 다섯 가지 힘[五力]을 … 일곱 가지 깨달음의 구성요소[七覺支]를 … 성스러운 팔정도[八支聖道]를 닦는 데[127] 전념하는 비구들

---

127) 여기에 나타나고 있는 일곱 가지 주제는 37가지 깨달음의 편에 있는 법들[菩提分法, bodhipakkhiyā dhammā]로 불린다.
이것은 우리에게 37보리분법(菩提分法)이나 37조도품(助道品)으로 잘 알려진 것이다. 이 일곱 가지 주제에 포함된 법들을 다 합하면 37가지가 되기 때문에 전통적으로 이를 37보리분법이라 불렀다.
37보리분법의 37가지 술어에 대한 간단한 언급과 정의는 본서 「사꿀루다이 긴 경」(M77)의 §§15~21에 나타나고 있으니 참조할 것. 37보리분법에 대

이 있다.128) 비구들이여, 이러한 비구들이 이 비구 승가에 있다."

14. "비구들이여, 이 비구 승가에는 자애[慈]를 … [82] … 연민[悲]을 … 더불어 기뻐함[喜]을 … 평온[捨]을 닦는 데 전념하는 비구들이 있다. 비구들이여, 이러한 비구들이 이 비구 승가에 있다. 비구들이여, 이 비구 승가에는 부정[관]을 닦는 데 전념하는 비구들이 있다. 비구들이여, 이러한 비구들이 이 비구 승가에 있다. 비구들이여, 무상의 인식을 닦는 데 전념하는129) 비구들이 있다. 비구들이여, 이러한 비구들이 이 비구 승가에 있다. 비구들이여, 이 비구 승가에는 들숨날숨에 대한 마음챙김을 닦는 데 전념하는 비구들이 있다."

들숨날숨에 대한 마음챙김[出入息念]

15. "비구들이여, 들숨날숨에 대한 마음챙김을 닦고 거듭거듭 행하면 큰 결실이 있고 큰 이익이 있다.130) 비구들이여, 들숨날숨에 대한 마음챙김을 닦고 거듭거듭 행하면 네 가지 마음챙김의 확립[四念

한 자세한 설명은 『초기불교 이해』 275쪽 이하를 참조하기 바란다.

128) "여기서 37가지 깨달음의 편에 있는 법들[菩提分法, sattatiṁsa bodhi-pakkhiya-dhammā]은 세간적인 것과 출세간적인 것(lokiya-lokuttarā)으로 설하셨다. 그 순간에 도를 닦는(maggaṁ bhāventi) 비구들에게 이것은 출세간적인 것이고, 위빳사나를 시작한 자들(āraddha-vipassakā)에게 이것은 세간적인 것이다."(MA.iv.139)

129) "'무상의 인식을 닦는 데 전념하는(anicca-saññā-bhāvana-anuyoga)'에서 인식이라는 제목(saññā-sīsa)으로 위빳사나를 설하셨다."(MA.iv.139)

130) "여기서 많은 비구들이 들숨날숨의 명상주제(ānāpāna-kamma-ṭṭhāna)로서 사유(abhiniviṭṭha)하기 때문에 나머지 명상주제들은 간략히(saṅkhepe-na) 설하고 들숨날숨의 명상주제는 상세하게(vitthārena) 설하시면서 '비구들이여, 들숨날숨에 대한 마음챙김을'이라고 말씀을 시작하셨다. 그러나 이 들숨날숨의 명상주제에 관해서는 모든 측면에서 『청정도론』(제8장 §§145~244)에서 상세하게 설했기 때문에 그곳에서 설한 방법대로 경전의 뜻(pāḷi-ttha)과 수행하는 방법(bhāvanā-naya)을 알아야 한다."(MA.iv.139)

處]을 성취한다. 네 가지 마음챙김을 닦고 거듭거듭 행하면 일곱 가지 깨달음의 구성요소[七覺支]들을 성취한다. 일곱 가지 깨달음의 구성요소를 닦고 거듭거듭 행하면 명지(明知)와 해탈을 성취한다."

16. "비구들이여, 어떻게 들숨날숨에 대한 마음챙김을 닦고 어떻게 거듭거듭 행하면 큰 결실이 있고 큰 이익이 있는가?"

17. "비구들이여, 여기 비구는 숲 속에 가거나 나무 아래에 가거나 빈방에 가거나 하여 가부좌를 틀고 상체를 곧추세우고 전면에 마음챙김을 확립하여131) 앉는다. 그는 마음챙기면서 숨을 들이쉬고 마음챙기면서 숨을 내쉰다."132)

---

131) "'전면에 마음챙김을 확립하여'는 parimukhaṁ satiṁ upaṭṭhapetvā를 옮긴 것이다. 『위방가』는 "이 마음챙김은 코끝이나 입의 표상에(nāsikagge vā mukhanimitte vā) 확립되고 잘 확립되었다(upaṭṭhitā hoti supaṭṭhitā)고 해서 '전면에 마음챙김을 확립하여'라고 한 것이다."(Vbh.252)라고 설명하고 있다.
한편 『위방가 주석서』는 "입의 표상(mukha-nimitta)이란 윗입술의 가운데 부분(uttar-oṭṭhassa vemajjha-ppadeso)이라고 봐야 하나니, 즉 코의 바람(nāsika-vāta)이 닿는(paṭihaññati) 곳을 말한다."(VbhA.368)라고 설명하고 있다.
그러므로 여기서 '전면(全面 혹은 前面)에(parimukhaṁ)'는 구체적으로 코끝에나, 숨이 닿는 윗입술의 중간부분에 혹은 인중(人中) 즉 코의 밑과 윗입술 사이에 오목하게 골이 진 곳에라는 뜻이다.

132) 다음 §§18~21에 나타나는 16단계의 들숨날숨에 대한 마음챙김은 본경의 핵심이다. 이 16단계는 『상윳따 니까야』 제6권 「들숨날숨 상윳따」(Ānāpāna-saṁyutta)에 포함된 20개의 경들에 모두 나타나고 있기도 한다. 그리고 이 16단계는 『청정도론』 VIII.146~237에 상세히 설명되어 있다. 『들숨날숨에 마음챙기는 공부』(대림 스님 역, 개정4판, 2011)도 참조할 것.
본경 §§24~27과 『상윳따 니까야』 제6권 「낌빌라 경」(S54:10) §§7~10에도 나타나듯이 이 16단계는 다시 크게 네 개로 구성된 네 무리로 구분이 되는데 이 각각은 네 가지 마음챙김의 확립의 각각에 배대된다. 그래서 들숨날숨에 대한 마음챙김은 몸에 대한 관찰(kāya-anupassanā, §24)에서부터 시작하여 느낌(vedanā)에 대한 관찰(§25)과 마음(citta)에 대한 관찰(§26)

18. "① 길게 들이쉬면서는[133] '길게 들이쉰다.'고 꿰뚫어 알고, 길게 내쉬면서는 '길게 내쉰다.'고 꿰뚫어 안다. ② 짧게 들이쉬면서는 '짧게 들이쉰다.'고 꿰뚫어 알고, 짧게 내쉬면서는 '짧게 내쉰다.'고 꿰뚫어 안다. ③ '온몸을 경험하면서 들이쉬리라.'[134]며 공부짓고 '온몸을 경험하면서 내쉬리라.'며 공부짓는다. ④ '몸의 작용[身行][135][136]을 편안히 하면서 들이쉬리라.'며 공부짓고 '몸의 작용을 편

을 거쳐 법(dhamma)에 대한 관찰(§27)로 종결이 된다 할 수 있다.

133) '들이쉬면서는'은 assasanto를 옮긴 것인데 이 단어는 assasati(ā+√śvas, *to breathe*)의 현재 분사이다. '길게 들이쉬면서는'은 길게 들이쉴 때라는 뜻으로 '길게 들이쉬어야겠다.'거나 '짧게 쉬어야겠다.'거나 하는 그런 일체의 의도 없이 그냥 자연스럽게 길게 들이쉴 때는 길게 들이쉰다고 꿰뚫어 안다는 뜻이다. 『청정도론』(VIII.168)은 『무애해도』의 설명을 인용하여 '이렇게 꿰뚫어 알 때 열의(chanda)가 일어나고, 또한 환희(pāmojja)가 일어난다.'라고 설명하고 있다.(Ps.i.177)

134) 『청정도론』은 다음과 같이 부연하고 있다. "온 들숨의 몸의 … 온 날숨의 몸의 처음과 중간과 끝을 체험하면서, 분명하게 하면서 내쉬리라고 공부짓는다. 이와 같이 체험하면서, 분명하게 하면서 지혜와 함께한 마음으로 들이쉬고 내쉰다."(『청정도론』 VIII.171)
여기서 밝히고 있듯이 이 문맥에서 몸(kāya)은 호흡 그 자체를 나타낸다.

135) 여기서 '몸의 작용[身行, kāya-saṅkhāra]'은 들숨날숨을 말한다. 『상윳따 니까야』 제4권 「까마부 경」 2(S41:6/iv.293) §5에서 까마부 존자는 찟따 장자에게 "장자여, 들숨날숨은 몸에 속하는 것이고 이런 법들은 몸에 묶여 있습니다. 그래서 들숨날숨은 몸의 작용입니다."라고 말하고 있다. 본서 제2권 「교리문답의 짧은 경」(M44) §14에서도 마찬가지이다. 그리고 『청정도론』의 복주서인 『빠라맛타 만주사』도 "여기서 '몸의 작용[身行, kāya-saṅkhāra]'이란 들숨날숨을 말한다. 비록 이것은 마음에서 생긴 것이지만 그것의 존재가 몸에 묶여 있고 몸을 통해 형성되기 때문에 몸의 작용이라 부른다."(Pm. 220)라고 설명하고 있다.
『상윳따 니까야』 제3권 「앗사지 경」(S22:88) §7의 주해도 참조할 것.

136) '신행(身行)'으로 한역되는 kāya-saṅkhāra를 본서 전체에서 역자는 크게 두 가지로 옮기고 있다. 여기서처럼 '몸의 작용'으로도 옮기기도 하고, 다른 곳에서는 '몸의 의도적 행위'로도 옮긴다.

안히 하면서 내쉬리라.'며 공부짓는다."

19. "⑤ '희열을 경험하면서[137] 들이쉬리라.'며 공부짓고 '희열을 경험하면서 내쉬리라.'며 공부짓는다. ⑥ '행복을 경험하면서[138] 들이쉬리라.'며 공부짓고 [83] '행복을 경험하면서 내쉬리라.'며 공부짓는다. ⑦ '마음의 작용[心行][139]을 경험하면서 들이쉬리라.'며 공부

먼저 본경에서처럼 들숨날숨을 뜻할 때는 '몸의 작용'으로 옮기고 있다. 본서 제1권 M10 §4, 62 §26, 본서 M118 §18, M119 §4 등을 들 수 있다. 본서 제2권 M43 §25와 M44 §13 이하의 몸의 작용[身行], 말의 작용[口行], 마음의 작용들[心行]의 문맥에서도 몸의 작용으로 옮긴다. 그 이유에 대해서는 본서 제2권 M44 §13이하의 주해들을 참조하기 바란다.

그리고 12연기의 구성요소들 가운데 두 번째인 의도적 행위[行, saṅkhāra]를 설명하는 문맥에서 신행이 나타날 때는 '몸의 의도적 행위'로 옮기고 있다.(M9 §62, M38 §16이하) 그리고 과보를 가져오는 업의 문맥에서 신행이 나타날 때도 당연히 몸의 의도적 행위로 옮긴다.(M57 §8이하)

행(行)으로 한역하는 상카라(saṅkhāra)의 네 가지 의미에 대해서는 『초기불교 이해』 127~129쪽을 참조할 것.

137) "두 가지 방법을 통해서 '희열을 경험한다(pīti-paṭisaṁvedi).' 그것은 대상을 통해서와 미혹하지 않음을 통해서(ārammaṇato ca asammohato ca)이다. ① 그는 희열이 있는 두 禪 [즉 초선과 제2선]에 든다. 그가 그것에 드는 순간에 禪을 얻음으로써 대상을 경험했기 때문에 대상을 통해서 희열을 경험한다. ② 희열이 있는 두 禪에 들었다가 출정하여 禪과 함께한 희열을 파괴되기 마련이고 사라지기 마련이라고 명상한다. 그가 위빳사나를 하는 순간에 특상을 경험하기 때문에 잊어버리지 않음을 통해서 희열을 경험한다."(『청정도론』 VIII.226~227)

즉 ①은 사마타를 닦아서 禪에 들었을 때의 희열이고 ②는 禪에서 출정하여 무상·고·무아의 특상(lakkhaṇa)을 꿰뚫는 위빳사나를 할 때의 희열을 말한다.

138) 『청정도론』은 '행복을 경험하면서(sukha-paṭisaṁvedī)'도 희열의 경험과 같은 방법으로 두 측면에서 이해해야 한다고 설명하고 있다. 즉 ① 사마타를 닦아서 禪에 들었을 때의 행복과 ② 禪에서 출정하여 무상·고·무아의 특상을 꿰뚫는 위빳사나를 할 때의 행복을 말한다. 다른 점은 행복은 초선부터 제3선까지에서 경험된다는 것이다.(『청정도론』 VIII.229)

139) "마음의 작용[心行, citta-saṅkhāra]은 느낌의 무더기[受蘊]와 인식의 무

짓고 '마음의 작용을 경험하면서 내쉬리라.'며 공부짓는다. ⑧ '마음의 작용을 편안히 하면서 들이쉬리라.' 며 공부짓고 '마음의 작용을 편안히 하면서 내쉬리라.'며 공부짓는다."

20. "⑨ '마음을 경험하면서140) 들이쉬리라.'며 공부짓고 '마음을 경험하면서 내쉬리라.'며 공부짓는다. ⑩ '마음을 기쁘게 하면서141) 들이쉬리라.'며 공부짓고 '마음을 기쁘게 하면서 내쉬리라.'며 공부짓는다. ⑪ '마음을 집중하면서142) 들이쉬리라.'며 공부짓고 '마음을 집중하면서 내쉬리라.'며 공부짓는다. ⑫ '마음을 해탈하게 하

더기[想蘊]를 말한다. … 네 가지 禪들로 '마음의 작용을 경험한다(citta-saṅkhāra-paṭisaṁvedī).'고 알아야 한다."(『청정도론』 VIII.229)
본서 제2권 「교리문답의 짧은 경」(M44) §14에서도 "도반 위사카여, 들숨과 날숨이 몸의 작용이고, 일으킨 생각[尋]과 지속적 고찰[伺]이 말의 작용이고, 인식[想]과 느낌[受]이 마음의 작용입니다."라고 하여 느낌과 인식을 마음의 작용으로 설명하고 있다.

140) "'마음을 경험하면서(citta-paṭisaṁvedī)'란 네 가지 禪들로 마음을 경험한다고 알아야 한다."(『청정도론』 VIII.231)

141) "'마음을 기쁘게 하면서(abhippamodayaṁ cittaṁ)': 여기서는 삼매와 위빳사나의 두 가지 방법으로 기쁘게 한다. 어떻게 삼매를 통해 기쁘게 하는가? 희열(pīti)이 있는 두 禪에 든다. 그 증득의 순간에 그 禪과 함께한 희열로 마음을 반갑게 하고 기쁘게 한다. 어떻게 위빳사나를 통해 기쁘게 하는가? 희열이 있는 두 禪에 들었다가 출정하여 禪과 함께한 희열을 파괴되기 마련이고 사그라지기 마련이라고 명상한다. 이와 같이 위빳사나를 하는 순간에 禪과 함께한 희열을 대상으로 삼아 마음을 반갑게 하고 기쁘게 한다." (『청정도론』 VIII.232)

142) 『청정도론』 VIII.232는 두 가지로 '마음을 집중하면서(samādaha citta)'를 설명하고 있는데 하나는 네 가지 禪에 드는 것이고 다른 하나는 찰나삼매(刹那三昧, 순간적인 마음이 한 끝에 집중됨, 刹那心一境性, khaṇika-citt-ekaggatā)를 통해서이다. 찰나삼매는 "그 禪에 들었다가 출정하여 禪과 함께한 마음을 파괴되기 마련이고 사그라지기 마련이라고 명상할 때 그 위빳사나를 하는 순간에 특상을 통찰하는 것"이라고 『청정도론』(VIII.232)은 정의하고 있다.

면서143) 들이쉬리라.'며 공부짓고 '마음을 해탈하게 하면서 내쉬리라.'며 공부짓는다."

21. "⑬ '무상을 관찰하면서144) 들이쉬리라.'며 공부짓고 '무상을 관찰하면서 내쉬리라.'며 공부짓는다. ⑭ '탐욕이 빛바램을 관찰하면서145) 들이쉬리라.'며 공부짓고 '탐욕이 빛바램을 관찰하면서 내쉬리라.'며 공부짓는다. ⑮ '소멸을 관찰하면서 들이쉬리라.'며 공

143) "'마음을 해탈하게 하면서(vimocayaṁ cittaṁ)': 초선을 통해 장애들로부터 마음을 벗어나게 하고 해탈하게 하면서, 제2선을 통해 일으킨 생각[尋]과 지속적 고찰[伺]로부터, 제3선을 통해 희열로부터, 제4선을 통해 행복과 고통으로부터 마음을 벗어나게 하고 해탈하게 하면서 들이쉬고 내쉰다. 혹은 그가 그 禪에 들었다가 출정하여 禪과 함께한 마음은 파괴되기 마련이고 사그라지기 마련이라고 명상한다. 그가 위빳사나를 하는 순간에 무상의 관찰로 영원하다는 인식(nicca-saññā)으로부터, 괴로움의 관찰로 행복하다는 인식(sukha-saññā)으로부터, 무아의 관찰로 자아라는 인식(atta-saññā)으로부터, 염오의 관찰(nibbidānupassanā)로 즐김(nandi)으로부터, 탐욕이 빛바램의 관찰로 탐욕(rāga)으로부터, 소멸의 관찰로 일어남(samudaya)으로부터, 놓아버림의 관찰로 가짐(ādāna)으로부터 마음을 벗어나게 하고 해탈하게 하면서 들이쉬고 내쉰다."(『청정도론』 VIII.233)

144) "'무상을 관찰하면서(anicca-anupassī)'라고 했다. 여기서 무상한 것(anicca)이란 다섯 가지 무더기[五蘊]이다. 왜 그런가? 그들은 일어나고 멸하고 변하는 성질을 가졌기 때문(uppāda-vay-aññathatta-bhāvā)이다. 무상한 성질(aniccatā)이란 그들에게 존재하는 일어나고 멸하고 변하는 성질이다. 혹은 생겼다가 없어지는 것이다. 생긴 무더기[蘊]가 그 본래의 모습으로 머물지 않고 순간적인 부서짐(khaṇa-bhaṅga)을 통해 부서진다(bheda)는 뜻이다. 무상의 관찰이란 그 무상함으로 물질 등에 대해 무상하다고 관찰하는 것이다."(『청정도론』 VIII.234)

145) "'탐욕이 빛바램을 관찰하면서(virāga-anupassī)': 여기 탐욕의 빛바램은 파괴로서의 탐욕의 빛바램과 절대적인 탐욕의 빛바램(khaya-virāgo ca ac-canta-virāgo ca)의 두 가지가 있다. 여기서 파괴로서의 탐욕의 빛바램이란 형성된 것들[行]이 순간적으로 무너지는 것(khaṇa-bhaṅga)이다. 절대적인 탐욕의 빛바램이란 열반이다. 탐욕이 빛바램을 관찰함이란 이 둘의 관찰로 일어나는 위빳사나와 도(magga)이다. '소멸을 관찰하면서(nirodha-anupassī)'라는 구절에도 이 방법이 적용된다."(『청정도론』 VIII.235)

부짓고 '소멸을 관찰하면서 내쉬리라.'며 공부짓는다. ⑯ '놓아버림[146]을 관찰하면서 들이쉬리라.'며 공부짓고 '놓아버림을 관찰하면서 내쉬리라.'며 공부짓는다."[147]

22. "비구들이여, 들숨날숨에 대한 마음챙김을 이렇게 닦고 이렇게 거듭거듭 행하면 큰 결실이 있고 큰 이익이 있다."

네 가지 마음챙김의 확립[四念處]의 완성

23. "비구들이여, 들숨날숨에 대한 마음챙김을 어떻게 닦고 어떻게 거듭거듭 행하면 네 가지 마음챙김의 확립[四念處]을 성취하는가?"[148]

---

146) "여기서도 '놓아버림(paṭinissagga)'은 두 가지이다. 버림으로서의 놓아버림과 들어감으로서의 놓아버림(pariccāga-paṭinissaggo ca pakkhandana-paṭinissaggo ca)이다. 놓아버림의 관찰이란 놓아버림 그 자체가 관찰(anu-passanā)이다. 이것은 위빳사나와 도의 동의어이다.
① 위빳사나는 ㉠ 반대되는 것으로 대체하여 [과보로 나타난] 무더기들과, 업형성력(abhisaṅkhāra)들과 함께 오염원(kilesa)들을 버리기 때문에 ㉡ 형성된 것에 대해 [무상 등의] 결점을 보고 그 [형성된 것의] 반대인 열반으로 기울어짐으로써 열반에 들어가기 때문에 각각 버림으로서의 놓아버림과 들어감으로서의 놓아버림이라 한다.
② 도는 ㉠ 근절(samuccheda)로써 무더기를 생기게 하는 업형성력들과 함께 오염원들을 버리기 때문에 ㉡ 열반을 대상으로 삼음으로써 열반에 들어가기 때문에 각각 버림으로서의 놓아버림과 들어감으로서의 놓아버림이라 한다.
이 두 [위빳사나의 지혜와 도의 지혜]는 각각 이전의 지혜를 계속해서 따라 보기 때문에 관찰[隨觀]이라 한다."(『청정도론』 VIII.236)

147) 『청정도론』의 설명에서 보듯이 ⑫번째까지의 앞의 세 번째의 네 개조까지는 사마타와 위빳사나의 방법이 둘 다 적용되었지만 이 네 번째의 네 개조는 위빳사나의 방법만이 적용되고 있다.

148) 이하 본경에서는 들숨날숨에 대한 마음챙김을 닦고 많이 [공부]지어서 네 가지 마음챙김의 확립을 완성하고(§§23~28), 일곱 가지 깨달음의 구성요소를 완성하고(§§29~40), 명지와 해탈을 완성하는 것(§§41~43)을 설하고 계신

몸의 관찰[身隨觀]

24. "비구들이여, 비구는 ① 길게 들이쉬면서 '길게 들이쉰다.'고 꿰뚫어 알고, 길게 내쉬면서는 '길게 내쉰다.'고 꿰뚫어 안다. ② 짧게 들이쉬면서는 '짧게 들이쉰다.'고 꿰뚫어 알고, 짧게 내쉬면서는 '짧게 내쉰다.'고 꿰뚫어 안다. ③ '온몸을 경험하면서 들이쉬리라.'며 공부짓고 '온몸을 경험하면서 내쉬리라.'며 공부짓는다. ④ '몸의 작용[身行]을 편안히 하면서 들이쉬리라.'며 공부짓고 '몸의 작용을 편안히 하면서 내쉬리라.'며 공부짓는다.

비구들이여, 이렇게 공부지을 때 그 비구는 몸에서 몸을 관찰하면서[身隨觀] 세상에 대한 욕심과 싫어하는 마음을 버리고 근면하고 분명히 알아차리고 마음챙기면서 머문다.

비구들이여, 이 들숨과 날숨은 몸들 가운데서 한 가지 [형태의] 몸149)이라고 나는 말한다. 비구들이여, 그러므로 여기서150) 비구는

다. 그리고 여기 본경 §§23-43에 나타나는 이 내용은 『상윳따 니까야』 제6권 「아난다 경」 1(S54:13)의 전체 내용과 같다.

「아난다 경」 1(S54:13) §4에서 세존께서는 "아난다여, 들숨날숨에 대한 마음챙김을 통한 삼매라는 한 가지 법을 닦고 많이 [공부]지으면 네 가지 마음챙김의 확립을 완성하고, 네 가지 마음챙김의 확립을 닦고 많이 [공부]지으면 일곱 가지 깨달음의 구성요소를 완성하고, 일곱 가지 깨달음의 구성요소를 닦고 많이 [공부]지으면 명지와 해탈을 완성한다."라고 말씀하신다.

149) "'한 가지 [형태의] 몸(kāy-aññatara)'이란 흙의 몸 등 네 가지 몸 가운데서 어떤 하나라고 나는 말한다. 즉 바람의 몸[風身, vāyo-kāya]이라고 나는 말한다는 뜻이다. 혹은 눈의 감각장소, 귀의 감각장소 … 덩어리진 [먹는] 음식이라는 이 25가지 물질의 부분들을 물질의 몸[色身, rūpa-kāya]이라 한다. 그중에서 들숨날숨은 감촉의 감각장소[觸處, phoṭṭhabb-āyatana]에 포함되기 때문에 몸의 한 형태이다. 그 때문에도 이와 같이 설하셨다."(MA.iv.140; SA.iii.270~271)

한편 아비담마에서는 28가지 물질을 설하고 있다. 그런데 위 주석서의 인용과 『맛지마 니까야 주석서』 (MA.ii.261) 등에서는 25가지 물질을 열거하고

그때에 몸에서 몸을 관찰하면서 세상에 대한 욕심과 싫어하는 마음을 버리고 근면하고 분명히 알아차리고 마음챙기면서 머무는 것이다.”

느낌의 관찰[受隨觀]

25. “비구들이여, [84] 비구는 ⑤ ‘희열을 경험하면서 들이쉬리라.’며 공부짓고 ‘희열을 경험하면서 내쉬리라.’며 공부짓는다. ⑥ ‘행복을 경험하면서 들이쉬리라.’며 공부짓고 ‘행복을 경험하면서 내쉬리라.’며 공부짓는다. ⑦ ‘마음의 작용[心行]을 경험하면서 들이쉬리라.’며 공부짓고 ‘마음의 작용을 경험하면서 내쉬리라.’며 공부짓는다. ⑧ ‘마음의 작용을 편안히 하면서 들이쉬리라.’며 공부짓고 ‘마음의 작용을 편안히 하면서 내쉬리라.’며 공부짓는다.

비구들이여, 이렇게 공부지을 때 그 비구는 느낌들에서 느낌을 관찰하면서[受隨觀] 세상에 대한 욕심과 싫어하는 마음을 버리고 근면하고 분명히 알아차리고 마음챙기면서 머문다.

비구들이여, 이 들숨날숨을 잘 마음에 잡도리하는 것은 느낌들 가운데서 한 가지 [형태의] 느낌이라고 나는 말한다.151) 비구들이여,

---

있는데 이것은 아비담마의 28가지 물질의 분류 가운데서 심장토대(hadaya-vatthu)를 제외한 27가지와 일치한다. 아비담마에서는 대상 가운데 감촉(phoṭṭhabba, 觸)을 지・화・풍으로 간주하기 때문이다. 28가지 물질 등은 『아비담마 길라잡이』 527쪽 이하를 참조할 것.

150) “‘그러므로 여기서(tasmāt-iha)’라는 것은 네 가지 몸 가운데서 어떤 하나인 바람의 몸이다. 혹은 25가지 물질의 부분들인 물질의 몸 가운데 어떤 하나인 들숨날숨을 관찰하기(ānāpānaṁ anupassati) 때문에 몸에서 몸을 관찰한다라는 뜻이다. 이와 같이 느낌 등의 모든 곳에서 그 뜻을 알아야 한다.” (MA.iii.271)

151) “‘느낌들 가운데서 한 가지 [형태의] 느낌(vedanāsu vedanāññataraṁ)’이란 세 가지 느낌 가운데 하나인 즐거운 느낌[樂受, sukhavedanā]을 두고 설한 것이다. ‘잘 마음에 잡도리하는 것(sādhukaṁ manasikāraṁ)’이란 희

열 등을 경험함으로써 생긴, 확실하게 마음에 잡도리함이다.
그렇다면 마음에 잡도리함[作意, manasikāra]이 즐거운 느낌[樂受]인가? 그렇지는 않다. 이것은 다만 설명을 위주로 말씀하셨을 뿐이다. 마치 '무상에 대한 인식[無常想, anicca-saññā]의 수행에 몰두하고 전념한다.'라는 곳에서 인식[想, saññā]이라는 이름으로써 통찰지[慧, 般若, paññā]를 설하신 것과 같다. 이와 같이 여기서도 마음에 잡도리함이라는 이름으로써 느낌[受]을 설하셨다고 알아야 한다.
이 네 개조의 첫 번째 구절에서 희열의 제목 아래 느낌을 설했고, 두 번째 문구에서 행복(즐거움)이라고 한 것은 본성에 따라 설한 것이다. 마음의 작용[心行]의 두 문구에서는 "인식과 느낌은 마음부수이다. 이 법들은 마음과 결합된 마음의 작용이다."(Ps.i.188)라는 말씀이 있고, 또 "일으킨 생각[尋]과 지속적 고찰[伺]을 제외하고 마음과 연결된 모든 법들은 마음의 작용[心行]에 포함된다."(*cf.* Yam.i.229)라는 말씀이 있기 때문에 마음의 작용이라는 이름으로써 느낌을 설했다. 이 모든 것을 마음에 잡도리함이라는 이름에 포함시켜 여기서 '잘 마음에 잡도리하는 것'이라고 하셨다.
비록 그렇다 하더라도 이 느낌은 대상이 없기 때문에 느낌을 관찰할 수가 없다고 만약 말한다면, 그렇지가 않다. 왜냐하면 마음챙김의 확립[念處]의 주석서에서도 "즐거움 등 각각의 토대를 대상으로 삼아 오직 느낌이 느끼지만 그 느낌의 일어남을 두고 '나는 느낀다.'라고 하는 일상적인 어법이 있다."(DA.iii.775)라고 설했고, 나아가 희열의 경험 등을 설명할 때에도 이것은 이미 설명했다.
『청정도론』 도 다음과 같이 설했다.
"희열의 경험은 두 가지 형태가 있다. 즉 ① 대상으로써 ② 잊어버리지 않음으로써 경험한다. 어떻게 대상으로써 희열을 경험하는가? 그가 희열이 있는 두 가지의 禪(즉 초선과 제2선)에 들 때 그 증득의 순간에 禪을 얻음에 의해 대상으로써 희열을 경험한다. 대상을 경험하기 때문이다. 어떻게 잊어버리지 않음으로써 희열을 경험하는가? 희열이 있는 두 가지의 禪에 들었다가 출정하여 禪과 함께한 희열을 파괴되기 마련이고 사그라지기 마련이라고 명상한다. 그가 위빳사나를 하는 순간에 특상을 경험하기 때문에 잊어버리지 않음으로써 희열을 경험한다."(Vis.VIII.226~227)
『무애해도』 도 이와 같이 설한다. "긴 들숨을 통해 마음이 한 끝에 집중됨과 흩어지지 않음을 알 때 마음챙김이 확립된다. 그 마음챙김과 그 지혜로 인해 희열을 경험한다."(Ps.i.177 등) 이와 같은 방법으로 나머지 구문들의 뜻도 알아야 한다.
이처럼 禪을 얻음에 의해 대상으로써 희열과 즐거움과 마음의 작용[心行]을 경험하듯이, 이 禪과 함께한 느낌이라 불리는 마음에 잡도리함을 얻음에 의해 대상으로써 느낌을 경험한다. 그러므로 "그때 비구는 느낌들에서 느낌을 관찰하면서 머문다."라고 하신 것은 참으로 잘 말씀하신 것이다."(MA.iv.

그러므로 여기 비구는 그때에 느낌들에서 느낌을 관찰하면서 세상에 대한 욕심과 싫어하는 마음을 버리고 근면하고 분명히 알아차리고 마음챙기면서 머무는 것이다."152)

마음의 관찰[心隨觀]

26. "비구들이여, 비구는 ⑨ '마음을 경험하면서 들이쉬리라.'며 공부짓고 '마음을 경험하면서 내쉬리라.'며 공부짓는다. ⑩ '마음을 기쁘게 하면서 들이쉬리라.'며 공부짓고 '마음을 기쁘게 하면서 내쉬리라.'며 공부짓는다. ⑪ '마음을 집중하면서 들이쉬리라.'며 공부짓고 '마음을 집중하면서 내쉬리라.'며 공부짓는다. ⑫ '마음을 해탈케 하면서 들이쉬리라.'며 공부짓고 '마음을 해탈케 하면서 내쉬리라.'며

140~141)

152) "'잘 마음에 잡도리하는 것(sādhukaṁ manasikāra)'이란 희열 등을 경험함으로써 생긴 것이니, 아름답게(sundaraṁ) 마음에 잡도리함이다. '느낌들 가운데서 한 가지 [형태](vedanāññatara)'란 세 가지 느낌 가운데서 하나인 즐거운 느낌[樂受, sukha-vedanā]을 두고 설한 것이다. 그렇다면 마음에 잡도리함[作意, manasikāra]이 즐거운 느낌[樂受]인가라고 한다면 그렇지는 않다. 이것은 다만 설명을 위주로 말씀하셨을 뿐이다. 마치 "무상에 대한 인식[無常想, anicca-saññā]의 수행에 몰두하고 전념한다."(「라훌라를 교계한 긴 경」(M62) §25)는 곳에서는 인식[想, saññā]이라는 이름으로써 통찰지[慧, 般若, paññā]를 설하신 것과 같다. 이와 같이 여기서도 마음에 잡도리함이라는 이름으로써 느낌[受]을 설하셨다고 알아야 한다.
이 두 번째 네 개조의 첫 번째 구절에서는 희열이라는 제목 아래 느낌을 설했고, 두 번째 구문에서 행복(즐거움)이라 설한 것은 본성에 따라 설한 것이다. 마음의 작용[心行]의 두 구문에서 "인식과 느낌은 마음부수이다. 이 법들은 마음과 결합된 마음의 작용이다."(Ps.i.188)라는 말씀이 있기 때문에, 그리고 "일으킨 생각[尋]과 지속적 고찰[伺]을 제외하고 마음과 연결된 모든 법들은 마음의 작용[心行]에 포함된다."(*cf.* Yam.i.229)라는 말씀이 있기 때문에 마음의 작용이라는 이름으로써 느낌을 설했다. 마음에 잡도리함이라는 이름으로써 그 모든 것을 포함하여 여기서 '잘 마음에 잡도리하는 것'이라고 하셨다."(SA.iii.271)

공부짓는다.

비구들이여, 이렇게 공부 지을 때 그 비구는 마음에서 마음을 관찰하면서[心隨觀] 세상에 대한 욕심과 싫어하는 마음을 버리고 근면하고 분명히 알아차리고 마음챙기면서 머문다.

비구들이여, 마음챙김을 놓아버리고 분명히 알아차리지 못하는 자가 들숨날숨에 대한 마음챙김을 닦는다고 나는 말하지 않는다.153) 비구들이여, 그러므로 여기서 비구는 그때에 마음에서 마음을 관찰하면서 세상에 대한 욕심과 싫어하는 마음을 버리고 근면하고 분명히 알아차리고 마음챙기면서 머무는 것이다."154)

법의 관찰[法隨觀]

27. "비구들이여, 비구는 ⑬ '무상을 관찰하면서 들이쉬리라.'며 공부짓고 '무상을 관찰하면서 내쉬리라.'며 공부짓는다. ⑭ '탐욕이

---

153) "이 뜻은 다음과 같다. 마음을 경험하면서(citta-paṭisaṁvedī) 들이쉬리라라는 방법으로 공부하는 비구가 들숨날숨의 표상(assāsa-passāsa-nimi-tta)을 대상으로 삼지만 그의 마음이 대상에 대해 마음챙김(sati)과 분명한 알아차림(sampajañña)을 확립하면서 공부짓기 때문에 그를 오직 마음에서 마음을 관찰하는 자라고 이름한다. 마음챙김을 잊어버리고(muṭṭhassati) 분명하게 알아차리지 않는 자(asampajāna)에게 들숨날숨의 수행은 없다. 그러므로 대상으로써 마음을 경험함 등에 의해 그때 비구는 마음에서 마음을 관찰하면서 머문다고 했다."(MA.iv.141~142)

154) "'마음챙김을 잊어버리고 분명히 알아차리지 못하는 자가(muṭṭhassatissa asampajānassa)'라는 구문에서 그 취지는 다음과 같다. 마음을 경험하면서 들이쉬리라는 방법으로 공부하는 비구는 들숨날숨의 어떤 표상을 대상으로 삼는다(ārammaṇaṁ karoti). 그러나 그의 마음은 대상에 대해 마음챙김과 분명히 알아차림을 확립하면서 공부짓기 때문에 그를 오직 마음에서 마음을 관찰하는 자라고 이름한다. 마음챙김을 잊어버리고 분명히 알아차리지 않는 자에게 들숨날숨에 마음챙김을 통한 삼매를 닦는 수행(ānāpāna-ssati-samādhi-bhāvanā)은 없다. 그러므로 대상으로써 마음을 경험함 등에 의해 그때 비구는 마음에서 마음을 관찰하면서 머문다고 했다."(SA.iii.372)

빛바램을 관찰하면서 들이쉬리라.'며 공부짓고 '탐욕이 빛바램을 관찰하면서 내쉬리라.'며 공부짓는다. ⑮ '소멸을 관찰하면서 들이쉬리라.'며 공부짓고 '소멸을 관찰하면서 내쉬리라.'며 공부짓는다. ⑯ '놓아버림을 관찰하면서 들이쉬리라.'며 공부짓고 '놓아버림을 관찰하면서 내쉬리라.'며 공부짓는다.

비구들이여, 이렇게 공부 지을 때 그 비구는 법에서 법을 관찰하면서[法隨觀] 세상에 대한 욕심과 싫어하는 마음을 버리고 근면하고 분명히 알아차리고 마음챙기면서 머문다. 그는 욕심과 싫어하는 마음을 [85] 버린 것을 통찰지로써 보고 안으로 평온하게 된다.155)

---

155) "'그는 욕심과 싫어하는 마음을 버린 것을 통찰지로써 보고 안으로 마음이 평온하게 된다(so yaṁ taṁ abhijjhādomanassānaṁ pahānaṁ, taṁ paññāya disvā sādhukaṁ ajjhupekkhitā hoti).'라고 설하신 구문에서 '욕심(abhijjhā)'이라는 단어로 감각적 욕망의 장애(kāma-cchanda-nīvaraṇa)를 설하셨고, '싫어하는 마음(domanassa)'이라는 단어로 악의(byāpāda)의 장애를 설하셨다. 그리고 이 네 번째 네 개조는 위빳사나로써 설하셨다. 법을 관찰하는 것은 장애 등의 단락으로써 다섯 가지이다.(「대념처경」(D22)에서 법에 마음챙기는 공부[法念處]는 ① 다섯 가지 장애[五蓋] ② 다섯 가지 무더기[五蘊] ③ 여섯 가지 안팎의 감각장소[六內外處] ④ 일곱 가지 깨달음의 구성요소[七覺支] ⑤ 네 가지 진리[四諦]의 다섯 단락으로 분류되어 나타난다.) 그중에서 장애의 단락(nīvaraṇa-pabba)이 처음이고, 그중에서도 이 두 종류의 장애가 처음이다. 이와 같이 법을 관찰하는 것의 처음을 보이기 위해 욕심과 싫어하는 마음이라고 설하셨다.

'버림(pahāna)'이란 무상의 관찰로써 항상하다는 인식[常想]을 버리기 때문에 버림이라는 형태의 지혜를 뜻한다. '그것을 통찰지로써 보고(tam paññāya disvā)'란 무상, 탐욕의 빛바램, 소멸, 놓아버림의 지혜라 불리는(anicca-virāga-nirodha-paṭinissagga-ñāṇa-saṅkhāta) 그 버림의 지혜를 그 다음의 위빳사나의 통찰지로써, 그것도 그 다음의 것으로써 본다는 뜻이다. 이와 같이 그 다음 단계의 위빳사나를 보이셨다.

'안으로 평온하게 된다(ajjhupekkhitā hoti).'란 ① 사마타에 든 자가 평온하게 되는 것과 ② 하나로 확립된 자가 평온하게 되는 것으로 두 종류의 평온함이 있다. 함께 생긴(sahajāta) 법들에 대해서도 평온함이 있고, 대상(ārammaṇa)에 대해서도 평온함이 있는데 여기서는 대상에 대한 평온함을 뜻한다."(MA.iv.142)

비구들이여, 그러므로 여기서[156] 비구는 그때에 법에서 법을 관찰하면서 세상에 대한 욕심과 싫어하는 마음을 버리고 근면하고 분명히 알아차리고 마음챙기면서 머무는 것이다."

28. "비구들이여, 들숨날숨에 대한 마음챙김을 이렇게 닦고 이렇게 거듭거듭 행하면 네 가지 마음챙김의 확립[四念處]을 성취한다."

일곱 가지 깨달음의 구성요소들[七覺支]의 완성

29. "비구들이여, 네 가지 마음챙김의 확립을 어떻게 닦고 어떻게 거듭거듭 행하면 일곱 가지 깨달음의 구성요소들[七覺支][157]을 성취하는가?"

30. "비구들이여, 비구가 몸에서 몸을 관찰하면서[身隨觀] 세상에 대한 욕심과 싫어하는 마음을 버리고 근면하고 분명히 알아차리고 마음챙기면서 머물 때, 그에게 잊어버림이 없는 마음챙김이 확립된다. 비구들이여, 비구에게 잊어버림이 없는 마음챙김이 확립될 때, 그때 그 비구에게 마음챙김의 깨달음의 구성요소[念覺支]가 생긴다. 그때 비구는 마음챙김의 깨달음의 구성요소를 닦고, 이러한 닦음을 통해 마음챙김의 깨달음의 구성요소를 성취한다."

---

156) "'비구들이여, 그러므로 여기서(tasmātiha bhikkhave)'란 무상을 관찰하면서 들이쉬리라라는 등의 방법으로 공부지을 때 그는 단지 장애 등의 법들(nīvaraṇādi-dhammā)만을 보는 것이 아니라 욕심과 싫어하는 마음을 필두로(abhijjhā-domanassa-sīsena)로 설한 법들에 대한 그 버림의 지혜(pahāna-ñāṇa)도 역시 통찰지로써 보고 안으로 평온해지기 때문에(ajjh-upekkhitā) "그때 비구는 법에서 법을 관찰하면서 머문다."라고 알아야 한다."(MA.iv.142)

157) 본경에 나타나고 있는 일곱 가지 깨달음의 구성요소들[七覺支, satta bojjh-aṅga] 각각에 대한 주석서적인 설명은 본서 제1권 「모든 번뇌 경」(M2) §21의 주해를 참조할 것.

31. "그가 그렇게 마음챙기면서 머물 때 그는 통찰지로써 그 법을 조사하고 점검하고 탐구한다.158) 비구들이여, 비구가 그렇게 마음챙기면서 통찰지로써 그 법을 조사하고 점검하고 탐구할 때, 그때 그에게 법을 간택하는 깨달음의 구성요소[擇法覺支]가 생긴다. 그때 비구는 법을 간택하는 깨달음의 구성요소를 닦고, 이러한 닦음을 통해 법을 간택하는 깨달음의 구성요소를 성취한다."

32. "그가 통찰지로써 그 법을 조사하고 점검하고 탐구할 때 지칠 줄 모르는 정진이 생긴다. 비구들이여, 비구가 통찰지로써 그 법을 조사하고 점검하고 탐구하면서 지칠 줄 모르는 정진이 생길 때, 그때 그에게 정진의 깨달음의 구성요소[精進覺支]가 생긴다. 그때 비구는 정진의 깨달음의 구성요소를 닦고, 이러한 닦음을 통해 정진의 깨달음의 구성요소를 성취한다."

33. "정진이 생긴 자에게 출세간적인159) 희열이 생긴다. 비구들이여, 비구에게 정진이 생겨서 출세간적인 희열이 생길 때, [86] 그때 그에게 희열의 깨달음의 구성요소[喜覺支]가 생긴다. 그때 비구는 희열의 깨달음의 구성요소를 닦고, 이러한 닦음을 통해 희열의 깨달음의 구성요소를 성취한다."

34. "희열을 느끼는 자는 그의 몸도 편안하고 마음도 편안하다.160) 비구가 희열을 느껴 몸도 편안하고 마음도 편안할 때, 그때

158) "'조사한다(pavicinati)'는 것은 무상 등(anicc-ādi)으로 조사하는 것이고, 나머지 두 단어도 이와 같은 뜻이다."(MA.iv.142)

159) "'출세간적(nirāmisā)'이라는 것은 오염원이 없다(nikkilesā)는 뜻이다."(MA.iv.143)

160) "'편안하다(passambhati)'는 것은 육체적이고 정신적인 불안이 편안하게 가

그에게 편안함의 깨달음의 구성요소[輕安覺支]가 생긴다. 그때 비구는 편안함의 깨달음의 구성요소를 닦고, 이러한 닦음을 통해 편안함의 깨달음의 구성요소를 성취한다."

35. "몸이 편안하고 행복한 자는 그의 마음이 삼매에 든다. 비구가 몸이 편안하고 행복하여 마음이 삼매에 들 때, 그때 그에게 삼매의 깨달음의 구성요소[定覺支]가 생긴다. 그때 비구는 삼매의 깨달음의 구성요소를 닦고, 이러한 닦음을 통해 삼매의 깨달음의 구성요소를 성취한다."

36. "마음이 그렇게 삼매에 들어 그는 안으로 평온하게 된다.161) 비구들이여, 비구의 마음이 그렇게 삼매에 들어 안으로 평온하게 될 때, 그때 그에게 평온의 깨달음의 구성요소[捨覺支]가 생긴다. 그때 비구는 평온의 깨달음의 구성요소를 닦고, 이러한 닦음을 통해 평온의 깨달음의 구성요소를 성취한다."162)

라앉았기 때문에(kāyika-cetasika-daratha-paṭippassaddhiyā) 몸도 마음도 편안하다는 뜻이다."(MA.iv.143)

161) "'삼매에 든다(samādhiyati).'는 것은 마치 본삼매에 드는 것(appanāpatta)처럼 바르게 놓인다(sammā ṭhapiyati)는 뜻이다. '안으로 평온하게 된다(ajjhupekkhitā hoti).'는 것은 함께 생긴 내적인 평온(ajjhupekkhana)으로 인해 안으로 평온하게 된다는 뜻이다."(MA.iv.143)

162) "이와 같이 비구가 열네 가지 방법으로 몸을 파악할(kāya-pariggāhaka) 때 그의 몸에 마음챙김인 '마음챙김의 깨달음의 구성요소'가 있고, 마음챙김과 함께한 지혜(ñāṇa)인 '법을 간택하는 깨달음의 구성요소'가 있고, 반드시 그것과 함께한 육체적이고 정신적인 정진인 '정진의 깨달음의 구성요소'가 있고, '희열'이 있고, '경안'이 있고, 일념(citt-ekaggatā) 인 '삼매의 깨달음의 구성요소'가 있다.
그리고 이 여섯 가지 깨달음의 구성요소들이 모자라지도 않고 넘치지도 않음이라 불리는(anosakkana-anativattana-saṅkhāta) 중립(majjhattā-kāra)인 '평온의 깨달음의 구성요소(upekkhā-sambojjhaṅga)'가 있다. 마치 말들이 고르게 나아갈 때 마부가 '이놈이 느리다.'라면서 채찍질을 하거나

37. "비구들이여, 비구가 느낌들에서 느낌을 관찰하면서[受隨觀] 세상에 대한 욕심과 싫어하는 마음을 버리고 근면하고 분명히 알아차리고 마음챙기면서 머물 때, 그에게 잊어버림이 없는 마음챙김이 확립된다. 비구들이여, 비구에게 잊어버림이 없는 마음챙김이 확립될 때, … <§§30~36의 반복> … 그때 그에게 평온의 깨달음의 구성요소[捨覺支]가 생긴다. 그때 비구는 평온의 깨달음의 구성요소를 닦고, 이러한 닦음을 통해 평온의 깨달음의 구성요소를 성취한다."

38. "비구들이여, 비구가 마음에서 마음을 관찰하면서[心隨觀] 세상에 대한 욕심과 싫어하는 마음을 버리고 근면하고 분명히 알아차리고 마음챙기면서 머물 때, 그에게 잊어버림이 없는 마음챙김이 확립된다. 비구들이여, 비구에게 잊어버림이 없는 마음챙김이 확립될 때, … <§§30~36의 반복> … 그때 그에게 평온의 깨달음의 구성요소[捨覺支]가 생긴다. 그때 비구는 평온의 깨달음의 구성요소를 닦고, 이러한 닦음을 통해 평온의 깨달음의 구성요소를 성취한다."

39. "비구들이여, 비구가 법에서 법을 관찰하면서[法隨觀] 세상에 대한 욕심과 싫어하는 마음을 버리고 근면하고 분명히 알아차리고 마음챙기면서 머물 때, 그에게 잊어버림이 없는 마음챙김이 확립된다. 비구들이여, 비구에게 잊어버림이 없는 마음챙김이 확립될 때, … [87] … <§§30~36의 반복> … 그때 그에게 평온의 깨달음의 구성요소[捨覺支]가 생긴다. 그때 비구는 평온의 깨달음의 구성요소를 닦

혹은 '이놈이 빠르다.'라면서 고삐를 잡아당겨 제어하는 일이 없이 다만 그렇게 볼 때(passamāna) 확고함(ṭhitākāra)이 있는 것과 같다. 그와 마찬가지로 이 여섯 가지 깨달음의 구성요소들이 모자라지도 넘치지도 않음이라 불리는 중립을 '평온의 깨달음의 구성요소'라 한다."(MA.iv.143)

고, 이러한 닦음을 통해 평온의 깨달음의 구성요소를 성취한다."

40. "비구들이여, 네 가지 마음챙김의 확립[四念處]을 이렇게 닦고 이렇게 거듭거듭 행하면 일곱 가지 깨달음의 구성요소[七覺支]들을 성취한다." [88]

명지와 해탈의 완성

41. "비구들이여, 일곱 가지 깨달음의 구성요소들을 어떻게 닦고 어떻게 거듭거듭 행하면 명지(明知)와 해탈163)을 성취하는가?"

42. "비구들이여, 여기 비구는 한적함에 의지하고 탐욕이 빛바램에 의지하고 소멸에 의지하고 놓아버림에 이르는 마음챙김의 깨달음의 구성요소를 닦는다. … 법을 간택하는 깨달음의 구성요소를 … 정진의 깨달음의 구성요소를 … 희열의 깨달음의 구성요소를 … 편안함의 깨달음의 구성요소를 … 삼매의 깨달음의 구성요소를 … 평온의 깨달음의 구성요소를 닦는다.164)

43. "비구들이여, 일곱 가지 깨달음의 구성요소[七覺支]들을 이렇게 닦고 이렇게 거듭거듭 행하면 명지와 해탈을 성취한다."

---

163) '명지와 해탈'은 vijjā-vimutti를 옮긴 것이다. Woodward는 여기서 vijā-vimutti를 "*release by knowledge*(명지에 의한 해탈)"로 격한정복합어[依主釋, tatpuruṣa]로 옮겼는데 이는 잘못이다. 이미 『상윳따 니까야』 제5권 「객사(客舍) 경」(S45:159/v.52)에서 vijjā ca vimutti ca(명지와 해탈)로 병렬복합어[相違釋, dvandva]로 나타나고 있으며, 『디가 니까야』 「십상경」(D34) §3.4와 「탁발의 청정 경」(M151) §20과 「최상의 지혜 경」(A4:251) 등에서도 마찬가지이다.
『청정도론 주석서』는 "'명지(vijjā)'는 도(magga)를, '해탈(vimutti)'은 과(phala)를 뜻한다."(Pm.237)라고 설명하고 있다.

164) '일곱 가지 깨달음의 구성요소[七覺支, satta bojjhaṅgā]'에 대한 설명은 본서 제1권 「모든 번뇌 경」(M2) §21의 주해들을 참조할 것.

세존께서는 이와 같이 설하셨다. 그 비구들은 흡족한 마음으로 세존의 말씀을 크게 기뻐하였다.165)

들숨날숨에 대한 마음챙김 경(M118)이 끝났다.

165) "여기서 들숨날숨을 파악하는 마음챙김(ānāpāna-pariggāhikā sati)은 세간적인 것(lokiyā)이다. 세간적인 들숨날숨이 세간적인 마음챙김의 확립을 성취하고, 세간적인 마음챙김의 확립이 출세간적인 깨달음의 구성요소(lokuttara-bojjhaṅga)를 성취하고, 출세간적인 깨달음의 구성요소가 명지와 해탈의 결과인 열반을 성취한다. 이처럼 세간적인 법일 경우에는 세간적인 것이라고 설했고 출세간적인 법일 경우에는 출세간적인 것이라고 설했다. 그러나 [마하담마락킷따 장로(Mahādhammarakkhita thera) — MAṬ.ii.314]는 그렇지 않다고 설하였다. 본경에서는 출세간(lokuttara)은 높은 경지의 가르침(upari desanā)으로서 설한 것이다. 세간적인(lokiyā) 들숨날숨이 세간적인 마음챙김의 확립을 성취하고, 세간적인 마음챙김의 확립이 세간적인 깨달음의 구성요소를 확립하고, 세간적인 깨달음의 구성요소가 출세간적인 명지와 해탈의 결과인 열반을 성취한다. 여기서 명지와 해탈이라는 두 단어는 명지와 해탈의 결과인 열반을 의미하기 때문이다."(MA.iv.143~144)

몸에 대한 마음챙김 경

Kāyagatāsati Sutta(M119)

1. 이와 같이 나는 들었다. 한때 세존께서는 사왓티에서 제따 숲의 아나타삔디까 원림(급고독원)에 머무셨다.

2. 어느 때 많은 비구들이 공양을 마치고 탁발에서 돌아와 강당에 모여 앉아서 이런 이야기들을 하고 있었다.

"도반들이여, 아시는 분, 보시는 분, 아라한, 정등각자이신 그분 세존께서 몸에 대한 마음챙김[166]을 닦고 많이 공부지으면 실로 큰 결

166) '몸에 대한 마음챙김(kāyagata-sati)'은 본서 제1권 「염처경」(M10)의 주제인 몸·느낌·마음·법[身·受·心·法]이라는 네 가지 마음챙김의 대상 가운데 첫 번째인 몸에 마음챙기는 것을 말한다. 이 몸에 대한 마음챙김은 ① 들숨날숨(ānāpāna, 본경 §4) ② 네 가지 자세[四威儀, iriyāpatha, §5] ③ 네 가지 분명하게 알아차림[正知, catu-sampajañña, §6] ④ 32가지 몸의 부위에 대한 관찰(혹은 혐오를 마음에 잡도리함, paṭikūla-manasi-kāra, §7) ⑤ 네 가지 근본물질[四大]의 관찰(dhātu-manasikāra, §8) ⑥~⑭ 아홉 가지 공동묘지의 관찰(nava-sivathika, §§9~17)로 이루어진 열네 가지 형태의 몸의 관찰(kāya-anupassanā)을 총칭하는 것이다. 그렇지만 본경은 염처경과는 다른 관점에서 이를 다루고 있다. 여기에 대해서는 아래 §4의 주해를 참조하기 바란다.
'몸에 대한 마음챙김'은 『상윳따 니까야』 제5권 「몸에 대한 마음챙김 경」(S43:1) §3에서 '무위(無爲)에 이르는 길(asaṅkhata-gāmi-magga)'로

실과 큰 공덕이 있다고 말씀하셨으니 참으로 경이롭고 참으로 놀랍습니다, 도반들이여."

그러나 비구들의 이야기는 여기서 중단되었다. 세존께서 해거름에 [낮 동안의] 홀로 앉음을 풀고 자리에서 일어나 강당으로 오셨기 때문이다. 오셔서는 마련해 드린 자리에 앉으셨다. 자리에 앉으셔서 세존께서는 비구들을 불러 말씀하셨다.

"비구들이여, 무슨 이야기를 하기 위해 지금 이곳에 모였는가? 그리고 그대들이 하다 만 이야기는 무엇인가?" [89]

"세존이시여, 저희들은 공양을 마치고 탁발에서 돌아와 여기 강당에 모여 앉아 이런 이야기들을 하고 있었습니다. '도반들이여, 아시는 분, 보시는 분, 아라한, 정등각자이신 그분 세존께서 몸에 대한 마음챙김을 닦고 많이 공부지으면 실로 큰 결실과 큰 공덕이 있다고 말씀하셨으니 참으로 경이롭고 참으로 놀랍습니다, 도반들이여.'라고. 세존이시여, 저희들이 이런 이야기를 하고 있을 때 세존께서 오셨습니다."

3. "비구들이여, 몸에 대한 마음챙김을 어떻게 닦고 어떻게 거듭거듭 행해야 큰 결실과 큰 이익이 있는가?

(1) 들숨날숨에 대한 마음챙김[出入息念]

4. "비구들이여,[167] 여기 어떤 비구가 숲 속에 가거나 나무 아

설명되고 있다. 이 경에서 무위는 탐욕의 소멸, 성냄의 소멸, 어리석음의 소멸로 정의되는데 열반과 동의어이다. 이 '몸에 대한 마음챙김(kāyagata-sati)'은 『청정도론』 VIII.1~144에 아주 상세하게 설명되어 있으니 참조하기 바란다.

167) 본경 §§4~17은 본서 제1권 「마음챙김의 확립 경」(염처경, M10) §§4~30과 같다. 그러나 중요한 차이점이 있다. 「마음챙김의 확립 경」(M10) §5 등

래에 가거나 빈집에 가서 가부좌를 틀고 상체를 곧추세우고 전면에 마음챙김을 확립하여 앉는다. 그는 마음챙기면서 숨을 들이쉬고 마음챙기면서 숨을 내쉰다. 길게 들이쉬면서 '길게 들이쉰다.'고 꿰뚫어 알고, 길게 내쉬면서 '길게 내쉰다.'고 꿰뚫어 안다. 짧게 들이쉬면서 '짧게 들이쉰다.'고 꿰뚫어 알고, 짧게 내쉬면서 '짧게 내쉰다.'고 꿰뚫어 안다. '온몸을 경험하면서 들이쉬리라.'며 공부짓고 '온몸을 경험하면서 내쉬리라.'며 공부짓는다. '몸의 작용[身行]을 편안히 하면서 들이쉬리라.'며 공부짓고 '몸의 작용을 편안히 하면서 내쉬리라.'며 공부짓는다.[168]

그가 이와 같이 방일하지 않고 열심히, 스스로 독려하며 머물 때 마침내 저 세속에 얽힌[169] 재빠르게 일어나는 생각들[170]이 사라진

에는 다음의 정형구가 나타난다.
"이와 같이 안으로 [자기의] 몸에서 몸을 관찰하며[身隨觀] 머문다. … 그것은 오직 지혜를 증장하게 하고, 오직 마음챙김을 강하게 한다. 이제 그는 [갈애와 견해에] 의지하지 않고 머문다. 그는 세상에서 아무것도 움켜쥐지 않는다. 비구들이여, 이와 같이 비구는 몸에서 몸을 관찰하며 머문다."
그러나 본경에는 이 대신에 §4 등에서 다음의 정형구가 나타난다.
"그가 이와 같이 방일하지 않고 열심히, 스스로 독려하며 머물 때 마침내 저 세속에 얽힌 재빠르게 일어나는 생각들이 사라진다. 그런 것들이 사라지기 때문에 마음은 안으로 확립되고 고요해지고 하나에 고정되어 삼매에 든다. 비구들이여, 바로 이와 같이 비구는 몸에 대한 마음챙김을 닦는다."
즉 「마음챙김의 확립 경」(염처경)에 나타나는 '오직 지혜를 증장하게 하고'라고 위빳사나적인 측면을 강조하는 정형구가, 본경에서는 '마음은 안으로 확립되고 고요해지고 하나에 고정되어 삼매에 든다.'라고 사마타 혹은 삼매를 강조하는 정형구로 대치되어 나타난다. 이처럼 본경은 사마타 수행을 강조하고 있다. 그래서 본경 §§18~21에서는 네 가지 禪의 정형구가 강조되고 있으며, 이러한 禪을 더 정확히 말하면 제4선을 토대로 실현되는 육신통의 정형구가 §§37~41에 나타나고 있다. 이 네 가지 선의 정형구와 육신통의 정형구는 「마음챙김의 확립 경」에는 나타나지 않는다.

168) 본 문단에 대한 설명은 본서 제1권 「마음챙김의 확립 경」(M10) §4의 주해들과 본서 「들숨날숨에 대한 마음챙김 경」(M118) §§17~18의 주해들을 참조할 것.

다. 그런 생각들이 사라지기 때문에 마음은 안으로 확립되고 고요해지고 하나에 고정되어 삼매에 든다. 비구들이여, 바로 이와 같이 비구는 몸에 대한 마음챙김171)을 닦는다."

(2) 네 가지 자세[四威儀]

5. "다시 비구들이여, 갈 때에는 '가고 있다.'고 꿰뚫어 알고, 서 있을 때에는 '서 있다.'고 꿰뚫어 알며, 앉아 있을 때에는 '앉아 있다.'고 꿰뚫어 알고, 누워있을 때에는 '누워있다.'고 꿰뚫어 안다. 또 그의 몸이 다른 어떤 자세를 취하고 있든 그 자세대로 꿰뚫어 안다."172)

그가 이와 같이 방일하지 않고 열심히, 스스로 독려하며 머물 때 마침내 저 세속에 얽힌 재빠르게 일어나는 생각들이 사라진다. 그런 것들이 사라지기 때문에 마음은 안으로 확립되고 고요해지고 하나에

---

169) "'세속에 얽힌(gehasitā)'이란 다섯 가닥의 얽어매는 감각적 욕망에 의지한 것(pañca-kāma-guṇa-nissitā)을 말한다."(MA.iv.144)

170) '재빠르게 일어나는 생각들'은 sara-saṅkappā를 옮긴 것인데 이것은 sara와 saṅkappā의 복합어이다. 주석서에 의하면 sara는 빠르게 달린다(dhāva-nti)는 뜻으로 빠르게 일어나는 생각들(dhāvana-saṅkappā)을 말한다.(MA.iv.144)
"'생각들(saṅkappā)'이라고 하셨다. 어떠한 것이든 그 모든 나쁜 생각(micchā-saṅkappā)과 악의와 해코지하려는 생각 등도(byāpāda-vihiṁsā-saṅka-ppādayo pi) 모두 감각적 욕망에 바탕을 둔 것(kāma-guṇa-sitā)이라고 알아야 한다."(MAṬ.ii.77)

171) "'몸에 대한 마음챙김(kāyagatā-sati)'은 몸을 파악하는(kāya-pariggāhi-ka) 마음챙김이기도 하고 몸을 대상으로 하는(kāy-ārammaṇa) 마음챙김이기도 하다. 몸을 파악하는 마음챙김이라고 할 때에는 사마타(samatha)로 설명한 것이고, 몸을 대상으로 하는 마음챙김이라고 할 때에는 위빳사나(vipassanā)로 말한 것이다. 둘 모두로 사마타와 위빳사나를 설했다."(MA.iv.144)

172) 본 문단에 대한 설명은 본서 제1권 「마음챙김의 확립 경」(M10) §6의 주해들을 참조할 것.

고정되어 삼매에 든다. 비구들이여, 바로 이와 같이 비구는 몸에 대한 마음챙김을 닦는다." [90]

(3) 분명하게 알아차림[正知]

6. "다시 비구들이여, 비구는 나아갈 때도 돌아올 때도 [자신의 거동을] 분명히 알아차리면서[正知] 행한다. 앞을 볼 때에도 돌아볼 때도 분명히 알아차리면서 행한다. 구부릴 때도 펼 때도 분명히 알아차리면서 행한다. 가사 · 발우 · 의복을 지닐 때도 분명히 알아차리면서 행한다. 먹을 때도 마실 때도 씹을 때도 맛볼 때도 분명히 알아차리면서 행한다. 대소변을 볼 때도 분명히 알아차리면서 행한다. 갈 때도 서 있을 때도 앉아 있을 때도 잠잘 때도 깨어있을 때도 말할 때도 침묵할 때도 분명히 알아차리면서 행한다.[173]

그가 이와 같이 방일하지 않고 열심히, 스스로 독려하며 머물면 마침내 저 세속에 얽힌 재빠르게 일어나는 생각들이 사라진다. 그런 생각들이 사라지기 때문에 마음은 안으로 확립되고 고요해지고 하나에 고정되어 삼매에 든다. 비구들이여, 바로 이와 같이 비구는 몸에 대한 마음챙김을 닦는다."

(4) 32가지 몸의 부위에 대한 관찰

7. "다시 비구들이여,[174] 비구는 이 몸은 발바닥에서부터 위로 그리고 머리털에서부터 아래로 살갗으로 둘러싸여있고 여러 가지 부

---

173) 본 문단에 대한 설명은 본서 제1권 「마음챙김의 확립 경」 (M10) §8의 주해들을 참조할 것.

174) "이와 같이 네 가지 분명한 알아차림을 통해 몸에 대한 마음챙김을 설명하신 뒤, 이제는 혐오(paṭikūla)를 마음에 잡도리함을 통해 몸에 대한 마음챙김을 설명하시기 위해 '다시 비구들이여,'라고 말씀을 시작하셨다."(MAi.270)

정(不淨)한 것으로 가득 차 있음을 반조한다. 즉 '이 몸에는 머리털 · 몸털 · 손발톱 · 이 · 살갗 · 살 · 힘줄 · 뼈 · 골수 · 콩팥 · 염통 · 간 · 근막 · 지라 · 허파 · 창자 · 장간막 · 위 속의 음식 · 똥 · 쓸개즙 · 가래 · 고름 · 피 · 땀 · 굳기름 · 눈물 · [피부의] 기름기 · 침 · 콧물 · 관절활액 · 오줌 등이 있다.'라고.175) 비구들이여, 이는 마치 양쪽에 아가리가 있는 가마니에 여러 가지 곡물, 즉 밭벼, 보리, 녹두, 완두, 참깨, 논벼 등이 가득 담겨 있는데 어떤 눈 밝은 사람이 그 자루를 풀고 반조하는 것과 같다. '이것은 밭벼, 이것은 보리, 이것은 녹두, 이것은 완두, 이것은 참깨, 이것은 논벼다.'라고.176) 이와 같이 비구들이여, 비구는 이 몸은 발바닥에서부터 위로 그리고 머리털에서부터 아래로 살갗으로 둘러싸여있고 여러 가지 부정(不淨)한 것으로 가득 차 있음을 반조한다. 즉 '이 몸에는 머리털 · 몸털 · 손발톱 · 이 · 살갗 · 살 · 힘줄 · 뼈 · 골수 · 콩팥 · 염통 · 간 · 근막 · 지라 · 허파 · 창자 · 장간막 · 위 속의 음식 · 똥 · 쓸개즙 · 가래 · 고름 · 피 · 땀 · 굳기름 · 눈물 · [피부의] 기름기 · 침 · 콧물 · 관절활

---

175) 여기뿐만 아니라 『디가 니까야』 제2권 「대념처경」(D22), 본서 제1권 「마음챙김의 확립 경」(M119), 『앙굿따라 니까야』 제4권 「우다이 경」(A6:29), 『상윳따 니까야』 제4권 「바라드와자 경」(S35:127), 제6권 「분석 경」(S51:20) 등의 니까야에는 32가지 부분이 아니고 뇌(matthaluṅga)가 빠진 31가지로 나타난다. 『쿳다까 니까야』의 『쿳다까빠타』(Khp.2)에는 똥(karīsa) 다음에 뇌가 들어가서 32가지로 나타나며 『무애해도』(Ps.i.7)에는 맨 마지막에 뇌가 포함되어 32가지로 나타난다. 『청정도론』 VIII.44에는 "뇌를 골수(aṭṭhimiñjā)에 포함시켜 혐오를 마음에 잡도리함으로 32가지 명상주제를 설하셨다."라고 나타난다.

176) "비유를 적용해 보면 다음과 같다. 즉 사대(四大)로 이루어진 몸은 양쪽에 아가리가 있는 자루와 같다. 머리털 등의 32가지 부분은 여러 가지 곡식이 섞여서 자루 안에 들어있는 것과 같다. 수행자는 눈 밝은 사람과 같다. 수행자에게 32가지 몸의 부분들이 분명하게 드러나는 때는 자루를 풀어서 여러 가지 곡물들이 그 사람에게 드러나는 때와 같다."(MA.i.271)

액 · 오줌 등이 있다.'라고."

그가 이와 같이 방일하지 않고 열심히, 스스로 독려하며 머물면 마침내 저 세속에 얽힌 재빠르게 일어나는 생각들이 사라진다. 그런 생각들이 사라지기 때문에 마음은 안으로 확립되고 고요해지고 하나에 고정되어 삼매에 든다. 비구들이여, 바로 이와 같이 비구는 몸에 대한 마음챙김을 닦는다." [91]

(5) 네 가지 근본물질[四大]의 관찰

8. "다시 비구들이여, 비구는 이 몸이 처해진 대로 놓인 대로 요소[界]별로 반조한다. '이 몸에는 땅의 요소, 물의 요소, 불의 요소, 바람의 요소가 있다.'라고.177) 비구들이여, 마치 솜씨 좋은 백정이나 그 조수가 소를 잡아서 각을 뜬 다음 큰길 네거리에 이를 벌여놓고 앉아 있는 것과 같다.178) 비구들이여, 이와 같이 비구는 이 몸이 처해진

---

177) '네 가지 근본물질[四大, cattāri mahā-bhūtāni]'에 대한 설명은 『청정도론』 XI.27 이하에 상세하게 설명되어 있으니 참조할 것.

178) "비유와 함께 해설을 하면 다음과 같다. 마치 어떤 백정이나 혹은 그의 도제가 소를 잡아 각을 뜬 다음 사방으로 통하는 대로의 중심지라 불리는 큰길 네거리에 부분씩 나누어 놓고 앉아 있을 것이다. 이와 같이 비구가 네 가지 자세[四威儀] 가운데 어떤 하나의 형태로 처해 있고 놓여 있는 이 몸을 그렇게 처해진 대로 놓인 대로 '이 몸에 땅의 요소가 있고 … 바람의 요소가 있다.'라고 반조한다.
무슨 뜻인가? 백정이 소를 키울 때도, 도살장으로 끌고 올 때도, 끌고 와서 묶어둘 때도, 잡을 때도, 잡혀 죽은 것을 볼 때도, 그것을 베어서 부분마다 나누지 않고서는 그에게 '소'라는 인식은 사라지지 않는다. 그러나 뼈로부터 살을 발라내어 앉아있을 때 '소'라는 인식은 사라지고 '고기'라는 인식이 일어난다. 그는 '나는 소를 팔고, 그들은 소를 사간다.'라고 생각지 않는다. 오히려 그는 '나는 고기를 팔고, 그들은 고기를 사간다.'라고 생각한다. 이와 같이 이 비구가 이전의 재가자이었거나 출가를 하였어도 [명상주제를 들지 않은] 어리석은 범부라면 이 몸이 처해진 대로, 놓여있는 대로 덩어리를 분해하여 요소별로 따로따로 반조하지 않는 이상 그것에 대해 중생이라거나 사람이라

대로 놓인 대로 요소[界]별로 반조한다. '이 몸에는 땅의 요소, 물의 요소, 불의 요소, 바람의 요소가 있다.'라고.

그가 이와 같이 방일하지 않고 열심히, 스스로 독려하며 머물면 마침내 저 세속에 얽힌 재빠르게 일어나는 생각들이 사라진다. 그런 생각들이 사라지기 때문에 마음은 안으로 확립되고 고요해지고 하나에 고정되어 삼매에 든다. 비구들이여, 바로 이와 같이 비구는 몸에 대한 마음챙김을 닦는다."

(6)~(14) 아홉 가지 공동묘지의 관찰

9. "다시 비구들이여, ① 비구는 마치 묘지에 버려진 시체가 죽은 지 하루나 이틀 또는 사흘이 지나 부풀고 검푸르게 되고 문드러지는 것을 보게 될 것이다. 그는 바로 자신의 몸을 그것과 비교해본다.[179] '이 몸 또한 그와 같고, 그와 같이 될 것이며, 그에서 벗어나지 못하리라.'라고.

그가 이와 같이 방일하지 않고 열심히, 스스로 독려하며 머물면 마침내 저 세속에 얽힌 재빠르게 일어나는 생각들이 사라진다. 그런 생각들이 사라지기 때문에 마음은 안으로 확립되고 고요해지고 하나에 고정되어 삼매에 든다. 비구들이여, 바로 이와 같이 비구는 몸에 대

거나 인간이라는 인식이 사라지지 않는다."(MA.i.272)

179) "'자신의 몸을 그것과 비교해본다(imameva kāyaṁ upasaṁharati).'는 것은 그 비구가 자기의 몸을 저 시체와 지혜(ñāṇa)로 비교해본다, 견주어본다라는 말이다. 어떻게? '이 몸 또한 그와 같고, 그와 같이 될 것이며, 그에서 벗어나지 못하리라.'라고 비교해본다. 이 뜻은 다음과 같다. '바람(āyu), 온기(usmā), 알음알이(viññāṇa)라는 이 세 가지 현상이 존재하기 때문에 이 몸이 서고 가는 등을 할 수 있다. 이 셋이 없으면 이 몸도 그와 같이 썩어가는 성질을 가졌고, 그와 같이 부풀어 오르는 상태 등으로 무너질 것이고, 이런 부풀어 오르는 상태 등을 벗어나지 못하리라.'라고 비교해본다."(MA.i.273)

한 마음챙김을 닦는다.”

10. “다시 비구들이여, ② 비구는 마치 묘지에 버려진 시체를 까마귀 떼가 달려들어 마구 쪼아 먹고, 솔개 떼가 쪼아 먹고, 독수리 떼가 쪼아 먹고, 개 떼가 뜯어 먹고, 자칼들이 뜯어 먹고, 별의별 벌레들이 죄 달려들어 파먹는 것을 보게 될 것이다. 그는 자신의 몸을 그것과 비교해본다. ‘이 몸 또한 그와 같고, 그와 같이 될 것이며, 그에서 벗어나지 못하리라.’라고.

그가 이와 같이 방일하지 않고 열심히, 스스로 독려하며 머물면 마침내 저 세속에 얽힌 재빠르게 일어나는 생각들이 사라진다. 그런 생각들이 사라지기 때문에 마음은 안으로 확립되고 고요해지고 하나에 고정되어 삼매에 든다. 비구들이여, 바로 이와 같이 비구는 몸에 대한 마음챙김을 닦는다.” [92]

11. ~ *14.* “다시 비구들이여, ③ 비구는 마치 묘지에 버려진 시체가 해골이 되어 살과 피가 묻은 채 힘줄에 얽혀 서로 이어져 있는 것을 보게 될 것이다. … ④ 해골이 되어 살은 없고 아직 피는 남아 있는 채로 힘줄에 얽혀 서로 이어져 있는 것을 보게 될 것이다. … ⑤ 해골이 되어 살도 피도 없이 힘줄만 남아 서로 이어져 있는 것을 보게 될 것이다. … ⑥ 백골이 되어 힘줄도 사라지고 뼈들이 흩어져서 여기에는 손뼈, 저기에는 발뼈, 또 저기에는 정강이뼈, 저기에는 넓적다리뼈, 저기에는 엉덩이뼈, 저기에는 등뼈, 저기에는 갈빗대, 저기에는 가슴뼈, 저기에는 팔뼈, 저기에는 어깨뼈, 저기에는 목뼈, 저기에는 턱뼈, 저기에는 치골, 저기에는 두개골 등이 사방에 널려있는 것을 보게 될 것이다. 그는 자신의 몸을 그것과 비교해본다. ‘이 몸도 또한 그와 같고, 그와 같이 될 것이며, 그에서 벗어나지 못하리라.’라고.

그가 이와 같이 방일하지 않고 열심히, 스스로 독려하며 머물면 마침내 저 세속에 얽힌 재빠르게 일어나는 생각들이 사라진다. 그런 생각들이 사라지기 때문에 마음은 안으로 확립되고 고요해지고 하나에 고정되어 삼매에 든다. 비구들이여, 바로 이와 같이 비구는 몸에 대한 마음챙김을 닦는다."

15. ~ *17.* "다시 비구들이여, ⑦ 비구는 마치 묘지에 버려진 시체가 백골이 되어 뼈가 하얗게 변하여 조개껍데기 색깔처럼 된 것을 보게 될 것이다. … ⑧ 백골이 되어 단지 뼈 무더기가 되어 있는 것을 보게 될 것이다. … ⑨ 그 백골이 해를 넘기면서 삭아 가루가 된 것을 보게 될 것이다. 그는 자신의 몸을 그것과 비교해본다. '이 몸도 또한 그와 같고, 그와 같이 될 것이며, 그에서 벗어나지 못하리라.' 라고.[180]

그가 이와 같이 방일하지 않고 열심히, 스스로 독려하며 머물면 마침내 저 세속에 얽힌 재빠르게 일어나는 생각들이 사라진다. 그런 생각들이 사라지기 때문에 마음은 안으로 확립되고 고요해지고 하나에 고정되어 삼매에 든다. 비구들이여, 바로 이와 같이 비구는 몸에 대한 마음챙김을 닦는다."[181]

---

180) 한편 『청정도론』 VI에서는 열 가지 부정관을 설하고 있는데 그 열 가지는 다음과 같다. ① 부푼 것 ② 검푸른 것 ③ 문드러진 것 ④ 끊어진 것 ⑤ 뜯어 먹힌 것 ⑥ 흩어진 것 ⑦ 난도질당하여 뿔뿔이 흩어진 것 ⑧ 피가 흐르는 것 ⑨ 벌레가 버글거리는 것 ⑩ 해골이 된 것이다.

181) "이것으로 들숨날숨(ānāpāna), 자세(iriyāpatha), 네 가지 분명하게 알아차림(catu-sampajañña), 혐오를 마음에 잡도리함(paṭikūla-manasikāra), 네 가지 요소(四界)를 마음에 잡도리함(dhātu-manasikāra), 아홉 가지 공동묘지의 관찰(nava-sivathika)이라는 열네 가지 형태의 몸의 관찰(kāya-anupassanā)이 끝났다. 여기서 들숨날숨과 혐오를 마음에 잡도리함의 두 가지만이 본삼매에 드는 명상주제이다. 하지만 공동묘지의 관찰은 위험함을

네 가지 禪

18. "다시 비구들이여, 비구는 감각적 욕망을 완전히 떨쳐버리고 해로운 법[不善法]들을 떨쳐버린 뒤 일으킨 생각[尋]과 지속적 고찰[伺]이 있고, 떨쳐버렸음에서 생긴 희열[喜]과 행복[樂]이 있는 초선(初禪)을 구족하여 머문다. 그는 떨쳐버렸음에서 생긴 희열과 행복으로 이 몸을 흠뻑 적시고 충만케 하고 가득 채우고 속속들이 스며들게 한다. 온몸 구석구석 떨쳐버렸음에서 생긴 희열과 행복이 스며들지 않은 데가 없다.

비구들이여,[182] 마치 노련한 때밀이나 조수가 금속 대야에 목욕가루를 가득 담아놓고는 물을 알맞게 부어가며 계속 이기면 그 목욕가루덩이에 물기가 젖어들고 스며들어 물기가 안팎으로 흠뻑 스며들 뿐, 그 덩이가 물기를 흘려보내지 않는 것처럼.

비구들이여, 이와 같이 비구는 떨쳐버렸음에서 생긴 희열과 행복으로 [93] 이 몸을 흠뻑 적시고 충만케 하고 가득 채우고 속속들이 스며들게 한다. 온몸 구석구석 떨쳐버렸음에서 생긴 희열과 행복이 스며들지 않은 데가 없다.

그가 이와 같이 방일하지 않고 열심히, 스스로 독려하며 머물면 마침내 저 세속에 얽힌 재빠르게 일어나는 생각들이 사라진다. 그런 생각들이 사라지기 때문에 마음은 안으로 확립되고 고요해지고 하나에

관찰함으로써 설해졌기 때문에 나머지 열두 가지는 근접삼매에 드는 명상주제이다."(MA.i.274)

182) 이하 본경 §18이하에 나타나는 네 가지 禪에 대한 비유는 본서 제2권 「앗사뿌라 긴 경」(M39) §15이하와 제3권 「사꿀루다이 긴 경」(M77) §§25~28에도 나타나고 『디가 니까야』 제1권 「사문과경」(D2) §76이하와 『앙굿따라 니까야』 제3권 「다섯 가지 구성요소 경」(A5:28) §3이하에도 나타난다.

고정되어 삼매에 든다. 비구들이여, 바로 이와 같이 비구는 몸에 대한 마음챙김을 닦는다."

19. "다시 비구들이여, 비구는 일으킨 생각[尋]과 지속적 고찰[伺]을 가라앉혔기 때문에 [더 이상 존재하지 않고], 자기 내면의 것이고, 확신이 있으며, 마음의 단일한 상태이고, 일으킨 생각과 지속적 고찰은 없고, 삼매에서 생긴 희열과 행복이 있는 제2선(二禪)을 구족하여 머문다. 그는 삼매에서 생긴 희열과 행복으로 이 몸을 흠뻑 적시고 충만케 하고 가득 채우고 속속들이 스며들게 한다. 온몸 구석구석 삼매에서 생긴 희열과 행복이 스며들지 않은 데가 없다.

비구들이여, 마치 밑바닥에서 솟아나는 물로 채워지는 호수가 있는데, 그 호수의 동쪽에서 흘러들어오는 물도 없고, 서쪽에서 흘러들어오는 물도 없고, 북쪽에서 흘러들어오는 물도 없고, 남쪽에서 흘러들어오는 물도 없으며, 또 하늘에서 때때로 소나기마저도 내리지 않는다면 그 호수의 밑바닥에서 차가운 물줄기가 솟아올라 그 호수를 차가운 물로 흠뻑 적시고 충만케 하고 가득 채우고 속속들이 스며들게 할 것이다. 온 호수의 어느 곳도 이 차가운 물이 스며들지 않은 곳이 없을 것이다.

비구들이여, 이와 같이 비구는 삼매에서 생긴 희열과 행복감으로 이 몸을 흠뻑 적시고 충만케 하고 가득 채우고 속속들이 스며들게 한다. 온몸 구석구석 삼매에서 생긴 희열과 행복이 스며들지 않은 데가 없다.

그가 이와 같이 방일하지 않고 열심히, 스스로 독려하며 머물면 마침내 저 세속에 얽힌 재빠르게 일어나는 생각들이 사라진다. 그런 생각들이 사라지기 때문에 마음은 안으로 확립되고 고요해지고 하나에 고정되어 삼매에 든다. 비구들이여, 바로 이와 같이 비구는 몸에 대한 마음챙김을 닦는다."

20. "다시 비구들이여, 비구는 희열이 사라졌기 때문에 평온하게 머물고 마음챙기고 알아차리며[正念 · 正知] 몸으로 행복을 경험한다. 이 [제3선] 때문에 성자들이 그를 두고 '평온하게 마음챙기며 행복에 머문다.'라고 일컫는 그 제3선(三禪)을 구족하여 머문다. 그는 이 몸을 희열이 사라진 행복으로 흠뻑 적시고 충만케 하고 가득 채우고 속속들이 스며들게 한다. 온몸 구석구석 희열이 사라진 행복이 스며들지 않은 데가 없다.

비구들이여, 마치 청련이나 홍련이나 백련이 피어있는 호수에 어떤 청련이나 홍련이나 백련들이 물속에서 생성하여 자라 물 밖으로 나오지 않고 물속에 잠긴 채 무성하게 어우러져 있는데 [94] 차가운 물이 그 꽃들을 꼭대기에서 뿌리까지 흠뻑 적시고 충만케 하고 가득 채우고 속속들이 스며든다면 그 청련이나 홍련이나 백련의 어떤 부분도 물이 스며들지 않은 곳이 없을 것이다.

비구들이여, 이와 같이 비구는 희열이 사라진 이 행복으로 이 몸을 흠뻑 적시고 충만케 하고 가득 채우고 속속들이 스며들게 한다. 온몸 구석구석 희열이 사라진 행복이 스며들지 않은 데가 없다.

그가 이와 같이 방일하지 않고 열심히, 스스로 독려하며 머물면 마침내 저 세속에 얽힌 재빠르게 일어나는 생각들이 사라진다. 그런 생각들이 사라지기 때문에 마음은 안으로 확립되고 고요해지고 하나에 고정되어 삼매에 든다. 비구들이여, 바로 이와 같이 비구는 몸에 대한 마음챙김을 닦는다."

21. "다시 비구들이여, 비구는 즐거움도 버렸고 괴로움도 버렸고 아울러 그 이전에 이미 기쁨과 슬픔을 소멸하였으므로 괴롭지도 즐

겁지도 않으며, 평온으로 인해 마음챙김이 청정한[捨念淸淨] 제4선(四禪)을 구족하여 머문다. 그는 이 몸을 지극히 청정하고 지극히 깨끗한 마음으로 속속들이 스며들게 하고서 앉아 있다. 온몸 구석구석 지극히 청정하고 지극히 깨끗한 마음으로 스며들지 않은 데가 없다.

비구들이여, 마치 사람이 온몸 머리까지 하얀 천을 덮어쓰고 앉아 있다면 그의 몸 어느 부분도 하얀 천으로 덮이지 않은 곳이 없을 것이다.

비구들이여, 이와 같이 비구는 이 몸을 지극히 청정하고 지극히 깨끗한 마음으로 속속들이 스며들게 하고서 앉아 있다. 온몸 구석구석 지극히 청정하고 지극히 깨끗한 마음으로 스며들지 않은 데가 없다.

그가 이와 같이 방일하지 않고 열심히, 스스로 독려하며 머물면 마침내 저 세속에 얽힌 재빠르게 일어나는 생각들이 사라진다. 그런 생각들이 사라지기 때문에 마음은 안으로 확립되고 고요해지고 하나에 고정되어 삼매에 든다. 비구들이여, 바로 이와 같이 비구는 몸에 대한 마음챙김을 닦는다."

몸에 대한 마음챙김을 통한 향상

22. "비구들이여, 누구든지 몸에 대한 마음챙김을 닦고 거듭거듭 공부짓는 사람은 명지(明知)에 도움되는[183] 유익한 법[善法]들을 포함

---

183) "'명지에 도움된다(vijjā-bhāgiyā).'는 것은 함께함(sampayoga)으로써 [즉 함께 생긴 조건, 서로 지탱하는 조건, 의지하는 조건, 서로 관련된 조건, 존재하는 조건, 떠나가버리지 않은 조건으로 명지를 돕고, 그것과 함께 마치 하나가 된 것처럼 간다. — MAṬ.ii.315] 명지를 돕기 때문이고, 명지의 편에, 명지의 쪽에 있기 때문에도 명지에 도움 된다고 하셨다. 여기서 위빳사나의 지혜(vipassanā-ñāṇa)와 마음으로 [다른 몸을] 만드는 신통(mano-may-iddhi)과 여섯 가지 신통지(cha abhiññā)가 여덟 가지 명지[八明, aṭṭha vijjā]이다."(MA.iv.144~145)
이 여덟 가지 명지는 본서 제3권 「사꿀루다이 긴 경」(M77) §§29~36에

하고 있다. 비구들이여, 마치 큰 바다를 마음에 품고 있는 사람은 그 바다로 흘러드는 작은 강물도 포함하고 있는 것과 같다. 비구들이여, 바로 이와 같이 누구든지 몸에 대한 마음챙김을 닦고 거듭거듭 공부 짓는 사람은 명지에 도움되는 유익한 법들을 포함하고 있다."

23. "비구들이여, 몸에 대한 마음챙김을 닦지 않고 거듭거듭 행하지 않은 사람은 누구나 마라에게 기회를 주고 마라의 대상이 되어 버린다.

비구들이여, 만약 어떤 사람이 무거운 돌멩이를 질퍽한 진흙더미에 던졌다고 하자. 비구들이여, 이를 어떻게 생각하는가? 그 무거운 돌은 질퍽한 진흙더미에 파고들어 가겠는가?"

"그렇습니다, 세존이시여." [95]

"비구들이여, 그와 같이 몸에 대한 마음챙김을 닦지 않고 거듭거듭 행하지 않은 사람은 누구나 마라에게 기회를 주고 마라의 대상이 되어버린다."

24. "비구들이여, 만약 바짝 마른 나무토막이 있는데 어떤 사람이 위에서 문지르는 부시막대를 가져와서 '불을 피워 불꽃을 일어나게 하리라.'고 한다 치자. 비구들이여, 이를 어떻게 생각하는가? 그 사람은 바짝 마른 그 나무토막에다 부시막대를 비벼대면 불을 피워 불꽃을 일어나게 할 수 있겠는가?"

"그렇습니다, 세존이시여."

"비구들이여, 그와 같이 몸에 대한 마음챙김을 닦지 않고 거듭거듭 행하지 않은 사람은 누구나 마라에게 기회를 주고 마라의 대상이

비유와 함께 나타나며, 『디가 니까야』 제1권 「사문과경」(D2) §83이하에도 비유와 함께 나타나고 있으므로 참조할 것.

되어버린다."

25. "비구들이여, 만약 텅 빈 물독이 독대에 놓여있는데 어떤 사람이 물짐을 지고 왔다 하자. 비구들이여, 이를 어떻게 생각하는가? 그 사람은 물독에 물을 부을 수 있겠는가?"

"그렇습니다, 세존이시여."

"비구들이여, 그와 같이 몸에 대한 마음챙김을 닦지 않고 거듭거듭 행하지 않은 사람은 누구나 마라에게 기회를 주고 마라의 대상이 되어버린다."

26. "비구들이여, 몸에 대한 마음챙김을 닦고 거듭거듭 행한 사람은 누구나 마라에게 기회를 주지 않고 마라의 대상이 되지 않는다.

비구들이여, 만약 어떤 사람이 가벼운 실타래를 가장 단단한 재질로 만든 빗장을 거는 기둥에 던진다 하자. 비구들이여, 이를 어떻게 생각하는가? 그 가벼운 실타래가 가장 단단한 재질로 만든 빗장을 거는 기둥에 파고들 틈을 얻을 수 있겠는가?"

"그렇지 않습니다, 세존이시여."

"비구들이여, 그와 같이 몸에 대한 마음챙김을 닦고 거듭거듭 행한 사람은 누구나 마라에게 기회를 주지 않고 마라의 대상이 되지 않는다."

27. "비구들이여, 만약 막 자른 생나무토막이 있는데 어떤 사람이 위에서 문지르는 부시막대를 가져와서 '불을 피워 불꽃을 일어나게 하리라.'고 한다 하자. [96] 비구들이여, 이를 어떻게 생각하는가? 비구들이여, 그 사람은 막 자른 생나무토막에다 부시막대를 비벼대면 불을 피워 불꽃을 일어나게 할 수 있겠는가?"

"그렇지 않습니다, 세존이시여."

"비구들이여, 그와 같이 몸에 대한 마음챙김을 닦고 거듭거듭 행한 사람은 누구나 마라에게 기회를 주지 않고 마라의 대상이 되지 않는다."

28. "비구들이여, 만약 까마귀가 먹을 수 있을 정도로 넘칠 만큼의 물이 가득 찬 물독이 독대에 놓여있는데 어떤 사람이 물짐을 지고 왔다 하자. 비구들이여, 이를 어떻게 생각하는가? 그 사람은 물독에 물을 부을 수 있겠는가?"

"그렇지 않습니다, 세존이시여."

"비구들이여, 그와 같이 몸에 대한 마음챙김을 닦고 거듭거듭 행한 사람은 누구나 마라에게 기회를 주지 않고 마라의 대상이 되지 않는다."

29. "비구들이여, 누구든지 몸에 대한 마음챙김을 닦고 거듭거듭 행한 사람은 신통지[184]로 실현시킬 수 있는 법이라면 그것이 어떤 것이든지 간에, 신통지로 그 경지를 실현하기 위해서 마음을 기울이면 그런 원인이 있을 때는[185] 언제든지 그것을 실현하는 능력을 얻

---

184) '신통지'는 abhiññā를 옮긴 것이다. abhiññ(abhi + √jñā(*to know*))에서 파생된 명사로 초기불전연구원에서는 이 술어를 문맥에 따라 '최상의 지혜'로 옮기기도 하고 육신통을 뜻할 때는 '신통지'로 옮기고 있다. 여기서는 육신통(본경 §37이하)의 문맥에서 나타나므로 신통지로 옮기고 있다. abhiññā에 대해서는 본서 제1권 「법의 상속자 경」(M3) §8의 주해를 참조할 것.

185) '원인이 있을 때는 언제든지'는 sati satiāyatane를 옮긴 것이다. 첫 번째 sati는 동사 atthi(√as, *to be*)의 현재분사 sant의 처소격이다. 주석서는 satiāyatane의 sati를 원인(kāraṇa)으로 설명하고 있다.(MA.iii.202; Pm.181) 계속해서 주석서는 이렇게 설명하고 있다.
"여기서는 어떤 것이 그 원인인가? 신통지(abhiññā)나 신통을 얻을 기초가 되는 禪(abhiññā-pādaka-jjhāna)이다. 그러나 결론적으로 말하면(avasāne) 아라한과나 아라한과를 얻을 위빳사나가 그 원인이라고 알아야 한다."(MA.iii.202)

는다.

비구들이여, 만약 까마귀가 먹을 수 있을 정도로 넘칠 만큼의 물이 가득 찬 물독이 독대에 놓여 있는데 건장한 젊은이가 그것을 기울이기만 하면 그 물은 넘쳐흐르겠는가?"

"그렇습니다, 세존이시여."

"비구들이여, 그와 같이 누구든지 몸에 대한 마음챙김을 닦고 거듭거듭 행한 사람은 신통지로 실현시킬 수 있는 법이라면 그것이 어떤 것이든지 간에, 신통지로 그 경지를 실현하기 위해서 마음을 기울이면 그런 원인이 있을 때는 언제든지 그것을 실현하는 능력을 얻는다."

30. "비구들이여, 만약 평평한 땅에 사방이 둑으로 둘러싸여있고 까마귀가 먹을 수 있을 정도로 넘칠 만큼의 물이 가득 찬 연못이 있는데 건장한 젊은이가 물고를 튼다면 물이 흘러나오겠는가?" [97]

"그렇습니다, 세존이시여."

"비구들이여, 그와 같이 누구든지 몸에 대한 마음챙김을 닦고 거듭거듭 행한 사람은 신통지로 실현시킬 수 있는 법이라면 그것이 어떤 것이든지 간에, 신통지로 그 경지를 실현하기 위해서 마음을 기울이면 그런 원인이 있을 때는 언제든지 그것을 실현하는 능력을 얻는다."

31. "비구들이여, 만약 큰 네거리가 있는 평탄한 땅에 마차가 있어 양마가 떠날 채비를 하였고 채찍도 준비되었다면 솜씨 좋고 능숙한 조련사인 마부가 이 말에 올라타 왼손에는 고삐를 쥐고 오른손에 채찍을 잡고서 어디든지 그가 가고 싶은 대로 마차를 몰 것이다.

비구들이여, 그와 같이 누구든지 몸에 대한 마음챙김을 닦고 거듭거듭 행한 사람은 신통지로 실현시킬 수 있는 법이라면 그것이 어떤

이러한 원인이 있을 때는 이것을 실현하는 능력을 얻는다는 뜻이다.

것이든지 간에, 신통지로 그 경지를 실현하기 위해서 마음을 기울이면 그런 원인이 있을 때는 언제든지 그것을 실현하는 능력을 얻는다."

몸에 대한 마음챙김의 이익

32. "비구들이여, 몸에 대한 마음챙김을 반복해서 실천하고 닦고 거듭거듭 행하고 수레로 삼고 토대로 삼고 확립하고 강화하고 노력할 때 이 열 가지 이익이 기대된다. 어떤 것이 그 열 가지인가?"

33. (1) "그는 싫어함과 좋아함을 극복한다. 싫어함이 그를 사로잡지 못하며, 싫어함이 일어나는 족족 이를 극복하고 머문다."

34. (2) "그는 두려움과 공포를 극복한다. 두려움이나 공포가 그를 사로잡지 못하며, 두려움이나 공포가 일어나는 족족 이를 극복하고 머문다."

35. (3) "그는 추위와 더위와 배고픔과 목마름과, 날파리 · 모기 · 바람 · 뙤약볕 · 파충류에 닿음과, 고약하고 언짢은 말들과, 몸에 생겨난 괴롭고 날카롭고 거칠고 찌르고 불쾌하고 마음에 들지 않고 생명을 위협하는 갖가지 느낌들을 감내한다."

36. (4) "그는 [98] 바로 지금 · 여기에서 행복하게 머물게 하는, 높은 마음인 네 가지 禪을 원하는 대로 얻고 힘들이지 않고 얻고 어렵지 않게 얻게 된다."

37. (5) "그는 여러 가지 신통변화를 얻는다. 하나인 채 여럿이 되기도 하고 여럿이 되었다가 하나가 되기도 한다. 나타났다 사라졌다 하고 벽이나 담이나 산을 아무런 장애 없이 통과하기를 마치 허공에서처럼 한다. 땅에서도 떠올랐다 잠겼다 하기를 물속에서처럼 한

다. 물 위에서 빠지지 않고 걸어가기를 땅 위에서처럼 한다. 가부좌 한 채 허공을 날아가기를 날개 달린 새처럼 한다. 저 막강하고 위력적인 태양과 달을 손으로 만져 쓰다듬기도 하며 심지어는 저 멀리 범천의 세상에까지도 몸의 자유자재를 발한다[神足通]."

38. (6) "그는 인간의 능력을 넘어선 청정하고 신성한 귀의 요소로 천상이나 인간의 소리 둘 다를 멀든 가깝든 간에 다 듣는다[天耳通]."

39. (7) "그는 자기의 마음으로 다른 중생들과 다른 인간들의 마음을 대하여 꿰뚫어 안다. 즉 탐욕이 있는 마음은 탐욕이 있는 마음이라고 꿰뚫어 알고 탐욕을 여읜 마음은 탐욕을 여읜 마음이라고 꿰뚫어 알며, 성냄이 있는 마음은 성냄이 있는 마음이라고 꿰뚫어 알고 성냄을 여읜 마음은 성냄을 여읜 마음이라고 꿰뚫어 알며, 어리석음이 있는 마음은 어리석음이 있는 마음이라고 꿰뚫어 알고 어리석음을 여읜 마음은 어리석음을 여읜 마음이라고 꿰뚫어 알며, 수축한 마음은 수축한 마음이라고 꿰뚫어 알고 흩어진 마음은 흩어진 마음이라고 꿰뚫어 알며, 고귀한 마음은 고귀한 마음이라고 꿰뚫어 알고 고귀하지 않은 마음은 고귀하지 않은 마음이라고 꿰뚫어 알며, 위가 있는 마음은 위가 있는 마음이라고 꿰뚫어 알고 위가 없는 마음은 위가 없는 마음이라고 꿰뚫어 알며, 삼매에 든 마음은 삼매에 든 마음이라고 꿰뚫어 알고 삼매에 들지 않은 마음은 삼매에 들지 않은 마음이라고 꿰뚫어 알며, 해탈한 마음은 해탈한 마음이라고 꿰뚫어 알고 해탈하지 않은 마음은 해탈하지 않은 마음이라고 꿰뚫어 안다[他心通]."

40. (8) "그는 한량없는 전생의 갖가지 삶들을 기억한다. 즉 한 생, [99] 두 생, 세 생, … 이와 같이 한량없는 전생의 갖가지 모습들을 그 특색과 더불어 상세하게 기억해낸다[宿命通]."

41. (9) "그는 인간을 넘어선 신성한 눈[天眼]으로 중생들이 죽고 태어나고, 천박하고 고상하고, 잘생기고 못생기고, 좋은 곳[善處]에 가고 나쁜 곳[惡處]에 가는 것을 보고, 중생들이 지은 바 그 업에 따라가는 것을 꿰뚫어 안다. … 중생들이 지은 바 그 업에 따라가는 것을 꿰뚫어 안다[天眼通]."

42. (10) "그는 모든 번뇌가 다하여 아무 번뇌가 없는 마음의 해탈[心解脫]과 통찰지를 통한 해탈[慧解脫]을 바로 지금·여기에서 스스로 최상의 지혜로 알고 실현하고 구족하여 머문다[漏盡通]."

43. "비구들이여, 몸에 대한 마음챙김을 반복해서 실천하고 닦고 거듭거듭 행하고 수레로 삼고 토대로 삼고 확립하고 강화하고 노력할 때 이 열 가지 이익이 기대된다."

세존께서는 이와 같이 설하셨다. 그 비구들은 흡족한 마음으로 세존의 말씀을 크게 기뻐하였다.

몸에 대한 마음챙김 경(M119)이 끝났다.

의도적 행위에 의한 태어남 경

Saṅkhāruppatti Sutta(M120)

1. 이와 같이 나는 들었다. 한때 세존께서는 사왓티에서 제따 숲의 아나타삔디까 원림(급고독원)에 머무셨다. 거기서 세존께서는 "비구들이여."라고 비구들을 부르셨다. "세존이시여."라고 비구들은 세존께 응답했다. 세존께서는 이렇게 말씀하셨다.

2. "비구들이여, 의도적 행위들[行]에 의한 태어남186)에 대해서 그대들에게 설하리라. 그것을 들어라. 잘 마음에 잡도리하라. 나는 설하리라."

"그러겠습니다, 세존이시여."라고 비구들은 세존께 대답했다. 세존께서는 다음과 같이 설하셨다.

---

186) "'의도적 행위[行]에 의한 태어남(saṅkhār-upapatti)'이라고 하셨다. 오직 의도적 행위들이 다시 태어나는 것이지(saṅkhārānaṁ yeva upapattiṁ) 중생(satta)이나 인간(posa)이 다시 태어나는 것이 아니다. 혹은 공덕이 되는 의도적 행위에 의해(puñña-abhisaṅkhārena) 존재가 될 무더기들(bhav-ūpaga-kkhandhā)이 다시 태어나는 것이다."(MA.iv.146)
역자는 후자의 설명을 따라 옮겼다. 더 나아가 복주서는 이렇게 부연하고 있다. "중생이나 인간이 태어나는 것이 아니라는 것은 어떤 영혼(jīva)이 다시 태어난다는 삿된 주장(micchā-vāda)을 부수는 것이다."(MAṬ.ii.317)

3. "비구들이여, 여기 비구는 믿음을 구족하고 계행을 구족하고 배움을 구족하고 관대함을 구족하고 통찰지를 구족한다.187) 그에게 이런 생각이 든다. '참으로 나는 몸이 무너져 죽은 뒤에 부유한 끄샤뜨리야 가문의 일원으로 태어나리라.'라고.

그는 그것에 마음을 집중하고 그것에 마음을 확고히하고 그것에 마음을 닦는다. [100] 이와 같이 개발되었고 많이 지어진 의도적 행위들[行]과 머묾188)은 그곳에 태어남으로 인도한다. 비구들이여, 이것이 그곳에 태어남으로 인도하는 도이고 도닦음이다."189)

4. ~ *5.* "비구들이여, 여기 비구는 믿음을 구족하고 계행을 구족하고 배움을 구족하고 관대함을 구족하고 통찰지를 구족한다. 그에게 이런 생각이 든다. '참으로 나는 몸이 무너져 죽은 뒤에 부유한 바라문 가문의 … 부유한 장자 가문의 일원으로 태어나리라.'라고.

그는 그것에 마음을 집중하고 그것에 마음을 확고히하고 그것에

---

187) 여기서 '믿음', '계행', '배움', '관대함', '통찰지'는 각각 saddhā, sīla, suta, cāga, paññā를 옮긴 것이다. 이 다섯 가지 덕목은 본서 제3권 「에수까리 경」(M96) §9에도 나타나고 있다.

188) "'의도적 행위들[行]과 머묾(saṅkhārā ca vihārā ca)'이란 소원(patthanā)이 함께한 믿음(saddhā) 등의 다섯 가지 법을 말한다."(MA.iv.146)

189) "'이것이 도이고, 이것이 도닦음이다(ayaṁ maggo ayaṁ paṭipadā).'라는 것은 오직 다섯 가지 법을 말한다. 다섯 가지 법은 있지만 소원(patthanā)이 없는 사람에게도 태어날 곳[行處]은 정해지지 않고(gati anibaddhā), 소원은 있지만 다섯 가지 법이 없는 사람에게도 태어날 곳은 정해지지 않는다. 소원과 다섯 가지 법, 이 둘 모두 있는 사람의 경우 그의 태어날 곳이 결정된다.
마치 허공(ākāsa)에 막대기(daṇḍa)를 던지면 그 위쪽 부분으로 떨어질 것이라거나 중간 부분이 땅에 떨어질 것이라거나 밑 부분이 땅에 떨어질 것이라고 정해진 바가 없는 것처럼 중생들이 재생연결을 취하는 것(paṭisandhiggahaṇa)도 그와 같다. 그러므로 유익한 업(kusala kamma)을 지어 어떤 한 곳에 태어나기를 기원하는 것도 바람직하다."(MA.iv.146~147)

마음을 닦는다. 이와 같이 개발되었고 많이 지어진 의도적 행위들과 머묾은 그곳에 태어남으로 인도한다. 비구들이여, 이것이 그곳에 태어남으로 인도하는 도이고 도닦음이다."

6. "비구들이여, 여기 비구는 믿음을 구족하고 … 통찰지를 구족한다. 그는 이와 같이 듣는다. '사대왕천의 천신들은 수명이 길고 아름답고 아주 행복하다.'라고. 그에게 이런 생각이 든다. '참으로 나는 몸이 무너져 죽은 뒤에 사대왕천의 천신들의 일원으로 태어나리라.'라고.

그는 그것에 마음을 집중하고 그것에 마음을 확고히하고 그것에 마음을 닦는다. 이와 같이 개발되었고 많이 지어진 의도적 행위들과 머묾은 그곳에 태어남으로 인도한다. 비구들이여, 이것이 그곳에 태어남으로 인도하는 도이고 도닦음이다."

7. ~ 11. "비구들이여, 여기 비구는 믿음을 구족하고 … 통찰지를 구족한다. 그는 이와 같이 듣는다. '삼십삼천의 천신들은 … 야마천의 천신들은 … 도솔천의 천신들은 … 화락천의 천신들은 … 타화자재천의 천신들은 수명이 길고 아름답고 아주 행복하다.'라고. 그에게 이런 생각이 든다. '참으로 나는 몸이 무너져 죽은 뒤에 타화자재천의 천신들의 일원으로 태어나리라.'라고.

그는 그것에 마음을 집중하고 그것에 마음을 확고히하고 그것에 마음을 닦는다. 이와 같이 개발되었고 많이 지어진 의도적 행위들과 머묾은 그곳에 태어남으로 인도한다. 비구들이여, 이것이 그곳에 태어남으로 인도하는 도이고 도닦음이다."

12. "비구들이여, 여기 비구는 믿음을 구족하고 … [101] … 통찰지를 구족한다. 그는 이와 같이 듣는다. '천(千)의 범천은 수명이 길고

아름답고 아주 행복하다.'라고. 비구들이여, 천의 범천은 천의 세계에 충만하여[190] 머물고, 그곳에 태어나는 중생들에게도 충만하여 머문다. 비구들이여, 마치 눈을 가진 사람이 한 개의 아말라까 열매[191]를 손에 놓고 살펴보듯이 그와 같이 천의 범천은 천의 세계에 충만하여 머물고, 그곳에 태어나는 중생들에게도 충만하여 머문다. 그에게 이런 생각이 든다. '참으로 나는 몸이 무너져 죽은 뒤에 천의 범천의 일원으로 태어나리라.'라고.

그는 그것에 마음을 집중하고 그것에 마음을 확고히하고 그것에 마음을 닦는다. 이와 같이 개발되었고 많이 지어진 의도적 행위들과 머묾은 그곳에 태어남으로 인도한다. 비구들이여, 이것이 그곳에 태어남으로 인도하는 도이고 도닦음이다."

---

190) '충만하여'는 pharitvā adhimuccitvā를 옮긴 것이다. 주석서는 이렇게 설명하고 있다.
"충만함(pharaṇa)에는 다섯 종류가 있다. ① 마음의 충만함(ceto-pharaṇa) ② 까시나의 충만함(kasiṇa-pharaṇa) ③ 천안의 충만함(dibba-cakkhu-pharaṇa) ④ 빛의 충만함(āloka-pharaṇ) ⑤ 몸의 충만함(sarīra-pharaṇa)이다. 이 중에서 마음의 충만함이란 천의 세계(loka-dhātu-sahassa)에 있는 중생들의 마음을 아는 것(citta-jānana)이고, 까시나의 충만함이란 천의 세계에 까시나가 충만한 것이고, 천안의 충만함이란 빛(āloka)을 증장시켜 천안으로 천의 세계를 보는 것이고, 빛의 충만함도 그와 같고, 몸의 충만함이란 천의 세계에 몸의 빛(sarīra-pabhā)으로 가득 채우는 것이다. …
['충만하여'로 옮긴 pharitvā adhimuccitvā에서] adhimuccitvā라는 단어는 앞의 단어 즉 pharitvā와 같은 뜻이기도 하고, 혹은 안다(jānāti)는 뜻이기도 하다."(MA.iv.148~149)
역자는 전자를 따라 옮겼다.

191) '아말라까 열매'는 āmaṇḍa를 옮긴 것이다. 주석서에서 "아만다까는 아말라까이다(āmaṇḍanti āmalakaṁ)"(MA.iv.147)라고 설명하고 있어서 이렇게 옮겼다. 이것은 지금도 인도에서 흔히 볼 수 있는 작은 도토리만한 크기의 신맛이 강한 열매이다.
"청정한 눈을 가진(parisuddha-cakkhu) 사람이 그것을 손바닥에 놓으면 모든 면을 분명하게 볼 수 있듯이 범천도 그 세계에 태어나는 중생들에게 두루 미쳐서 안다는 뜻이다."(*Ibid*)

13. ~ *16.* "비구들이여, 여기 비구는 믿음을 구족하고 … 통찰지를 구족한다. 그는 이와 같이 듣는다. '이천의 범천은 … 삼천의 범천은 … 사천의 범천은 … 오천의 범천은 긴 수명을 가졌고 아름답고 아주 행복하다.'라고. 비구들이여, 오천의 범천은 오천의 세계에 충만하여 머물고, 그곳에 태어나는 중생들에게도 충만하여 머문다. 비구들이여, 마치 눈을 가진 사람이 다섯 개의 아말라까 열매를 손에 놓고 살펴보듯이 그와 같이 오천의 범천은 오천의 세계에 충만하여 머물고, 그곳에 태어나는 중생들에게도 충만하여 머문다. 그에게 이런 생각이 든다. '참으로 나는 몸이 무너져 죽은 뒤에 오천의 범천의 일원으로 태어나리라.'라고.

그는 그것에 마음을 집중하고 그것에 마음을 확고히하고 그것에 마음을 닦는다. 이와 같이 개발되었고 많이 지어진 의도적 행위들과 머묾은 그곳에 태어남으로 인도한다. 비구들이여, 이것이 그곳에 태어남으로 인도하는 도이고 도닦음이다."

17. "비구들이여, 여기 비구는 믿음을 구족하고 … 통찰지를 구족한다. 그는 이와 같이 듣는다. '만(萬)의 범천은 긴 수명을 가졌고 아름답고 아주 행복하다.'라고. 비구들이여, 만의 범천은 만의 세계에 충만하여 [102] 머물고, 그곳에 태어나는 중생들에게도 충만하여 머문다. 비구들이여, 마치 아름답고 최상품이고 팔각형이고 아주 잘 절단된 에메랄드가 붉은 모포 위에 놓여있을 때 빛을 내고 광채를 발하고 광휘롭듯이 만의 범천은 만의 세계에 충만하여 머물고, 그곳에 태어나는 중생들에게도 충만하여 머문다. 그에게 이런 생각이 든다. '참으로 나는 몸이 무너져 죽은 뒤에 만의 범천의 일원으로 태어나리라.'라고.

그는 그것에 마음을 집중하고 그것에 마음을 확고히하고 그것에 마음을 닦는다. 이와 같이 개발되었고 많이 지어진 의도적 행위들과 머묾은 그곳에 태어남으로 인도한다. 비구들이여, 이것이 그곳에 태어남으로 인도하는 도이고 도닦음이다."

18. "비구들이여, 여기 비구는 믿음을 구족하고 … 통찰지를 구족한다. 그는 이와 같이 듣는다. '십만의 범천은 긴 수명을 가졌고 아름답고 아주 행복하다.'라고. 비구들이여, 십만의 범천은 십만의 세계에 충만하여 머물고, 그곳에 태어나는 중생들에게도 충만하여 머문다. 비구들이여, 마치 숙련된 금세공사가 염부단금(閻浮壇金)을 정련하여 만든 장식품이 붉은 모포 위에 놓여있을 때 빛을 내고 광채를 발하고 광휘롭듯이 그와 같이 십만의 범천도 십만의 세계에 충만하여 머물고, 그곳에 태어나는 중생들에게도 충만하여 머문다. 그에게 이런 생각이 든다. '참으로 나는 몸이 무너져 죽고 나면 십만의 범천의 일원으로 태어나리라.'라고.

그는 그것에 마음을 집중하고 그것에 마음을 확고히하고 그것에 마음을 닦는다. 이와 같이 개발되었고 많이 지어진 의도적 행위들과 머묾은 그곳에 태어남으로 인도한다. 비구들이여, 이것이 그곳에 태어남으로 인도하는 도이고 도닦음이다."

19. ~ *32.* "비구들이여, 여기 비구는 믿음을 구족하고 … 통찰지를 구족한다. 그는 이와 같이 듣는다. '광천[192]의 천신들은 … 소

192) 여기 나타나는 광천부터 비상비비상처천까지를 빠알리어와 병기하면 다음과 같다.
광천(ābha), 소광천(parittābha), 무량광천(appamāṇābha), 광음천(ābha-ssara), 정천(subha), 소정천(parittasubha), 무량정천(appamāṇasubha), 변정천(subhakiṇṇa), 광과천(vehapphala), 무번천(aviha), 무열천(atap-pa), 선현천(sudassa), 선견천(sudassī), 색구경천(akaniṭṭha), 공무변처

광천의 천신들은 … 무량광천의 천신들은 … 광음천의 천신들은 … 정천의 천신들은 … 소정천의 천신들은 … 무량정천의 천신들은 … 변정천의 천신들은 … [103] … 광과천의 천신들은 … 무번천의 천신들은 … 무열천의 천신들은 … 선현천의 천신들은 … 선견천의 천신들은 … 색구경천의 천신들은 긴 수명을 가졌고 아름답고 아주 행복하다.'라고. 그에게 이런 생각이 든다. '참으로 나는 몸이 무너져 죽고 나면 색구경천의 천신들의 일원으로 태어나리라.'라고.

그는 그것에 마음을 집중하고 그것에 마음을 확고히하고 그것에 마음을 닦는다. 이와 같이 개발되었고 많이 지어진 의도적 행위들과 머묾은 그곳에 태어남으로 인도한다. 비구들이여, 이것이 그곳에 태어남으로 인도하는 도이고 도닦음이다."

33. ~ *36.* "비구들이여, 여기 비구는 믿음을 구족하고 … 통찰지를 구족한다. 그는 이와 같이 듣는다. '공무변처천에 태어난 천신들은 … 식무변처천에 태어난 천신들은 … 무소유처천에 태어난 천신들은 … 비상비비상처천에 태어난 천신들은 긴 수명을 가졌고 아름답고 아주 행복하다.'라고.

그는 그것에 마음을 집중하고 그것에 마음을 확고히하고 그것에 마음을 닦는다. 이와 같이 개발되었고 많이 지어진 의도적 행위들과 머묾은 그곳에 태어남으로 인도한다. 비구들이여, 이것이 그곳에 태어남으로 인도하는 도이고 도닦음이다."

37. "비구들이여, 여기 비구는 믿음을 구족하고 계행을 구족하고

천(ākāsānañcāyatana), 식무변처천(viññāṇañcāyatana), 무소유처천(ākiñ-cāyatana), 비상비비상처천(nevasaññānāsaññāyatana).
여기에 나타나는 천상들에 대해서는 본서 제2권 「살라의 바라문들 경」(M41) §18 이하의 주해들과 『아비담마 길라잡이』 제5장 §6과 §7의 [해설]을 참조할 것.

배움을 구족하고 관대함을 구족하고 통찰지를 구족한다. 그에게 이런 생각이 든다. '참으로 나는 모든 번뇌가 다하여 아무 번뇌가 없는 마음의 해탈[心解脫]과 통찰지를 통한 해탈[慧解脫]을 바로 지금·여기에서 스스로 최상의 지혜로 알고 실현하고 구족하여 머물리라[漏盡通].'라고.

그는 모든 번뇌가 다하여 아무 번뇌가 없는 마음의 해탈과 통찰지를 통한 해탈을 바로 지금·여기에서 스스로 최상의 지혜로 알고 실현하고 구족하여 머문다. 비구들이여, 이 비구는 어떤 곳에도 다시는 태어나지 않는다."193)

세존께서는 이와 같이 설하셨다. 그 비구들은 흡족한 마음으로 세존의 말씀을 크게 기뻐하였다.

의도적 행위에 의한 태어남 경(M120)이 끝났다.

제12장 차례대로 품이 끝났다.

---

193) "이러한 다섯 가지 법들을 닦아서 욕계(kāmāvacara)에 태어난다(nibbattati). 그러면 범천의 세상(brahma-loka)에 태어나는 것과 번뇌가 다함(āsava-kkhaya)은 어떻게 하여 얻는가? 이 다섯 가지 법들은 계행(sīla)이다. 이러한 계행에 확고히 서서 까시나의 준비(kasiṇa-parikamma)를 지어 각각의 증득(samāpatti)을 닦아 색계 범천의 세상(rūpī-brahma-loka)에 태어난다. 무색계 禪(arūpa-jjhāna)을 일으켜서는 무색계 범천의 세상(arūpī-brahma-loka)에 태어난다. 증득을 근접원인으로 한(samāpatti-padaṭṭhā-na) 위빳사나를 증장시켜 불환과(anāgāmi-phala)를 실현하여 다섯 가지 정거천(suddhāvāsa)에 태어난다. 더 높은 [아라한]도(uparimagga)를 닦아서 번뇌가 다함(āsava-kkhaya)을 얻는다."(MA.iv. 149)
범천의 세상(brahma-loka)에 대해서는 본서 제3권 「다난자니 경」(M97) §31의 주해를 참조할 것.

제13장

공 품

Suññata-vagga

(M121～130)

공(空)에 대한 짧은 경

Cūḷasuññata Sutta(M121)

1. 이와 같이 나는 들었다. [104] 한때 세존께서는 사왓티에 있는 동쪽 원림[東園林]의 녹자모 강당에 머무셨다.

2. 그때 아난다 존자는 해거름에 [낮 동안의] 홀로 앉음에서 일어나 세존을 뵈러 갔다. 가서는 세존께 절을 올리고 한곁에 앉았다. 한곁에 앉아서 아난다 존자는 세존께 이렇게 여쭈었다.

3. "세존이시여, 한때에 세존께서는 삭까에서 나가라까[194]라는 삭까의 성읍에 머무셨습니다. 세존이시여, 거기서 저는 '아난다여, 나는 요즈음 자주 공에 들어 머문다.'[195]라고 이렇게[196] 세존으로부터

194) 나가라까(Nagaraka) 혹은 낭가라까(Naṅgaraka)는 본서 제3권 「법탑 경」(M89) §1에서 보듯이 메다딸룸빠(Medataḷumpa) 근처에 있는 성읍이다. 「법탑 경」(M89)에 의하면 빠세나디 꼬살라 왕이 이곳에서 마지막으로 세존을 친견한 곳이기도 하다. 『상윳따 니까야』 제5권 「절반 경」(S45:2)도 이곳에서 설하셨다.

195) 이 말씀은 본서 「탁발음식의 청정 경」(M151) §2에서 사리뿟따 존자의 말로도 나타나고 있다. '공에 들어 머묾'은 suññatā-vihāra를 옮긴 것인데 주석서는 이렇게 설명한다.
"'공에 들어 머묾(suññatāvihāra)'이란 공한 과의 증득으로 머묾(suññata-

직접 들었고 직접 배웠습니다. 세존이시여, 제가 그것을 바르게 듣고 바르게 이해하고 바르게 마음에 잡도리하고 바르게 기억하는 것입니까?"

"아난다여, 참으로 그러하다. 그대는 바르게 듣고 바르게 이해하고 바르게 마음에 잡도리하고 바르게 기억하고 있다. 아난다여, 나는 전에도197) 그랬듯이 요즈음도 자주 공에 들어 머문다."

---

phala-samāpatti-vihāra)을 뜻한다."(MA.iv.154)
"이것은 공을 수관(隨觀)하여(suññata-anupassanā-vasena) 얻은 아라한과의 증득을 말한다."(MAṬ.ii.437)
본경의 가르침은 '사람이라는 인식으로 마을이라는 인식을 물리치고'(§4)부터 시작해서 7단계로 점진적으로 '청정한 공의 경지(parisuddhā suññatā, 본경 §§4~12의 모든 문맥에 이 표현이 나타남)'를 규명해 들어간다. 그리하여 마침내 §13에서 '지극히 청정한 구경의 위없는 공(parisuddha paramānuttara suññata)' 즉 '공을 통한 과의 증득(suññata-phala-samāpatti, MA.iv.154)'에 도달한다. 이것이야말로 진정한 '공에 들어 머묾'이라 할 수 있다.
한편 본서 제2권 「교리문답의 긴 경」(M43) §§36~37에서 사리뿟따 존자는 "확고부동한 마음의 해탈(아라한과의 마음의 해탈 — MA.ii.354)이야말로 탐욕이 공하고 성냄이 공하고 어리석음이 공합니다."라고 설명하고 있는데 이것은 열반의 공한 측면을 강조하는 가르침이다. 본경 §13의 '지극히 청정한 구경의 위없는 공'은 이 확고부동한 마음의 해탈과 일종의 동의어라고 보여진다.

196) "'이렇게(ekam idaṁ)'라는 것은 아난다 장로가 세존의 시중을 들고난 뒤 낮 동안의 명상할 곳(divā-ṭṭhāna)으로 가서 시간을 정하고는(kāla-paricchedaṁ katvā) 열반을 대상(nibbān-ārammaṇa)으로 공(空)한 과의 증득(suññatā-phala-samāpatti)에 들었다가 예정한 시간이 다 되어 명상에서 깨어났다. 그때 의도적 행위들[行]은 공한 것이라고 확립되었고, 그리하여 그는 공에 대한 법문(suññatā-kathā)이 듣고 싶어졌다. 그때 그에게 이런 생각이 들었다. 지금 곧바로 세존께 달려가서 공에 대한 법문을 청하는 것은 옳지 않다. 차라리 내가 나가라까 근처에 머물 때 세존께서 내게 설하신 법문을 상기시켜드리리라. 이와 같이 세존께서 내게 공에 대한 법문을 설하셨다고 세존으로 하여금 기억하시게 하면서 '이렇게'라고 말했다."(MA.iv.149~150)

197) "'전에도(pubbe pi)'라는 것은 처음 정각을 이루셨던 나가라까(Nagaraka)

4. "아난다여, 마치[198] 이 녹자모 강당이 코끼리, 소, 말, 노새들이 공하고 금이나 은도 공하고 남자와 여자의 모임도 공하지만[199] 오직 이 비구 승가 하나만이 공하지 않듯이[200] 그와 같이 비구도 마을이라는 인식[201]을 마음에 잡도리하지 않고[202] 사람이라는 인식을

근처에 머무시던 때를 말한다."(MA.iv.150)

198) "세존께서 '전에도 그랬듯이 요즘도 자주 공에 들어 머문다(pubbe cāhaṁ etarahi ca suññatāvihārena bahulaṁ viharāmi).'고 말씀하신 뒤 잠깐 생각에 잠기셨다. '아난다가 공에 대한 법문을 듣기를 원하는구나. 어떤 이는 들을 줄 알지만 이해하지 못하고, 어떤 이는 듣고 이해하지만 설하지는 못하는데, 아난다는 듣고 이해하고 설할 수도 있기 때문에 아난다에게 공에 대한 법문을 설하리라.'고 생각하시면서 비유를 들어 법을 설하셨다."(MA.iv.150)

199) "'코끼리, 소, 말, 노새들이 공하고(suñño hatthi-gava-assa-vaḷavena)'라고 하셨다. 물론 녹자모 강당에 나무로 만들었거나 흙으로 만들었거나 그림으로 그린(kaṭṭha-rūpa-potthaka-rūpa-citta-rūpa) 말 등도 있고, 좌석이나 쇼파 등에 보석이 박혀 있기도 하고, 법을 듣거나 질문을 하기 위해 오가는 여자나 남자도 있으므로 공한 것은 아니지만, 감각기능이 있고(indriya-baddhāna) 알음알이를 가진(saviññāṇaka) 즉 살아 움직이는 말 등이라든가 원하는 순간(icchit-icchita-kkhaṇa)에 향유할 수 있는 보석이라든가 그곳에 정착해서(nibaddha-vāsa) 사는 여자나 남자가 없는 것을 두고 공하다고 하셨다."(MA.iv.150~151)

200) '오직 이 비구 승가 하나만이 공하지 않듯이'는 bhikkhusaṁghaṁ paṭicca ekattaṁ을 옮긴 것이다. 이것을 직역하면 '비구 승가를 조건으로 하는 하나됨'이라는 뜻이지만 '하나의 공하지 않음이 있다(ekaṁ asuññataṁ atthi).'라는 아래에 인용한 주석서의 설명을 따라 이렇게 옮겼다.
"비구들은 비록 탁발을 가더라도 녹자모 강당에 가져오는 음식을 받기 위해 남아있는 비구들도 있고 또 아픈 사람과 병환을 간호하는 비구들이 남아있다. 그러므로 항상 비구들이 있기 때문에 오직 비구 승가 하나만이 공하지 않다고 했다. 여기서 '하나됨(ekatta)'이란 하나인 상태(eka-bhāva) 즉 하나의 공하지 않음이 있다(ekaṁ asuññataṁ atthi)는 뜻이다. 즉 하나의 공하지 않은 상태가 있다(eko asuñña-bhāvo atthi)고 말씀하신 것이다."(MA.iv.151)

201) "'마을이라는 인식(gāma-saññā)'은 마을이라는 존재하는 것을 통해서(pavattana-vasena) 생겼거나 혹은 오염원을 통해서(kilesa-vasena) 생

마음에 잡도리하지 않고 숲이라는 인식 하나만을 마음에 잡도리한다.[203] 그의 마음은 숲이라는 인식에 깊이 들어가고 깨끗한 믿음을 가지고 확립하고 확신을 가진다.

그는 이와 같이 꿰뚫어 안다. '마을이라는 인식을 조건하여 생긴 어떤 번잡함도 여기에는 없다. 사람이라는 인식을 조건하여 생긴 어떤 번잡함도 여기에는 없다.[204] 숲이라는 인식 하나만큼의 번잡함만

긴 마을이라는 인식을 말하고, '사람이라는 인식(manussa-saññā)'도 같은 방법으로 생긴 인식을 말한다."(MA.iv.151)
복주서는 다음과 같이 덧붙여 설명한다.
"존재하는 것을 통해서(pavattana-vasena) 생긴 인식이란 집, 정착, 길, 광장, 네거리 등으로 인해 마을(gāma)이라고 세상에 일어난 것을 통해서(lok-uppatti-vasena) 생긴 인식을 말한다. 오염원을 통해서(kilesa-vasena) 생긴 인식이란 지지하거나 싫어함으로써(anunaya-paṭigha-vasena) 생긴 인식을 말한다."(MAṬ.ii.322)

202) "'마음에 잡도리하지 않고(amanasikaritvā)'란 마음에 두지 않고(citte akatvā), 전향하지 않고(anāvajjitvā), 반조하지 않고(apaccavekkhitvā)라는 말이다."(MA.iv.151)

203) "'숲이라는 인식 하나만을 마음에 잡도리한다(araññasaññaṁ paṭicca manasi karoti ekattaṁ).'라고 하셨다. 이것은 숲이고, 이것은 나무이고, 이것은 바위이고, 이것은 검푸른 빛이고, 이것은 수풀더미라고 오직 하나의 숲을 반연한 '숲이라는 인식(arañña-saññā)'을 마음에 잡도리한다는 뜻이다."(MA.iv.151)
복주서는 다음과 같이 부연 설명한다.
"나무 등을 조건으로 숲이라는 인식이 있고, 거기에 바위나 수풀더미 등이 포함되어있기 때문에 거기에 비록 구분이 있지만 그것을 취하지 않고 오직 숲 하나만을 조건한(ekaṁ araññaṁyeva paṭicca) 숲이라는 인식을 마음에 잡도리한다."(MAṬ.ii.322)

204) "'어떤 번잡함도 여기에는 없다(te idha nasanti).'라고 하셨다. 존재하는 것을 통해서 생긴 번잡함(pavatta-darathā)이건 오염원을 통해서 생긴 번잡함(kilesa-darathā)이건, 마을이라는 인식을 조건하여 일어날 수 있는 번잡함은 여기 숲이라는 인식에는 없다. 마찬가지로 사람이라는 인식을 조건하여 일어날 수 있는 번잡함도 여기 숲이라는 인식에는 없다는 말씀이다."(MA.iv.151)
복주서는 다음과 같이 부연 설명한다.

이 있다.'라고. 그는 '이 인식은 마을이라는 인식이 공하다.'라고 꿰뚫어 알고, '이 인식은 사람이라는 인식이 공하다.'라고 꿰뚫어 안다. 그는 '숲이라는 인식 하나만큼은 공하지 않다.'라고 꿰뚫어 안다.

이처럼 참으로 그는 거기에 없는 것은 공하다고 관찰하고 거기에 [105] 남아있는 것은 존재하므로 '이것은 있다.'라고 꿰뚫어 안다. 아난다여, 이와 같이 그에게 진실하고 전도됨이 없고 청정한 공의 경지가 생긴다."

5. "아난다여, 더 나아가 비구는 사람이라는 인식을 마음에 잡도리하지 않고[205] 숲이라는 인식을 마음에 잡도리하지 않고 땅이라

"결과를 통해서 생긴 번잡함(pavatta-darathā)이란 적절한 편안함(passa-ddhi)이 없음으로 인해 거친 법이 일어나기 쉬운 것(oḷārika-dhamma-ppavatti-siddhā)을 말하고, 오염원을 통해 생긴 번잡함(kilesa-darathā)이란 지지함과 싫어함을 통해서 생긴 것(anunaya-paṭigha-sambhavā)을 말한다."(MAṬ.ii.322)

205) "'사람이라는 인식을 마음에 잡도리하지 않고(amanasikaritvā manussa-saññaṁ)'라고 하셨다. 여기 수행자는 마을이라는 인식(gāma-saññā)을 취하지 않는다. 무슨 까닭인가? 그것은 다음과 같다. 사람이라는 인식으로 마을이라는 인식을 물리치고(nivattetvā), 숲이라는 인식(arañña-saññā)으로 사람이라는 인식을, 땅이라는 인식(pathavī-saññā)으로 숲이라는 인식을, 공무변처라는 인식으로 땅이라는 인식을, … 비상비비상처라는 인식으로 무소유처라는 인식을, 위빳사나로 비상비비상처라는 인식을, 도로써 위빳사나를 물리치고 점차적으로(anupubbena) 구경의 공의 경지(accanta-suññata)를 보이기 위해서 이와 같이 설하였다.
그렇다면 무슨 이유로 숲이라는 인식을 버리고 땅이라는 인식(pathavī-saññā)을 마음에 잡도리하는가? 숲이라는 인식으로 특별함을 얻지 못하기 때문이다(visesa-anadhigamanato). 마치 어떤 사람이 비옥한 땅을 보고 '여기 벼 모내기를 하면 벼가 잘 자라서 풍성하게 수확할 것이다.'라고 생각하면서 백 번이고 땅을 쳐다보아도 벼 등을 거둘 수 없겠지만 만약 그 땅에 그루터기 등 장애물을 제거하고 논을 갈아 씨를 뿌리면 수확할 수 있듯이, 그와 마찬가지로 이것은 숲이고, 이것은 나무이고, 이것은 산이고, 이것은 바위이고, 이것은 검푸른 빛이라고 백 번씩이나 숲이라는 인식을 마음에 잡도리하더라도 근접삼매(upacāra)나 본삼매(samādhi)를 얻지 못한다.

는 인식 하나만을 마음에 잡도리한다. 그의 마음은 땅이라는 인식에 깊이 들어가고 깨끗한 믿음을 가지고 확립하고 확신을 가진다. 아난다여, 마치 소가죽을 백 개의 막대기로 완전하게 펴면 주름이 없듯이 그와 같이 비구는 땅이 솟아오른 곳과 움푹 꺼진 곳, 강들과 골짜기, 그루터기와 가시덤불, 산과 울퉁불퉁한 곳 등 그 어떤 것도 마음에 잡도리하지 않고 땅이라는 인식 하나만을206) 마음에 잡도리한다. 그의 마음은 땅이라는 인식에 깊이 들어가고 깨끗한 믿음을 가지고 확립하고 확신을 가진다.

그는 이와 같이 꿰뚫어 안다. '사람이라는 인식을 조건하여 생긴 어떤 번잡함도 여기에는 없다. 숲이라는 인식을 조건하여 생긴 어떤 번잡함도 여기에는 없다. 땅이라는 인식 하나만큼의 번잡함만이 있다.'라고. 그는 '이 인식은 사람이라는 인식이 공하다.'라고 꿰뚫어 알고, '이 인식은 숲이라는 인식이 공하다.'라고 꿰뚫어 안다. 그는 '땅이라는 인식 하나만큼은 공하지 않다.'라고 꿰뚫어 안다.

이처럼 참으로 그는 거기에 없는 것은 공하다고 관찰하고 거기에 남아있는 것은 존재하므로 '이것은 있다.'라고 꿰뚫어 안다. 아난다여, 이와 같이 하여서도 그에게 진실하고 전도됨이 없고 청정한 공의 경지가 생긴다."

그러나 땅이라는 인식으로는 항상 지녀야 할(dhuva-sevana) 명상주제인 [즉 평소 항시 지녀야 할 명상 주제(pārihāriya-kammaṭṭhāna, MAṬ.ii.322)라는 뜻이다.] 땅의 까시나(pathavī-kasiṇa)를 익혀 준비(parikamma)를 지어 禪(jhānāni)을 얻고, 禪을 토대로 한(jhāna-padaṭṭhāna) 위빳사나를 증장시켜 아라한과를 얻을 수 있다. 그러므로 숲이라는 인식을 버리고 땅이라는 인식을 마음에 잡도리한다."(MA.iv.152~153)

206) "'땅이라는 인식 하나만을(paṭhavīsaññaṁ paṭicca ekattaṁ)'이라고 하셨다. [일반적인 땅이 아닌(na pakati-pathavi) — MAṬ.ii.323)] 오직 까시나인 땅(kasiṇa-pathaviyaṁ yeva)을 조건으로 생긴 하나의 인식을 마음에 잡도리하는 것이다."(MA.iv.153)

6. "아난다여, 더 나아가 비구는 숲이라는 인식을 마음에 잡도리하지 않고 땅이라는 인식을 마음에 잡도리하지 않고 공무변처라는 인식 하나만을 마음에 잡도리한다.207) 그의 마음은 공무변처라는 인식에 깊이 들어가고 깨끗한 믿음을 가지고 확립하고 확신을 가진다.

그는 이와 같이 꿰뚫어 안다. '숲이라는 인식을 조건하여 생긴 어떤 번잡함도 여기에는 없다. 땅이라는 인식을 조건하여 생긴 어떤 번잡함도 [106] 여기에는 없다. 공무변처라는 인식 하나만큼의 번잡함만이 있다.'라고. 그는 '이 인식은 숲이라는 인식이 공하다.'라고 꿰뚫어 알고, '이 인식은 땅이라는 인식이 공하다.'라고 꿰뚫어 안다. 그는 '공무변처라는 인식 하나만큼은 공하지 않다.'라고 꿰뚫어 안다.

이처럼 참으로 그는 거기에 없는 것은 공하다고 관찰하고 거기에 남아있는 것은 존재하므로 '이것은 있다.'라고 꿰뚫어 안다. 아난다여, 이와 같이 하여서도 그에게 진실하고 전도됨이 없고 청정한 공의 경지가 생긴다."

7. "아난다여, 더 나아가 비구는 땅이라는 인식을 마음에 잡도리하지 않고 공무변처라는 인식을 마음에 잡도리하지 않고 식무변처라는 인식 하나만을 마음에 잡도리한다. 그의 마음은 식무변처라는 인식에 깊이 들어가고 깨끗한 믿음을 가지고 확립하고 확신을 가진다.

그는 이와 같이 꿰뚫어 안다. '땅이라는 인식을 조건하여 생긴 어떤 번잡함도 여기에는 없다. 공무변처라는 인식을 조건하여 생긴 어

---

207) 『청정도론』에 의하면 그는 네 가지 禪을 얻기 위해서 땅의 까시나(paṭhavī-kasiṇa)를 사용 한다고 한다. 이렇게 하여 제4선에서 이 땅의 까시나를 원하는 곳까지 확장한 뒤에 이 땅의 까시나를 제거하고 이를 통해서 공무변처를 증득한다고 한다.(『청정도론』 X.5~7을 참조할 것.)

떤 번잡함도 여기에는 없다. 식무변처라는 인식 하나만큼의 번잡함만이 있다.'라고. 그는 '이 인식은 땅이라는 인식이 공하다.'라고 꿰뚫어 알고, '이 인식은 공무변처라는 인식이 공하다.'라고 꿰뚫어 안다. 그는 '식무변처라는 인식 하나만큼은 공하지 않다.'라고 꿰뚫어 안다.

이처럼 참으로 그는 거기에 없는 것은 공하다고 관찰하고 거기에 남아있는 것은 존재하므로 '이것은 있다.'라고 꿰뚫어 안다. 아난다여, 이와 같이 하여서도 그에게 진실하고 전도됨이 없고 청정한 공의 경지가 생긴다."

8. "아난다여, 더 나아가 비구는 공무변처라는 인식을 마음에 잡도리하지 않고 식무변처라는 인식을 마음에 잡도리하지 않고 무소유처라는 인식 하나만을 마음에 잡도리한다. 그의 마음은 무소유처라는 인식에 깊이 들어가고 깨끗한 믿음을 가지고 확립하고 확신을 가진다.

그는 이와 같이 꿰뚫어 안다. '공무변처라는 인식을 조건하여 생긴 어떤 번잡함도 여기에는 없다. [107] 식무변처라는 인식을 조건하여 생긴 어떤 번잡함도 여기에는 없다. 무소유처라는 인식 하나만큼의 번잡함만이 있다.'라고. 그는 '이 인식은 공무변처라는 인식이 공하다.'라고 꿰뚫어 알고, '이 인식은 식무변처라는 인식이 공하다.'라고 꿰뚫어 안다. 그는 '무소유처라는 인식 하나만큼은 공하지 않다.'라고 꿰뚫어 안다.

이처럼 참으로 그는 거기에 없는 것은 공하다고 관찰하고 거기에 남아있는 것은 존재하므로 '이것은 있다.'라고 꿰뚫어 안다. 아난다여, 이와 같이 하여서도 그에게 진실하고 전도됨이 없고 청정한 공의 경지가 생긴다."

9. "아난다여, 더 나아가 비구는 식무변처라는 인식을 마음에 잡도리하지 않고 무소유처라는 인식을 마음에 잡도리하지 않고 비상비비상처라는 인식 하나만을 마음에 잡도리한다. 그의 마음은 비상비비상처라는 인식에 깊이 들어가고 깨끗한 믿음을 가지고 확립하고 확신을 가진다.

그는 이와 같이 꿰뚫어 안다. '식무변처라는 인식을 조건하여 생긴 어떤 번잡함도 여기에는 없다. 무소유처라는 인식을 조건하여 생긴 어떤 번잡함도 여기에는 없다. 비상비비상처라는 인식 하나만큼의 번잡함만이 있다.'라고. 그는 '이 인식은 식무변처라는 인식이 공하다.'라고 꿰뚫어 알고, '이 인식은 무소유처라는 인식이 공하다.'라고 꿰뚫어 안다. 그는 '비상비비상처라는 인식 하나만큼은 공하지 않다.'라고 꿰뚫어 안다.

이처럼 참으로 그는 거기에 없는 것은 공하다고 관찰하고 거기에 남아있는 것은 존재하므로 '이것은 있다.'라고 꿰뚫어 안다. 아난다여, 이와 같이 하여서도 그에게 진실하고 전도됨이 없고 청정한 공의 경지가 생긴다."

10. "아난다여, 더 나아가 비구는 무소유처라는 인식을 마음에 잡도리하지 않고 비상비비상처라는 인식을 마음에 잡도리하지 않고 표상이 없는 마음의 삼매[208] 하나만을 마음에 잡도리한다. 그의 마

---

208) "'표상 없는 마음의 삼매(animitta ceto-samādhi)'란 위빳사나와 함께한 마음의 삼매(vipassanā-citta-samādhi)를 말한다. 그는 영원하다는 표상 등이 없기 때문에(nicca-nimittādi-virahita) 표상이 없다고 말씀하신 것이다."(MA.iv.153)
한편 니까야에서 표상 없는 마음의 삼매는 『디가 니까야』 제2권 「대반열반 경」(D16) §2.25와 『상윳따 니까야』 제4권 「표상 없음 경」(S40:9) §3과 『앙굿따라 니까야』 「떳사 경」(A7:53) §9에 나타나고 있다. 그런데 이 가

음은 표상이 없는 마음의 삼매에 깊이 들어가고 깨끗한 믿음을 가지고 확립하고 확신을 가진다.

그는 이와 같이 꿰뚫어 안다. '무소유처라는 인식을 조건하여 생긴 어떤 번잡함도 여기에는 없다. 비상비비상처라는 인식을 조건하여 생긴 어떤 번잡함도 여기에는 없다. 그러나 이만큼의 번잡함이 있으니 [108] 바로 생명을 조건으로 하고,209) 이 몸을210) 의지하는 여섯

운데서 「표상 없음 경」(S40:9)은 이 경이 포함된 『상윳따 니까야』 「목갈라나 상윳따」(S40)에서 S40:1부터 S40:8까지의 앞의 여덟 개 경에는 각각 초선부터 비상비비상처까지의 4선과 4처가 배대되고 이 경 즉 S40:9에서 표상 없는 마음의 삼매가 나타난다. 그러므로 여기서도 표상 없는 마음의 삼매는 본경처럼 비상비비상처 다음에 나타나고 있다.

이러한 사실을 볼 때 '표상 없는 마음의 삼매'는 마음의 삼매라는 표현을 쓰고 있지만 여덟 가지 증득[等至, samāpatti, 즉 초선부터 비상비비상처까지]으로 표현되는 삼매수행 즉 사마타 수행과는 다른 것임이 분명하다. 그래서 위에서 인용한 주석서는 위빳사나와 함께한 마음의 삼매라고 설명하고 있는 것이다.

그런데 이러한 '위빳사나와 함께한 마음의 삼매'는 주석서나 복주서에 나타나는 '찰나삼매(khaṇika-samādhi)'와 같은 것이다. 『상윳따 니까야』 제5권 「살라 경」(S47:4) §4에 나타나는 '하나에 몰입됨(ekodi-bhūta)'을 주석서는 찰나삼매라고 설명하고 있으며(SA.iii.200, S47:4 §4의 주해 참조), 『맛지마 니까야 복주서』는 "찰나삼매가 없이는 위빳사나는 있을 수 없기 때문이다(na hi khaṇika-samādhiṁ vinā vipassanā sambhavati)." (MAṬ.i.182) 등으로 설명하고 있기 때문이다. 찰나삼매에 대해서는 『청정도론』 VIII.232에 대한 주해와 『아비담마 길라잡이』 9장 §29의 해설을 참조할 것.

한편 본서 제2권 「교리문답의 긴 경」(M43) §34이하와 『상윳따 니까야』 제4권 「고닷따 경」(S41:7/iv.297) §3에는 표상 없는 마음의 해탈(animittā cetovimutti)이 나타나고 있으며, 「공한 삼매 경」(S43:4) §3에는 '표상 없는 삼매[無相三昧, animitta samādhi]'가 무위에 이르는 길(asaṅkhata-gāmi magga)로 언급되고 있기도 하다.

209) "'생명을 조건으로 하고(jīvita-paccayā)'라고 하셨다. 명근(命根, jīvitind-riya)이 살아있는 한 그 명근 때문에 생기는 번잡함 정도만이 있다고 꿰뚫어 안다는 뜻이다."(MA.iv.153)

210) "여기서 '이 몸(imam eva kāyaṁ)'이란 위빳사나의 토대(vatthu)를 보이

가지 감각장소와 관련된[211] 번잡함이다.'라고. 그는 '이 인식은 무소유처라는 인식이 공하다.'라고 꿰뚫어 알고, '이 인식은 비상비비상처라는 인식이 공하다.'라고 꿰뚫어 안다. 그는 '생명을 조건으로 하고 이 몸을 의지하는 여섯 가지 감각장소와 관련된 것만큼은 공하지 않다.'라고 꿰뚫어 안다.

이처럼 참으로 그는 거기에 없는 것은 공하다고 관찰하고 거기에 남아있는 것은 존재하므로 '이것은 있다.'라고 꿰뚫어 안다. 아난다여, 이와 같이 하여서도 그에게 진실하고 전도됨이 없고 청정한 공의 경지가 생긴다."

11. "아난다여, 더 나아가 비구는 무소유처라는 인식을 마음에 잡도리하지 않고 비상비비상처라는 인식을 마음에 잡도리하지 않고 표상이 없는 마음의 삼매 하나만을 마음에 잡도리한다.[212] 그의 마음은 표상이 없는 마음의 삼매에 깊이 들어가고 깨끗한 믿음을 가지고 확립하고 확신을 가진다.

그는 이와 같이 꿰뚫어 안다. '이 표상이 없는 마음의 삼매도 형성된 것이고 의도된 것이다. 형성되고 의도된 것은 무엇이건 무상하고 소멸되기 마련인 것이다.'라고.[213]

신 것이고, 네 가지 근본물질로 이루어진 것(catu-mahā-bhūtika)을 말한다."(MA.iv.153)

211) "'여섯 가지 감각장소와 관련된'은 saḷāyatanikaṁ을 옮긴 것인데 주석서에서 "[눈의 감각장소 등 — MAṬ.ii.323] 여섯 가지 감각장소와 관련된(saḷ-āyatana-paṭisaṁyutta) 것을 말한다."(MA.iv.154)라고 설명하고 있어서 이렇게 옮겼다.

212) "더 나아가 '표상이 없는 마음의 삼매 하나만을 마음에 잡도리한다(animittaṁ cetosamādhiṁ paṭicca manasikaroti ekattaṁ).'는 것은 위빳사나를 한 법들을 다시 위빳사나를 하는 것(vipassanāya paṭivipassana)을 보이신 것이다."(MA.iv.154)

그가 이와 같이 알고 이와 같이 볼 때 그는 감각적 욕망에 기인한 번뇌에서 마음이 해탈한다. 존재에 기인한 번뇌에서도 마음이 해탈한다. 무명에 기인한 번뇌에서도 마음이 해탈한다. 해탈했을 때 해탈했다는 지혜가 생긴다. '태어남은 다했다. 청정범행은 성취되었다. 할 일을 다 해 마쳤다. 다시는 어떤 존재로도 돌아오지 않을 것이다.' 라고 꿰뚫어 안다."

12. "그는 이와 같이 꿰뚫어 안다. '감각적 욕망에 기인한 번뇌를 조건하여 생긴 어떤 번잡함도 여기에는 없다.[214] 존재에 기인한 번뇌를 조건하여 생긴 어떤 번잡함도 여기에는 없다. 무명에 기인한 번뇌를 조건하여 생긴 어떤 번잡함도 여기에는 없다. 그러나 이만큼의 번잡함이 있으니 바로 생명을 조건으로 하고 이 몸을[215] 의지하는

---

213) 이 문장은 본서 제2권 「앗타까나가라 경」(M52) §4이하에도 "그는 '형성되고 의도된 것은 그 무엇이건, 무상하고 소멸하기 마련인 법이다.'라고 꿰뚫어 압니다. 그는 여기에 확고하여 번뇌의 소멸을 얻습니다.[阿羅漢]"라고 나타난다.

214) "'감각적 욕망에 기인한 번뇌 때문에 생기는 어떤 번잡함도 여기에는 없다(ye assu darathā kāmāsavaṁ paṭicca tedha nasanti).'는 것은 자신이 체득한 성스러운 도와 성스러운 과에는 그런 번잡함이 없다는 뜻이다."(MA.iv.154)

215) "'이 몸을(imameva kāyaṁ)'이라고 하신 것은 취착의 자취가 남아있는[有餘] 번잡함을 보이기 위해(upādisesa-daratha-dassan-attha) 말씀하신 것이다."(MA.iv.154)
한편 복주서는 "여기서 취착의 자취가 남아있는 번잡함이란 오염원으로서의 재생의 근거(kiles-upadhi)는 완전히 제거되었지만 다섯 가지 무더기로서의 재생의 근거(khandhopadhi)는 아직 남아있기 때문에 그로 인한 번잡함이 존재의 근거로 인한 번잡함이다."(MAṬ.ii.323)라고 설명하고 있다.
취착의 자취가 남아있음[有餘, upādi-sesa]에 대한 더 자세한 설명은 『상윳따 니까야』 제5권 「해골 경」(S46:57) §4의 주해를 참조하고 재생의 근거(upadhi)에 대한 설명은 『상윳따 니까야』 제1권 「기뻐함 경」(S1:12) §2의 주해를 참조할 것.

여섯 가지 감각장소와 관련된 번잡함이다.'라고. 그는 '이 인식은 감각적 욕망에 기인한 번뇌가 공하다. 이 인식은 존재에 기인한 번뇌가 공하다. 이 인식은 무명에 기인한 번뇌가 공하다.'라고 꿰뚫어 안다. 그는 '생명을 조건으로 하고 이 몸을 의지하는 여섯 가지 감각장소와 관련된 것만큼은 공하지 않다.'라고 꿰뚫어 안다.

이처럼 참으로 그는 거기에 없는 것은 공하다고 관찰하고 거기에 남아있는 것은 존재하므로 '이것은 있다.'라고 꿰뚫어 안다. 아난다여, 이와 같이 하여서도 그에게 진실하고 [109] 전도됨이 없고 청정한 공의 경지가 생긴다."

13. "아난다여, 어떤 사문이건 바라문이건 과거세에 지극히 청정한 구경의 위없는 공[216)]을 구족하여 머물렀던 자들은 모두 이 지극히 청정한 구경의 위없는 공을 구족하여 머물렀다. 아난다여, 어떤 사문이건 바라문이건 미래세에 지극히 청정한 구경의 위없는 공을 구족하여 머물게 될 자들은 모두 이 지극히 청정한 구경의 위없는 공을 구족하여 머물 것이다. 아난다여, 어떤 사문이건 바라문이건 현세에 지극히 청정한 구경의 위없는 공을 구족하여 머무는 자들은 모두 이 지극히 청정한 구경의 위없는 공을 구족하여 머문다. 아난다여, 그러므로 여기서 '나는 지극히 청정한 구경의 위없는 공을 구족하여 머물리라.'고 이와 같이 그대들은 공부지어야 한다."

---

216) "여기서 '지극히 청정한 구경의 위없는 공(parisuddha paramānuttara suññata)'이란 '공을 통한 과의 증득(suññata-phala-samāpatti)'을 말한다."(MA.iv.154)
"공으로 해탈한 자(suññata-vimokkha)의 과이고 또한 공을 관찰하여(suññata-anupassana) 증득에 들었기 때문에 공을 통한 과의 증득이라 부른다. 이것은 아라한과의 증득(arahatta-phala-samāpatti)을 말한다."(MAṬ.ii.323)

세존께서는 이와 같이 설하셨다. 아난다 존자는 흡족한 마음으로 세존의 말씀을 크게 기뻐하였다.

공(空)에 대한 짧은 경(M121)이 끝났다.

공(空)에 대한 긴 경

Mahāsuññatasutta(M122)

1. 이와 같이 나는 들었다. 한때 세존께서는 삭까의 까삘라왓투에 있는 니그로다 원림[217]에 머무셨다.

2. 그때 세존께서는 오전에 옷매무새를 가다듬고 발우와 가사를 수하시고 까삘라왓투로 탁발을 가셨다. 까삘라왓투에서 탁발하여 공양을 마치고 탁발에서 돌아와 낮 동안 홀로 앉기 위해 삭까 사람 깔라케마까[218]가 [지은] 승원으로 가셨다. 그 무렵 삭까 사람 깔라케마까가 [지은] 승원에는 거처가 많이 마련되어 있었다. 세존께서는 삭까 사람 깔라케마까가 [지은] 승원에 거처가 많이 마련되어 있는

---

217) 까삘라왓투(Kapilavatthu)와 니그로다 원림(Nigrodhārāma)에 대해서는 본서 제1권 「괴로움의 무더기의 짧은 경」(M14) §1의 주해를 참조할 것.

218) "깔라케마까(Kāḷa-khemaka)는 삭까족 출신이며 그의 이름은 케마까(Khemaka)이다. 그의 피부가 검었기 때문에 '검다'는 뜻의 깔라(kāḷa)라는 단어와 함께 깔라케마까라고 불렸다. '깔라케마까의 승원(vihāra)'은 깔라케마까가 니그로다 원림(Nigrodhārāma)의 한쪽에 지은 것으로 그곳에 침대, 의자, 방석, 베개, 짚으로 만든 깔개, 나뭇잎으로 만든 깔개 등이 정리되어 있었는데, 그것이 마치 대중 스님들의 처소처럼 다닥다닥 붙어있었다. 그래서 '거처가 많이 마련되어 있었다(sambahulāni senāsanāni paññattāni).'고 한 것이다."(MA.iv.155)

것을 보시고는 [110] 이런 생각이 드셨다.

'참으로 삭까 사람 깔라케마까가 [지은] 승원에는 거처가 많이 마련되어 있구나. 여기에 많은 비구들이 머물고 있는가?'

그 무렵 아난다 존자는 여러 비구들과 함께 삭까 사람 가따가 [지은] 승원219)에서 가사를 만들고 있었다. 그때 세존께서는 해거름에 [낮 동안의] 홀로 앉으심을 풀고 자리에서 일어나 삭까 사람 가따가 [지은] 승원으로 가셔서 마련해 드린 자리에 앉으셨다. 자리에 앉으셔서 세존께서는 아난다 존자에게 말씀하셨다.

"아난다여, 참으로 삭까 사람 깔라케마까가 [지은] 승원에는 거처가 많이 마련되어 있었다. 거기에 많은 비구들이 머물고 있는가?"220)

"세존이시여, 참으로 삭까 사람 깔라케마까가 [지은] 승원에는 거처가 많이 마련되어 있습니다. 거기에 많은 비구들이 머물고 있습니다. 세존이시여, 지금은 저희들이 가사를 만드는 시기입니다."221)

3. "아난다여, 참으로 비구가 대중에 사는 것을 좋아하고 대중에 사는 것을 즐기고 대중에 사는 즐거움에 몰두하며, 무리를 좋아하고 무리를 즐기고 무리의 즐거움에 몰두하면 그는 빛나지 않는다.222) 아난다여, 참으로 비구가 대중에 사는 것을 좋아하고 대중에

---

219) "이 가따의 승원(Ghaṭāya vihāra)도 니그로다 원림이 있는 곳에 깔라케마까 승원처럼 지어진 것이다."(MA.iv.157)

220) "세존께서는 보리좌(bodhi-pallaṅka)에서 모든 오염원(kilesa)을 뿌리 뽑았기 때문에 의문(saṁsaya) 같은 것은 없다. 그러므로 이것은 미리 생각하신 수사적(修辭的)인 질문(vitakka-pubba-bhāgā pucchā)이다. 비구들이 대중에 사는 것을 좋아하고 즐기면 적절하지 못한 행동을 할 수 있기 때문에 공에 대한 법문을 시작하신 것이다."(MA.iv.156)

221) "아난다 존자는 세존께 이 비구들이 일을 좋아해서 모여 사는 것이 아니고, 가사를 만들기(cīvara-kamma) 위해 이렇게 모여 산다고 말씀드리는 것이다."(MA.iv.157)

사는 것을 즐기고 대중에 사는 즐거움에 몰두하며, 무리를 좋아하고 무리를 즐기고 무리의 즐거움에 몰두하면서, 출리의 즐거움과 떨쳐버림의 즐거움과 고요함의 즐거움과 깨달음의 즐거움[223]을 원하는 대로 얻고 힘들이지 않고 얻고 어려움 없이[224] 얻으리라는 것은 가능하지 않다. 아난다여, 그러나 비구가 대중에서 멀리 벗어나 혼자 머물 때 출리의 즐거움과 떨쳐버림의 즐거움과 고요함의 즐거움과 깨달음의 즐거움을 원하는 대로 얻고 힘들이지 않고 얻고 어려움 없이 얻으리라는 것은 가능하다."

4. "아난다여, 참으로 비구가 대중에 사는 것을 좋아하고 대중에 사는 것을 즐기고 대중에 사는 즐거움에 몰두하며, 무리를 좋아하고 무리를 즐기고 무리의 즐거움에 몰두하면서 일시적이고[225] 고요

---

222) "'대중에 사는 것을 좋아하는 것(saṁgaṇik-ārāma)'은 자기 교단의 수행자들끼리 모여서 함께 사는 것(saka-parisa-samodhāna)을 좋아하는 것을 말하고, '무리를 좋아하는 것(gaṇ-ārāma'은 여러 이교도들의 모임에 더불어 사는 것(nānā-jana-samodhāna)을 좋아하는 것을 말한다. 이런 사람은 빛나지 않는다. 반면에 불교 교단(Buddha-sāsana)에서 비구는 탁발하여 공양을 마치고 낮에 앉아서 명상할 장소를 정리한 다음 손발을 깨끗이 씻고 근본 명상주제(mūla-kamma-ṭṭhāna)를 들고 혼자 수행에 몰두할 때(ekārāmatam anuyutta) 빛나기 때문이다."(MA.iv.158)

223) '출리의 즐거움(nekkhamma-sukha)' 등은 본서 제2권 「메추라기 비유경」(M66) §21의 주해를 참조할 것.

224) "'힘들이지 않고 얻는 것(akiccha-lābhī)'은 괴로움 없이 얻는 것(adukkha-lābhī)이고, '어려움 없이 얻는 것(akasira-lābhī)'은 아주 크게 얻는 것(vipula-lābhī)을 말한다."(MA.iv.158)

225) "'일시적인 [마음의 해탈](sāmāyika)'이란 삼매에 들 때에만(appitappita-samaye) 오염원들에서 해탈하는 것(vimutta)이다."(MA.iv.158)
"세간적인 증득(lokiya-samāpatti)은 본삼매에 들어있는 순간(appitappita-kkhaṇa)에만 반대되는 법들(paccanīka-dhammā)에서 해탈하기(vimuc-canti) 때문에 다음과 같이 '일시적인 해탈(samaya-vimokkha)'이라 한다. "무엇이 일시적인 해탈인가? 네 가지 禪과 네 가지 무색계 증득을 일시

한[226] 마음의 해탈[227]이나 일시적이지 않고[228] 확고부동한[229] 마음의 해탈을 구족하여 머물 것이라는 것은 가능하지 않다. 아난다여,

---

적 해탈이라 한다.”(Ps.ii.40) 그러나 출세간법은 때때로(kālena kālaṁ) 해탈하는 것이 아니다. 한번 해탈한 도와 과는 반드시 해탈한 것(vimuttān eva)이고 열반은 모든 오염원들에서 전적으로(accantaṁ) 해탈했기 때문에 이 아홉 가지 법을 일시적이지 않은 [완전한] 해탈이라 부른다.”(MA.ii.232 = M29 §6에 대한 주석)

‘일시적인 마음의 해탈(sāmāyika ceto-vimutti)’ 혹은 ‘일시적인 해탈(sāmāyika vimutti)’에 대해서는 본서 「심재 비유의 긴 경」(M29) §6과 주해를 참조할 것. 그리고 『상윳따 니까야』 제1권 「고디까 경」(S4:23) §2와 이에 대한 주해와, 『앙굿따라 니까야』 제3권 「일시적 해탈 경」 1(A5:149) §1의 주해도 참조할 것.

226) “‘고요한(kanta)’이라고 하셨다. 이 마음의 해탈은 구성요소(aṅga)가 고요하고(santatā) 대상(ārammaṇa)이 고요하기 때문에 기쁘고(kamanīya) 유쾌한 것(manoramma)이다.”(MAṬ.ii.325)

227) “‘마음의 해탈(ceto-vimutti)’이란 색계 禪과 무색계 禪을 통한 마음의 해탈(rūpa-arūpa-avacara-citta-vimutti)이다. ‘[색계] 4禪(jhāna)과 무색계 4증득(arūpa-samāpatti)을 일러 일시적인(sāmāyika) 해탈이라 한다.’(Ps.ii.40)라고 『무애해도』에서 말씀하셨다.”(MA.iv.158)

228) “‘일시적이지 않은 [해탈](asāmāyika)’이란 일시적으로 오염원들에서 마음이 해탈하는 것이 아니라 완전히 해탈하는 것(accanta-vimutta)으로 출세간적(lokuttara)인 해탈을 말한다. ‘네 가지 성스러운 도와 네 가지 사문의 과를 일러 일시적이지 않은 [완전한] 해탈(asāmāyika vimokkha)이라 한다.’고 말씀하셨다.”(MA.iv.159)

‘일시적이지 않은 [완전한 해탈](asāmāyika)’의 설명은 본서 제1권 「심재 비유의 긴 경」(M29) §6의 주해를 참조할 것.

주석서의 설명들에서 보듯이 ‘일시적인 해탈’은 4禪과 4처 즉 색계선과 무색계선을 통한 해탈이고, ‘일시적이지 않은 [완전한] 해탈’은 도와 과를 통한 해탈이다. 전자는 사마타를 통해서 증득되고 후자는 위빳사나를 통해서 성취된다.

229) “‘확고부동함(akuppa)’은 오염원들에 의해서 흔들림이 없는 것(kilesehi akopetabba)이다.”(MA.iv.159)

‘확고부동한 마음의 해탈(akuppā ceto-vimutti)’에 대한 자세한 설명은 『상윳따 니까야』 제2권 「깨닫기 전 경」(S14:31) §7의 주해를 참조하고, 본서 제2권 「교리문답의 긴 경」(M43) §35이하도 참조할 것.

그러나 비구가 대중에서 멀리 벗어나 혼자 머물 때 일시적이고 즐거운 마음의 해탈이나 일시적이지 않고 확고부동한 마음의 해탈을 구족하여 머물 것이라는 것은 가능하다."230) [111]

5. "아난다여, 형색231)을 즐기고 그것에 애착을 가질 때, 형색은 변하고 바뀌어가므로 거기에 근심 · 탄식 · 육체적 고통 · 정신적 고통 · 절망이 일어나지 않는 그런 형색은 단 하나도 나는 본 적이 없다."

6. "아난다여, 그러나 여래는 어떤 표상도 마음에 잡도리하지 않기 때문에232) 안으로 공을 구족하여233) 머무는 것을 바르게 깨달았다. 아난다여, 만일 여래가 이렇게 머물 때에 비구나 비구니나 청

---

230) "이상에서 세존께서는 다음을 말씀하셨다.
대중에 사는 것을 좋아하고(saṅgaṇik-ārāma) 이교도들과 얽매여 사는(gaṇa-bandhana-baddha) 비구는 세간적인(lokiya) 공덕(guṇa)도 출세간적인(lokuttara) 공덕도 일으킬 수 없다. 무리(gaṇa)를 떠나 홀로 머물 때 이것은 가능하다. 위빳시 보살(Vipassī bodhisatta)이 팔만사천 명의 출가자들과 함께 머물 때 칠 년을 수행하여도 일체지의 공덕(sabbaññu-guṇa)을 얻을 수 없었다. 그러나 대중을 떠나 칠일을 홀로 머물면서 보리좌(bodhi-maṇḍa)에 올라 일체지의 공덕을 얻었다.
우리들의 보살(amhākaṁ bodhisatta, 석가모니 부처님)도 다섯 명의 동료들과 함께 수행할 때 일체지의 공덕을 얻을 수 없었지만 그들이 떠나고 홀로 머무실 때 보리좌에 올라 일체지의 공덕을 얻으셨다."(MA.iv.159)

231) "여기서 '형색(rūpa)'이란 몸(sarīra)을 말한다."(MA.iv.159)

232) "'어떤 표상도 마음에 잡도리하지 않는다(sabba-nimittānaṁ amanasi-kārā).'는 것은 형성된 표상(saṅkhata-nimittā, 물질과 비물질의 닮은 표상(rūpa-arūpa-paṭibhāga-nimitta) — MAṬ.ii.326)을 마음에 잡도리하지 않음을 말한다."(MA.iv.160)

233) "여기서 '공(suññata)'이란 공을 통한 과의 증득(suññata-phala-samā-patti)을 말한다."(MA.iv.160)
앞의 「공(空)에 대한 짧은 경」(M121) §13의 주해도 참조할 것.

신사나 청신녀나 왕이나 왕의 대신이나 외도나 외도의 제자들이 찾아오면, 여래는 자신의 마음을 멀리 여읨으로 향하고[234] 멀리 여읨으로 기울이고 멀리 여읨에 기대고 은둔하고 출리를 기뻐하고 번뇌의 원인이 될 모든 법들을 제거한 뒤, 반드시 그들을 물러나게 하는 것[235]과 관련된 말을 한다."

7. "아난다여, 그러므로 비구가 만일 안으로 공을 증득하여 머물리라고 원한다면 그는 안으로 마음을 고정시키고 안정시키고 하나가 되게 하고 삼매에 들게 해야 한다. 아난다여, 그러면 어떻게 비구가 안으로 마음을 고정시키고 안정시키고 하나가 되게 하고 삼매에 들게 하는가?"

8. "아난다여, 여기 비구는 감각적 욕망들을 완전히 떨쳐버리고 해로운 법들을 떨쳐버린 뒤, 일으킨 생각과 지속적 고찰이 있고, 떨쳐버렸음에서 생긴 희열과 행복이 있는 초선(初禪)을 구족하여 머문다. 일으킨 생각[尋]과 지속적 고찰[伺]을 가라앉혔기 때문에 [더 이상 존재하지 않고], 자기 내면의 것이고, 확신이 있으며, 마음의 단일한 상태이고, 일으킨 생각과 지속적 고찰은 없고, 삼매에서 생긴 희열과 행복이 있는 제2선(二禪)을 구족하여 머문다. … 제3선(三禪)을 … 제4

---

234) "여기서 '멀리 여읨으로 향함(viveka-ninna)'이란 열반으로 향함(nibbāna-ninna)을 뜻한다."(MA.iv.160)

235) "'물러나게 하는 것(uyyojaniya)'이란 여래는 사람들이 찾아오면 '그대들은 이만 돌아가시오(gacchatha tumhe).'라고 돌려보내시는 것(vissajjana)을 말한다."(MA.iv.160)
여기에 대해서 복주서는 이렇게 부연설명을 한다.
"세존은 대중을 돌려보내실 때에도 열반을 향하는 그런 마음으로 그들을 돌려보내신다. 그러나 세존의 말씀이 모두 사람들을 돌려보내게 하시는 것은 아니기에 물러나게 하는 것과 관련된 이런 말씀을 하시는 것이다."(MAṬ.ii.326)

선(四禪)을 구족하여 머문다. 아난다여, 이와 같이 비구는 안으로 마음을 고정시키고 안정시키고 하나가 되게 하고 삼매에 들게 한다."
[112]

9. "그는 안으로 공을 마음에 잡도리한다. 아난다여, 그가 안으로236) 공을 마음에 잡도리할 때 그의 마음이 공에 깊이 들어가지 못하고 깨끗한 믿음이 생기지 않고 확립하지 못하고 확신이 생기지 않으면 그 비구는 이와 같이 꿰뚫어 안다. '내가 안으로 공을 마음에 잡도리할 때 나의 마음이 공에 깊이 들어가지 못하고 깨끗한 믿음이 생기지 않고 확립하지 못하고 확신이 생기지 않는다.'라고. 이처럼 그는 그것을 분명하게 알아차린다.237)

그는 밖으로 공을 마음에 잡도리한다. … 그는 안팎으로238) 공을 마음에 잡도리한다. … 그는 흔들림 없음239)을 마음에 잡도리한다. 그가 흔들림 없음을 마음에 잡도리할 때 그의 마음이 흔들림 없음에 깊이 들어가지 못하고 깨끗한 믿음이 생기지 않고 확립하지 못하고

---

236) "'안으로(ajjhattaṁ)'라는 것은 자신의 오온과 관련된 공을 뜻하고, '밖으로(bahiddhā)'라는 것은 다른 사람의 오온과 관련된 공을 뜻한다."(MA.iv.161)

237) "'분명하게 알아차린다(sampajāno hoti).'는 것은 명상주제를 분명하게 알아차리지 못하는 상태를 아는 것을 통해서(asampajjana-bhāva-jānanena) 분명하게 알아차리는 것이다."(MA.iv.161)

238) "'안팎으로(ajjhatta-bahiddhā)'라는 것은 때로는 자신의 오온과, 때로는 다른 사람의 오온과 관련된 공을 말한다."(MA.iv.161)

239) "'흔들림 없음(āneñja)'이란 양면으로 해탈한 자(ubhato-bhāga-vimutta)가 되리라라고 무색계의 증득(arūpa-samāpatti)인 흔들림 없음을 마음에 잡도리하는 것을 말한다."(MA.iv.161)
'흔들림 없음'은 본서 제3권 「수낙캇따 경」(M105) §10의 주해를 참조할 것. '양면해탈'에 대해서는 본서 제2권 「끼따기리 경」(M70) §§14~16의 주해들을 참조하고 『디가 니까야』 제2권 「대인연경」(D15) §36의 주해와 『초기불교 이해』 407쪽 이하도 참조할 것.

확신이 생기지 않으면 그 비구는 이와 같이 꿰뚫어 안다. '내가 흔들림 없음을 마음에 잡도리할 때 나의 마음이 흔들림 없음에 깊이 들어가지 못하고 깨끗한 믿음이 생기지 않고 확립하지 못하고 확신이 생기지 않는다.'라고. 이처럼 그는 그것을 분명하게 알아차린다."

10. "아난다여, 그러면 그 비구는 이전처럼 그 처음 삼매의 표상[240]에 안으로 마음을 고정시키고 안정시키고 하나가 되게 하고 삼매에 들게 해야 한다.

그는 안으로 공을 마음에 잡도리한다. 그가 안으로 공을 마음에 잡도리할 때 그의 마음이 공에 깊이 들어가고 깨끗한 믿음이 생기고 확립하고 확신이 생긴다. 아난다여, 이렇게 되면 비구는 이와 같이 꿰뚫어 안다. '내가 안으로 공을 마음에 잡도리할 때 나의 마음이 공에 깊이 들어가고 깨끗한 믿음이 생기고 확립하고 확신이 생긴다.'라고. 이처럼 그는 그것을 분명하게 알아차린다.

그는 밖으로 공을 마음에 잡도리한다. … 그는 안팎으로 공을 마음에 잡도리한다. … 그는 흔들림 없음을 마음에 잡도리한다. 그가 흔들림 없음을 마음에 잡도리할 때 그의 마음이 흔들림 없음에 깊이 들어가고 깨끗한 믿음이 생기고 확립하고 확신이 생긴다. 아난다여, 이렇게 되면 비구는 이와 같이 꿰뚫어 안다. '내가 흔들림 없음을 마음에 잡도리할 때 나의 마음이 흔들림 없음에 깊이 들어가고 깨끗한 믿음이 생기고 확립하고 확신이 생긴다.'라고. 이처럼 그는 그것을 분명하게 알아차린다."

11. "아난다여, 비구가 이렇게 머물 때[241] 만일 그의 마음이 경

240) '삼매의 표상(samādhi-nimitta)'에 대해서는 본서 제2권 「삿짜까 긴 경」(M36) §45의 주해를 참조할 것.

행으로 기울면 그는 '이와 같이 내가 경행할 때 욕심과 싫어하는 마음이라는 나쁘고 해로운 법[不善法]들이 나를 공격하지 않을 것이다.' 라고 생각하면서 경행을 한다. [113] 이처럼 그는 그것을 분명하게 알아차린다.242)

아난다여, 만일 그 비구가 이렇게 머물 때 만일 그의 마음이 서 있는 것으로 기울면 … 앉는 것으로 기울면 … 눕는 것으로 기울면 그는 '이와 같이 내가 누울 때 욕심과 싫어하는 마음이라는 나쁘고 해로운 법[不善法]들이 나를 공격하지 않을 것이다.'라고 생각하면서 눕는다. 이처럼 그는 그것을 분명하게 알아차린다.

12. "아난다여, 비구가 이렇게 머물 때 만일 그의 마음이 이야기하는 것으로 기울면 그는 이렇게 결심한다.

'이런 이야기는 저열하고, 촌스럽고, 범속하고, 성스럽지 못하고, 이익을 주지 못하며, [속된 것들을] 역겨워함으로 인도하지 못하고, 욕망이 빛바램으로 인도하지 못하고, 소멸로 인도하지 못하고, 고요함으로 인도하지 못하고, 최상의 지혜로 인도하지 못하고, 바른 깨달음으로 인도하지 못하고, 열반으로 인도하지 못한다. 그것은 왕 이야기, 도둑 이야기, 대신들 이야기, 군대 이야기, 공포에 관한 이야기, 전쟁 이야기, 음식 이야기, 음료수 이야기, 옷 이야기, 침대 이야기, 화환 이야기, 향 이야기, 친척 이야기, 수레 이야기, 마을에 대한 이야기, 성읍에 대한 이야기, 도시에 대한 이야기, 지방에 대한 이야기,

---

241) "'이렇게 머물 때(iminā vihārena)'라는 것은 사마타와 위빳사나를 하면서 머물 때라는 말이다."(MA.iv.162)

242) "그가 경행할(caṅkamanta) 때에도 그 명상주제를 분명히 알아차리면서 '나는 명상주제를 분명히 알아차린다(sampajjati me kammaṭṭhānaṁ).'라고 분명하게 알아차린다는 말씀이다."(MA.iv.162)

여자 이야기, 영웅 이야기, 거리 이야기, 우물 이야기, 옛적 유령 이야기, 하찮은 이야기, 세상의 [기원]에 대한 이야기, 바다와 관련된 이야기, 이렇다거나 이렇지 않다는 이야기이다. 이런 이야기를 나는 하지 않으리라.' 이처럼 그는 그것을 분명하게 알아차린다.

아난다여, 그러나 다음과 같은 이야기는 오염원을 지워 없애고[243] 마음을 활짝 여는 데 도움이 되며[244] 염오로 인도하고, 탐욕의 빛바램으로 인도하고, 소멸로 인도하고, 고요함으로 인도하고, 최상의 지혜로 인도하고, 바른 깨달음으로 인도하고, 열반으로 인도하는 이야기가 있으니, 즉 소욕(小慾)에 대한 이야기, 지족(知足)에 대한 이야기, 한거(閑居)에 대한 이야기, [재가자들과] 교제하지 않음에 대한 이야기, 불굴의 정진에 대한 이야기, 계에 대한 이야기, 삼매에 대한 이야기, 통찰지에 대한 이야기, 해탈에 대한 이야기, 해탈지견에 대한 이야기이다.[245] 그는 '이런 이야기를 나는 하리라.'라고 결심한다. 이처럼 그는 그것을 분명하게 알아차린다."

13. "아난다여, 비구가 이렇게 머물 때[246] [114] 만일 그의 마음

---

243) '오염원을 지워 없애고'는 ābhisallekhikā를 옮긴 것이다. 주석서에서 "철저하게(ativiya) 오염원을 지워 없앰(kilesa-sallekhikā)"(AA.iii.275)으로 설명하고 있어서 이렇게 옮겼다.

244) "'마음을 활짝 여는 데 도움이 되며(ceto-vivaraṇa-sappāyā)'라고 하셨다. 마음을 활짝 여는 것이라 불리는(citta-vivaraṇa-saṅkhāta) 사마타와 위빠사나를 닦는 데 도움이 되는 것(samatha-vipassanānaṁ sappāyā)을 뜻한다."(MA.iv.164)

245) 여기서 언급 되는 10가지 '오염원을 지워 없애고 마음을 활짝 여는 데 도움이 되는 이야기(kathā abhisallekhikā ceto-vivaraṇa-sappāyā)'는 『앙굿따라 니까야』 제3권 「유학 경」 2(A5:90) §6과 제5권 「메기야 경」 (A9:3) §10과 제6권 「꼬살라 경」 2(A10:30) §9 등에도 나타난다.

246) "'이렇게 머물 때(iminā vihārena)'라는 것은 사마타와 위빳사나를 하면서 머무는 것이다."(MA.iv.162)

이 사유하는 것으로 기울면 그는 '이런 사유는 저열하고, 촌스럽고, 범속하고, 성스럽지 못하고, 이익을 주지 못하며, [속된 것들을] 역겨워함으로 인도하지 못하고, 욕망이 빛바램으로 인도하지 못하고, 소멸로 인도하지 못하고, 고요함으로 인도하지 못하고, 최상의 지혜로 인도하지 못하고, 바른 깨달음으로 인도하지 못하고, 열반으로 인도하지 못하나니, 그것은 감각적 욕망과 관련된 사유와 악의와 관련된 사유와 해코지와 관련된 사유이다. 이런 사유를 나는 하지 않으리라.' 라고 결심한다. 이처럼 그는 그것을 분명하게 알아차린다.

아난다여, 그러나 그는 '이런 사유는 성스럽고, 해탈로 인도하고, 그대로 실천하면 바르게 괴로움의 종결로 인도하나니 출리와 관련된 사유와 악의 없음과 관련된 사유와 해코지 않음과 관련된 사유이다. 이런 사유를 나는 하리라.'라고 결심한다. 이처럼 그는 그것을 분명하게 알아차린다."

14. "아난다여,247) 다섯 가닥의 얽어매는 감각적 욕망이 있다. 무엇이 다섯인가?

원하고 좋아하고 마음에 들고 사랑스럽고 감각적 욕망을 짝하고 매혹적인, 눈으로 인식되는 형색들이 있다. … 귀로 인식되는 소리들이 있다. … 코로 인식되는 냄새들이 있다. … 혀로 인식되는 맛들이 있다. 원하고 좋아하고 마음에 들고 사랑스럽고 감각적 욕망을 짝하고 매혹적인, 몸으로 인식되는 감촉들이 있다.

아난다여, 이들이 다섯 가닥의 얽어매는 감각적 욕망이다."

15. "여기서 비구는 매순간 '나에게 이 다섯 가닥의 얽어매는 감

247) "위에서 사유를 버리는 것(vitakka-pahāna)으로 두 가지 도(magga)를 설명하셨고, 이제 세 번째 도의 위빳사나를 설명하고 계신다."(MA.iv.162)

각적 욕망 가운데 어떤 것에 대해 마음속에 흥분이 일어나고 있지 않는가?'라고 자신의 마음을 반조해야 한다. 아난다여, 만일 비구가 반조하는 도중에 '나에게 이 다섯 가닥의 얽어매는 감각적 욕망 가운데 어떤 것에 대해 마음속에 흥분이 일어난다.'라고 꿰뚫어 알면, 그는 '나에게 다섯 가닥의 얽어매는 감각적 욕망에 대한 욕탐이 제거되지 않았다.'라고 꿰뚫어 안다. 이처럼 그는 그것을 분명하게 알아차린다.

아난다여, 만일 비구가 반조하는 도중에 '나에게 이 다섯 가닥의 얽어매는 감각적 욕망 가운데 어떤 것에 대해서도 마음속에 흥분이 일어나지 않는다.'라고 꿰뚫어 알면, 그는 '나에게 다섯 가닥의 얽어매는 감각적 욕망에 대한 욕탐이 제거되었다.'라고 꿰뚫어 안다. 이처럼 그는 그것을 분명하게 알아차린다."

16. "아난다여,248) 취착의 [대상인] 다섯 가지 무더기들[五取蘊]이 있다. 여기에 대해 비구는 일어나고 사라지는 것을 관찰하면서 머물러야 한다. '이것이 물질이다. 이것이 물질의 일어남이다. 이것이 물질의 사라짐이다. 이것이 느낌이다. 이것이 느낌의 [115] 일어남이다. 이것이 느낌의 사라짐이다. 이것이 인식이다. 이것이 인식의 일어남이다. 이것이 인식의 사라짐이다. 이것이 심리현상들이다. 이것이 심리현상들의 일어남이다. 이것이 심리현상들의 사라짐이다. 이것이 알음알이이다. 이것이 알음알이의 일어남이다. 이것이 알음알이의 사라짐이다.'라고."

17. "그가 취착의 [대상인] 이들 다섯 가지 무더기들에 대해 일어나고 사라지는 것을 관찰하면서 머물 때 취착의 [대상인] 다섯 가

---

248) "여기서는 아라한도의 위빳사나(arahatta-maggassa vipassana)를 설명하고 계신다."(MA.iv.163)

지 무더기들에 대해 '내가 있다.'라는 자만이 제거된다.[249] 아난다여, 그러면 그는 '다섯 가지 무더기들에 대해 '내가 있다.'라는 자만이 나에게 제거되었다.'라고 꿰뚫어 안다. 이처럼 그는 그것을 분명하게 알아차린다."

18. "아난다여, 이런 법들[250]은 전적으로 유익함에 기반을 두며[251] 성스럽고 출세간적이고 사악한 마라가 근접할 수 없다."[252]

19. "이를 어떻게 생각하는가, 아난다여? 어떤 유익함을 보기에 제자는 설령 스승이 내치더라도 스승을 따라야 하는가?"

"세존이시여, 저희들의 법은 세존을 근원으로 하며, 세존을 길잡이

---

249) "'자만이 제거된다(asmimāno so pahīyati).'고 하셨다. 물질에 대해 '내가 있다.'라는(asmīti) 자만(māna)과 '내가 있다.'라는 열의(chanda)와 '내가 있다.'라는 잠재성향(anusaya)이 제거되고, 느낌 등에 대해서도 마찬가지이다."(MA.iv.163)
"잠재성향(anusaya)이란 자만의 잠재성향(māna-anusaya), 존재에 대한 집착의 잠재성향(bhava-rāga-anusaya), 무명의 잠재성향(avijjānusaya)인 세 가지 잠재성향으로, 이들은 아라한도에 의해 제거된다."(MAṬ.ii.328)

250) "'이러한 법들(ime dhammā)'은 앞에서 말한 사마타와 위빳사나와 도와 과의 법들을 두고 한 말씀이다."(MA.iv.163)

251) "유익함에서(kusalato) 왔기 때문에(āgatā) '유익함에 기반을 둔 것(kusal-āyatikā)'이다. 유익함은 유익한 것이기도 하고 유익함에 기반을 둔 것이기도 하다. 예를 들면 초선은 유익한 것이다. 제2선은 유익한 것이기도 하고 유익함에 기반을 둔 것이기도 하다. … 예류도는 유익한 것이기도 하고 유익함에 기반을 둔 것이기도 하다. 아라한도는 …
그와 마찬가지로 초선은 유익한 것이고 그와 함께한 법들은 유익한 것이기도 하고 유익함에 기반을 둔 것이기도 하다. … 아라한도는 유익한 것이고, 그와 함께한 법들은 유익한 것이기도 하고 유익함에 기반을 둔 것이기도 하다."(MA.iv.163)

252) "위빳사나의 기초가 되는(vipassanā-pādakā) 여덟 가지 증득(aṭṭha sam-āpattiyo)에 들어서 앉아있는 비구의 마음을 마라가 볼 수 없기 때문이다."(MA.iv.164)

로 하며, 세존을 귀의처로 합니다. 세존이시여, 세존께서 말씀하신 그 뜻을 친히 설명해주시면 참으로 고맙겠습니다. 세존의 말씀을 잘 듣고 비구들은 마음에 새겨 지닐 것입니다."

20. "아난다여, 제자는 경이나 응송(應頌)이나 수기(授記)[253] 때문에 스승을 따라서는 안된다. 그것은 무슨 까닭인가? 아난다여, 오랜 세월을 그대들은 가르침들을 많이 배우고 호지하고 말로 외우고 마음으로 숙고하고 견해로써 잘 꿰뚫었기 때문이다. 아난다여, 그러나 오염원을 지워 없애고 마음을 활짝 여는 데 도움이 되며 염오로 인도하고, 탐욕의 빛바램으로 인도하고, 소멸로 인도하고, 고요함으로 인도하고, 최상의 지혜로 인도하고, 바른 깨달음으로 인도하고, 열반으로 인도하는 이야기가 있으니, 즉 소욕(小慾)에 대한 이야기, 지족(知足)에 대한 이야기, 한거(閑居)에 대한 이야기, [재가자들과] 교제하지 않음에 대한 이야기, 불굴의 정진에 대한 이야기, 계에 대한 이야기, 삼매에 대한 이야기, 통찰지에 대한 이야기, 해탈에 대한 이야기, 해탈지견에 대한 이야기이다. 아난다여, 이러한 이야기를 위해서 제자는 설령 스승이 내치더라도 스승을 따라야 한다."

21. "아난다여, 이럴 경우 스승의 재난이 있고, 이럴 경우 제자의 재난이 있고, 이럴 경우 청정범행을 닦는 자의 재난이 있다."

22. "아난다여, 어떤 것이 스승의 재난인가?

아난다여, 여기 어떤 스승[254]은 숲 속이나 나무 아래나 산이나 골

---

253) 여기서 '경'과 '응송(應頌)'과 '수기(授記)'는 각각 sutta, geyya, veyyākaraṇa를 옮긴 것이다. 이 세 가지는 구분교(九分教, navaṅga-satthu-sāsana, 아홉 가지 구성요소를 가진 스승의 교법)의 처음의 셋이다. 구분교에 대해서는 본서 제1권 「뱀의 비유 경」(M22) §10의 주해를 참조할 것.

짜기나 산속 동굴이나 묘지나 [116] 밀림이나 노지나 짚더미와 같은 외딴 처소를 의지한다. 그가 이처럼 은둔하여 머물 때에 바라문이나 장자들이 성읍이나 지방에서 그를 찾아온다. 바라문이나 장자들이 성읍이나 지방에서 그를 찾아오면 그는 미혹에 빠지고[255] 감각적 욕망을 일으키고 탐욕의 노예가 되고 사치하게 된다. 아난다여, 이 스승은 스승의 재난[256]에 의해 재난에 빠졌다고 한다. 오염원이고, 다시 태어남을 가져오며, 고민을 가져다주고, 괴로운 과보를 초래하며, 미래에 태어나고 늙고 죽는 것으로 인도하는 나쁘고 해로운 법들이 그를 무너뜨린다.[257]

아난다여, 이것이 스승의 재난이다."

23. "아난다여, 어떤 것이 제자의 재난인가?

아난다여, 여기 스승의 제자는 그 스승의 한거를 본받아 숲 속이나 나무 아래나 산이나 골짜기나 산속 동굴이나 묘지나 밀림이나 노지나 짚더미와 같은 외딴 처소를 의지한다. 그가 이처럼 은둔하여 머물 때에 바라문이나 장자들이 성읍이나 지방에서 그를 찾아온다. 바라문이나 장자들이 성읍이나 지방에서 찾아오면 그는 미혹에 빠지고

254) "여기서 '스승(satthā)'은 외도(bāhiraka titthakara)의 스승을 말한다." (MA.iv.164)

255) "'미혹에 빠진다(mucchaṁ kāmayati).'는 것은 미혹에 빠져 갈애(mucchana-taṇhā)를 일으킨다는 뜻이다."(MA.iv.165)

256) "'스승의 재난(ācariyūpaddava)'이란 중간에 생긴 오염원의 재난(kilesūpaddava)에 의해 스승들에게 재난이 닥치는 것을 말한다."(MA.iv. 165)
"오염원(kilesa)은 스승들을 크게 파멸로 이끌기 때문에 '재난(upaddava)'이라 말한다."(MAṬ.ii.329)

257) "'그를 무너뜨린다(avadhiṁsu naṁ)'는 것은 해로운 법들에 의해 그의 공덕이 무너진다(guṇa-maraṇa)는 뜻이다."(MA.iv.165)
"생명이 끝난다(jīvita-maraṇa)는 것은 아니다."(MAṬ.ii.329)

감각적 욕망을 일으키고 탐욕의 노예가 되고 사치하게 된다. 아난다여, 이 제자는 제자의 재난에 의해 재난에 빠졌다고 한다. 오염원이고, 다시 태어남을 가져오며, 고민을 가져다주고, 괴로운 과보를 초래하며, 미래에 태어나고 늙고 죽는 것으로 인도하는 나쁘고 해로운 법들이 그를 무너뜨린다.

아난다여, 이것이 제자의 재난이다."

24. "아난다여, 어떤 것이 청정범행을 닦는 자의 재난인가?

아난다여, 여기 여래가 이 세상에 출현하나니 그는 아라한[應供]이며, 완전히 깨달은 분[正等覺]이며, 명지와 실천을 구족한 분[明行足]이며, 피안으로 잘 가신 분[善逝]이며, 세간을 잘 알고 계신 분[世間解]이며, 가장 높은 분[無上士]이며, 사람을 잘 길들이는 분[調御丈夫]이며, 하늘과 인간의 스승[天人師]이며, 부처님[佛]이며, 세존(世尊)이다. 그는 숲 속이나 나무 아래나 산이나 골짜기나 산속 동굴이나 묘지나 밀림이나 노지나 짚더미와 같은 외딴 처소를 의지한다. 그가 이처럼 은둔하여 머물 때에 바라문이나 장자들이 성읍이나 지방에서 그를 찾아온다. 바라문이나 장자들이 성읍이나 지방에서 찾아오더라도 그는 미혹에 빠지거나 감각적 욕망을 일으키거나 탐욕의 노예가 되거나 사치하지 않는다. [117]

아난다여, 그런데 여기 스승의 제자가 그 스승의 한거를 본받아 숲 속이나 나무 아래나 산이나 골짜기나 산속 동굴이나 묘지나 밀림이나 노지나 짚더미와 같은 외딴 처소를 의지한다. 그가 이처럼 은둔하여 머물 때에 바라문이나 장자들이 성읍이나 지방에서 그를 찾아온다. 바라문이나 장자들이 성읍이나 지방에서 찾아오면 그는 미혹에 빠지고 감각적 욕망을 일으키고 탐욕의 노예가 되고 사치하게 된다. 아난다여, 이 청정범행을 닦는 자는 청정범행을 닦는 자의 재난에 의

해 재난에 빠졌다고 한다. 오염원이고, 다시 태어남을 가져오며, 고민을 가져다주고, 괴로운 과보를 초래하며, 미래에 태어나고 늙고 죽는 것으로 인도하는 나쁘고 해로운 법들이 그를 무너뜨린다.

아난다여, 이것이 청정범행을 닦는 자의 재난이다.

아난다여, 여기서 청정범행을 닦는 자의 재난은 스승의 재난이나 제자의 재난보다 더 괴로운 과보를 초래하고, 더 쓴 과보를 가져오며, 악처에 떨어지게도 한다."258)

25. "아난다여, 그러므로 그대들은 자애로 나를 대하고 적대감으로 나를 대하지 마라. 그러면 그대들에게 오랜 세월 이익과 행복이 있을 것이다. 아난다여, 그러면 어떻게 제자들이 적대감으로 스승을 대하고 자애로 스승을 대하지 않는가?

아난다여, 여기 스승은 제자들을 애민히 여기고 이익을 바라며 연민의 정을 일으키어 법을 설한다. '이것은 그대들의 이익을 위한 것이고, 이것은 그대들의 행복을 위한 것이다.'라고. 그러나 그의 제자

---

258) "왜 '청정범행을 닦는 자의 재난은 스승의 재난이나 제자의 재난보다 더 괴로운 과보를 초래하고 더 쓴 과보를 가져온다(yo cevāyaṁ ācariyūpadda-vo, yo ca antevāsūpaddavo ayaṁ tehi brahmacārūpaddavo dukkha-vipākataro ceva kaṭukavipākataro ca).'고 말씀하셨는가?
외도 출가자는 얻는 것이 적어서 그 교단에서 크게 성취할 공덕(nibba-ttetabba-guṇa)은 없다. 겨우 여덟 가지 증득과 다섯 가지 신통지 정도(aṭṭha-samāpatti-pañca-abhiññā-mattaka)를 얻는다. 그것은 마치 당나귀 등에서 떨어지면 단지 먼지를 좀 뒤집어쓸 뿐 큰 고통은 없듯이 외도의 교단에서는 세간적인 공덕에서 멀어질 뿐이다.
그러나 부처님 교단(sāsana)에서는 출가자가 얻는 것이 크다. 즉 네 가지 도와 네 가지 과와 열반을 얻는다. 마치 부모 양쪽이 모두 순수한 혈통인 끄샤뜨리야 왕자가 코끼리 등에 올라 시가지를 둘러보다가 코끼리 등에서 떨어지면 큰 고통이 따르듯이 이 교단에서 물러나면 이러한 아홉 가지 출세간의 공덕(nava lokuttara-guṇa)에서 멀어진다. 그러므로 이 청정범행을 닦는 자의 재난(brahmacār-upaddava)을 이렇게 설명하신 것이다."(MA.iv.165)

들은 들으려 하지 않고 귀를 기울이지 않고 이해하려는 마음을 일으키지 않는다. 그들은 스승의 교법으로부터 한참 벗어나버린다.

아난다여, 이와 같이 제자들이 적대감으로 스승을 대하고 자애로 스승을 대하지 않는다."

26. "아난다여, 그러면 어떻게 제자들이 자애로 스승을 대하고 적대감으로 스승을 대하지 않는가?

아난다여, 여기 스승은 제자들을 애민히 여기고 이익을 바라며 연민의 정을 일으키어 법을 설한다. '이것은 그대들의 이익을 위한 것이고, 이것은 그대들의 행복을 위한 것이다.'라고. 그러면 그의 제자들은 들으려 하고 귀를 기울이고 이해하려는 마음을 일으킨다. 그들은 스승의 교법으로부터 벗어나지 않는다.

아난다여, 이와 같이 제자들이 자애로 스승을 대하고 적대감으로 스승을 대하지 않는다. [118] 아난다여, 그러므로 그대들은 자애로 나를 대하고 적대감으로 나를 대하지 마라. 그러면 그대들에게 오랜 세월 이익과 행복이 있을 것이다."

27. "아난다여, 나는 도기공이 완전히 굽지 않은 도기(陶器)[259]를 다루는 방식으로 그대들을 다루지 않을 것이다.[260] 아난다여, 나는 거듭해서 그대들을 제어하고 그대들에게 말할 것이다. 아난다여, 거

---

259) '완전히 굽지 않은 도기'는 āmaka를 옮긴 것으로 본래의 뜻은 '익지 않은, 날것의'이다. 여기서는 도기를 뜻하는 단어로 쓰이고 있다. 주석서는 이 āmaka를 "아직 완전하게 마르지 않은 도기(na-atisukkha bhājana)" (MA.iv.166)라고 설명하고 있어서 이렇게 옮겼다.

260) 도기공은 아직 덜 마른 도기를 다룰 때 부서질까봐 양손으로 조심스럽게 집고 다루지만, 세존께서는 제자들을 그렇게 조심조심하는 것이 아니라 거듭 제어하고 다스리고 가르침을 설한다는 뜻이라고 주석서는 설명하고 있다. (MA.iv.166)

듭해서 그대들의 [결점을] 없애도록 할 것이니[261] 근기가 수승한 자는 머물러 있을 것이다."[262]

세존께서는 이와 같이 설하셨다. 아난다 존자는 흡족한 마음으로 세존의 말씀을 크게 기뻐하였다.

공(空)에 대한 긴 경(M122)이 끝났다.

---

261) '거듭해서 그대들의 [결점을] 없애도록 할 것이니'는 pavayha pavayha를 주석서를 참조하여 풀어서 옮긴 것이다. pavayha는 pavahati(pra+√vah, *to carry*)의 절대분사로 본래의 뜻은 '실어 나르다, 물리치다, 없애다'이다. 주석서는 이렇게 설명한다.
"'거듭해서 그대들의 [결점을] 없애도록 할 것이니(pavayha pavayha)'라고 하셨다. 이것은 계속해서 결점(dosa)을 없앤다는 뜻이다. 마치 도기공(kumbha-kāra)이 다 구운 도기 중에서 금이 갔거나 부서졌거나 단단하지 못한 것들을 골라내어 한 곳에 제쳐두고 잘 구워진 것만 거듭 두들겨본 뒤에 취하듯이, 세존께서도 제자의 결점들을 죄다 없앤 뒤에 거듭거듭(punappunaṁ) 경책하시고(ovadissāmi) 훈계를 하신다(anusāsissāmi)는 뜻이다." (MA.iv.166)

262) "'근기가 수승한 자는 머물러 있을 것이다(yo sāro so ṭhassati).'라고 하셨다. 세존께서 이와 같이 계속해서 경책하실 때 도와 과를 얻은 수승한 자(magga-phala-sāra)는 머물러 있을 것이다. 물론 여기서는 세간적인 공덕(lokiya-guṇa)을 많이 쌓은 자도 근기가 수승한 자라고 말한다."(MA.iv.167)

경이롭고 놀라운 일 경

Acchariyabbhutadhamma Sutta(M123)

1. 이와 같이 나는 들었다. 한때 세존께서는 사왓티에서 제따 숲의 아나타삔디까 원림(급고독원)에 머무셨다.

2. 그때 많은 비구들이 공양을 마치고 탁발에서 돌아와 강당에 모여 앉아서 이런 이야기들을 하고 있었다.

"참으로 경이롭습니다, 도반들이여, 참으로 놀랍습니다, 도반들이여. 여래께서는 큰 신통력을 가지셨고 큰 위력을 가지셨습니다. 여래께서는 완전한 열반에 드셨고 사량 분별263)을 자르셨고 행로를 끊고 윤회를 끝내고264) 모든 괴로움을 건너신265) 과거 부처님들에 대해,

---

263) "'사량 분별(papañcā)'이란 갈애(taṇhā), 자만(māna), 사견(diṭṭhi)의 세 가지 오염원(kilesa)을 말한다."(MA.iv.167)
희론(戱論)이라 한역되기도 한 '사량 분별(papañca)'에 대해서는 본서 제2권 「우빨리 경」(M56) §29의 주해를 참조하고, '사량 분별이 함께한 인식의 더미(papañca-saññā-saṅkhā)'에 대해서는 본서 제1권 「꿀 덩어리 경」(M18) §8과 §16이하와 주해를 참조할 것.

264) "'행로를 자르고(chinna-vaṭume)'에서 '행로(vaṭuma)'란 선업과 악업의 윤회(kusala-akusala-kamma-vaṭṭa)를 말한다. '윤회를 끊고(pariyādinna-vaṭṭe)'란 앞의 말과 동의어(vevacana)인데 모든 업의 윤회를 끊었다(pariyādinna-sabba-kamma-vaṭṭe)는 뜻이다."(MA.iv.167)

그분 세존들은 이런 태생이셨고[266] 그분 세존들은 이런 이름을 가지셨고 그분 세존들은 이런 족성[267]을 가지셨고 이런 계와 이런 법[268]과 이런 통찰지와 이런 머묾[269]과 이런 해탈[270]을 구족하셨다고 아십니다."[271]

---

265) "'모든 괴로움을 건너신(sabba-dukkha-vītivatta)'이란 모든 과보의 윤회라 불리는(vipāka-vaṭṭa-saṅkhāta) 괴로움을 건너셨다는 뜻이다."(MA.iv.167)

266) "위빳시 부처님 등은 캇띠야(끄샤뜨리야) 가문의 태생이셨고, 까꾸산다 부처님 등은 바라문 가문의 태생이셨다."(MA.iv.167)

267) "위빳시 부처님 등의 족성(gotta)은 꼰단냐(Koṇḍañña)였고, 까꾸산다 부처님 등의 족성은 깟사빠였다."(MA.iv.167)

268) "'이런 법(evaṁ-dhammā)'이란 삼매의 편에 있는 법(samādhi-pakkhā dhammā)을 말한다. 이런 세간적인 삼매와 이런 출세간적인 삼매를 얻었다는 말이다."(MA.iv.167~168)

269) '머묾'은 vihāra를 옮긴 것인데, 앞에서 삼매의 편에 있는 법을 언급함으로써 이미 포함된 것으로 보이지만 여기서는 멸진정(nirodha-samāpatti)을 뜻하기 때문에 별도로 언급되었다고 주석서는 설명하고 있다.(MA.iv.168)

270) "'이런 해탈(evaṁ-vimuttā)'이란 다섯 가지 해탈을 말한다. 즉 억압에 의한 해탈(vikkhambhana-vimutti), 반대를 대체함에 의한 해탈(tadaṅga-vimutti), 근절에 의한 해탈(samuccheda-vimutti), 경안에 의한 해탈(paṭi-ppassaddhi-vimutti), 벗어남에 의한 해탈(nissaraṇa-vimuttīti)이다. 이 중에서 다섯 가지 장애를 억압하여 해탈했기 때문에 여덟 가지 증득(aṭṭha samāpatti)을 억압에 의한 해탈이라 한다. 각각 반대의 인식을 대체하여 항상하다는 인식 등에서 해탈했기 때문에 무상의 관찰 등 일곱 가지 관찰(anicca-anupassanādikā satta anupassanā)을 반대를 대체함에 의한 해탈이라 하고, 오염원을 끊어서 해탈했기 때문에 네 가지 성스러운 도(cattāro ariya-maggā)를 근절에 의한 해탈이라 하고, 도의 힘으로 오염원들을 가라앉힌 뒤 일어나기 때문에 네 가지 사문의 결실[沙門果, cattāri sāmañña-phalā-ni]을 경안에 의한 해탈이라 하고, 모든 오염원들로부터 벗어났고 자유롭게 되었고 멀리 있기 때문에 열반(nibbāna)을 벗어남에 의한 해탈이라 한다. 이러한 다섯 가지 해탈을 '이런 해탈'이라 한다."(MA.iv.168)

271) 『디가 니까야』 제2권 「대본경」(Mahāpadāna Sutta, D14) §§1.4~1.1에 석가모니 부처님을 포함한 과거 일곱 분의 부처님 즉 위빳시(Vipassī)

이렇게 말하자 아난다 존자는 그 비구들에게 이렇게 말했다.

"도반들이여, 여래들께서는 경이롭고 경이로운 법을 구족하셨습니다. 도반들이여, 여래들께서는 놀랍고 놀라운 법들을 구족하셨습니다." [119]

여기서 비구들의 이야기는 중단되었다. 세존께서 해거름에 [낮 동안의] 홀로 앉으심을 풀고 자리에서 일어나 강당으로 오셨기 때문이다. 오셔서는 마련해 드린 자리에 앉으셨다. 자리에 앉으셔서 세존께서는 비구들에게 말씀하셨다.

"비구들이여, 무슨 이야기를 하기 위해 지금 여기에 모였는가? 그리고 그대들이 하다 만 이야기는 무엇인가?"

"세존이시여, 저희들은 공양을 마치고 탁발에서 돌아와 강당에 모여 앉아 이런 이야기들을 하고 있었습니다. "참으로 경이롭습니다, 도반들이여. … 이런 해탈을 구족하셨다고 아십니다." 그러자 아난다 존자가 저희들에게 이렇게 말했습니다. "도반들이여, 여래들께서는 … 구족하였습니다." 여기서 저희들의 이야기는 중단되었고 세존께서 오셨습니다."

그러자 세존께서는 아난다 존자에게 말씀하셨다.

"아난다여, 그렇다면 그대는 여래에게 있었던 경이롭고 놀라운 일을 더 자세하게 설명해 보라."

3. "세존이시여, 저는 '아난다여, 보살은 마음챙기고 분명하게 알아차리면서 도솔천에 태어났다.'라고 세존의 면전에서 직접 들었

부처님, 시키(Sikhī) 부처님, 웻사부(Vessabhū) 부처님, 까꾸산다(Kakusandha) 부처님, 꼬나가마나(Konāgamana) 부처님, 깟사빠(Kassapa) 부처님, 석가모니(sakyamuni) 부처님에 대한 상세한 설명이 나타나므로 참조할 것.

고 세존의 면전에서 직접 받아 지녔습니다. [120] 세존이시여, 저는 '보살께서 마음챙기고 분명하게 알아차리면서 도솔천에 태어났다.'는 이것이 세존께 있었던 경이롭고 놀라운 일이라고 여깁니다."

4. "세존이시여, 저는 '아난다여, 보살은 마음챙기고 분명하게 알아차리면서 도솔천에 머물렀다.'라고 세존의 면전에서 직접 들었고 세존의 면전에서 직접 받아 지녔습니다. 세존이시여, 저는 '보살께서 마음챙기고 분명하게 알아차리면서 도솔천에 머무셨다.'는 것이 세존께 있었던 경이롭고 놀라운 일이라고 여깁니다."

5. "세존이시여, 저는 '아난다여, 보살은 마음챙기고 분명하게 알아차리면서 도솔천에 생명이 다하도록 머물렀다.'라고 세존의 면전에서 직접 들었고 세존의 면전에서 직접 받아 지녔습니다. 세존이시여, 저는 '보살께서 마음챙기고 분명하게 알아차리면서 도솔천에 생명이 다하도록 머무셨다.'는 것이 세존께 있었던 경이롭고 놀라운 일이라고 여깁니다."

6. "세존이시여,272) 저는 '아난다여, 보살은 마음챙기고 분명하게 알아차리면서 도솔천에서 몸을 버리고 어머니의 태에 들었다.'라고 세존의 면전에서 직접 들었고 세존의 면전에서 직접 받아 지녔습니다. 세존이시여, 저는 '보살께서 마음챙기고 분명하게 알아차리면서 도솔천에서 몸을 버리고 어머니의 태에 드셨다.'는 것이 세존께 있었던 경이롭고 놀라운 일이라고 여깁니다."

7. "세존이시여, 저는 '아난다여, 보살이 도솔천에서 몸을 버리

272) 이하 본경의 §§6~21은 『디가 니까야』 제2권 「대본경」(大本經, D14)의 §§1.17~1.30과 같은 내용을 담고 있다.

고 어머니의 태에 들었을 때 신을 포함하고 마라를 포함하고 범천을 포함한 세상과 사문・바라문들을 포함하고 신과 사람을 포함한 무리들 가운데에 신들의 능력을 뛰어넘는 측량할 수 없는 광휘로운 빛이 나타났다. 또한 그렇게 큰 신통력과 그렇게 큰 위력을 가진 달과 태양도 그 광선을 비출 수 없는, 세계의 사이에 끼어있어 캄캄하고 칠흑같이 어두운 심연[273]에도 신들의 능력을 뛰어넘는 측량할 수 없는 광휘로운 빛이 나타났다. 거기에 태어난 중생들[274]은 그 광명으로 '오, 다른 중생들도 참으로 여기에 태어났구나.'라고 서로를 보았다.[275] 그리고 이 일만 세계가 진동하고 흔들리고 요동쳤으며 신들의 능력을 뛰어넘는 측량할 수 없는 광휘로운 빛이 그 세계에 나타났

---

273) '세계의 사이에 끼어있어 캄캄하고 칠흑같이 어두운 심연'은 lokantarikā aghā asaṁvutā andhakārakā andhakāra-timisā를 옮긴 것이다. 이 표현은 『디가 니까야』「대전기경」(D14) §1.17, §1.30과 『상윳따 니까야』 제6권「암흑 경」(S56:46)과 『앙굿따라 니까야』「경이로움 경」1(A4:127)에도 나타나고 있다. 주석서들은 이렇게 설명하고 있다.
"'캄캄하고 칠흑같이 어두운(aghā asaṁvutā andhakārā andhakāra-timisā)'은 지옥(niraya)을 말한다. 각 세 개의 우주 사이에 각 한 개의 끼어있는 세계(lokantarikā), 즉 지옥이 있다. 이것은 마치 세 개의 수레바퀴나 세 개의 그릇이 서로 닿은 상태로 놓여있을 때 중간에 생기는 공간과 같다. 그러나 그 크기는 8천 요자나(대략 100,000㎞ 정도)이다."(MA.iv.177)

274) "'거기에 태어난 중생들(yepi tattha sattā)'이란 우주의 틈새에 있는 대지옥(lokantara-mahā-niraya)에 태어난 중생들을 말한다. 그렇다면 무슨 업을 지어 그들은 그곳에 태어나는가? 부모나 여법한 사문과 바라문에게 무겁고 끔찍한 죄(aparādha)를 지었거나 날마다 생명을 죽이는 습관적인 업(pāṇa-vadhādi-sāhasika-kamma)을 지어 그곳에 태어난다."(MA.iv.178)

275) "[그곳에는 빛이 없기 때문에(ālokassa abhāvato) 안식이 생겨나지 않는다. 그래서 오직 그날 그 빛(obhāsa)으로 — MAṬ.ii.336] '우리가 큰 고통을 겪듯이 다른 중생들도 참으로 여기 태어나서 이런 고통을 겪는구나.'라고 보게 된다. 그러나 이 빛은 한 번 죽을 마시는 시간만큼도 지속되지 않는다. 잠(niddā)에서 깨어나(pabuddha) 대상을 알아차리는 시간만큼만 지속된다."(MA.iv.178)

다.'라고 세존의 면전에서 직접 들었고 세존의 면전에서 직접 받아 지녔습니다. 세존이시여, 저는 이것도 세존께 있었던 경이롭고 놀라운 일이라고 여깁니다."

8. "세존이시여, 저는 '아난다여, 보살이 어머니의 태에 들었을 때에 네 명의 신의 아들이 '인간이든 비인간이든 그 누구도 이 보살이나 보살의 어머니를 해쳐서는 안된다.'라고 하면서 그들을 보호하기 위해 사방에서 다가왔다.'라고 세존의 면전에서 직접 들었고 세존의 면전에서 직접 받아 지녔습니다. 세존이시여, 저는 이것도 세존께 있었던 경이롭고 놀라운 일이라고 여깁니다."

9. "세존이시여, 저는 '아난다여, 보살이 어머니의 태에 들었을 때에 보살의 어머니는 천성적으로 계를 지니고 있었다. 생명을 죽이는 것을 삼갔고, 주지 않는 것을 가지는 것을 삼갔고, 삿된 음행을 삼갔고, 거짓말하는 것을 삼갔고, 술 마시는 것을 삼갔다.'라고 세존의 면전에서 직접 들었고 세존의 면전에서 직접 받아 지녔습니다. 세존이시여, 저는 이것도 세존께 있었던 경이롭고 놀라운 일이라고 여깁니다." [121]

10. "세존이시여, 저는 '아난다여, 보살이 어머니의 태에 들었을 때에 보살의 어머니는 남자들을 향해 감각적 욕망이 일어나지 않았고, 그 어떤 남자도 애욕에 찬 마음으로 보살의 어머니를 범접할 수 없었다.'라고 세존의 면전에서 직접 들었고 세존의 면전에서 직접 받아 지녔습니다. 세존이시여, 저는 이것도 세존께 있었던 경이롭고 놀라운 일이라고 여깁니다."

11. "세존이시여, 저는 '아난다여, 보살이 어머니의 태에 들었을

때에 보살의 어머니는 다섯 가닥의 얽어매는 감각적 욕망을 모두 얻었고,[276] 그 다섯 가닥의 얽어매는 감각적 욕망을 구족하고 갖추어서 향유했다.'라고 세존의 면전에서 직접 들었고 세존의 면전에서 직접 받아 지녔습니다. 세존이시여, 저는 이것도 세존께 있었던 경이롭고 놀라운 일이라고 여깁니다."

12. "세존이시여, 저는 '아난다여, 보살이 어머니의 태에 들었을 때에 보살의 어머니는 어떤 고통도 없었고 몸도 피로하지 않았고 편안했다. 또한 보살이 어머니의 태속에서 사지와 감각기관을 구족해 있는 것을 보았다. 아난다여, 마치 아름답고 최상품이고 팔각형이고 아주 잘 절단되었고 맑고 투명하고 모든 구색을 다 갖춘 에메랄드가 있어, 거기에 푸른색이나 노란색이나 붉은색이나 흰색이나 갈색 실이 꿰어져있을 때, 그것을 눈 있는 사람이 손에 올려놓고 '이 에메랄드는 아름답고 최상품이고 팔각형이고 아주 잘 절단되었고 맑고 투명하고 모든 구색을 다 갖추었구나. 거기에 푸른색이나 노란색이나 붉은색이나 흰색이나 갈색 실에 꿰어져있구나.'라고 살펴보는 것과 같다. 아난다여, 그와 같이 보살이 어머니의 태에 들었을 때에 보살의 어머니는 어떤 고통도 없었고 몸도 피로하지 않았고 편안했다. 또한 보살이 어머니의 태속에서 사지와 감각기관을 구족해 있는 것을 보았다.'라고 세존의 면전에서 직접 들었고 세존의 면전에서 직접 받아 지녔습니다. 세존이시여, 저는 이것도 세존께 있었던 경이롭고 놀

---

276) "위 문단에서 '감각적 욕망이 일어나지 않았다(na kāmaguṇūpasaṁhita).'는 것은 남자를 그리워하는 [음행의 토대를 부정하는 것(abrahmacariya-vatthu-paṭisedha) — MAṬ.ii.337]이고, 여기서 '감각적 욕망을 얻었다(lābhinā kāmaguṇānaṁ).'는 것은 [눈, 귀 등으로 좋아하고 마음에 드는 형색, 소리 등의 다섯 가닥의 얽어매는 감각적 욕망의 대상(rūpādi-pañca-kāma-guṇ-ārammaṇa) — MAṬ.ii.337)]을 얻는 것을 말한다."(MA.iv.181)

라운 일이라고 여깁니다." [122]

13. "세존이시여, 저는 '아난다여, 보살이 태어난 지 칠 일째에 보살의 어머니는 임종하여 도솔천에 태어났다.'라고 세존의 면전에서 직접 들었고 세존의 면전에서 직접 받아 지녔습니다. 세존이시여, 저는 이것도 세존께 있었던 경이롭고 놀라운 일이라고 여깁니다."

14. "세존이시여, 저는 '아난다여, 다른 여인들은 아홉 달 혹은 열 달 동안 잉태하였다가 출산하지만 보살의 어머니는 그렇지 않았다. 보살의 어머니는 반드시 열 달 동안 보살을 잉태하였다가 출산했다.'라고 세존의 면전에서 직접 들었고 세존의 면전에서 직접 받아 지녔습니다. 세존이시여, 저는 이것도 세존께 있었던 경이롭고 놀라운 일이라고 여깁니다."

15. "세존이시여, 저는 '아난다여, 다른 여인들은 앉거나 누워서 출산하지만 보살의 어머니는 그렇지 않았다. 보살의 어머니는 서서 보살을 출산했다.'라고 세존의 면전에서 직접 들었고 세존의 면전에서 직접 받아 지녔습니다. 세존이시여, 저는 이것도 세존께 있었던 경이롭고 놀라운 일이라고 여깁니다."

16. "세존이시여, 저는 '아난다여, 보살이 어머니에게서 태어날 때 천신들이 먼저 받았고 나중에 인간들이 받았다.'라고 세존의 면전에서 직접 들었고 세존의 면전에서 직접 받아 지녔습니다. 세존이시여, 저는 이것도 세존께 있었던 경이롭고 놀라운 일이라고 여깁니다."

17. "세존이시여, 저는 '아난다여, 보살이 어머니에게서 태어나 아직 땅에 닿지 않았을 때 사대천왕들이 보살을 받아 '왕비시여, 기뻐하십시오. 큰 힘을 가진[277] 아들이 태어났습니다.'라고 말했다.'라

고 세존의 면전에서 직접 들었고 세존의 면전에서 직접 받아 지녔습니다. 세존이시여, 저는 이것도 세존께 있었던 경이롭고 놀라운 일이라고 여깁니다."

18. "세존이시여, 저는 '아난다여, 보살이 어머니에게서 태어날 때 보살은 아주 청정하였다. 양수도 묻지 않고 점액도 묻지 않고 피도 묻지 않고, [123] 그 어떤 불결한 것도 묻지 않으며, 청정하고 깨끗하게 태어났다. 아난다여, 마치 보석이 까시[278]의 비단 위에 놓여 있을 때 보석이 까시의 비단을 더럽히지 않고, 까시의 비단도 보석을 더럽히지 않는 것과 같다. 그것은 무슨 까닭인가? 둘 다 청정하기 때문이다. 아난다여, 그와 같이 보살이 어머니에게서 태어날 때 보살은 아주 청정하였다. 양수도 묻지 않고 점액도 묻지 않고 피도 묻지 않고, 그 어떤 불결한 것도 묻지 않으며, 청정하고 깨끗하게 태어났다.'라고 세존의 면전에서 직접 들었고 세존의 면전에서 직접 받아 지녔습니다. 세존이시여, 저는 이것도 세존께 있었던 경이롭고 놀라운 일이라고 여깁니다."

19. "세존이시여, 저는 '아난다여, 보살이 어머니에게서 태어날 때 하늘에서 두 개의 물줄기가 내려왔으니 하나는 차가운 것이었고 하나는 따뜻한 것이었다. 그것으로 보살과 어머니가 목욕을 했다.'라고 세존의 면전에서 직접 들었고 세존의 면전에서 직접 받아 지녔습

---

277) "'큰 힘을 가졌다(mahesakkha).'는 것은 큰 권위(mahā-teja)와 큰 명성(mahā-yasa)과 [32상 등의] 특징을 구족했다(lakkhaṇa-sampanna)는 의미이다."(MA.iv.183)

278) 옛적부터 와라나시(Varanasi, 바라나시)를 까시(Kāsi) 혹은 까시까(Kāsika)라고도 불렀다. 와라나시의 비단은 지금도 인도에서 유명한데 부처님 당시에도 그러하였음을 알 수 있다.

니다. 세존이시여, 저는 이것도 세존께 있었던 경이롭고 놀라운 일이라고 여깁니다."

20. "세존이시여, 저는 '아난다여, 보살이 태어나자마자 두 발로 가지런히 땅에 서서 북쪽을 향해 일곱 발짝을 내딛고 하얀 일산이 펴질 때[279] 모든 방향[280]을 두루 살펴보면서 '나는 세상에서 최상이요,[281] 나는 세상에서 으뜸이요, 나는 세상에서 가장 어른이다. 이것이 마지막 생이다. 더 이상 다시 태어남[再生]은 없다.'라고 대장부다운 말을 했다.'[282]라고 세존의 면전에서 직접 들었고 세존의 면전에

279) "'하얀 일산이 펴질 때(setamhi chatte anudhāriyamāne)'란 천상의 하얀 일산(dibba-seta-cchatta)이 펴진 것을 말한다."(MA.iv.184)

280) "'모든 방향(sabbā disā)'이라고 하셨다. 보살이 인간의 손에서 벗어나 동쪽 방향을 쳐다보았을 때 수천의 세계(aneka-cakka-vāḷa-sahassāni)는 활짝 열려있어 마치 열려있는 큰 궁전 같았다. 인간과 신들은 화환 등으로 예경을 올리면서 '보살이시여, 여기 당신을 닮은 사람도 없는데 어디에 더 나은 자가 있겠습니까?'라고 말했다. 이처럼 사방, 팔방, 위, 아래의 시방(十方, dasa disā)을 두루 살펴보신 뒤 자신과 닮은 자를 보지 못하자 이쪽이 북쪽이라고 인지하시면서 '일곱 발자국(satta-pada)'을 옮기셨다."(MA.iv.185)

281) "'최상(agga)'이라는 것은 공덕(guṇa)의 측면에서 가장 높다는 말이다. 나머지 두 문장도 동의어이다. '이것이 마지막 생이다. 더 이상 다시 태어남[再生]은 없다(ayam antimā jāti, natthi dāni punabbhavo).'라는 마지막 두 문장은 이 생(atta-bhāva)에서 얻을 아라한과(arahatta)를 말씀하신 것이다."(MA.iv.185)

282) "'두 발로 가지런히 땅에 서서(samehi pādehi patiṭṭhahitvā)'라는 것은 네 가지 성취수단(四如意足, catu-iddhi-pāda)을 얻을 징조이다. [성취수단을 통해 출세간법들에 확고히 머물기 때문이다. — MAṬ.ii.340]
'북쪽을 향해(uttara-abhimukho)'라는 것은 사람들이 미칠 수 없는, 대중을 넘어설(ajjhottharitvā abhibhavitvā gamana) 징조이다.
'일곱 발자국을 내딛었다(satta-pada-vītihāre gacchati).'는 것은 일곱 가지 깨달음의 구성요소라는 보배(satta-bojjhaṅga-ratana)를 얻을 징조이다.
'하얀 일산이 펴졌을 때(setamhi chatte anubhiramāne)'라는 것은 해탈의 일산(vimutti-cchatta)을 얻을 징조이다.
'모든 방향을 두루 살폈다(sabbā cadisā viloketi).'는 것은 걸림 없는 지혜

서 직접 받아 지녔습니다. 세존이시여, 저는 이것도 세존께 있었던 경이롭고 놀라운 일이라고 여깁니다."

21. "세존이시여, 저는 '아난다여, 보살이 어머니에게서 태어날 때 신을 포함하고 마라를 포함하고 범천을 포함한 세상과 사문・바라문들을 포함하고 신과 사람을 포함한 무리들 가운데에 신들의 능력을 뛰어넘는 측량할 수 없는 광휘로운 빛이 나타났다. 또한 그렇게 큰 신통력과 그렇게 큰 위력을 가진 달과 태양도 그 광선을 비출 수 없는, 세계의 사이에 끼어있어 캄캄하고 칠흑같이 어두운 심연에도 [124] 신들의 능력을 뛰어넘는 측량할 수 없는 광휘로운 빛이 나타났다. 거기에 태어난 중생들은 그 광명으로 '오, 다른 중생들도 참으로 여기에 태어났구나.'라고 서로를 보았다. 그리고 이 일만 세계가 진동하고 흔들리고 요동쳤으며 신들의 능력을 뛰어넘는 측량할 수 없는 광휘로운 빛이 그 세계에 나타났다.'라고 세존의 면전에서 직접 들었고 세존의 면전에서 직접 받아 지녔습니다. 세존이시여, 저는 이것도 세존께 있었던 경이롭고 놀라운 일이라고 여깁니다."

22. "아난다여, 그렇다면 그대는 이것도 역시 여래의 경이롭고 놀라운 일이라고 받아 지니라. 아난다여, 여기서 여래에게는 느낌이 분명하게 드러나면서[283] 일어나고 분명하게 드러나면서 머물고 분

(anāvaraṇa-ñāṇa)를 얻을 징조이다.
'대장부다운 말을 했다(āsabhiṅ vācaṁ bhāsati).'는 것은 멈출 수 없는 법륜을 굴릴(appaṭivattiya-dhamma-cakka-ppavattana) 징조이다.
'이것이 마지막 생이다(ayam antimā jāti,).'라는 사자후는 더 이상 남김이 없는 열반의 요소인 무여열반(anupādi-sesā nibbāna-dhātu parinibbāna)을 얻을 징조라고 알아야 한다."(MA.iv.185~186)

283) '분명하게 드러나면서'는 viditā를 옮긴 것인데, 주석서에서 "pākaṭā hutvā(분명한 상태로)"(MA.iv.189)라고 설명하고 있어서 이렇게 옮겼다. 주석서

명하게 드러나면서 사라진다. 인식이[284] 분명하게 드러나면서 일어

는 다음과 같이 부연하고 있다.
"제자들은 목욕하고 세수하고 먹고 마실 때에 파악하는 것을 놓쳐버린 순간에 일어난 지나간 심리현상들을 남김없이 모두 명상할 수가 없고, 파악한 것만을 [서 있거나 걷고 있을 때 일어난 심리현상들도 그들을 명상하기 적합한 때에 일어난 것만을 — MAṬ.ii.343] 명상한다(sammasanti).
그러나 부처님들은 그렇지 않다. [부처님들은 어떤 심리현상들이건 간에 그것을 정의하려고 하면 그것이 일어나는 순간에도 모든 측면에서 분명하게 드러난 상태로 분명하게 되어서 나타난다. 마치 손바닥에 놓인 아말라까 열매처럼. — MAṬ.ii.343] 왜냐하면 부처님들은 7일간 [이것은 부처님들의 통상적인 명상을 말한 것이다. 원하면 언제 어느 때 일어난 심리현상들도 명상하신다. — MAṬ.ii.343] 정의한 형성된 것들(vavatthita-saṅkhāra)을 처음부터 명상하여 [무상·고·무아의] 세 가지 특징(ti-lakkhaṇa)을 제기한 뒤에 내보내신다. 그분들께 관찰되지 않는 법(현상)이란 있을 수 없다. 그러므로 '분명하게 드러나면서(viditā)' 일어난다고 하셨다."(MA.iv.189~190)
한편『디가 니까야 주석서』는 다음과 같이 설명한다.
"아라한에게는 토대(vatthu)가 분명하게 드러나고(vidita), 대상(ārammaṇa)도 분명하게 드러나고, 토대와 대상이 분명하게 드러난다. 토대와 대상이 분명하게 드러나기 때문에 이와 같이 분명하게 드러나면서 느낌이 일어나고, 이와 같이 분명하게 드러나면서 느낌이 머물고, 이와 같이 분명하게 드러나면서 느낌이 소멸한다. 느낌만 그런 것이 아니라 인식 등도 그와 같다."(DA.iii.1007)
복주서는 다음과 같은 비유로 더 상세하게 설명한다.
"'토대와 대상이 분명하게 드러나기 때문에'라는 것은 토대가 있는 그대로(yāthāvato) 분명하게 드러난 상태이고 또한 대상이 있는 그대로 분명하게 드러난 상태이기 때문에라는 뜻이다. 예를 들면 뱀을 찾으려 다닐 때에 그것의 거처를 알면(āsaye vidite) 그것이 분명하게 드러난 것과 같다.
주문을 외는 힘(mantāgada-bala)으로 그것을 잡기가 쉬워지듯이 느낌도 그것의 거처인 토대(vatthu)와 대상(ārammaṇa)이 분명하게 드러나면 초심자의 경우라도 느낌이 분명하게 드러난다. 개별적인 특징[自相, salakkhaṇa]과 보편적인 특징[共相, sāmañña-lakkhaṇa]을 파악하기가 쉽다. 하물며 토대가 철저하게 드러난 번뇌 다한 아라한의 경우 더욱 쉽다. 그에게 느낌이 일어나는 순간도 머무는 순간도 사라지는 순간도 분명하게 드러난다."(DAṬ.iii.285)
본서 「차례대로 경」(M111) §3의 주해도 참조할 것.

284) 본 정형구가 나타나는 다른 경들에서는 모두 본경에서처럼 '느낌(vedanā)' - '인식(saññā)' - '사유(vitakka)'의 순서로 나타나는데『상윳따 니까야』

나고 분명하게 드러나면서 머물고 분명하게 드러나면서 사라진다. 사유가 분명하게 드러나면서 일어나고 분명하게 드러나면서 머물고 분명하게 드러나면서 사라진다.[285] 아난다여, 그대는 이것도 여래에게 있었던 경이롭고 놀라운 일이라고 기억하라."

23. "세존이시여, 세존께는 느낌이 분명하게 드러나면서 일어나고 분명하게 드러나면서 머물고 분명하게 드러나면서 사라지고, 인식이 분명하게 드러나면서 일어나고 분명하게 드러나면서 머물고 분명하게 드러나면서 사라지며, 사유가 분명하게 드러나면서 일어나고 분명하게 드러나면서 머물고 분명하게 드러나면서 사라집니다. 세존이시여, 저는 이것도 세존께 일어나는 경이롭고 놀라운 일이라고 여깁니다."

아난다 존자는 이렇게 말했고 스승께서는 동의하셨다. 그 비구들은 흡족한 마음으로 세존의 말씀을 크게 기뻐하였다.

경이롭고 놀라운 일 경(M123)이 끝났다.

제5권 「마음챙김 경」(S47:35) §5에는 느낌 – 사유 – 인식의 순서로 나타나고 있다.

285) '느낌이 분명하게 드러나면서 … 사라진다.'로 본경 §§22~23에서 부처님의 경이로운 특질 가운데 하나로 나타나는 이 정형구는 『상윳따 니까야』 제5권 「마음챙김 경」(S47:35) §5에는 사념처 수행으로, 『앙굿따라 니까야』 제2권 「삼매 경」(A4:41/ii.45)과 『디가 니까야』 제3권 「합송경」(D33/iii.223) §1.11에서는 삼매의 개발로, 『앙굿따라 니까야』 제4권 「무애해 경」 1(A7:37/iv.32~33)에서는 네 가지 무애해로 인도하는 요소로, 제5권 「난다 경」(A8:9/iv.168)에서는 마음챙기고 알아차리는 수행으로, 『무애해도』(Ps.i.178~180)에서는 들숨날숨에 대한 마음챙김과 관계된 수행으로도 나타난다.

박꿀라 경

Bakkula Sutta(M124)

1. 이와 같이 나는 들었다. 한때 박꿀라 존자[286]는 라자가하의

286) "박꿀라(Bakkula)라는 이름은 두 개의 가문에서 자랐다(dvikulo ti vattabbe)는 뜻에서 생긴 이름이다. 그는 천상에서 생명이 다하여 꼬삼비라는 도시(Kosambi-nagara)의 대부호인 상인의 가문(mahā-seṭṭhi-kula)에 태어났다. 태어난 지 5일째 되던 날에 가족들이 그를 데리고 강가 강으로 나들이를 갔다. 유모가 물에서 그를 목욕시키던 중에 물고기가 그를 보고 '내 먹잇감이구나.'라고 그를 낚아채어 삼켜버렸다. 공덕이 많은 중생인 그는 고통을 느끼지 못했으며 침대에 누운 듯했다. 물고기는 30유순을 헤엄쳐 가서 바라나시에 사는 낚시꾼의 그물(jāla)에 걸렸다. 물고기는 그 도시의 자식이 없는 상인의 손에 팔렸다. 그 부인이 물고기의 등을 자르자 황금빛(teja)의 아이를 발견했다. 물고기의 뱃속에서 내 아들을 얻었다면서 그녀의 남편에게 쫓아갔다. 상인은 왕에게 다가가 이 사실을 알렸고 왕은 '물고기의 뱃속에서도 병 없이 견뎌낸 이 아이는 공덕이 많으니 그대 가문에서 그를 길러라.'고 말했다.
꼬삼비의 상인 내외는 바라나시에서 어떤 상인이 물고기 뱃속에서 아이를 얻었다는 것을 듣고는 그곳으로 찾아갔다. 아이의 엄마가 아름답게 치장하여 놀아주고 있는 것을 보고는 '참으로 잘생긴 아이로구나.'라고 하다가 잃어버린 자기 아들임을 알아냈고 자기 아들임을 주장했다. 그들은 어떻게 이 아이를 얻었는지에 대해 물었다. 한 사람은 물고기의 뱃속에서 얻었다고 했고, 또 한 사람은 열 달 동안 뱃속에서 길렀지만 물고기에 먹혔다고 했다. 둘 다 서로 자기 아들이라 주장했고 결국 왕을 찾아갔다. 왕은 '이 사람은 열 달을 뱃속에서 길렀으니 엄마가 아니라 할 수가 없고, 또 한 사람도 비록 물고기를 산 인연으로 아들을 얻었지만 물고기에 포함된 모든 것을 샀기 때문에 엄

대나무 숲에 있는 다람쥐 보호구역에 머물렀다.

2. 그때 박꿀라 존자의 예전 재가자였을 적 친구인 나체수행자 깟사빠[287]가 [125] 박꿀라 존자를 찾아왔다. 와서 박꿀라 존자와 함께 환담을 나누었다. 유쾌하고 기억할만한 이야기로 서로 담소를 하고서 한 곁에 앉았다. 한 곁에 앉아서 나체수행자 깟사빠는 박꿀라 존자에게 이렇게 말했다.

3. "도반 박꿀라여, 그대는 출가한 지 얼마나 되었습니까?"
"도반이여, 나는 출가한 지 80년이 되었습니다."[288]

마가 아니라고 할 수 없으니 두 가문의 아들이다. 공동으로 아이를 기르라.' 고 했다. 그리하여 박꿀라, 즉 두 가문에 속한다는 이름을 얻었다.
그는 80년(asīti vassāni)을 부를 누리다가 세존의 법문을 듣고 신심이 생겨(paṭiladdha-saddha) 출가하였고, 출가한 뒤로 7일간만 범부로 지내다 8일째 되던 날 무애해(paṭisambhidā)를 겸비한 아라한과를 얻었다고 한다." (MA.iv.192~193)

287) 초기경들과 주석서들에서 깟사빠(Kassapa, 가섭)라고 불리는 사람은 DPPN에 의하면 30명 가까이가 된다. 그래서 그들을 구분하기 위해서 각각 다른 별칭으로 부르고 있다. 가장 유명한 부처님의 직계제자인 깟사빠 존자는 마하깟사빠(대가섭)라 불렸고 우루웰라에서 천 명의 제자와 함께 부처님께 귀의한 가섭 3형제 가운데 맏형은 우루웰라 깟사빠(Uruvela Kassapa)라 불렸다.
본경에서 나타나는 나체수행자 깟사빠는 박꿀라 존자의 오랜 친구였는데 박꿀라 존자의 설법을 듣고 출가하여 아라한이 되었다고 한다. 그리고 『디가 니까야』 「깟사빠 사자후 경」(D8)에 나타나는 나체 수행자 깟사빠는 「깟사빠 사자후 경」 §24에 의하면 세존의 설법을 듣고 출가하여 아라한이 되었다고 한다.
초기불전에 나타나는 세 명의 나체수행자 깟사빠(acela Kassapa)에 대해서는 『상윳따 니까야』 제4권 「나체수행자 깟사빠 경」(S41:9) §2의 주해를 참조할 것.

288) 그가 80세에 출가하였고, 출가한 이후 80년이 지났으니 냐나몰리 스님도 적고 있듯이(냐나몰리 스님/보디 스님, 1332쪽 1167번 주해) 이 경은 그가 160세에 설해진 것이 된다.

"도반 박꿀라여, 그대는 80년 동안 몇 번이나 성행위를 하였습니까?"

"도반 깟사빠여, 나에게 '도반 박꿀라여, 그대는 80년 동안 몇 번이나 성행위를 하였습니까?'라고 물어서는 안됩니다. 대신에 '도반 박꿀라여, 지난 80년 동안 몇 번이나 감각적 욕망에 대한 인식이 일어났습니까?'라고 이렇게 물어야 합니다."

"도반 박꿀라여, 지난 80년 동안 몇 번이나 감각적 욕망에 대한 인식이 일어났습니까?"

"도반 깟사빠여, 나는 출가한 이래 80년 동안 단 한 번도 감각적 욕망에 대한 인식이 일어난 기억이 없습니다."

박꿀라 존자가 출가한 이래 80년 동안 단 한 번도 감각적 욕망에 대한 인식이 일어난 기억이 없다는 것을 우리는 박꿀라 존자에게 일어난 경이롭고 놀라운 일이라고 여깁니다.[289]

4. ~ *5.* "도반이여, 나는 출가한 이래 80년 동안 단 한 번도 악의의 인식이 … 해코지의 인식이 일어난 기억이 없습니다."

박꿀라 존자가 출가한 이래 80년 동안 단 한 번도 악의의 인식과 해코지의 인식이 일어난 기억이 없다는 것 역시 우리는 박꿀라 존자에게 일어난 경이롭고 놀라운 일이라고 여깁니다.

6. "도반이여, 나는 출가한 이래 80년 동안 단 한 번도 감각적 욕망에 대한 사유를 한 기억이 없습니다."

박꿀라 존자가 출가한 이래 80년 동안 단 한 번도 감각적 욕망에 대한 사유를 한 기억이 없다는 것 역시 우리는 박꿀라 존자에게 일어난 경이롭고 놀라운 일이라고 여깁니다.

---

289) "이하 [본경의 여러 문단에 나타나는] 이 구문은 법을 결집한 장로들(dhamma-saṅgāhaka-therā)이 만들어서(niyametvā) 넣은 것이다." (MA.iv.193)

7. ~ *8.* "도반이여, 나는 출가한 이래 80년 동안 단 한 번도 악의에 대한 사유를 … 해코지에 대한 사유를 한 기억이 없습니다."

박꿀라 존자가 출가한 이래 80년 동안 단 한 번도 악의에 대한 사유와 해코지에 대한 사유를 한 기억이 없다는 것 역시 우리는 박꿀라 존자에게 일어난 경이롭고 놀라운 일이라고 여깁니다. [126]

9. ~ *13.* "도반이여, 나는 출가한 이래 80년 동안 단 한 번도 장자들로부터 가사를 받은 … 가위로 가사를 자른 … 바늘로 가사를 꿰맨 … 물감으로 가사를 물들인 … 가사 만드는 시기에 가사를 꿰맨 기억이 없습니다."

박꿀라 존자가 출가한 이래 … 이것 역시 우리는 박꿀라 존자에게 일어난 경이롭고 놀라운 일이라고 여깁니다.

14. ~ *16.* "도반이여, 나는 출가한 이래 80년 동안 단 한 번도 동료 수행자들의 가사를 만드는 일에 동참한 … 공양청에 응한 … 누가 나를 공양에 초대해주었으면 하는 생각을 일으킨 기억이 없습니다."

박꿀라 존자가 출가한 이래 … 이것 역시 우리는 박꿀라 존자에게 일어난 경이롭고 놀라운 일이라고 여깁니다.

17. ~ *24.* "도반이여, 나는 출가한 이래 80년 동안 단 한 번도 재가자의 집 안에 앉은 … 재가자의 집에서 먹은 … 여인의 특징이나 표상을 취한 … 여인에게 사구게 정도의 법이라도 설한 … 비구니 도량에 간 … 비구니에게 법을 설한 … 식카마나[290)]에게 법을 설

290) '식카마나(sikkhamānā)'는 중국에서 식차마나(式叉摩那)로 음역하였는데, 이것은 출가하여 구족계를 받기 전에 2년 동안 여섯 가지 법을 공부하는 기간 중에 있는 여성 출가자를 일컫는 술어이다.(sikkhamānā nāma dve

한 … 사미니에게 법을 설한 기억이 없습니다."

박꿀라 존자가 출가한 이래 … 이것 역시 우리는 박꿀라 존자에게 일어난 경이롭고 놀라운 일이라고 여깁니다.

25. ~ *28.* "도반이여, 나는 출가한 이래 80년 동안 단 한 번도 출가를 시킨 … 구족계를 준 … 의지처가 되어 준[291] … 사미의 시봉을 받은 기억이 없습니다."

박꿀라 존자가 출가한 이래 … 이것 역시 우리는 박꿀라 존자에게 일어난 경이롭고 놀라운 일이라고 여깁니다.

29. ~ *37.* "도반이여, 나는 출가한 이래 80년 동안 단 한 번도 욕실에서 목욕한 … 목욕가루로 목욕한 … 동료 수행자들의 사지를 [127] 안마해준 … 소젖 짜는 데 걸리는 시간만큼도 병에 걸린 … 약을 복용한 … 하리륵[訶梨勒][292] 열매 한 조각을 먹은 … 베개를 밴 … 잠자리를 마련한 … 마을 안에 있는 거처에서 우기철 하안거를 난 기억이 없습니다."

박꿀라 존자가 출가한 이래 … 이것 역시 우리는 박꿀라 존자에게 일어난 경이롭고 놀라운 일이라고 여깁니다.

---

vassāni chasu dhammesu sikkhitasikkhā — Vin.iv.122 등) 식카마나에 대해서는 『상윳따 니까야』 제2권 「사악한 식카마나 경」(S19:19) §3의 주해를 참조할 것.

291) "'의지처가 되어준다(nissayo dātabbo)'는 것은 스승(ācariya)이 되어 주는 것을 말한다."(AA.iii.333)

292) '하리륵[訶梨勒]'은 harītakī를 옮긴 것이다. harītakī 혹은 harītaka는 중국에서 하리륵(訶梨勒), 하리득기(呵黎得枳) 등으로 음역하였고, 천주지(天主持), 천주지래(天主持來)라 번역하기도 하였다. 이것은 지금도 인도에서 볼 수 있는 과일 나무 이름이다. 율장에 의하면 이 나무의 과일은 스님들의 약으로 허용되었다.(Vin.i.201)

38. "도반이여, 나는 출가하여 7일 동안은 빚진 사람으로 지역민들이 주는 공양을 먹었습니다. 8일째에 구경의 지혜가 일어났습니다."[293]

박꿀라 존자가 칠 일 동안만 빚진 사람으로 지역민들이 주는 공양을 먹고 팔 일째에 구경의 지혜가 일어났다는 것 역시 우리는 박꿀라 존자에게 일어난 경이롭고 놀라운 일이라고 여깁니다.

39. "도반 박꿀라여, 나는 이 법과 율에서 출가하고자 합니다. 구족계를 받고자 합니다."

나체수행자 깟사빠는 이 법과 율에서 출가하여 구족계를 받았다.[294] 구족계를 받은 지 얼마 되지 않아 깟사빠 존자는 혼자 은둔하여 방일하지 않고 열심히, 스스로 독려하며 지냈다. 그는 오래지 않아 좋은 가문의 아들들이 바르게 집을 떠나 출가하는 목적인 그 위없

---

293) "'빚진 사람(sāṇa)'이란 오염원이라는 빚을 가진 자(sakilesa sa-iṇa)라는 뜻이다. '지역민들이 주는 공양을 먹었다(raṭṭhapiṇḍaṁ bhuñji).'는 것은 믿음으로 베푸는 공양(saddhā-deyya)을 먹었다는 말이다.
네 가지 수용(pari-bhoga)이 있다. ① 훔친 것의 수용(theyya-paribhoga: 파계한 자들이 공양을 수용하는 것) ② 빚낸 것의 수용(iṇa-paribhoga: 계를 구족하였지만 반조하지 않고 수용하는 것) ③ 상속자의 수용(dāyajja-paribhoga: 7가지 유학들이 수용하는 것) ④ 주인의 수용(sāmi-paribhoga: 아라한이 수용하는 것)이다. … 그러므로 아라한만이 빚지지 않고 수용한다.
장로는 범부(puthu-jjana)였을 때는 자신이 빚낸 것의 수용으로 공양을 먹었기 때문에 이렇게 말한 것이다. 그는 팔 일째에 구경의 지혜(aññā)가 생겼다. 즉 아라한과(arahatta-phala)가 생겼다는 뜻이다."(SA.ii.199)
이 구문은 『상윳따 니까야』 제2권 「의복 경」(S16:11) §12에 마하깟사빠 존자의 말로도 나타난다. 네 가지 수용에 대한 설명은 『청정도론』 I.125~128을 참조할 것.

294) "박꿀라 장로는 그 자신이 다른 사람을 출가시킨 적도 없고(na pabbājesi) 구족계를 준적도 없다(na upasampādesi). 대신에 다른 사람이 그렇게 하도록 주선해주었다."(MA.iv.196)

는 청정범행의 완성을 지금·여기에서 최상의 지혜로 알고 실현하고 구족하여 머물렀다. '태어남은 다했다. 청정범행은 성취되었다. 할 일을 다 해 마쳤다. 다시는 어떤 존재로도 돌아오지 않을 것이다.' 라고 꿰뚫어 알았다. 깟사빠 존자는 아라한들 중의 한 분이 되었다.

40. 그러자 박꿀라 존자는 그 후에 열쇠를 가지고 이 승원 저 승원으로 다니면서 "존자들이여, 나와 보시오. 존자들이여, 나와 보시오. 오늘 내가 반열반에 들 것입니다."라고 말했다.

박꿀라 존자가 열쇠를 가지고 이 승원 저 승원으로 다니면서 '존자들이여, 나와 보시오. 존자들이여, 나와 보시오. 오늘 내가 반열반에 들 것입니다.'라고 한 것 역시 우리는 박꿀라 존자에게 일어난 경이롭고 놀라운 일이라고 여깁니다. [128]

41. 그때 박꿀라 존자는 비구 승가 가운데 앉아서[295] 반열반에 들었다.

박꿀라 존자가 비구 승가 가운데 앉아서 반열반에 든 것 역시 우리는 박꿀라 존자에게 일어난 경이롭고 놀라운 일이라고 여깁니다.[296]

박꿀라 경(M124)이 끝났다.

---

295) "'앉아서(nisinnako)'라고 하였다. 박꿀라 존자는 '살아서도 내 자신 한 번도 다른 비구에게 짐(bhāra)이 되지 않았고, 열반에 든 뒤에도 내 몸이 다른 비구들에게 짐이 되어서는 안된다.'고 생각하면서 불의 요소(tejo-dhātu)를 대상으로 삼매에 들어 열반에 들었다. 몸에서 불이 타올랐고, 피부와 살과 피는 마치 버터기름처럼 타면서 소멸되었다. 거기에는 재스민 꽃 봉우리를 닮은 사리(dhātu)만이 남았다."(MA.iv.196~197)

296) "이 경은 [부처님이 반열반에 드신 지 백 년 후에 열린] 제2차 결집(dutiya-saṅgaha)에서 합송되었다."(MA.iv.197)

길들임의 단계 경

Dantabhūmi Sutta(M125)

1. 이와 같이 나는 들었다. 한때 세존께서는 라자가하의 대나무 숲에 있는 다람쥐 보호구역에 머무셨다.

2. 그 무렵 아찌라와따 사미[297]가 숲 속의 토굴[298]에 머물고 있었다. 그때 자야세나 왕자[299]가 산책을 나와서 이리저리 경행하다가 아찌라와따 사미에게 다가갔다. 가서는 아찌라와따 사미와 함께

297) 주석서는 아찌라와따 사미(Aciravata samaṇuddesa)에 대한 아무런 설명을 하지 않는다. 본경에서 그는 악기웻사나(Aggivessana)로 불리고 있다. 『디가 니까야』 제1권 「사문과경」(D2) §28에서 니간타 나따뿟따도 악기웻사나(Aggivessana)라 호칭되는 것에 유의할 필요가 있다. 그리고 본서 M35, M36, M74, M125에도 악기웻사나라는 호칭이 나타나는데, 특히 제2권의 두 개의 「삿짜까 경」(M35, M36)에서 웨살리에 거주하는 삿짜까도 악기웻사나로 불리면서 니간타의 후예(Nigantha-putta)라고 불리고 있다. 그러므로 악기웻사나는 웨살리 지방에 사는 왓지 족들에게 사용되던 족성의 호칭이었던 듯하다.
본서 제3권 「디가나카 경」(M74) §2의 주해도 참조할 것.

298) "바로 그 대나무 숲의 한쪽 한가한 곳에 주요한 일을 보는 비구들을 위해 만들어진 거처를 말한다."(MA.iv.197)

299) "자야세나 왕자(Jayasena rāja-kumāra)는 빔비사라 왕의 아들이다."(MA.iv.197)

환담을 나누었다. 유쾌하고 기억할만한 이야기로 서로 담소를 하고서 한 곁에 앉았다. 한 곁에 앉아서 자야세나 왕자는 아찌라와따 사미에게 이렇게 말했다.

"악기웻사나 존자여, 나는 다음과 같이 들었습니다. '여기 방일하지 않고 열심히 스스로 독려하며 머무는 비구는 마음이 한 끝에 집중됨[心一境性]을 얻는다.'300) 라고."

"왕자여, 참으로 그렇습니다. 왕자여, 참으로 그렇습니다. 여기 방일하지 않고 열심히 스스로 독려하며 머무는 비구는 마음이 한 끝에 집중됨을 얻습니다."

3. "악기웻사나 존자가 듣고 터득하신대로 나에게 법을 설해주시면 감사하겠습니다."

"왕자여, 나는 그대에게 내가 듣고 터득한대로 법을 설할 수가 없습니다. 비록 내가 듣고 터득한대로 법을 설하더라도 그대는 내가 설한 뜻을 완전히 이해할 수 없을 것입니다. 그러면 그것은 나에게 번거로움과 피로만 줄 뿐입니다." [129]

4. "악기웻사나 존자가 듣고 터득하신 대로 나에게 법을 설해주십시오. 그러면 나는 악기웻사나 존자가 설하신 뜻을 이해할 수 있을 것입니다."

"왕자여, 그렇다면 나는 그대에게 내가 듣고 터득한 대로 법을 설하겠습니다. 그대가 내 말뜻을 이해한다면 그것은 좋은 일입니다. 그

---

300) "'방일하지 않고 열심히 스스로 독려하며 머무는(ātāpī pahitatto viharanto)' 수행자는 증득(samāpatti)이라는 것을 얻고 禪(jhāna)이라는 것을 얻는다고 들었다고 말하는 것이다."(MA.iv.197)
삼매(samādhi)를 정의하는 술어인 '마음이 한 끝에 집중됨[心一境性, citta-ssa ekagatā]'에 대해서는 본서 제2권 「교리문답의 짧은 경」(M44) §12의 주해를 참조할 것.

러나 만일 그대가 내 말뜻을 이해하지 못한다면 거기서 멈추고 더 이상 나에게 질문을 하지 마십시오."

"악기웻사나 존자는 내게 법을 설해주십시오. 만일 내가 악기웻사나 존자의 말뜻을 이해한다면 그것은 좋은 일일 것입니다. 만일 내가 악기웻사나 존자의 말뜻을 이해하지 못한다면 거기서 멈추고 악기웻사나 존자에게 더 이상 질문을 하지 않을 것입니다."

5. 그러자 아찌라와따 사미는 자야세나 왕자에게 본인이 듣고 터득한대로 법을 설하였다. 그렇게 설하자 자야세나 왕자는 아찌라와따 사미에게 이렇게 말했다.

"악기웻사나 존자여, 여기 비구가 방일하지 않고 열심히 스스로 독려하며 머물 때 마음이 한 끝에 집중됨을 얻는다는 것은 불가능한 일이고 있을 수 없는 일입니다."

자야세나 왕자는 아찌라와따 사미에게 불가능한 일이고 있을 수 없는 일이라고 말하면서 자리에서 일어나 그곳을 떠났다.

6. 그러자 아찌라와따 사미는 자야세나 왕자가 떠난 지 얼마 되지 않아 세존을 찾아갔다. 뵙고는 세존께 큰절을 올리고 한 곁에 앉았다. 한 곁에 앉아서 아찌라와따 사미는 자야세나 왕자와 함께 나누었던 대화를 모두 세존께 아뢰었다. 이렇게 말씀드리자 세존께서는 아찌라와따 사미에게 이렇게 말씀하셨다.

7. "악기웻사나여, 자야세나 왕자는 감각적 욕망 속에 살면서 감각적 욕망을 즐기고 감각적 욕망에 대한 생각에 사로잡혀있으며 감각적 욕망의 열병으로 불타오르고 [130] 감각적 욕망을 찾기에 혈안이 되어있는데, 그런 그가 어떻게 감각적 욕망에서 벗어나야[出離] 알 수 있고, 감각적 욕망에서 벗어나야 볼 수 있고, 감각적 욕망에서

벗어나야 얻을 수 있고, 감각적 욕망에서 벗어나야 실현할 수 있는 것을, 알고 보고 실현할 수 있겠는가? 그것은 불가능하다."

8. "악기웻사나여, 두 마리의 길들여야 할 코끼리나[301] 길들여야 할 말이나 길들여야 할 소가 있어, 그들은 잘 길들여졌고 잘 훈련되었다. 그러나 두 마리의 길들여야 할 코끼리나 길들여야 할 말이나 길들여야 할 소가 있어, 그들은 잘 길들여지지 않았고 잘 훈련되지 않았다고 하자. 악기웻사나여, 이를 어떻게 생각하는가? 두 마리의 길들여야 할 코끼리나 길들여야 할 말이나 길들여야 할 소가 잘 길들여졌고 잘 훈련되었다면, 그들이 이미 길들여졌기 때문에 길들여진 습성을 갖추고 길들여졌기 때문에 길들여진 경지에 도달했다고 할 수 있겠는가?"

"그렇습니다, 세존이시여."

"그러면 두 마리의 길들여야 할 코끼리와 길들여야 할 말과 길들여야 할 소가 길들여지지 않았고 훈련되지 않았다면 그들이 길들여지지 않았음에도 불구하고 길들여진 습성을 갖추고 길들여지지 않았음에도 불구하고 길들여진 경지에 도달했다고 할 수 있겠는가?"

"아닙니다, 세존이시여."

"악기웻사나여, 그와 마찬가지로 감각적 욕망 속에 살면서 감각적 욕망을 즐기고 감각적 욕망에 대한 생각에 사로잡혀있으며 감각적 욕망의 열병으로 불타오르고 감각적 욕망을 찾기에 혈안이 된 자야세나 왕자가 감각적 욕망에서 벗어나야 알 수 있고, 감각적 욕망에서 벗어나야 볼 수 있고, 감각적 욕망에서 벗어나야 얻을 수 있고, 감각적 욕망에서 벗어나야 실현할 수 있는 것을, 알고 보고 실현한다는

---

301) 이 비유는 본서 제3권 「깐나깟탈라 경」(M90) §11에도 나타난다.

것은 불가능하다."

9. "악기웻사나여, 마을이나 성읍 근처에 높은 산이 있어, 두 친구가 그 마을이나 성읍을 나와 손을 잡고 그 산에 갔는데, 도착하자 한 친구는 산기슭에 머물고 한 친구는 산꼭대기에 오른다 하자. 산기슭에 머물던 친구가 산꼭대기에 올라간 친구에게 이와 같이 물을 것이다.

'여보게, 산꼭대기에 서니 무엇이 보이는가?'

그는 이렇게 대답할 것이다.

'여보게, 산꼭대기에 서니 아름다운 공원과 아름다운 숲과 아름다운 초원과 아름다운 호수가 보이네.'

그는 말할 것이다.

'여보게, [131] 그대가 산꼭대기에 서서 아름다운 공원과 아름다운 숲과 아름다운 초원과 아름다운 호수를 본다는 것은 있을 수 없고 불가능하네.'

그러자 산꼭대기에 서 있던 친구가 산기슭으로 내려가 그 친구를 데리고 산꼭대기로 올라가서 잠시 숨을 돌리게 하고 이와 같이 말할 것이다.

'여보게, 산꼭대기에 서니 무엇이 보이는가?'

그는 이렇게 대답할 것이다.

'여보게, 산꼭대기에 서니 아름다운 공원과 아름다운 숲과 아름다운 초원과 아름다운 호수가 보이네.'

그는 말할 것이다.

'여보게, 조금 전에 그대는 '여보게, 그대가 산꼭대기에 서서 아름다운 공원과 아름다운 숲과 아름다운 초원과 아름다운 호수를 본다는 것은 있을 수 없고 불가능하네.'라고 말한 것을 나는 알고 있는데 이제 그대가 '여보게, 산꼭대기에 서니 아름다운 공원과 아름다운 숲과 아름다운 초원과 아름다운 호수가 보이네.'라고 하는구나.'

그러면 그는 말할 것이다.

'여보게, 산기슭에서 나는 이 높은 산에 가로막혀 볼 수 있는 것을 볼 수가 없었네.'"

10. "악기웻사나여, 그와 같이 자야세나 왕자는 이보다 더 큰 무명의 무더기에 가리어지고 막히고 차단되고 둘러싸여있다. 감각적 욕망 속에 살면서 감각적 욕망을 즐기고 감각적 욕망에 대한 생각에 사로잡혀있으며 감각적 욕망의 열병으로 불타오르고 감각적 욕망을 찾기에 혈안이 된 자야세나 왕자가 감각적 욕망에서 벗어나야 알 수 있고, 감각적 욕망에서 벗어나야 볼 수 있고, 감각적 욕망에서 벗어나야 얻을 수 있고, 감각적 욕망에서 벗어나야 실현할 수 있는 것을, 알고 보고 실현한다는 것은 불가능하다."

11. "악기웻사나여, 만일 그대가 자야세나 왕자를 대했을 때 이런 두 가지 비유가 떠올랐다면 자야세나 왕자는 즉시에 그대에게 깨끗한 믿음을 가졌을 것이고 깨끗한 믿음을 가져 그대에게 믿음을 나타냈을 것이다."

"세존이시여, 자야세나 왕자에게 설한 이 두 가지 비유는 전에 들어본 적이 없는 즉시에 떠오른 것인데 어떻게 세존처럼 제가 할 수 있겠습니까?" [132]

12. "악기웻사나여, 관정한 끄샤뜨리야 왕이 코끼리 사냥꾼에게 말하기를 '여봐라, 코끼리 사냥꾼이여. 그대는 왕의 코끼리를 타고 코끼리가 사는 숲으로 가서 야생 코끼리를 보거든 왕의 코끼리에 그 코끼리의 목을 묶어라.'라고 할 것이다. 악기웻사나여, 그러면 그 코

끼리 사냥꾼은 '그렇게 하겠습니다, 폐하.'라고 관정한 끄샤뜨리야 왕에게 대답한 뒤 왕의 코끼리에 올라 코끼리가 사는 숲으로 가서 야생 코끼리를 보고는 왕의 코끼리에 그 코끼리의 목을 묶을 것이다. 그러면 왕의 코끼리는 그를 노지로 끌고 나올 것이다. 악기웻사나여, 이런 방법으로 야생 코끼리는 드디어 노지로 끌려나오게 된다. 악기웻사나여, 야생 코끼리는 코끼리 숲에 집착하기 때문이다."

"그러면 야생 코끼리 사냥꾼은 관정한 끄샤뜨리야 왕에게 아뢸 것이다.

'폐하, 야생 코끼리가 노지로 나왔습니다.'

그러면 관정한 끄샤뜨리야 왕은 코끼리 조련사를 불러서 말할 것이다.

'여봐라, 코끼리 조련사여. 이리오라. 그대는 야생 코끼리를 조련하여 숲 속의 습관을 제어하고 숲 속에서 달리던 생각[302]을 제어하고 숲 속의 근심과 피로와 열병을 제어하고 마을에 사는 것을 즐거워하게 하고 사람들이 좋아하는 습관을 길들이도록 하라.'[303]

악기웻사나여, 그 코끼리 조련사는 '그렇게 하겠습니다, 폐하.'라고 관정한 끄샤뜨리야 왕에게 대답하고는 숲 속의 습관을 제어하고 숲 속의 생각을 제어하고 숲 속의 근심과 피로와 열병을 제어하고 마을

---

302) '숲 속에서 달리던 생각'은 āraññakānañceva sara-saṅkappānaṁ을 옮긴 것이다. '숲 속에 대한 기억(sara)과 생각(saṅkappa)'이라고 번역할 수도 있겠지만 주석서에서 sara-saṅkappa를 dhāvana-saṅkappa([숲 속에서] 달리던 생각들)이라고 설명하고 있어서(MA.iv.198) 이렇게 옮겼다.

303) "'사람들이 좋아하는 습관을 길들인다(manussa-kantesu sīlesu samādapanāya).'는 것은 여자나 남자나 어린 남자아이나 어린 여자아이들이 코끼리의 코 등을 잡고 장난을 칠 때(upakeḷayamāna) 몸짓을 일그러뜨리지 않고 기꺼이 응해줌으로써 사람들이 좋아하는 습관을 길들이게 된다는 말이다."(MA.iv.198~199)

에 사는 것을 즐거워하게 하고 사람들이 좋아하는 습관을 길들이기 위해 땅에다 큰 기둥을 박고 야생 코끼리의 목을 거기에 묶는다."

"그러면 코끼리 조련사는 부드럽고 귀에 즐겁고 사랑스럽고 가슴에 와 닿고 온화하며 많은 사람들이 좋아하고 많은 사람들이 마음에 드는, 그런 말을 한다. 악기웻사나여, 야생 코끼리는 코끼리 조련사가 하는 부드럽고 귀에 즐겁고 사랑스럽고 가슴에 와 닿고 온화하며 많은 사람들이 좋아하고 [133] 많은 사람들이 마음에 드는, 그런 말을 들으면 들으려 하고 귀를 기울이고 이해하려고 애쓴다. 그러면 코끼리 조련사는 다시 건초와 물로써 보답한다. 악기웻사나여, 야생 코끼리가 그가 주는 건초와 물을 받아먹으면 코끼리 조련사는 '이제 왕의 코끼리304)는 살 것이다.'라는 생각이 든다."

"그러면 코끼리 조련사는 더 나아가 '들어 올려! 내려놓아!'라고 훈련시킨다. 악기웻사나여, 왕의 코끼리가 코끼리 조련사의 '들어 올려! 내려놓아!'라는 말을 따르고 명령에 복종하면 코끼리 조련사는 더 나아가 '앞으로 가! 돌아와!'라고 훈련시킨다. 악기웻사나여, 왕의 코끼리가 코끼리 조련사의 '앞으로 가! 돌아와!'라는 말을 따르고 명령에 복종하면 코끼리 조련사는 더 나아가 '일어서! 앉아!'라고 훈련시킨다. 악기웻사나여, 왕의 코끼리가 코끼리 조련사의 '일어서! 앉아!'라는 말을 따르고 명령에 복종하면 코끼리 조련사는 더 나아가 '부동'이라는 훈련을 실행한다.

그는 큰 널빤지를 코에 묶고 창을 손에 든 사람이 목에 걸터앉고 창을 손에 든 사람들이 주위를 에워싼다. 코끼리 조련사는 긴 창을 가지고서 앞에 서 있다. 그가 부동의 훈련을 받으면 앞발도 뒷발도

---

304) 역자가 저본으로 삼은 Ee에는 '왕의 코끼리(raññо nāgo)'로 나타나고, Be에는 '숲 속의 코끼리(āraññako nāgo)'로 나타난다.

움직이지 않고 몸의 앞부분도 몸의 뒷부분도 움직이지 않고 머리도 귀도 이빨도 꼬리도 코도 움직이지 않는다. 왕의 코끼리는 창에 찔리고 칼에 베이고 화살에 맞고 다른 유정들한테 공격을 당해도 견디어 낸다. 북소리와 고둥소리와 나팔 소리를 견뎌낸다. 모든 결점과 단점과 흠을 제거하여 왕에게 어울리고 왕을 섬길 수 있으며 왕의 수족이라는 이름을 얻게 된다." [134]

13. ~ *14.* "악기웻사나여, 그와 같이 여기 여래가 이 세상에 출현하나니 그는 바로 아라한[應供]이며, 완전히 깨달으신 분[正等覺者]이며, … 머리와 수염을 깎고 물들인 옷[染衣]을 입고 집을 떠나 출가한다.

악기웻사나여, 이렇게 해서 성스러운 제자는 드디어 노지로 나오게 된다. 신들과 인간들은 다섯 가닥의 얽어매는 감각적 욕망에 집착하기 때문이다."

15. "그러면 여래는 더 나아가 그를 훈련시킨다.

'오라, 비구여. 그대는 계를 잘 지녀라. 빠띠목카(계목)의 단속으로 잘 단속하면서 머물러라. 바른 행실과 행동의 영역을 갖추고, 작은 허물에도 두려움을 보며, 학습계목을 받아 지녀 공부지어라.'"

16. "악기웻사나여, 성스러운 제자가 계를 잘 지니고 빠띠목카의 단속으로 잘 단속하며 머물고 바른 행실과 행동의 영역을 갖추며 작은 허물에 대해서도 두려움을 보고 학습 계목을 받아 지녀 공부지으면 여래는 더 나아가 그를 다음과 같이 훈련시킨다.

'오라, 비구여. 그대는 감각기능의 문을 잘 지켜라. 눈으로 형색을 봄에 그 표상[全體相]을 취하지 말고, 또 그 세세한 부분상[細相]을 취하지도 마라. 만약 그대의 눈의 감각기능[眼根]이 제어되어 있지 않으면, 욕심과 싫어하는 마음의 나쁘고 해로운 법[不善法]들이 그대에게 [물밀듯이] 흘러들어올 것이다. 따라서 그대는 눈의 감각기능을 잘 단속하기 위해 수행하며, 눈의 감각기능을 잘 방호하고, 눈의 감각기능을 잘 단속하라.

귀로 소리를 들음에 … 코로 냄새를 맡음에 … 혀로 맛을 봄에 … 몸으로 감촉을 느낌에 … 마노[意]로 법을 지각함에 그 표상을 취하지 말고, 또 그 세세한 부분상을 취하지도 마라. 만약 그대의 마노의 기능[意根]이 제어되어 있지 않으면, 욕심과 싫어하는 마음의 나쁘고 해로운 법[不善法]들이 그대에게 [물밀듯이] 흘러들어올 것이다. 따라서 그대는 마노의 감각기능을 잘 단속하기 위해 수행하며, 마노의 감각기능을 잘 방호하고, 마노의 감각기능을 잘 단속하라.'"

17. "악기웻사나여, 성스러운 제자가 감각의 대문을 잘 지키면 여래는 더 나아가 그를 다음과 같이 훈련시킨다.

'오라, 비구여. 그대는 음식에 적당한 양을 아는 자가 되어라. 지혜롭게 숙고하면서 음식을 수용하라. 즐기기 위해서도 아니고, 취하기 위해서도 아니며, 치장을 하기 위해서도 아니고, 장식을 하기 위해서도 아니며, 단지 이 몸을 지탱하고 존속하고 잔인함을 쉬고 청정범행을 잘 지키기 위해서이다. '그래서 우리는 오래된 느낌을 물리치고 새로운 느낌을 일어나게 하지 않을 것이다. 우리는 잘 부양될 것이고 비난받을 일이 없이 편안하게 머물 것이다.'라고 생각하면서 수용하라.'"

18. "악기웻사나여, [135] 성스러운 제자가 음식에서 적당함을 알면 여래는 더 나아가 그를 다음과 같이 훈련시킨다.

'오라, 비구여. 그대는 깨어있음에 전념하라. 낮 동안에는 경행하거나 앉아서 장애가 되는 법들로부터 마음을 청정하게 하라. 밤의 초경에도 경행하거나 앉아서 장애가 되는 법들로부터 마음을 청정하게 하라. 한밤중에는 발에다 발을 포개어 오른쪽 옆구리로 사자처럼 누워서 마음챙기고 알아차리면서[正念 · 正知] 일어날 시간을 마음에 잡도리하라. 밤의 삼경에는 일어나서 경행하거나 앉아서 장애가 되는 법들로부터 마음을 청정하게 하라.'"

19. "악기웻사나여, 성스러운 제자가 깨어있음에 전념하면 여래는 더 나아가 그를 다음과 같이 훈련시킨다.

'오라, 비구여. 그대는 마음챙김과 알아차림[正念 · 正知]을 구족하라. 나아갈 때도 돌아올 때도 [자신의 거동을] 분명히 알아차리면서[正知] 행하라. 앞을 볼 때도 돌아볼 때도 분명히 알아차리면서 행하라. 구부릴 때도 펼 때도 분명히 알아차리면서 행하라. 가사 · 발우 · 의복을 지닐 때도 분명히 알아차리면서 행하라. 먹을 때도 마실 때도 씹을 때도 맛볼 때도 분명히 알아차리면서 행하라. 대소변을 볼 때도 분명히 알아차리면서 행하라. 갈 때도 서 있을 때도 앉아 있을 때도 잠잘 때도 깨어있을 때도 말할 때도 침묵할 때도 분명히 알아차리면서 행하라.'"

20. "악기웻사나여, 성스러운 제자가 마음챙김과 알아차림에 전념하면 여래는 더 나아가 그를 다음과 같이 훈련시킨다.

'오라, 비구여. 그대는 숲 속이나 나무 아래나 산이나 골짜기나 산속 동굴이나 묘지나 밀림이나 노지나 짚더미와 같은 외딴 처소를 의지하라.'"

21. "그는 이러한 성스러운 계의 조목을 구족하고 이러한 성스러운 감각기능의 단속을 구족하고 이러한 마음챙김과 알아차림[正

念 · 正知]을 구족하여 숲 속이나 나무 아래나 산이나 골짜기나 산속 동굴이나 묘지나 밀림이나 노지나 짚더미와 같은 외딴 처소를 의지한다. 그는 탁발하여 공양을 마치고 탁발에서 돌아와 가부좌를 틀고 상체를 곧추세우고 전면에 마음챙김을 확립하여 앉는다.

그는 세상에 대한 욕심을 제거하여 욕심을 버린 마음으로 머물고, 욕심으로부터 마음을 청정하게 한다. 악의의 오점을 제거하여 악의가 없는 마음으로 머물고, 모든 생명의 이익을 위하여 연민하며, 악의의 오점으로부터 마음을 청정하게 한다. 해태와 혼침을 제거하여 해태와 혼침 없이 머물고, 광명상(光明想)을 가져 마음챙기고 알아차리며[正念 · 正知] 해태와 혼침으로부터 마음을 청정하게 한다. 들뜸과 후회를 제거하여 들뜨지 않고 머물고, 안으로 고요히 가라앉은 마음으로 들뜸과 후회로부터 마음을 청정하게 한다. [136] 의심을 제거하여 의심을 극복하여 머물고, 유익한 법들에 아무런 의심이 없어서 의심으로부터 마음을 청정하게 한다."

22. "그는 마음의 오염원이고 통찰지를 무력하게 만드는 이 다섯 가지 장애들을 제거한 뒤 몸에서 몸을 관찰하면서[身隨觀] 머문다. 세상에 대한 욕심과 싫어하는 마음을 버리고 근면하고 분명히 알아차리고 마음챙기면서 머문다. 느낌에서 … 마음에서 … 법에서 법을 관찰하며[法隨觀] 머문다. 세상에 대한 욕심과 싫어하는 마음을 버리고 근면하고 분명히 알아차리고 마음챙기면서 머문다."

23. "악기웻사나여, 마치 코끼리 조련사가 코끼리의 숲 속의 습관을 제어하고 숲 속의 생각을 제어하고 숲 속의 근심과 피로와 열병을 제어하고 마을에 사는 것을 즐거워하게 하고 사람들이 좋아하는 습관을 길들이기 위해 땅에다 큰 기둥을 박고 야생 코끼리의 목을 거

기에 묶는 것처럼, 그와 같이 이 네 가지 마음챙김의 확립[四念處]은 재가의 생활 습관305)을 길들이고 재가에 얽힌 생각을 길들이고 재가 생활에 따른 근심과 피로와 열병을 길들여서 옳은 방법306)을 터득하고 열반을 실현하기 위해 성스러운 제자의 마음을 묶는다."

24. "그러면 여래는 더 나아가 그를 다음과 같이 훈련시킨다.

'오라, 비구여. 그대는 몸에서 몸을 관찰하면서 머물고 몸과 관련된 생각을 일으키지 마라. 느낌에서 느낌을 관찰하면서 머물고 느낌과 관련된 생각을 일으키지 마라. 마음에서 마음을 관찰하면서 머물고 마음과 관련된 생각을 일으키지 마라. 법에서 법을 관찰하며 머물고 법과 관련된 생각을 일으키지 마라.'"307)

---

305) "'재가의 생활습관(gehasita-sīla)'이란 다섯 가닥의 얽어매는 감각적 욕망에 바탕을 둔 생활습관(pañca-kāma-guṇa-nissita-sīla)을 말한다."(MA.iv.199)

306) "'옳은 방법(ñāya)'이란 팔정도(aṭṭhaṅgika-magga)를 말한다."(MA.iv.199)

307) '몸과 관련된 생각을 일으키지 마라.'는 Ee의 mā kāyūpasaṁhitaṁ vitakkam vitakkesi를 옮긴 것이다. 같은 방법으로 '느낌과 관련된 생각'은 vedanūpasaṁhitaṁ을, '마음과 관련된 생각'은 cittūpasaṁhitaṁ을, '법과 관련된 생각'은 dhammūpasaṁhitaṁ을 옮긴 것이다.
그러나 Be에는 'mā ca kāmūpasaṁhitaṁ vitakkaṁ vitakkesi. vedanāsu … citte … dhammesu dhammānupassī viharāhi, mā ca kāmūpasaṁhitaṁ vitakkaṁ vitakkesī'로 나타난다. 이것을 옮기면 "오라, 비구여. 그대는 몸에서 몸을 관찰하면서 머물고 감각적 욕망과 관련된 생각을 일으키지 마라. 느낌에서 … 마음에서 … 법에서 법을 관찰하며 머물고 감각적 욕망과 관련된 생각을 일으키지 마라."가 된다. Se도 Be와 같다. 즉 Be와 Se에는 '몸과 관련된 생각' … '법과 관련된 생각' 대신에 모두 '감각적 욕망과 관련된 생각(kāmūpasaṁhitaṁ)'으로 통일 되어 나타난다. 이것은 본경 §§7~8에서 보듯이 감각적 욕망에서 벗어남을 기본 주제로 하는 본경의 입장과 더 잘 어울린다고 생각된다. 역자는 Ee를 따라서 옮겼다.

25. "그는 일으킨 생각[尋]과 지속적 고찰[伺]을 가라앉혔기 때문에 [더 이상 존재하지 않고], 자기 내면의 것이고, 확신이 있으며, 마음의 단일한 상태이고, 일으킨 생각과 지속적 고찰은 없고, 삼매에서 생긴 희열과 행복이 있는 제2선(二禪)을 구족하여 머문다. … 제3선을 … 제4선을 구족하여 머문다."308)

26. ~ *29.* "그는 이와 같이 마음이 집중되고 … …

<본서 제2권 「깐다라까 경」(M51) §§24~27과 같음.>

… 다시는 어떤 존재로도 돌아오지 않을 것이라고 안다."

30. "그 비구는 추위와 더위와 배고픔과 목마름과, 날파리 · 모기 · 바람 · 뙤약볕 · 파충류에 닿음과, 고약하고 언짢은 말들과, 몸에 생겨난 [137] 괴롭고 날카롭고 거칠고 찌르고 불쾌하고 마음에 들지 않고 생명을 위협하는 갖가지 느낌들을 감내한다. 모든 탐욕과 성냄과 어리석음을 제거하고 흠을 없앤다. 그는 공양받아 마땅하고, 선사받아 마땅하고, 보시받아 마땅하고, 합장받아 마땅하며, 세상의 위없는 복밭[福田]이다."

31. "악기웻사나여, 만일 왕의 코끼리가 길들여지지 않고 훈련되

---

308) 여기서는 초선이 언급되지 않고 있다. 이런 점으로 봤을 때 바로 앞 §§22~24에서 언급된 네 가지 마음챙김의 확립[四念處]이 초선을 대신하는 것으로 봐야 한다. 주석서는 별다른 설명이 없다.
그런데 사념처가 초선을 대신하는 이 가르침으로는 『상윳따 니까야』 제5권 「비구니 거처 경」(S47:10) §§7~10을 주목할 필요가 있다. 여기서 세존께서는 먼저 사념처 수행을 말씀하시고 "그는 '생각을 일으키지 않고 고찰을 하지 않고 안으로 마음챙기면서 나는 행복하다.'라고 꿰뚫어 안다."고 말씀하시는데 이것은 일으킨 생각과 지속적 고찰이 없는 제2선에 도달했음을 뜻한다. 그러므로 여기서도 사념처 수행은 초선에 배대된다고 이해할 수 있다.

지 않은 채 노년에 죽는다면, 죽음을 길들이지 못하고 죽어버린 늙은 코끼리라는 이름을 얻게 될 것이다. 만일 왕의 코끼리가 길들여지지 않고 훈련되지 않은 채 중년의 나이에 죽는다면, … 어린 나이에 죽는다면, 죽음을 길들이지 못하고 죽어버린 어린 코끼리라는 이름을 얻게 될 것이다.

악기웻사나여, 그와 같이 장로 비구가 번뇌를 부수지 못하고 죽으면 죽음을 길들이지 못하고 죽어버린 장로 비구라는 이름을 얻게 된다. 그와 같이 중진 비구가 … 신참 비구가 번뇌를 부수지 못하고 죽으면 죽음을 길들이지 못하고 죽어버린 신참 비구라는 이름을 얻게 된다."

32. "악기웻사나여, 만일 왕의 코끼리가 잘 길들여지고 잘 훈련되어 노년에 죽는다면, 죽음을 길들이고 죽은 늙은 코끼리라는 이름을 얻게 될 것이다. 만일 왕의 코끼리가 잘 길들여지고 훈련 되어 중년의 나이에 죽는다면, … 어린 나이에 죽는다면, 죽음을 길들이고 죽은 어린 코끼리라는 이름을 얻게 될 것이다.

악기웻사나여, 그와 같이 장로 비구가 번뇌를 부수고 죽으면 죽음을 길들이고 죽은 장로 비구라는 이름을 얻게 된다. 중진 비구가 … 신참 비구가 번뇌를 부수고 죽으면 죽음을 길들이고 죽은 신참 비구라는 이름을 얻게 된다."

세존께서는 이와 같이 설하셨다. 아찌라와따 사미는 흡족한 마음으로 세존의 말씀을 크게 기뻐하였다.

길들임의 단계 경(M125)이 끝났다.

부미자 경

Bhūmija Sutta(M126)

1. 이와 같이 나는 들었다. [138] 한때 세존께서는 라자가하의 대나무 숲에 있는 다람쥐 보호구역에 머무셨다.

2. 그때 부미자 존자[309]는 오전에 옷매무새를 가다듬고 발우와 가사를 수하고 자야세나 왕자의 거처로 갔다. 가서는 마련된 자리에 앉았다.

3. 그러자 자야세나 왕자는 부미자 존자를 뵈러 갔다. 뵙고는 부미자 존자와 함께 환담을 나누었다. 유쾌하고 기억할만한 이야기로 서로 담소를 하고서 한 곁에 앉았다. 한 곁에 앉아서 자야세나 왕자는 부미자 존자에게 이렇게 말했다.

"부미자 존자시여, 어떤 사문・바라문들은 이런 주장과 이런 견해를 가지고 있습니다.

'염원을 가지고[310] 청정범행(淸淨梵行)을 닦더라도 그 결실을 얻을

---

309) "부미자 존자(āyasmā Bhūmija)는 본서와 [바로 앞의 「길들임의 단계 경」(M125)에 나타나는] 자야세나 왕자(Jayasena rājakumāra)의 외삼촌(mātula)이다."(MA.iv.199)

수 없다. 염원을 가지지 않고 청정범행을 닦더라도 그 결실을 얻을 수 없다. 염원을 가지기도 하고 가지지 않기도 하고 청정범행을 닦더라도 그 결실을 얻을 수 없다. 염원을 가지는 것도 아니고 염원을 가지지 않는 것도 아니고 청정범행을 닦더라도 그 결실을 얻을 수 없다.'

이것에 대해 부미자 존자님의 스승님께서는 어떻게 말씀하시고 어떻게 설명하십니까?"

4. "왕자여, 나는 세존의 면전에서 들은 적도 없고 세존의 면전에서 받아 지닌 적도 없습니다. 그러나 세존께서는 이렇게 말씀하실 것입니다.

'비록 염원을 가지더라도 지혜롭지 못하게 청정범행을 닦으면 그 결실을 얻을 수 없다. 염원을 가지지 않고 지혜롭지 못하게 청정범행을 닦으면 그 결실을 얻을 수 없다. 염원을 가지기도 하고 가지지 않기도 해도 지혜롭지 못하게 청정범행을 닦으면 그 결실을 얻을 수 없다. 염원을 가지는 것도 아니고 염원을 가지지 않는 것도 아니어도 지혜롭지 못하게 청정범행을 닦으면 그 결실을 얻을 수 없다.

그러나 염원을 가지고 지혜롭게 청정범행을 닦으면 그 결실을 얻을 수 있다. [139] 염원을 가지지 않아도 지혜롭게 청정범행을 닦으면 그 결실을 얻을 수 있다. 염원을 가지기도 하고 가지지 않기도 해도 지혜롭게 청정범행을 닦으면 그 결실을 얻을 수 있다. 염원을 가지는 것도 아니고 염원을 가지지 않는 것도 아니어도 지혜롭게 청정범행

---

310) 여기서 '염원을 가지고'는 āsaṅ karitvā를 옮긴 것이다. āsa는 주로 희망이나 소망이나 염원을 뜻하는데 영어로도 *expectation, hope, wish, longing, desire*(PED)로 옮겨진다. 여기서는 '염원'이 문맥상 더 좋다고 판단하여 이렇게 옮겼다.

을 닦으면 그 결실을 얻을 수 있다.'"

5. "만일 부미자 존자님의 스승님께서 이렇게 말씀하시고 이렇게 설명하신다면 부미자 존자님의 스승님께서는 모든 보통의 사문·바라문들의 머리 꼭대기에 앉아계신다고 생각합니다."

6. 그리고 자야세나 왕자는 부미자 존자에게 접시에 담긴 밥을 공양 올렸다.

7. 부미자 존자는 공양을 마치고 탁발에서 돌아와 세존을 뵈러 갔다. 뵙고서는 세존께 큰절을 올리고 한 곁에 앉았다. 한 곁에 앉아 부미자 존자는 자야세나 왕자와 함께 나누었던 이야기를 세존께 말씀드렸다.

"세존이시여, 저는 오전에 옷매무새를 가다듬고 발우와 가사를 수하고 자야세나 왕자의 거처로 갔습니다. 가서는 마련된 자리에 앉았습니다. 그때 자야세나 왕자가 저를 만나러 왔고 저와 함께 환담을 나누었습니다. 유쾌하고 기억할만한 이야기로 서로 담소를 하고서 한 곁에 앉았습니다. 한 곁에 앉아서 자야세나 왕자는 제게 이렇게 말했습니다.

'부미자 존자시여, 어떤 사문·바라문들은 … 여기에 대해서 부미자 존자님의 스승님께서는 어떻게 말씀하시고 어떻게 설명하십니까?'

세존이시여, 이렇게 물었을 때 저는 자야세나 왕자에게 이렇게 대답했습니다.

'왕자여, 나는 세존의 면전에서 들은 적도 없고 세존의 면전에서 받아 지닌 적도 없습니다. … 머리 꼭대기에 앉아계신다고 생각합니다.'

이렇게 질문을 받아서 이렇게 설명을 한 것은 세존께서 말씀하신 대로 말했고, 혹시 거짓으로 세존을 헐뜯는 것은 아닙니까? 어떤 이

유로도 이 주장은 비난받지 않겠습니까?" [140]

8. "그러하다, 부미자여. 그대가 이렇게 질문을 받아서 이렇게 설명을 한 것은 내가 말한 대로 말한 것이고, 거짓으로 나를 헐뜯는 것이 아니고, 어떤 이유로도 그 주장은 비난받지 않을 것이다."

9. "부미자여, 어떤 사문들이나 바라문들이든 그들이 그릇된 견해, 그릇된 사유, 그릇된 말, 그릇된 행위, 그릇된 생계, 그릇된 정진, 그릇된 마음챙김, 그릇된 삼매를 가졌다면 그들이 염원을 가지고 청정범행을 닦더라도 그 결실을 얻을 수 없고, 염원을 가지지 않고 청정범행을 닦더라도 그 결실을 얻을 수 없고, 염원을 가지기도 하고 가지지 않기도 하고 청정범행을 닦더라도 그 결실을 얻을 수 없고, 염원을 가지는 것도 아니고 염원을 가지지 않는 것도 아니고 청정범행을 닦더라도 그 결실을 얻을 수 없다. 그것은 무슨 까닭인가? 부미자여, 그런 [그릇된 도는] 결실을 얻는 적절한 방법이 아니기 때문이다."311)

10. "부미자여, 예를 들면 기름이 필요하고 기름을 찾는 사람이 기름을 찾아 이리저리 다니다가 모래를 통 속에 넣고 물을 고루 뿌려 눌러 짠다 하자. 만일 그가 염원을 가지고 모래를 통 속에 넣고 물을 고루 뿌려 눌러 짜더라도 기름을 얻을 수 없다. 염원을 가지지 않고 모래를 통 속에 넣고 물을 고루 뿌려 눌러 짜더라도 기름을 얻을 수

---

311) '염원(āsa)'이 있든 없든 팔정도를 닦지 않는다면 청정범행의 결실을 얻을 수 없다는 본경 §§9~13의 말씀과 반대로 염원이 있든 없든 팔정도를 닦으면 청정범행의 결실을 얻을 수 있다는 §§14~18의 말씀은 『상윳따 니까야』 제3권 「까뀌자루 경」(S22:101) §§5~6의 비유와 가르침과 견주어 볼 수 있다. 세존께서는 그 경에서 수행에 몰두하는 비구가 아무리 '오, 참으로 나는 취착이 없어져서 번뇌들로부터 마음이 해탈하기를.'이라고 염원(소망)을 가져도 37보리분법을 닦지 않으면 결코 해탈하지 못한다고 강조하신다.

없다. 염원을 가지기도 하고 가지지 않기도 하고 모래를 통 속에 넣고 물을 고루 뿌려 눌러 짜더라도 기름을 얻을 수 없다. 염원을 가지는 것도 아니고 염원을 가지지 않는 것도 아니고 모래를 통 속에 넣고 물을 고루 뿌려 눌러 짜더라도 기름을 얻을 수 없다. 그것은 무슨 까닭인가? 부미자여, 이것은 기름을 얻는 적절한 방법이 아니기 때문이다.

부미자여, 그와 같이 어떤 사문들이나 바라문들이든 그들이 그릇된 견해, 그릇된 사유, 그릇된 말, 그릇된 행위, 그릇된 생계, 그릇된 정진, 그릇된 마음챙김, 그릇된 삼매를 가졌다면 그들이 염원을 가지고 청정범행을 닦더라도 그 결실을 얻을 수 없고, 염원을 가지지 않고 청정범행을 닦더라도 그 결실을 얻을 수 없고, 염원을 가지기도 하고 가지지 않기도 하고 청정범행을 닦더라도 그 결실을 얻을 수 없고, 염원을 가지는 것도 아니고 염원을 가지지 않는 것도 아니고 청정범행을 닦더라도 그 결실을 얻을 수 없다. [141] 그것은 무슨 까닭인가? 부미자여, 그런 [그릇된 도는] 결실을 얻는 적절한 방법이 아니기 때문이다."

11. "부미자여, 예를 들면 우유가 필요하고 우유를 찾는 사람이 우유를 찾아 이리저리 다니다가 최근에 새끼를 낳은 암소의 뿔을 끌어당긴다고 하자. 만일 그가 염원을 가지고 최근에 새끼를 낳은 암소의 뿔을 끌어당기더라도 … 염원을 가지지 않고 … 염원을 가지기도 하고 가지지 않기도 하고 … 염원을 가지는 것도 아니고 염원을 가지지 않는 것도 아니고 최근에 새끼를 낳은 암소의 뿔을 끌어당기더라도 우유를 얻을 수 없다. 그것은 무슨 까닭인가? 부미자여, 그것은 우유를 얻는 적절한 방법이 아니기 때문이다.

부미자여, 그와 같이 어떤 사문들이나 바라문들이든 그들이 그릇된 견해, … 그릇된 삼매를 가졌다면 그들이 염원을 가지고 청정범행을 닦더라도 그 결실을 얻을 수 없고, 염원을 가지지 않고 청정범행을 닦더라도 그 결실을 얻을 수 없고, 염원을 가지기도 하고 가지지 않기도 하고 청정범행을 닦더라도 그 결실을 얻을 수 없고, 염원을 가지는 것도 아니고 염원을 가지지 않는 것도 아니고 청정범행을 닦더라도 그 결실을 얻을 수 없다. 그것은 무슨 까닭인가? 부미자여, 그런 [그릇된 도는] 결실을 얻는 적절한 방법이 아니기 때문이다."

12. "부미자여, 예를 들면 버터가 필요하고 버터를 찾는 사람이 버터를 찾아 이리저리 다니다가 물을 항아리에 붓고 교유기로 젓는다고 하자. 만일 그가 염원을 가지고 물을 항아리에 붓고 교유기로 젓더라도 … 염원을 가지지 않고 … 염원을 가지기도 하고 가지지 않기도 하고 … 염원을 가지는 것도 아니고 염원을 가지지 않는 것도 아니고 물을 항아리에 붓고 교유기로 젓더라도 버터를 얻을 수 없다. 그것은 무슨 까닭인가? 부미자여, 그것은 버터를 얻는 적절한 방법이 아니기 때문이다.

부미자여, 그와 같이 어떤 사문들이나 바라문들이든 그들이 그릇된 견해, … 그릇된 삼매를 가졌다면 그들이 염원을 가지고 청정범행을 닦더라도 그 결실을 얻을 수 없고, 염원을 가지지 않고 청정범행을 닦더라도 그 결실을 얻을 수 없고, 염원을 가지기도 하고 가지지 않기도 하고 청정범행을 닦더라도 그 결실을 얻을 수 없고, 염원을 가지는 것도 아니고 염원을 가지지 않는 것도 아니고 청정범행을 닦더라도 그 결실을 얻을 수 없다. 그것은 무슨 까닭인가? 부미자여, 그런 [그릇된 도는] 결실을 얻는 적절한 방법이 아니기 때문이다."

13. "부미자여, 예를 들면 불이 필요하고 불을 찾는 사람이 불을

찾아 이리저리 다니다가 [142] 젖은 생나무토막에다 부시막대를 비빈다고 하자. 만일 그가 염원을 가지고 젖은 생나무토막에다 부시막대를 비빈다고 하더라도 … 염원을 가지지 않고 … 염원을 가지기도 하고 가지지 않기도 하고 … 염원을 가지는 것도 아니고 염원을 가지지 않는 것도 아니고 젖은 생나무토막에다 부시막대를 비빈다고 하더라도 불을 얻을 수 없다. 그것은 무슨 까닭인가? 부미자여, 그것은 불을 얻는 적절한 방법이 아니기 때문이다.

부미자여, 그와 같이 어떤 사문들이나 바라문들이든 그들이 그릇된 견해, … 그릇된 삼매를 가진 자였다면 그들이 염원을 가지고 청정범행을 닦더라도 그 결실을 얻을 수 없고, 염원을 가지지 않고 청정범행을 닦더라도 그 결실을 얻을 수 없고, 염원을 가지기도 하고 가지지 않기도 하고 청정범행을 닦더라도 그 결실을 얻을 수 없고, 염원을 가지는 것도 아니고 염원을 가지지 않는 것도 아니고 청정범행을 닦더라도 그 결실을 얻을 수 없다. 그것은 무슨 까닭인가? 부미자여, 그런 [그릇된 도는] 결실을 얻는 적절한 방법이 아니기 때문이다."

14. "부미자여, 어떤 사문들이나 바라문들이든 그들이 바른 견해, 바른 사유, 바른 말, 바른 행위, 바른 생계, 바른 정진, 바른 마음챙김, 바른 삼매를 가졌다면 그들은 염원을 가지고 청정범행을 닦더라도 그 결실을 얻을 수 있고, 염원을 가지지 않고 청정범행을 닦더라도 그 결실을 얻을 수 있고, 염원을 가지기도 하고 가지지 않기도 하고 청정범행을 닦더라도 그 결실을 얻을 수 있고, 염원을 가지는 것도 아니고 염원을 가지지 않는 것도 아니고 청정범행을 닦더라도 그 결실을 얻을 수 있다. 그것은 무슨 까닭인가? 부미자여, 그런 [바른 도는] 결실을 얻는 적절한 방법이기 때문이다."

15. “부미자여, 예를 들면 기름이 필요하고 기름을 찾는 사람이 기름을 찾아 이리저리 다니다가 참깨를 통 속에 넣고 물을 고루 뿌려 눌러 짠다 하자. 만일 그가 염원을 가지고 참깨를 통 속에 넣고 물을 고루 뿌려 눌러 짜더라도 기름을 얻을 수 있다. 염원을 가지지 않고 참깨를 통 속에 넣고 물을 고루 뿌려 눌러 짜더라도 기름을 얻을 수 있다. 염원을 가지기도 하고 가지지 않기도 하고 참깨를 통 속에 넣고 물을 고루 뿌려 눌러 짜더라도 기름을 얻을 수 있다. 염원을 가지는 것도 아니고 염원을 가지지 않는 것도 아니고 참깨를 통 속에 넣고 물을 고루 뿌려 눌러 짜더라도 기름을 얻을 수 있다. 그것은 무슨 까닭인가? 부미자여, 이것은 기름을 얻는 적절한 방법이기 때문이다.

부미자여, 그와 같이 어떤 사문들이나 바라문들이든 그들이 바른 견해, 바른 사유, 바른 말, 바른 행위, 바른 생계, 바른 정진, 바른 마음챙김, 바른 삼매를 가졌다면 그들은 염원을 가지고 청정범행을 닦더라도 [143] 그 결실을 얻을 수 있고, 염원을 가지지 않고 청정범행을 닦더라도 그 결실을 얻을 수 있고, 염원을 가지기도 하고 가지지 않기도 하고 청정범행을 닦더라도 그 결실을 얻을 수 있고, 염원을 가지는 것도 아니고 염원을 가지지 않는 것도 아니고 청정범행을 닦더라도 그 결실을 얻을 수 있다. 그것은 무슨 까닭인가? 부미자여, 그런 [바른 도는] 결실을 얻는 적절한 방법이기 때문이다.”

16. “부미자여, 예를 들면 우유가 필요하고 우유를 찾는 사람이 우유를 찾아 이리저리 다니다가 최근에 새끼를 낳은 암소의 젖을 짠다고 하자. 만일 그가 염원을 가지고 최근에 새끼를 낳은 암소의 젖을 짜더라도 … 염원을 가지지 않고 … 염원을 가지기도 하고 가지지 않기도 하고 … 염원을 가지는 것도 아니고 염원을 가지지 않는

것도 아니고 최근에 새끼를 낳은 암소의 젖을 짜더라도 우유를 얻을 수 있다. 그것은 무슨 까닭인가? 부미자여, 그것은 우유를 얻는 적절한 방법이기 때문이다.

부미자여, 그와 같이 어떤 사문들이나 바라문들이든 그들이 바른 견해, … 바른 삼매를 가졌다면 그들은 염원을 가지고 청정범행을 닦더라도 그 결실을 얻을 수 있고, 염원을 가지지 않고 청정범행을 닦더라도 그 결실을 얻을 수 있고, 염원을 가지기도 하고 가지지 않기도 하고 청정범행을 닦더라도 그 결실을 얻을 수 있고, 염원을 가지는 것도 아니고 염원을 가지지 않는 것도 아니고 청정범행을 닦더라도 그 결실을 얻을 수 있다. 그것은 무슨 까닭인가? 부미자여, 그런 [바른 도는] 결실을 얻는 적절한 방법이기 때문이다."

17. "부미자여, 예를 들면 버터가 필요하고 버터를 찾는 사람이 버터를 찾아 이리저리 다니다가 응유를 항아리에 붓고 교유기로 젓는다고 하자. 만일 그가 염원을 가지고 응유를 항아리에 붓고 교유기로 젓더라도 … 염원을 가지지 않고 … 염원을 가지기도 하고 가지지 않기도 하고 … 염원을 가지는 것도 아니고 염원을 가지지 않는 것도 아니고 응유를 항아리에 붓고 교유기로 젓더라도 버터를 얻을 수 있다. 그것은 무슨 까닭인가? 부미자여, 그것은 버터를 얻는 적절한 방법이기 때문이다.

부미자여, 그와 같이 어떤 사문들이나 바라문들이든 그들이 바른 견해, … 바른 삼매를 가졌다면 그들은 염원을 가지고 청정범행을 닦더라도 그 결실을 얻을 수 있고, 염원을 가지지 않고 청정범행을 닦더라도 그 결실을 얻을 수 있고, 염원을 가지기도 하고 가지지 않기도 하고 청정범행을 닦더라도 그 결실을 얻을 수 있고, 염원을 가지는 것도 아니고 염원을 가지지 않는 것도 아니고 청정범행을 닦더라도 그 결실을 얻을 수 있다. 그것은 무슨 까닭인가? 부미자여, 그런 [바른 도는] 결실을 얻는 적절한 방법이기 때문이다."

18. "부미자여, 예를 들면 불이 필요하고 불을 찾는 사람이 불을 찾아 이리저리 다니다가 바짝 마른 나무토막에다 부시막대를 비빈다고 하자. 만일 그가 염원을 가지고 바짝 마른 나무토막에다 부시막대를 비빈다고 하더라도 … 염원을 가지지 않고 … [144] … 염원을 가지기도 하고 염원을 가지지 않기도 하고 … 염원을 가지는 것도 아니고 염원을 가지지 않는 것도 아니고 바짝 마른 나무토막에다 부시막대를 비빈다고 하더라도 불을 얻을 수 있다. 그것은 무슨 까닭인가? 부미자여, 그것은 불을 얻는 적절한 방법이기 때문이다.

부미자여, 그와 같이 어떤 사문들이나 바라문들이든 그들이 바른 견해, … 바른 삼매를 가졌다면 그들은 염원을 가지고 청정범행을 닦더라도 그 결실을 얻을 수 있고, 염원을 가지지 않고 청정범행을 닦더라도 그 결실을 얻을 수 있고, 염원을 가지기도 하고 가지지 않기도 하고 청정범행을 닦더라도 그 결실을 얻을 수 있고, 염원을 가지는 것도 아니고 염원을 가지지 않는 것도 아니고 청정범행을 닦더라도 그 결실을 얻을 수 있다. 그것은 무슨 까닭인가? 부미자여, 그런 [바른 도는] 결실을 얻는 적절한 방법이기 때문이다."

19. "부미자여, 만일 그대가 자야세나 왕자를 대했을 때 이런 네 가지의 비유가 떠올랐더라면 자야세나 왕자는 즉시에 그대에게 깨끗한 믿음을 가졌을 것이고 깨끗한 믿음을 가져 그대에게 믿음을 나타내었을 것이다."312)

---

312) "'믿음을 나타내었을 것이다(pasann-ākāraṁ kareyya).'라는 것은 깨끗한 믿음(pasanna)으로 해야 할 바(kattabb-ākāra)를 하는 것인데 [옷, 음식, 거처, 약품의] 네 가지 필수품(cattāro paccayā)을 보시하는 것을 말한다."

"세존이시여, 자야세나 왕자에게 설한 이 네 가지 비유는 전에 들어본 적이 없는 즉시에 떠오른 것인데 어떻게 세존처럼 제가 할 수 있겠습니까?"

세존께서는 이와 같이 설하셨다. 부미자 존자는 흡족한 마음으로 세존의 말씀을 크게 기뻐하였다.

부미자 경(M126)이 끝났다.

(SA.ii.231)
이 구문은 『상윳따 니까야』 제2권 「달의 비유 경」(S16:3) §9와 「큰 코끼리 경」(S20:9) §5와 『디가 니까야』 제1권 「깟사빠 사자후경」(D8) §22 등에도 나타난다.

아누룻다 경

Anuruddha Sutta(M127)

1. 이와 같이 나는 들었다. 한때 세존께서는 사왓티에서 제따 숲의 아나타삔디까 원림(급고독원)에 머무셨다.

2. 그때 빤짜깡가 목수313)는 어떤 사람을 불러서 말했다.

"여보시오, 그대는 아누룻다 존자314)를 뵈러 가시오. 뵙고는 내 이름으로 아누룻다 존자의 [145] 발에 머리 조아려 절을 드리면서 다음과 같이 말씀드리시오. '존자시여, 빤짜깡가 목수가 아누룻다 존자의 발에 머리 조아려 절을 올립니다. 존자시여, 아누룻다 존자께서는 다른 세 사람과 함께 내일 빤짜깡가 목수의 공양청을 허락하여 주십시오. 존자시여, 아누룻다 존자께서는 내일 아침 늦지 않도록 해 주십시오. 빤짜깡가 목수는 왕을 위해 해야 할 일이 많고 바쁠 것입니다.'라고."

---

313) 빤짜깡가 목수(Pañcakaṅga thapati)에 대해서는 본서 제2권 「많은 느낌 경」(M59) §1의 주해를 참조할 것.

314) 아누룻다 존자(āyasmā Anuruddha)에 대해서는 본서 제2권 「고싱가살라 긴 경」(M32) §2의 주해를 참조할 것.

"그러겠습니다, 존자시여."라고 그 사람은 빤짜깡가 목수에게 대답하고 아누룻다 존자를 뵈러 갔다. 뵙고는 아누룻다 존자에게 큰절을 올리고 한 곁에 앉았다. 한 곁에 앉아서 그 사람은 아누룻다 존자에게 이렇게 말씀드렸다.

"존자시여, 빤짜깡가 목수가 아누룻다 존자의 발에 머리 조아려 절을 올립니다. 존자시여, 아누룻다 존자께서는 다른 세 사람과 함께 내일 빤짜깡가 목수의 공양청을 허락하여 주십시오. 존자시여, 아누룻다 존자께서는 내일 아침 늦지 않도록 해 주십시오. 빤짜깡가 목수는 왕을 위해 해야 할 일이 많고 바쁠 것입니다."

아누룻다 존자는 침묵으로 동의하였다.

3. 그리고 아누룻다 존자는 그 밤이 지나자 오전에 옷매무새를 가다듬고 발우와 가사를 수하고 빤짜깡가 목수의 집으로 갔다. 가서는 마련된 자리에 앉았다. 그러자 빤짜깡가 목수는 아누룻다 존자께 부드러운 음식과 딱딱한 음식 등 맛있는 음식을 손수 충분히 대접하고 만족시켜드렸다. 그때 빤짜깡가 목수는 아누룻다 존자가 공양을 마치고 그릇에서 손을 떼자 어떤 낮은 자리를 잡아서 한 곁에 앉았다. 한 곁에 앉아서 빤짜깡가 목수는 아누룻다 존자에게 이렇게 여쭈었다.

4. "존자시여, 여기 장로 비구들이 오셔서 이렇게 말씀하십니다. '장자여, 무량한 마음의 해탈[心解脫]을 닦아라.'라고. 어떤 장로들은 이렇게 말씀하십니다. '장자여, 고귀한 마음의 해탈을 닦아라.'라고. 존자시여, 무량한 마음의 해탈과 고귀한 마음의 해탈이라는 것은 서로 뜻도 다르고 [146] 표현도 다릅니까, 아니면 뜻은 같고 표현만 다릅니까?"315)

5. "장자여, 그렇다면 그대가 그것을 설명해 보십시오. 그러면 그것은 그대에게 분명해질 것입니다."

"존자시여, 저는 무량한 마음의 해탈과 고귀한 마음의 해탈이라는 것은 같은 뜻으로 표현이 다를 뿐이라고 생각합니다."

6. "장자여, 무량한 마음의 해탈과 고귀한 마음의 해탈이라는 법은 뜻도 다르고 표현도 다릅니다. 장자여, 무량한 마음의 해탈과 고귀한 마음의 해탈이라는 법이 어떻게 뜻도 다르고 표현도 다른지, 다음과 같은 방법으로 알아야 합니다."

7. "장자여, 어떤 것이 무량한 마음의 해탈입니까?

장자여, 여기 비구는 자애가 함께한 마음으로 한 방향을 가득 채우면서 머뭅니다. 그처럼 두 번째 방향을, 그처럼 세 번째 방향을, 그처럼 네 번째 방향을 가득 채우면서 머뭅니다. 이와 같이 위로, 아래로, 옆으로, 모든 곳에서 모두를 자신처럼 여기고, 모든 세상을 풍만하고,

---

315) 본경에서는 '무량한 마음의 해탈(appamāṇā ceto-vimutti)'과 '고귀한 마음의 해탈(mahaggatā ceto-vimutti)'이 논의되고 있다. 본서 제2권 「교리문답의 긴 경」(M43) §30이하에서는 '무량한 마음의 해탈'과 '무소유의 마음의 해탈(ākiñcaññā cetovimutti)'과 '공한 마음의 해탈(suññatā cetovimutti)'과 '표상 없는 마음의 해탈(animittā cetovimutti)'에 대한 논의가 나타나고 있고, 이 네 가지는 『상윳따 니까야』 제4권 「고닷따 경」(S41:7) §3 이하에서도 충분하게 논의되고 있다.
그러나 '고귀한 마음의 해탈(mahaggatā cetovimutti)'이라는 표현은 빠알리 삼장 전체에서 본경에서만 나타나는 것으로 검색이 된다. 물론 고귀한 마음(mahaggata citta)이라는 술어는 본서 제1권 「마음챙김의 확립 경」(M10, 염처경)과 『디가 니까야』 제2권 「대념처경」(D22) 등에 나타나고 있고, 아비담마 문헌에서는 많이 나타나며, 주석서는 "고귀한 마음이란 색계와 무색계의 마음이다."(MA.i.280; DA.iii.776)라고 설명하고 있다. 그리고 '고귀한(mahaggata)'이라는 단어는 타심통(他心通)의 정형구와 사무량심의 정형구 등에도 나타난다. 그러나 고귀한 마음의 해탈이라는 술어는 본경에서만 나타나는 듯하다. 고귀한 마음의 해탈은 본경 §8에서 설명되고 있으므로 참조하기 바란다.

광대하고, 무량하고, 원한 없고, 악의 없는, 자애가 함께한 마음으로 가득 채우고 머뭅니다.

연민이 함께한 마음으로 … 더불어 기뻐함이 함께한 마음으로 … 평온이 함께한 마음으로 한 방향을 가득 채우면서 머뭅니다. 그처럼 두 번째 방향을, 그처럼 세 번째 방향을, 그처럼 네 번째 방향을 평온이 함께한 마음으로 가득 채우면서 머뭅니다. 이와 같이 위로, 아래로, 옆으로, 모든 곳에서 모두를 자신처럼 여기고, 모든 세상을 풍만하고, 광대하고, 무량하고, 원한 없고, 악의 없는, 평온이 함께한 마음으로 가득 채우면서 머뭅니다.

장자여, 이것을 일러 무량한 마음의 해탈이라 합니다."

8. "장자여, 어떤 것이 고귀한 마음의 해탈입니까?

장자여, 여기 비구는 한 그루의 나무 뿌리만큼의 장소를316) 고귀함으로 가득 채우고 머뭅니다. 장자여, 이것이 고귀한 마음의 해탈입니다. 장자여, 여기 비구는 두 그루 혹은 세 그루의 나무 뿌리만큼의 장소를 고귀함으로 가득 채우고 머뭅니다. 장자여, 이것이 고귀한 마음의 해탈입니다. 장자여, 여기 비구는 한 마을의 땅만큼 … [147] …

---

316) '한 그루의 나무 뿌리만큼의 장소'는 eka rukkha-mūla(한 그루의 나무 뿌리)를 옮긴 것인데 주석서에서 "한 그루의 나무 뿌리만큼의 장소(eka-rukkha-mūla-pamāṇa-ṭṭhāna)"(MA.iv. 200)라고 설명하고 있어서 이렇게 옮겼다. 계속해서 주석서는 이렇게 설명하고 있다.
"'한 그루의 나무 뿌리만큼의 장소를 고귀함으로 가득 채우고 머뭅니다(yāvatā ekaṁ rukkhamūlaṁ mahaggatanti pharitvā adhimuccitvā viharati).'라고 하였다. [이것은 한낮에 그늘이 드리워져있고 바람이 불지 않을 때에 낙엽이 떨어지는 범위만큼을 말한다. — MAṬ.ii.347] 다시 말해 까시나의 표상(kasiṇa-nimitta)을 가득 채우고, 그 까시나의 표상에다 고귀함이라 불리는 禪(mahaggata-jjhāna)을 두루 확장하여 머문다는 뜻이다. 고귀함이라는 개념(ābhoga)이 아니라 오직 고귀한 禪을 일으킨다(mahaggata-jjhāna-pavatti)는 뜻이다. 이 방법은 이하 두 그루의 나무 뿌리만큼의 장소 등에도 동일하게 적용된다."(MA.iv.200)

둘 혹은 세 마을의 땅만큼 … 한 왕국만큼 … 두 왕국 혹은 세 왕국 만큼 … 바다에 둘러싸인 대지만큼의 장소를 고귀함으로 가득 채우고 머뭅니다.

장자여, 이것을 일러 고귀한 마음의 해탈이라 합니다.

장자여, 무량한 마음의 해탈과 고귀한 마음의 해탈은 이런 이유로[317] 그 뜻도 다르고 표현도 다르다고 알아야 합니다."

9. "장자여, 네 가지 존재의 태어남이 있습니다.[318] 어떤 것이 넷입니까?

장자여, 여기 어떤 자는 작은 광명[小光]으로 충만하여 머뭅니다. 그는 몸이 무너져 죽은 뒤 소광천의 천신들의 동료로 태어납니다. 장자여, 여기 어떤 자는 무량한 광명[無量光]으로 충만하여 머뭅니다. 그는 몸이 무너져 죽은 뒤 무량광천의 천신들의 동료로 태어납니다. 장자여, 여기 어떤 자는 오염된 광명으로 충만하여 머뭅니다. 그는 몸이 무너져 죽은 뒤 오염된 광명을 가진 천신들의 동료로 태어납니다. 장자여, 여기 어떤 자는 청정한 광명으로 충만하여 머뭅니다. 그는 몸이 무너져 죽은 뒤 청정한 광명을 가진 천신들의 동료로 태어납니다.

장자여, 이것이 네 가지 존재의 태어남입니다."[319]

---

317) "'무량(appamāṇā)'이라고 하는 거룩한 마음가짐(梵住)들의 경우 표상을 확장하지 않고(na vaḍḍhati), 제거해야 할(ugghāṭana) 대상도 없고, 또한 그런 禪들은 신통지나 멸진정의 기초(pādaka)도 되지 않는다. 그러나 위빠사나의 기초가 되고 윤회의 기초(vaṭṭa-pādaka)가 된다. 반면에 '고귀함(mahaggatā)'이라고 하는 까시나를 대상으로 하는 禪의 경우 표상을 확장하고, 제거해야 할 대상도 있고, 극복함이 있고 신통지와 멸진정의 기초가 되고 윤회의 기초가 된다. 이처럼 이 법들은 뜻도 다르고, 각기 '무량'과 '고귀함'으로 그 표현도 다르다."(MA.iv.200~201)

318) "'고귀한 마음의 해탈(mahaggatā ceto-vimutti)'의 결과에 따른 존재(bhava)의 종류를 보이기 위해서 이 설명을 한다."(MA.iv.201)

10. "장자여, 그 천신들이 한 곳에 모이는 때가 있습니다. 그들이 한 곳에 모이면 안색에서는 차이가 드러나지만 광명은 구별이 없습니다.[320] 장자여, 예를 들면 어떤 사람이 여러 개의 기름등불을 집안으로 가져온다고 합시다. 그 등불의 불꽃에서는 차이가 드러나지만[321] 광명은 구별이 없습니다. 장자여, 이와 같이 그 천신들이 한곳

---

319) "오염된 광명을 가진 천신들(saṅkiliṭṭh-ābhā)과 청정한 광명을 가진 천신들(parisuddh-ābhā)은 그들이 머무는 별도의 세계가 있는 것이 아니라 소광천(parittābhā)에도 머물고 무량광천(appamāṇābhā)에도 머문다. 키질하는 키만큼 이거나 받침 접시만큼 까시나를 확장하여 [제2선을 얻고는] 다섯 가지(pañcahākāra)의 자유자재에 능숙하지만(āciṇṇa-vasibhāva) 반대되는 법들(paccanīka-dhammā)을 깨끗이 정화하지 못하고(suṭṭhu apari-sodhitattā) 힘없는 증득(dubbala samāpatti)을 닦아 禪에 능숙하지 못한 채(appaguṇa-jjhāne ṭhita) 죽음을 맞이하여 소광천에 태어난다. 그의 광채(vaṇṇa)는 한정되고(paritta) 오염되어 있다(saṅkiliṭṭha).
그러나 다섯 가지의 자유자재에 능숙하고 반대되는 법들을 아주 깨끗이 정화하여 지극히 청정한 증득을 닦아(suṭṭhu parisodhitattā) 禪에 능숙한 채(paguṇajjhāne ṭhita) 죽음을 맞이하여 소광천(parittābhā)에 태어난다. 그의 광채(vaṇṇa)는 한정되어 있지만 청정하다(paritto ceva hoti pari-suddho ca). 이처럼 소광천에 청정한 광명을 가진 천신들(parisuddhābhā)도 머물고 오염된 광명을 가진 천신들(saṅkiliṭṭhābhā)도 머문다.
그러나 까시나를 광대하게 확장하여(vipula-parikammaṁ katvā) [제2선을 얻고는] 다섯 가지의 자유자재에 능숙하지만(āciṇṇa-vasibhāva) 반대되는 법들을 깨끗이 정화하지 못하고 힘없는 증득을 닦아 禪에 능숙하지 못한 채 죽음을 맞이하여 무량광천(appamāṇābhā)에 태어난다. 그의 광채는 무량하지만(appamāṇābhā) 오염되어(saṅkiliṭṭhābhā) 있다.
그러나 다섯 가지의 자유자재에 능숙하고 반대되는 법들을 아주 깨끗이 정화하여 지극히 청정한 증득을 닦아 禪에 능숙한 채 죽음을 맞이하여 무량광천에 태어난다. 그의 광채는 무량하고 청정하다. 이처럼 무량광천에 청정한 광명을 가진 천신들도 머물고 오염된 광명을 가진 천신들도 머문다."(MA.iv.201)

320) "'광명은 구별이 없습니다(no ca ābhā-nānattaṁ).'라고 하였다. 그들의 몸의 광명(sarīra-vaṇṇa)은 노랗기도 하고 붉기도 하고 희기도 하여 서로 다르지만(nānatta) 광명(ābhā)에는 한정되었다거나 무량하다거나 하는 식의 차이가 없다는 뜻이다."(MAṬ.ii.348)

에 [148] 모이는 때가 있습니다. 그들이 한 곳에 모이면 안색에서는 차이가 드러나지만 광명은 구별이 없습니다."

11. "장자여, 그 천신들이 그곳에서 흩어지는 때가 있습니다. 그들이 흩어지면 안색에서도 차이가 드러나고 광명에도 차이가 드러납니다. 장자여, 예를 들면 어떤 사람이 여러 개의 기름등불을 가지고 집에서 나온다고 합시다. 그러면 그 등불의 불꽃에서도 차이가 드러나고 광명에도 차이가 드러납니다. 장자여, 이와 같이 그 천신들이 그곳에서 흩어지는 때가 있습니다. 그들이 흩어지면 안색에서도 차이가 드러나고 광명에도 차이가 드러납니다."

12. "장자여, 그 천신들은 '우리의 [수명]은 항상하고 견고하고 영원하다.'라고 그렇게 생각하지 않습니다. 그렇지만 그 천신들은 어디서 거주하건 거기서 그들은 기뻐합니다. 장자여, 마치 파리들이 짐 막대기나 바구니에 달라붙어 실려 갈 때 '우리의 [수명]은 항상하고 견고하고 영원하다.'라고 생각하지 않지만 파리들은 어디서 거주하건 그곳에서 즐거워하는 것과 같습니다. 장자여, 그와 같이 그 천신들은 '우리의 [수명]은 항상하고 견고하고 영원하다.'라고 그렇게 생각하지 않습니다. 그렇지만 그 천신들은 어디서 거주하건 거기서 그들은 기뻐합니다."

13. 이렇게 설했을 때 사비야 깟짜나 존자322)가 아누룻다 존자

---

321) "불꽃(acci)이 길거나 짧거나 작거나 크거나 하는 식으로 차이가 있다(nānatta)."(MA.iv.202) "왜냐하면 불의 요소(tejo-dhātu)는 긴 것 등 다양하기 때문이다(vemattatā)."(MAṬ.ii.348)

322) 주석서와 복주서는 사비야 깟짜나 존자(āyasmā Sabhiya Kaccāna)가 누구인지 설명을 하지 않고 있는데 『상윳따 니까야』 제5권 「사비야 깟짜나 경」(S44:11)에 나타나는 사비야 깟짜나 존자와 동일 인물인 듯하다.

에게 이렇게 말했다.

"장하십니다, 아누룻다 존자시여. 여기에 대해 저는 더 깊이 여쭙고자 합니다. 존자시여, 그 광명을 가진 천신들은 모두 소광천의 신들입니까, 아니면 이 중에서 어떤 천신들은 무량광천의 신들입니까?"

"도반 깟짜나여, 어떤 원인[323]으로 인해 여기 어떤 천신들은 소광천의 신들이고 어떤 천신들은 무량광천의 신들입니다."

14. "아누룻다 존자시여, 어떤 원인과 어떤 조건으로 그 천신들은 같은 천신의 무리에 태어나고서도 [149] 어떤 천신들은 소광천의 신들이 되고 어떤 천신들은 무량광천의 신들이 됩니까?"

"도반 깟짜나여, 그렇다면 내가 그대에게 반문을 하리니 그대가 옳다고 여기는 대로 대답하십시오. 깟짜나여, 이를 어떻게 생각합니까? 한 비구는 한 그루의 나무 뿌리만큼의 장소를 고귀함으로 가득 채우고 머물고, 다른 비구는 두 그루 혹은 세 그루의 나무 뿌리만큼의 장소를 고귀함으로 가득 채우고 머뭅니다. 이렇게 마음을 닦을 때에 어떤 쪽의 마음 닦음이 더 큽니까?"

"존자시여, 비구가 두 그루 혹은 세 그루의 나무 뿌리만큼의 장소를 고귀함으로 가득 채우고 머물 때 이 마음 닦음이 두 가지 마음 닦음 가운데 더 큽니다."

"깟짜나여, 이를 어떻게 생각합니까? 한 비구는 두 그루 혹은 세 그루의 나무 뿌리만큼의 장소를 … 다른 비구는 한 마을의 땅만큼의

그런데 Be에는 Sabhiya Kaccāna로 나타나고 Ee에는 Abhiya Kaccāna로 나타난다. Ee의 해당 각주에도 다른 필사본에 사비야로 표기되어 있음을 언급하고 있다. 그리고 DPPN도 사비야(Sabhiya)를 표제어로 삼고 있다. 그래서 역자도 이를 따라서 사비야로 표기하고 있다.

323) "'어떤 원인(tad-aṅga)'이란 어떤 존재로 다시 태어나게 될(bhavūpapatti) 원인(aṅga)이나 조건(kāraṇa)을 말한다."(MA.iv.202)

장소를 고귀함으로 가득 채우고 머뭅니다. 한 비구는 한 마을의 땅만큼의 장소를 … 다른 비구는 둘 혹은 세 마을의 땅만큼의 장소를 고귀함으로 가득 채우고 머 뭅니다. … 한 비구는 둘 혹은 세 마을의 땅만큼의 장소를 … [150] … 다른 비구는 한 왕국만큼의 장소를 고귀함으로 가득 채우고 머뭅니다. … 한 비구는 한 왕국만큼의 장소를 … 다른 비구는 둘 혹은 세 왕국만큼의 장소를 고귀함으로 가득 채우고 머뭅니다. … 한 비구는 둘 혹은 세 왕국만큼의 장소를 … 다른 비구는 바다에 둘러싸인 대지만큼의 장소를 고귀함으로 가득 채우고 머뭅니다. 이렇게 마음을 닦을 때에 어떤 쪽의 마음 닦음이 더 큽니까?"

"존자시여, 비구가 바다에 둘러싸인 대지만큼의 장소를 고귀함으로 가득 채우고 머물 때 이 마음 닦음이 두 가지 마음 닦음 가운데 더 큽니다."

"도반 깟짜나여, 이런 원인과 이런 조건 때문에 그 천신들은 같은 천신의 무리에 태어났지만 어떤 천신들은 소광천의 신들이 되고 어떤 천신들은 무량광천의 신들이 됩니다."

15. "장하십니다, 아누룻다 존자시여. 여기에 대해 저는 더 깊이 여쭙고자 합니다. 존자시여, 그 광명을 가진 천신들은 모두 오염된 광명을 가졌습니까, 아니면 어떤 천신들은 청정한 광명을 가졌습니까?"

"도반 깟짜나여, [151] 어떤 원인으로 인해 여기 어떤 천신들은 오염된 광명을 가졌고 어떤 천신들은 청정한 광명을 가졌습니다."

16. "아누룻다 존자시여, 어떤 원인과 어떤 조건으로 그 천신들은 같은 천신의 무리에 태어나고서도 어떤 천신들은 오염된 광명을 가졌고 어떤 천신들은 청정한 광명을 가졌습니까?"

"도반 깟짜나여, 그렇다면 그것에 대해 이제 그대에게 비유를 하나 들겠습니다. 여기 어떤 지혜로운 사람들은 이 비유로 이 말뜻을 잘 이해할 것입니다.

도반 깟짜나여, 예를 들면 기름등불이 불순한 기름과 때 묻은 심지로 탄다고 합시다. 그 불순한 기름과 때 묻은 심지 때문에 그것은 흐릿하게 탈 것입니다.

도반 깟짜나여, 그와 같이 여기 어떤 비구는 오염된 광명으로 충만하여 머뭅니다. 그는 몸의 무력증324)을 완전히 떨쳐내지 못했고, 해태와 혼침도 완전히 근절되지 않았고, 들뜸과 후회도 완전히 제거되지 않았습니다. 그가 몸의 무력증을 완전히 떨쳐내지 못했고, 해태와 혼침도 완전히 근절되지 않았고, 들뜸과 후회도 완전히 제거되지 않았기 때문에 그는 흐릿하게 禪을 닦습니다. 그는 몸이 무너져 죽은 뒤 오염된 광명을 가진 천신들의 동료로 태어납니다.

도반 깟짜나여, 예를 들면 기름등불이 순수한 기름과 깨끗한 심지로 탄다고 합시다. 그 순수한 기름과 깨끗한 심지 때문에 그것은 환하게 탈 것입니다.

도반 깟짜나여, 그와 같이 여기 어떤 비구는 청정한 광명으로 충만하여 머뭅니다. 그는 몸의 무력증을 완전히 떨쳐내었고, 해태와 혼침도 완전히 근절되었고, 들뜸과 후회도 완전히 제거되었습니다. 그가 몸의 무력증을 완전히 떨쳐내었고, 해태와 혼침도 완전히 근절되었고, 들뜸과 후회도 완전히 제거되었기 때문에 그는 또렷하게 禪을 닦습니다. 그는 몸이 무너져 죽은 뒤 청정한 광명을 가진 천신들의 동료로 태어납니다. [152]

---

324) "'몸의 무력증(kāya-duṭṭhulla)'이란 몸의 지둔한 상태(kāyālasiya-bhāva)를 말한다."(MA.iv.202)
"이것은 게으름 등(tandīādi)의 원인이 되는(hetu-bhūtā) 몸의 망설임(vitthāyitatā)을 뜻한다."(MAṬ.ii.348)

도반 깟짜나여, 이런 원인과 이런 조건 때문에 그 천신들은 같은 천신의 무리에 태어났지만 어떤 천신들은 오염된 광명을 가졌고 어떤 천신들은 청정한 광명을 가졌습니다."

17. 이렇게 설명하자 사비야 깟짜나 존자는 아누룻다 존자에게 이렇게 말했다.

"장하십니다, 아누룻다 존자시여. 존자시여, 아누룻다 존자께서는 '이와 같이 나는 들었다.'라거나 '그것은 이러할 것이다.'라고 말하지 않으시고, '그 천신들은 이러하다. 이 천신들은 이러하다.'라고 말씀하십니다. 그래서 저는 아누룻다 존자께서 분명히 전에 그 천신들과 함께 지낸 적이 있고 함께 이야기를 한 적이 있고 전에 대화를 나눈 적이 있었을 것이라는 생각이 듭니다."

"도반 깟짜나여, 그대의 이런 이야기는 무례하고 거슬리지만 그래도 그대에게 설명하겠습니다. 도반 깟짜나여, 전에 나는 오랜 세월[325] 그 천신들과 함께 지낸 적이 있고 함께 이야기를 한 적이 있고 전에 대화를 나눈 적이 있었습니다."

18. 이렇게 말하자 사비야 깟짜나 존자는 빤짜깡가 목수에게 이렇게 말했다.

"그대가 의심을 제거하였고 이런 법문을 들을 기회를 가졌으니 참으로 그대에게 이익이고, 참으로 그대에게 축복입니다."

아누룻다 경(M127)이 끝났다.

---

325) "'오랜 세월(dīgha-rattaṁ)'이라고 했다. 장로가 바라밀을 닦아 채워갈 때에(pāramiyo pūrento) 선인들의 집단(isi-pabbajja)에서 출가하여 禪의 증득을 일으켜 삼백 생을 계속해서 범천(brahma-loka)에서 머물렀던 것과 관련하여 말한 것이다."(MA.iv.202)

오염원 경

Upakkilesa Sutta(M128)

1. 이와 같이 나는 들었다. 한때 세존께서는 꼬삼비의 고시따 원림[326]에 머무셨다.

2. 그때 꼬삼비에서는 비구들이 논쟁을 하고 말다툼을 하고 분쟁하면서 혀를 무기 삼아 서로를 찌르고 있었다.[327]

3. 그러자 어떤 비구가 세존을 뵈러 갔다. [153] 세존을 뵙고 절을 올리고 한 곁에 앉았다. 한 곁에 앉아서 그 비구는 세존께 이렇게 말씀드렸다.

"세존이시여, 지금 꼬삼비에서는 비구들이 논쟁을 하고 말다툼을 하고 분쟁하면서 혀를 무기 삼아 서로를 찌르고 있습니다. 세존이시여, 세존께서 연민을 일으키시어 그 비구들을 방문해주시면 감사하겠습니다."

---

326) 꼬삼비(Kosambī)와 고시따 원림(Gositārāma)에 대해서는 본서 제2권 「꼬삼비 경」(M48) §1의 주해를 참조할 것.

327) 본경의 도입부는 본서 제2권 「꼬삼비 경」(M48)과 같다. 이 사건의 발단에 대해서는 꼬삼비 경 §2의 주해를 참조할 것.

세존께서는 침묵으로 허락하셨다.

4. 그러자 세존께서는 그 비구들을 만나러 가셨다. 가셔서 그 비구들에게 이렇게 말씀하셨다.

"비구들이여, 논쟁하지 마라. 말다툼하지 마라. 언쟁하지 마라. 분쟁하지 마라."

이렇게 말씀하시자 어떤 비구가 세존께 이렇게 말씀드렸다.

"세존이시여, 법의 주인이신 세존께서는 기다려주소서. 세존께서는 염려 마시고 지금 · 여기에서 편안하게 머무소서. 저희들이 이 논쟁과 말다툼과 언쟁과 분쟁을 해결하겠습니다."[328)]

두 번째로 … 세 번째로 세존께서는 그 비구들에게 이렇게 말씀하셨다.

"비구들이여, 논쟁하지 마라. 말다툼하지 마라. 언쟁하지 마라. 분쟁하지 마라."

이렇게 말씀하시자 세 번째에도 그 비구가 세존께 이렇게 말씀드렸다.

"세존이시여, 법의 주인이신 세존께서는 기다려주소서. 세존께서는 염려 마시고 지금 · 여기에서 편안하게 머무소서. 저희들이 이 논쟁과 말다툼과 언쟁과 분쟁을 해결하겠습니다."

5. 그러자 세존께서는 오전에 옷매무새를 가다듬고 발우와 가사를 수하시고 꼬삼비로 탁발을 가셨다. 꼬삼비에서 탁발하여 공양을 마치고 탁발에서 돌아오셔서 거처를 정돈하시고 발우와 가사를

---

328) "세존의 안위를 생각하는 이 비구는 지금 꼬삼비의 비구들은 분노에 휩싸여(kodha-abhibhūtā) 스승의 말을 듣지 않을 것이기 때문에 세존께서 이들을 위해 훈계를 하는 것은 피곤한 일일 뿐(ovadanto kilami)이라고 생각되어 이렇게 말씀드리는 것이다."(MA.iv.203)

수하시고 서신 채로 이 게송을 읊으셨다. [154]

6. "다툼을 일삼는 자들이 여러 목소리를 내면
아무도 자신이 어리석다 생각하지 않네.
나아가 승가가 분열할 때에도
아무도 자신의 허물이라 생각하지 않네. {1}

현명한 대화는 잊어버리고
말꼬리만[329] 물고 늘어진다.
입이 움직이는 대로 맘대로 지껄여
무엇에 인도되어 그러는지 그것을 모르네. {2}

'나를 욕했다, 나를 때렸다[330]
나를 이겼다, 내 것을 훔쳤다.'라고
이런 생각을 품은 자
그들의 원한은 끝나지 않으리. {3}

'나를 욕했다, 나를 때렸다
나를 이겼다, 내 것을 훔쳤다.'라고
이런 생각을 품지 않는 자
그들의 원한은 영원히 멈추리. {4}

참으로 이 세상 어디에서나
원한은 원한으로 결코 그치지 않고

---

329) '말꼬리'로 옮긴 원어는 vācā-gocarā(말의 영역)인데 "시비(kalaha)로 인해 생긴 그 말이 바로 영역(gocara)이다."(MAṬ.ii.349)라고 복주서에서 설명하고 있어 말꼬리라고 옮겼다.

330) 본 게송과 다음의 두 게송은 『법구경』(Dhp) {3}, {5}~{6}과 같고 마지막의 세 게송은 『법구경』{328}~{330}과 같다.

원한은 비움으로 그치게 되니
이것은 만고의 진리이어라. {5}

여기서 우리 제어해야 함을
다른 사람들은 알지 못하니
여기서 이것을 아는 자
그들은 그 다툼을 그만두리. {6}

뼈를 부수고 생명을 빼앗고
소와 말과 재물을 약탈하고 왕국을 침략하는
그러한 자들도 화합하여 행하거늘
어찌하여 그대들은 그렇지 못하는고? {7}

만일 그대 믿음으로 행하는
슬기로운 벗, 현명한 도반을 만나거든
모든 위험 극복하고
그와 함께 만족하고 마음챙겨 길을 가라. {8}

만일 그대 믿음으로 행하는
슬기로운 벗, 현명한 도반을 만나지 못하거든
왕이 정복한 영토를 버리고 떠나듯
혼자서 가라. 숲 속을 거니는 코끼리처럼. {9}

차라리 혼자 갈지언정
어리석은 자와 함께하지 마라.
혼자서 가라. 악행을 하지 마라.
무심히 숲 속을 거니는 코끼리처럼." {10}

7. 그때 세존께서는 서신 채로 이 게송을 읊으시고 발라깔로나까라 마을로 가셨다.[331] 그 무렵 [155] 바구 존자[332]는 발라깔로나까라 마을에 머물고 있었다. 바구 존자는 세존께서 멀리서 오시는 것을 보았다. 보고는 자리와 발 씻을 물을 마련하였다. 세존께서는 마련된 자리에 앉으셨다. 앉아서 발을 씻으셨다. 바구 존자는 세존께 절을 올리고 한 곁에 앉았다. 한 곁에 앉은 바구 존자에게 세존께서는 이렇게 말씀하셨다.

"비구여, 견딜만한가? 잘 지내는가? 탁발하는 데 어려움은 없는가?"

"견딜만합니다, 세존이시여. 잘 지냅니다, 세존이시여. 탁발하는 데 어려움이 없습니다, 세존이시여."

그러자 세존께서는 바구 존자에게 법을 설하여 가르치시고[333] 격려하시고 분발하게 하시고 기쁘게 하시고 자리에서 일어나 동쪽 대나무 동산으로 떠나셨다.[334]

8. 그때[335] 아누룻다 존자와 난디야 존자와 낌빌라 존자는 동

---

331) "발라깔로나까라 마을(Bālakaloṇakāra-gāma)은 우빨리 장자(Upāli-gaha-pati)가 소유한 마을이다. 왜 그곳으로 가셨는가? 대중이 함께 모여 사는 것에 위험(ādīnava)을 보시고는 혼자 사는 비구를 만나보고 싶어지셨다. 마치 추위에 시달려 따뜻한 곳을 그리워하는 사람처럼 그렇게 그곳으로 가셨다."(MA.iv.206)

332) 바구 존자(āyasmā Bhagu)에 대해서는 본서 「날라까빠나 경」(M68) §2의 주해를 참조할 것.

333) "혼자 머무는 것의 이익과 관련된 법문을 설하셨다."(MA.iv.206)

334) "동쪽 대나무 산으로 떠나신 것은 다툼을 일삼는 곳에서 위험을 보시고 서로 화합하여 사는 비구들을 보고 싶어 마치 추위에 시달려 따뜻한 곳을 그리워하는 사람처럼 그렇게 그곳으로 가셨다."(MA.iv.206)

335) 본경 §§8~14는 본서 제2권 「고싱가살라 짧은 경」(M31)의 §§3~9와 같은 내용을 담고 있다. 그런데 본경이 「고싱가살라 짧은 경」(M31)보다 시기

쪽 대나무 동산에 머물고 있었다. 그때 동산지기가 세존께서 멀리서 오시는 것을 보고 세존께 말씀드렸다.

"사문이여, 이 동산에 들어오지 마십시오. 여기는 자신들의 이익을 추구하는[336] 세 분의 선남자들이 머물고 계십니다. 그분들을 불편하게 만들지 마십시오."

마침 아누룻다 존자가 동산지기가 세존과 더불어 대화하는 것을 들었다. 듣고서는 동산지기에게 이렇게 말했다.

"여보게, 동산지기여. 세존을 막지 말게. 우리의 스승이신 세존께서 오신 것이네."

9. 그리고 아누룻다 존자는 난디야 존자와 낌빌라 존자에게 가서 말했다.

"존자들이여, 나오십시오. 존자들이여, 나오십시오. 우리의 스승

적으로 앞서는 듯하다. 「고싱가살라 짧은 경」(M31)에서는 세 명의 비구가 아라한과를 얻었지만 여기서는 아라한과를 얻기 위해서 노력하는 과정이 설명되고 있기 때문이다.

336) '자신들의 이익을 추구하는'은 atta-kāma-rūpā를 옮긴 것이다. 주석서에서 "attano hitam kāmayamāna-sabhāvā hutvā viharanti(자기의 이익을 원하면서 머문다)"(MA.ii.236)라고 설명하고 있어서 이렇게 옮겼다. 계속해서 주석서는 이렇게 설명하고 있다.
"어떤 자는 이 교단(sāsana)에 출가했지만 의료 행위를 한다거나 사자(使者)의 행위를 하거나 심부름꾼으로 나서는 등(vejja-kamma-dūta-kamma-pahiṇa-gamanādi) 21가지 삿된 방법(anesana)으로 생계를 유지하는데, 이런 자는 자기의 이익을 추구하며(atta-kāma-rūpa) 머무는 자라 하지 않는다.
어떤 자는 이 교단에 출가하여 21가지 삿된 생계 수단을 버리고 네 가지 청정한 계(catu-pārisuddhi-sīla)에 서서 부처님의 말씀을 배우고 적합한 두타행(sappāya-dhutaṅga)을 결심하고 38가지 대상 가운데서 자기에게 맞는 명상주제(citta-ruci kamma-ṭṭhāna)를 가지고 마을을 버리고 숲 속에 들어가서 증득(samāpatti)을 일으켜서 위빳사나를 통하여 [사문의] 일(kamma)을 하면서 머무는데, 이러한 자를 자신들의 이익을 추구하며(atta-kāma-rūpa) 머무는 자라 한다."(MA.ii.236)

세존께서 오셨습니다."

10. 아누룻다 존자와 난디야 존자와 낌빌라 존자는 세존을 영접하고는 한 사람은 세존의 발우와 가사를 받아들고 한 사람은 자리를 준비하고 한 사람은 발 씻을 물을 가져왔다. 세존께서는 마련된 자리에 앉으시고 발을 씻으셨다. 세 존자들은 세존께 절을 올리고 한 곁에 앉았다. 한 곁에 앉은 아누룻다 존자에게 세존께서는 이렇게 말씀하셨다.

"아누룻다들이여,[337] 그대들은 견딜만한가? 잘 지내는가? 탁발하는 데 어려움은 없는가?" [156]

"저희들은 견딜만합니다, 세존이시여. 잘 지냅니다, 세존이시여. 탁발하는 데 어려움이 없습니다, 세존이시여."

11. "아누룻다들이여, 그런데 그대들은 사이좋게 화합하고 정중하고 다투지 않고 물과 우유가 잘 섞이듯이 서로를 우정 어린 눈으로 보면서 머무는가?"

"참으로 그러합니다. 세존이시여, 저희들은 사이좋게 화합하여 다투지 않고 물과 우유가 잘 섞이듯이 서로를 우정 어린 눈으로 보면서 머뭅니다."

"아누룻다들이여, 그러면 그대들은 어떻게 사이좋게 화합하여 다투지 않고 물과 우유가 잘 섞이듯이 서로를 우정 어린 눈으로 보면서 머무는가?"

12. "세존이시여, 여기서 저희들에게 이런 생각이 듭니다. '내가

---

337) '아누룻다들이여'는 Anuruddhā(복수 호격)를 옮긴 것이다. 단수 Anuruddha가 아니라 복수 Anuruddhā로 나타나고 있어서 이렇게 옮겼다. 여기에 대해서는 본서 제2권 「고싱가살라 짧은 경」(M31) §5의 주해를 참조할 것.

이러한 동료 수행자들과 함께 머문다는 것은 참으로 나에게 이익이고, 참으로 나에게 축복이다.'라고. 그래서 제게는 이 스님들이 눈앞에 있건 없건 항상 그들에 대해 자애로운 몸의 업[身業]을 유지하고, 제게는 이 스님들이 눈앞에 있건 없건 항상 그들에 대해 자애로운 말의 업[口業]을 유지하고, 제게는 이 스님들이 눈앞에 있건 없건 항상 그들에 대해 자애로운 마음의 업[意業]을 유지합니다. 그러면 제게 이런 생각이 듭니다. '이제 나는 나 자신의 마음은 제쳐두고 이 스님들의 마음을 따라야겠다.'라고. 세존이시여, 그러면 저는 제 자신의 마음은 제쳐두고 이 스님들의 마음을 따릅니다. 세존이시여, 참으로 저희는 몸은 다르지만 마음은 하나라고 생각합니다."

난디야 존자도 역시 … 낌빌라 존자도 역시 세존께 이렇게 말씀드렸다.

"세존이시여, 여기서 저희들에게 이런 생각이 듭니다. … 세존이시여, 참으로 저희는 몸은 다르지만 마음은 하나라고 생각합니다. 세존이시여, 이와 같이 저희들은 사이좋게 화합하고 정중하고 다투지 않고 물과 우유가 잘 섞이듯이 서로를 우정 어린 눈으로 보면서 머뭅니다."

13. "장하고 장하구나, 아누룻다들이여. 아누룻다들이여, 그런데 그대들은 방일하지 않고 열심히, 스스로 독려하며 머무는가?" [157]

"참으로 그러합니다. 세존이시여, 저희들은 방일하지 않고 열심히, 스스로 독려하며 머뭅니다."

"아누룻다들이여, 그러면 어떻게 그대들은 방일하지 않고 열심히, 스스로 독려하며 머무는가?"

14. "세존이시여, 여기 저희들 중에서 먼저 탁발을 마치고 마을

에서 돌아온 자는 자리를 마련하고 마실 물과 발 씻을 물을 준비하고 여분의 음식을 담을 통을 준비합니다. 나중에 탁발을 마치고 마을에서 돌아온 자는 남은 음식이 있으면 그가 원하면 먹고, 원하지 않으면 풀이 없는 곳에 버리거나 생물이 없는 물에 던져 넣습니다. 그는 자리를 치우고 마실 물과 발 씻을 물을 치우고 여분의 음식을 담은 통을 치우고 밥 먹은 곳을 닦아냅니다.

누구든 마시는 물 항아리나 씻는 물 항아리나 뒷물 항아리가 바닥이 나거나 비어있는 것을 보면 그는 그것을 준비합니다. 만일 [너무 무거워] 혼자 감당할 수 없으면 손짓으로 다른 사람을 불러서 손을 맞잡고 가져옵니다. 세존이시여, 그러나 우리는 그 때문에 묵언을 깨뜨리지 않습니다. 세존이시여, 또한 닷새마다 법담으로 온밤을 지샙니다. 세존이시여, 이와 같이 저희들은 방일하지 않고 열심히, 스스로 독려하며 머뭅니다."

15. "장하고 장하구나, 아누룻다들이여. 아누룻다들이여, 그런데 그대들이 이와 같이 방일하지 않고 열심히, 스스로 독려하며 머물면서 인간의 법을 초월했고 성자에게 적합한 지와 견의 특별함을 증득하여 편히 머무는가?"[338]

"세존이시여,[339] 저희들이 방일하지 않고 열심히, 스스로 독려하

---

338) "세존께서는 [아누룻다 존자와 난디야 존자와 낌빌라 존자에게] 마지막 질문으로(pacchima-pucchāya) 출세간법(lokuttara-dhamma)에 대해 질문하시려고 하다가 그들에게 그것이 없는데도 불구하고 묻는 것은 적절치 않다고 생각하셨다. 그래서 준비 단계의 광명(parikamm-obhāsa)에 대해 물으시는 것이다."(MA.iv.207)
"'준비 단계의 광명에 대해 물으신다.'는 것은 천안통(dibbacakkhu-ñāṇa)에 대한 결의가 있었기 때문에(kata-adhikārattā) 그것을 일으키기 위해서 물으신 것이다."(MAṬ.ii.350)

339) 여기서부터 본경의 내용은 본서 제2권 「고싱가살라 짧은 경」(M31)과 달라

며 머물 때에 광명을 인식하고[340] 드러난 형색들도 인식합니다.[341] 그러나 얼마 안가서 그 광명은 사라지고 드러난 형색들도 사라져버립니다. 그렇지만 저희들은 그 원인을 통찰하지 못하고 있습니다."[342]

16. "아누룻다들이여, 그대들은 그 원인을 통찰해야 한다. 아누룻다들이여, 나도 역시 전에[343] 아직 깨달음을 이루기 전 보살이었

진다.

340) "'광명을 인식하고(obhāsañceva sañjānāma)'라는 것은 준비 단계의 광명(parikamm-obhāsa)을 인식하는 것이다."(MA.iv.207)
복주서는 좀 더 상세하게 설명한다.
"'준비 단계의 광명'이란 준비 단계의 삼매에서 생긴 광명(parikamma-samādhi-nibbatta obhāsa)이다. 즉 근접삼매에서 생긴(upacāra-jjhāna-sañjanita) 광명이다. 제4선을 얻은 사람이 천안의 준비를 위해(dibba-cakkhu-parikammattha) 광명의 까시나(obhāsa-kasiṇa)를 닦을 때 그 근접(upacāra)에 있는 삼매가 준비 단계의 삼매(parikamma-samādhi)이고, 그 광명을 준비 단계의 광명이라고 말한다. 그래서 '광명을 인식하고 라는 것은 준비 단계의 광명을 인식하는 것이다.'라고 했다."(MAṬ.iv.350)

341) "'드러난 형색들을 [인식합니다](dassanañca rūpānaṁ).'라는 것은 천안(dibba-cakkhu)으로 형색들을 보는 것(rūpa-dassana)을 인식하는 것을 말한다."(MA.iv.207)
"얼마만큼의 장소이건 천안으로 그것을 보고자 할 때에 그 만큼의 장소를 광명의 까시나를 확장하여(pharitvā) 머문다. 그러면 그는 그 광명(obhāsa)과 형색(rūpa-gata)을 천안통(dibbacakkhu-ñāṇa)으로 볼 수 있다. 장로는 그렇게 통찰했다. 그래서 '광명을 인식하고 드러난 형색들도 인식합니다.'라고 하였다."(MAṬ.ii.350~351)

342) "'통찰하지 못하고 있습니다(nappaṭivijjhāma).'라고 하였다. 그들의 광명은 형색을 보는 준비의 단계를 넘어설 때(atikkami) 광명이 사라져버리고 광명이 사라지면서 형색도 드러나지 않았다. 초심자였던 탓에(ādikammika-bhāvato) 이런 원인을 알 수 없었기에 '통찰하지 못하고 있습니다.'라고 세존께 말씀드리는 것이다."(MAṬ.ii.351)

343) "아누룻다들이여, 그대들이 어찌 당혹스럽지 않겠는가? 나도 전에 보살이었을 적에 다음과 같은 열한 가지 오염원(upakkilesa) [즉 본경 §§16~27에 나타나는 의심(vicikicchā), 마음에 잡도리하지 않음(amanasikāra), 해태와 혼침(thīna-middha), 두려움(chambhitatta), 의기양양함(ubbilla), 무

을 때 광명을 인식하고 드러난 형색들을 인식했다. 그러나 얼마 안가서 그 광명은 [158] 사라지고 드러난 형색들도 사라져버렸다. 아누룻다들이여, 그러자 나에게 이런 생각이 들었다. '어떤 원인과 어떤 조건으로 광명이 사라지고 드러난 형색들도 사라져버렸는가?'

아누룻다들이여, 그때 나에게 이런 생각이 들었다.

'의심이 나에게 일어났다.344) 의심으로 인해 나의 삼매는 사라져버렸다. 삼매가 사라져버리자 광명이 사라지고 드러난 형색들도 사라져버렸다.345) 그러므로 나는 다시는 의심이 일어나지 않도록 그렇게 하리라.'"

17. "아누룻다들이여, 그런 나는 방일하지 않고 열심히, 스스로 독려하며 머물 때 광명을 인식하고 드러난 형색들을 인식했다. 그러나 얼마 안가서 그 광명은 사라지고 드러난 형색들도 사라져버렸다. 아누룻다들이여, 그러자 나에게 이런 생각이 들었다. '어떤 원인과 어떤 조건으로 광명이 사라지고 드러난 형색들도 사라져버렸는가?'

아누룻다들이여, 그때 나에게 이런 생각이 들었다.

'마음에 잡도리하지 않음이 나에게 일어났다.346) 마음에 잡도리하

력증(duṭṭhulla), 지나친 정진(accāraddha-viriya), 느슨한 정진(atilīna-viriya), 갈애(abhijappā), 다양한 인식(nānatta-saññā), 지나친 명상(ati-nijjhāyitatta)]으로 인해 당혹스러웠다(āḷulita-pubba)고 당신의 일례를 보여주시면서 이러한 가르침을 시작하셨다."(MA.iv.207)

344) "'의심이 나에게 일어났다(vicikicchā kho me udapādi).'는 것은 보살이 광명을 확장하여 천안으로 다양한 종류의 형색들을 보자 '이것이 무엇인가?'라는 의심이 생겨났다는 말이다."(MA.iv.207)

345) "'삼매가 사라졌다(samādhi cavi).'는 것은 준비의 삼매(parikamma-samādhi)가 사라져버렸고, '광명(obhāsa)'도 또한 준비의 광명이 사라져버렸다. 그래서 천안으로도 형색을 볼 수가 없는 것이다."(MA.iv.207)

346) "'마음에 잡도리하지 않음이 나에게 일어났다(amanasikāro kho me

지 않음으로 인해 나의 삼매는 사라져버렸다. 삼매가 사라져버리자 광명이 사라지고 드러난 형색들도 사라져버렸다. 그러므로 나는 다시는 의심과 마음에 잡도리하지 않음이 일어나지 않도록 그렇게 하리라.'"

18. "아누룻다들이여, 그런 나는 방일하지 않고 …

그런 나에게 이런 생각이 들었다.

'해태와 혼침이 나에게 일어났다.347) 해태와 혼침으로 인해 나의 삼매는 사라져버렸다. 삼매가 사라져버리자 광명이 사라지고 드러난 형색들도 사라져버렸다. 그러므로 나는 다시는 의심과 마음에 잡도리하지 않음과 해태와 혼침이 일어나지 않도록 그렇게 하리라.'"

19. "아누룻다들이여, 그런 나는 방일하지 않고 …

그런 나에게 이런 생각이 들었다.

'두려움이 나에게 일어났다. 두려움으로 인해 나의 삼매는 사라져버렸다. 삼매가 사라져버리자 광명이 사라지고 드러난 형색들도 사라져버렸다.'

아누룻다들이여, 마치 어떤 사람이 길을 떠났는데 살인자들이 그의 양쪽에서 달려든다면 그로 인해 두려움이 생기는 것과 같다. 아누룻다들이여, 그와 같이 두려움이 나에게 일어났다. 두려움으로 인해 나의 삼매는 사라져버렸다. 삼매가 사라져버리자 광명이 사라지고 드러난 형색들도 사라져버렸다.

---

udapādi).'는 것은 형색들을 볼 때 의심(vicikicchā)이 일어났고, 그리하여 이제 어떤 것도 마음에 잡도리하지 않을 것이라고 마음에 잡도리하지 않음이 생겨났다는 말씀이다."(MA.iv.207)

347) "'해태와 혼침이 나에게 일어났다(thīna-middhaṁ kho me udapādi).'는 것은 어떤 것도 마음에 잡도리하지 않을 때(amanasikaronta) 해태와 혼침이 일어났다는 말씀이다."(MA.iv.208)

[그런 나에게 이런 생각이 들었다.] '나는 [159] 다시는 의심과 마음에 잡도리하지 않음과 해태와 혼침과 두려움이 일어나지 않도록 그렇게 하리라.'"

20. "아누룻다들이여, 그런 나는 방일하지 않고 …

그런 나에게 이런 생각이 들었다.

'의기양양함이 나에게 일어났다. 의기양양함으로 인해 나의 삼매는 사라져버렸다. 삼매가 사라져버리자 광명이 사라지고 드러난 형색들도 사라져버렸다.'

아누룻다들이여, 마치 어떤 사람이 하나의 보물창고의 입구를 찾다가 한꺼번에 다섯 개의 보물창고의 입구를 찾은 것과 같다.348) 아누룻다들이여, 그와 같이 의기양양함이 나에게 일어났다. 의기양양함으로 인해 나의 삼매는 사라져버렸다. 삼매가 사라져버리자 광명이 사라지고 드러난 형색들도 사라져버렸다.

[그런 나에게 이런 생각이 들었다.] '그러므로 나는 다시는 의심과 마음에 잡도리하지 않음과 해태와 혼침과 두려움과 의기양양함이 일어나지 않도록 그렇게 하리라.'"

21. "아누룻다들이여, 그런 나는 방일하지 않고 …

그런 나에게 이런 생각이 들었다.

'무력증이 나에게 일어났다. 무력증으로 인해 나의 삼매는 사라져버렸다. 삼매가 사라져버리자 광명이 사라지고 드러난 형색들도 사라져버렸다. 그러므로 나는 다시는 의심과 마음에 잡도리하지 않음과 해태와 혼침과 두려움과 의기양양함과 무력증이 일어나지 않도록 그렇게 하리라.'"

---

348) 본서 제2권 「앗타까나가라 경」(M52) §15에도 같은 비유가 나타난다.

22. "아누룻다들이여, 그런 나는 방일하지 않고 …

그런 나에게 이런 생각이 들었다.

'지나친 정진이 나에게 일어났다. 지나친 정진으로 인해 나의 삼매는 사라져버렸다. 삼매가 사라져버리자 광명이 사라지고 드러난 형색들도 사라져버렸다.'

아누룻다들이여, 마치 어떤 사람이 양손으로 메추라기를 너무 심하게 꽉 거머쥐면 그것은 그 자리서 죽어버리는 것과 같다. 아누룻다들이여, 그와 같이 지나친 정진이 나에게 일어났다. 지나친 정진으로 인해 나의 삼매는 사라져버렸다. 삼매가 사라져버리자 광명이 사라지고 드러난 형색들도 사라져버렸다.

[그런 나에게 이런 생각이 들었다.] '그러므로 나는 다시는 의심과 마음에 잡도리하지 않음과 해태와 혼침과 두려움과 의기양양함과 무력증과 지나친 정진이 일어나지 않도록 그렇게 하리라.'"

23. "아누룻다들이여, 그런 나는 방일하지 않고 …

그런 나에게 이런 생각이 들었다.

'느슨한 정진이 나에게 일어났다. [160] 느슨한 정진으로 인해 나의 삼매는 사라져버렸다. 삼매가 사라져버리자 광명이 사라지고 드러난 형색들도 사라져버렸다.'

아누룻다들이여, 마치 어떤 사람이 메추라기를 느슨하게 거머쥐면 그의 손에서 날아 가버리는 것과 같다. 아누룻다들이여, 그와 같이 느슨한 정진이 나에게 일어났다. 느슨한 정진으로 인해 나의 삼매는 사라져버렸다. 삼매가 사라져버리자 광명이 사라지고 드러난 형색들도 사라져버렸다.

[그런 나에게 이런 생각이 들었다.] '그러므로 나는 다시는 의심과

마음에 잡도리하지 않음과 해태와 혼침과 두려움과 의기양양함과 무력증과 지나친 정진과 느슨한 정진이 일어나지 않도록 그렇게 하리라.'"

24. "아누룻다들이여, 그런 나는 방일하지 않고 …

그런 나에게 이런 생각이 들었다.

'갈애[349]가 나에게 일어났다. 갈애로 인해 나의 삼매는 사라져버렸다. 삼매가 사라져버리자 광명이 사라지고 드러난 형색들도 사라져버렸다. 그러므로 나는 다시는 의심과 마음에 잡도리하지 않음과 해태와 혼침과 두려움과 의기양양함과 무력증과 지나친 정진과 느슨한 정진과 갈애가 일어나지 않도록 그렇게 하리라.'"

25. "아누룻다들이여, 그런 나는 방일하지 않고 …

그런 나에게 이런 생각이 들었다.

'다양한 인식이 나에게 일어났다.[350] 다양한 인식으로 인해 나의 삼매는 사라져버렸다. 삼매가 사라져버리자 광명이 사라지고 드러난 형색들도 사라져버렸다. 그러므로 나는 다시는 의심과 마음에 잡도리하지 않음과 해태와 혼침과 두려움과 의기양양함과 무력증과 지나친 정진과 느슨한 정진과 갈애와 다양한 인식이 일어나지 않도록 그

---

349) 여기서 '갈애'로 옮긴 원문은 abhijappā인데 abhi+√jalp(*to mumble*)에서 파생된 명사로 중얼거림, 바람, 기원 등을 뜻한다. 주석서에서 "천신들의 세계까지 광명(āloka)을 확장하여 천신들의 무리를 볼 때 갈애(taṇhā)가 일어났다."(MA.iv.208)고 설명하고 있어 '갈애'로 옮겼다.

350) "'다양한 인식이 나에게 일어났다(nānatta-saññā khome udapādi).'라고 하셨다. '내가 동일한 형태의 형색(eka-jātika rūpa)을 마음에 잡도리할 때 갈애가 일어났다. 그러므로 나는 다양한 형태의 형색(nānāvidha-rūpa)을 마음에 잡도리하리라.'라고 하면서 때로는 천신을 향해 때로는 인간을 향해 광명을 확장하여 다양한 형태의 형색들을 마음에 잡도리할 때에 다양한 인식이 일어났다는 말씀이다."(MA.iv.208)

렇게 행하리라.'"

26. "아누룻다들이여, 그런 나는 방일하지 않고 열심히, 스스로 독려하며 머물 때 광명을 인식하고 드러난 형색들을 인식했다. 그러나 얼마 안가서 그 광명은 사라지고 드러난 형색들도 사라져버렸다. 아누룻다들이여, 그러자 나에게 이런 생각이 들었다. '어떤 원인과 어떤 조건으로 광명이 사라지고 드러난 형색들도 사라져버렸는가?'

아누룻다들이여, 그때 나에게 이런 생각이 들었다. '형색들에 대한 지나친 명상이 나에게 일어났다.[351] 형색들에 대한 지나친 명상으로 인해 나의 삼매는 사라져버렸다. 삼매가 사라져버리자 광명이 사라지고 드러난 형색들도 사라져버렸다. 그러므로 나는 다시는 의심과 마음에 잡도리하지 않음과 해태와 혼침과 두려움과 의기양양함과 무력증과 지나친 정진과 느슨한 정진과 갈애와 다양한 인식과 형색들에 대한 지나친 명상이 일어나지 않도록 그렇게 행하리라.'"

27. "아누룻다들이여, 그런 나는 의심은 마음의 오염원[352]이라고 알아 마음의 오염원인 의심을 제거했다. 마음에 잡도리하지 않음은 … 해태와 혼침은 … 두려움은 … 의기양양함은 … 무력증은 …

---

351) "'형색들에 대한 지나친 명상이 나에게 일어났다(atinijjhāyitattaṁ kho me rūpānaṁ udapādi).'고 하셨다. [이 뜻은 이러하다.] 내가 다양한 형태의 형색들(nānā-vidhāni rūpāni)을 마음에 잡도리할 때 다양한 인식이 일어났다. 그때 내가 원하는 것(iṭṭha)이건, 원하지 않는 것(aniṭṭha)이건 동일한 형태(eka-jātika)의 형색만을 마음에 잡도리할 것이라고 그렇게 마음에 잡도리하였다. 그래서 형색들에 대한 지나친 명상이 일어났다."(MA.iv.208~209)

352) '마음의 오염원(cittassa upakkileso)'은 본서 제1권 「옷감의 비유 경」(M7) §3에도 나타난다. 본경에서는 삼매를 방해하는 마음의 오염원들 11가지를 들고 있지만 「옷감의 비유 경」에서는 더 다양한 오염원들 14가지를 들고 있다. '마음의 오염원'에 대한 설명은 그곳 §3의 주해를 참조할 것.

지나친 정진은 … 느슨한 정진은 … 갈애는 … 다양한 인식은 … 형색들에 대한 지나친 명상은 [161] 마음의 오염원이라고 알아 마음의 오염원인 형색들에 대한 지나친 명상을 제거했다."

28. "아누룻다들이여, 그런 나는 방일하지 않고 열심히, 스스로 독려하며 머물 때 온 밤을 혹은 온 낮을 혹은 온 밤낮을 광명을 인식하면 형색들은 보지 못했고, 형색들을 보면 광명을 인식하지 못했다. 아누룻다들이여, 그러자 나에게 이런 생각이 들었다. '어떤 원인과 어떤 조건으로 온 밤을 혹은 온 낮을 혹은 온 밤낮을 광명을 인식하면 형색들은 보지 못하고, 형색들을 보면 광명을 인식하지 못하는가?'

아누룻다들이여, 그런 나에게 이런 생각이 들었다. '온 밤을 혹은 온 낮을 혹은 온 밤낮을 형색의 표상을 마음에 잡도리하지 않고 광명의 표상을 마음에 잡도리했을 때에는353) 광명을 인식하였지만 형색의 표상은 인식하지 못했다.354) 내가 광명의 표상을 마음에 잡도리하지 않고 형색의 표상을 마음에 잡도리했을 때에는355) 형색의 표상은 인식하였지만 광명을 인식하지 못했다.'"

29. "아누룻다들이여, 그런 나는 방일하지 않고 열심히, 스스로 독려하며 머물 때 온 밤을 혹은 온 낮을 혹은 온 밤낮을 제한된 광명356)을 인식하고 제한된 형색들을 보기도 하였고, 또한 무한한 광

---

353) "오직 준비단계의 광명(parikamm-obhāsa)만을 마음에 잡도리했다는 말씀이다."(MA.iv.209)

354) "천안(dibba-cakkhu)으로 형색들을 보지 못한 것을 뜻한다."(MA.iv.209)

355) "'형색의 표상을 마음에 잡도리했다(rūpa-nimittaṁ manasikaromi).'는 것은 천안으로 대상인 형색들만 마음에 잡도리했다는 뜻이다."(MA.iv.209)

356) "'제한된 광명(paritta obhāsa)'이란 제한된 장소의 광명이고, '제한된 형색들(parittāni rūpāni)'이란 제한된 장소의 형색들이다."(MA.iv.209)

명을 인식하고 무한한 형색들을 보기도 하였다. 아누룻다들이여, 그러자 나에게 이런 생각이 들었다. '어떤 원인과 어떤 조건으로 온 밤을 혹은 온 낮을 혹은 온 밤낮을 제한된 광명을 인식하고 제한된 형색들을 보기도 하며, 또한 무한한 광명을 인식하고 무한한 형색들을 보기도 하는가?'

아누룻다들이여, 그런 나에게 이런 생각이 들었다. '온 밤을 혹은 온 낮을 혹은 온 밤낮을 나의 삼매가 제한되었을 때에는357) 나의 눈이 제한되었다. 그래서 나는 제한된 눈으로 제한된 광명을 인식하고 제한된 형색들을 보았다. 그러나 나의 삼매가 무한하였을 때에는 나의 눈이 무한해졌다. 그래서 나는 무한한 눈으로 무한한 광명을 인식하고 무한한 형색들을 보았다.'"

30. "아누룻다들이여, [162] 의심은 마음의 오염원이라고 알아 내게서 마음의 오염원인 의심이 제거되고, 마음에 잡도리하지 않음은 … 해태와 혼침은 … 두려움은 … 의기양양함은 … 무력증은 … 지나친 정진은 … 느슨한 정진은 … 갈애는 … 다양한 인식은 … 형색들에 대한 지나친 명상은 마음의 오염원이라고 알아 마음의 오염원인 형색들에 대한 지나친 명상이 제거되었을 때 이런 생각이 들었다. '나에게 마음의 오염원이 다 제거되었다. 이제 참으로 나는 세 종류의 삼매358)를 닦으리라.'"

---

357) "'삼매가 제한되었다(paritto samādhi hoti).'는 것은 제한된 준비의 광명(parittaka parikamm-obhāsa), 즉 광명이 제한된 것(obhāsa-parittatā)을 두고 말씀하신 것이다. 그때에는 천안도 제한되어 한계가 있다."(MA.iv.209)

358) '세 종류의 삼매(tividha samādhi)'라고 하셨다. 『디가 니까야』 제3권 「합송경」(D33) §1.10 (50)에서 세 가지 삼매는 "일으킨 생각이 있고 지속적 고찰이 있는 삼매(savitakka savicāra samādhi), '일으킨 생각은 없고 지속적 고찰만 있는 삼매(avitakka vicāra-matta samādhi), 일으킨 생각도

31. "아누룻다들이여, 그런 나는 일으킨 생각이 있고 지속적 고찰이 있는 삼매를 닦았다. 일으킨 생각은 없고 지속적 고찰만 있는 삼매[359]를 닦았다. 일으킨 생각도 없고 지속적 고찰도 없는 삼매를 닦았다.[360] 희열이 있는 삼매를 닦았다. 희열이 없는 삼매를 닦았다.

없고 지속적 고찰도 없는 삼매(avitakka avicāra samādhi)"로 정의 된다. 이 셋은 본경의 아래 §31의 처음의 세 가지로 나타난다. 이것은 아비담마에서 분류하는 5종선 가운데 각각 ① 초선 ② 제2선 ③ 제3선부터 제5선까지의 셋을 말한다. 이것이 제일 무난한 견해가 아닌가 생각한다. 냐나몰리 스님도 이렇게 이해하고 있다.(냐나몰리 스님/보디 스님, 1335쪽 1195번 주해를 참조할 것.)

한편 복주서는 "희열이 있는 것에 따라(sappītika-vasena) 구분한 세 종류의 삼매"(MAṬ.ii.352)라고 설명하고 있다. 즉 희열이 있는 삼매(초선과 제2선), 희열이 없는 삼매(제3선), 평온이 있는 삼매(제4선)의 셋을 말한다.

냐나몰리 스님은 이 셋을 5종선에 따른 세 가지로 보고 있다. 즉 §31의 처음의 셋 즉 '일으킨 생각이 있고 지속적 고찰이 있는 삼매(savitakka savicāra samādhi)', '일으킨 생각은 없고 지속적 고찰만 있는 삼매(avitakka vicāra-matta samādhi)', '일으킨 생각도 없고 지속적 고찰도 없는 삼매(avitakka avicāra samādhi)'의 셋을 말한다.(냐나몰리 스님/보디 스님, 1335쪽 1195번 주해를 참조할 것.)

359) '일으킨 생각은 없고 지속적 고찰만 있는 삼매(avitakka vicāra-matta samādhi)'라고 하셨다. 禪(jhāna) 혹은 삼매(samādhi)는 경장에서는 초선·2선·3선·4선의 넷으로 정형화 되어 나타나는데 『논장』에서는 초선에 나타나는 일으킨 생각[尋, vitakka]과 지속적 고찰[伺, vicāra]을 세분하여 일으킨 생각이 있고 지속적 고찰이 있는 삼매와 일으킨 생각은 없고 지속적 고찰만 있는 삼매의 둘로 나눈다. 이렇게 하여 전체적으로 禪을 다섯 가지로 분류하고 있다.(『청정도론』 IV.202 참조)

이 둘의 혼동을 피하기 위해서 주석서들에서는 '넷으로 분류한 禪(catukka-jjhāna)'과 '다섯으로 분류한 禪(pañcaka-jjhāna)'이라고 구분해서 언급한다.(『청정도론』 IV.23 등등) 초기불전연구원에서는 이를 각각 사종선(四種禪)과 오종선(五種禪)으로 옮기고 있다. 본경의 이 부분도 『논장』에서 禪을 오종선으로 세분하는 경전적인 근거가 된다.

4종선과 5종선의 분류에 대해서는 『아비담마 길라잡이』 제5장 §6의 해설 1과 『청정도론』 XIV.86과 『담마상가니 주석서』(DhsA.179~180) 등을 참조할 것.

360) 이 세 가지 삼매(samādhi)는 『디가 니까야』 제3권 「합송경」(D33) §1.10

기쁨이 함께한 삼매를 닦았다. 평온이 함께한 삼매를 닦았다."361)

32. "아누룻다들이여, 내가 일으킨 생각이 있고 지속적 고찰이 있는 삼매를 닦고, 일으킨 생각은 없고 지속적 고찰은 있는 삼매를 닦고, 일으킨 생각도 없고 지속적 고찰도 없는 삼매를 닦고, 희열이 있는 삼매를 닦고, 희열이 없는 삼매를 닦고, 기쁨이 함께한 삼매를 닦고, 평온이 함께한 삼매를 닦았을 때362) 나에게 지와 견이 일어났다. '나의 해탈은 확고부동하다. 이것이 나의 마지막 태어남이며, 이제 더 이상의 다시 태어남[再生]은 없다.'라고."

세존께서는 이와 같이 설하셨다. 아누룻다 존자는 흡족한 마음으로 세존의 말씀을 크게 기뻐하였다.

오염원 경(M128)이 끝났다.

과 「십상경」(D34) §1.4와 『상윳따 니까야』 제5권 「일으킨 생각과 지속적 고찰이 있음 경」(S43:3) §3과 『앙굿따라 니까야』 「간략하게 경」(A8:63) §4에도 똑같이 나타나고 있다.

361) "'일으킨 생각은 없고 지속적 고찰만 있는(avitakka vicāramatta) 삼매'는 오종선(五種禪)에서 제2선을 말하고, '일으킨 생각도 없고 지속적 고찰도 없는(avitakka avicāra) 삼매'는 사종선(四種禪)에서는 제2선을, 오종선에서는 제3선을 말한다. '희열이 있는(sappītika) 삼매'란 사종선에서는 제2선에, 오종선에서는 제3선에 적용된다. '희열이 없는(nippītika) 삼매'란 [사종선에서는 제3선이요, 오종선에서는 제4선인 — MAṬ.ii.352] 이런 두 가지 삼매를 말한다. '기쁨이 함께한(sāta-sahagata) 삼매'란 사종선에서는 제3선에, 오종선에서는 제4선에 적용된다. '평온이 함께한(upekkhā-sahagata) 삼매'란 사종선에서 제4선을, 오종선에서는 제5선을 말한다."(MA.iv.210)

362) 주석서는 세존께서 큰 보리수나무 아래에(mahā-bodhimūle) 앉으셔서 깨달음을 성취하시던 그날 밤의 삼경(pacchima-yāma)에 이러한 삼매들을 수행하셨다고 밝히고 있다.(MA.iv.209)

어리석은 자와 현명한 자 경

Bālapaṇḍita Sutta(M129)

1. 이와 같이 나는 들었다. [163] 한때 세존께서는 사왓티에서 제따 숲의 아나타삔디까 원림(급고독원)에 머무셨다. 거기서 세존께서는 "비구들이여."라고 비구들을 부르셨다. "세존이시여."라고 비구들은 세존께 응답했다. 세존께서는 이렇게 말씀하셨다.

어리석은 자

2. "비구들이여, 어리석은 자는 세 가지 어리석은 자의 특징과 어리석은 자의 표상과 어리석은 자의 행동이 있다.363) 무엇이 셋인가?

비구들이여, 여기 어리석은 자는 나쁜 생각을 하고 나쁜 말을 하고 나쁜 행위를 한다. 만일 어리석은 자가 나쁜 생각을 하지 않고 나쁜

---

363) "'어리석은 자의 특징(bāla-lakkhaṇa)'이란 '이 사람은 어리석은 사람이다(bālo ayaṁ).'라는 이러한 [나쁜 생각 등]에 의해 드러나고 알려지기 때문에 어리석은 자의 특징이라고 한다. 이러한 그를 알아보게 하는 원인이 되는 것(sañjānana-kāraṇāni)을 '어리석은 자의 표상(bāla-nimittāni)'이라 한다. ['어리석은 자의 행동(bāla-apadānāni)'에서 '행동(apadānāni)'이란 드러나는 업(vikhyāta kamma)을 말한다. — MAṬ.ii.352]"(MA.iv.210)

말을 하지 않고 나쁜 행위를 하지 않는다면 현자들이 어떻게 그를 '이 사람은 어리석고 바른 사람이 아니다.'라고 알아보겠는가? 비구들이여, 어리석은 자는 나쁜 생각을 하고 나쁜 말을 하고 나쁜 행위를 한다. 그러므로 현자들은 그를 '이 사람은 어리석고 바른 사람이 아니다.'라고 알아본다."[364)]

3. "비구들이여, 그 어리석은 자는 세 가지로 지금 · 여기에서 괴로움과 슬픔을 겪는다. 비구들이여, 어리석은 자가 회중에 앉아있거나 길거리에 앉아있거나 광장에 앉아있는데 거기서 사람들이 어떤 적절한 일련의 주제로[365)] 대화를 나누고 있다 하자. 그때 만일 어리석은 자가 살아있는 생명을 죽이고, 주지 않은 것을 가지고, 삿된 음행을 하고, 거짓말을 하고, 방일하는 근본이 되는 술 등을 마신다면, 그는 이런 생각이 들 것이다. '사람들이 어떤 적절한 일련의 주제로 대화를 나누고 있는데 그런 것들이 지금 내 안에 내재해있고, 내 안에서 그런 것들이 발견된다.'라고.

비구들이여, 이것이 어리석은 자가 지금 · 여기에서 겪는 첫 번째 괴로움과 슬픔이다."

4. "비구들이여,[366)] 더 나아가 어리석은 자는 왕들이 죄를 저지

---

364) 본경 §2와 §27은 『앙굿따라 니까야』 제1권 「생각 경」(A3:3)에도 나타난다. 「생각 경」(A3:3)은 본경 §2와 §27로 구성되어 있다.

365) '적절한 일련의 주제로'는 tajjaṁ tassāruppaṁ kathaṁ(그것에서 생겼고 그것과 어울리는 대화)을 의역하여 옮긴 것이다. 주석서는 "그것에서 생긴, 그것과 어울리는(tajjātikaṁ tadanucchavikaṁ) 대화로"(MA.iv.210)라고 설명하고 있다. 그리고 주석서는 "오계를 범한 데(pañca verā) 대해 금생과 내생에 다가올 위험(ādīnava)과 관련된 대화를 나누는 것"(*Ibid*)이라고 덧붙이고 있어서 직역을 하기보다 이렇게 의역을 하였다.

366) 본 문단은 본서 제1권 「괴로움의 무더기의 긴 경」(M13) §14와 같은 내용

른 도둑을 붙잡아서 여러 가지 고문하는 것을 본다. [164] 채찍으로 때리기도 하고, 매질을 하기도 하고, 곤장으로 치기도 하고, 손을 자르기도 하고, 발을 자르기도 하고, 손 · 발을 다 자르기도 하며, 귀를 자르기도 하고, 코를 자르기도 하고, 귀와 코를 다 자르기도 하며, 죽 끓이는 솥에 넣기도 하고, 머리를 소라의 색깔처럼 만들기도 하고, 라후의 아가리로 만들기도 하고, 온몸을 기름 적신 천으로 싸서 불을 붙이고, 손을 기름 적신 천으로 싸서 마치 등불처럼 태우고, 에라까왓띠까를 행하기도 하고, 피부를 벗겨 옷으로 입힌 것처럼 하기도 하고, 양처럼 만들기도 하고, 갈고리로 [피부와] 살과 [근육]을 떼어내기도 하고, 동전처럼 만들기도 하고, 상처에 독한 액체를 바르기도 하고, 빨리가빠리왓띠까를 행하기도 하고, 짚더미처럼 둘러싸기도 하며, 뜨거운 기름을 끼얹기도 하고, 개에 물리도록 하고, 산 채로 쇠꼬챙이에 찔리게 하고, 칼로 목을 베기도 한다.

거기서 어리석은 자는 이렇게 생각할 것이다. '이러한 악행을 했기 때문에 왕들이 죄를 저지른 도둑을 붙잡아서 여러 가지 고문을 한다. 채찍으로 때리기도 하고 … 칼로 목을 베기도 한다. 그런 것들이 지금 내 안에 내재해있고, 내 안에서 그런 것들이 발견된다. 만일 왕이 안다면 왕은 나를 붙잡아서 여러 가지 고문을 할 것이다. 채찍으로 때리기도 하고 … 칼로 목을 벨 것이다.'라고.

비구들이여, 이것이 어리석은 자가 지금 · 여기에서 겪는 두 번째 괴로움과 슬픔이다."

5. "비구들이여, 더 나아가 어리석은 자가 의자에 앉아있거나 침상에 누워있거나 땅바닥에서 쉴 때 과거에 그가 저지른 악업, 즉

을 담고 있다. 그곳의 주해를 참조할 것.

몸으로 저지른 나쁜 행위와 말로 저지른 나쁜 행위와 마음으로 저지른 나쁜 행위가 그때 그를 덮고 뒤덮고 에워쌀 것이다. 비구들이여, 마치 해거름에 큰 산봉우리의 그림자가 땅을 덮고 뒤덮고 에워싸듯이, 어리석은 자가 의자에 앉아있거나 침상에 누워있거나 땅바닥에서 쉴 때 [165] 과거에 그가 저지른 악업, 즉 몸으로 저지른 나쁜 행위와 말로 저지른 나쁜 행위와 마음으로 저지른 나쁜 행위가 그때 그를 덮고 뒤덮고 에워쌀 것이다.

거기서 어리석은 자는 이렇게 생각할 것이다. '나는 선행을 하지 않았다. 나는 유익한 행을 하지 않았다. 나는 두려움에서 피난처를 만들지 않았다. 나는 악한 행을 했다. 나는 잔인한 행을 했다. 나는 포악한 행을 했다. 그리하여 내가 죽으면, 선행을 하지 않고 유익한 행을 하지 않고 두려움에서 피난처를 만들지 않고, 악한 행을 하고 잔인한 행을 하고 포악한 행을 한 자들의 태어날 곳[行處]으로 떨어질 것이다.'라고. 그는 근심하고 상심하고 슬퍼하고 가슴을 치면서 울부짖고 광란한다.

비구들이여, 이것이 어리석은 자가 지금 · 여기에서 겪는 세 번째 괴로움과 슬픔이다."

6. "그런 어리석은 자는 몸으로 나쁜 행위를 저지르고 말로 나쁜 행위를 저지르고 마음으로 나쁜 행위를 저지르고서 몸이 무너져 죽은 다음에는 처참한 곳, 불행한 곳, 파멸처, 지옥에 태어난다."

지옥

7. "비구들이여, 바르게 말하는 자가 절대로 원하지 않고 절대로 바라지 않고 절대로 마음에 들지 않는 것에 대해 말해야 한다면, 절대로 원하지 않고 절대로 바라지 않고 절대로 마음에 들지 않는 것

은 바로 지옥이라고 바르게 말해야 한다. 비구들이여, 그 지옥의 고통이란 비유를 만드는 것도 쉽지 않다."

이렇게 말씀하시자 어떤 비구가 세존께 이렇게 말씀드렸다.

"세존이시여, 그렇더라도 비유를 들어주실 수 있으십니까?"

8. "비구여, 비유를 들어보겠다."라고 세존께서는 말씀하셨다.367)

"비구여, 예를 들면 죄를 저지른 도둑을 잡아와서 왕에게 보이면서 '폐하, 이 자는 죄를 저지른 도둑입니다. 폐하께서 원하시는 대로 처벌을 내리십시오.'라고 한다 하자. 그러면 왕은 이렇게 말할 것이다. '여봐라, 그렇다면 너희들은 이 자를 데려가서 아침에 백 개의 창으로 찔러라.'라고. 그러면 그들은 아침에 그 사람을 백 자루의 창으로 찌를 것이다.

다시 왕은 한낮에 이렇게 말할 것이다. '여봐라, 그 사람은 어떻게 되었느냐?' '폐하, 아직 살아있습니다.' 그러면 왕은 이렇게 말할 것이다. '그렇다면 너희들은 가서 한낮에 이 사람을 백 개의 창으로 찔러라.' 그러면 그들은 한낮에 그 사람을 백 개의 창으로 찌를 것이다.

다시 왕은 저녁에 이렇게 말할 것이다. '여봐라, 그 사람은 어떻게 되었느냐?' '폐하, 아직 살아있습니다.' 그러면 왕은 이렇게 말할 것이다. '그렇다면 너희들은 가서 저녁에 이 사람을 백 개의 창으로 찔러라.' 그러면 그들은 저녁에 그 사람을 백 개의 창으로 찌를 것이다.

비구들이여, [166] 이를 어떻게 생각하는가? 그 사람이 삼백 개의 창에 찔리면 그로 인해 괴로움과 슬픔을 겪겠는가?"

"세존이시여, 그 사람은 한 개의 창에 찔려도 그로 인해 괴로움과

---

367) 본 문단에 나타나는 비유는 『상윳따 니까야』 제2권 「아들의 고기 경」(S12:63) §8에서 알음알이의 음식(viññāṇ-āhāra)을 설명하는 것으로 나타나는 비유와 같으므로 참조할 것.

슬픔을 겪을 것인데 삼백 개의 창에 찔린 것이야 다시 말해서 무엇하겠습니까?"

9. 그러자 세존께서는 주먹만 한 작은 돌을 손에 들고 비구들에게 말씀하셨다.

"이를 어떻게 생각하는가, 비구들이여. 내가 집어든 주먹만 한 작은 돌과 산의 왕 히말라야 중에 어떤 것이 더 큰가?"

"세존이시여, 세존께서 집으신 주먹만 한 돌은 너무 작아서 산의 왕 히말라야와 견주면 이름조차 없으며 그것은 작은 조각에도 미치지 못하며 비교 자체가 불가합니다."

"비구들이여, 그와 같이 그 사람이 삼백 개의 창으로 찔려 그로 인해 겪는 괴로움과 슬픔은 지옥과 견주면 이름조차 없으며 그것은 작은 조각에도 미치지 못하며 비교 자체가 불가하다."

10. "비구들이여, 그런 그를 지옥지기는 다섯 겹으로 찌르는 고문을 한다. 그들은 시뻘건 쇠꼬챙이로 한 손을 찌르고 시뻘건 쇠꼬챙이로 다른 한 손을 찌르며 시뻘건 쇠꼬챙이로 한 발을 찌르고 시뻘건 쇠꼬챙이로 다른 한 발을 찌르며 시뻘건 쇠꼬챙이로 가슴 한복판을 찌른다. 거기서 그는 고통스럽고 살을 에는 듯한 격통을 느낀다. 그는 그 악업이 끝날 때까지 죽지도 않는다."

11. "그러면 지옥지기는 그를 눕혀놓고 도끼로 피부를 벗겨낸다. 거기서 고통스럽고 살을 에는 듯한 격통을 느낀다. 그는 그 악업이 끝날 때까지 죽지도 않는다."

12. "비구들이여, 그러면 지옥지기는 그의 발을 위로 하고 머리를 아래로 매달아서 까뀌로 찍는다. 거기서 그는 오직 고통뿐인 극심

하고 혹독한 느낌을 느낀다. 그는 그 악업이 끝날 때까지는 죽지도 않는다."

13. "비구들이여, 그러면 지옥지기는 그를 마차에 매어서 시뻘겋게 불타는 뜨거운 땅위로 이리저리 끌고 다닌다. [167] 거기서 그는 고통스럽고 살을 에는 듯한 격통을 느낀다. 그는 그 악업이 끝날 때까지 죽지도 않는다."

14. "비구들이여, 그러면 지옥지기는 시뻘겋게 불타는 뜨거운 숯불 산을 오르내리게 한다. 거기서 그는 고통스럽고 살을 에는 듯한 격통을 느낀다. 그는 그 악업이 끝날 때까지 죽지도 않는다."

15. "비구들이여, 그러면 지옥지기는 그의 발을 위로 하고 머리를 아래로 매달아서 시뻘겋게 불타는 뜨거운 가마솥에다 집어넣는다. 그는 거기서 끓는 물의 소용돌이 속에서 삶긴다. 그는 끓는 물의 소용돌이 속에 삶기면서 한 번은 위로 떠오르고 한 번은 아래로 내려앉고 한 번은 옆으로 돈다. 거기서 그는 고통스럽고 살을 에는 듯한 격통을 느낀다. 그는 그 악업이 끝날 때까지 죽지도 않는다."

16. "비구들이여, 그러면 지옥지기는 그를 대지옥으로 던져 넣는다. 비구들이여, 그 대지옥은,

> 네모로 되어있고 각각의 편에 네 개의 문이 있으며
> 철벽으로 에워싸여 있고 철 지붕으로 덮여있다.
> 바닥도 철로 만들어져 불로 타오를 때까지 달구어진다.
> 그 지역은 모두 백 유순이며 전 지역을 뒤덮고 있다."

17. "비구들이여, [이 이외에도] 여러 가지 방법으로 지옥의 이

야기를 할 수 있다.[368] 비구들이여, 그러나 지옥의 고통을 다 묘사하기란 참으로 어렵다."[369]

축생

18. "비구들이여, 풀을 먹고 사는 축생들이 있다. 그들은 젖은 풀이나 마른 풀을 이빨로 뜯어 먹는다. 비구들이여, 어떤 축생들이 풀을 먹고 사는가? 코끼리, 말, 소, 당나귀, 염소, 사슴과 그와 유사한 축생들이다. 비구들이여, 여기 어리석은 자가 전생에 맛을 탐착하고 악행을 하여 몸이 무너져 죽은 뒤 풀을 먹고 사는 이런 중생들의 동료로 태어난다."

19. "비구들이여, 똥을 먹고 사는 축생들이 있다. 그들은 멀리서 똥 냄새를 맡고 '여기서 먹을 것이다. 여기서 먹을 것이다.'라고 하면서 달려간다. 마치 바라문들이 제물의 냄새를 맡고 '여기서 먹을 것이다. 여기서 먹을 것이다.'라고 하면서 달려가는 것과 같다. 그와 같이 똥을 먹고 사는 축생들이 있다. [168] 그들은 멀리서 똥 냄새를 맡고 '여기서 먹을 것이다. 여기서 먹을 것이다.'라고 하면서 달려간다.

비구들이여, 어떤 축생들이 똥을 먹고 사는가? 닭, 돼지, 개, 재칼과 그와 유사한 축생들이다. 비구들이여, 여기 어리석은 자가 전생에 맛을 탐착하고 악행을 하여 몸이 무너져 죽은 뒤 똥을 먹고 사는 이런 중생들의 동료로 태어난다."

---

368) 지옥의 묘사에 대해서는 본서 「저승사자 경」(M130) §§16~27을 참조할 것.

369) "'지옥(niraya)'이란 그 고통(dukkha)이 이렇고 저렇고를 백 년이고 천 년이고 이야기하더라도 그 정점(matthaka)에 이르는 것은 쉽지 않다."(MA. iv.213)

20. “비구들이여, 어둠 속에서 태어나서 어둠 속에서 늙어가고 어둠 속에서 죽는 축생들이 있다. 어떤 축생들이 어둠 속에서 태어나서 어둠 속에서 늙어가고 어둠 속에서 죽는가? 나방, 구더기, 지렁이와 그와 유사한 축생들이다. 비구들이여, 여기 어리석은 자가 전생에 맛을 탐착하고 악행을 하여 몸이 무너져 죽은 뒤 어둠 속에서 태어나서 어둠 속에서 늙어가고 어둠 속에서 죽는 이런 중생들의 동료로 태어난다.”

21. “비구들이여, 물속에서 태어나서 물속에서 늙어가고 물속에서 죽는 축생들이 있다. 어떤 축생들이 물속에서 태어나서 물속에서 늙어가고 물속에서 죽는가? 물고기, 거북이, 악어와 그와 유사한 축생들이다. 비구들이여, 여기 어리석은 자가 전생에 맛을 탐착하고 악행을 하여 몸이 무너져 죽은 뒤 물속에서 태어나서 물속에서 늙어가고 물속에서 죽는 이런 중생들의 동료로 태어난다.”

22. “비구들이여, 오물 속에서 태어나서 오물 속에서 늙어가고 오물 속에서 죽는 축생들이 있다. 어떤 축생들이 오물 속에서 태어나서 오물 속에서 늙어가고 오물 속에서 죽는가? 썩은 물고기에서 태어나서 썩은 물고기에서 늙어가고 썩은 물고기에서 죽는 축생들과, 썩은 시체에서 태어나서 … 썩은 보리죽에서 태어나서 썩은 … 웅덩이에서 태어나서 … 썩은 하수구에서 태어나서 하수구에서 늙어가고 하수구에서 죽는 축생들이다. [169] 비구들이여, 여기 어리석은 자가 전생에 맛을 탐착하고 악행을 하여 몸이 무너져 죽은 뒤 오물 속에서 태어나서 오물 속에서 늙어가고 오물 속에서 죽는 이런 중생들의 동료로 태어난다.”

23. "비구들이여, 여러 가지 방법으로 축생의 이야기를 할 수 있다. 비구들이여, 그러나 축생의 고통을 다 묘사하기란 참으로 어렵다."

24. "비구들이여, 예를 들면 사람이 한 개의 구멍을 가진 멍에를 바다에 던져 넣는다고 하자. 동풍은 그것을 서쪽으로 떠밀고, 서풍은 그것을 동쪽으로 떠밀며, 북풍은 남쪽으로, 남풍은 북쪽으로 떠밀고 갈 것이다. 마침 그곳에 눈먼 거북이 있어 백 년 만에 한 번씩 떠오른다 하자. 비구들이여, 이를 어떻게 생각하는가? 그 눈먼 거북이가 백 년에 한 번씩 물위로 떠올라서 멍에의 한 개 구멍 속으로 목을 넣을 수 있겠는가?"370)

"세존이시여, 그것은 참으로 오랜 세월이 흐른 뒤 어느 시절 어느 날에 가능할지도 모르겠습니다."

"비구들이여, 눈먼 거북이가 백 년에 한 번씩 물 위로 떠올라서 멍에의 한 개 구멍 속으로 목을 넣는 것이 한번 악도에 떨어진 어리석은 자가 인간의 몸을 다시 받는 것보다 더 빠르다고 나는 말한다. 그것은 무슨 까닭인가? 비구들이여, 그곳에서는 법다운 행위가 없고 바른 행위가 없으며 유익한 행위가 없고 덕스러운 행위가 없기 때문이다. 그곳에는 서로를 잡아먹는 약육강식만이 있을 뿐이다."

25. "비구들이여, 그런 어리석은 자가 오랜 세월이 흐른 뒤 어느 시절 어느 날에 인간으로 태어난다 하더라도 천민의 가문이나 사냥꾼의 가문이나 죽세공 가문이나 마차공 가문이나 넝마주이 가문이나 그와 유사한 가문에 태어날 것이다. 그는 가난하고 먹고 마실 것이 부족하고 궁핍하여 음식과 의복을 얻는 것도 어렵다. 그는 못생기고

---

370) 이 '눈먼 거북이(kāṇa kacchapa)'의 비유는 『상윳따 니까야』 제6권 「구멍을 가진 멍에 경」 2(S56:48) §3에도 나타나고 있다.

보기 흉하고 기형이고 병약하고 눈멀고 손이 불구이고 절름발이이고 반신불수가 된다. 그는 음식과 마실 것과 의복과 [170] 탈것과 화환과 향수와 화장품과 침상과 숙소와 불을 얻지 못한다. 그는 몸으로 나쁜 행위를 하고 말로 나쁜 행위를 하며 마음으로 나쁜 행위를 한다. 몸으로 나쁜 행위를 하고 말로 나쁜 행위를 하며 마음으로 나쁜 행위를 하여 몸이 무너져 죽은 뒤 처참한 곳[苦界], 불행한 곳[惡處], 파멸처, 지옥에 태어난다."

26. "비구들이여, 마치 노름꾼이 처음에 최악의 패[371]를 잡아서 아들을 잃고 아내를 잃고 모든 재산을 잃고 마침내 자신마저 노예로 전락하는 것과 같다. 그러나 노름꾼이 처음에 이런 최악의 패를 잡아 아들을 잃고 아내를 잃고 모든 재산을 잃고 마침내 자신마저 노예로 전락하는 것은 오히려 사소한 것이다. 어리석은 자가 몸으로 나쁜 행위를 하고 말로 나쁜 행위를 하고 마음으로 나쁜 행위를 하여 몸이 무너져 죽은 뒤 처참한 곳[苦界], 불행한 곳[惡處], 파멸처, 지옥에 태어나는 것은 그 보다 더한 최악의 패를 잡은 것이다. 비구들이여, 이것이 어리석은 자의 농익은 경지이다."

---

371) '최악의 패'로 옮긴 원어는 kali인데 인도 전통 노름의 네 가지 패 가운데서 가장 나쁜 패를 일컫는다. 인도의 전통적인 노름은 주사위(akkha, *die*)를 던져서 나오는 패를 가지고 승부를 겨룬다고 한다. 패에는 네 가지가 있다. 가장 좋은 패는 끄르따(kṛta)라고 하며, 그다음은 뜨레따(tretā), 그다음은 드와빠라(dvāpara)라고 하고, 가장 나쁜 패는 깔리(kali)라고 한다. 그래서 인도 문헌 전반에서 깔리(kali)는 '사악함, 불운, 죄악' 등의 의미로도 쓰인다. 한편 인도에서는 일찍부터 이런 네 가지 패를 시대(yuga) 구분에도 적용시켜 부르는데 끄르따 유가(kṛta-yuga)는 참된 시대(satya-yuga)라고도 불리듯이 가장 좋은 시대를 뜻하고 이런 시대는 점점 타락하여 차례대로 뜨레따 유가, 드와빠라 유가가 되고 마침내 가장 나쁜 말세인 깔리 유가(kali-yuga)가 된다고 한다. 힌두 신화에서는 지금 시대를 깔리 유가(말세)라고 설명한다.(『디가 니까야』 제3권 「빠야시 경」(D23) §27 주해 참조.)

현명한 자

27. "비구들이여, 현명한 자는 세 가지 현명한 자의 특징과 현명한 자의 표상과 현명한 자의 행동이 있다. 무엇이 셋인가?

비구들이여, 여기 현자는 좋은 생각을 하고 좋은 말을 하고 좋은 행위를 한다. 만일 현자가 좋은 생각을 하지 않고 좋은 말을 하지 않고 좋은 행위를 하지 않는다면 현자들이 어떻게 그를 '이자는 현명하고 좋은 사람이다.'라고 알아보겠는가? 비구들이여, 현자는 좋은 생각을 하고 좋은 말을 하고 좋은 행위를 한다. 그러므로 현자들이 '이자는 현명하고 좋은 사람이다.'라고 그를 알아본다."

28. "비구들이여, 그 현명한 자는 세 가지로 지금 · 여기에서 즐거움과 기쁨을 누린다. 비구들이여, 만일 현명한 자가 회중에 앉아있거나 길거리에 앉아있거나 광장에 앉아있는데 만일 거기서 사람들이 어떤 적절한 일련의 주제로 대화를 나누고 있다면, 그때 만일 현명한 자가 살아있는 생명을 죽이는 것을 삼가고, 주지 않은 것을 가지는 것을 삼가고, 삿된 음행을 삼가고, [171] 거짓말을 삼가고, 방일하는 근본이 되는 술 등을 삼간다면, 그는 이런 생각이 들 것이다. '사람들이 어떤 적절한 일련의 주제로 대화를 나누고 있는데 그런 것들이 지금 내 안에 내재해있고, 내 안에서 그런 것들이 발견된다.'라고.

비구들이여, 이것이 현명한 자가 지금 · 여기에서 누리는 첫 번째 즐거움과 기쁨이다."

29. "비구들이여, 다시 현명한 자는 왕들이 죄를 저지른 도둑을 붙잡아서 여러 가지 고문하는 것을 본다. 채찍으로 때리기도 하고, 매질을 하기도 하고, … 칼로 목을 베기도 한다. 거기서 현명한 자는

이렇게 생각할 것이다. '이러한 악행을 했기 때문에 왕들이 죄를 저지른 도둑을 붙잡아서 여러 가지 고문을 한다. 채찍으로 때리기도 하고 … 칼로 목을 베기도 한다. 그런 것들이 지금 내 안에는 없다. 나에게는 이런 것이 발견되지 않는다.'라고.

비구들이여, 이것이 현명한 자가 지금·여기에서 누리는 두 번째 즐거움과 기쁨이다."

30. "비구들이여, 다시 현명한 자가 의자에 앉아있거나 침상에 누워있거나 땅바닥에서 쉴 때 과거에 그가 지은 선업, 즉 몸으로 지은 좋은 행위와 말로 지은 좋은 행위와 마음으로 지은 좋은 행위가 그때 그를 덮고 뒤덮고 에워쌀 것이다. 비구들이여, 마치 해거름에 큰 산봉우리의 그림자가 땅을 덮고 뒤덮고 에워싸듯이, 현명한 자가 의자에 앉아있거나 침상에 누워있거나 땅바닥에서 쉴 때 과거에 그가 지은 선업, 즉 몸으로 지은 좋은 행위와 말로 지은 좋은 행위와 마음으로 지은 좋은 행위가 그때 그를 덮고 뒤덮고 에워쌀 것이다.

거기서 현명한 자는 이렇게 생각할 것이다. '나는 악행을 하지 않았다. 나는 잔인한 행을 하지 않았다. 나는 포악한 행을 하지 않았다. 그리하여 내가 죽으면, 악한 행을 하지 않고 잔인한 행을 하지 않고 포악한 행을 하지 않고, 선행을 하고 유익한 행을 하고 두려움에서 피난처를 만든 자들의 태어날 곳[行處]으로 나아갈 것이다.'라고. 그는 근심하지 않고 상심하지 않고 슬퍼하지 않고 가슴을 치면서 울부짖거나 광란하지 않는다.

비구들이여, 이것이 현명한 자가 지금·여기에서 누리는 세 번째 즐거움과 기쁨이다."

31. "그런 현명한 자는 몸으로 좋은 행위를 하고 말로 좋은 행위

를 하고 마음으로 좋은 행위를 하여 [172] 몸이 무너져 죽은 뒤 좋은 곳, 천상 세계에 태어난다."

천상

32. "비구들이여, 바르게 말하는 자가 무조건 원하고 무조건 바라고 무조건 마음에 드는 것에 대해 말해야 한다면, 그 무조건 원하고 무조건 바라고 무조건 마음에 드는 것은 바로 천상이라고 바르게 말해야 한다. 비구들이여, 그 천상의 즐거움이란 비유를 드는 것도 쉽지 않다."

이렇게 말씀하시자 어떤 비구가 세존께 이렇게 말씀드렸다.

"세존이시여, 그렇더라도 비유를 들어주실 수 있으십니까?"

33. "비구여, 가능하다."라고 세존께서는 말씀하셨다.

"비구여, 예를 들면 전륜성왕이 일곱 가지 보배372)를 구족하고 네 가지 성취를 구족373)하여 그로 인해 즐거움과 기쁨을 누리는 것과 같다."

34. "어떤 것이 일곱 가지인가?

비구여, 여기 관정한 끄샤뜨리야 왕이 보름의 우뽀사타 일374)에 머리를 감고 포살을 하기 위해 왕궁의 위층에 올라가 앉아있으면 천 개의 바퀴살과 테두리와 바퀴통이 달려 모든 측면에서 완전무결한

---

372) 전륜성왕이 구족한 '일곱 가지 보배(satta ratana)'에 대한 개략적인 설명은 본서 제3권 「브라흐마유 경」(M91) §5의 해당 주해를 참조할 것.

373) 이하 본경 §§34~45에 나타나고 있는 '일곱 가지 보배(satta ratana)'와 '네 가지 성취(catu iddhi)'의 구족(samannāgata)은 『디가 니까야』 제2권 「마하수닷사나 경」(D17) §§1.7~1.21과 같다.

374) '우뽀사타 일(uposatha, 포살 일)'에 대해서는 본서 제1권 「옷감의 비유 경」(M7) §20의 주해를 참조할 것.

신성한 윤보(輪寶, 바퀴의 보배)가 나타난다. 그것을 보고 관정한 끄샤뜨리야 왕은 이런 생각이 든다. '관정한 끄샤뜨리야 왕이 보름의 우뽀사타 일에 머리를 감고 포살을 하기 위해 왕궁의 위층에 올라가 앉아있으면 천 개의 바퀴살과 테두리와 바퀴통이 달려 모든 측면에서 완전무결한 신성한 윤보가 나타나면 그는 전륜성왕이 된다고 들었다. 그러면 나는 전륜성왕인가?'라고."

35. "비구들이여, 그때 관정한 끄샤뜨리야 왕은 자리에서 일어나 왼손에 물병을 들고 '그대 윤보는 앞으로 회전하여 나아가기를. 그대 윤보는 승리하기를.'라고 말하면서 오른손으로 윤보에 물을 뿌린다. 비구들이여, 그러면 그 윤보는 동쪽으로 회전하면서 나아간다. 그러면 전륜성왕은 네 무리의 군대[375]와 더불어 윤보를 따라간다. 비구들이여, 윤보가 잠시 멈추면 그곳이 어디건 전륜성왕은 네 무리의 군대와 함께 그곳에 머문다.

비구들이여, 그러면 [173] 동방의 적국의 왕들은 그 전륜성왕에게 다가와서 이렇게 말한다. '오십시오, 대왕이시여. 환영합니다, 대왕이시여. 이 모든 것은 왕의 것입니다, 대왕이시여. 명령을 하십시오, 대왕이시여.'라고. 그러면 전륜성왕은 이렇게 말한다. '살아있는 생명을 죽이지 마라. 주지 않은 것을 가지지 마라. 삿된 음행을 하지 마라. 거짓말을 하지 마라. 술을 마시지 마라. 적당히 먹을 만큼만 먹어라.'[376]라고. 비구들이여, 그러면 동방의 적국의 왕들은 그 전륜성왕

375) "'네 무리의 군대(caturaṅginī senā)'란 코끼리(hatthi) 부대, 기마(assa) 부대, 전차(ratha) 부대, 보병(patti)의 네 가지 구성요소를 갖춘 군대를 말한다."(DA.i.154)

376) '적당히 먹을 만큼만 먹어라.'는 yathābhuttañca bhuñjathā를 옮긴 것이다. 이것은 전륜성왕이나 마하수닷사나 왕이 윤보를 굴릴 때에 적군의 왕에게 명령하는 대목에서만 나타난다. 『디가 니까야』 제2권 「마하수닷사나

에게 복종을 한다.

비구들이여, 그러면 그 윤보는 동쪽 바다로 들어갔다가 다시 나와서 남쪽으로 회전하면서 나아간다. … 남쪽 바다로 들어갔다가 다시 나와서 서쪽으로 회전하면서 나아간다. … 서쪽 바다로 들어갔다가 다시 나와서 북쪽으로 회전하면서 나아간다. 그러면 전륜성왕은 네 무리의 군대와 더불어 윤보를 따라간다. … 비구들이여, 그러면 북방의 적국의 왕들은 그 전륜성왕에게 복종을 한다. 비구들이여, 그러자 윤보는 바다 끝까지 땅을 정복한 뒤 수도에 있는 왕궁으로 돌아와 전륜성왕의 내전을 아주 멋있게 장엄하면서 내전의 문에 차축에 꿰어진 것처럼 머문다. 비구들이여, 전륜성왕에게 이런 윤보가 나타난다."

36. "비구들이여, 더 나아가 전륜성왕에게는 온통 희고 일곱 곳으로 서며 신통을 가져서 하늘을 나는 우뽀사타[377]라는 코끼리의 왕인 상보(象寶, 코끼리 보배)가 나타난다. 그를 보고 전륜성왕의 마음은 청정한 믿음이 생긴다. '이 코끼리가 잘 조련되면 이것을 타는 것은 행운이다.'라고. 비구들이여, 그러자 그 상보는 [174] 마치 혈통 좋은 훌륭한 코끼리가 오랜 세월 동안 잘 조련된 것처럼 조련된다. 비구들이여, 한번은 전륜성왕이 그 상보를 검증하기 위해 아침 일찍 코끼리에 올라타고 바다 끝까지 땅을 둘러본 뒤 그 왕궁에 돌아와서 아침을 먹었다. 비구들이여, 전륜성왕에게 이런 상보가 나타난다."

경」(D17) §§1.9~1.10과 제3권「전륜성왕 사자후경」(D26) §§6~7에서는 '적당한 것만을 먹어라.'라고 옮겼는데, 세존께서 여러 경에서 '음식에 적당한 분량을 알아라(bhojane mattaññū).'라고 비구들에게 하신 말씀이 있어서 본경에서는 '적당히 먹을 만큼만 먹어라.'라고 옮겨봤다. 냐나몰리 스님은 '*You should eat what you are accustomed to eat.*'으로 옮겼다.

377) 문자적으로 우뽀사타(uposatha)는 포살일(布薩日) 혹은 포살을 말하는데 불교의 계율 준수 일을 말한다.

37. "비구들이여, 더 나아가 전륜성왕에게는 온통 희고 머리가 검으며 문자 풀과 같은 갈기를 가졌고 신통을 가져서 하늘을 나는 왈라하라는 말의 왕인 마보(馬寶, 말 보배)가 나타난다. 그를 보고 전륜성왕의 마음은 청정한 믿음이 생긴다. '이 말이 잘 조련되면 이것을 타는 것은 행운이다.'라고. 비구들이여, 그러자 그 마보는 마치 혈통 좋은 훌륭한 말이 오랜 세월 동안 잘 조련된 것처럼 조련된다. 비구들이여, 한번은 전륜성왕이 그 마보를 검증하기 위해 아침 일찍 말에 올라타고 바다 끝까지 땅을 둘러본 뒤 그 왕궁에 돌아와서 아침을 먹었다. 비구들이여, 전륜성왕에게 이런 마보가 나타난다."

38. "비구들이여, 더 나아가 전륜성왕에게는 보배보(寶貝寶, 보물의 보배)가 나타난다. 그 보배보는 녹주석으로 아름답고 최상품이며 팔각형이고 아주 잘 깎였다. 비구들이여, 그 보배보의 광명은 일 요자나까지 두루 퍼진다. 비구들이여, 한번은 전륜성왕이 그 보배보를 검증하기 위해 네 무리의 군대를 도열시킨 뒤 보배를 깃발의 맨 위에 탑재하고 칠흑같이 어두운 밤에 행군을 했다. 그러자 부근에 있는 모든 마을 사람들이 그 광명 때문에 대낮인 줄 생각하여 일을 시작했다. 비구들이여, 전륜성왕에게 이런 보배보가 나타난다."

39. "비구들이여, 더 나아가 전륜성왕에게는 여인보(女人寶, 여인의 보배)가 나타난다. 그녀는 아름답고 예쁘고 우아하고 빼어난 용모를 갖추었으며, 너무 크지도 너무 작지도 않고, [175] 너무 마르지도 너무 뚱뚱하지도 않고, 너무 검지도 너무 희지도 않고, 천상의 미모에는 미치지 못하지만 인간의 미모를 넘어섰다. 여인보의 몸에 닿는 것은 마치 케이폭의 털이나 목화의 솜털에 닿는 것과도 같다. 비구들이여, 추우면 여인보의 사지는 따뜻해지고 더우면 사지가 차가워진다.

비구들이여, 그 여인보의 몸에서는 전단향의 향기가 풍겨나고 입에서는 연꽃의 향기가 풍겨난다. 비구들이여, 여인보는 전륜성왕보다 일찍 일어나고 늦게 잠든다. 여인보는 시중을 잘 들고 행실이 곱고 말이 사랑스럽다. 비구들이여, 그 여인보는 전륜성왕을 마음으로조차 거역해본 적이 없는데 어떻게 몸으로 부정한 행을 하겠는가? 비구들이여, 전륜성왕에게 이런 여인보가 나타난다."

40. "비구들이여, 더 나아가 전륜성왕에게는 장자보(長者寶, 장자의 보배)가 나타난다. 그에게는 업의 과보로 생긴 신성한 눈이 있어서 그것으로 주인이 있거나 주인이 없는 숨겨진 보배를 본다. 그는 전륜성왕에게 와서 이렇게 말한다. '왕이시여, 왕께서는 편히 계십시오. 제가 폐하의 재물을 관리하겠습니다.'라고.

비구들이여, 한번은 전륜성왕이 그 장자보를 검증하기 위해서 배를 타고 강가 강의 흐름 가운데로 들어가서 장자보에게 이렇게 말했다. '장자여, 나는 황금과 금덩이가 필요하다.' '대왕이시여, 그러시다면 한쪽 기슭에 배를 대십시오.' '장자여, 바로 지금・여기에서 나는 황금과 금덩이가 필요하다.' 그러자 장자보는 양손을 물속에 넣고서 한 항아리 가득 황금과 금덩이를 끄집어 올려서 전륜성왕에게 이렇게 말했다. '이만하면 충분합니까, 대왕이시여? 이만하면 되었습니까, 대왕이시여? 이만하면 충분히 바쳤습니까, 대왕이시여?'라고. 전륜성왕은 대답했다. '그만하면 충분하다, 장자여. 그만하면 되었다, 장자여. 그만하면 충분히 바쳤다, 장자여.'라고. 비구들이여, 전륜성왕에게 이런 장자보가 나타난다."

41. "비구들이여, 더 나아가 전륜성왕에게는 주장신보(主藏臣寶, 국무대신 보배)[378]가 [176] 나타난다. 현명하고 영리하고 슬기롭고 유능

하여 전륜성왕을 위해 진척시킬 것은 진척시키고 없애야 할 것은 없애며 유지해야 할 것은 유지하게 한다. 그는 전륜성왕에게 와서 이렇게 말한다. '왕이시여, 대왕께서는 편히 계십시오. 제가 통치를 하겠습니다.'라고. 비구들이여, 전륜성왕에게 이런 주장신보가 나타난다. 비구들이여, 전륜성왕은 이런 일곱 가지 보배를 구족한다."

42. "무엇이 네 가지 성취인가? 비구들이여, 여기 전륜성왕은 멋있고 수려하고 우아하고 빼어난 용모를 갖추어서 다른 인간들을 능가한다. 비구들이여, 전륜성왕은 이런 첫 번째 성취를 구족했다."

43. "비구들이여, 다시 전륜성왕은 장수하며 오래 머문다. 그런 측면에서 다른 인간들을 능가한다. 비구들이여, 전륜성왕은 이런 두 번째 성취를 구족했다."

44. "비구들이여, 다시 전륜성왕은 병이 없고 고통이 없으며 음식을 고루 소화시키도록 너무 차지도 않고 너무 덥지도 않은 [중간의] 업에서 생긴 불의 요소를 갖추었다.379) 그런 측면에서 다른 인간들을 능가한다. 비구들이여, 전륜성왕은 이런 세 번째 성취를 구족했다."

---

378) "그는 왕의 맏아들(jeṭṭha-putta)이다. 그는 타고날 때부터(pakati) 현명하고 영리하고 슬기롭고 분별력을 갖추었다. 그는 왕의 공덕의 영향력(puñña-anubhāva)을 바탕으로 또한 자신의 업의 영향력(kamma-anubhāva)으로 다른 이의 마음을 아는 지혜(para-citta-ñāṇa)가 생긴다. 그 지혜로 열두 요자나나 되는 왕궁 집회에 모인 사람들의 마음의 흐름(citt-ācāra)을 알아서 왕에게 해로운 것과 이로운 것(ahita hita)을 구별하는 힘이 있다. 본인도 자신의 그런 능력을 보고 흡족한 마음으로 왕을 위해 모든 업무를 명하여(sabba-kicca-anusāsana) 왕을 만족시킨다."(MA.ii.229)

379) 이 문장은 본서 제3권 「랏타빨라 경」(M82) §31과 「보디 왕자 경」(M85) §58 등에도 나타난다. 본 문장의 의미에 대해서는 본서 제3권 「랏타빨라 경」(M82) §31의 주해들을 참조할 것.

45. "비구들이여, 다시 전륜성왕은 바라문들과 장자들의 호감을 사고 그들의 마음에 든다. 비구들이여, 마치 아버지가 아들들의 호감을 사고 마음에 들듯이 그와 같이 전륜성왕은 바라문들과 장자들의 호감을 사고 그들의 마음에 든다. 바라문들과 장자들은 전륜성왕의 호감을 사고 마음에 든다. 비구들이여, 마치 아들들이 아버지의 호감을 사고 마음에 들듯이 그와 같이 바라문들과 장자들은 전륜성왕의 호감을 사고 마음에 든다.

한번은 전륜성왕이 네 무리의 군대와 함께 공원으로 향했다. 비구들이여, 그때 바라문들과 장자들이 전륜성왕에게 와서 이렇게 말했다. '왕이시여, 저희들이 대왕을 좀 더 오래 뵐 수 있도록 서두르지 말고 천천히 가소서.'라고. 비구들이여, 전륜성왕도 마부에게 말했다. [177] '마부여, 내가 좀 더 오래 바라문들과 장자들을 볼 수 있도록 서두르지 말고 천천히 몰아라.'라고. 비구들이여, 전륜성왕은 이런 네 번째 성취를 구족했다.

비구들이여, 전륜성왕은 이런 네 가지 성취를 구족했다."

46. "이를 어떻게 생각하는가, 비구들이여. 전륜성왕이 이들 일곱 가지 보배와 이들 네 가지 성취를 구족함으로 인해 즐거움과 기쁨을 누리겠는가?"

"세존이시여, 하나의 보배를 구족해도 전륜성왕은 그로 인해 즐거움과 기쁨을 누릴 것인데 일곱 가지 보배와 네 가지 성취를 구족했다면 무슨 말이 필요하겠습니까?"

47. 그러자 세존께서는 주먹만 한 작은 돌을 손에 들고 비구들에게 말씀하셨다.

"이를 어떻게 생각하는가, 비구들이여? 내가 집어든 주먹만 한 작은 돌과 산의 왕 히말라야 중에 어떤 것이 더 큰가?"

"세존이시여, 세존께서 집으신 주먹만 한 돌은 너무 작아서 산의 왕 히말라야와 견주면 이름조차 없으며 그것은 작은 조각에도 미치지 못하며 비교 자체가 불가합니다."

"비구들이여, 그와 같이 전륜성왕이 일곱 가지 보배와 이들 네 가지 성취를 구족함으로 인해 누리는 즐거움과 기쁨은 천상의 즐거움과 견주면 이름조차 없으며 그것은 작은 조각에도 미치지 못하며 비교 자체가 불가하다."

48. "비구들이여, 그런 현자가 오랜 세월이 흐른 뒤 어느 시절 어느 날에 인간으로 태어나면 높은 가문에 태어나나니, 부유하고 많은 재물과 많은 재산과 많은 금은과 많은 재화와 수입과 많은 가산과 곡식을 가진 부유한 끄샤뜨리야 가문이나 부유한 바라문 가문이나 부유한 장자의 가문에 태어난다. 그는 멋있고 수려하고 우아하며 빼어난 용모를 갖춘다. 그는 음식과 마실 것과 의복과 탈것과 화환과 향과 화장품과 침상과 숙소와 불을 얻는다. 그는 몸으로 선행을 하고 말로 선행을 하며 마음으로 선행을 한다. [178] 몸으로 선행을 하고 말로 선행을 하며 마음으로 선행을 하여 몸이 무너져 죽은 뒤 좋은 곳, 천상 세계에 태어난다."

49. "비구들이여, 마치 노름꾼이 처음에 최고의 패[380]를 잡아서 많은 행운을 얻는 것과 같다. 비구들이여, 그러나 그 노름꾼이 처음에 이런 최고의 패를 잡아 많은 행운을 얻는 것은 오히려 사소한 것이다. 현자가 몸으로 선행을 하고 말로 선행을 하고 마음으로 선행을

380) '최고의 패'는 kaṭa를 옮긴 것이다. 인도의 전통 노름과 네 가지 패에 대해서는 본경 §26의 주해를 참조할 것.

하여 몸이 무너져 죽은 뒤 좋은 곳, 천상 세계에 태어나는 것은 더 좋은 패를 잡은 것이다. 비구들이여, 이것이 현자의 농익은 경지이다."

세존께서는 이와 같이 설하셨다. 그 비구들은 흡족한 마음으로 세존의 말씀을 크게 기뻐하였다.

어리석은 자와 현명한 자 경(M129)이 끝났다.

저승사자 경381)

Devadūta Sutta(M130)

1. 이와 같이 나는 들었다. 한때 세존께서는 사왓티에서 제따 숲의 아나타삔디까 원림(급고독원)에 머무셨다. 거기서 세존께서는 "비구들이여."라고 비구들을 부르셨다. "세존이시여."라고 비구들은 세존께 응답했다. 세존께서는 이렇게 말씀하셨다.

2. "비구들이여, 예를 들면 대문이 있는 두 집이 있는데, 눈 있는 어떤 사람이 그 가운데 서서 사람들이 문으로 들어오고 나가고 계속적으로 움직이고 이 집 저 집을 들락거리는 것을 보는 것처럼, 나는 청정하고 인간을 넘어선 신성한 눈[天眼]으로 중생들이 죽고 태어나고, 천박하고 고상하고, 잘생기고 못생기고, 좋은 곳[善處]에 가고 나쁜 곳[惡處]에 가는 것을 보고, 중생들이 지은 바 그 업에 따라 가는 것을 본다.

'이들은 몸으로 … 말로 … 마음으로 좋은 일을 골고루 하고 성자들을 비방하지 않고 바른 견해를 지니고 정견업(正見業)을 지었다. 이

---

381) 본경과 같은 내용을 담고 있으면서 더 축약된 형태의 경으로는 『앙굿따라 니까야』 제1권 「저승사자 경」(A3:35)이 있으니 참조하기 바란다.

들은 몸이 무너져 죽은 뒤 좋은 곳, 천상 세계에 태어났다. 이들은 몸으로 … 말로 … 마음으로 좋은 일을 골고루 하고 [179] 성자들을 비방하지 않고 바른 견해를 지니고 정견업(正見業)을 지었다. 이들은 몸이 무너져 죽은 뒤 인간 세상에 태어났다.

이들은 몸으로 … 말로 … 마음으로 못된 짓을 골고루 하고 성자들을 비방하고 삿된 견해를 지니고 사견업(邪見業)을 지었다. 이들은 몸이 무너져 죽은 뒤 아귀계에 태어났다. 이들은 몸으로 … 말로 … 마음으로 못된 짓을 골고루 하고 성자들을 비방하고 삿된 견해를 지니고 사견업(邪見業)을 지었다. 이들은 몸이 무너져 죽은 뒤 축생의 모태에 태어났다. 이들은 몸으로 … 말로 … 마음으로 못된 짓을 골고루 하고 몸이 무너져 죽은 뒤 처참한 곳[苦界], 불행한 곳[惡處], 파멸처, 지옥에 태어났다."

3. "비구들이여, 지옥지기들은 그런 그를[382] 두 팔로 붙잡아서 염라대왕[383]에게 보인다. '폐하, 이 사람은 어머니를 봉양하지 않고[384]

---

382) "세존께서는 어떤 경우에는 지옥(niraya)으로 시작하여 가르침을 신들의 세상(deva-loka)으로 끝내시고, 어떤 때는 천상으로 시작하여 지옥으로 끝내신다. 만약 천상의 성취(sagga-sampatti)를 상세히(vitthāretvā) 설하고자 하실 때는 지옥의 고통과 축생계(tiracchāna-yoni)의 고통과 아귀계(petti-visaya)의 고통과 인간세상의 성취(manussa-loka-sampatti)는 일부분만(eka-desato) 설하신다. 지옥의 고통을 상세히 설하고자 하실 때는 천상과 인간계의 성취, 축생계와 아귀계의 고통은 일부분만 설하시고, 지옥의 고통만 상세하게 설하신다.
본경에서는 지옥의 고통(niraya-dukkha)을 상세하게 설하시고자 하여 천상으로 시작하여 가르침을 지옥으로 끝내신다. 신들의 세상과 인간세상의 성취(deva-loka-manussa-loka-sampatti)와 축생계와 아귀계의 고통(tiracchāna-yoni-petti-visaya-dukkhāni)은 일부분만 설하시고 지옥의 고통은 상세하게 설하시기 위해 '비구들이여, 지옥지기들은 그런 그를(tam enaṁ, bhikkhave, nirayapālā)'이라고 가르침을 시작하셨다."(MA.iv.230~231)

[아버지를 봉양하지 않고][385] 사문들을 존경하지 않고 바라문들을 존경하지 않고 가문의 연장자들을 존경하지 않았습니다. 폐하께서 벌을 주십시오.'"

4. "비구들이여, 그러면 염라대왕은 그에게 첫 번째 저승사자[386]와 관련하여 질문하고 반문하고 심문한다. '여보게, 이 사람아. 그대는 인간들 가운데서 첫 번째 저승사자가 나타난 것을 보지 못했는가?'[387] 그는 이렇게 대답한다. '존자시여, 보지 못했습니다.' 비구

---

383) '염라대왕'은 Yama rāja를 직역한 것이다. 여기서 야마(Yama)는 중국에서 염라(閻羅)로 음역하였으며 rāja는 왕을 뜻한다. 그래서 이 야마 라자(Yama rāja)는 중국에서 염라왕(閻羅王)으로 옮겨졌고 우리에게는 염라대왕으로 잘 알려졌다. 그는 죽음의 신이다.
주석서는 이렇게 설명한다.
"'염라대왕(Yama-rāja)'은 천상에 있는 아귀의 왕(vemānika-peta-rāja)이다. 그는 어느 때에는 천상의 궁전에서 천상의 소원성취 나무[如意樹, kappa-rukkha]와 천상의 정원과 천상의 무희 등 모든 번영을 경험하기도 하고 어느 때에는 업의 과보를 경험하기도 한다. 그리고 이 법다운 왕은 한 명이 아니다. 네 개의 대문에 네 명이 있다."(AA.ii.228)
한편 이 염라대왕의 야마(Yama)와 야마천의 Yāma는 다르다. 주석서는 야마천을 "천상의 행복을 얻어서 두루 갖추고 있기 때문에(yātā payātā sampattā) 야마라 한다."(VbhA.519; PsA.441)라고 설명하고 있으며 경들에서는 삼십삼천 바로 위의 천상으로 나타난다. 그러나 Yāma를 Yama의 곡용형으로 이해해서 저열한 곳으로 이해한 곳도 있기는 하다.(KhpA.166)

384) '어머니를 봉양하지 않고'는 역자가 저본으로 삼은 Ee에는 ametteyyo로 나타나고, Be에는 amatteyyo로 나타나는데 문맥상 후자가 더 타당하다.

385) '아버지를 봉양하지 않고(apetteyyo)'는 역자가 저본으로 삼은 Ee에는 누락되어 있지만 Be와 Se에는 나타나고 있다.

386) '저승사자'는 deva-dūta(신의 사자)를 옮긴 것이다. deva는 주로 '신 혹은 하늘 신'을 뜻하는데 여기서는 염라대왕(죽음의 신, maccu)이라고 주석서는 설명하고 있어서 이렇게 옮겼다. 주석서의 설명은 본서 제3권 「마카데와 경」(M83) §4(여기서는 문맥에 따라 염라대왕의 사자로 옮겼다.)의 주해를 참조할 것.

387) 본경의 §§4~8에는 다섯 명의 저승사자가 언급된다. 이 다섯은 각각 태어남,

들이여, 그러면 염라대왕은 이렇게 말한다. '여보게, 이 사람아. 그대는 인간들 가운데서 아무것도 모르고 아직 뒤척이지도 못하고 반듯하게 누워만 있는 갓난아이가 자신의 대소변에 범벅이 되어 악취가 나는 것을 본 적이 있는가?' 그는 이렇게 대답한다. '존자시여, 본 적이 있습니다.'

비구들이여, 그러면 염라대왕은 이렇게 말한다. '여보게, 이 사람아. 지혜롭고 현명한 그대에게 다음과 같은 생각이 들지 않았는가? "나도 역시 태어나기 마련이고 태어남을 극복하지 못했다. 참으로 나는 몸과 말과 마음으로 선행을 하리라."라고.' 그러면 그는 대답한다. '존자시여, 저는 그렇게 하지 못했습니다. 존자시여, 저는 게을렀습니다.'

비구들이여, 그러면 염라대왕은 이렇게 말한다. '여보게, 이 사람아. 나태한 탓에 그대는 몸과 말과 마음으로 선행을 하지 못했다. 여보게, 이 사람아. 그들은 참으로 그대의 나태함에 따라서 처벌할 것이다. 그러나 그대의 악업은 어머니가 지은 것도 아니요 아버지가 지은 것도 아니며, [180] 형제나 자매나 친구나 친지와 친척들이 지은 것도 아니며, 사문 · 바라문들이나 천신들이 지은 것도 아니다. 그대 스스로 악업을 지었고 오직 그대가 그 과보를 받을 것이다.'"

5. "비구들이여, 염라대왕은 그에게 첫 번째 저승사자와 관련하여 질문하고 반문하고 심문하고 나서 두 번째 저승사자와 관련하여 질문하고 반문하고 심문한다. '여보게, 이 사람아. 그대는 인간들 가

늙음, 병듦, 고문, 죽음을 의인화한 것이다. 『앙굿따라 니까야』 제1권 「편안함 경」(A3:38)에는 세존께서 출가하시기 전에 누렸던 영화에 대한 묘사와 늙음과 병듦과 죽음에 대한 진지한 사유가 나타나는데, 이러한 사유가 본경에서는 다섯 명의 저승사자로 의인화된 것이 아닌가 여겨진다.

운데서 두 번째 저승사자가 나타난 것을 보지 못했는가?' 그는 이렇게 대답한다. '존자시여, 보지 못했습니다.'

비구들이여, 그러면 염라대왕은 이렇게 말한다. '여보게, 이 사람아. 그대는 인간들 가운데서 여자나 남자가 나중에 여든이나 아흔이나 백 살이 되어 늙어서 서까래처럼 굽고, 꼬부랑하게 되고, 지팡이에 의지하고, 덜덜 떨면서 걷고, 병들고, 젊음은 가버리고, 이가 부서지고, 머리털은 백발이 되고, 머리털이 빠지고, 대머리가 되고, 주름살이 늘고, 사지에 검버섯이 핀 것을 본 적이 있는가?' 그는 이렇게 대답한다. '존자시여, 본 적이 있습니다.'

비구들이여, 그러면 염라대왕은 이렇게 말한다. '여보게, 이 사람아. 지혜롭고 현명한 그대에게 다음과 같은 생각이 들지 않았는가? "나도 역시 늙기 마련이고 늙음을 극복하지 못했다. 참으로 나는 몸과 말과 마음으로 선행을 하리라."라고.' 그러면 그는 대답한다. '존자시여, 저는 그렇게 하지 못했습니다. 존자시여, 저는 게을렀습니다.'

비구들이여, 그러면 염라대왕은 이렇게 말한다. '여보게, 이 사람아. 나태한 탓에 그대는 몸과 말과 마음으로 선행을 하지 못했다. 여보게, 이 사람아. 그들은 참으로 그대의 나태함에 따라서 처벌할 것이다. 그러나 그대의 악업은 어머니가 지은 것도 아니요 아버지가 지은 것도 아니며, 형제나 자매나 친구나 친지와 친척들이 지은 것도 아니며, 사문 · 바라문들이나 천신들이 지은 것도 아니다. 그대 스스로 악업을 지었고 오직 그대가 그 과보를 받을 것이다.'"

6. "비구들이여, 염라대왕은 그에게 두 번째 저승사자와 관련하여 질문하고 반문하고 심문하고 나서 세 번째 저승사자와 관련하여 질문하고 반문하고 심문한다. [181] '여보게, 이 사람아. 그대는 인간들 가운데서 세 번째 저승사자가 나타난 것을 보지 못했는가?' 그는

이렇게 대답한다. '존자시여, 보지 못했습니다.'

비구들이여, 그러면 염라대왕은 이렇게 말한다. '여보게, 이 사람아. 그대는 사람들 중에서 중병에 걸려 아픔과 고통에 시달리며, 자기의 대소변에 범벅이 되어 드러누워 있고, 남들이 일으켜 세워주고 남들이 앉혀주는 남자나 여자를 본 적이 있는가?' 그는 이렇게 대답한다. '존자시여, 본 적이 있습니다.'

비구들이여, 그러면 염라대왕은 이렇게 말한다. '여보게, 이 사람아. 지혜롭고 현명한 그대에게 다음과 같은 생각이 들지 않았는가? "나도 역시 병들기 마련이고 병을 극복하지 못했다. 참으로 나는 몸과 말과 마음으로 선행을 하리라."라고.' 그러면 그는 대답한다. '존자시여, 저는 그렇게 하지 못했습니다. 존자시여, 저는 게을렀습니다.'

비구들이여, 그러면 염라대왕은 이렇게 말한다. '여보게, 이 사람아. 나태한 탓에 그대는 몸과 말과 마음으로 선행을 하지 못했다. 여보게, 이 사람아. 그들은 참으로 그대의 나태함에 따라서 처벌할 것이다. 그러나 그대의 악업은 어머니가 지은 것도 아니요 아버지가 지은 것도 아니며, 형제나 자매나 친구나 친지와 친척들이 지은 것도 아니며, 사문・바라문들이나 천신들이 지은 것도 아니다. 그대 스스로 악업을 지었고 오직 그대가 그 과보를 받을 것이다.'"

7. "비구들이여, 염라대왕은 그에게 세 번째 저승사자에 대해서 질문하고 반문하고 심문하고 나서 네 번째 저승사자에 대해서 질문하고 반문하고 심문한다. '여보게, 이 사람아. 그대는 인간들 가운데서 네 번째 저승사자가 나타난 것을 보지 못했는가?' 그는 이렇게 대답한다. '존자시여, 보지 못했습니다.'

비구들이여, 그러면 염라대왕은 이렇게 말한다. '여보게, 이 사람아. 그대는 인간들 가운데서 왕들이 범죄를 저지른 도둑을 붙잡아서 여러 가지 고문을 하는 것을 보지 못했는가? 채찍으로 때리기도 하고, 매질을 하기도 하고, … 칼로 목을 베기도 하는 것을 본 적이 있는가?' 그는 이렇게 대답한다. '존자시여, 본 적이 있습니다.'

비구들이여, 그러면 염라대왕은 이렇게 말한다. '여보게, 이 사람아. 지혜롭고 현명한 그대에게 다음과 같은 생각이 들지 않았는가? "악한 업을 지은 자는 지금·여기에서 이런 여러 가지 고문을 당하는구나. [182] 그러니 다음 생에는 어떻게 되겠는가? 참으로 나는 몸과 말과 마음으로 선행을 하리라."라고.' 그러면 그는 대답한다. '존자시여, 저는 그렇게 하지 못했습니다. 존자시여, 저는 게을렀습니다.'

비구들이여, 그러면 염라대왕은 이렇게 말한다. '여보게, 이 사람아. 나태한 탓에 그대는 몸과 말과 마음으로 선행을 하지 못했다. 여보게, 이 사람아. 그들은 참으로 그대의 나태함에 따라서 처벌할 것이다. 그러나 그대의 악업은 어머니가 지은 것도 아니요 아버지가 지은 것도 아니며, 형제나 자매나 친구나 친지와 친척들이 지은 것도 아니며, 사문·바라문들이나 천신들이 지은 것도 아니다. 그대 스스로 악업을 지었고 오직 그대가 그 과보를 받을 것이다.'"

8. "비구들이여, 염라대왕은 그에게 네 번째 저승사자에 대해서 질문하고 반문하고 심문하고 나서 다섯 번째 저승사자에 대해서 질문하고 반문하고 심문한다. '여보게, 이 사람아. 그대는 인간들 가운데서 다섯 번째 저승사자가 나타난 것을 보지 못했는가?' 그는 이렇게 대답한다. '존자시여, 보지 못했습니다.'

비구들이여, 그러면 염라대왕은 이렇게 말한다. '여보게, 이 사람아. 그대는 사람들 중에서 죽은 지 하루나 이틀 또는 사흘이 지나 부풀고 검푸르게 되고 문드러진 남자나 여자를 본 적이 있는가?' 그는 이렇게 대답한다. '존자시여, 본 적이 있습니다.'

비구들이여, 그러면 염라대왕은 이렇게 말한다. '여보게, 이 사람아. 지혜롭고 현명한 그대에게 다음과 같은 생각이 들지 않았는가? "나도 역시 죽기 마련이고 죽음을 극복하지 못했다. 참으로 나는 몸과 말과 마음으로 선행을 하리라."라고.' 그러면 그는 대답한다. '존자시여, 저는 그렇게 하지 못했습니다. 존자시여, 저는 게을렀습니다.'

비구들이여, 그러면 염라대왕은 이렇게 말한다. '여보게, 이 사람아. 나태한 탓에 그대는 몸과 말과 마음으로 선행을 하지 못했다. 여보게, 이 사람아. 그들은 참으로 그대의 나태함에 따라서 처벌할 것이다. 그러나 그대의 악업은 어머니가 지은 것도 아니요 아버지가 지은 것도 아니며, 형제나 자매나 친구나 친지와 친척들이 지은 것도 아니며, 사문·바라문들이나 천신들이 지은 것도 아니다. 그대 스스로 악업을 지었고 오직 그대가 그 과보를 받을 것이다.'"

9. "비구들이여, 염라대왕은 그에게 다섯 번째 저승사자에 대해서 질문하고 반문하고 심문하고 나서 침묵한다."

10. "비구들이여,[388] 그런 그를 지옥지기는 [183] 다섯 겹으로 찌르는 고문을 한다. 그들은 시뻘건 쇠꼬챙이로 한 손을 찌르고 시뻘건 쇠꼬챙이로 다른 한 손을 찌르며 시뻘건 쇠꼬챙이로 한 발을 찌르고 시뻘건 쇠꼬챙이로 다른 한 발을 찌르며 시뻘건 쇠꼬챙이로 가슴 한복판을 찌른다. 거기서 그는 고통스럽고 살을 에는 듯한 격통을 느낀다. 그는 그 악업이 끝날 때까지 죽지도 않는다."

11. "그러면 지옥지기는 그를 눕혀놓고 도끼로 피부를 벗겨낸다. 거기서 고통스럽고 살을 에는 듯한 격통을 느낀다. 그는 그 악업이

388) 이하 본경의 §§10~16은 본서 「어리석은 자와 현명한 자 경」(M129) §§10~16과 같다.

끝날 때까지 죽지도 않는다.”

12. “비구들이여, 그러면 지옥지기는 그의 발을 위로 하고 머리를 아래로 매달아서 까꿔로 찍는다. 거기서 그는 오직 고통뿐인 극심하고 혹독한 느낌을 느낀다. 그는 악업이 끝날 때까지는 죽지도 않는다.”

13. “비구들이여, 그러면 지옥지기는 그를 마차에 매어서 시뻘겋게 불타는 뜨거운 땅위로 이리저리 끌고 다닌다. 거기서 그는 고통스럽고 살을 에는 듯한 격통을 느낀다. 그는 그 악업이 끝날 때까지 죽지도 않는다.”

14. “비구들이여, 그러면 지옥지기는 시뻘겋게 불타는 뜨거운 숯불 산을 오르내리게 한다. 거기서 그는 고통스럽고 살을 에는 듯한 격통을 느낀다. 그는 그 악업이 끝날 때까지 죽지도 않는다.”

15. “비구들이여, 그러면 지옥지기는 그의 발을 위로 하고 머리를 아래로 매달아서 시뻘겋게 불타는 뜨거운 가마솥에다 집어넣는다. 그는 거기서 끓는 물의 소용돌이 속에서 삶긴다. 그는 끓는 물의 소용돌이 속에 삶기면서 한 번은 위로 떠오르고 한 번은 아래로 내려앉고 한 번은 옆으로 돈다. 거기서 그는 고통스럽고 살을 에는 듯한 격통을 느낀다. 그는 그 악업이 끝날 때까지 죽지도 않는다.”

16. “비구들이여, 그러면 지옥지기는 그를 대지옥으로 던져 넣는다. 비구들이여, 그 대지옥은,

> 네모로 되어있고 각각의 편에 네 개의 문이 있으며
> 철벽으로 에워싸여 있고 철 지붕으로 덮여있다.

바닥도 철로 만들어져 불로 타오를 때까지 달구어진다.
그 지역은 모두 백 유순이며 전 지역을 뒤덮고 있다."

17. "비구들이여, 그러면 대지옥은 동쪽 벽에서 화염이 솟아올라 서쪽 벽으로 돌진하고, 서쪽 벽에서 화염이 솟아올라 동쪽 벽으로 [184] 돌진하고, 북쪽 벽에서 화염이 솟아올라 남쪽 벽으로 돌진하고, 남쪽 벽에서 화염이 솟아올라 북쪽 벽으로 돌진하고, 바닥에서 화염이 솟아올라 꼭대기로 돌진하고, 꼭대기에서 화염이 솟아올라 바닥으로 돌진한다. 거기서 그는 고통스럽고 살을 에는 듯한 격통을 느낀다. 그는 그 악업이 끝날 때까지 죽지도 않는다."

18. "비구들이여, 오랜 세월이 흐른 뒤 어느 시절 어느 날에 그 대지옥의 동쪽 문이 열릴 때가 있다. 그러면 그는 그곳으로 재빨리 도망친다. 그가 재빨리 도망칠 때 피부도 타고 내피도 타고 살도 타고 근육도 타고 뼈도 연기로 변해버린다. 그가 빠져나오는 모습은 이와 같다.389) 비구들이여, 여러 곳을 거쳐 드디어 그가 [문에] 도달하더라도390) 그 문은 닫혀버린다. 거기서 그는 고통스럽고 살을 에는

---

389) "'그가 빠져나오는 모습은 이와 같다(ubbhataṁ tādisameva hoti).'고 하셨다. 아래서부터(heṭṭhato) 시작하여 불타고 있고 위로부터도(uparito) 불타고 있다. 이처럼 그가 발을 들어 올리는 순간에도(akkamana-kāle) 불타고 있고(ḍayhamāna), 그와 마찬가지로 빠져나오려는 순간에도(uddharaṇa-kāle) 불타고 있다는 뜻이다."(MA.iv.235)

390) '[문에] 도달하더라도'는 bahu-sampatto(한참을 지나)를 옮긴 것이다. 주석서는 "오랜 세월 즉 수만 년이 지나서(bahūni vassasatavassasahassā-ni sampatto)라는 뜻이다."(MA.iv.235)라고 설명하고 있다.
그러나 복주서는 "여러 곳을 지나 드디어 동문에 이르면(bahuṭṭhānaṁ atikkamitvā puratthima-dvāraṁ sampatto hoti)의 뜻으로도 가능하다."(MAṬ.ii.364)고 설명하고 있어 역자는 복주서를 따라 옮겼다. 주석서의 뜻에 따라 '한참을 지나 그 문이 닫혀버린다.'로 옮기면 앞뒤 문맥이 매끄럽지 않아서이다.

듯한 격통을 느낀다. 그는 그 악업이 끝날 때까지 죽지도 않는다.

비구들이여, 오랜 세월이 흐른 뒤 어느 시절 어느 날에 그 대지옥의 서쪽 문이 … 북쪽 문이 … 남쪽 문이 열릴 때가 있다. 그러면 그는 그곳으로 재빨리 도망친다. 그가 재빨리 도망칠 때 피부도 타고 … 그 문은 닫혀버린다. 거기서 그는 고통스럽고 살을 에는 듯한 격통을 느낀다. 그는 그 악업이 끝날 때까지 죽지도 않는다."

19. "비구들이여, 오랜 세월이 흐른 뒤 어느 시절 어느 날에 그 대지옥의 동쪽 문이 열릴 때가 있다. 그러면 그는 그곳으로 재빨리 도망친다. 그가 재빨리 도망칠 때 피부도 타고 내피도 타고 살도 타고 근육도 타고 뼈도 연기로 변해버린다. 그가 빠져나오는 모습은 이와 같다. 그는 그 문으로 빠져나온다."

20. "비구들이여, 그런데 그 대지옥의 바로 옆에는 [185] 큰 오물 지옥이 있다. 그는 그곳에 떨어진다. 비구들이여, 그 큰 오물 지옥에서 바늘 있는 입을 가진 생명체들이 그의 피부를 자른다. 피부를 자른 뒤 내피를 자르며, 내피를 자른 뒤 살을 자른다. 살을 자른 뒤 근육을 자르며, 근육을 자른 뒤 뼈를 자른다. 뼈를 자른 뒤 골수를 먹는다. 거기서 그는 고통스럽고 살을 에는 듯한 격통을 느낀다. 그는 그 악업이 끝날 때까지 죽지도 않는다."

21. "비구들이여, 그런데 그 큰 오물 지옥의 바로 옆에는 뜨거운 재로 된 지옥이 있다. 그는 그곳에 떨어진다. 거기서 그는 고통스럽고 살을 에는 듯한 격통을 느낀다. 그는 그 악업이 끝날 때까지 죽지도 않는다."

22. "비구들이여, 그런데 그 뜨거운 재로 된 지옥의 바로 옆에는

큰 가시나무 지옥이 있다. 그 지옥은 높이가 일 요자나이고 열여섯 손가락 크기의 가시를 가졌고 시뻘겋게 달궈져있고 화염을 내뿜고 작열한다. 거기서 그는 고통스럽고 살을 에는 듯한 격통을 느낀다. 그는 그 악업이 끝날 때까지 죽지도 않는다."

23. "비구들이여, 그런데 그 큰 가시나무 지옥의 바로 옆에는 큰 칼잎나무 지옥이 있다. 그는 그곳에 들어간다. 그 잎사귀들이 바람에 흔들릴 때 그의 손을 자르고 발을 자르고 손발을 자르고 귀를 자르고 코를 자르고 귀와 코를 자른다. 거기서 그는 고통스럽고 살을 에는 듯한 격통을 느낀다. 그는 그 악업이 끝날 때까지 죽지도 않는다."

24. "비구들이여, 그런데 그 큰 칼잎나무 지옥의 바로 옆에는 큰 양잿물 강이 있다. 그는 그곳에 떨어진다. 그는 그곳에서 흐름을 따라 쓸려가고 흐름을 거슬러 쓸려가고 흐름을 따르고 흐름을 거슬러 쓸려간다. 거기서 그는 고통스럽고 살을 에는 듯한 격통을 느낀다. 그는 그 악업이 끝날 때까지 죽지도 않는다."

25. "비구들이여, 그러면 지옥지기들은 갈고리로 그를 끄집어 올려서 [186] 땅바닥에 내려놓고 이렇게 묻는다. '여보게, 이 사람아. 무엇을 원하는가?' 그는 이렇게 대답한다. '존자시여, 저는 배가 고픕니다.' 그러면 지옥지기들은 시뻘겋게 달궈지고 화염을 내뿜고 작열하는 쇠꼬챙이로 그의 입을 벌려서 시뻘겋게 달궈지고 화염을 내뿜고 작열하는 철환을 입에 넣는다. 그것은 그의 입술도 태우고 입도 태우고 목구멍도 태우고 위장을 태우고 그의 창자와 장간막을 거쳐 항문으로 나간다. 거기서 그는 고통스럽고 살을 에는 듯한 격통을 느낀다. 그는 그 악업이 끝날 때까지 죽지도 않는다."

26. "비구들이여, 그러면 지옥지기들은 이렇게 묻는다. '여보게, 이 사람아. 무엇을 원하는가?' 그는 이렇게 대답한다. '존자시여, 저는 목이 마릅니다.' 그러면 지옥지기들은 시뻘겋게 달궈지고 화염을 내뿜고 작열하는 쇠꼬챙이로 그의 입을 벌려서 시뻘겋게 타고 뜨겁고 펄펄 끓는 구리 물을 입에 부어 넣는다. 그것은 그의 입술도 태우고 입도 태우고 목구멍도 태우고 위장을 태우고 그의 창자와 장간막을 거쳐 항문으로 나간다. 거기서 그는 고통스럽고 살을 에는 듯한 격통을 느낀다. 그는 그 악업이 끝날 때까지 죽지도 않는다."

27. "비구들이여, 지옥지기들은 그런 그를 다시 대지옥으로 던져버린다."

28. "비구들이여, 한번은 염라대왕이 이런 생각을 했다. '세상에서 악업을 지은 자들은 이러한 여러 가지 고문을 받는다. 나는 참으로 인간이 되리라. 여래 · 아라한 · 정등각자께서 세상에 출현하실 것이고 그때 나는 세존을 섬겨야겠다. 그러면 그분 세존께서는 나에게 법을 설해주실 것이다. 그러면 나는 세존의 법을 완전히 알 수 있을 것이다.'"

29. "비구들이여, 나는 이것을 다른 사문이나 바라문으로부터 듣고 그대들에게 말하는 것이 아니다. 내가 스스로 알고 스스로 보고 스스로 발견한 것을 그대들에게 말하는 것이다." [187]

30. 세존께서는 이렇게 말씀하셨다. 스승이신 선서께서는 이렇게 말씀하신 뒤 다시 이렇게 말씀하셨다.

"저승사자들의 경고를 받고도

많은 인간들이 방일하나니
저열한 몸을 받아서는
오랜 세월을 슬퍼하노라. {1}

여기 바른 사람들은
저승사자들의 경고에
방일하지 않고
언제든지 성스러운 법을 닦노라. {2}

취착은 태어남과 죽음의 원인
그것에 두려움을 보아 취착하지 않기에
태어남과 죽음의 소멸을 얻었으니
그것이 바로 해탈이어라. {3}

그들은 안은을 얻어 행복하고
지금 · 여기에서 열반을 얻어
모든 증오와 두려움을 극복하고
모든 괴로움에서 벗어났노라." {4}

저승사자 경(M130)이 끝났다.

제13장 공 품이 끝났다.

제14장 분석 품

Vibhaṅga-vagga(M131～142)

지복한 하룻밤 경

Bhaddekaratta Sutta(M131)[391]

391) '지복한 하룻밤 경'은 Bhaddekaratta Sutta를 옮긴 것이다. 이것은 bhadda와 eka와 ratta와 sutta의 합성어인데 복주서는 제3자를 지칭하는 소유복합어[有財釋, 바후워르히, Bahuvrīhi]로 분석하여 'bhaddo ekaratto etassa'로 설명한다. 즉 '지복한(bhaddo) 하룻밤(ekaratto)을 보내는 자(etassa)'로 해석하는데 그는 바로 위빳사나를 증장시키는 수행자(vipassanaṁ pari-brūhento puggalo)를 뜻한다.(MAṬ.ii.366) 그리하여 지복한 하룻밤을 보내는 수행자 경이라는 뜻이 된다.
그러나 주석서는 이 합성어를 격한정복합어[依主釋, 땃뿌루샤, Tatpuruṣa]로 설명한다. 즉 위빳사나 수행에 전념하기 때문에(vipassanānuyoga-samannāgatattā) 지복한 자의(bhaddakassa) 하룻밤(ekarattassa) 경이라고 설명한다.(MA.v.1) 그러나 바로 따라오는 시의 주석 부분에서는 복주서에서처럼 소유복합어[有財釋, 바후워르히]로 설명하고 있다. '지복한 하룻밤을 보내는 자 경'으로 풀이하면 소유복합어로 해석하는 것이고 '지복한 하룻밤 경'으로 옮기면 격한정복합어[依主釋, 땃뿌루샤]로 옮기는 것이 되는데 역자는 한글 제목의 길이도 고려하면서 후자를 택해서 옮겼다.
문제는 여기서 ratta를 어떻게 이해할 것인가 하는 것이다. ratta는 Sk. rāt-ra(밤)의 빠알리 형태로 볼 수도 있고 rakta(탐착, 몰입)의 빠알리 표기로도 이해할 수 있기 때문이다. 역자는 rātra(밤)으로 이해하고 있는데 서양의 번역가들은 그렇지 않은 듯하다.
냐나몰리 스님은 '*One Fortunate Attachment*'로 옮겼는데 하나의 경사스러운 탐착(몰입)으로 풀이 할 수 있다. 즉 ratta를 밤(*night*, Sk.rātra)으로 보지 않고 탐착(물듦, Sk. rakta, √rañj(*to find delight in*)의 과거분사)으로 해석하고 있다.
냐나몰리 스님뿐만 아니라 냐나난다 스님은 '*the ideal lover of solitude*'로, 호너(Horner) 여사는 ratta에 대한 번역은 하지 않고 그냥 '*the auspicious*'로 옮겼다. 이처럼 서양의 번역가들은 대체로 ratta를 rakta로 즉 물듦 혹은 집착[執]으로 이해하고 있는 듯하다. 일본의 片山一良도 현선일희(賢善一喜)로 옮겼다. 이런 것을 참조하여 『아비담마 길라잡이』 제9장 §1의 [해설](731쪽)에서는 '경사스러운 하나에의 몰입'으로 옮겼다. 그러나 일본 『남전 대장경』 에서는 ratta를 밤(Sk. rātra)로 해석해서 본경을 일야현자(一夜賢者)로 옮겼다. 그래서 한국에서도 본경은 이 「일야현자 경」(一夜賢者經)이라는 경제목으로 불리기도 하고 인용되기도 한다.

1. 이와 같이 나는 들었다. 한때 세존께서는 사왓티에서 제따 숲의 아나타삔디까 원림(급고독원)에 머무셨다. 거기서 세존께서는 "비구들이여."라고 비구들을 부르셨다. "세존이시여."라고 비구들은 세존께 응답했다. 세존께서는 이렇게 말씀하셨다.

2. "비구들이여, 지복한 하룻밤에 대한 요약과 분석을 그대들에

그런데 주석서는 본경의 ratta가 밤(rātra)을 뜻하는지 아니면 집착 혹은 몰입(rakta)을 의미하는지를 설명하지 않고 있다. 그러나 복주서는 분명히 eka-ratta를 하룻밤(ekā ratti)으로 해석하고 있다.(ekā ratti ekaratto — MAṬ.ii.149) ratti는 밤을 뜻하지 집착 등의 의미로는 사용되지 않는다.(PED, BDD 등 참조) 그리고 VRI의 CD-ROM으로 검색해 보아도 다른 경들과 주석서에도 eka-ratta가 하룻밤의 의미로 쓰이는 경우가 거의 전부인 듯하다.

예를 들면 『맛지마 니까야 주석서』는 본서 「랏타빨라 경」(M82) §18의 '쉰 보리죽(ābhidosika kummāsa)'을 설명하면서 "쉬었다는 것은 질이 떨어지는 것으로, 하룻밤이 지나서(eka-ratta-atikkanta) 상한 것을 말한다."(MA.iii.295)로 표현하고 있다. 이 외의 주석서의 여러 곳에서도 "장로는 하룻밤을 보낸 뒤(eka-ratta-atikkamena) 아라한과를 얻었다."(DhpA.ii.211) 등으로 거의 대부분 eka-ratta를 하룻밤의 의미로 쓰고 있다.

한편 본경의 게송을 풀이하고 있는 본서 「마하깟짜나 존자와 지복한 하룻밤 경」(M133)은 한역 『중아함』 제43권의 「온천림천경」(溫泉林天經)으로, 「아난다 존자와 지복한 하룻밤 경」(M132)은 「阿難說經」으로 한역되었다. 그런데 여기서 본경 §3에 나타나는 bhaddekaratta를 跋地羅帝[偈]로 음역하였다. 「온천림천경」 뿐만 아니라 아래 「로마사깡기야 존자와 지복한 하룻밤 경」(M134)의 한역인 「釋中禪室尊經」(석중선실존경) 등에서도 모두 이렇게 옮겼다. 그래서 이 음역만으로는 여기서 ratta가 밤인지 집(執)인지 알 수 없다. 그런데 비교적 일찍 중국에서 제작된 대표적 범어 어휘집인 『번범어』(翻梵語)에 이 단어가 나타난다. 『번범어』에서는 "跋地羅帝 應云跋陀羅帝 譯曰跋陀羅者賢 羅帝者意亦云智, 『中阿含』第四十一卷"이라고 나타나는데 여기서 발지라(跋地羅) 혹은 발타라(跋陀羅) 즉 바드라(bhadra, bhadda의 Sk.)는 현(賢)의 뜻이고 라제(羅帝) 즉 ratta는 지(智)의 뜻이라고 설명하고 있다. 이렇게 본다면 확실치는 않지만 『번범어』의 저자는 ratta를 rakta(집착, 몰입)의 의미로 본 듯하다.

역자는 복주서의 분명한 설명과 다른 주석서들의 용례를 참조하여 '지복한 하룻밤'으로 옮겼다.

게 설하리라. 그것을 들어라. 듣고 마음에 잘 잡도리하라. 이제 설하리라."

"그렇게 하겠습니다, 세존이시여."라고 비구들은 세존께 대답했다. 세존께서는 이렇게 말씀하셨다.

3. "과거를 돌아보지 말고392) 미래를 바라지 마라393)
과거는 떠나갔고 미래는 오지 않았다.
현재 일어나는 현상들[法]을 바로 거기서 통찰한다.394)
정복당할 수 없고 흔들림이 없는395)

---

392) "'과거(atīta)'란 지나간 오온(atīta pañcakkhandha)을 뜻한다. '돌아보지 마라(nānvāgameyya)'는 것은 그 과거의 오온에 대해 갈애와 사견(taṇhā-diṭṭhi)으로 되새기지 마라(na anugaccheyya)는 뜻이다."(MA.v.1)

393) 본 게송과 견줄 수 있는 "과거의 것은 이미 버려졌고 미래의 것은 포기되었다. 그리고 현재의 자기 존재(atta-bhāva)의 획득들에 대한 욕탐이 잘 제거되었다."는 세존의 말씀이 『상윳따 니까야』 제2권 「장로라 불리는 자 경」(S21:10) §6에 나타나고 있다. 이곳에 해당하는 주석서도 '과거의 것'과 '미래의 것'을 오온이라고 설명하고 있다.(SA.ii.243)

394) "'바로 거기서 통찰한다(tattha tattha vipassati).'고 하셨다. 지금 일어나고 있는 현상(dhamma)에 대해 일어나는 바로 그 자리서 무상의 관찰 등(anicca-anupassanādi) 일곱 가지 관찰[隨觀, satta anupassanā]을 통해 통찰하거나(vipassati) 혹은 숲 속 등 어디서건 그곳에서 통찰한다는 말씀이다."(MA.v.1)
복주서에 의하면 일곱 가지 관찰은 무상의 관찰(anicca-anupassanā), 괴로움의 관찰(dukkha-anupassanā), 무아의 관찰(anatta-anupassanā), 염오의 관찰(nibbida-anupassanā), 이욕의 관찰(virāga-anupassanā), 소멸의 관찰(nirodha-anupassanā), 놓아버림의 관찰(paṭinissagga-anupassanā)이다.(AAṬ.i.67)
주석서와 복주서의 이런 설명은 초기불전의 도처에서 설해지고 있는 오온/12처로 해체해서 보기 – 무상・고・무아의 통찰 – 염오 – 이욕 – 해탈 – 구경해탈지의 여섯 단계의 과정과 일치한다. 여기에 대해서는 본서 제1권 「뱀의 비유 경」(M22) §29의 주해를 참조하기 바란다. 그리고 여섯 단계의 과정에 대해서는 『초기불교 이해』 54～55, 58, 137, 139이하, 174이하, 177이하, 191～192, 209쪽 등을 참조하고, 『상윳따 니까야』 제4권 「해제」 §3과 제3권 「해제」 §3을 중심으로도 살펴볼 것을 권한다.

그것을 지혜 있는 자 증장시킬지라.[396]
오늘 정진하라. 내일 죽을지 누가 알겠는가?
죽음의 무리와 더불어 타협할 수 없느니라.
이렇게 노력하여 밤낮으로 성성하게 머물면
지복한 하룻밤을 보내는 고요한 성자라 하리." [188]

4. "비구들이여, 그러면 어떻게 과거를 돌아보는가?
'나는 과거에 이러한 물질을 가졌다.'[397]라고 생각하면서 그것에서 기쁨을 발견한다.[398] '나는 과거에 이러한 느낌을 가졌다.' … '나는 과거에 이러한 인식을 가졌다.' … '나는 과거에 이러한 심리현상들[行]을 가졌다.' … '나는 과거에 이러한 알음알이를 가졌다.'라고 생각하면서 그것에서 기쁨을 발견한다.

---

395) "'정복당할 수 없고 흔들림이 없는(asaṁhīra asaṅkuppa)'이라고 하셨다. 이것은 위빳사나와 [과거의 위빳사나에] 대한 위빳사나를 보이기 위해서(vipassanā-paṭivipassanā-dassanattha) 설하신 것이다. 왜냐하면 위빳사나는 탐욕 등에 의해 정복당할 수 없고 흔들리지도 않기 때문이다. 혹은 열반(nibbāna)은 탐욕 등이 정복할 수 없고, 탐욕 등에 의한 흔들림도 없기 때문에 '정복당할 수 없고 흔들림이 없는'이라고 말씀하셨다."(MA.v.2)
본경에서 '정복당할 수 없고 흔들림 없음(asaṁhīra asaṅkuppa)'은 위빳사나의 경지를 설명하는 것으로 쓰였다. 그러나 주석서의 설명과 『숫따니빠따』(Sn.223) {1149}에서 보듯이 이것은 열반을 묘사하는 것으로 나타나며, 『장로게』(Thag) {649}에서는 거룩한 마음가짐[梵住, brahma-vihāra]을 수식하기도 한다.

396) "'지혜 있는 자(vidvā)'는 현명한(paṇḍita) 비구를 뜻한다. 그 비구는 이 위빳사나를 '증장시켜야 한다(anubrūhaye).' 계속해서(puna-ppunaṁ) 그 대상(ārammaṇa)을 가져서 각각의 과의 증득(phala-samāpatti)에 이르도록 증장시켜야 한다(vaḍḍheyya)는 뜻이다."(MA.v.2)

397) "'이러한 물질을 가졌다(evarūpo).'고 했다. 여기서 이러한 물질은 사파이어 보석(indanīla-maṇi)과 같은 아름다운 물질(manuñña-rūpa)을 말한다."(MA.v.3)

398) "'그것에서 기쁨을 발견한다(tattha nandiṁ samanvāneti).'는 것은 물질 등에서 갈애를 계속해서 굴린다(anupavatteti)는 말이다."(MA.v.3)

비구들이여, 이와 같이 그는 과거를 돌아본다."

5. "비구들이여, 어떻게 과거를 돌아보지 않는가?

'나는 과거에 이러한 물질을 가졌다.'라고 생각하면서 그것에서 기쁨을 발견하지 않는다. '나는 과거에 이러한 느낌을 가졌다.' … '나는 과거에 이러한 인식을 가졌다.' … ' 나는 과거에 이러한 심리현상들[行]을 가졌다.' … '나는 과거에 이러한 알음알이를 가졌다.'라고 생각하면서 그것에서 기쁨을 발견하지 않는다.

비구들이여, 이와 같이 그는 과거를 돌아보지 않는다."

6. "비구들이여, 어떻게 미래를 바라는가?

'나는 미래에 이러한 물질을 가질 것이다.'라고 생각하면서 그것에서 기쁨을 발견한다. '나는 미래에 이러한 느낌을 가질 것이다.' … '나는 미래에 이러한 인식을 가질 것이다.' … ' 나는 미래에 이러한 심리현상들[行]을 가질 것이다.' … '나는 미래에 이러한 알음알이를 가질 것이다.'라고 생각하면서 그것에서 기쁨을 발견한다.

비구들이여, 이와 같이 그는 미래를 바란다."

7. "비구들이여, 어떻게 미래를 바라지 않는가?

'나는 미래에 이러한 물질을 가질 것이다.'라고 생각하면서 그것에서 기쁨을 발견하지 않는다. '나는 미래에 이러한 느낌을 가질 것이다.' … '나는 미래에 이러한 인식을 가질 것이다.' … '나는 미래에 이러한 심리현상들[行]을 가질 것이다.' … '나는 미래에 이러한 알음알이를 가질 것이다.'라고 생각하면서 그것에서 기쁨을 발견하지 않는다.

비구들이여, 이와 같이 그는 미래를 바라지 않는다."

8. "비구들이여, 어떻게 현재 일어나는 현상들[法]에 정복당하는가?399)

비구들이여, 여기 배우지 못한 범부는 성자들을 존중하지 않고 성스러운 법에 정통하지 않고 성스러운 법으로 인도되지 않고, 바른 사람들을 존중하지 않고 바른 법에 정통하지 않고 바른 법으로 인도되지 않아서 물질을 자아라고 여기고, 물질을 가진 것이 자아라고 여기고, 자아 안에 물질이 있다고 여기고, 물질 안에 자아가 있다고 여긴다.

느낌을 자아라고 여기고, 느낌을 가진 것이 자아라고 여기고, 자아 안에 느낌이 있다고 여기고, 느낌 안에 자아가 있다고 여긴다. 인식을 자아라고 여기고, 인식을 가진 것이 자아라고 여기고, 자아 안에 인식이 있다고 여기고, 인식 안에 자아가 있다고 여긴다. 심리현상들을 자아라고 여기고, [189] 심리현상들을 가진 것이 자아라고 여기고, 자아 안에 심리현상들이 있다고 여기고, 심리현상들 안에 자아가 있다고 여긴다. 알음알이를 자아라고 여기고, 알음알이를 가진 것이 자아라고 여기고, 자아 안에 알음알이가 있다고 여기고, 알음알이 안에 자아가 있다고 여긴다.

비구들이여, 이와 같이 그는 현재 일어나는 현상들[法]에 정복당한다."

---

399) "'비구들이여, 어떻게 현재 일어나는 현상들[法]에 정복당하는가(kathañ ca bhikkhave paccuppannesu dhammesu saṁhīrati)?'라고 하셨다. 이것은 '현재 일어나는 현상들[法]도 즉시에 바로 거기서 통찰한다. 정복당할 수 없고 흔들림이 없는(paccuppannañca yo dhammaṁ, tattha tattha vipassati, asaṁhīraṁ asaṅkuppaṁ)'이라고 [본경 §3의 게송에] 나타난 요약된 가르침(uddesa)을 분석하여 상세히 설하기 위함(niddes-attha)이다. 물론 '비구들이여, 어떻게 현재 일어나는 현상들[法]을 통찰하지 않는가?'라고 말해야 하겠지만 '정복당할 수 없고 흔들림 없는 것'이란 위빳사나를 말하기 때문에 그것이 있고 없음을 보이기 위해서 '정복당한다.'는 게송의 요약된 가르침을 가져와서 상세하게 설명하시는 것이다.
여기서 '정복당한다(saṁhīrati).'는 것은 위빳사나를 수행하지 않을 때 갈애와 사견에 끌려다닌다(ākaḍḍhiyati)는 뜻이고, '정복당하지 않는다(na saṁhīrati).'는 것은 위빳사나를 수행함으로써 갈애와 사견에 끌려다니지 않는다는 뜻이다."(MA.v.3~4)

9. "비구들이여, 어떻게 현재 일어나는 현상들[法]에 정복당하지 않는가?

비구들이여, 잘 배운 성스러운 제자는 성자들을 존중하고 성스러운 법에 정통하고 성스러운 법으로 인도되고, 바른 사람들을 존중하고 바른 법에 정통하고 바른 법으로 인도되어 물질을 자아라고 여기지 않고, 물질을 가진 것이 자아라고 여기지 않고, 자아 안에 물질이 있다고 여기지 않고, 물질 안에 자아가 있다고 여기지 않는다.

느낌을 … 인식을 … 심리현상들을 … 알음알이를 자아라고 여기지 않고, 알음알이를 가진 것이 자아라고 여기지 않고, 자아 안에 알음알이가 있다고 여기지 않고, 알음알이 안에 자아가 있다고 여기지 않는다.

비구들이여, 이와 같이 그는 현재 일어나는 현상들[法]에 정복당하지 않는다."

10. "과거를 돌아보지 말고 미래를 바라지 마라

…

지복한 하룻밤을 보내는 고요한 성자라 하리."

11. "비구들이여, '지복한 하룻밤에 대한 요약과 분석을 그대들에게 설하리라.'라고 한 것은 이것을 두고 한 말이다."

세존께서는 이와 같이 설하셨다. 그 비구들은 흡족한 마음으로 세존의 말씀을 크게 기뻐하였다.

지복한 하룻밤 경(M131)이 끝났다.

아난다 존자와 지복한 하룻밤 경

Anandabhaddekaratta Sutta(M132)

1. 이와 같이 나는 들었다. 한때 세존께서는 사왓티에서 제따 숲의 아나타삔디까 원림(급고독원)에 머무셨다.

2. 그 무렵 아난다 존자는 강당에서 비구들에게 법을 설하여 가르치고 격려하고 고무하고 [190] 기쁘게 했으며 지복한 하룻밤에 대한 요약과 분석을 암송했다. 그때에 세존께서는 해거름에 [낮 동안의] 홀로 앉음에서 일어나 강당으로 가셨다. 가셔서는 마련된 자리에 앉으셨다. 앉으셔서는 비구들에게 말씀하셨다.

"비구들이여, 누가 강당에서 비구들에게 법을 설하여 가르치고 격려하고 고무하고 기쁘게 했으며 지복한 하룻밤에 대한 요약과 분석을 암송했는가?"

"세존이시여, 아난다 존자가 강당에서 비구들에게 법을 설하여 가르치고 격려하고 고무하고 기쁘게 했으며 지복한 하룻밤에 대한 요약과 분석을 암송했습니다."

그러자 세존께서는 아난다 존자를 불러서 말씀하셨다.

"아난다여, 그대는 어떻게 비구들에게 법을 설하여 가르치고 격려하고 고무하고 기쁘게 했으며 지복한 하룻밤에 대한 요약과 분석을 암송했는가?"

3. "세존이시여, 저는 이와 같이 비구들에게 법을 설하여 가르치고 격려하고 고무하고 기쁘게 했으며 지복한 하룻밤에 대한 요약과 분석을 암송했습니다.

"과거를 돌아보지 말고 미래를 바라지 마라
과거는 떠나갔고 미래는 오지 않았다.
현재 일어나는 현상들[法]을 바로 거기서 통찰한다.
정복당할 수 없고 흔들림이 없는
그것을 지혜 있는 자 증장시킬지라.
오늘 정진하라. 내일 죽을지 누가 알리오?
죽음의 무리와 더불어 타협하지 말라.
이렇게 노력하여 밤낮으로 성성하게 머물면
지복한 하룻밤을 보내는 고요한 성자라 하리."

4. ~ *10.* "도반들이여, 그러면 어떻게 과거를 돌아봅니까? '나는 과거에 이러한 물질을 가졌다.'라고 생각하면서 그것에서 기쁨을 발견합니다. '나는 과거에 이러한 느낌을 가졌다.' … '나는 과거에 이러한 인식을 가졌다.' … '나는 과거에 이러한 심리현상들[行]을 가졌다.' … '나는 과거에 이러한 알음알이를 가졌다.'라고 생각하면서 그것에서 기쁨을 발견합니다. 도반들이여, 이와 같이 그는 과거를 돌아봅니다." … …

"과거를 [191] 돌아보지 말고 미래를 바라지 마라
…

지복한 하룻밤을 보내는 고요한 성자라 하리."

<이상 §§3~10은 앞 경의 해당부분의 내용과 같음.>

11. "세존이시여, 저는 이와 같이 비구들에게 법을 설하여 가르치고 격려하고 고무하고 기쁘게 했으며 지복한 하룻밤에 대한 요약과 분석을 암송했습니다."

"장하고 장하구나, 아난다여. 장하구나, 아난다여. 그대는 비구들에게 법을 아주 잘 설하여 가르치고 격려하고 고무하고 기쁘게 했으며 지복한 하룻밤에 대한 요약과 분석을 암송했구나."

12. ~ *19.*

"과거를 돌아보지 말고 미래를 바라지 마라

…

지복한 하룻밤을 보내는 고요한 성자라 하리."

아난다여, 그러면 어떻게 과거를 돌아보는가? '나는 과거에 이러한 물질을 가졌다.'라고 생각하면서 그것에서 기쁨을 발견한다. '나는 과거에 이러한 느낌을 가졌다.' … '나는 과거에 이러한 인식을 가졌다.' … '나는 과거에 이러한 심리현상들[行]을 가졌다.' … '나는 과거에 이러한 알음알이를 가졌다.'라고 생각하면서 그것에서 기쁨을 발견한다. 아난다여, 이와 같이 그는 과거를 돌아본다." …

세존께서는 이와 같이 설하셨다. 아난다 존자는 흡족한 마음으로 세존의 말씀을 크게 기뻐하였다.

아난다 존자와 지복한 하룻밤 경(M132)이 끝났다.

마하깟짜나 존자와 지복한 하룻밤 경

Mahākaccānabhaddekaratta Sutta(M133)

1. 이와 같이 나는 들었다. [192] 한때 세존께서는 라자가하의 따보다(온천) 원림400)에 머무셨다.

그때 사밋디 존자401)가 이른 새벽에 일어나 몸을 씻으러 온천으로 갔다. 온천에서 몸을 씻고 올라와서 옷을 한 벌만 입고 몸을 말리면서 서 있었다. 그때 밤이 아주 깊어갈 즈음 어떤 천신이 아름다운 모습으로 온 온천을 환하게 밝히면서 사밋디 존자에게 다가와 한 곁에

400) 따뽀다 원림(Tapodā ārāma)은 우리에게 온천정사로 알려진 곳으로, 라자가하의 웨바라(Vebhāra) 산 아래에 있는 따뽀다 호수 부근에 있었던 원림이다. 여기서 따뽀다(tapodā)는 tapo+uda(Sk. tapas+udan, 문자적으로 뜨거운 물)에서 파생된 단어로 온천을 뜻한다. 지금도 라자가하(왕사성)에는 온천이 남아있어서 많은 순례객들이 찾는데 이곳을 말하는 것인지는 분명하지 않다.

401) 사밋디 존자(āyasmā Samiddhi)는 라자가하의 장자의 집안에서 태어났다. 그가 태어나면서 가문이 번창하게 되어서 사밋디(문자적으로 '번영'을 뜻함)라 불리게 되었다고 한다. 『앙굿따라 니까야』「사밋디 경」(A9:14)에 해당하는 주석서에 의하면 그는 사리뿟따 존자의 제자(saddhi-vihārika)였다고 한다.(AA.iv.175)
사밋디 존자가 따뽀다 원림에 머물 때 신과 나눈 대화를 담은 다른 경으로는 『상윳따 니까야』 제1권「사밋디 경」(S1:20)이 있다.

섰다. 한 곁에 서서 그 천신은 사밋디 존자에게 이렇게 말했다.

2. "비구여, 그대는 지복한 하룻밤에 대한 요약과 분석을 기억하고 있습니까?"

"도반이여, 나는 지복한 하룻밤에 대한 요약과 분석을 기억하지 못합니다. 도반이여, 그러면 그대는 지복한 하룻밤에 대한 요약과 분석을 기억합니까?"

"비구여, 나도 지복한 하룻밤에 대한 요약과 분석을 기억하지 못합니다. 비구여, 그러면 그대는 지복한 하룻밤에 대한 게송을 기억합니까?"

"도반이여, 나는 지복한 하룻밤에 대한 게송을 기억하지 못합니다. 도반이여, 그러면 그대는 지복한 하룻밤에 대한 게송을 기억합니까?"

"비구여, 나도 지복한 하룻밤에 대한 게송을 기억하지 못합니다. 비구여, 그대는 지복한 하룻밤에 대한 요약과 분석을 배우십시오. 비구여, 그대는 지복한 하룻밤에 대한 요약과 분석을 통달하십시오. 비구여, 지복한 하룻밤에 대한 요약과 분석을 기억하십시오. 비구여, 지복한 하룻밤에 대한 요약과 분석은 이익을 가져옵니다. 비구여, 지복한 하룻밤에 대한 요약과 분석은 청정범행의 기본입니다."

이렇게 그 천신은 말하였다. 이렇게 말하고서 그곳에서 자취를 감추었다.

3. 그리고 사밋디 존자는 그 밤이 지나자 세존을 뵈러 갔다. 뵈러 가서 세존께 절을 올리고 한 곁에 앉았다. 한 곁에 앉아서 사밋디 존자는 세존께 이와 같이 말씀드렸다.

"세존이시여, 제가 이른 새벽에 일어나 몸을 씻으러 온천으로 갔습니다. [193] 온천에서 몸을 씻고 올라와서 옷을 한 벌 만 입고 몸을 말리면서 서 있었습니다. 그때 밤이 아주 깊어갈 즈음 어떤 천신이 아름다운 모습으로 온 온천을 환하게 밝히면서 제게 다가와서 한 곁에 섰습니다. 한 곁에 서서 그 천신은 제게 이렇게 말했습니다. … 비구여, 지복한 하룻밤에 대한 요약과 분석은 청정범행의 기본입니다.'라고. 이렇게 말하고서 그 천신은 그곳에서 자취를 감추었습니다. 세존이시여, 세존께서는 제게 지복한 하룻밤에 대한 요약과 분석을 설해주소서."

4. "비구여, 그렇다면 잘 들어라. 듣고 마음에 잡도리하라. 이제 설하리라."

"그러겠습니다, 세존이시여."라고 사밋디 존자는 세존께 대답했다. 세존께서는 다음과 같이 말씀하셨다.

5. "과거를 돌아보지 말고 미래를 바라지 마라
과거는 떠나갔고 미래는 오지 않았다.
현재 일어나는 현상들[法]을 바로 거기서 통찰한다.
정복당할 수 없고 흔들림이 없는
그것을 지혜 있는 자 증장시킬지라.
오늘 정진하라. 내일 죽을지 누가 알리오?
죽음의 무리와 더불어 타협하지 말라.
이렇게 노력하여 밤낮으로 성성하게 머물면
지복한 하룻밤을 보내는 고요한 성자라 하리."

6. 세존께서는 이렇게 말씀하셨다. 이렇게 말씀하시고 선서께서는 자리에서 일어나 거처로 들어가셨다.

7. 그러자 세존께서 들어가신 지 얼마 안 되어 그 비구들에게 이런 생각이 들었다.[402] "도반들이여, 세존께서는 우리에게 '과거를 돌아보지 말고 미래를 바라지 마라. … 지복한 하룻밤을 보내는 고요한 성자라 하리.'라고 간략하게 요약만 설하시고 상세하게 그 뜻을 분석해주시지 않고 자리에서 일어나 거처로 들어가셨습니다. 세존께서 이처럼 간략하게 요약만 설하시고 상세하게 그 뜻을 분석해주시지 않은 것에 대해 누가 참으로 상세하게 그 뜻을 분석해줄 수 있겠습니까?" [194]

그러자 그 비구들에게 이런 생각이 떠올랐다.

"마하깟짜나 존자는 스승께서 칭찬하셨고, 지혜로운 동료 수행자들이 존중합니다. 세존께서 간략하게 요약만 설하시고 상세하게 그 뜻을 분석해주지 않으신 것에 대해 마하깟짜나 존자가 참으로 상세하게 그 뜻을 분석해줄 수 있을 것입니다. 이제 우리는 마하깟짜나 존자에게 다가가서 이 뜻을 질문합시다."

8. 그때 그 비구들은 마하깟짜나 존자를 뵈러 갔다. 뵈러 가서 마하깟짜나 존자와 함께 환담을 나누었다. 유쾌하고 기억할만한 이

---

402) 본경의 §§7~12는 본서 제1권 「꿀 덩어리 경」(M18) §§10~15와 같다.
한편 이처럼 부처님께서 요약해서 말씀하신 것을 상세하게 분석하는 형식의 경으로는 본서 제1권 「꿀 덩어리 경」(M18)과 본서 「요약의 분석 경」(M138)을 들 수 있다. 이 두 경에서도 마하깟짜나 존자는 본경과 같은 방법으로 부처님이 요약해서 말씀하신 것을 상세하게 분석하고 있다.
나아가서 『상윳따 니까야』 제3권 「할릿디까니 경」 1/2(S22:3~4)와 제4권 「할릿다까니 경」(S35:130)과 「로힛짜 경」(S35:132) 등도 같은 형식의 경이며 역시 마하깟짜나 존자가 분석해서 설명하고 있다. 같은 형식의 경으로는 『상윳따 니까야』 제4권 「세상의 끝에 도달함 경」(S35:116)과 『앙굿따라 니까야』 제6권 「비법 경」 3(A10:115) 등을 들 수 있다. 이 두 경에서는 세존께서 요약해서 말씀하신 것을 아난다 존자가 상세하게 분석하고 있다.

야기로 서로 담소를 하고서 한 곁에 앉았다. 한 곁에 앉아서 그 비구들은 마하깟짜나 존자에게 이렇게 말했다.

"도반 깟짜나여, 세존께서는 저희에게 '과거를 돌아보지 말고 미래를 바라지 마라. … 지복한 하룻밤을 보내는 고요한 성자라 하리.'라고 간략하게 요약만 설하시고 상세하게 그 뜻을 분석해주시지 않고 자리에서 일어나 거처로 들어가셨습니다. 도반 깟짜나여, 세존께서 들어가신 지 얼마 안 되어 우리에게 이런 생각이 들었습니다.

'도반들이여, 세존께서는 우리에게 '과거를 돌아보지 말고 미래를 바라지 마라. … 지복한 하룻밤을 보내는 고요한 성자라 하리.'라고 간략하게 요약만 설하시고 상세하게 그 뜻을 분석해주시지 않고 자리에서 일어나 거처로 들어가셨습니다. 세존께서 이처럼 간략하게 요약만 설하시고 상세하게 그 뜻을 분석해주시지 않은 것에 대해 누가 참으로 그 뜻을 상세하게 분석해줄 수 있겠습니까?'

도반 깟짜나여, 그런 우리에게 이런 생각이 떠올랐습니다. '마하깟짜나 존자는 스승께서 칭찬하셨고, 지혜로운 동료 수행자들이 존중합니다. 세존께서 간략하게 요약만 설하시고 상세하게 그 뜻을 분석해주지 않으신 것에 대해 마하깟짜나 존자가 참으로 상세하게 그 뜻을 분석해줄 수 있을 것입니다. 이제 우리는 마하깟짜나 존자를 찾아갑시다. 마하깟짜나 존자를 찾아가서 이 뜻을 질문합시다.'라고. 그러니 마하깟짜나 존자는 분석해주십시오."

9. [마하깟짜나 존자는 말했다.]

"도반들이여, 예를 들면 심재가 필요하고 심재를 찾는 사람이 심재를 찾아 이리저리 다니다가, 심재를 가지고 [196] 튼튼하게 서 있는 큰 나무의 뿌리와 줄기를 지나쳐서 잔가지와 잎사귀에서 심재를 찾아야겠다고 생각하는 것과 같습니다. 지금 도반들에게도 이런 일이 벌어졌습니다. 스승께서 면전에 계셨음에도 불구하고 그분 세존을 제처놓고 제게 그 뜻을 물어야겠다고 생각하고 있습니다.

도반들이여, 참으로 그분 세존께서는 알아야 할 것을 아시고, 보아야 할 것을 보시는 분이며, 우리의 눈이 되시고, 지혜가 되시고, 법이 되시고, 으뜸이 되시며, [사성제를] 말씀하는 분이시고, [오래 진리를 꿰뚫으시면서] 선언하는 분이시고, 뜻을 밝히는 분이시고, 불사를 주는 분이시며, 법의 주인이시며, 여래이십니다. 그러므로 그대들은 그때 바로 세존께 그 뜻을 여쭈었어야 했습니다. 그때가 바른 시기였습니다. 그래서 세존께서 그대들에게 설명해주신 대로 잘 호지했어야 했습니다."

10. "도반 깟짜나여, 그렇습니다. 참으로 그분 세존께서는 알아야 할 것을 아시고, 보아야 할 것을 보시는 분이며, 우리의 눈이 되시고, 지혜가 되시고, 법이 되시고, 으뜸이 되시며, [사성제를] 말씀하는 분이시고, [오래 진리를 꿰뚫으시면서] 선언하는 분이시고, 뜻을 밝히는 분이시고, 불사를 주는 분이시며, 법의 주인이시며, 여래이십니다. 그러므로 우리는 그때 바로 세존께 그 뜻을 여쭈었어야 했습니다. 그때가 바른 시기였습니다. 그래서 세존께서 우리들에게 설명해주신 대로 잘 호지했어야 했습니다.

그렇지만 마하깟짜나 존자는 스승께서 칭찬하셨고, 지혜로운 동료 수행자들이 존중합니다. 세존께서 간략하게 개요만 말씀하시고 상세하게 그 뜻을 분석해주지 않으셨는데, 마하깟짜나 존자는 참으로 상세하게 그 뜻을 분석해줄 수 있을 것입니다. 그러니 마하깟짜나 존자는 귀찮다 여기지 마시고 우리에게 분석해주십시오."

11. "도반들이여, 그렇다면 이제 그것을 들으십시오. 듣고 마음

에 잘 새기십시오. 나는 설할 것입니다."

"그렇게 하겠습니다, 도반이시여."라고 비구들은 마하깟짜나 존자에게 응답했다. 마하깟짜나 존자는 이렇게 말하였다.

12. "도반들이여, 세존께서 우리에게 '과거를 돌아보지 말고 미래를 바라지 마라. … 지복한 하룻밤을 보내는 고요한 성자라 하리.'라고 간략하게 요약만 설하시고 상세하게 그 뜻을 분석해주시지 않고 자리에서 일어나 거처로 들어가셨습니다. 세존께서 이처럼 간략하게 요약만 설하시고 상세하게 분석해주시지 않은 그 뜻을 나는 이와 같이 상세하게 압니다."

13. "도반들이여, 어떻게 과거를 돌아봅니까?

'과거에 나의 눈은 이러했고 형색들은 이러했다.'라고 생각하면서 그것에 대해 알음알이는 열망과 욕망에 묶이고 알음알이가 열망과 욕망에 묶이기 때문에 그는 그것을 즐깁니다. 그것을 즐길 때 과거를 돌아봅니다. '과거에 나의 귀는 이러했고 소리는 이러했다. … 과거에 나의 코는 이러했고 냄새는 이러했다. … 과거에 나의 혀는 이러했고 맛은 이러했다. … 과거에 나의 몸은 이러했고 감촉은 이러했다. … 과거에 나의 마노[意]는 이러했고 [마노의 대상인] 법은 이러했다.'라고 생각하면서 그것에 대해 알음알이는 열망과 욕망에 묶이고 알음알이가 열망과 욕망에 묶이기 때문에 그는 그것을 즐깁니다. 그것을 즐길 때 과거를 돌아봅니다.

도반들이여, 이와 같이 그는 과거를 돌아봅니다."

14. "도반들이여, 어떻게 과거를 돌아보지 않습니까?

'과거에 나의 눈은 이러했고 형색들은 이러했다.'라고 생각하면서 그것에 대해 알음알이는 열망과 욕망에 묶이지 않고 알음알이가 열망과 욕망에 묶이지 않기 때문에 그는 그것을 즐기지 않습니다. 그것을 즐기지 않을 때 과거를 돌아보지 않습니다. '과거에 나의 귀는 이러했고 소리는 이러했다. … 과거에 나의 코는 이러했고 냄새는 이러했다. … 과거에 나의 혀는 이러했고 맛은 이러했다. … 과거에 나의 몸은 이러했고 감촉은 이러했다. … 과거에 나의 마노[意]는 이러했고 [마노의 대상인] 법은 이러했다.'라고 생각하면서 그것에 대해 알음알이는 열망과 욕망에 묶이지 않고 알음알이가 열망과 욕망에 묶이지 않기 때문에 그는 그것을 즐기지 않습니다. 그것을 즐기지 않을 때 과거를 돌아보지 않습니다.

도반들이여, 이와 같이 그는 과거를 돌아보지 않습니다."

15. "도반들이여, 그러면 어떻게 미래를 바랍니까?

'미래에 나의 눈은 이러할 것이고 형색들은 이러할 것이다.'라고 생각하면서 아직 얻지 못한 것을 얻기 위해 마음을 기울입니다. 그가 그렇게 마음을 기울이기 때문에 그는 그것을 즐깁니다. 그것을 즐길 때 미래를 바랍니다. '미래에 나의 귀는 이러할 것이고 소리는 이러할 것이다. … 미래에 나의 코는 이러할 것이고 냄새는 이러할 것이다. … 미래에 나의 혀는 이러할 것이고 맛은 이러할 것이다. … 미래에 나의 몸은 이러할 것이고 감촉은 이러할 것이다. … 미래에 나의 마노는 이러할 것이고 [197] [마노의 대상인] 법은 이러할 것이다.'라고 생각하면서 아직 얻지 못한 것을 얻기 위해 마음을 기울입니다. 그가 그렇게 마음을 기울이기 때문에 그는 그것을 즐깁니다. 그것을 즐길 때 미래를 바랍니다.

도반들이여, 이와 같이 그는 미래를 바랍니다."

16. "도반들이여, 그러면 어떻게 미래를 바라지 않습니까?

'미래에 나의 눈은 이러할 것이고 형색들은 이러할 것이다.'라고 생각하면서 아직 얻지 못한 것을 얻기 위해 마음을 기울이지 않습니다. 그가 그렇게 마음을 기울이지 않기 때문에 그는 그것을 즐기지 않습니다. 그것을 즐기지 않을 때 미래를 바라지 않습니다. '미래에 나의 귀는 이러할 것이고 소리들은 이러할 것이다. … 미래에 나의 코는 이러할 것이고 냄새들은 이러할 것이다. … 미래에 나의 혀는 이러할 것이고 맛들은 이러할 것이다. … 미래에 나의 몸은 이러할 것이고 감촉들은 이러할 것이다. … 미래에 나의 마노는 이러할 것이고 [마노의 대상인] 법들은 이러할 것이다.'라고 생각하면서 아직 못한 것을 얻기 위해 마음을 기울이지 않습니다. 그가 그렇게 마음을 기울이지 않기 때문에 그는 그것을 즐기지 않습니다. 그것을 즐기지 않을 때 미래를 바라지 않습니다.

도반들이여, 이와 같이 그는 미래를 바라지 않습니다."

17. "도반들이여, 어떻게 현재 일어나는 현상들[法]에 정복당합니까?

도반들이여, 눈과 형색들, 이 둘은 현재에 일어납니다. 이 현재에 일어나는 것에 대해 알음알이가 열망과 욕망에 묶입니다. 알음알이가 열망과 욕망에 묶이기 때문에 그는 그것을 즐깁니다. 그것을 즐길 때 그는 현재 일어나는 현상들[法]에 정복당합니다. 귀와 소리들 … 코와 냄새들 … 혀와 맛들 … 몸과 감촉들 … 마노와 [마노의 대상인] 법들, 이 둘은 현재에 일어납니다. 이 현재에 일어나는 것에 대해 알음알이가 열망과 욕망에 묶입니다. 알음알이가 열망과 욕망에 묶이기 때문에 그는 그것을 즐깁니다. 그것을 즐길 때 그는 현재 일어나는 현상들[法]에 정복당합니다.

도반들이여, 이와 같이 그는 현재 일어나는 현상들[法]에 정복당합니다.”

18. “도반들이여, 어떻게 현재 일어나는 현상들[法]에 정복당하지 않습니까?

도반들이여, 눈과 형색들, 이 둘은 현재에 일어납니다. 이 현재에 일어나는 것에 대해 알음알이가 열망과 욕망에 묶이지 않습니다. 알음알이가 열망과 욕망에 묶이지 않기 때문에 그는 그것을 즐기지 않습니다. 그것을 즐기지 않을 때 그는 현재에 [일어나는] 현상들[法]에 정복당하지 않습니다. 귀와 소리들 … 코와 냄새들 … 혀와 맛들 … 몸과 감촉들 … 마노와 [마노의 대상인] 법들, 이 둘은 현재에 일어납니다. [198] 이 현재에 일어나는 것에 대해 알음알이가 열망과 욕망에 묶이지 않습니다. 알음알이가 열망과 욕망에 묶이지 않기 때문에 그는 그것을 즐기지 않습니다. 그것을 즐기지 않을 때 그는 현재 일어나는 현상들[法]에 정복당하지 않습니다.

도반들이여, 이와 같이 그는 현재 일어나는 현상들[法]에 정복당하지 않습니다.”

19. “도반들이여, 세존께서 우리에게 ‘과거를 돌아보지 말고 미래를 바라지 마라. … 지복한 하룻밤을 보내는 고요한 성자라 하리.’라고 간략하게 요약만 설하시고 상세하게 그 뜻을 분석해주시지 않고 자리에서 일어나 거처로 들어가셨습니다. 세존께서 이처럼 간략하게 요약만 설하시고 상세하게 분석해주시지 않은 그 뜻을 나는 이와 같이 상세하게 압니다. 그런데 그대 도반들이 원한다면 세존을 뵙고 이 뜻을 다시 여쭈어보십시오. 그래서 세존께서 설명해주시는 대로 지니십시오.”

20. 그러자 그 비구들은 마하깟짜나 존자의 설법을 기뻐하고 감사드리면서 자리에서 일어나 세존을 뵈러 갔다. 세존을 뵙고 세존께 절을 올리고 한 곁에 앉았다. 한 곁에 앉아서 그 비구들은 세존께 이렇게 말씀드렸다.

"세존이시여, 세존께서는 저희에게 '과거를 돌아보지 말고 미래를 바라지 마라. … 지복한 하룻밤을 보내는 고요한 성자라 하리.'라고 간략하게 요약만 설하시고 상세하게 그 뜻을 분석해주시지 않고 자리에서 일어나 거처로 들어가셨습니다. 세존이시여, 세존께서 거처로 들어가신 지 얼마 안 되어 저희들에게 이런 생각이 들었습니다.

'도반들이여, 세존께서는 우리에게 '과거를 돌아보지 말고 미래를 바라지 마라. … 지복한 하룻밤을 보내는 고요한 성자라 하리.'라고 간략하게 요약만 설하시고 상세하게 그 뜻을 분석해주시지 않고 자리에서 일어나 거처로 들어가셨습니다. [199] 세존께서 이처럼 간략하게 요약만 설하시고 상세하게 그 뜻을 분석해주시지 않은 것에 대해 누가 참으로 상세하게 그 뜻을 분석해줄 수 있겠습니까?'

세존이시여, 그런 저희들에게 이런 생각이 떠올랐습니다. '마하깟짜나 존자는 스승께서 칭찬하셨고, 지혜로운 동료 수행자들이 존중합니다. 세존께서 간략하게 요약만 설하시고 상세하게 그 뜻을 분석해주지 않으신 것에 대해 마하깟짜나 존자가 참으로 상세하게 그 뜻을 분석해줄 수 있을 것입니다. 이제 우리는 마하깟짜나 존자를 찾아갑시다. 마하깟짜나 존자를 찾아가서 이 뜻을 질문합시다.'

그때 저희들은 마하깟짜나 존자를 찾아갔습니다. 가서는 마하깟짜나 존자에게 이 뜻을 물어보았습니다. 그런 저희들에게 마하깟짜나 존자는 이런 방식으로 이런 단어들과 이런 문구들로 그 뜻을 분석해주었습니다."

21. "비구들이여, 마하깟짜나는 현자이다. 비구들이여, 마하깟짜나는 큰 통찰지를 가졌다. 만일 그대들이 나에게 이 뜻을 물었더라도 나는 그와 같이 설명했을 것이다. 그러니 마하깟짜나가 설명한 대로 잘 지녀라."

세존께서는 이와 같이 설하셨다. 그 비구들은 흡족한 마음으로 세존의 말씀을 크게 기뻐하였다.

마하 깟짜나 존자와 지복한 하룻밤 경(M133)이 끝났다.

로마사깡기야 존자와 지복한 하룻밤 경

Lomasakaṅgiyabhaddekaratta Sutta(M134)

1. 이와 같이 나는 들었다. 한때 세존께서는 사왓티에서 제따 숲의 아나타삔디까 원림(급고독원)에 머무셨다. 그 무렵 로마사깡기야[403] 존자는 삭까의 까삘라왓투에 있는 니그로다 원림에 머물고 있었다.

2. 그때 짠다나 천신[404]이 밤이 아주 깊어갈 즈음 아름다운 모

403) 로마사깡기야 존자(āyasmā Lomasakaṅgiya)의 본래 이름은 앙가(Aṅga)였는데 몸에 털이 너무 없어서(īsaka-loma-sākāratā) 로마사깡기야라 불리게 되었다고 한다.(MA.v.6) 그는 깟사빠 부처님 재세 시에 비구였다. 깟사빠 부처님께서 「지복한 하룻밤 경」을 설하시자 어떤 비구가 로마사깡기야에게 그 경에 대해 말해주었다. 하지만 그는 그 뜻을 이해할 수 없었다. 그러자 그는 '미래에 내가 이 경을 가르칠 수 있기를!'이라고 발원했고, 그 비구는 '내가 그대에게 그것을 질문하기를!'라고 발원했다. 그래서 금생에 로마사깡기야 존자는 까삘라왓투의 삭까족에 태어났고 그 비구는 짠다나라는 이름의 천신(Candana devaputta)이 되었다.(ThagA.i.89; DPPN)
한편 『상윳따 니까야』 제6권 「혼란스러움 경」(S54:12)에는 로마사왕기사 존자(āyasmā Lomasavaṅgīsa)가 나타나는데 Be에는 로마사깜비야(Loma-sakaṁbhiya)로 표기되어 있다. DPPN은 이것은 본경의 로마사깡기야(Lomasakaṅgiya)의 이문(異文)이거나 잘못된 표기일 거라고 추측하고 있다.

습으로 니그로다 원림을 두루 환하게 밝히면서 로마사깡기야 존자에게 다가와서 한 곁에 섰다. 한 곁에 서서 짠다나 천신은 로마사깡기야 존자에게 이렇게 말했다.

"비구여, 그대는 지복한 하룻밤에 대한 요약과 분석을 기억하고 있습니까?" [200]

"도반이여, 나는 지복한 하룻밤에 대한 요약과 분석을 기억하지 못합니다. 도반이여, 그러면 그대는 지복한 하룻밤에 대한 요약과 분석을 기억합니까?"

"비구여, 나도 지복한 하룻밤에 대한 요약과 분석을 기억하지 못합니다. 비구여, 그러면 그대는 지복한 하룻밤에 대한 게송을 기억합니까?"

"도반이여, 나는 지복한 하룻밤에 대한 게송을 기억하지 못합니다. 도반이여, 그러면 그대는 지복한 하룻밤에 대한 게송을 기억합니까?"

"비구여, 나는 지복한 하룻밤에 대한 게송을 기억합니다."

"도반이여, 그대는 어떻게 지복한 하룻밤에 대한 게송을 기억합

---

404) "짠다나 천신(Candana devaputta)은 깟사빠 부처님 재세 시에 짠다나라는 청신사(upāsaka)였는데 대부호(mahaddhana)였다. 그는 4종 시물(catu paccaya)로 삼보를 공경한 뒤 천상(deva-loka)에 태어났다. 전생의 이름 그대로 짠다나 천신이라고 불린다."(MA.v.7)
짠다나(Candana)는 『상윳따 니까야』 제1권 「짠다나 경」(S2:15)에서는 부처님께 질문을 드리는 자로 나타나며, 제4권 「짠다나 경」(S40:11)에서는 각각 야마천, 도솔천, 화락천, 타화자재천을 관장하는 신인 수야마(Suyāma)와 산뚜시따(Santusita)와 수님미따(Sunimmita)와 와사왓띠(Vasavatti)와 함께 등장하고 있다. 한편 『디가 니까야』 제2권 「대회경」(D20) §11에는 사대왕천의 약카로 나타나고 있으며, 제3권 「아따나띠야 경」(D32) §10에는 '약카들과 큰 약카들과 약카들의 장군들과 대장군들'로 언급되고 있는 40명의 신들 가운데 인드라와 함께 포함되어 나타나기도 한다. 그러므로 이 짠다나는 사대왕천의 유력한 신으로 보는 것이 문맥상 타당하다. 여기에 대해서는 『상윳따 니까야』 제4권 「짠다나 경」(S40:11)의 주해를 참조할 것. DPPN도 이렇게 간주하고 있다.

니까?"

"비구여, 한번은 세존께서 삼십삼천에서 빠릿찻따까 나무 아래에 있는 붉은 대리석 위에 머무셨습니다. 거기서 세존께서는 삼십삼천의 천신들에게 지복한 하룻밤에 대한 요약과 분석을 설하셨습니다."

3. "과거를 돌아보지 말고 미래를 바라지 마라
과거는 떠나갔고 미래는 오지 않았다.
현재 일어나는 현상들[法]을 바로 거기서 통찰한다.
정복당할 수 없고 흔들림이 없는
그것을 지혜 있는 자 증장시킬지라.
오늘 정진하라. 내일 죽을지 누가 알리오?
죽음의 무리와 더불어 타협하지 말라.
이렇게 노력하여 밤낮으로 성성하게 머물면
지복한 하룻밤을 보내는 고요한 성자라 하리."

4. "비구여, 이렇게 나는 지복한 하룻밤에 대한 게송을 기억합니다. 비구여, 그대는 지복한 하룻밤에 대한 요약과 분석을 배우십시오. 비구여, 그대는 지복한 하룻밤에 대한 요약과 분석을 통달하십시오. 비구여, 지복한 하룻밤에 대한 요약과 분석을 기억하십시오. 비구여, 지복한 하룻밤에 대한 요약과 분석은 이익을 가져옵니다. 비구여, 지복한 하룻밤에 대한 요약과 분석은 청정범행의 기본입니다."

이렇게 짠다나 천신은 말하였다. 이렇게 말하고 그곳에서 자취를 감추었다.

5. 그때 로마사깡기야 존자는 그 밤이 지나자 거처를 정돈한 뒤 의발을 수하고 사왓티로 [201] 유행을 떠났다. 그리하여 사왓티에 있는 제따 숲의 아나타삔디까 원림(급고독원)으로 세존을 뵈러 갔다. 가

서는 세존께 절을 올리고 한 곁에 앉았다. 한 곁에 앉아서 로마사깡기야 존자는 세존께 이와 같이 여쭈었다.

"세존이시여, 저는 삭까의 까삘라왓투에 있는 니그로다 원림에 머물렀습니다. 세존이시여, 그때 어떤 천신이 밤이 아주 깊어갈 즈음 아름다운 모습으로 니그로다 원림을 두루 환하게 밝히면서 제게 다가와서 한 곁에 섰습니다. 한 곁에 서서 그 천신은 제게 이렇게 말했습니다. '비구여, 그대는 지복한 하룻밤에 대한 요약과 분석을 기억하고 있습니까? … 비구여, 지복한 하룻밤에 대한 요약과 분석은 청정범행의 기본입니다.'라고 그 천신은 말하였습니다. 이렇게 말하고는 그곳에서 자취를 감추었습니다. 세존이시여, 세존께서 제게 지복한 하룻밤에 대한 요약과 분석을 설해주시면 감사하겠습니다."

6. "비구여, 그대는 그 천신을 아는가?"

"알지 못합니다, 세존이시여."

"비구여, 그 천신은 짠다나라고 한다. 비구여, 짠다나 천신은 주의를 기울이고 마음에 잡도리하고 온 마음으로 열중하며 귀 기울여 법을 듣는다. 비구여, 그러므로 듣고 마음에 잘 잡도리하라. 이제 설하리라."

"그러겠습니다, 세존이시여."라고 로마사깡기야 존자는 세존께 대답했다. 세존께서는 다음과 같이 말씀하셨다.

7. *~ 14.*

"과거를 돌아보지 말고 미래를 바라지 마라
과거는 떠나갔고 미래는 오지 않았다.
현재 일어나는 현상들[法]을 바로 거기서 통찰한다.
정복당할 수 없고 흔들림이 없는

그것을 지혜 있는 자 증장시킬지라.
오늘 정진하라. 내일 죽을지 누가 알리오?
죽음의 무리와 더불어 타협하지 말라.
이렇게 노력하여 밤낮으로 성성하게 머물면
지복한 하룻밤을 보내는 고요한 성자라 하리." [202]

비구여, 그러면 어떻게 과거를 돌아보는가? '나는 과거에 이러한 물질을 가졌다.'라고 생각하면서 그것에서 기쁨을 발견한다. '나는 과거에 이러한 느낌을 가졌다.' … '나는 과거에 이러한 인식을 가졌다.' … '나는 과거에 이러한 심리현상들[行]을 가졌다.' … '나는 과거에 이러한 알음알이를 가졌다.'라고 생각하면서 그것에서 기쁨을 발견한다. 비구여, 이와 같이 그는 과거를 돌아본다."

… <본서 「지복한 하룻밤 경」(M131) §§5~11과 같음.> …

세존께서는 이와 같이 설하셨다. 로마사깡기야 존자는 흡족한 마음으로 세존의 말씀을 크게 기뻐하였다.

로마사깡기야 존자와 지복한 하룻밤 경(M134)이 끝났다.

업 분석의 짧은 경

Cūḷakammavibhaṅga Sutta(M135)

1. 이와 같이 나는 들었다. 한때 세존께서는 사왓티에서 제따 숲의 아나타삔디까 원림(급고독원)에 머무셨다.

2. 그때 또데야의 아들인 수바[405] 바라문 학도[406]가 세존을 뵈

405) 또데야의 아들인 수바 바라문 학도(Subha māṇava Todeyyaputta)는 본서 제3권 「수바경」(M99)에도 나타나는데 이 경도 수바 바라문 학도와 부처님의 대화로 이루어져있다. 그는 이 「수바경」과 본경을 통해서 부처님의 재가신도가 된다.
그리고 이 수바 바라문 학도가 세존의 입멸 후에 사왓티로 온 아난다 존자를 찾아가서 부처님의 일대시교에 대해서 질문을 하고 아난다 존자가 이것을 계·정·혜로 설명하고 있는 경이 바로 『디가 니까야』 제1권 「수바 경」(D10)이다.
또데야(Todeyya)에 대한 주석서의 설명을 정리하면 다음과 같다.
"또데야는 빠세나디 왕(Pasenadi-rāja)의 궁중제관(purohita-brāhmaṇa)의 아들(putta)이다. 사왓티에서 멀지 않은 곳에 뚜디라는 마을(Tudigāma)이 있었는데 그는 그곳을 통치하고 있었기 때문에(adhipatittā) 또데야라는 이름이 생기게 되었다. 아주 부유하였지만(mahā-dhana) 또한 아주 인색하였다(parama-maccharī). 세존께서 멀리 있는 승원에서 오셨을 적에도 한 국자의 죽이나 한 주걱의 밥도 드리지 않았다. 그렇게 인색하게 굴다가 죽어서 그 집의 개(sunakha)로 태어났다. 수바는 그 개를 아주 사랑했고 자기의 먹던 밥을 먹였고, 손으로 들어 올려 좋은 침상에 눕혔다.
세존께서 어느 날 이른 아침에 세상을 둘러보시다가 그 개를 보시고 또데야

러 갔다. 세존을 뵙고 세존과 함께 환담을 나누었다. 유쾌하고 기억할만한 이야기로 서로 담소를 하고서 한 곁에 앉았다. 한 곁에 앉아서 또데야의 아들인 수바 바라문 학도는 세존께 이렇게 말씀드렸다.

3. "고따마 존자시여, 어떤 원인과 어떤 조건 때문에 [같은] 인간으로서 천박한 사람들도 있고 고귀한 사람들도 있습니까? 고따마 존자시여, 수명이 짧은 사람들도 있고 수명이 긴 사람들도 있으며, 병약한 사람들도 있고 건강한 사람들도 있으며, 못생긴 사람들도 있고 잘생긴 사람들도 있으며, 세력이 없는 사람들도 있고 세력이 있는 사람들도 있으며, 가난한 사람들도 있고 부유한 사람들도 있으며, 낮은 가문의 사람들도 있고 높은 가문의 사람들도 있으며, 통찰지가 없

바라문이 재물에 인색하더니 자기 집에 개로 태어난 것을 아셨다. 그리고 그의 집에 갔을 때 그 개는 부처님을 보고 짖었다(bhukkāraṁ karissati). 부처님께서는 전생에도 그가 세존을 경멸하여 개로 태어났는데 금생에 또 그렇게 짖어서 내생에는 지옥(niraya)에 태어날 것이라고 하셨다. 그 개는 '사문 고따마가 나를 알아본다.'고 몹시 후회하면서(vippaṭisārī) 목을 떨어뜨렸다.

수바는 자기의 아버지가 범천의 세상(brahma-loka)에 태어났지 절대로 이 개로 태어난 것이 아니라고 하면서 세존을 헐뜯기 시작했다. 세존께서는 당신이 거짓을 말하는 것이 아님을 보여주시기 위해 수바의 아버지가 전생에 죽기 전에 숨겨둔 재물(anakkhāta dhana)을 개에게 파오도록 하셨다. 그리하여 수바는 그 개가 자기 아버지임을 알게 되었다. 그는 부처님은 일체지자(sabbaññu)라고 감탄하면서 청정한 믿음(pasanna-citta)을 드러내었고 본경에 나타나는 열네 가지 질문(cuddasa pañha)을 드렸다. 그래서 세존께서는 '업이 바로 중생들의 주인(kammassakā sattā)'이라고 가르침을 시작하셨고 법문을 들은 수바는 부처님께 신자로 귀의하였다."(MA.v.8~10)

여기에 나타나는 또데야 바라문은 본서 제3권 「와셋타 경」(M98) §2와 「수바 경」(M99) §13과 『디가 니까야』 제1권 「암밧타 경」(D3) §1.1과 「삼명경」(D13) §2 등에서 짱끼 바라문, 따룩카 바라문, 뽁카라사띠 바라문, 자눗소니 바라문과 다른 아주 잘 알려진 바라문의 큰 가문 출신들과 함께 잇차낭갈라에 살고 있었다고 언급되는 그 또데야 바라문이다.(DPPN 참조)

406) "'바라문 학도(māṇava)'라는 것은 어릴 적(taruṇa-kāle)이나 나이 들어서나(mahallaka-kāle) 공히 그렇게 불린다(vohariṁsu)."(MA.v.8)

는 사람들도 있고 통찰지를 갖춘 사람들도 있습니다. [203] 고따마 존자시여, 어떤 원인과 어떤 조건 때문에 [같은] 인간으로서 천박한 사람들도 있고 고귀한 사람들도 있습니까?"

4. "바라문 학도여, 중생들은 업이 바로 그들의 주인이고, 업의 상속자이고, 업에서 태어났고, 업이 그들의 권속이고, 업이 그들의 의지처이다. 업이 중생들을 구분 지어서 천박하고 고귀하게 만든다."

"저는 고따마 존자께서 간략하게 설하시고 상세하게 그 뜻을 분석해 주시지 않으시니 상세하게 그 뜻을 이해하지 못하겠습니다. 고따마 존자께서 간략하게 설하시고 상세하게 분석해 주시지 않은 그 뜻을 제가 상세하게 이해하도록 법을 설해주시면 감사하겠습니다."

"바라문 학도여, 그렇다면 들어라. 듣고 마음에 잘 잡도리하라. 이제 설하리라."

"그러겠습니다, 존자시여."라고 또데야의 아들인 수바 바라문 학도는 세존께 대답했다. 세존께서는 이렇게 말씀하셨다.

5. "바라문 학도여, 여기 어떤 여자나 남자는 살아있는 생명을 죽인다. 그는 잔인하고 손에 피를 묻히고 살해와 파괴를 일삼고 뭇 생명들에게 자비가 없다. 그는 이런 업을 짓고 완성하여 몸이 무너져 죽은 뒤 처참한 곳[苦界], 불행한 곳[惡處], 파멸처, 지옥에 태어난다. 몸이 무너져 죽은 뒤 처참한 곳[苦界], 불행한 곳[惡處], 파멸처, 지옥에 태어나지 않고 만일 인간으로 온다면 어떤 곳에 태어나더라도 그의 수명은 짧다.

바라문 학도여, 살아있는 생명을 죽이고 잔인하고 손에 피를 묻히고 살해와 파괴를 일삼고 뭇 생명들에게 자비가 없는 행위는 수명을 짧게 하는 길이다."

6. "바라문 학도여, 여기 어떤 여자나 남자는 생명을 죽이는 것을 버리고, 생명을 죽이는 것을 멀리 여읜다. 몽둥이를 내려놓고 칼을 내려놓는다. 양심적이고 동정심이 있으며 모든 생명의 이익을 위하여 연민하며 머문다. 그는 이런 업을 짓고 완성하여 몸이 무너져 죽은 뒤 좋은 곳, 천상에 태어난다. 몸이 무너져 죽은 뒤 좋은 곳, 천상에 태어나지 않고 만일 인간으로 온다면 어떤 곳에 태어나더라도 그의 수명은 길다.

바라문 학도여, 생명을 죽이는 것을 버리고, [204] 생명을 죽이는 것을 멀리 여의며 몽둥이를 내려놓고 칼을 내려놓으며, 양심적이고 동정심이 있으며 모든 생명의 이익을 위하여 연민하며 머무는 행위는 수명을 길게 하는 길이다."

7. "바라문 학도여, 여기 어떤 여자나 남자는 손이나 흙덩이나 막대기나 칼로써 중생들을 해코지한다. 그는 이런 업을 짓고 완성하여 몸이 무너져 죽은 뒤 처참한 곳[苦界], 불행한 곳[惡處], 파멸처, 지옥에 태어난다. 몸이 무너져 죽은 뒤 처참한 곳[苦界], 불행한 곳[惡處], 파멸처, 지옥에 태어나지 않고 만일 인간으로 온다면 어떤 곳에 태어나더라도 그는 병이 많다.

바라문 학도여, 손이나 흙덩이나 막대기나 칼로써 중생들을 해코지하는 행위는 병약하게 하는 길이다."

8. "바라문 학도여, 여기 어떤 여자나 남자는 손이나 흙덩이나 막대기나 칼로써 중생들을 해코지하지 않는다. 그는 이런 업을 짓고 완성하여 몸이 무너져 죽은 뒤 … 천상에 태어나지 않고 만일 인간으로 온다면 어떤 곳에 태어나더라도 그는 건강하다.

바라문 학도여, 손이나 흙덩이나 막대기나 칼로써 중생들을 해코지하지 않는 행위는 건강하게 하는 길이다."

9. "바라문 학도여, 여기 어떤 여자나 남자는 성을 잘 내고 성미가 급하다. 사소한 비난에도 노여워하고 화를 내고 분노하고 분개한다. 분노와 성냄과 불만족을 드러낸다. 그는 이런 업을 짓고 완성하여 몸이 무너져 죽은 뒤 … 지옥에 태어나지 않고 만일 인간으로 온다면 어떤 곳에 태어나더라도 그는 못생기게 된다.

바라문 학도여, 성을 잘 내고 성미가 급하며 사소한 비난에도 노여워하고 화를 내고 분노하고 분개하며 분노와 성냄과 불만족을 거침없이 드러내는 행위는 못생기게 하는 길이다."

10. "바라문 학도여, 여기 어떤 여자나 남자는 성을 잘 내지 않고 성미가 급하지 않다. 많은 비난에도 노여워하지 않고 화내지 않고 분노하지 않고 분개하지 않는다. 분노와 성냄과 불만족을 드러내지 않는다. 그는 이런 업을 짓고 완성하여 몸이 무너져 죽은 뒤 … 천상에 태어나지 않고 만일 인간으로 온다면 어떤 곳에 태어나더라도 그는 잘생기게 된다.

바라문 학도여, 성을 잘 내지 않고 성미가 급하지 않아 많은 비난에도 노여워하지 않고 화내지 않고 분노하지 않고 분개하지 않으며 분노와 성냄과 불만족을 드러내지 않는 행위는 잘생기게 하는 길이다."

11. "바라문 학도여, 여기 어떤 여자나 남자는 질투가 심하여 다른 사람이 얻은 이득과 환대와 존중과 존경과 칭송과 예경을 질투하고 시샘하여 질투심에 묶여버린다. 그는 이런 업을 짓고 완성하여 몸이 무너져 죽은 뒤 … 지옥에 태어나지 않고 만일 인간으로 온다면 어떤 곳에 태어나더라도 그는 세력이 없다.

바라문 학도여, 질투가 심하여 다른 사람이 얻은 이득과 환대와 존중과 존경과 칭송과 예경을 질투하고 시샘하여 질투심에 묶여버리는 행위는 세력을 없게 하는 길이다." [205]

12. "바라문 학도여, 여기 어떤 여자나 남자는 질투를 하지 않아서 다른 사람이 얻은 이득과 환대와 존중과 존경과 칭송과 예경을 질투하지 않고 시샘하지 않으며 질투심에 묶이지 않는다. 그는 이런 업을 짓고 완성하여 몸이 무너져 죽은 뒤 … 천상에 태어나지 않고 만일 인간으로 온다면 어떤 곳에 태어나더라도 그는 세력이 있다.

바라문 학도여, 질투를 하지 않아서 다른 사람이 얻은 이득과 환대와 존중과 존경과 칭송과 예경을 질투하지 않고 시샘하지 않으며 질투심에 묶이지 않는 행위는 세력을 있게 하는 길이다."

13. "바라문 학도여, 여기 어떤 여자나 남자는 사문과 바라문에게 음식과 음료와 옷과 탈것과 화환과 향과 연고와 침상과 거처와 등불을 보시하지 않는다. 그는 이런 업을 짓고 완성하여 몸이 무너져 죽은 뒤 … 지옥에 태어나지 않고 만일 인간으로 온다면 어떤 곳에 태어나더라도 그는 가난하다.

바라문 학도여, 사문과 바라문에게 음식과 음료와 옷과 탈것과 화환과 향과 연고와 침상과 거처와 등불을 보시하지 않는 행위는 가난하게 하는 길이다."

14. "바라문 학도여, 여기 어떤 여자나 남자는 사문과 바라문에게 음식과 음료와 옷과 탈것과 화환과 향과 연고와 침상과 거처와 등불을 보시한다. 그는 이런 업을 짓고 완성하여 몸이 무너져 죽은 뒤 … 천상에 태어나지 않고 만일 인간으로 온다면 어떤 곳에 태어나더라도 그는 부유하다.

바라문 학도여, 사문과 바라문에게 음식과 음료와 옷과 탈것과 화환과 향과 연고와 침상과 거처와 등불을 보시하는 행위는 부유하게 하는 길이다."

15. "바라문 학도여, 여기 어떤 여자나 남자는 완고하고 거만하여 예경해야 할 사람[407]에게 예경하지 않고 자리에서 일어나서 맞아야 할 사람에게 자리에서 일어나 맞지 않고 자리를 양보해야 할 사람에게 자리를 양보하지 않고 길을 양보해야 할 사람에게 길을 양보하지 않고 존경해야 할 사람을 존경하지 않으며 존중해야 할 사람을 존중하지 않고 공경해야 할 사람을 공경하지 않고 숭배해야 할 사람에게 숭배하지 않는다. 그는 이런 업을 짓고 완성하여 몸이 무너져 죽은 뒤 … 지옥에 태어나지 않고 만일 인간으로 온다면 어떤 곳에 태어나더라도 그는 낮은 가문에 난다.

바라문 학도여, 완고하고 거만하여 예경해야 할 사람에게 예경하지 않는 행위는 낮은 가문에 태어나게 하는 길이다."

16. "바라문 학도여, 여기 어떤 여자나 남자는 완고하지 않고 거만하지 않아서 예경해야 할 사람에게 예경하고 자리에서 일어나서 맞아야 할 사람에게 자리에서 일어나 맞고 자리를 양보해야 할 사람에게 자리를 양보하고 길을 양보해야 할 사람에게 길을 양보하고 존경해야 할 사람을 존경하며 존중해야 할 사람을 존중하고 공경해야 할 사람을 공경하고 숭배해야 할 사람에게 숭배한다. 그는 이런 업을 짓고 완성하여 몸이 무너져 죽은 뒤 … 천상에 태어나지 않고 만일 인간으로 온다면 어떤 곳에 태어나더라도 그는 높은 가문에 난다.

---

407) "'예경해야 할 사람(abhivādetabba)'이란 예경 받아 마땅한 분(abhivādana-araha)으로 부처님이나 벽지불(pacceka-buddha)이나 혹은 성스러운 제자(ariya-sāvaka)를 말한다."(MA.v.15)

바라문 학도여, 완고하지 않고 거만하지 않아서 예경해야 할 사람에게 예경하는 행위는 높은 가문에 태어나게 하는 길이다."

17. "바라문 학도여, 여기 어떤 여자나 남자는 사문이나 바라문을 찾아가서 질문을 하지 않는다.408) '존자시여, 무엇이 유익한 것입니까? 무엇이 해로운 것입니까? 무엇이 비난받을 일입니까? 무엇이 비난받을 일이 없는 것입니까? 무엇을 가까이해야 하고 무엇을 가까이하지 않아야 합니까? 어떤 행위가 제게 오랜 세월 손해와 괴로움이 따르게 합니까? 어떤 행위가 제게 오랜 세월 이익과 행복이 따르게 합니까?'라고. 그는 이런 업을 짓고 완성하여 몸이 무너져 죽은 뒤 … 지옥에 태어나지 않고 만일 인간으로 온다면 어떤 곳에 태어나더라도 그는 우둔하다.

바라문 학도여, 사문이나 바라문을 찾아가서 '존자시여, …'라고 질문을 하지 않는 행위는 우둔하게 하는 길이다." [206]

18. "바라문 학도여, 여기 어떤 여자나 남자는 사문이나 바라문을 찾아뵙고 질문을 한다. '존자시여, 무엇이 유익한 것입니까? 무엇이 해로운 것입니까? 무엇이 비난받을 일입니까? 무엇이 비난받을 일이 없는 것입니까? 무엇을 가까이해야 하고 무엇을 가까이하지 않아야 합니까? 어떤 행위가 제게 오랜 세월 손해와 괴로움이 따르게 합니까? 어떤 행위가 제게 오랜 세월 이익과 행복이 따르게 합니까?'라고. 그는 이런 업을 짓고 완성하여 몸이 무너져 죽은 뒤 … 하늘세

---

408) "'질문을 하지 않는다(na paripucchitā hoti).'라고 하셨다. 물론 질문을 하지 않는 것만으로 지옥에 태어나는 것은 아니다. 그러나 질문을 하지 않는 사람은 이것은 해야 하고(idaṁ kātabbaṁ) 이것은 하지 말아야 한다고 알지 못한다. 알지 못하기 때문에 해야 할 것을 하지 않고 하지 말아야 할 것을 한다. 그리하여 지옥에 떨어진다(niraye nibbattati)."(MA.v.15)

계에 태어나지 않고 만일 인간으로 온다면 어떤 곳에 태어나더라도 그는 통찰지를 가진다.

바라문 학도여, 사문이나 바라문을 찾아뵙고 '존자시여, …'라고 질문하는 행위는 통찰지를 갖게 하는 길이다."

19. "바라문 학도여, 이처럼 수명을 짧게 하는 행위는 그의 수명을 짧게 한다. 수명을 길게 하는 행위는 그의 수명을 길게 한다. 병약하게 하는 행위는 그를 병약하게 한다. 건강하게 하는 행위는 그를 건강하게 한다. 못생기게 하는 행위는 그를 못생기게 한다. 잘생기게 하는 행위는 그를 잘생기게 한다. 세력을 없게 하는 행위는 그의 세력을 없게 한다. 세력을 있게 하는 행위는 그를 세력이 있게 한다. 가난하게 하는 행위는 그를 가난하게 한다. 부유하게 하는 행위는 그를 부유하게 한다. 낮은 가문에 태어나게 하는 행위는 그를 낮은 가문에 태어나게 한다. 높은 가문에 태어나게 하는 행위는 그를 높은 가문에 태어나게 한다. 우둔하게 하는 행위는 그를 우둔하게 한다. 통찰지를 가지게 하는 행위는 그를 통찰지를 갖게 한다."

20. "바라문 학도여, 중생들은 업이 바로 그들의 주인이고, 업의 상속자이고, 업에서 태어났고, 업이 그들의 권속이고, 업이 그들의 의지처이다. 업이 중생들을 구분 지어서 천박하고 고귀하게 만든다."

21. 이렇게 말씀하셨을 때 또데야의 아들인 수바 바라문 학도는 세존께 이렇게 말씀드렸다.

"경이롭습니다, 고따마 존자시여. 경이롭습니다, 고따마 존자시여. 마치 넘어진 자를 일으켜 세우시듯, 덮여있는 것을 걷어내 보이시듯, [방향을] 잃어버린 자에게 길을 가리켜주시듯, 눈 있는 자 형상을 보라고 어둠 속에서 등불을 비춰주시듯, 고따마 존자께서는 여러 가지

방편으로 법을 설해주셨습니다. 저는 이제 고따마 존자께 귀의하옵고 법과 비구 승가에 귀의합니다. 고따마 존자께서는 저를 재가신자로 받아주소서. 오늘부터 목숨이 붙어 있는 그날까지 귀의하옵니다."

업 분석의 짧은 경(M135)이 끝났다.

업 분석의 긴 경

Mahākammavibhaṅga Sutta(M136)

1. 이와 같이 나는 들었다. [207] 한때 세존께서는 라자가하의 대나무 숲에 있는 다람쥐 보호구역에 머무셨다.

2. 그때 사밋디 존자가 숲 속의 토굴에 머물고 있었다. 그때 뽀딸리뿟따 유행승이 포행을 나와 이리저리 경행하다가 사밋디 존자에게 다가갔다. 다가가서 사밋디 존자와 함께 환담을 나누었다. 유쾌하고 기억할만한 이야기로 서로 담소를 하고서 한 곁에 앉았다. 한 곁에 앉아서 뽀딸리뿟따 유행승은 사밋디 존자에게 이렇게 말했다.

"도반 사밋디여, 나는 이것을 사문 고따마의 면전에서 직접 듣고 면전에서 직접 받아 지녔습니다. '몸으로 지은 업은 헛되다.[409] 말로 지은 업도 헛되다. 마음으로 지은 업만이 참되다.'[410]라고. 그리고

---

409) "'헛되다(mogha)'는 것은 공허하고(tuccha) 과보가 없다는 것(aphala)이고, '참되다(sacca)'는 것은 과보가 있다는 것(saphala)이다."(MAṬ.ii.376)

410) "이것은 「우빨리 경」(M56)을 잘못 이해한 것이다."(MA.v.16)
본서 제2권 「우빨리 경」(M56) §4에서 부처님께서는 세 가지 업, 즉 몸으로 지은 악업, 말로 지은 악업, 마음으로 지은 악업 중에서 마음으로 지은 악업(mano-kamma)이 가장 비난받아야 할 것(mahā-sāvajjatara)이라고 말

'어떤 증득이 있어 그것을 얻으면 아무것도 느끼지 않는다.'411)라고."

"도반 뽀딸리뿟따여, 그렇게 말하지 마시오. 도반 뽀딸리뿟따여, 그렇게 말하지 마시오. 세존을 비방하지 마시오. 세존을 비방하는 것은 옳지 않습니다. 세존께서는 '몸으로 지은 업은 헛되다. 말로 지은 업도 헛되다. 마음으로 지은 업만이 참되다.'라고 말씀하시지 않습니다. 그리고 '어떤 증득이 있어 그것을 얻으면 아무것도 느끼지 않는다.'라고 말씀하시지 않습니다."

"도반 사밋디여, 당신은 출가한 지 얼마나 되었습니까?"

"오래되지 않았습니다, 도반이여. 삼 안거가 지났습니다."

"참으로 신참 비구가 이렇게 스승을 보호하리라고 생각하는데 여기서 우리가 장로 비구들에 대해 무엇을 말할 수 있겠습니까? 도반 사밋디여, 그러면 몸과 말과 마음으로 의도적인 업을 지으면 그는 무엇을 경험합니까?"

"도반 뽀딸리뿟따여, 몸과 말과 마음으로 의도적인 업을 지으면 그는 괴로움을 경험합니다."412)

그러자 뽀딸리뿟따 유행승은 사밋디 존자의 말을 찬성하지도 않고 부정하지도 않았다. 찬성하지도 않고 부정하지도 않고 자리에서 일

씀하셨다. 그것을 두고 뽀딸리뿟따 유행승(Potaliputta paribbājaka)은 이렇게 왜곡되게 받아들이고 있는 것이다. 그리고 이 경은 니간타인 디가따빳시(Dīgha-tapassi)에게 설하신 것이기에 뽀딸리뿟따가 세존께 직접 들은 것도 아니다.

411) "이것은 『디가 니까야』 제1권 「뽓타빠다 경」(D9) §17에서 설하신 인식이 차례대로 소멸하는 말씀(abhisaññā-nirodha-kathā)을 두고 한 말이다." (MA.v.16)

412) "'그는 괴로움을 경험합니다(dukkhaṁ so vediyati).'라고 대답했다. 유행승(paribbājaka)이 오직 해로운(akusala) [업]에 대해서만 질문한 것이라고 인식하면서 이렇게 대답한 것이다."(MA.v.16)

어나 그곳을 떠났다.

3. 그러자 사밋디 존자는 뽀딸리뿟따 유행승이 떠난 지 오래지 않아서 아난다 존자를 만나러 갔다. [208] 가서는 아난다 존자와 함께 환담을 나누었다. 유쾌하고 기억할만한 이야기로 서로 담소를 하고서 한 곁에 앉았다. 한 곁에 앉아서 사밋디 존자는 뽀딸리뿟따 유행승과 나눈 대화를 모두 아난다 존자에게 말씀드렸다. 이렇게 말하자 아난다 존자는 사밋디 존자에게 이렇게 말하였다.

"도반 사밋디여, 이 문제는 세존을 뵙고 말씀드려야 할 것입니다. 도반 사밋디여, 세존을 뵙고 이것을 말씀드립시다. 그리하여 세존께서 우리에게 설명해주시는 대로 우리는 기억합시다."

"그렇게 합시다, 도반이시여."라고 사밋디 존자는 아난다 존자에게 대답했다.

4. 그러자 아난다 존자와 사밋디 존자는 세존을 뵈러 갔다. 가서는 세존께 절을 올리고 한 곁에 앉았다. 한 곁에 앉아서 아난다 존자는 사밋디 존자가 뽀딸리뿟따 유행승과 나눈 이야기를 모두 세존께 말씀드렸다.

5. 이렇게 말씀드리자 세존께서는 아난다 존자에게 이렇게 말씀하셨다.

"아난다여, 나는 뽀딸리뿟따 유행승을 본 적도 없는데 어떻게 이런 이야기를 나눈단 말인가? 아난다여, 뽀딸리뿟따 유행승의 질문은 잘 분석하여 대답해야 하거늘 이 미혹한 사밋디가 한쪽으로만 치우쳐 설명을 해버렸구나."

6. 이렇게 말씀하시자 우다이 존자가 세존께 이렇게 말씀드렸다.

"세존이시여, 그런데 사밋디 존자는 '느껴진 것은 무엇이든지 괴로운 것이다.'413)라는 이런 말씀을 두고 한 것 같습니다."

그러자 세존께서는 아난다 존자에게 말씀하셨다.

"아난다여, 이 미혹한 우다이가 끼어드는 것을 보아라. 아난다여, 나는 이 미혹한 우다이가 적절하지 못한 방법으로 끼어드는 것을 알았다. 아난다여, 처음부터 뽀딸리뿟따 유행승은 세 가지 느낌을 물었다. 아난다여, 이 미혹한 사밋디는 [209] 뽀딸리뿟따 유행승이 이렇게 물었을 때 이렇게 대답했어야 했다.

'도반 뽀딸리뿟따여, 즐거움을 느낄 몸의 업과 말의 업과 마음의 업을 의도적으로 지으면 그는 즐거움을 느낄 것입니다. 도반 뽀딸리뿟따여, 괴로움을 느낄 몸의 업과 말의 업과 마음의 업을 의도적으로 지으면 그는 괴로움을 느낄 것입니다. 도반 뽀딸리뿟따여, 괴롭지도 즐겁지도 않은 느낌을 느낄 몸의 업과 말의 업과 마음의 업을 의도적으로 지으면 그는 괴롭지도 즐겁지도 않은 느낌을 느낄 것입니다.'라고.

아난다여, 이렇게 설명해야 이 미혹한 사밋디가 뽀딸리뿟따 유행승에게 바르게 설명한 것이 된다. 아난다여, 그렇더라도 이들 어리석고 경솔한 외도 유행승들이 누구인데 여래가 설하는 업에 대한 광범

---

413) '느껴진 것은 무엇이든지 괴로운 것이다(yaṁ kiñci vedayitaṁ taṁ dukkhasmin).'는 『상윳따 니까야』 제2권 「깔라라 경」(S12:32) §11과 제4권 「한적한 곳에 감 경」(S36:11) §§3~4에 나타나는 가르침이다. 「한적한 곳에 감 경」(S36:11) §4에서 세존께서는 "이것은 모든 형성된 것들[諸行]의 무상함을 두고 한 말이었다. 내가 그렇게 말한 것은 모든 형성된 것들은 부서지기 마련인 법이며 사라지기 마련인 법이며 탐욕이 빛바래기 마련인 법이며 소멸하기 마련인 법이기 때문이다. '느껴진 것은 무엇이든지 괴로운 것이다.'라고 한 것은 바로 이것을 두고 한 말이다."라고 설명하고 계신다. 즉 모든 형성된 것들[諸行]은 부서지기 마련인 법이며 사라지기 마련인 법이며 빛바래기 마련인 법이며 소멸하기 마련인 법이기 때문에 '느껴진 것은 무엇이든지 괴로운 것이다.'라고 하신 것이다.

위한 분석을 알 수나 있겠는가? 아난다여, 그대들은 여래가 업에 대하여 광범위하게 분석할 때 잘 들어라."

7. "세존이시여, 지금이 바로 그때입니다. 선서시여, 지금이 세존께서 업에 대해 상세하게 분석해주실 바로 그때입니다. 세존으로부터 배워서 비구들은 잘 호지할 것입니다."

"비구들이여, 그렇다면 잘 듣고 잘 마음에 잡도리하라. 나는 설하리라."

"그러겠습니다, 세존이시여."라고 비구들은 세존께 응답했다. 세존께서는 이렇게 말씀하셨다.

8. "아난다여, 세상에는 네 부류의 사람이 있다. 무엇이 넷인가?

아난다여, ① 여기 어떤 자는 생명을 죽이고, 주지 않은 것을 가지고, 삿된 음행을 하고, 거짓말을 하고, 중상모략을 하고, 욕설을 하고, 잡담을 하고, 탐욕스럽고, 악의를 가지고, 삿된 견해를 가졌다. 그는 몸이 무너져 죽은 뒤 처참한 곳[苦界], 불행한 곳[惡處], 파멸처, 지옥에 태어난다.[414]

아난다여, ② 여기 어떤 자는 생명을 죽이고, 주지 않은 것을 가지고, 삿된 음행을 하고, 거짓말을 하고, 중상모략을 하고, 욕설을 하고, 잡담을 하고, 탐욕스럽고, 악의를 가지고, 삿된 견해를 가졌다. 그는 몸이 무너져 죽은 뒤 좋은 곳, 천상에 태어난다.[415]

---

414) 본경 §21에서는 이 첫 번째 경우에 개재된 업을 '불가능한 업과 불가능한 것으로 나타나는 업(abhabbañceva abhabbābhāsañca)'이라 부르고 있다. 여기서 불가능한 업은 해로운 업[不善業]과 동의어이다. 아래 §21의 주해를 참조할 것.

415) 본경 §21에서는 이 두 번째 경우에 개재된 업을 '불가능한 업과 가능한 것으로 나타나는 업(kammaṁ abhabbaṁ bhabbābhāsaṁ)'이라 부르고 있다.

아난다여, ③ 여기 어떤 자는 생명을 죽이는 것을 삼가고, 주지 않은 것을 가지는 것을 삼가고, 삿된 음행을 삼가고, 거짓말을 삼가고, 중상모략을 삼가고, [210] 욕설을 삼가고, 잡담을 삼가고, 탐욕스럽지 않고, 악의를 가지지 않고, 바른 견해를 가졌다. 그는 몸이 무너져 죽은 뒤 좋은 곳, 천상에 태어난다.416)

아난다여, ④ 여기 어떤 자는 생명을 죽이는 것을 삼가고, 주지 않은 것을 가지는 것을 삼가고, 삿된 음행을 삼가고, 거짓말을 삼가고, 중상모략을 삼가고, 욕설을 삼가고, 잡담을 삼가고, 탐욕스럽지 않고, 악의를 가지지 않고, 바른 견해를 가졌다. 그는 몸이 무너져 죽은 뒤 처참한 곳[苦界], 불행한 곳[惡處], 파멸처, 지옥에 태어난다."417)

9. "아난다여, ① 여기 어떤 사문이나 바라문은 노력하고 정진하고 몰입하고 방일하지 않고 바르게 마음에 잡도리하여418) 이러한 마음의 삼매419)에 도달한다. 즉 마음이 삼매에 들어 청정하고 인간을 넘어선 신성한 눈[天眼]으로 생명을 죽이고, 주지 않은 것을 가지고, 삿된 음행을 하고, 거짓말을 하고, 중상모략을 하고, 욕설을 하고, 잡담을 하고, 탐욕스럽고, 악의를 가지고, 삿된 견해를 가진 자가 몸

---

416) 본경 §21에서는 이 세 번째 경우에 개재된 업을 '가능한 업과 가능한 것으로 나타나는 업(kammaṁ bhabbañ ceva bhabbābhāsañ ca)'이라 부르고 있다. 여기서 가능한 업은 유익한 업[善業]과 동의어이다.

417) 본경 §21에서는 이 네 번째 경우에 개재된 업을 '가능한 업과 불가능한 것으로 나타나는 업'(kammaṁ bhabbaṁ abhabbābhāsaṁ)이라 부르고 있다.

418) "['노력(ātappa)', '정진(padhāna)', '몰입함(anuyoga)', '방일하지 않음(appamāda)', '바르게 마음에 잡도리함(sammā-manasikāra)'이라는] 이 다섯 가지 용어는 모두 정진을 두고 한 말이다(vīriyasseva nāmāni)."(MA.v.18)

419) "여기서 '마음의 삼매(ceto-samādhi)'란 천안(dibba-cakkhu)의 삼매를 말한다."(MA.v.18)

이 무너져 죽은 뒤 처참한 곳[苦界], 불행한 곳[惡處], 파멸처, 지옥에 태어나는 것을 본다.

그는 이와 같이 말한다. '여기서 생명을 죽이고 … 삿된 견해를 가진 자가 몸이 무너져 죽은 뒤 처참한 곳[苦界], 불행한 곳[惡處], 파멸처, 지옥에 태어나는 것을 내가 보았으니, 참으로 악행은 있다. 참으로 그릇된 행위의 과보도 있다.'

그리고 그는 이와 같이 말한다. '생명을 죽이고 … 삿된 견해를 가진 자는 누구든 모두 몸이 무너져 죽은 뒤 처참한 곳[苦界], 불행한 곳[惡處], 파멸처, 지옥에 태어난다. 이와 같이 아는 자들은 바르게 아는 자들이다. 다르게 아는 자들은 그릇된 지혜를 가졌다.'

이처럼 그는 그 자신이 안 것과 자신이 본 것과 자신이 발견한 것만 완고하게 고집한다.420) '이것만이 진리이고 다른 것은 헛된 것이다.'라고."

10. "아난다여, ② 여기 어떤 사문이나 바라문은 [211] 노력하고 정진하고 몰입하고 방일하지 않고 바르게 마음에 잡도리하여 이러한 마음의 삼매에 도달한다. 즉 마음이 삼매에 들어 청정하고 인간을 넘어선 신성한 눈[天眼]으로 생명을 죽이고, 주지 않은 것을 가지고, 삿된 음행을 하고, 거짓말을 하고, 중상모략을 하고, 욕설을 하고, 잡담을 하고, 탐욕스럽고, 악의를 가지고, 삿된 견해를 가진 자가 몸이 무너져 죽은 뒤 좋은 곳, 천상에 태어나는 것을 본다.

그는 이와 같이 말한다. '여기서 생명을 죽이고 … 삿된 견해를 가진 자가 몸이 무너져 죽은 뒤 좋은 곳, 천상에 태어나는 것을 내가 보았으니, 참으로 악행은 없다. 참으로 그릇된 행위의 과보도 없다.'

---

420) "'완고하게 고집한다(abhinivissa voharati).'는 것은 삿된 견해를 가지고 완고하게(adhiṭṭhahitvā ādiyitvā) 고집한다는 말이다."(MA.v.18)

그리고 그는 이와 같이 말한다. '생명을 죽이고 … 삿된 견해를 가진 자는 누구든 모두 몸이 무너져 죽은 뒤 좋은 곳, 천상에 태어난다. 이와 같이 아는 자들은 바르게 아는 자들이다. 다르게 아는 자들은 그릇된 지혜를 가졌다.'

이처럼 그는 그 자신이 안 것과 자신이 본 것과 자신이 발견한 것만을 완고하게 고집한다. '이것만이 진리이고 다른 것은 헛된 것이다.'라고."

11. "아난다여, ③ 여기 어떤 사문이나 바라문은 노력하고 정진하고 몰입하고 방일하지 않고 바르게 마음에 잡도리하여 이러한 마음의 삼매에 도달한다. 즉 마음이 삼매에 들어 청정하고 인간을 넘어선 신성한 눈[天眼]으로 생명을 죽이는 것을 삼가고, 주지 않은 것을 가지는 것을 삼가고, 삿된 음행을 삼가고, 거짓말을 삼가고, 중상모략을 삼가고, 욕설을 삼가고, 잡담을 삼가고, 탐욕스럽지 않고, 악의를 가지지 않고, 바른 견해를 가진 자가 몸이 무너져 죽은 뒤 좋은 곳, 천상에 태어나는 것을 본다.

그는 이와 같이 말한다. '여기서 생명을 죽이는 것을 삼가고, … 바른 견해를 가진 자가 몸이 무너져 죽은 뒤 좋은 곳, 천상에 태어나는 것을 내가 보았으니, 참으로 선행은 있다. 참으로 좋은 행위의 과보도 있다.'

그는 이와 같이 말한다. '생명을 죽이는 것을 삼가고 … 바른 견해를 가진 자는 누구든 모두 몸이 무너져 죽은 뒤 좋은 곳, 천상에 태어난다. 이와 같이 아는 자들은 바르게 아는 자들이다. 다르게 아는 자들은 그릇된 지혜를 가졌다.'

이처럼 그는 그 자신이 안 것과 자신이 본 것과 자신이 발견한 것만을 완고하게 고집한다. '이것만이 진리이고 다른 것은 헛된 것이다.'라고."

12. "아난다여, ④ 여기 어떤 사문이나 바라문은 [212] 노력하고 정진하고 몰입하고 방일하지 않고 바르게 마음에 잡도리하여 이러한 마음의 삼매에 도달한다. 즉 마음이 삼매에 들어 청정하고 인간을 넘어선 신성한 눈[天眼]으로 생명을 죽이는 것을 삼가고, … 바른 견해를 가진 자가 몸이 무너져 죽은 뒤 처참한 곳[苦界], 불행한 곳[惡處], 파멸처, 지옥에 태어나는 것을 본다.

그는 이와 같이 말한다. '여기서 생명을 죽이는 것을 삼가고, … 바른 견해를 가진 자가 몸이 무너져 죽은 뒤 처참한 곳[苦界], 불행한 곳[惡處], 파멸처, 지옥에 태어나는 것을 내가 보았으니, 참으로 선행은 없다. 참으로 좋은 행위의 과보도 없다.'

그리고 그는 이와 같이 말한다. '생명을 죽이는 것을 삼가고 … 바른 견해를 가진 자는 누구든 모두 몸이 무너져 죽은 뒤 처참한 곳[苦界], 불행한 곳[惡處], 파멸처, 지옥에 태어난다. 이와 같이 아는 자들은 바르게 아는 자들이다. 다르게 아는 자들은 그릇된 지혜를 가졌다.'

이처럼 그는 그 자신이 안 것과 자신이 본 것과 자신이 발견한 것만을 완고하게 고집한다. '이것만이 진리이고 다른 것은 헛된 것이다.'라고."

13. "아난다여,[421] ① 여기서 사문이나 바라문은 다음과 같이 말한다. '참으로 악행은 있다. 참으로 나쁜 행위의 과보도 있다.'라고. 나는 이것을 인정한다. 그가 '나는 여기서 생명을 죽이고 … 삿된 견

---

421) "이와 같이 천안을 가진 자들(dibba-cakkhukā)의 주장에 대한 인정(anuññātā)과 부정(ananuññātā)을 보이신 뒤 지금부터는 '업에 대한 광범위한 분석의 지혜(mahā-kamma-vibhaṅga-ñāṇa)'를 설하시기 위해 이 문장을 시작하셨다."(MA.v.19)

해를 가진 자가 몸이 무너져 죽은 뒤 처참한 곳[苦界], 불행한 곳[惡處], 파멸처, 지옥에 태어나는 것을 보았다.'라고 하는 것도 나는 인정한다.

그러나 그가 말하기를 '생명을 죽이고 … 삿된 견해를 가진 자는 누구든 모두 몸이 무너져 죽은 뒤 처참한 곳[苦界], 불행한 곳[惡處], 파멸처, 지옥에 태어난다.'라고 하는 것을 나는 인정하지 않는다. 그가 '이와 같이 아는 자들은 바르게 아는 자들이다. 다르게 아는 자들은 그릇된 지혜를 가졌다.'라고 하는 것도 나는 인정하지 않는다. 또한 그 자신이 안 것과 자신이 본 것과 자신이 발견한 것만을 완고하게 고집하여 '이것만이 진리이고 다른 것은 헛된 것이다.'라고 하는 것도 나는 인정하지 않는다.

그것은 무슨 까닭인가? 아난다여, 여래가 지닌 업에 대한 광범위한 분석의 지혜는 다르기 때문이다."

14. "아난다여, ② 여기서 사문이나 바라문은 다음과 같이 말한다. '참으로 악행은 없다. 참으로 나쁜 행위의 과보도 없다.'라고. 나는 이것을 인정하지 않는다. 그가 '나는 여기서 생명을 죽이고 … 삿된 견해를 가진 자가 몸이 무너져 죽은 뒤 좋은 곳, 천상에 태어나는 것을 보았다.'라고 하는 것을 나는 인정한다.

그러나 그가 말하기를 '생명을 죽이고 … 삿된 견해를 가진 자는 누구든 모두 몸이 무너져 죽은 뒤 좋은 곳, 천상에 태어난다.'라고 하는 것도 [213] 나는 인정하지 않는다. 그가 '이와 같이 아는 자들은 바르게 아는 자들이다. 다르게 아는 자들은 그릇된 지혜를 가졌다.'라고 하는 것도 나는 인정하지 않는다. 또한 그 자신이 안 것과 자신이 본 것과 자신이 발견한 것만을 완고하게 고집하여 '이것만이 진리이고 다른 것은 헛된 것이다.'라고 하는 것도 나는 인정하지 않는다.

그것은 무슨 까닭인가? 아난다여, 여래가 지닌 업에 대한 광범위한 분석의 지혜는 다르기 때문이다."

15. "아난다여, ③ 여기서 사문이나 바라문은 다음과 같이 말한다. '참으로 선행은 있다. 참으로 좋은 행위의 과보도 있다.'라고. 나는 이것을 인정한다. 그가 '나는 여기서 생명을 죽이는 것을 삼가고 … 바른 견해를 가진 자가 몸이 무너져 죽은 뒤 좋은 곳, 천상에 태어나는 것을 보았다.'라고 하는 것을 나는 인정한다.

그러나 그가 말하기를 '생명을 죽이는 것을 삼가고 … 바른 견해를 가진 자는 누구든 모두 몸이 무너져 죽은 뒤 좋은 곳, 천상에 태어난다.'라고 하는 것을 나는 인정하지 않는다. 그가 '이와 같이 아는 자들은 바르게 아는 자들이다. 다르게 아는 자들은 그릇된 지혜를 가졌다.'라고 하는 것도 나는 인정하지 않는다. 또한 그 자신이 안 것과 자신이 본 것과 자신이 발견한 것만을 완고하게 고집하여 '이것만이 진리이고 다른 것은 헛된 것이다.'라고 하는 것도 나는 인정하지 않는다.

그것은 무슨 까닭인가? 아난다여, 여래가 지닌 업에 대한 광범위한 분석의 지혜는 다르기 때문이다."

16. "아난다여, ④ 여기서 사문이나 바라문은 다음과 같이 말한다. '참으로 선행은 없다. 참으로 좋은 행위의 과보도 없다.'라고. 나는 이것을 인정하지 않는다. 그가 '나는 여기서 생명을 죽이는 것을 삼가고 … 바른 견해를 가진 자가 몸이 무너져 죽은 뒤 처참한 곳[苦界], 불행한 곳[惡處], 파멸처, 지옥에 태어나는 것을 보았다.'라고 하는 것을 나는 인정한다.

그러나 그가 말하기를 '생명을 죽이는 것을 삼가고 … 바른 견해를 가진 자는 누구든 모두 몸이 무너져 죽은 뒤 처참한 곳[苦界], 불행한 곳[惡處], 파멸처, 지옥에 태어난다.'라고 하는 것을 나는 인정하지 않는다. 그가 [214] '이와 같이 아는 자들은 바르게 아는 자들이다. 다르게 아는 자들은 그릇된 지혜를 가졌다.'라고 하는 것도 나는 인정하지 않는다. 또한 그 자신이 안 것과 자신이 본 것과 자신이 발견한 것만을 완고하게 고집하여 '이것만이 진리이고 다른 것은 헛된 것이다.'라고 하는 것도 나는 인정하지 않는다.

그것은 무슨 까닭인가? 아난다여, 여래가 지닌 업에 대한 광범위한 분석의 지혜는 다르기 때문이다."

17. "아난다여, ① 여기서 생명을 죽이고 … 삿된 견해를 가진 사람이 몸이 무너져 죽은 뒤 처참한 곳[苦界], 불행한 곳[惡處], 파멸처, 지옥에 태어나는 것은 이전에 그가 괴로움을 겪을 악업을 행했거나[422] 이후에 그가 괴로움을 겪을 악업을 행했거나 임종 시에 삿된 견해를 가지고 거기에 깊이 빠졌기 때문이다. 그래서 그는 몸이 무너져 죽은 뒤 처참한 곳[苦界], 불행한 곳[惡處], 파멸처, 지옥에 태어나는 것이다. 그가 여기서 생명을 죽이고 … 삿된 견해를 가지는 것은 현생에서 과보를 받거나 혹은 바로 다음 생이나 후세에[423] 과보를

422) "'이전에 그가 괴로움을 겪을 악업을 행했다(pubbe vāssa taṁ kataṁ hoti pāpakammaṁ dukkhavedanīyaṁ).'는 것은 그가 살아있는 생명을 죽이는 등 업을 짓는 것을 천안을 가진 자가 본 것보다 이전에 행한 것을 말한다. 이전에 행한 것으로도 지옥에 태어나고, 이후에 행한 것으로도 지옥에 태어나고, 임종 시에는 '아들이 최고라거나 신이 최고라거나 브라흐마가 최고라거나 신에 의해 세상이 창조되었다.'라는 이런 사견을 가짐으로써도 지옥에 태어난다."(MA.v.19)

423) "'후세에(apare vā pariyāye)'라는 것은 현생이나 바로 다음 생이 아닌 어떤 생을 말한다."(MAṬ.ii.380)

받을 것이다.”

18. “아난다여, ② 여기서 생명을 죽이고 … 삿된 견해를 가진 사람이 몸이 무너져 죽은 뒤 좋은 곳, 천상에 태어나는 것은 이전에 그가 즐거움을 누릴 선업을 행했거나 후에 그가 즐거움을 누릴 선업을 행했거나 임종 시에 바른 견해를 가지고 그것을 확고히 수용했기 때문이다. 그래서 그는 몸이 무너져 죽은 뒤 좋은 곳, 천상에 태어나는 것이다. 그가 만일 여기서 생명을 죽이고 … 삿된 견해를 가진다면 그는 현생에서 과보를 받거나 혹은 바로 다음 생이나 후세에 과보를 받을 것이다.”

19. “아난다여, ③ 여기서 생명을 죽이는 것을 삼가고 … 바른 견해를 가진 사람이 몸이 무너져 죽은 뒤 좋은 곳, 천상에 태어나는 것은 이전에 그가 즐거움을 누릴 선업을 행했거나 후에 그가 즐거움을 누릴 선업을 행했거나 임종 시에 바른 견해를 가지고 그것을 확고히 수용했기 때문이다. 그래서 그는 몸이 무너져 죽은 뒤 좋은 곳, 천상에 태어나는 것이다. 그가 여기서 생명을 죽이는 것을 삼가고 [215] … 바른 견해를 가지는 것은 현생에서 과보를 받거나 혹은 바로 다음 생이나 후세에 과보를 받을 것이다.”

20. “아난다여, ④ 여기서 생명을 죽이는 것을 삼가고 … 바른 견해를 가진 사람이 몸이 무너져 죽은 뒤 처참한 곳[苦界], 불행한 곳[惡處], 파멸처, 지옥에 태어나는 것은 이전에 그가 괴로움을 겪을 악업을 행했거나 후에 그가 괴로움을 겪을 악업을 행했거나 임종 시에 삿된 견해를 가지고 거기에 깊이 빠졌기 때문이다. 그래서 그는 몸이 무너져 죽은 뒤 처참한 곳[苦界], 불행한 곳[惡處], 파멸처, 지옥에 태

어나는 것이다. 그가 여기서 생명을 죽이는 것을 삼가고 … 바른 견해를 가지는 것은 현생에서 과보를 받거나 혹은 바로 다음 생이나 후세에 과보를 받을 것이다."

21. "아난다여,[424] 이처럼 ① 불가능한[425] 업과 불가능한 것으로 나타나는 업이 있고, ② 불가능한 업과 가능한 것[426]으로 나타나는 업이 있고, ③ 가능한 업과 가능한 것으로 나타나는 업이 있고, ④ 가능한 업과 불가능한 것으로 나타나는 업이 있다."[427]

---

424) 이상 §§9~20의 12개 문단은 §§9~12, §§13~16, §§17~20의 세 개로 구분이 된다. 다시 이 세 개에는 §21에서 밝히듯이 각각 '불가능한 업과 불가능한 것으로 나타나는 업', '불가능한 업과 가능한 것으로 나타나는 업', '가능한 업과 가능한 것으로 나타나는 업', '가능한 업과 불가능한 것으로 나타나는 업'의 네 가지가 포함되어 전체 12가지가 되는 것이다.

425) "해로운 것[不善]이기 때문에(akusalattā) '불가능한 것(abhabba)'이라 한다."(MA.v.20) 즉 불가능한 업은 해로운 업 즉 불선업을 말한다.

426) 복주서에서는 유익한 것이기 때문에[善, kusalattā] '가능한 것(bhabba)'이라고 설명하고 있으며, 이것은 향상의 표상(vaḍḍhi-nimitta)이 되는 것으로 풀이하고 있다.(MAṬ.ii.381) 즉 가능한 업은 유익한 업 즉 선업을 말한다. 그러므로 가능한 업은 향상이 가능한 유익한 업이요, 불가능한 업은 향상이 불가능한 해로운 업으로 이해하면 되겠다.

427) "[본경 §8에서] 세존께서 네 부류의 사람이 있다고 하셨다. 그중에서 살생 등을 하여 지옥에 태어나는 중생의 업이 '불가능한 업과 불가능한 것으로 나타나는 업(abhabbañceva abhabbābhāsañca)'이다. 그것은 해로운 것이어서 불가능한 것이고, 그것은 그가 지옥에 태어나서 또 지옥에 태어나게 하는 원인이기 때문에 불가능한 것으로 나타나는 업이다.
두 번째인 살생 등을 하여 천상에 태어나는 중생의 업이 '불가능한 업과 가능한 것으로 나타나는 업(kammaṁ abhabbaṁ bhabbābhāsaṁ)'이다. 그것은 해로운 것이어서 불가능한 것이다. 그러나 그가 천상에 태어났기 때문에 가능한 것으로 나타나는 업이다. 외도 수행자들은 다시 천상에 태어날 원인으로 여긴다.
나머지 두 종류의 업 [즉 '가능한 업과 가능한 것으로 나타나는 업(kammaṁ bhabbañ ceva bhabbābhāsañ ca)'과 '가능한 업과 불가능한 것으로 나타나는 업(kammaṁ bhabbaṁ abhabbābhāsaṁ)']도 이와 같은 방

세존께서는 이와 같이 설하셨다. 아난다 존자는 흡족한 마음으로 세존의 말씀을 크게 기뻐하였다.

업 분석의 긴 경(M136)이 끝났다.

법으로 이해하면 된다."(MA.v.20)

여섯 감각장소의 분석 경

Saḷāyatanavibhaṅga Sutta(M137)

1. 이와 같이 나는 들었다. 한때 세존께서는 사왓티에서 제따 숲의 아나타삔디까 원림(급고독원)에 머무셨다. 거기서 세존께서는 "비구들이여."라고 비구들을 부르셨다. "세존이시여."라고 비구들은 세존께 응답했다. 세존께서는 이렇게 말씀하셨다.

2. "비구들이여, 여섯 감각장소[六處]의 분석을 그대들에게 설하리라. 그것을 들어라. 듣고 마음에 잘 잡도리하라. 이제 설하리라."

"그러겠습니다, 세존이시여."라고 비구들은 세존께 대답했다. 세존께서는 다음과 같이 설하셨다. [216]

3. "① 여섯 가지 안의 감각장소[六內處]를 알아야 한다.[428] ② 여섯 가지 밖의 감각장소[六外處]를 알아야 한다. ③ 여섯 가지 알음알이의 무리[六識身]를 알아야 한다. ④ 여섯 가지 감각접촉의 무리[六觸身]를 알아야 한다. ⑤ 열여덟 가지 마노[意]의 고찰을 알아야 한다.

---

428) "여기서 '알아야 한다(veditabbāni).'라고 하신 것은 위빳사나와 함께한 도(saha-vipassana magga)를 얻어서 알아야 한다는 말씀이다."(MA.v.21)

⑥ 서른여섯 가지 중생의 경지[429]를 알아야 한다. ⑦ 여기서 이것을 의지하여 이것을 버려라. ⑧ 성자가 닦는 세 가지 마음챙김의 확립이 있으니 그것을 닦아 성자는 스승이 되어 무리를 지도할 수 있다. ⑨ 그는 수행을 지도하는 스승들 가운데 위없는 조어장부(調御丈夫)[430]라고 불린다. 이것이 여섯 감각장소의 분석에 대한 요약이다."

4. "① '여섯 가지 안의 감각장소를 알아야 한다.'라고 한 것은 무엇을 반연하여 한 말인가?

눈의 감각장소, 귀의 감각장소, 코의 감각장소, 혀의 감각장소, 몸의 감각장소, 마노의 감각장소가 있다.

'여섯 가지 안의 감각장소를 알아야 한다.'라고 한 것은 이것을 반연하여 한 말이다."

---

429) "'서른여섯 가지 중생의 경지(chattiṁsa satta-padā)'란 윤회를 향해 나아감과 윤회를 거슬러 가는(vaṭṭa-vivaṭṭa-nissitā) 중생들의 경지를 말한다. 서른여섯 가지 가운데 열여덟 가지는 윤회를 향해 나아가는 경지(vaṭṭa-padā)이고, 열여덟 가지는 윤회를 거슬러 가는 경지(vivaṭṭa-padā)인데 이들도 위빳사나와 함께한 도를 얻어서 알아야 한다."(MA.v.21)

430) '위없는 조어장부'는 nuttara purisadammasārathi를 옮긴 것이며 여래 십호 가운데 無上士 調御丈夫(무상사 조어장부)에 해당하는 부분이다. 다른 곳에서는 조어장부를 '사람을 잘 길들이는 분'으로 옮겼는데 여기서는 한문 번역 조어장부를 살려서 옮겼다.
일반적으로 여래 십호를 설명할 때 무상사와 조어장부를 분리해서 설명하는데 본경에서 세존께서는 이처럼 이 둘을 함께 붙여서 '위없는 조어장부' 혹은 '사람을 잘 길들이는 가장 높으신 분'으로 부르고 있다. 이 표현은 『앙굿따라 니까야』 제2권 「께시 경」(A4:111)에도 나타나는데 께시도 그 경에서 세존을 이렇게 표현하고 있다.
이런 영향인지 『청정도론』에서도 "혹은 [앞의 무상사를 여기 가져와서] 사람을 잘 길들이는 가장 높으신 분[無上士 調御丈夫]으로 단 하나의 구문으로 간주하기도 한다."(Vis.VII.48)고 적고 있다. 여래 십호는 『청정도론』 VII.2 이하에 상세하게 설명되어 있으므로 참조할 것.

5. "② '여섯 가지 밖의 감각장소를 알아야 한다.'라고 한 것은 무엇을 반연하여 한 말인가?

형색의 감각장소, 소리의 감각장소, 냄새의 감각장소, 맛의 감각장소, 감촉의 감각장소, 법의 감각장소가 있다.

'여섯 가지 밖의 감각장소를 알아야 한다.'라고 한 것은 이것을 반연하여 한 말이다."

6. "③ '여섯 가지 알음알이의 무리를 알아야 한다.'라고 한 것은 무엇을 반연하여 한 말인가?

눈의 알음알이,431) 귀의 알음알이, 코의 알음알이, 혀의 알음알이, 몸의 알음알이, 마노의 알음알이가 있다.

'여섯 가지 알음알이의 무리를 알아야 한다.'라고 한 것은 이것을 반연하여 한 말이다."

7. "④ '여섯 가지 감각접촉의 무리를 알아야 한다.'라고 한 것은 무엇을 반연하여 한 말인가?

눈의 감각접촉,432) 귀의 감각접촉, 코의 감각접촉, 혀의 감각접촉, 몸의 감각접촉, 마노의 감각접촉이 있다.

'여섯 가지 감각접촉의 무리를 알아야 한다.'라고 한 것은 이것을

---

431) "유익한 과보와 해로운 과보(kusala-akusala-vipāka)가 있기 때문에 두 종류의 '눈의 알음알이[眼識, cakkhu-viññāṇa]'를 말한다. 나머지도 이와 같은 방법이다."(MA.v.21)
이렇게 하여 각각 두 종류의 눈의 알음알이, 귀의 알음알이, 코의 알음알이, 혀의 알음알이, 몸의 알음알이의 10개의 알음알이를 아비담마에서는 한 쌍의 전오식(前五識)(dvi-pañca-viññāṇa)이라 한다. 여기에 대해서는 『아비담마 길라잡이』 제1장 §8의 2번 해설을 참조할 것.

432) "눈의 알음알이와 함께한 감각접촉(cakkhu-viññāṇa-sampayutta-sam-phassa)을 말한다. 나머지도 이와 같은 방법이다."(MA.v.21)

반연하여 한 말이다.”

8. “⑤ ‘열여덟 가지 마노의 고찰433)을 알아야 한다.’라고 한 것은 무엇을 반연하여 한 말인가?

눈으로 형색을 보고434) 기쁨을 일으킬 형색을 고찰하고435) 슬픔을 일으킬 형색을 고찰하고 평온을 일으킬 형색을 고찰한다. 귀로 소리를 듣고 … 코로 냄새를 맡고 … 혀로 맛을 알고 … 몸으로 [217] 감촉을 느끼고 … 마노[意]로 법을 지각하고 기쁨을 일으킬 법을 고찰하고 슬픔을 일으킬 법을 고찰하고 평온을 일으킬 법을 고찰한다. 이처럼 여섯 가지 기쁨의 고찰436)과 여섯 가지 슬픔의 고찰과 여섯 가지 평온의 고찰이 있다.

‘열여덟 가지 마노의 고찰을 알아야 한다.’라고 한 것은 이것을 반연하여 한 말이다.”

9. “⑥ ‘서른여섯 가지 중생의 경지를 알아야 한다.’라고 한 것은 무엇을 반연하여 한 말인가?

---

433) 본경 §8은 본서 「요소의 분석 경」(M140) §10과 같다.
“‘마노의 고찰(mano-pavicārā)’이란 일으킨 생각과 지속적 고찰(vitakka-vicāra-saṅkhātā)이라 불리는 고찰을 말한다.”(MA.v.22)
이 열여덟 가지 마노의 고찰은 『상윳따 니까야』 제4권 「백팔 방편 경」(S36:22) §8에서는 열여덟 가지 느낌으로 언급되고 있다.

434) “‘눈으로 형색을 보고(cakkhunā rūpaṁ disvā)’라는 것은 눈의 알음알이로 형색을 보는 것이다.”(MA.v.22)

435) “‘고찰한다(upavicarati)’는 것은 지속적 고찰이 전개되어(vicāra-pavatta-na) 고찰하는 것이다. 일으킨 생각(vitakka)도 이것과 함께한다(sampa-yutta). 이런 방법으로 18가지 일으킨 생각과 지속적 고찰이라 불리는 마노의 고찰을 알아야 한다.”(MA.v.22)

436) “기쁨과 함께 고찰한다고 해서(somanassena saddhiṁ upavicaranti) ‘기쁨의 고찰(somanass-upavicārā)’이라 한다.”(MA.v.22)

재가에 바탕 한 여섯 가지 기쁨이 있고 출가에 바탕 한[437] 여섯 가지 기쁨이 있으며, 재가에 바탕 한 여섯 가지 슬픔이 있고 출가에 바탕 한 여섯 가지 슬픔이 있으며, 재가에 바탕 한 여섯 가지 평온이 있고 출가에 바탕 한 여섯 가지 평온이 있다."[438] [439]

10. "여기서 무엇이 재가에 바탕 한 여섯 가지 기쁨인가?

원하고 좋아하고 마음에 들고 매력적이고 세속적인 것[440]과 연결되어 있는, 눈으로 인식되는 형색이 있어, 그런 것을 획득하고는 획득이라고 여기거나 혹은 이미 지나갔고 소멸되었고 변해버린 이전에 획득한 것을 기억하면서 기쁨이 일어난다. 이러한 기쁨을 재가에 바탕 한 기쁨이라 한다.

---

437) "'재가에 바탕 한 것(geha-sitāni)'은 감각적 욕망에 바탕을 둔 것(kāma-guṇa-nissitāni)이고, '출가에 바탕 한 것(nekkhamma-sitāni)은 위빳사나에 바탕을 둔 것(vipassanā-nissitāni)이다."(MA.v.22)

438) 본경 §§9~15에서 '기쁨'과 '슬픔'과 '평온'으로 옮기는 술어는 각각 somana-ssa와 domanassa와 upekkhā이다. 경에서는 느낌[受, vedanā]을 괴로운(dukkha) 느낌, 즐거운(sukha) 느낌, 괴롭지도 즐겁지도 않은 느낌의 셋으로 나누지만 아비담마에서는 이 가운데 즐거운 느낌과 괴로운 느낌을 다시 정신적인 것과 육체적인 것으로 나누어 육체적 고통(dukkha)과 정신적 고통(domanassa)과 육체적 즐거움(sukha)과 정신적 즐거움(somana-ssa)으로 나누고 괴롭지도 즐겁지도 않음을 평온(upekkhā)으로 표기하여 느낌을 모두 다섯 가지로 분류한다.
여기서 보듯이 정신적 즐거움과 정신적 고통/괴로움으로 옮긴 단어가 각각 somanassa와 domanassa인데, 본경에서 기쁨과 슬픔으로 옮기고 있는 바로 이 술어이다. 이 두 술어는 제4선의 정형구에도 '그 이전에 이미 기쁨과 슬픔을 소멸하였으므로'로 나타나고 있다. 본경에서도 정신적 즐거움과 정신적 고통이라는 아비담마적인 이해 대신에 소마낫사와 도마낫사의 본래 의미라 할 수 있는 기쁨과 슬픔으로 옮겼다.

439) 본 문단은 『상윳따 니까야』 제4권 「백팔 방편 경」(S36:22) §9에서도 서른여섯 가지 느낌으로 언급되고 있다.

440) "'세속적인 것(lok-āmisa-paṭisaṁyuttā)'이란 갈애와 연관되어 있는 것(taṇhā-paṭisaṁyuttā)이다."(MA.v.22)

귀로 인식되는 소리가 … 코로 인식되는 냄새가 … 혀로 인식되는 맛이 … 몸으로 인식되는 감촉이 … 원하고 좋아하고 마음에 들고 매력적이고 세속적인 것과 연결되어 있는, 마노로 인식되는 법이 있어, 그런 것을 획득하고는 획득이라고 여기거나 혹은 이미 지나갔고 소멸되었고 변해버린 이전에 획득한 것을 기억하면서 기쁨이 일어난다. 이러한 기쁨을 재가에 바탕 한 기쁨이라 한다.

이것이 재가에 바탕 한 여섯 가지 기쁨이다."

11. "여기서 무엇이 출가에 바탕 한 여섯 가지 기쁨인가?

형색은 참으로 무상하고 변하고 빛바래고 소멸한다[441]고 알아 이전의 형색이나 지금의 형색은 모두 무상하고 괴로움이고 변하기 마련인 것이라고 이렇게 있는 그대로 바른 통찰지[442]로 보면서 기쁨이 일어난다. 이러한 기쁨을 출가에 바탕 한 기쁨이라 한다.

소리는 … 냄새는 … 맛은 … 감촉은 … 법은 [218] 참으로 무상하고 변하고 빛바래고 소멸한다고 알아 이전의 법이나 지금의 법은 모두 무상하고 괴로움이고 변하기 마련인 것이라고 이렇게 있는 그대로 바른 통찰지로 보면서 기쁨이 일어난다. 이러한 기쁨을 출가에 바탕 한 기쁨이라 한다.

이것이 출가에 바탕 한 여섯 가지 기쁨이다."[443]

---

441) "'변하고 빛바래고 소멸한다(vipariṇāma-virāga-nirodha)'고 하셨다. 형색들은 [늙음과 죽음의 두 가지를 통해서(jarāya maraṇena ca) — MAṬ. ii.382] 본래의 상태를 버림(pakati-vijahana)에 의해서 변하고, 사라짐(vigacchana)에 의해서 빛바래고, 없어짐(nirujjhana)에 의해서 소멸한다는 말씀이다."(MA.v.22)

442) "여기서 '바른 통찰지(samma-ppaññā)'란 위빳사나의 통찰지이다."(MA. v.22)

443) "'이것이 출가에 바탕 한 여섯 가지 기쁨이다(imāni cha nekkhammasitāni somanassāni).'라고 하셨다. 여섯 가지 문을 통해 마음에 드는 대상(iṭṭh-

12. "여기서 무엇이 재가에 바탕 한 여섯 가지 슬픔인가?

원하고 좋아하고 마음에 들고 매력적이고 세속적인 것과 연결되어 있는, 눈으로 인식되는 형색이 있어, 그런 것을 획득하지 못하고는 획득하지 못한 것이라고 여기거나 혹은 이미 지나갔고 소멸되었고 변해버린 이전에 획득하지 못한 것을 기억하면서 슬픔이 일어난다.444) 이러한 슬픔을 재가에 바탕 한 슬픔이라 한다.

귀로 인식되는 소리가 … 코로 인식되는 냄새가 … 혀로 인식되는 맛이 … 몸으로 인식되는 감촉이 … 원하고 좋아하고 마음에 들고 매력적이고 세속적인 것과 연결되어 있는, 마노로 인식되는 법이 있어, 그런 것을 획득하지 못하고는 획득하지 못한 것이라고 여기거나 혹은 이미 지나갔고 소멸되었고 변해버린 이전에 획득하지 못한 것을 기억하면서 슬픔이 일어난다. 이러한 슬픔을 재가에 바탕 한 슬픔이라 한다.

이것이 재가에 바탕 한 여섯 가지 슬픔이다."

13. "여기서 무엇이 출가에 바탕 한 여섯 가지 슬픔인가?

형색은 참으로 무상하고 변하고 빛바래고 소멸한다고 알아 이전의 형색이나 지금의 형색은 모두 무상하고 괴로움이고 변하기 마련인

ārammaṇa)이 영역에 들어오면(āpātha-gate) 무상 등을 통해 위빳사나를 확립하여 앉아있을 때 일어나는 여섯 가지 출가에 바탕 한 기쁨이다."(MA.v.23)

444) "'이전에(atītaṁ)'라고 하셨다. 현재(paccuppannaṁ) 원하는 것을 얻을 수 없을 때 슬픔(domanassa)이 일어나는 것은 이해되지만 과거에 얻지 못한 것에 대해 어떻게 슬픔이 일어나는가? 마치 현재 마음에 드는 대상(iṭṭh-ārammaṇa)을 원하지만(patthetvā) 얻을 수 없는 것처럼 과거에 원했지만 얻지 못한 것을 기억하면서(anussaranta) 강한 슬픔(balava-domanassa)이 일어난다."(MA.v.23)

것이라고 이렇게 있는 그대로 바른 통찰지로 보면서 위없는 해탈445) 에 대해 염원을 일으킨다. '성자들이 증득하여 머무는 그런 경지를 나는 언제 증득하여 머물게 될 것인가?'라고 이처럼 위없는 해탈들에 대해 염원을 일으키기 때문에 그 염원으로 인해 슬픔이 일어난다.446) 이러한 슬픔을 출가에 바탕 한 슬픔이라 한다.

소리는 … 냄새는 … 맛은 … 감촉은 … 법은 참으로 무상하고 변하고 빛바래고 소멸한다고 알아 이전의 법이나 지금의 법은 모두 무상하고 괴로움이고 변하기 마련인 것이라고 [219] 이렇게 있는 그대로 바른 통찰지로 보면서 위없는 해탈들에 대해 염원을 일으킨다. '성자들이 증득하여 머무는 그런 경지를 나는 언제 증득하여 머물게 될 것인가?'라고 이처럼 위없는 해탈들에 대해 염원을 일으키기 때문에 그 염원으로 인해 슬픔이 일어난다. 이러한 슬픔을 출가에 바탕 한 슬픔이라 한다.

이것이 출가에 바탕 한 여섯 가지 슬픔이다."447)

---

445) "'위없는 해탈(anuttara vimokkha)'은 아라한과(arahatta)를 말한다."(MA.v.23)

446) 본문단의 "성자들이 증득하여 머무는 그런 경지를 … 슬픔이 일어난다."까지는 본서 제2권 「교리문답의 짧은 경」(M44) §28에도 나타난다. 그곳의 주해도 참조할 것. 그곳에서는 domanassa를 '슬픔' 대신에 문맥에 따라 '정신적 고통'이라 옮겼다.

447) "'이것이 출가에 바탕 한 여섯 가지 슬픔이다(imāni cha nekkhammasitāni domanassāni).'라고 하셨다. 여섯 가지 문에 마음에 드는 대상(iṭṭh-ārammaṇa)이 영역에 들어올 때 아라한과에 대해 염원(piha)을 일으키고 그것을 얻기 위해 무상 등을 통한 위빳사나를 확립하여 열성적으로 행할 수(ussukkāpetuṁ) 없게 되자 '벌써 보름이 지나고 벌써 달이 지나고 또 해가 바뀌어도 나는 아라한과를 얻을 수가 없구나.'하고 슬퍼하는(anusocanta) 마하시와 장로(Mahāsīva-tthera)처럼 눈물을 흘리면서(assudhārā-pavattana) 생겨난 출가에 바탕 한 여섯 가지 슬픔이라고 알아야 한다."(MA.v.23~24)

14. "여기서 무엇이 재가에 바탕 한 여섯 가지 평온인가?

눈으로 형색을 보고, [오염원의] 한계를 극복하지 못하고[448] 업의 과보를 극복하지 못하고[449] 위험을 보지 못하는,[450] 배우지 못한 범부에게도 평온이[451] 생긴다. 그러나 이런 평온은 형색을 초월하지 못한다.[452] 그러므로 이런 평온을 재가에 바탕 한 것이라 한다.

귀로 소리를 듣고 … 코로 냄새를 맡고 … 혀로 맛을 알고 … 몸

---

448) "'한계를 극복하지 못한 자(anodhi-jina)'라고 하셨다. 오염원의 한계(kiles-odhi)를 극복하여(jinitvā) 머무는 '번뇌 다한 자(khīṇāsava)'를 한계를 극복한 자(odhi-jina)라고 한다. 그러므로 번뇌를 다하지 못한(akhīṇāsava) [범부]를 '한계를 극복하지 못한 자'라고 부른다."(MA.v.24)

449) "'업의 과보를 극복하지 못한 자(avipāka-jina)'라고 하셨다. 미래의 과보를 극복하여 머무는 번뇌 다한 자를 업의 과보를 극복한 자(vipāka-jina)라고 한다. 그러므로 번뇌를 다하지 못한 [범부를] 말한다.'업의 과보를 극복하지 못한 자'라고 한다."(MA.v.24)

450) "'위험을 보지 못하는 자(anādīnava-dassāvi)란 재앙(ādīnava)이라고, 재난(upaddava)이라고 보지 못하는 자라는 뜻이다."(MA.v.24)

451) "여기서 '평온(upekkhā)'은 무지의 평온(aññāṇ-upekhā)을 말한다."(MA.v.24)

452) 『디가 니까야』 제2권 「제석문경」(D21)에 대한 『디가 니까야 복주서』는 이렇게 설명한다.
"'형색을 초월하지 못한다(rūpaṁ sā nātivattati).'고 하셨다. 이와 같은 평온은 형색을 극복할 원인(samatikkamanāya kāraṇa)이 되지 못한다는 말씀이다. 즉 형색이라는 대상(rūp-ārammaṇa)에 대해 오염원(kilesa)을 극복하지 못한다는 뜻이다."(DAṬ.ii.268)
본경(M137)은 정신적 즐거움과 정신적 고통과 평온을 다시 재가에 바탕을 둔 것, 출리(出離, 출가)에 바탕을 둔 것 등으로 나누고 이들을 다시 각각 여섯 가지로 상세하게 설명하고 있다.
이러한 가르침은 『디가 니까야 주석서』에서 『디가 니까야』 제2권 「제석문경」(D21) §2.3에 나타나는 느낌을 설명하면서 상세하게 인용되고 있다. (DA.iii.723 이하) 여기에 대해서는 「제석문경」 §2.3의 해당 주해들을 참조하기 바란다. 그리고 이것은 『네 가지 마음챙기는 공부』 207쪽의 주해에도 인용되어 있다.

으로 감촉을 느끼고 … 마노로 법을 지각하고, [오염원의] 한계를 극복하지 못하고 업의 과보를 극복하지 못하고 위험을 보지 못하는, 배우지 못한 범부에게도 평온이 생긴다. 그러나 이런 평온은 법을 초월하지 못한다. 그러므로 이런 평온을 재가에 바탕 한 것이라 한다.

이것이 재가에 바탕 한 여섯 가지 평온이다."453)

15. "여기서 무엇이 출가에 바탕 한 여섯 가지 평온인가?

형색들은 참으로 무상하고 변하고 빛바래고 소멸한다고 알아 이전의 형색들이나 지금의 형색은 모두 무상하고 괴로움이고 변하기 마련인 것이라고 이렇게 있는 그대로 바른 통찰지로 보면서 평온이 일어난다. 이러한 평온은 형색을 초월한다. 그러므로 이러한 평온을 출가에 바탕 한 것이라 한다.

소리는 … 냄새는 … 맛은 … 감촉은 … 법은 참으로 무상하고 변하고 빛바래고 소멸한다고 알아 이전의 법이나 지금의 법은 모두 무상하고 괴로움이고 변하기 마련인 것이라고 이렇게 있는 그대로 바른 통찰지로 보면서 평온이 일어난다. 이러한 평온은 법을 초월한다. 그러므로 이러한 평온을 출가에 바탕 한 것이라 한다.

이것이 출가에 바탕 한 여섯 가지 평온이다.

서른여섯 가지 중생의 상태를 알아야 한다.'라고 한 것은 이것을 반연하여 한 말이다." [220]

---

453) "'이것이 재가에 바탕 한 여섯 가지 평온이다(imā cha gehasitā-upekhā).'라고 하셨다. 여섯 가지 문에 마음에 드는 대상이 영역에 나타날 때 마치 당밀 덩어리(guḷa-piṇḍaka)에 붙어서 숨어있는 파리(nilīna-makkhikā)처럼 형색 등을 극복하지 못한 채(anativattamānā) 거기에 들러붙어(laggitā) 일어난 평온이 여섯 가지 재가에 바탕 한 평온이라고 알아야 한다."(MA.v.24)

16. "⑦ '여기서 이것을 의지하여 이것을 버려라.'[454]라고 한 것은 무엇을 반연하여 한 말인가?

비구들이여, 여기 출가에 바탕 한 여섯 가지 기쁨을 의지하고 의존하여[455] 재가에 바탕 한 여섯 가지 기쁨을 버리고 극복한다. 이와 같이 이것을 버리고, 이와 같이 이것을 극복한다.[456]

비구들이여, 여기 출가에 바탕 한 여섯 가지 슬픔을 의지하고 의존하여 재가에 바탕 한 여섯 가지 슬픔을 버리고 극복한다. 이와 같이 이것을 버리고, 이와 같이 이것을 극복한다.

비구들이여, 여기 출가에 바탕 한 여섯 가지 평온을 의지하고 의존하여 재가에 바탕 한 여섯 가지 평온을 버리고 극복한다. 이와 같이 이것을 버리고, 이와 같이 이것을 극복한다.

비구들이여, 여기[457] 출가에 바탕 한 여섯 가지 기쁨을 의지하고 의존하여 출가에 바탕 한 여섯 가지 슬픔을 버리고 극복한다. 이와 같이 이것을 버리고, 이와 같이 이것을 극복한다.

비구들이여, 여기 출가에 바탕 한 여섯 가지 평온을 의지하고 의존하여 출가에 바탕 한 여섯 가지 기쁨을 버리고 극복한다.

---

454) "서른여섯 가지 중생의 상태(sasatta-pada) 가운데 열여덟 가지를 의지하여 열여덟 가지를 버리라는 뜻이다."(MA.v.25)

455) "'의지하고 의존한다(nissāya āgamma).'는 것은 일으킴(pavattana)을 통해서 증장시킨다는 뜻이다."(MA.v.25)

456) "'이와 같이 이것을 극복한다(evam etesaṁ samatikkamo hoti).'는 것은 이와 같이 출가에 바탕 한 것(nekkhamma-sita)을 일으킴으로써 재가에 바탕 한 것(geha-sita)을 극복한다는 뜻이다."(MA.v.25)

457) "위에서 외형이 닮은 꼴(sarikkhaka)로 닮은 것을 버림을 말씀하신 뒤에 여기서는 강한 것(balavā)으로 약한 것(dubbala)을 버리는 것을 설명하신다. 그래서 출가에 바탕 한 기쁨으로 출가에 바탕 한 슬픔을 버리고, 출가에 바탕 한 평온으로 출가에 바탕 한 기쁨을 버리는 것을 말씀하신다."(MA.v.25)

이와 같이 이들을 버리고, 이와 같이 이들을 극복한다."

17. "비구들이여, 다양함을 지니고 다양함을 의지한458) 평온이 있고, 단일함을 지니고 단일함을 의지한459) 평온이 있다."

18. "비구들이여, 어떤 것이 다양함을 지니고, 다양함을 의지한 평온인가?

비구들이여, 형색들에 관한 평온이 있고,460) 소리들에 관한 평온

---

458) "'다양함(nānattā)'이란 다양하고(nānā) 많고(bahū) 여러 측면을 가진 것(aneka-ppakārā)을 말하고, '다양함을 의지한(nānatta-sitā)'이란 다양한 대상에 의지함(nān-ārammaṇa-nissitā)을 뜻한다."(MA.v.26)
복주서는 다음과 같이 좀 더 상세히 설명한다.
"욕계 등의 유익함 등으로 분류하기 때문에(kāma-avacarādi-kusalādi-vibhāgato) 여러 종류(nānā-vidhā)이다. 그래서 '여러 측면을 가진 것'이라 한다. 형색, 소리 등의 대상을 의지하기 때문에 '다양한 대상에 의지함'이라 한다."(MAṬ.ii.386)

459) "하나이기 때문에 '단일함(ekattā)'이고 하나인 대상을 의지하기 때문에(ek-ārammaṇa-nissitā) '단일함을 의지한다(ekattasitā).'고 하셨다."(MA.v.26)
복주서는 다음과 같이 좀 더 상세히 설명한다.
"종류와 세계 등의 분류가 없기 때문(jāti-bhūmi-ādi-vibhāga-abhāvato)에 그 본성이 단일하다(eka-sabhāvā). 하나의 측면(eka-ppakāra)을 통해 대상에 일어나기 때문에 단일함을 의지한다고 했다."(MAṬ.ii.386)
계속해서 주석서는 설명을 덧붙인다.
"그러면 이 평온은 어떤 평온인가? 위에서 무지의 평온(aññāṇ-upekkhā)을 설했고(§14), 바로 앞에서는 여섯 가지의 평온(chaḷaṅg-upekkhā)을 설했으며, 지금 여기서는(idha) 사마타의 평온(samatha-upekkhā)과 위빳사나의 평온(vipassan-upekkhā)이라는 두 종류의 평온을 취하고 계신다."(MA.v.26)

460) "형색 등에 대한 평온이 다르고(añña) 소리 등에 대한 평온이 다르다. 그러므로 형색에 관한 평온은 소리 등에 관한 평온이 아니다. 형색에 관한 평온은 오직 형색을 대상으로 삼고 소리 등을 대상으로 삼지 않기 때문이다. 사마타의 평온은 땅의 까시나(pathavī-kasiṇa)를 대상으로 삼아 일어나기 때문에 형색에 관한 평온의 상태(upekkhā-bhāva)와는 다르다. 물의 까시나 등도 마찬가지이다. 그러므로 다양함(nānatta)을 지니고 다양함을 의지한(nānatta-sita) 평온을 분석하시면서 '형색들에 관한 평온이 있고(atthi

이 있고, 냄새들에 관한 평온이 있고, 맛들에 관한 평온이 있고, 감촉들에 관한 평온이 있다.

비구들이여, 이것이 다양함을 지니고, 다양함을 의지한 평온이다."

19. "비구들이여, 어떤 것이 단일함을 지니고 단일함을 의지한 평온인가?

비구들이여, 공무변처에 관한 평온이 있고,461) 식무변처에 관한 평온이 있고, 무소유처에 관한 평온이 있고, 비상비비상처에 관한 평온이 있다.

비구들이여, 이것이 단일함을 지니고 단일함을 의지한 평온이다."

20. "비구들이여, 여기서 단일함을 지니고 단일함을 의지한 평온을 의지하고 의존하여 다양함을 지니고 다양함을 의지한 평온을 버리고462) 극복한다. 이와 같이 이것을 버리고, 이와 같이 이것을 극복한다.

동일하지 않음463)을 의지하고 동일하지 않음을 의존하여 단일함

---

upekkhā rūpesu)'등으로 말씀을 시작하셨다."(MA.v.26)

461) "다양함을 지니고 다양함에 의지한 것과는 달리 '공무변처에 관한 평온(upekhā ākāsānañcāyatana-nissitā)'이 두 개 혹은 세 개가 있는 것이 아니고, 식무변처에 관한 평온이 두 개 혹은 세 개가 있는 것이 아니다. 그러므로 단일함(ekatta)을 지니고 단일함을 의지한(ekatta-sita) 평온을 분석하시면서 공무변처를 의지한 평온이 있다고 하셨다."(MA.v.26)

462) "'버린다(pajahatha)'는 것은 무색계 증득의 평온(arūpa-avacara-samāpatti-upekkhā)으로 색계 증득의 평온을 버리고, 무색계 위빳사나의 평온(arūpa-avacara-vipassan-upekkhā)으로 색계 위빳사나의 평온을 버린다는 말씀이다."(MA.v.26)

463) '동일하지 않음'으로 옮긴 원어는 atammayatā이다. 이것은 tammayatā와 부정 접두어 a의 합성어이다. 주석서는 다음과 같이 설명한다.
"tammayatā는 갈애(taṇhā)를 뜻한다. 그러므로 갈애가 끝난 뒤에(pariyādānato) 도의 출현으로 인도하는 위빳사나(vuṭṭhānagāminī-vipassanā)

을 지니고 단일함을 의지한 평온을 버리고464) 극복한다. 이와 같이 이것을 버리고, 이와 같이 이것을 극복한다. [221] '여기서 이것을 의지하여 이것을 버려라.'라고 말한 것은 이것을 반연하여 한 말이다."

21. "⑧ '성자가 닦는 세 가지 마음챙김의 확립이 있으니 그것을 닦아 성자는 스승이 되어 무리를 지도할 수 있다.'라고 이렇게 말한 것은 무엇을 반연하여 한 말인가?"

22. "비구들이여, 여기 스승은 제자들을 동정하고 그들의 이익을 바라면서 연민을 일으켜 법을 설한다. '이것은 그대들의 이익을 위한 것이고, 이것은 그대들의 행복을 위한 것이다.'라고. 그의 제자들은 들으려 하지 않고465) 귀 기울이지 않고 알려는 마음을 내지 않는다. 그들은 잘못하여 스승의 교법에서 엇나가버린다. 비구들이여, 그것에 대해 여래는 기뻐하지도 않고 기쁨을 느끼지도 않는다. 그러나 그는 동요하지 않고 마음챙기며 분명하게 알아차린다.

비구들이여, 이것이 성자가 닦는 첫 번째 마음챙김의 확립이니 그것을 닦아 성자는 스승이 되어 무리를 지도할 수 있다."

23. "다시 비구들이여, 여기 스승은 제자들을 동정하고 그들의

를 '동일하지 않음(a-tammayatā)'이라 한다."(MA.v.27)
도의 출현으로 인도하는 위빳사나에 대해서는 『청정도론』 XXI.82 이하를 참조할 것.
이 atammayatā는 본서 「바른 사람 경」(M113) §21에도 나타나고 있는데 더 자세한 설명은 그곳의 해당 주해를 참조하기 바란다.

464) "여기서 '버리고(pajahatha)'란 도의 출현인 위빳사나(vuṭṭhāna-gāminī-vipassanā)로 무색계 위빳사나의 평온과 위빳사나의 평온을 버린다는 말씀이다."(MA.v.27)

465) "'들으려 하지 않는다(na sussūsanti).'는 것은 신심을 일으켜(saddahitvā) 들으려고 하지 않는다(sotuṁ na icchanti)는 말씀이다."(MA.v.27)

이익을 바라면서 연민을 일으켜 법을 설한다. '이것은 그대들의 이익을 위한 것이고, 이것은 그대들의 행복을 위한 것이다.'라고. 그의 제자들은 들으려 하지 않고 귀 기울이지 않고 알려는 마음을 내지 않는다. 그들은 잘못하여 스승의 교법에서 엇나가버린다. 어떤 제자들은 들으려 하고 귀 기울이고 알려는 마음을 낸다. 그들은 스승의 교법에서 엇나가지 않는다. 비구들이여, 그것에 대해 여래는 기뻐하지도 않고 기쁨을 느끼지도 않는다. 우울해 하지도 않고 우울함을 느끼지도 않는다. 기뻐함과 우울함 둘 다를 벗어나서 그는 평온하게 마음챙기고 분명하게 알아차리면서 머문다.

비구들이여, 이것이 성자가 닦는 두 번째 마음챙김의 확립이니 그것을 닦아 성자는 스승이 되어 무리를 지도할 수 있다."

24. "비구들이여, 여기 스승은 제자들을 동정하고 그들의 이익을 바라면서 연민을 일으켜 법을 설한다. '이것은 그대들의 이익을 위한 것이고, 이것은 그대들의 행복을 위한 것이다.'라고. 그의 제자들은 들으려 하고 귀 기울이고 알려는 마음을 낸다. 그들은 스승의 교법에서 엇나가지 않는다. 비구들이여, 그것에 대해 여래는 기뻐하고 기쁨을 느낀다. 그러나 그는 동요하지 않고 마음챙기며 분명하게 알아차린다.

비구들이여, 이것이 성자가 닦는 세 번째 마음챙김의 확립이니 그것을 닦아 성자는 스승이 되어 무리를 지도할 수 있다. [222]

'성자가 닦는 세 가지 마음챙김의 확립이 있으니 그것을 닦아 성자는 스승이 되어 무리를 지도할 수 있다.'라고 이렇게 말한 것은 이것을 반연하여 한 말이다."

25. "⑨ '그는 수행을 지도하는 스승들 가운데 위없는 조어장부

라고 불린다.'라고 이렇게 말한 것은 무엇을 반연하여 한 말인가?

비구들이여, 코끼리 조련사가 잘 조련한 코끼리는 달릴 때 동쪽이건 서쪽이건 북쪽이건 남쪽이건 한 방향으로 달린다.466) 비구들이여, 말 조련사가 잘 조련한 말은 달릴 때 동쪽이건 서쪽이건 북쪽이건 남쪽이건 한 방향으로 달린다. 비구들이여, 소 조련사가 잘 조련한 소는 달릴 때 동쪽이건 서쪽이건 북쪽이건 남쪽이건 한 방향으로 달린다."

26. "비구들이여, 여래 · 아라한 · 정등각자에 의해 잘 훈련된 사람은 여덟 방향으로 나아간다.467)

색계禪을 가지고 그는 색깔들을 본다. 이것이 첫 번째 방향이다.

안으로 색계禪에 대한 인식이 없이 밖으로 색깔들을 본다. 이것이 두 번째 방향이다.

깨끗하다고 확신한다. 이것이 세 번째 방향이다.

물질[色]에 대한 인식을 완전히 초월하고 부딪힘의 인식을 소멸하고 갖가지 인식을 마음에 잡도리하지 않기 때문에 '무한한 허공'이라고 하면서 공무변처를 구족하여 머문다. 이것이 네 번째 방향이다.

공무변처를 완전히 초월하여 '무한한 알음알이[識]'라고 하면서 식무변처를 구족하여 머문다. 이것이 다섯 번째 방향이다.

식무변처를 완전히 초월하여 '아무것도 없다.'라고 하면서 무소유처를 구족하여 머문다. 이것이 여섯 번째 방향이다.

---

466) "'한 방향으로 달린다(ekameva disaṁ dhāvati).'는 것은 옆길로 빗나가지 않고(anivattitvā) 오직 한 방향으로만(ekaṁyeva disaṁ) 달리고, 만약 빗나갔을 때는(nivattitvā) 다시(aparaṁ) 달릴 수 있다는 말씀이다."(MA.v.27)

467) 본문의 내용과 주석서(MA.v.28)의 설명에서 보듯이 '여덟 방향(aṭṭha disā)'은 여덟 가지 해탈[八解脫, aṭṭha vimokkha]을 말한다. 이 팔해탈의 정형구에 대한 설명은 본서 제3권 「사꿀루다이 긴 경」(M77) §22의 주해들과 『앙굿따라 니까야』 제5권 「해탈 경」(A8:66)의 주해들을 참조할 것.

무소유처를 완전히 초월하여 비상비비상처를 구족하여 머문다. 이것이 일곱 번째 방향이다.

비상비비상처를 완전히 초월하여 상수멸(想受滅)을 구족하여 머문다. 이것이 여덟 번째 방향이다.

비구들이여, 여래·아라한·정등각자에 의해 잘 훈련된 사람은 이러한 여덟 방향으로 나아간다."

27. "'그는 수행을 지도하는 스승들 가운데 위없는 조어장부라고 불린다.'라고 말한 것은 이것을 반연하여 한 말이다."

세존께서는 이와 같이 설하셨다. 그 비구들은 흡족한 마음으로 세존의 말씀을 크게 기뻐하였다.

여섯 감각장소의 분석 경(M137)이 끝났다.

요약의 분석 경

Uddesavibhaṅga Sutta(M138)

1. 이와 같이 나는 들었다. [223] 한때 세존께서는 사왓티에서 제따 숲의 아나타삔디까 원림(급고독원)에 머무셨다. 거기서 세존께서는 "비구들이여."라고 비구들을 부르셨다. "세존이시여."라고 비구들은 세존께 응답했다. 세존께서는 이렇게 말씀하셨다.

2. "비구들이여, 요약의 분석을 그대들에게 설하리라. 그것을 들어라. 듣고 마음에 잘 잡도리하라. 이제 설하리라."

"그러겠습니다, 세존이시여."라고 비구들은 세존께 대답했다. 세존께서는 다음과 같이 설하셨다.

3. "비구들이여, 비구는 어떤 것을 점검할 때 그의 알음알이가 밖으로 흩어지거나 산만하지 않고 또한 안으로 들러붙지 않고 취착하지 않아서 동요하지 않도록 그렇게 점검해야 한다.468) 비구들이여, 그의 알음알이가 밖으로 흩어지거나 산만하지 않고 또한 안으로 들

468) "'점검해야 한다(upaparikkheyya).'는 것은 측량해야 한다(tuleyya), 판정해야 한다(tīreyya), 파악해야 한다(pariggaṇheyya), 결정해야 한다(paricchindeyya)는 뜻을 가진 통찰지(paññā)를 두고 한 말이다."(MA.v.27)

러붙지 않고[469] 취착하지 않아서 동요하지 않으면 미래에 태어나고 늙고 죽는 괴로움은 일어나지 않을 것이다."

4. 세존께서는 이와 같이 말씀하셨다. 이렇게 말씀하신 뒤 선서께서는 자리에서 일어나 거처로 들어가셨다.[470]

5. 그러자 세존께서 들어가신 지 얼마 안 되어 그 비구들에게 이런 생각이 떠올랐다.

"도반들이여, 세존께서는 우리에게 '비구들이여, 비구는 어떤 것을 점검할 때 그의 알음알이가 밖으로 흩어지거나 산만하지 않고 또한 안으로 들러붙지 않고 취착하지 않아서 동요하지 않도록 그렇게 점검해야 한다. 비구들이여, 그의 알음알이가 밖으로 흩어지거나 산만하지 않고 또한 안으로 들러붙지 않고 취착하지 않아서 동요하지 않으면 미래에 태어나고 늙고 죽는 괴로움은 일어나지 않을 것이다.'라고 간략하게 요약만 설하시고 상세하게 그 뜻을 분석해주시지 않고 자리에서 일어나 거처로 들어가셨습니다. 세존께서 이처럼 간략하게 요약만 설하시고 상세하게 그 뜻을 분석해주시지 않은 것에 대해 누가 참으로 상세하게 그 뜻을 분석해줄 수 있을까요?"

---

469) "'안으로 들러붙지 않는다(ajjhattaṁ asaṇṭhitaṁ).'는 것은 안의 대상(gocar-ajjhatta)에 대해 집착하여(nikanti) 들러붙지 않는 것이다."(MA.v.28)

470) 이 정형구는 니까야의 여러 곳에서 세존께서 불가해한 말씀을 하시고 나서 들어가시면 사리뿟따 존자(M18)나 마하깟짜나 존자(본경)와 같은 직계제자들이 그 말씀을 설명하는 문맥에서 나타난다.
이 정형구는 본서 제1권 「법의 상속자 경」(M3) §4, 「꿀 덩어리 경」(M18) §9, 본서 「마하깟짜나 존자와 지복한 하룻밤 경」(M133) §6, 본서 「진리의 분석 경」(M141) §6, 『디가 니까야』 제2권 「대본경」(D14) §1.12, 『상윳따 니까야』 제2권 「깔라라 경」(S12:32) §13, 『앙굿따라 니까야』 제3권 「소멸 경」(A5:166) §5, 제5권 「난다까 경」(A9:4) §3, 제6권 「비법 경」3(A10:115) §1 등에도 나타난다.

그러자 그 비구들에게 이런 생각이 떠올랐다.

"마하깟짜나 존자는 스승께서 칭찬하셨고, 지혜로운 동료 수행자들이 존중합니다. 세존께서 간략하게 요약만 설하시고 상세하게 그 뜻을 분석해주지 않으신 것에 대해 마하깟짜나 존자가 참으로 상세하게 그 뜻을 분석해줄 수 있을 것입니다. 이제 우리는 [224] 마하깟짜나 존자에게 다가가서 이 뜻을 질문합시다."

6. 그때 그 비구들은 마하깟짜나 존자를 뵈러 갔다. 뵈러 가서 마하깟짜나 존자와 함께 환담을 나누었다. 유쾌하고 기억할만한 이야기로 서로 담소를 하고서 한 곁에 앉았다. 한 곁에 앉아서 그 비구들은 마하깟짜나 존자에게 이렇게 말했다.

"도반 깟짜나여, 세존께서는 저희에게 '비구들이여, 비구는 어떤 것을 점검할 때 그의 알음알이가 밖으로 흩어지거나 산만하지 않고 … 미래에 태어나고 늙고 죽는 괴로움은 일어나지 않을 것이다.'라고 간략하게 요약만 설하시고 상세하게 그 뜻을 분석해주시지 않고 자리에서 일어나 거처로 들어가셨습니다.

도반 깟짜나여, 세존께서 들어가신 지 얼마 안 되어 우리에게 이런 생각이 들었습니다. '도반들이여, 세존께서는 우리에게 '비구들이여, 비구는 어떤 것을 점검할 때 그의 알음알이가 밖으로 흩어지거나 산만하지 않고 … 미래에 태어나고 늙고 죽는 괴로움은 일어나지 않을 것이다.'라고 간략하게 요약만 설하시고 상세하게 그 뜻을 분석해주시지 않고 자리에서 일어나 거처로 들어가셨습니다. 세존께서 이처럼 간략하게 요약만 설하시고 상세하게 그 뜻을 분석해주시지 않은 것에 대해 누가 참으로 상세하게 그 뜻을 분석해줄 수 있을까요?'

도반 깟짜나여, 그런 우리에게 이런 생각이 떠올랐습니다. '마하깟짜나 존자는 스승께서 칭찬하셨고, 지혜로운 동료 수행자들이 존중합니다. 세존께서 간략하게 요약만 설하시고 상세하게 그 뜻을 분석해주지 않으신 것에 대해 마하깟짜나 존자가 참으로 상세하게 그 뜻을 분석해줄 수 있을 것입니다. 이제 우리는 마하깟짜나 존자를 찾아갑시다. 마하깟짜나 존자를 찾아가서 이 뜻을 질문합시다.'라고. 그러니 마하깟짜나 존자는 분석해주십시오."

7. [마하깟짜나 존자는 말했다.]

"도반들이여, 예를 들면 심재가 필요하고 심재를 찾는 사람이 심재를 찾아 이리저리 다니다가, 심재를 가지고 튼튼하게 서 있는 큰 나무의 뿌리와 줄기를 지나쳐서 잔가지와 잎사귀에서 심재를 찾아야겠다고 생각하는 것과 같습니다. 지금 도반들에게도 이런 일이 벌어졌습니다. 스승께서 면전에 계셨음에도 불구하고 그분 세존을 제쳐놓고 제게 그 뜻을 물어야겠다고 생각하고 있습니다.

도반들이여, 참으로 그분 세존께서는 알아야 할 것을 아시고, 보아야 할 것을 보시는 분이며, 우리의 눈이 되시고, 지혜가 되시고, 법이 되시고, 으뜸이 되시며, [사성제를] 말씀하는 분이시고, [오래 진리를 꿰뚫으시면서] 선언하는 분이시고, 뜻을 밝히는 분이시고, 불사를 주는 분이시며, 법의 주인이시며, 여래이십니다. 그러므로 그대들은 그때 바로 세존께 그 뜻을 여쭈었어야 했습니다. 그때가 바른 시기였습니다. 그래서 세존께서 그대들에게 설명해주신 대로 잘 호지했어야 했습니다."

8. "도반 깟짜나여, 그렇습니다. 참으로 그분 세존께서는 알아야 할 것을 아시고, 보아야 할 것을 보시는 분이며, 우리의 눈이 되시고, 지혜가 되시고, 법이 되시고, 으뜸이 되시며, [사성제를] 말씀하는 분이시고, [오래 진리를 꿰뚫으시면서] 선언하는 분이시고, 뜻을 밝히는 분이시고, 불사를 주는 분이시며, 법의 주인이시며, 여래이십

니다. 그러므로 우리는 그때 바로 세존께 그 뜻을 여쭈었어야 했습니다. 그때가 바른 시기였습니다. 그래서 세존께서 우리들에게 [225] 설명해주신 대로 잘 호지했어야 했습니다.

그렇지만 마하깟짜나 존자는 스승께서 칭찬하셨고, 지혜로운 동료 수행자들이 존중합니다. 세존께서 간략하게 요약만 말씀하시고 상세하게 그 뜻을 분석해주지 않으셨는데, 마하깟짜나 존자는 참으로 상세하게 그 뜻을 분석해줄 수 있을 것입니다. 그러니 마하깟짜나 존자는 귀찮다 여기지 마시고 우리에게 분석해주십시오."

9. "도반들이여, 그렇다면 이제 그것을 들으십시오. 듣고 마음에 잘 새기십시오. 나는 설할 것입니다."

"그렇게 하겠습니다, 도반이시여."라고 비구들은 마하깟짜나 존자에게 응답했다. 마하깟짜나 존자는 이렇게 말하였다.

"도반들이여, 세존께서는 '비구들이여, 비구는 어떤 것을 점검할 때 그의 알음알이가 밖으로 흩어지거나 산만하지 않고 … 미래에 태어나고 늙고 죽는 괴로움은 일어나지 않을 것이다.'라고 간략하게 요약만 설하시고 상세하게 그 뜻을 분석해주시지 않고 자리에서 일어나 거처로 들어가셨습니다. 세존께서 이처럼 간략하게 요약만 설하시고 상세하게 분석해주시지 않은 그 뜻을 나는 이와 같이 상세하게 압니다."

10. "도반들이여, 어떻게 알음알이가 밖으로 흩어지고 산만하다고 합니까?

도반들이여, 여기 비구가 눈으로 형색을 보고 알음알이가 형색의 표상을 쫓아가서471) 형색의 표상의 달콤함을 취하고 형색의 표상의

---

471) "오직 형색이 오염원을 일으키는(kiles-uppatti) 원인이 되기 때문에

달콤함에 매이고 형색의 표상의 달콤함의 족쇄에 묶이면 알음알이가 밖으로 흩어지고 산만하다고 합니다.

귀로 소리를 듣고 … 코로 냄새를 맡고 … 혀로 맛을 보고 … 몸으로 감촉을 느끼고 … 마노[意]로 법을 지각하고 알음알이가 법의 표상을 쫓아가서 법의 표상의 달콤함을 취하고 법의 표상의 달콤함에 매이고 법의 표상의 달콤함의 족쇄에 묶이면 알음알이가 밖으로 흩어지고 산만하다고 합니다."

11. "도반들이여, 어떻게 알음알이가 밖으로 흩어지지 않고 산만하지 않다고 합니까?

도반들이여, 여기 비구가 눈으로 형색을 보고 알음알이가 형색의 표상을 쫓아가지 않아서 형색의 표상의 달콤함을 취하지 않고 형색의 표상의 달콤함에 매이지 않고 형색의 표상의 달콤함의 족쇄에 묶이지 않으면 알음알이가 밖으로 흩어지지 않고 산만하지 않다고 합니다. [226]

귀로 소리를 듣고 … 코로 냄새를 맡고 … 혀로 맛을 보고 … 몸으로 감촉을 느끼고 … 마노로 법을 지각하고 알음알이가 법의 표상을 쫓아가지 않아서 법의 표상의 달콤함을 취하지 않고 법의 표상의 달콤함에 매이지 않고 법의 표상의 달콤함의 족쇄에 묶이지 않으면 알음알이가 밖으로 흩어지지 않고 산만하지 않다고 합니다."

12. "도반들이여, 어떻게 마음472)이 안으로 들러붙었다고 합니까?

(kāraṇa-bhāva) '형색의 표상(rūpa-nimitta)'이라 한다. '형색의 표상을 쫓아감(rūpa-nimitta-anusārī)'이란 탐욕 등을 가지고 그것을 쫓아간다(anudhāvati)는 뜻이다."(MAṬ.ii.388)

472) 본경에서 마음은 citta를 옮긴 것이고 알음알이는 viññāṇa를 옮긴 것이다. 이처럼 마음과 알음알이 즉 citta와 viññāṇa는 동의어로 구분 없이 쓰인다.

도반들이여, 여기 비구는 감각적 욕망을 완전히 떨쳐버리고 해로운 법[不善法]들을 떨쳐버린 뒤 일으킨 생각[尋]과 지속적 고찰[伺]이 있고, 떨쳐버렸음에서 생긴 희열[喜]과 행복[樂]이 있는 초선(初禪)을 구족하여 머뭅니다.

만일 그의 알음알이가 떨쳐버렸음에서 생긴 희열과 행복을 좇아가서 떨쳐버렸음에서 생긴 희열과 행복의 달콤함을 취하고 떨쳐버렸음에서 생긴 희열과 행복의 달콤함에 매이고 떨쳐버렸음에서 생긴 희열과 행복의 달콤함의 족쇄에 묶이면 그의 마음은 안으로 들러붙었다고 합니다."

13. "다시 도반들이여, 여기 비구는 일으킨 생각[尋]과 지속적 고찰[伺]을 가라앉혔기 때문에 [더 이상 존재하지 않고], 자기 내면의 것이고, 확신이 있으며, 마음의 단일한 상태이고, 일으킨 생각과 지속적 고찰은 없고, 삼매에서 생긴 희열과 행복이 있는 제2선(二禪)을 구족하여 머뭅니다.

만일 그의 알음알이가 삼매에서 생긴 희열과 행복을 좇아가서 삼매에서 생긴 희열과 행복의 달콤함을 취하고 삼매에서 생긴 희열과 행복의 달콤함에 매이고 삼매에서 생긴 희열과 행복의 달콤함의 족쇄에 묶이면 그의 마음은 안으로 들러붙었다고 합니다."

14. "다시 도반들이여, 여기 비구는 희열이 빛바랬기 때문에 평온하게 머물고, 마음챙기고 알아차리며[正念 · 正知] 몸으로 행복을 경험합니다. 이 [禪 때문에] '평온하고 마음챙기며 행복하게 머문다.'고 성자들이 묘사하는 제3선(三禪)을 구족하여 머뭅니다.

그리고 초기불전과 『청정도론』 등의 주석서 문헌에서 심 · 의 · 식(心 · 意 · 識, citta-mano-viññāṇa)은 동의어라고 한결같이 나타나고 설명되어 있다. 더 자세한 것은 『초기불교이해』 130쪽 이하를 참조할 것.

만일 그의 알음알이가 평온을 좇아가서 평온에서 생긴 행복의 달콤함을 취하고 평온에서 생긴 행복의 달콤함에 매이고 평온에서 생긴 행복의 달콤함의 족쇄에 묶이면 그의 마음은 안으로 들러붙었다고 합니다."

15. "다시 도반들이여, 여기 비구는 행복도 버리고 괴로움도 버리고, 아울러 그 이전에 이미 기쁨과 슬픔을 소멸하였으므로 괴롭지도 즐겁지도 않으며, 평온으로 인해 마음챙김이 청정한 제4선(四禪)을 구족하여 머뭅니다.

만일 그의 알음알이가 괴롭지도 즐겁지도 않음을 좇아가서 괴롭지도 즐겁지도 않음의 달콤함을 취하고 괴롭지도 즐겁지도 않음의 달콤함에 매이고 괴롭지도 즐겁지도 않음의 달콤함의 족쇄에 묶이면 그의 마음은 안으로 들러붙었다고 합니다." [227]

16. "도반들이여, 어떻게 마음이 안으로 들러붙지 않았다고 합니까?

도반들이여, 여기 비구는 감각적 욕망을 완전히 떨쳐버리고 … 초선(初禪)을 구족하여 머뭅니다.

만일 그의 알음알이가 떨쳐버렸음에서 생긴 희열과 행복을 좇아가지 않아서 떨쳐버렸음에서 생긴 희열과 행복의 달콤함을 취하지 않고 떨쳐버렸음에서 생긴 희열과 행복의 달콤함에 매이지 않고 떨쳐버렸음에서 생긴 희열과 행복의 달콤함의 족쇄에 묶이지 않으면 그의 마음은 안으로 들러붙지 않았다고 합니다."

17. "다시 도반들이여, 여기 비구는 일으킨 생각[尋]과 지속적 고찰[伺]을 가라앉혔기 때문에 … 제2선(二禪)을 구족하여 머뭅니다.

만일 그의 알음알이가 삼매에서 생긴 희열과 행복을 좇아가지 않아서 삼매에서 생긴 희열과 행복의 달콤함을 취하지 않고 삼매에서 생긴 희열과 행복의 달콤함에 매이지 않고 삼매에서 생긴 희열과 행복의 달콤함의 족쇄에 묶이지 않으면 그의 마음은 안으로 들러붙지 않았다고 합니다."

18. "다시 도반들이여, 여기 비구는 희열이 빛바랬기 때문에 평온하게 머물고 … 제3선(三禪)을 구족하여 머뭅니다.

만일 그의 알음알이가 평온을 쫓아가지 않아서 평온에서 생긴 행복의 달콤함을 취하지 않고 평온에서 생긴 행복의 달콤함에 매이지 않고 평온에서 생긴 행복의 달콤함의 족쇄에 묶이지 않으면 그의 마음은 안으로 들러붙지 않았다고 합니다."

19. "다시 도반들이여, 여기 비구는 즐거움도 버렸고 괴로움도 버렸고 … 제4선(四禪)을 구족하여 머뭅니다.

만일 그의 알음알이가 괴롭지도 즐겁지도 않음을 쫓아가지 않아서 괴롭지도 즐겁지도 않음의 달콤함을 취하지 않고 괴롭지도 즐겁지도 않음의 달콤함에 매이지 않고 괴롭지도 즐겁지도 않음의 달콤함의 족쇄에 묶이지 않으면 그의 마음은 안으로 들러붙지 않았다고 합니다."

20. "도반들이여,[473] 그러면 어떻게 취착하기에 적당하지 않은 [법에] 대해 동요[474]합니까?[475]

---

473) 본경 §§21~22와 거의 같은 내용이 『상윳따 니까야』 제3권 「취착에 의한 초조함 경」 1(S22:7)을 구성하고 있다.

474) '취착하기에 적당하지 않은 [법에] 대해 동요함'은 anupādā paritassanā를 옮긴 것이다. 역자가 저본으로 삼은 Ee와 Be, Se 등의 판본에 anupādā paritassanā로 나타나기 때문이다.
그런데 『상윳따 니까야』 제3권 「취착에 의한 초조함 경」 1(S22:7)에는 '취착하여 동요함(upādā paritassanā)'과 '취착하기에 적당하지 않은 법에 대해 동요하지 않음(anupādā aparitassanā)'으로 나타나고 있다. 그곳의 주

도반들이여, 여기 배우지 못한 범부는 성자들을 존중하지 않고 성스러운 법에 정통하지 않고 성스러운 법으로 인도되지 않고, 바른 사람들을 존중하지 않고 바른 법에 정통하지 않고 바른 법으로 인도되지 않아서 물질을 자아라고 여기고, 물질을 가진 것이 자아라고 여기고, 자아 안에 물질이 있다고 여기고, 물질 안에 자아가 있다고 여깁니다. 그런 그의 물질은 변하고 달라집니다. 그의 물질이 변하고 달

석서와 복주서의 설명을 보면 '취착하여 동요함'이란 다섯 가지 무더기(오온)에 대해 '이것은 내 것'이라고 집착하여 일어난 갈애로 인한 동요(taṇhā-paritassana)와 사견으로 인한 동요(diṭṭhi-paritassana)를 말하고, '동요하지 않음'이란 동요가 없는 상태(paritassana-abhāva)이거나 동요와 반대되는 상태(paritassana-paṭipakkha)라고 설명한다.(SAṬ.ii.212)

475) "'취착하기에 적당하지 않은 [법에] 대해 동요함(anupādā paritassanā)'이라고 하셨다. 스승께서는 『상윳따 니까야』 제3권 「무더기 상윳따」(S22)에서 '비구들이여, 그대들에게 취착하여 동요함과 취착하기에 적당하지 않은 법에 대해 동요하지 않음을 설하리라.'(S22:7 §3)고 이처럼 취착하여 동요함과 취착하기에 적당하지 않은 법에 대해 동요하지 않음을 설하셨다. 마하깟짜나 장로는 바로 그 '취착하여 동요함'이 '취착하기에 적당하지 않은 법에 대해 동요함'이라는 것을 보이기 위해 이렇게 설하셨다.
그럼 어떻게 취착하기에 적당하지 않은 법에 대해 동요함이 있는가? 취착할 만한 것이 없기 때문(upādātabbassa abhāvato)이다. 만약 어떤 형성된 것(상카라)이 항상하고 영원하거나 혹은 자아이거나 자아에 속한 것(nicco vā dhuvo vā attā vā attaniyo vā) 등 취착할 만한 것이 있다면 이런 동요는 [취착할 만한 어떤 것에 대해] 취착하여 동요함이라고 해야 할 것이다. 그러나 형성된 것(saṅkhāra)은 그렇게 취착할 만한 것이 없다. 그러므로 물질을 자아라고 이런 방식으로 여기면서 물질 등을 취착하여도 결코 취착되지 않는다. 그러므로 이 '사견 때문에(diṭṭhivasena) 취착하여 동요함(upādā-paritassanā)'이라는 것도 '취착하기에 적당하지 않은 법에 대해 동요함'이라고 한다."(MA.v.29)
이처럼 주석서가 성립될 당시에는 이미 경문이 '취착하기에 적당하지 않은 법에 대해 동요함(anupādā paritassanā)'으로 확정이 되어있었다. 그렇지만 주석서는 이 주석서의 인용 마지막 부분에서 보듯이 이 바로 '취착하여 동요함(upādā-paritassanā)'도 '취착하기에 적당하지 않은 법에 대해 동요함'을 뜻한다고 밝히고 있다. 여기에 대해서는 『상윳따 니까야』 제3권 「취착에 의한 초조함 경」 1(S22:7) §3의 주해도 참조할 것.

라지기 때문에 알음알이는 물질의 변화를 따라 무너져버립니다.476) 물질의 변화를 따라 무너져버림으로 인해 동요와 [해로운] 법이 생겨나서477) 마음을 압도하여 머뭅니다.478) 마음이 압도되어 그는 걱정하고479) 속상해하고480) 애착하고481) 취착하여 동요합니다. [228]

느낌을 … 인식을 … 심리현상들을 … 알음알이를 자아라고 여기고, 알음알이를 가진 것을 자아라고 여기고, 자아 안에 알음알이가 있다고 여기고, 알음알이 안에 자아가 있다고 여깁니다. 그런 그의 알음알이는 변하고 달라집니다. 그의 알음알이가 변하고 달라지기 때문에 알음알이는 알음알이의 변화를 따라 무너져버립니다. 알음알이의 변화를 따라 무너져버림으로 인해 동요와 [해로운] 법이 생겨

---

476) "'알음알이는 물질의 변화를 따라 무너져버린다(tassa rūpa-vipariṇāma-anuparivatti viññāṇaṁ hoti).'는 것은 '나의 물질이 변해버렸다.'라거나 참으로 '내 것이 없어졌다.'라는 식으로 업의 알음알이(kamma-viññāṇa)가 물질이 무너지는 것을 따라서(bheda-anuparivatti) 변하는 것을 말한다."(MA.v.29)
"여기서 업의 알음알이란 업 형성의 알음알이(abhisaṅkhāra-viññāṇa)를 말한다."(MAṬ.ii.389)

477) "'동요와 [해로운] 법이 생겨나서(paritassanā dhamma-samuppādā)'라는 것은 갈애로 인한 동요(taṇhā-paritassanā)와 해로운 법들이 생겨난다(akusala-dhamma-samuppādā)는 말이다."(MA.v.29)

478) "'마음을 압도하여 머문다(cittaṁ pariyādāya tiṭṭhanti).'는 것은 유익한 마음kusalacitta을 끝장내게 하고(pariyādiyitvā) 거머쥐고(gahetvā) 던져버리고(khepetvā) 머문다는 말이다."(MA.v.29)

479) "'걱정함(uttāsavā)'이란 두려움으로 인한 걱정(bhaya-tāsa)과 갈애로 인한 걱정(taṇhā-tāsa)으로 걱정함을 말한다."(MA.v.29)

480) '속상해함'은 vighātavā를 옮긴 것이다. 이것은 '파괴, 괴롭힘, 슬프게 함' 등의 뜻이 있지만 "괴로움과 함께함(sa-dukkha)"(MA.v.30)이라 설명하는 주석서를 따라서 옮겼다.

481) "'애착함(apekkhavā)'이란 애정을 가짐(sālaya), 애착을 가짐(sasineha)을 뜻한다."(MA.v.30)

나서 마음을 압도하여 머뭅니다. 마음이 압도되어 그는 걱정하고 괴로워하고 애착하고 취착하여 동요합니다. 도반들이여, 이와 같이 취착하여 동요합니다."

21. "도반들이여, 그러면 어떻게 취착하기에 적당하지 않은 [법에] 대해 동요하지 않습니까?

도반들이여, 여기 잘 배운 성스러운 제자는 성자들을 존중하고 성스러운 법에 정통하고 성스러운 법으로 인도되고, 바른 사람들을 존중하고 바른 법에 정통하고 바른 법으로 인도되어 물질을 자아라고 여기지 않고, 물질을 가진 것이 자아라고 여기지 않고, 자아 안에 물질이 있다고 여기지 않고, 물질 안에 자아가 있다고 여기지 않습니다. 그러나 그의 물질은 변하고 달라집니다. 그의 물질이 변하고 달라지더라도 그의 알음알이는 물질의 변화를 따라 무너지지 않습니다.[482] 그래서 물질의 변화를 따라 무너짐으로 인한 동요와 [해로운] 법이 태어나지 않아 마음을 압도하여 머물지 않습니다. 마음이 압도되지 않아서 그는 걱정하지 않고 괴로워하지 않고 애착하지 않고 취착하지 않아서 동요하지 않습니다.

느낌을 … 인식을 … 심리현상들을 … 알음알이를 자아라고 여기지 않고, 알음알이를 가진 것이 자아라고 여기지 않고, 자아 안에 알음알이가 있다고 여기지 않고, 알음알이 안에 자아가 있다고 여기지 않습니다. 그러나 그의 알음알이는 변하고 달라집니다. 그의 알음알이가 변하고 달라지더라도 그의 알음알이는 알음알이의 변화를 따라 무너지지 않습니다. 그래서 알음알이의 변화를 따라 무너짐으로 인

---

482) "'그의 알음알이는 물질의 변화를 따라 무너지지 않는다(na ca rūpa-vipariṇāma-anuparivatti viññāṇaṁ hoti).'는 것은 번뇌 다한 자(khīṇ-āsava)에게 업 형성의 알음알이(kamma-viññāṇa)가 없기 때문에 물질의 변화를 따라 변하지 않는다는 말이다."(MA.v.30)

한 동요와 [해로운] 법이 태어나지 않아 마음을 압도하여 머물지 않습니다. 마음이 압도되지 않아서 그는 걱정하지 않고 괴로워하지 않고 애착하지 않고 취착하지 않아서 동요하지 않습니다. 도반들이여, 이와 같이 취착하지 않아서 동요하지 않습니다."

22. "도반들이여, '비구들이여, 비구는 어떤 것을 점검할 때 그의 알음알이가 밖으로 흩어지거나 산만하지 않고 … 미래에 태어나고 늙고 죽는 괴로움은 일어나지 않을 것이다.'라고 간략하게 요약만 설하시고 상세하게 그 뜻을 분석해주시지 않고 자리에서 일어나 거처로 들어가셨습니다. 세존께서 이처럼 간략하게 요약만 설하시고 상세하게 분석해주시지 않은 그 뜻을 나는 이와 같이 상세하게 압니다. [229] 그런데 그대들이 원한다면 세존을 뵈러 가서 이 뜻을 다시 여쭈어보십시오. 그래서 세존께서 설명해주시는 대로 지니십시오."

23. 그러자 그 비구들은 마하깟짜나 존자의 설법을 기뻐하고 감사드리면서 자리에서 일어나 세존을 뵈러 갔다. 세존을 뵙고 세존께 절을 올리고 한 곁에 앉았다. 한 곁에 앉아서 그 비구들은 세존께 이렇게 말씀드렸다.

"세존이시여, 세존께서는 저희에게 '비구들이여, 비구는 어떤 것을 점검할 때 그의 알음알이가 밖으로 흩어지거나 산만하지 않고 … 미래에 태어나고 늙고 죽는 괴로움은 일어나지 않을 것이다.'라고 간략하게 요약만 설하시고 상세하게 그 뜻을 분석해주시지 않고 자리에서 일어나 거처로 들어가셨습니다. 세존이시여, 세존께서 거처로 들어가신 지 얼마 안 되어 저희들에게 이런 생각이 들었습니다.

'도반들이여, 세존께서는 우리에게 '비구들이여, 비구는 어떤 것을 점검할 때 그의 알음알이가 밖으로 흩어지거나 산만하지 않고 … 미래에 태어나고 늙고 죽는 괴로움은 일어나지 않을 것이다.'라고 간략하게 요약만 설하시고 상세하게 그 뜻을 분석해주시지 않고 자리에서 일어나 거처로 들어가셨습니다. 세존께서 이처럼 간략하게 요약만 설하시고 상세하게 그 뜻을 분석해주시지 않은 것에 대해 누가 참으로 상세하게 그 뜻을 분석해줄 수 있을 것인가요?'

세존이시여, 그런 저희들에게 이런 생각이 떠올랐습니다. '마하깟짜나 존자는 스승께서 칭찬하셨고, 지혜로운 동료 수행자들이 존중합니다. 세존께서 간략하게 요약만 설하시고 상세하게 그 뜻을 분석해주지 않으신 것에 대해 마하깟짜나 존자가 참으로 상세하게 그 뜻을 분석해줄 수 있을 것입니다. 이제 우리는 마하깟짜나 존자를 찾아갑시다. 마하깟짜나 존자를 찾아가서 이 뜻을 질문합시다.'라고.

그때 저희들은 마하깟짜나 존자를 찾아갔습니다. 가서는 마하깟짜나 존자에게 이 뜻을 물어보았습니다. 그런 저희들에게 마하깟짜나 존자는 이런 방식으로 이런 단어들과 이런 문구들로 그 뜻을 분석해주었습니다."

24. "비구들이여, 마하깟짜나는 현자이다. 비구들이여, 마하깟짜나는 큰 통찰지를 가졌다. 만일 그대들이 나에게 이 뜻을 물었더라도 나는 그와 같이 설명했을 것이다. 그러니 마하깟짜나가 설명한 대로 잘 지녀라."

세존께서는 이와 같이 설하셨다. 그 비구들은 흡족한 마음으로 세존의 말씀을 크게 기뻐하였다.

요약의 분석 경(M138)이 끝났다.

무쟁(無諍)의 분석 경

Araṇavibhaṅga Sutta(M139)

1. 이와 같이 나는 들었다. [230] 한때 세존께서는 사왓티에서 제따 숲의 아나타삔디까 원림(급고독원)에 머무셨다. 거기서 세존께서는 "비구들이여."라고 비구들을 부르셨다. "세존이시여."라고 비구들은 세존께 응답했다. 세존께서는 이렇게 말씀하셨다.

2. "비구들이여, 무쟁에 대한 분석을 그대들에게 설하리라. 그것을 들어라. 듣고 마음에 잘 잡도리하라. 이제 설하리라."

"그러겠습니다, 세존이시여."라고 비구들은 세존께 대답했다. 세존께서는 다음과 같이 설하셨다.

3. "① 저급하고 저속하고 범속하고 비열하고 이익 없는 감각적 쾌락을 추구해서는 안된다. 고통스럽고 비열하고 이익 없는, 자기를 학대하는 데 몰두해서도 안된다.

② 이 양 극단을 떠나 여래는 중도를 철저하고 바르게 깨달았나니, 그것은 안목을 만들고 지혜를 만들며, 고요함과 최상의 지혜와 바른 깨달음과 열반으로 인도한다.

③ 칭송해야 할 것을 알아야 하고 비난해야 할 것을 알아야 한다.

칭송해야 할 것을 알고 비난해야 할 것을 알고는 칭송도 비난도 하지 말고 오직 법을 설해야 한다.483)

④ 즐거움을 판별할 줄 알아야 한다. 즐거움을 판별할 줄 알아서 안으로 즐거움484)을 추구해야 한다.

⑤ 비밀스러운 이야기를 해서도 안되고 공개적 비판을 해서도 안된다.485)

⑥ 침착하게 말해야 하고 다급하게 말해서는 안된다.

⑦ 방언을 고집해서도 안되고 표준어를 무시해서도 안된다.

이것이 무쟁의 분석에 대한 요약이다."

4. "① '저급하고 저속하고 범속하고 비열하고 이익 없는 감각적 쾌락을 추구해서는 안된다. 고통스럽고 비열하고 이익 없는, 자기를 학대하는 데 몰두해서도 안된다.'라고 말한 것은 무엇을 반연하여 한 말인가?

저급하고 저속하고 범속하고 비열하고 이익 없는 감각적 쾌락과 관련된 즐거움에 속하는 기쁨을 추구하는 것은 괴로움을 가져오고486) 성가심을 가져오고 절망을 수반하고 열병을 수반하며,487) 그

---

483) "'오직 법을 설해야 한다(dhammameva deseyya).'는 것은 칭송하지도 말고 비난하지도 말고 오직 있는 그대로의 상태만(yathābhūta-sabhāvam eva) 이야기해야 한다는 말이다."(MAṬ.ii.390)

484) "'안의 즐거움(ajjhatta sukha)'이란 것은 안으로 비난받을 일이 없다(ajjhattaṁ anavajjaṁ)고 이렇게 특별히(visesa) 판별된 행복(vinicchita-sukha)을 말한다."(MAṬ.ii.390)

485) "'공개적 비판을 해서도 안된다(sammukhā na khīṇaṁ).'라고 하셨다. 공개적 비판(uddissa bhāsati)은 말을 하는 사람도 말을 듣는 사람도 모두 다치고(hiṁsati) 상처 입는다(vibādhati)는 뜻이다."(MAṬ.ii.390)

486) "'괴로움을 가져온다(sadukkha).'는 것은 과보의 괴로움(vipāka-dukkha)과 오염원의 괴로움(saṅkilesa-dukkha)과 함께한다는 말씀이다."(MAṬ.

것은 그릇된 도닦음[488]이다. [231] 저급하고 저속하고 범속하고 비열하고 이익 없는 감각적 쾌락과 관련된 즐거움에 속하는 기쁨을 추구하지 않는 것은 괴로움을 가져오지 않고 성가심을 가져오지 않고 절망을 수반하지 않고 열병을 수반하지 않으며, 그것은 바른 도닦음이다.

고통스럽고 비열하고 이익 없는, 자기를 학대하는 데 몰두하는 것은 괴로움을 가져오고 성가심을 가져오고 절망을 수반하고 열병을 수반하며, 그것은 그릇된 도닦음이다. 고통스럽고 비열하고 이익 없는, 자기를 학대하는 데 몰두하지 않는 것은 괴로움을 가져오지 않고 성가심을 가져오지 않고 절망을 수반하지 않고 열병을 수반하지 않으며, 그것은 바른 도닦음이다.

'저급하고 저속하고 범속하고 비열하고 이익 없는 감각적 쾌락을 추구해서는 안된다. 고통스럽고 비열하고 이익 없는, 자기를 학대하는 데 몰두해서도 안된다.'라고 말한 것은 이것을 반연하여 한 말이다."

5. "② '이 양 극단을 떠나 여래는 중도를 철저하고 바르게 깨달았나니, 그것은 안목을 만들고 지혜를 만들며, 고요함과 최상의 지혜와 바른 깨달음과 열반으로 인도한다.'라고 말한 것은 무엇을 반연하여 한 말인가?

그것은 바로 이 성스러운 팔정도이니, 즉 바른 견해[正見], 바른 사유[正思惟], 바른 말[正語], 바른 행위[正業], 바른 생계[正命], 바른 정진[正精進] 바른 마음챙김[正念], 바른 삼매[正定]이다.

---

ii.390)

487) "'열병을 수반한다(sapariḷāha).'는 것은 과보의 열병(vipāka-pariḷāha)과 오염원의 열병(kilesa-pariḷāha)을 수반한다는 말씀이다."(MAṬ.ii.390)

488) "'그릇된 도닦음(micchāpaṭipadā)'이란 진실하지 못한 도닦음(ayāthāva-paṭipadā)이고, 해로운 도닦음(akusala-paṭipadā)이라는 말씀이다."(MA.v.31)

'이 양 극단을 떠나 여래는 중도를 철저하고 바르게 깨달았나니, 그것은 안목을 만들고 지혜를 만들며, 고요함과 최상의 지혜와 바른 깨달음과 열반으로 인도한다.'라고 말한 것은 이것을 반연하여 한 말이다."

6. "③ '칭송해야 할 것을 알아야 하고 비난해야 할 것을 알아야 한다. 칭송해야 할 것을 알고 비난해야 할 것을 알고는 칭송도 비난도 하지 말고 오직 법을 설해야 한다.'라고 말한 것은 무엇을 반연하여 한 말인가?"

7. "비구들이여, 어떻게 칭송하거나 비난은 하면서 법은 설하지 않는가?

'저급하고 저속하고 범속하고 비열하고 이익 없는 감각적 쾌락과 관련된 즐거움에 속하는 기쁨을 추구하는 자들은 모두 괴로움을 가져오고 성가심을 가져오고 절망을 수반하고 열병을 수반하며, 그릇되이 도를 닦는다.'라고 말하면서 어떤 자들을 비난한다.

'저급하고 저속하고 범속하고 비열하고 이익 없는 감각적 쾌락과 관련된 즐거움에 속하는 기쁨을 추구하지 않는 자들은 모두 괴로움을 가져오지 않고 성가심을 가져오지 않고 절망을 수반하지 않고 열병을 수반하지 않으며, 바르게 도를 닦는다.'라고 말하면서 어떤 자들을 칭송한다.

'고통스럽고 비열하고 이익 없는, 자기를 학대하는 데 몰두하는 자들은 모두 [232] 괴로움을 가져오고 성가심을 가져오고 절망을 수반하고 열병을 수반하며, 그릇되게 도를 닦는다.'라고 말하면서 어떤 자들을 비난한다.

'고통스럽고 비열하고 이익 없는, 자기를 학대하는 데 몰두하지 않는 자들은 모두 괴로움을 가져오지 않고 성가심을 가져오지 않고 절망을 수반하지 않고 열병을 수반하지 않으며, 바르게 도를 닦는다.' 라고 말하면서 어떤 자들을 칭송한다.

'누구든지 존재의 족쇄[489]를 제거하지 못한 자들은 모두 괴로움을 가져오고 성가심을 가져오고 절망을 수반하고 열병을 수반하며, 그릇되이 도를 닦는다.'라고 말하면서 어떤 자들을 비난한다.

'누구든지 존재의 족쇄를 제거한 자들은 모두 괴로움을 가져오지 않고 성가심을 가져오지 않고 절망을 수반하지 않고 열병을 수반하지 않으며, 바르게 도를 닦는다.'라고 말하면서 어떤 자들을 칭송한다.[490]

비구들이여, 이와 같이 칭송하거나 비난은 하면서 법은 설하지 않는다."

8. "비구들이여, 어떻게 칭송도 비난도 하지 말고 오직 법을 설하는가?

'저급하고 저속하고 범속하고 비열하고 이익 없는 감각적 쾌락과 관련된 즐거움에 속하는 기쁨을 추구하는 자들은 모두 괴로움을 가져오고 성가심을 가져오고 절망을 수반하고 열병을 수반하며, 그것은 그릇된 길이다.'라고 말하지 않고, '추구하는 것 자체가 괴로움을

489) "'존재의 족쇄(bhava-saṁyojana)'란 갈애(taṇhā)를 두고 한 말씀이다." (MA.v.31)

490) "수부띠 장로(Subhūti-thera)는 이 네 개조(catukka)에 관한 한 으뜸(etad-agga)이라고 알려졌다. 수부띠 장로는 법을 설할(dhamma-desana) 때 '이 사람은 도를 닦지 않는 자(appaṭipannaka)로구나, 정진을 열심히 하지 않는 자(anārādhaka)로구나.'라거나 '이 사람은 계를 지녔고, 공덕을 쌓았고, 양심 있고, 교양 있고, 바른 행실을 갖추었다.'라고 생각하지 않고, '이것은 그릇된 도닦음(micchā-paṭipadā)이다, 이것은 바른 도닦음(sammā-paṭipadā)이다.'라고 오직 가르침을 설한다. 그러므로 세존께서 '비구들이여, 나의 제자(sāvaka) 비구들 가운데 다툼 없이[無諍] 머무는 사람(araṇa-vihāri)으로는 수부띠가 으뜸이다.'(A1:14:2-4)라고 말씀하셨다."(MA.v.31)

가져오고 성가심을 가져오고 절망을 수반하고 열병을 수반하며, 그것은 그릇된 도닦음이다.'라고 말하면서 오직 법을 설한다.

'저급하고 저속하고 범속하고 비열하고 이익 없는 감각적 쾌락과 관련된 즐거움에 속하는 기쁨을 추구하지 않는 자들은 모두 괴로움을 가져오지 않고 성가심을 가져오지 않고 절망을 수반하지 않고 열병을 수반하지 않으며, 바르게 도를 닦는다.'라고 이렇게 말하지 않고, '추구하지 않는 것 자체가 괴로움을 가져오지 않고 성가심을 가져오지 않고 절망을 수반하지 않고 열병을 수반하지 않으며, 그것은 바른 도닦음이다.'라고 말하면서 오직 법을 설한다.

'고통스럽고 비열하고 이익 없는, 자기를 학대하는 데 몰두하는 자들은 모두 괴로움을 가져오고 성가심을 가져오고 절망을 수반하고 열병을 수반하며, 그릇되이 도를 닦는다.'라고 말하지 않고, '그것을 추구하는 것 자체가 괴로움을 가져오고 성가심을 가져오고 절망을 수반하고 열병을 수반하며, 그릇된 도닦음이다.'라고 말하면서 오직 법을 설한다.

'고통스럽고 비열하고 이익 없는, 자기를 학대하는 데 몰두하지 않는 자들은 모두 괴로움을 가져오지 않고 성가심을 가져오지 않고 절망을 수반하지 않고 열병을 수반하지 않으며, 바르게 도를 닦는다.'라고 말하지 않고, '그것을 추구하지 않는 것 자체가 괴로움을 가져오지 않고 성가심을 가져오지 않고 절망을 수반하지 않고 열병을 수반하지 않으며, 그것은 바른 도닦음이다.'라고 말하면서 오직 법을 설한다.

'누구든지 존재의 족쇄를 제거하지 못한 자들은 모두 괴로움을 가져오고 성가심을 가져오고 절망을 수반하고 열병을 수반하며, 그릇되이 도를 닦는다.'라고 말하지 않고, '존재의 족쇄가 제거되지 않으면 존재가 제거되지 않는다.'라고 말하면서 오직 법을 설한다.

'누구든지 존재의 족쇄를 제거한 자들은 모두 괴로움을 가져오지 않고 성가심을 가져오지 않고 절망을 수반하지 않고 열병을 수반하지 않으며, 바르게 도를 닦는다.'라고 말하지 않고, [233] '존재의 족쇄가 제거되면 존재가 제거된다.'라고 말하면서 오직 법을 설한다.

비구들이여, 이와 같이 칭송도 비난도 하지 않고 오직 법을 설한다. '칭송해야 할 것을 알아야 하고 비난해야 할 것을 알아야 한다. 칭송해야 할 것을 알고 비난해야 할 것을 알고는 칭송도 비난도 하지 말고 오직 법을 설해야 한다.'라고 말한 것은 이것을 반연하여 한 말이다."

9. "④ '즐거움을 판별할 줄 알아야 한다. 즐거움을 판별할 줄 알아서 안으로 즐거움을 추구해야 한다.'라고 말한 것은 무엇을 반연하여 한 말인가?

비구들이여, 다섯 가닥의 얽어매는 감각적 욕망이 있다. 무엇이 다섯인가? 원하고 좋아하고 마음에 들고 사랑스럽고 감각적 욕망을 짝하고 매혹적인, 눈으로 인식되는 형색들이 있다. … 귀로 인식되는 소리들이 있다. … 코로 인식되는 냄새들이 있다. … 혀로 인식되는 맛들이 있다. 원하고 좋아하고 마음에 들고 사랑스럽고 감각적 욕망을 짝하고 매혹적인, 몸으로 인식되는 감촉들이 있다. 비구들이여, 이것이 다섯 가닥의 얽어매는 감각적 욕망이다.

비구들이여, 이 다섯 가닥의 얽어매는 감각적 욕망을 반연하여 생겨나는 즐거움과 기쁨을 일러 감각적 즐거움, 불결한 즐거움, 범속한 즐거움, 비열한 즐거움이라 한다. 이런 즐거움은 추구해서는 안되고, 닦아서도 안되고, 많이 지어서도 안되며, 두려워해야 한다고 나는 말한다.

비구들이여, 여기 비구는 감각적 욕망을 완전히 떨쳐버리고 해로운 법[不善法]들을 떨쳐버린 뒤 일으킨 생각[尋]과 지속적 고찰[伺]이 있고, 떨쳐버렸음에서 생긴 희열[喜]과 행복[樂]이 있는 초선(初禪)을 구족하여 머문다. … 제2선을 … 제3선을 … 제4선을 구족하여 머문다.

이것을 일러 출리의 즐거움, 떨쳐버림의 즐거움, 고요함의 즐거움, 깨달음의 즐거움이라 한다. 이런 즐거움은 추구해야 하고, 닦아야 하고, 많이 지어야 하며, 두려워 할 필요가 없다고 나는 말한다. [234]

'즐거움을 판별할 줄 알아야 한다. 즐거움을 판별할 줄 알아서 안으로 즐거움을 추구해야 한다.'라고 말한 것은 이것을 반연하여 한 말이다."

10. "⑤ '비밀스러운 이야기를 해서는 안되고 공개적 비판을 해서도 안된다.'라고 말한 것은 무엇을 반연하여 한 말인가?

비구들이여, 여기 비밀스러운 이야기가 사실이 아니고 진실이 아니고 이익을 줄 수 없다고 안다면 그 비밀스러운 이야기를 결코 해서는 안된다. 비밀스러운 이야기가 사실이고 진실이라도 이익을 줄 수 없다고 안다면 그 비밀스러운 이야기를 하지 않으려고 공부지어야 한다. 비밀스러운 이야기가 사실이고 진실이고 이익을 줄 수 있다고 안다면 거기서 그 비밀스러운 이야기를 할 시기를 잘 보아야 한다.491)

공개적 비판이 사실이 아니고 진실이 아니고 이익을 줄 수 없다고 안다면 공개적 비판을 결코 해서는 안된다. 공개적 비판이 사실이고 진실이라도 이익을 줄 수 없다고 안다면 공개적 비판을 하지 않으려

---

491) "'시기를 잘 보아야 한다(kālaññū assa).'는 것은 아직 시기가 이르거나(asampatte) 시기를 놓쳐버렸을 때는(atikkante) 이야기를 하지 않아야하고 '지금 말하면 여러 사람이 알 것이다.'라고 적절한 시기가 도래한 것(yutta-patta-kāla)을 잘 알아야 한다는 뜻이다."(MA.v.31)

고 공부 지어야 한다. 공개적 비판이 사실이고 진실이고 이익을 줄 수 있다고 안다면 거기서 공개적 비판을 할 시기를 잘 보아야 한다.

'비밀스러운 이야기를 해서는 안되고 공개적 비판을 해서도 안된다.'라고 말한 것은 이것을 반연하여 한 말이다."

11. "⑥ '침착하게 말해야 하며 다급하게 말해서는 안된다.'라고 말한 것은 무엇을 반연하여 한 말인가?

비구들이여, 여기서 다급하게 말하면 몸도 피곤하고 마음도 흥분하고 목소리도 갈라지고 목도 쉰다. 다급하게 말하는 자의 말은 불분명하고 이해하기가 어렵다. 비구들이여, 여기 침착하게 말하면 몸도 피곤하지 않고 마음도 흥분하지 않고 목소리도 갈라지지 않고 목도 쉬지 않는다. 침착하게 말하는 자의 말은 분명하고 이해하기가 쉽다.

'침착하게 말해야 하며 다급하게 말해서는 안된다.'라고 말한 것은 이것을 반연하여 한 말이다."

12. "⑦ '방언을 고집해서도 안되고 표준어를 무시해서도 안된다.'라고 말한 것은 무엇을 반연하여 한 말인가?

비구들이여, 어떻게 방언을 고집하고 표준어를 무시하게 되는가?

비구들이여, 여기 여러 다른 지방에서 그들은 같은 것을 두고 접시라고 하고,[492] [235] 그릇이라고 하고, 사발이라고 하고, 받침이라고 하고, 냄비라고 하고, 단지라고 하고, 잔이라고 하고, 대야라고 부른다. 각 지방에서 부르던 대로 그것을 완고하게 고집하여 '이것만이 진리이고 다른 것은 헛된 것이다.'라고 한다.

비구들이여, 이와 같이 방언을 고집하고 표준어를 무시하게 된다."

---

492) "'그릇(patta)'이라고 부르는 지방에 가서 '그릇을 가져와라, 씻어라.'라고 말하는 것을 듣고 어리석은 자는 '이것은 그릇(patta)이 아니고 접시(pāta)다. 그렇게 불러라.'라고 고집하여 말한다(abhinivissa voharati)."(MA.v.32)

비구들이여, 그러면 어떻게 방언을 고집하지 않고 표준어를 무시하지 않는가?

비구들이여, 여기 여러 다른 지방에서 그들은 같은 것을 두고 접시라고 하고 … 대야라고 부른다. 비록 여러 다른 지방에서 그들이 무엇이라 부르든 '아마 이 존자들은 이것을 두고 이런 말로 사용하는구나.'라고 생각하면서 완고하게 고집하지 않고 적절하게 말한다.

비구들이여, 이와 같은 것이 방언을 고집하지 않고 표준어를 무시하지 않는 것이다.

'방언을 고집해서도 안되고 표준어를 무시해서도 안된다.'라고 말한 것은 이것을 반연하여 한 말이다."

13. "비구들이여, 여기 저급하고 저속하고 범속하고 비열하고 이익 없는 감각적 쾌락과 관련된 즐거움에 속하는 기쁨을 추구하는 것은 괴로움을 가져오고 성가심을 가져오고 절망을 수반하고 열병을 수반하며, 그것은 그릇된 도닦음이다. 그러므로 이것은 분쟁의 법493)이다.

비구들이여, 여기 저급하고 저속하고 범속하고 비열하고 이익 없는 감각적 쾌락과 관련된 즐거움에 속하는 기쁨을 추구하지 않는 것은 괴로움을 가져오지 않고 성가심을 가져오지 않고 절망을 수반하지 않고 열병을 수반하지 않으며, 그것은 바른 도닦음이다. 그러므로 이것은 무쟁(無諍)의 법494)이다.

---

493) "'분쟁의 법(dhamma saraṇa)'이란 더러움이 함께하고(saraja) 오염원이 함께하는 것(sakilesa)이다."(MA.v.32)

494) "'무쟁(無諍)의 법(dhamma araṇa)'이란 더러움이 없고(araja) 오염원이 없는 것(nikkilesa)이다."(MA.v.32)
한편 『앙굿따라 니까야 주석서』는 "'다툼 없이 머무는 자[無諍住, araṇa-vihāri]'란 오염원이 없이 머무는 자이다. '다툼(raṇa)'이란 욕망(rāga) 등의 비구들이여, 여기 고통스럽고 비열하고 이익 없는, 자기를 학대하는 데 몰두하는 것은 괴로움을 가져오고 성가심을 가져오고 절망을 수반하고 열병을 수반하며, 그것은 그릇된 도닦음이다. 그러므로 이것은 분쟁의 법이다.

비구들이여, 여기 고통스럽고 비열하고 이익 없는, 자기를 학대하는 데 몰두하지 않는 것은 괴로움을 가져오지 않고 성가심을 가져오지 않고 절망을 수반하지 않고 열병을 수반하지 않으며, 그것은 바른 도닦음이다. [236] 그러므로 이것은 무쟁의 법이다.

비구들이여, 여기 여래는 이 양 극단을 떠나 중도를 철저하고 바르게 깨달았나니, 그것은 안목을 만들고 지혜를 만들며, 고요함과 최상의 지혜와 바른 깨달음과 열반으로 인도한다. 이것은 괴로움을 가져오지 않고 성가심을 가져오지 않고 절망을 수반하지 않고 열병을 수반하지 않으며, 그것은 바른 도닦음이다. 그러므로 이것은 무쟁의 법이다.

비구들이여, 여기 칭송하거나 비난은 하면서 법은 설하지 않는 것은 괴로움을 가져오고 성가심을 가져오고 절망을 수반하고 열병을 수반하며, 그것은 그릇된 도닦음이다. 그러므로 이것은 분쟁의 법이다.

비구들이여, 여기 칭송도 비난도 하지 않고 오직 법을 설하는 것은 괴로움을 가져오지 않고 성가심을 가져오지 않고 절망을 수반하지 않고 열병을 수반하지 않으며, 그것은 바른 도닦음이다. 그러므로 이것은 무쟁의 법이다.

비구들이여, 여기 감각적 즐거움, 불결한 즐거움, 범속한 즐거움, 비열한 즐거움은 괴로움을 가져오고 성가심을 가져오고 절망을 수반하고 열병을 수반하며, 그것은 그릇된 도닦음이다. 그러므로 이것은

오염원(kilesa)들을 말한다."(AA.ii.220)로 설명한다.

분쟁의 법이다.

비구들이여, 여기 출리의 즐거움, 떨쳐버림의 즐거움, 고요함의 즐거움, 깨달음의 즐거움은 괴로움을 가져오지 않고 성가심을 가져오지 않고 절망을 수반하지 않고 열병을 수반하지 않으며, 그것은 바른 도닦음이다. 그러므로 이것은 무쟁의 법이다.

비구들이여, 여기 사실이 아니고 진실이 아니고 이익을 줄 수 없는 비밀스러운 이야기는 괴로움을 가져오고 성가심을 가져오고 절망을 수반하고 열병을 수반하며, 그것은 그릇된 도닦음이다. 그러므로 이것은 분쟁의 법이다.

비구들이여, 여기 비밀스러운 이야기가 사실이고 진실이라도 이익을 줄 수 없는 것이면 괴로움을 가져오고 성가심을 가져오고 절망을 수반하고 열병을 수반하며, 그것은 그릇된 도닦음이다. 그러므로 이것은 분쟁의 법이다.

비구들이여, 여기 비밀스러운 이야기가 사실이고 진실이고 이익을 줄 수 있는 것이면 괴로움을 가져오지 않고 성가심을 가져오지 않고 절망을 수반하지 않고 열병을 수반하지 않으며, 그것은 바른 도닦음이다. 그러므로 이것은 무쟁의 법이다.

비구들이여, 여기 사실이 아니고 진실이 아니고 이익을 줄 수 없는 공개적 비판은 괴로움을 가져오고 성가심을 가져오고 절망을 수반하고 열병을 수반하며, 그것은 그릇된 도닦음이다. 그러므로 이것은 분쟁의 법이다.

비구들이여, 여기 공개적 비판이 사실이고 진실이라 하더라도 이익을 줄 수 없는 것이면 괴로움을 가져오고 성가심을 가져오고 절망을 수반하고 열병을 수반하며, 그것은 그릇된 도닦음이다. 그러므로 이것은 분쟁의 법이다.

비구들이여, 여기 공개적 비판이 [237] 사실이고 진실이고 이익을 줄 수 있는 것이면 괴로움을 가져오지 않고 성가심을 가져오지 않고 절망을 수반하지 않고 열병을 수반하지 않으며, 그것은 바른 도닦음이다. 그러므로 이것은 무쟁의 법이다.

비구들이여, 여기 다급하게 말하는 자의 말은 괴로움을 가져오고 성가심을 가져오고 절망을 수반하고 열병을 수반하며, 그것은 그릇된 도닦음이다. 그러므로 이것은 분쟁의 법이다.

비구들이여, 여기서 침착하게 말하는 자의 말은 괴로움을 가져오지 않고 성가심을 가져오지 않고 절망을 수반하지 않고 열병을 수반하지 않으며, 그것은 바른 도닦음이다. 그러므로 이것은 무쟁의 법이다.

비구들이여, 여기서 방언을 고집하고 표준어를 무시하는 것은 괴로움을 가져오고 성가심을 가져오고 절망을 수반하고 열병을 수반하며, 그것은 그릇된 도닦음이다. 그러므로 이것은 분쟁의 법이다.

비구들이여, 여기서 방언을 고집하지 않고 표준어를 무시하지 않는 것은 괴로움을 가져오지 않고 성가심을 가져오지 않고 절망을 수반하지 않고 열병을 수반하지 않으며, 그것은 바른 도닦음이다. 그러므로 이것은 무쟁의 법이다."

14. "비구들이여, 그러므로 여기서 그대들은 '우리는 분쟁의 법을 알아야 하고 무쟁(無諍)의 법을 알아야 한다. 분쟁의 법을 알고 무쟁의 법을 알아서 무쟁의 도를 닦으리라.'라고 공부지어야 한다. 비구들이여, 수부띠 선남자는 무쟁의 도를 닦은 자[495]이다."[496]

---

495) '수부띠 선남자는 무쟁의 도를 닦은 자(Subhūti kulaputto araṇa-paṭipa-daṁ paṭipanno)이다.'라고 하셨다. 『앙굿따라 니까야』 제1권 「으뜸 품」(A1:14)에서도 "다툼 없이 머무는 자들[無諍住, araṇa-vihāri) 가운데서 수부띠(수보리) 존자가 으뜸이다."(A1:14:2-4)라고 나타난다.
한편 대승의 『금강경』(제9품)에서도 수부띠 존자를 평화롭게 머무는 자들 가운데 으뜸이라고 밝히고 있다.(得無諍三昧人中 最爲第一 是第一離欲阿羅漢) 구마라즙 스님은 무쟁삼매(無諍三昧)와 아란나행자(阿蘭那行者)

세존께서는 이와 같이 설하셨다. 그 비구들은 흡족한 마음으로 세존의 말씀을 크게 기뻐하였다.

무쟁[無爭]의 분석 경(M139)이 끝났다.

라고 옮겼고 현장 스님은 무쟁주(無諍住, 다툼없이 머묾)라고 직역하고 있다. 『금강경』과 여기서 보듯이 수부띠 존자는 무쟁제일(無諍第一)이다.
수부띠 존자(āyasmā Subhūti)는 수마나 상인(Sumana-seṭṭhi)의 아들이자 급고독(아나타삔디까, Anāthapiṇḍika) 장자의 동생이다. 아나타삔디까 원림(급고독원)의 개원식 때 부처님의 설법을 듣고 출가하였으며 자애와 함께하는 禪(mettā-jhāna)을 닦아서 아라한이 되었다. 그는 주로 숲에서 머물면서 평화롭게 지냈다고 한다. 그래서 세존께서는 다툼 없이 머무는 자들[無諍住, araṇa-vihāri) 가운데서 으뜸이라고 하시는 것이다.

496) "법의 총사령관(dhamma-senā-pati)인 사리뿟따 존자는 자신(vatthu)을 깨끗이 했다(visodheti). [즉 큰 결과를 가져오는 상수멸정에 들어(nirodha-samāpajjana) 보시를 받는 토대인(dakkhiṇeyya-vatthu-bhūta) 자신(atta)을 깨끗이 했다. — MAṬ.ii.392] 법의 총사령관은 탁발을 갈 때 집 대문에 서서 공양을 가져올 때까지 미리 한정하여 멸진정에 든 뒤(nirodhaṁ samāpajjati), 멸진정에서 출정하여 공양물(deyya-dhamma)을 받았기 때문이다.
수부띠 존자는 [자애명상(mettā-bhāvanā)을 통해 온화한 마음으로 먼저 경의를 표하여(mudu-bhūta-citta-bahu-māna-pubbaka) — *Ibid*] 공양물을(dakkhiṇa) 청정하게 만들었다. 수부띠 장로도 그와 같이 자애의 禪에 든 뒤(mettā-jhānaṁ samāpajjati), 자애 명상에서 출정하여 공양물을 받았기 때문이다."(MA.v.32)
그래서 수부띠 존자는 『앙굿따라 니까야』 제1권 「하나의 모음」(A1:14)에 "공양받을 만한 자들 가운데서 수부띠가 으뜸이다."(A1:14:2-5)라고 나타난다. 『앙굿따라 니까야 주석서』는 수부띠 존자는 탁발할 때 집집마다 자애와 함께하는 禪(mettā-jhāna)에 들었다가 여기서 출정하여 공양을 받았기 때문에 이렇게 불린다고 설명하고 있다.(AA.i.221)
이처럼 그는 『앙굿따라 니까야』 제1권 「으뜸 품」(A1:14)의 두 곳에 언급되고 있다. 그래서 주석서는 "이 [수부띠] 존자는 두 곳에서 으뜸의 위치에 올랐으니 다툼 없이 머무는 자들[無諍住] 가운데 으뜸이요(A1:14:2-4, 앞의 주해 참조), 공양 받을 만 한 자들 가운데 으뜸이다(A1:14:2-5)."(MA.v.32)라고 설명하고 있다.

요소의 분석 경

Dhātuvibhaṅga Sutta(M140)

1. 이와 같이 나는 들었다. 한때 세존께서는 마가다[497]를 유행하시다가 라자가하에 도착하셔서 도공 박가와[498]에게 가셨다. 가셔서는 도공 박가와에게 이렇게 말씀하셨다.

---

497) 마가다(Magadha)는 부처님 시대에 인도 중원의 16국 가운데서 꼬살라(Ko-sala)와 더불어 가장 강성했던 나라이며 결국은 16국을 통일한 나라이다. 물론 왕조는 바뀌었지만 마가다 지방에서 흥기한 마우리야(Maurya) 왕조의 3대 왕인 아소까 대왕이 인도를 통일하였다. 그러므로 인도는 마가다가 가장 정통이라고도 할 수 있다. 수도는 라자가하(Rājagaha)였으며 빔비사라(Bimbisāra) 왕과 그의 아들 아자따삿뚜(Ajātasattu)가 부처님 재세 시에 왕위에 있었다. 부처님 재세 시에 마가다는 동으로는 짬빠(Campā) 강, 남으로는 윈댜(Vindhyā) 산맥, 서로는 소나(Soṇa) 강, 북으로는 강가(Gaṅ-gā) 강이 그 경계였으며 강가 강 북쪽은 웨살리를 비롯한 릿차위(Licchavi)들의 땅이었다.

498) '도공 박가와'는 Bhaggava kumbha-kāra를 옮긴 것이다. 여기서 박가와(Bhaggava)는 도공(kumbhakāra)의 이름으로 나타나지만 박가와라는 단어 자체가 도공(*potter*)을 뜻하는 단어로 쓰인다.(PED) 『상윳따 니까야』 제1권 「가띠까라 경」(S1:50)과 「가띠까라 경」(S2:24)에서 세존께서는 가띠까라(Ghaṭi-kāra, 문자적으로 도공을 뜻함)를 박가와로 부르고 계신다. 그 외에도 J.iii.382 등에서도 마찬가지이고 주석서 문헌에서도 그렇다. 빠알리어 박가와(bhaggava)는 산스끄리뜨 바르구(bhargu)나 바르가(bhar-ga)에서 파생된 바르가와(bhārgava)의 빠알리어이다.

2. "박가와여, 만일 그대에게 부담이 되지 않으면499) 나는 그대의 작업장에서 하룻밤을 머물고자 한다."

"세존이시여, 제게는 부담되지 않습니다. 그러나 거기에는 한 출가자가 먼저 와서 머물고 있습니다. 세존이시여, 만일 그가 동의하면500) 원하시는 대로 머무십시오." [238]

3. 그 무렵 뿍꾸사띠501)라는 선남자가 세존에 대한 믿음으로

---

499) "'부담이 되지 않음(agarū)'이란 짐이 되거나(bhāriya) 편안하지 않음(a-phāsuka)이 없다면(natthi)이란 뜻이다."(MA.v.33)

500) "박가와(Bhaggava)는 이렇게 생각했다. '출가자(pabbajita)는 참으로 다양한 성향(ajjhāsaya)을 가지고 있다. 어떤 사람은 대중에 있는 것을 좋아하고(gaṇa-abhirata), 또 어떤 사람은 혼자 있는 것을 좋아한다(eka-abhi-rata). 만약 먼저 도착한 사람이 혼자 있는 것을 좋아하는 사람이라면 '도반이여, 들어오지 마시오, 내가 이 거처를 잡았습니다.'라고 말할 것이다. 만일 이 사람도 혼자 있는 것을 좋아하면 '도반이여, 여기서 나가시오, 내가 이 거처를 잡았습니다.'라고 말할 것이다. 이와 같은 일이 생기면 내가 두 사람 사이에 분쟁을 만드는 것(vivāda-kāretā)이다. 한 번 준 것(dinna)은 이미 준 것이다.'라고 생각하면서 이렇게 말했다."(MA.v.33)

501) 주석서는 뿍꾸사띠 선남자(Pukkusāti kulaputta)의 불법인연에 대해서 장장 14쪽에 달하는 서술을 하고 있다.(MA.v.33~46) 감동적인 이야기를 여기에 요약해 본다.
인도 중원(majjhima-ppadesa)의 도시 라자가하(Rājagaha-nagara)에 빔비사라 왕(Bimbisāra)이 통치할 때 딱까실라(Takkasīla-nagara, 딱샤실라)라는 지역에 뿍꾸사띠라는 왕(Pukkusāti rājā)이 통치를 하고 있었다. 빔비사라 왕은 딱까실라에서 오는 상인들을 통해 뿍꾸사띠 왕이 아주 덕망 높고 국민들로부터 존경 받는 인물임을 알게 되었고 나이도 동갑임을 알게 되었다. 빔비사라 왕은 기뻐 뿍꾸사띠 왕과 친교를 맺기를 원했고 딱까실라의 상인들에게 관세도 물리지 않았다. 뿍꾸사띠 왕은 그 소식을 듣고 기뻐하면서 상인들을 격려했고 마가다에서 오는 상인들을 극진히 대접하면서 빔비사라 왕의 안부를 물었다. 이렇게 하여 시간이 지날수록 서로가 일면식도 없는 상태에서 서로에 대한 우정이 깊어갔고 서로 선물을 교환하고는 했다.
그때 빔비사라 왕은 딱까실라의 상인으로부터 딱까실라에 불법승 삼보가 없다는 걸 알게 되었다. 세존을 그곳으로 가시게 하는 것도 여의치 않았고, 사리뿟따 존자와 목갈라나 존자를 그곳으로 가게 하는 것도 여의치 않았다. 생

각 끝에 그분들이 직접 가시는 것이나 진배가 없도록 가르침을 전하고 싶었다. 그리하여 황금 접시에 '여기 이 세상에 여래께서 출현하셨으니 그는 세존, 아라한이시다'등으로 부처님 공덕(Buddha-guṇa)을 한쪽에 새기고, 그 다음으로 '세존에 의해 가르침은 잘 설해졌고'등으로 가르침의 공덕(dhamma-guṇa)을 한쪽에 새기고, 그 다음으로 '세존의 승가는 도를 잘 닦는다.'는 등으로 승가의 공덕(saṅgha-guṇa)을 한쪽에 새겼다. 어떤 공덕을 갖추었는지에 대해, 여섯 가지 문의 단속, 마음챙김과 분명하게 알아차림, 네 가지 필수품에 만족함, 다섯 가지 장애를 제거함, 준비의 도닦음, 禪을 통한 최상의 지혜, 서른여덟 가지 명상주제를 비롯해 아라한과까지, 또한 열여섯 단계의 들숨날숨에 대한 명상주제를 상세하게 새긴 뒤 세존의 승가는 이와 같은 공덕을 갖추었다고 한쪽에 새겼다. '세존의 교법은 잘 설해졌고, 향상으로 인도하니 만일 내 친구가 가능하다면 집을 나와 출가하기를 바랍니다.'라고 새겨서 뿍꾸사띠 왕에게 보냈다.

뿍꾸사띠 왕은 그것을 받고 기뻐서 자신이 앉아있는지 서 있는지도 모를 정도였다. 불법승의 공덕을 차례로 읽고 맨 마지막에 들술남숨의 명상주제를 읽고 4종선과 5종선을 일으킨 뒤 禪의 기쁨으로 시간을 보냈다. 그 후 그는 왕국과 스승을 놓고 고민하다 스승의 교법을 따르기로 결심하고 삭발을 하고는 많은 사람들의 만류에도 불구하고 왕궁을 떠났다. 먼 길을 혼자서 떠나 들숨날숨을 대상으로 제4선에 들어 여행의 피로를 씻어내고 禪의 기쁨(jhāna-sukha)으로 날을 보냈다. 다음 날도 8요자나가 모자라는 200요자나를 걸었다. 제따와나로 들어가는 문 근처까지 갔었지만 스승님이 어디 계신지 묻지 않았다. 스승님에 대한 존경심과 빔비사라 왕이 보내준 교법 때문이었다. 그는 생각하기를 '여기 이 세상에 여래가 출현하셨다.'라고 스승께서 마가다에서 출현하신 것처럼 말을 하면서 교법을 보내줬기 때문에 묻지도 않고 45요자나나 되는 길을 지나쳐버렸다. 해거름에 왕사성에 도착하여 스승님이 어디 계신지를 물었다. 자신이 지나쳐온, 거기서 45요자나나 되는 사왓티에 계신다는 말을 듣고, 그날은 이미 저문 탓에 하룻밤을 도기공 집에서 머물고 그 다음날 스승님을 찾아 떠나기로 한다.

세존께서도 그날 새벽에 세상을 둘러보시다가 뿍꾸사띠를 보고 '이 선남자는 단지 친구가 보내준 그 교법을 읽고 왕국을 버리고 나를 믿고 출가하여 왕사성에 도착했다. 만일 내가 그를 만나러 가지 않으면 그는 세 가지 사문의 결실을 통찰하지 못하고 하룻밤이 지난 뒤 의지처 없이 죽게 될 것이고, 내가 가서 법을 설하면 세 가지 사문의 결실을 얻을 것이다. 나는 사람들을 돕기 위해 십만 겁을 더한 네 아승지 겁 동안 바라밀을 닦았다. 그러니 그를 구하리라.'라고 생각하셨다. 세존께서는 그가 왕국을 버리고 아무것도 소유하지 않은 채 걸어서 온 것을 생각하시면서 당신도 어떤 신통도 나투지 않고 두 발로 걸어서 왕사성으로 가셨다. 세존은 32상 등의 대인상을 감추고 여느 비구의 모습으로 45요자나를 걸어 해거름에 선남자가 먼저 도착해 머물고

집을 나와 출가하였는데 그는 그 도기공의 작업장에 먼저 와서 머물고 있었다. 그때 세존께서는 뿍꾸사띠 존자에게 다가가셨다. 가서는 뿍꾸사띠 존자에게 이렇게 말씀하셨다.

"비구여, 만일 그대가 불편하지 않다면 나는 이 작업장에서 하룻밤을 머물고자 하오."

"도반이여, 도기공의 작업장은 넓습니다. 존자께서 원하신다면 편하게 머무십시오."

4. 그러자 세존께서는 도기공의 작업장에 들어가셔서 한 곁에 풀을 깔아 자리를 만들고 가부좌를 틀고 상체를 곧추세우고 전면에 마음챙김을 확립하여 앉으셨다. 그때 세존께서는 밤을 거의 앉아서 보내셨다. 뿍꾸사띠 존자도 밤을 거의 앉아서 보내었다.502) 그러자 세존께 이런 생각이 드셨다.

있는 그 도기공의 집에 도착하셨다.(MA.v.33~46)

502) "이처럼 세존께서도 존경 받고 순수한 혈통의 가문(asambhinna-mahā-sammata-vaṁsa)에서 태어났고, 뿍꾸사띠 선남자도 끄샤뜨리야 가문에서 태어났다. 세존께서도 강한 의지를 가지셨고(abhinīhāra-sampanna), 선남자도 강한 의지를 가졌다. 세존께서도 왕국을 버리고 출가하셨고, 선남자도 그리하였다. 세존께서도 황금색의 피부(suvaṇṇa-vaṇṇa)를 가지셨고, 선남자도 그와 같았다. 세존께서도 증득을 얻으셨고(samāpatti-lābhi), 선남자도 그와 같았다. 이처럼 두 분 모두 끄샤뜨리야 출신이고, 두 분 모두 강한 의지를 가졌고, 두 분 모두 왕국을 버리고 출가했고, 두 분 모두 황금색 피부를 가졌고, 두 분 모두 증득을 얻어 도기공의 집(kumbha-kāra-sāla)에 와서 앉아있었다.
이 두 사람에 의해 도공의 집은 아주 빛났다. 그중에서 세존께서는 '내가 45 요자나를 걸어서 왔으니 잠깐 자리에 누워 피로를 풀어야겠다.'는 생각조차도 없이 앉아서 과의 증득(phala-samāpatti)에 들어 머무셨고, 선남자도 '내가 192요자나를 걸어서 왔으니 잠시라도 누워서 피로를 물리치리라.'는 생각은 전혀 없이 앉아서 들숨날숨을 대상으로 제4선에 들어 머물렀다(ānāpāna-catuttha-jjhānaṁ samāpajji). 이것을 두고 '밤을 거의 앉아서 보냈다.'고 한 것이다."(MA.v.47~48)

"이 선남자는 신심 있게 행동하는구나. 내가 그에게 질문을 해 보리라."

그러자 세존께서는 뿍꾸사띠 존자에게 이렇게 질문하셨다.

5. "비구여, 그대는 누구를 의지하여 출가하였소? 누가 그대의 스승이오? 누구의 법을 믿고 따르오?"

"도반이여, '사꺄의 후예이고, 사꺄 가문에서 출가한 사문 고따마라는 분이 있는데, 그 고따마 존자께는 이러한 좋은 명성이 따릅니다. '이런 [이유로] 그분 세존께서는 아라한[應供]이며, 완전히 깨달은 분[正等覺]이며, 명지와 실천을 구족한 분[明行足]이며, 피안으로 잘 가신 분[善逝]이며, 세간을 잘 알고 계신 분[世間解]이며, 가장 높은 분[無上士]이며, 사람을 잘 길들이는 분[調御丈夫]이며, 하늘과 인간의 스승[天人師]이며, 부처님[佛]이며, 세존(世尊)이다.'라고. 저는 그분 세존을 의지하여 출가하였습니다. 그분 세존께서 저의 스승이십니다. 저는 그분 세존의 법을 믿고 따릅니다."

"비구여, 그러면 지금 그분 세존·아라한·정등각자는 어디에 머물고 계시오?"

"도반이여, 북쪽 지방에 사왓티라는 도시가 있습니다. 그분 세존·아라한·정등각자께서는 지금 그곳에 머무십니다."

"비구여, 그러면 그대는 전에 그분 세존을 뵌 적이 있소? 그분을 보면 알아볼 수 있소?" [239]

"도반이여, 저는 전에 그분을 뵌 적이 없습니다. 저는 그분을 뵈어도 알아볼 수 없습니다."

6. 그러자 세존께 이런 생각이 드셨다.

"이 선남자는 나를 믿고 출가했구나. 이 사람에게 법을 설하리라."

그러자 세존께서는 뿍꾸사띠 존자를 불러서 말씀하셨다.

"비구여, 그대에게 법을 설하리라. 그것을 잘 듣고 마음에 잘 잡도리하라. 이제 설하리라."

"그러겠습니다, 도반이시여."라고 뿍꾸사띠 존자는 세존께 대답했다. 세존께서는 다음과 같이 설하셨다.

7. "비구여,[503] ① 이 사람은 여섯 가지 요소[界]로 이루어졌다.[504] ② 이 사람은 여섯 가지 감각접촉의 장소로 이루어졌다. ③

---

503) "세존께서 선남자에게 예비단계의 도닦음(pubba-bhāga-paṭipadā)에 대해 설하지 않으시고 처음부터 아라한과의 토대가 되는(pada-ṭṭhāna-bhūta) 궁극적인 공함(accanta-suññatā) 즉 위빳사나의 특징(vipassanā-lakkha-ṇa)을 설명하기 시작하셨다. 예비단계의 도닦음이 청정하지 않은 자에게는 처음에 계를 통한 단속(sīla-saṁvara), 감각기능들에 대해 문을 보호함(in-driyesu gutta-dvāratā), 음식에 적당한 양을 아는 것(bhojane matta-ññutā), 깨어있음에 전념함(jāgariya-anuyoga), 일곱 가지 바른 법(satta saddhammā, 믿음이 있고, 양심이 있고, 수치심이 있고, 많이 배웠고, 활발하게 정진하고, 마음챙김을 확립하고, 통찰지를 구족함 — 「합송경」(D)33 §2.3 (5), 「바른 법 경」(A7:84) 등), 네 가지 禪(cattāri jhānāni)이라는 이러한 예비단계의 도닦음을 설하신다.

그러나 그것이 청정한 자(parisuddha)에게는 그것을 설하지 않고 아라한과의 토대가 되는 위빳사나를 설하신다. 이 선남자는 예비단계의 도닦음이 청정하다. 가르침을 읽고 청정한 믿음이 생겨 들숨날숨으로 제4선을 일으켰고 192요자나나 되는 거리를 걸어오면서 여행의 의무(yāna-kicca)를 다했으니 사미의 계(sāmaṇera-sīla)를 구족했다(paripuṇṇa). 그러므로 이렇게 설하신 것이다."(MA.v.50)

504) "'요소[界, dhātu]'는 실제로 존재하는 것(vijjamānā)이고, '사람(purisa)'은 실제로 존재하는 것이 아니다(avijjamāna). 세존께서는 어떤 곳에서는 실제로 존재하지 않는 것을 통해 실제로 존재하는 것을 보이셨고, 어떤 곳에서는 그 반대로, 또 어떤 때는 실제로 존재하는 것을 통해 실제로 존재하는 것을 보이셨고, 어떤 때는 실제로 존재하지 않는 것을 통해 실제로 존재하지 않는 것을 보이셨다. 여기서는 실제로 존재하는 것을 통해 실제로 존재하지 않는 것을 보이기 위해 이렇게 말씀하셨다. 왜냐하면 '요소'는 실제로 존재하는 것이고, '사람'은 실제로 존재하는 것이 아니라 개념(paññatti)일 뿐이다. 사람은 여섯 가지 요소로 이루어졌기 때문이다.

이 사람은 열여덟 가지 마노[意]의 고찰로 이루어졌다. ④ 이 사람은 네 가지 토대505)를 가지고 있다. ⑤506) 여기에 굳게 선 자에게 공상(空想, 허황된 생각)이 일어나지 않으며507) 공상이 더 이상 일어나지 않을 때 고요한 성자508)라고 한다. ⑥ 이 사람은 통찰지를 소홀히 여

만약 세존께서 '사람'이라는 개념(paññatti)을 사용하지 않고 바로 '요소'라고 말씀하시면 이 선남자가 의심(sandeha)할 수 있고 어리둥절할(sammoha) 수 있고 가르침을 받아들일 수 없을지 모르기 때문에 서서히(anupubbe-na) '사람'이라든지 '중생'이라든지 '인간'이라든지 하는 것은 개념일 뿐이지 궁극적(paramattha)으로 중생이라는 것이 있는 것이 아니기 때문에 오직 요소에만 마음을 두어 세 가지 과를 통찰하게 하기 위해(paṭivijjhāpeti) 이렇게 말씀하셨다."(MA.v.50~51)

505) "사람이 여섯 가지 요소와 여섯 가지 감각접촉의 장소와 열여덟 가지 마노의 고찰에서 선회하여 최고의 성취인 아라한과를 얻으려고 할 때 이 네 가지 토대에 굳게 서야만 얻을 수 있기 때문에 '네 가지 토대(catura-adhiṭṭhāna)'라고 한다."(MA.v.51)
네 가지 토대는 『디가 니까야』 제3권 「합송경」(D33) §1.11 (27)에도 나타나는데 그것은 통찰지의 토대(adhiṭṭhāna-adhiṭṭhāna), 진리의 토대(sacca-adhiṭṭhāna), 버림의 토대(cāga-adhiṭṭhāna), 고요함의 토대(upasama-adhiṭṭhāna)이다.

506) 여기 요약의 말씀에서는 ⑤ 공상이 일어나지 않음과 ⑥ 통찰지를 소홀히 하지 않음의 순서로 나타나지만 아래 설명에서는 ⑤가 §30이하에서 여섯 번째로 설명되고 ⑥이 §12이하에서 다섯 번째로 먼저 설명된다.

507) '공상이 일어나지 않는다.'는 maññassa vā nappavattanti를 옮긴 것이다. 주석서에서 "공상이나 자만이 일어나지 않는다(maññassa vā mānassa vā nappavattanti)."(MA.v.51)라고 설명하고 있다.
복주서는 "자만이 완전히 끊어질 때(māne sabbaso samucchinne) 끊어지지 않고 고요해지지 않는 오염원은 없다(asamucchinno anupasanto kileso nāma natthi). 그러므로 고요한 성자라 한다."(MAṬ.ii.398)라는 설명으로 '공상'이라는 뜻보다는 '자만'의 뜻으로 이해하고 있다. 그러나 역자는 본경 §31에서 확실하게 공상의 뜻으로 나타나고 있어 '공상'으로 옮긴다. 본경 §31과 주해를 참조할 것.
"'일어나지 않는다(nappavattanti).'는 것은 여섯 가지 문을 통해 일어난 자만의 흐름은 도에 의해 말라버리기 때문에(maggena visositāya) 완전히 없어지고 완전히 끊어져서 흐르지 않는다. 그러므로 일어나지 않는다고 했다."(MAṬ.ii.397)

겨서는 안된다.[509] 진리를 보호해야 한다.[510] 버림을 길러야 한다. 고요함을 공부지어야 한다. 이것이 여섯 가지 요소의 분석에 대한 요약이다."

8. "비구여, '① 이 사람은 여섯 가지 요소로 이루어졌다.'라고 한 것은 무엇을 반연하여 한 말인가?

땅의 요소[地界], 물의 요소[水界], 불의 요소[火界], 바람의 요소[風界], 허공의 요소[空界], 알음알이의 요소[識界]가 있다.[511]

---

508) "'고요한 성자(muni santa)'라고 하셨다. 번뇌 다한 성자(khīṇ-āsava-muni)는 고요하고(upasanta) 적멸하다(nibbuta)고 한다."(MA.v.51)

509) "'통찰지를 소홀히 여겨서는 안된다(paññaṁ nappamajjeyya).'는 것은 아라한과의 통찰지를 통찰하기 위해서는(paṭivijjhan-attha) 처음부터(ādito) 사마디와 위빳사나의 통찰지(samādhi-vipassanā-paññā)를 소홀히 여겨서는 안된다는 말씀이다."(MA.v.51~52)

510) "'진리를 보호해야 한다(saccam anurakkheyya).'는 것은 궁극적 진리인 열반을 실현하기 위해서는 처음부터 말의 진리(vacī-sacca)를 보호해야 한다는 뜻이다."(MA.v.52)
"여기서 '진리를 보호해야 한다.'는 문구는 계를 깨끗이 하는 것(sīla-visodhana)을 말한다. 진리에 섰을 때(sacce ṭhito) 받아 지닌 계를 헐지 않고(avikopetvā) 완성하면서(paripūrento) 삼매에 들게 한다. 그러므로 주석서에서 '말의 진리를 보호해야 한다(vacīsaccaṁ rakkheyya).'라고 했다."(MAṬ.ii.398)

511) 여기서처럼 몇몇 초기불전들(D33 §2.2 (16), M112 §7, M115 §5, M140 §8, M143 §10, S18:9, S25:9, S26:9, S27:9, A3:61 §5 등)은 네 가지 근본물질[四大, cattāro mahā-bhūta]에다 '허공의 요소(ākāsa-dhātu)'와 '알음알이의 요소(viññāṇa-dhātu)'를 첨가하여 여섯 가지 요소[六大, cha dhātu]를 설하고 있다. 주석서 문헌들에 의하면 여기서 허공의 요소는 물질을 한정(pariccheda)하기 때문에 파생된 물질(upādā-rūpa)에 속하고 알음알이의 요소는 정신[名, nāma] 즉 모든 마음과 마음부수[心·心所]를 다 포함한다고 한다. 이렇게 해서 이 여섯 가지 요소[六大]는 삼계의 정신·물질[名色, nāma-rūpa]을 모두 다 포함한다고 설명하고 있다.(SA.ii.214; SAṬ.ii.159; AA.ii.278; DhsA.326 등)
실제로 아비담마에서는 허공(ākāsa)을 파생된 물질 가운데서도 추상적인

'비구여, 이 사람은 이 여섯 가지 요소로 이루어졌다.'라고 한 것은 이것을 반연하여 한 말이다."

9. "비구여, '② 이 사람은 여섯 가지 감각접촉의 장소로 이루어졌다.'라고 한 것은 무엇을 반연하여 한 말인가?

눈의 감각접촉의 장소, 귀의 감각접촉의 장소, 코의 감각접촉의 장소, 혀의 감각접촉의 장소, 몸의 감각접촉의 장소, 마노의 감각접촉의 장소가 있다.

'비구여, 이 사람은 여섯 가지 감각접촉의 장소로 이루어졌다.'라고 한 것은 이것을 반연하여 한 말이다."

10. "비구여,[512] '③ 이 사람은 열여덟 가지 마노[意]의 고찰로 이루어졌다.'라고 한 것은 무엇을 반연하여 한 말인가?

눈으로 형색을 보고 기쁨을 일으키는 형색을 고찰하고 슬픔을 일으키는 형색을 고찰하고 평온을 일으키는 형색을 고찰한다. 귀로 소리를 듣고 … 코로 [240] 냄새를 맡고 … 혀로 맛을 보고 … 몸으로 감촉을 느끼고 … 마노로 법을 지각하고 기쁨을 일으키는 정신적 현상(법)을 고찰하고 슬픔을 일으키는 정신적 현상(법)을 고찰하고 평온을 일으키는 정신적 현상(법)을 고찰한다. 이처럼 여섯 가지 기쁨의 고찰과 여섯 가지 슬픔의 고찰과 여섯 가지 평온의 고찰이 있다.

'비구여, 이 사람은 열여덟 가지 마노의 고찰로 이루어졌다.'라고 한 것은 이것을 반연하여 한 말이다."

물질(anipphanna-rūpa)의 영역에 포함시키고 있다. 『아비담마 길라잡이』 제6장 §4와 해설을 참조할 것.

512) 본경 §10은 본서 「여섯 감각장소의 분석 경」(M137) §8과 같다.

11. "비구여, '④ 이 사람은 네 가지 토대[513]를 가지고 있다.'라고 한 것은 무엇을 반연하여 한 말인가?

통찰지의 토대, 진리의 토대, 버림의 토대, 고요함의 토대가 있다.[514] '비구여, 이 사람은 네 가지 토대를 가지고 있다.'라고 한 것은 이것을 반연하여 한 말이다."

12. "⑤ '이 사람은 통찰지를 소홀히 여겨서는 안된다. 진리를 보호해야 한다. 버림을 길러야 한다. 고요함을 공부지어야 한다.'라고 한 것은 무엇을 반연하여 한 말인가?"

13. "비구여. 그러면 어떻게 통찰지를 소홀히 여기지 않는가?

이들 여섯 가지 요소들이 있으니 땅의 요소, 물의 요소, 불의 요소, 바람의 요소, 허공의 요소, 알음알이의 요소이다."

14. "비구여, 그러면 무엇이 땅의 요소인가?[515] 땅의 요소는 내

513) "[토대로 옮긴] adhiṭṭhāna에서 adhi는 단지 접두어일 뿐이다. 뜻으로는 이것에 의해서 선다거나, 거기에 선다거나, 이런저런 덕스러운 사람들의 토대인 장소라는 의미이다."(DA.iii.1022)

514) 여기서 '통찰지의 토대', '진리의 토대', '버림의 토대', '고요함의 토대'는 각각 paññādhiṭṭhāna, sacca-adhiṭṭhāna, cāga-adhiṭṭhāna, upasama-adiṭṭhāna를 옮긴 것이다. 주석서는 이렇게 설명한다.
"여기서 첫 번째는 최상의 과에 대한 통찰지(paññā), 두 번째는 말에 대한 진리(sacca), 세 번째는 세속적인 것을 버림(cāga), 네 번째는 오염원을 고요하게 함(upasama)을 말한다. 그리고 첫 번째는 업이 자신의 주인임에 대한 통찰지나 위빳사나의 통찰지로부터 시작하여 과에 대한 통찰지를 설한 것이다. 두 번째는 말에 대한 진리로부터 시작하여 열반을, 세 번째는 세속적인 것을 버림으로부터 시작하여 최상의 도로써 오염원을 버림을, 네 번째는 증득[等至]을 흔들어버리는 오염원들로부터 시작하여 최상의 도로써 오염원들을 고요하게 함을 설하신 것이다."(DA.iii.1022~23)

515) 이하 §§14~17은 각각 본서 제1권 「코끼리 발자국 비유의 긴 경」(M28)의 §6, §11, §16, §21과 같다. 그곳의 주해를 참조할 것. 그리고 이것은 본서 제

적인 것과 외적인 것이 있다. 비구여, 그러면 무엇이 내적인 땅의 요소인가?

비구여, 몸 안에 있고 개개인에 속하고 딱딱하고 견고하고 업에서 생긴 것은 무엇이건 이를 일러 내적인 땅의 요소라 한다. 예를 들면 머리털 · 몸털 · 손발톱 · 이 · 살갗 · 살 · 힘줄 · 뼈 · 골수 · 콩팥 · 염통 · 간 · 근막 · 지라 · 허파 · 창자 · 장간막 · 위 속의 음식 · 똥과 그 외에도 몸 안에 있고 개개인에 속하고 딱딱하고 견고하고 업에서 생긴 것은 무엇이건 이를 일러 내적인 땅의 요소라 한다.

내적인 땅의 요소든 외적인 땅의 요소든 그것은 단지 땅의 요소일 뿐이다. 이에 대해 '이것은 내 것이 아니다. 이것은 내가 아니다. 이것은 나의 자아가 아니다.'라고 있는 그대로 바르게 통찰지로 보아야 한다. 이와 같이 이것을 있는 그대로 바르게 통찰지로 보아 땅의 요소를 역겨워하고[厭離] 마음이 땅의 요소에 대한 탐욕을 빛바래게 해야 한다[離慾]."

15. "비구여, 그러면 무엇이 물의 요소[水界]인가? 물의 요소는 [241] 내적인 것과 외적인 것이 있다. 비구여, 그러면 무엇이 내적인 물의 요소인가?

비구여, 몸 안에 있고 개개인에 속하는 물과 액체 상태로 된 것과 업에서 생긴 것은 무엇이건 이를 일러 내적인 물의 요소라 한다. 예를 들면 쓸개즙 · 가래 · 고름 · 피 · 땀 · 굳기름 · 눈물 · [피부의] 기름기 · 침 · 콧물 · 관절활액 · 오줌과 그 외에도 몸 안에 있고 개개인에 속하는 물과 액체 상태로 된 것과 업에서 생긴 것은 무엇이건 이를 일러 내적인 물의 요소라 한다.

2권 「라훌라를 교계한 긴 경」 (M62) §§8~11과도 같다.

내적인 물의 요소든 외적인 물의 요소든 그것은 단지 물의 요소일 뿐이다. 이에 대해 '이것은 내 것이 아니다. 이것은 내가 아니다. 이것은 나의 자아가 아니다.'라고 있는 그대로 바르게 통찰지로 보아야 한다. 이와 같이 이것을 있는 그대로 바르게 통찰지로 보아 물의 요소를 역겨워하고 마음이 물의 요소에 대한 탐욕을 빛바래게 해야 한다."

16. "비구여, 그러면 무엇이 불의 요소[火界]인가? 불의 요소는 내적인 것과 외적인 것이 있다. 비구여, 그러면 무엇이 내적인 불의 요소인가?

비구여, 몸 안에 있고 개개인에 속하는 불과 뜨거운 것과 업에서 생긴 것은 무엇이건 이를 일러 내적인 불의 요소라 한다. 예를 들면 그것 때문에 따뜻해지고 늙고 타버린다거나 그것 때문에 먹고 마시고 씹고 맛본 것이 완전히 소화된다든지 하는 것이다. 그 외에도 몸 안에 있고 개개인에 속하는 불과 뜨거운 것과 업에서 생긴 것은 무엇이건 이를 일러 내적인 불의 요소라 한다.

내적인 불의 요소든 외적인 불의 요소든 그것은 단지 불의 요소일 뿐이다. 이에 대해 '이것은 내 것이 아니다. 이것은 내가 아니다. 이것은 나의 자아가 아니다.'라고 있는 그대로 바르게 통찰지로 보아야 한다. 이와 같이 이것을 있는 그대로 바르게 통찰지로 보아 불의 요소를 역겨워하고 마음이 불의 요소에 대한 탐욕을 빛바래게 해야 한다."

17. "비구여, 그러면 무엇이 바람의 요소[風界]인가? 바람의 요소는 내적인 것과 외적인 것이 있다. 그러면 무엇이 내적인 바람의 요소인가?

비구여, 몸 안에 있고 개개인에 속하는 바람과 바람 기운과 업에서 생긴 것은 무엇이건 이를 일러 내적인 바람의 요소라 한다. 예를 들면 올라가는 바람, 내려가는 바람, 복부에 있는 바람, 창자에 있는 바람, 온몸에 움직이는 바람, 들숨과 날숨이다. 그 외에도 몸 안에 있고 개개인에 속하는 바람과 바람 기운과 업에서 생긴 것을 일러 내적인 바람의 요소라 한다.

내적인 바람의 요소든 외적인 바람의 요소든 그것은 단지 바람의 요소일 뿐이다. 이에 대해 '이것은 내 것이 아니다. 이것은 내가 아니다. 이것은 나의 자아가 아니다.'라고 있는 그대로 바르게 통찰지로 보아야 한다. 이와 같이 이것을 있는 그대로 바르게 통찰지로 보아 바람의 요소를 역겨워하고 마음이 바람의 요소에 대한 탐욕을 빛바래게 해야 한다."

18. "비구여, 그러면 무엇이 허공의 요소[空界]인가?516) 허공의 요소는 내적인 것과 외적인 것이 있다. 비구여, 그러면 무엇이 내적인 허공의 요소인가? [242]

비구여, 몸 안에 있고 개개인에 속하는 허공과 허공에 속하는 것과 업에서 생긴 것은 무엇이건 이를 일러 내적인 허공의 요소라 한다. 예를 들면 귓구멍, 콧구멍, 입이다. 그리고 먹고 마시고 씹고 맛본 것이 넘어가는 [목구멍과], 먹고 마시고 씹고 맛본 것이 머무는 곳, 먹고 마시고 씹고 맛본 것이 나가는 곳이다. 그 외에도 몸 안에 있고 개개인에 속하는 허공과 허공에 속하는 것과 업에서 생긴 것을 일러 내적인 허공의 요소라 한다.

---

516) '허공의 요소[空界, ākāsa-dhātu]'에 대한 본 문단의 가르침은 본서 제2권 「라훌라를 교계한 긴 경」(M62)의 §12와 같은 내용이다. 그곳의 주해를 참조할 것.

내적인 허공의 요소든 외적인 허공의 요소든 그것은 단지 허공의 요소일 뿐이다. 이에 대해 '이것은 내 것이 아니다. 이것은 내가 아니다. 이것은 나의 자아가 아니다.'라고 있는 그대로 바르게 통찰지로 보아야 한다. 이와 같이 이것을 있는 그대로 바르게 통찰지로 보아 허공의 요소를 역겨워하고 마음이 허공의 요소에 대한 탐욕을 빛바래게 해야 한다."

19. "이제[517] 청정하고 순수한[518] 알음알이만이 남았다.[519] 이 알음알이로 무엇을 아는가? 그는 '즐겁다.'라고 안다.[520] '괴롭다.'라고 안다. '괴롭지도 즐겁지도 않다.'라고 안다.

비구여, 즐거움을 느낄 감각접촉을 반연하여[521] 즐거운 느낌이 일어난다. 그는 즐거운 느낌을 느끼면서 '나는 즐거운 느낌을 느낀다.' 라고 꿰뚫어 안다. '즐거움을 느낄 그 감각접촉의 소멸과 더불어 즐

---

517) "앞에서는 물질의 명상주제(rūpa-kamma-ṭṭhāna)를 설하셨고, 지금부터는 정신의 명상주제(arūpa-kamma-ṭṭhāna)를 느낌(vedanā)을 통해 일으켜서 보이시기 위해 이 가르침을 시작하셨다."(MA.v.53)

518) "'청정하고 순수한(parisuddha pariyodāta)'이라고 하셨다. 오염원이 없기 때문에(nirupakkilesa) '청정하고(parisuddha)', 빛나기 때문에(pabhassara) '순수하다(pariyodāta).'"(MA.v.53)
"즉 반대되는 법들이 사라졌기 때문에(paṭipakkha-vigama) 그의 마음이 청정하다. 그리하여 오염원이 없다고 했고, 오염원들이 제거되었기 때문에 순수하다고 설명했다."(MAṬ.ii.399)

519) "'남았다(avasissati).'는 것은 부처님께서 [요약(uddiṭṭha, uddesa)만 설하셨고 분석(niddesa)은 설하셔야 하기 때문에 — MAṬ.ii.399] 설명하실 것이 아직 남았고, 선남자가 통찰할 것이 아직 남았다는 뜻이다."(MA.v.53)

520) "즐거운 느낌(sukha-vedanā)을 느낄 때 즐거운 느낌을 느낀다고 꿰뚫어 안다는 말씀이다."(MA.v.53)

521) "조건(paccaya)을 통해 일어남과 사라짐을 보이기 위해(udayatthaṅgamana-dassanattha) 설하셨다."(MA.v.53)

거움을 느낄 감각접촉을 반연하여 생긴 즐거운 느낌도 소멸하고 가라앉는다.'라고 꿰뚫어 안다.

비구여, 괴로움을 느낄 감각접촉을 반연하여 괴로운 느낌이 일어난다. 그는 괴로운 느낌을 느끼면서 '나는 괴로운 느낌을 느낀다.'라고 꿰뚫어 안다. '괴로움을 느낄 그 감각접촉의 소멸과 더불어 괴로움을 느낄 감각접촉을 반연하여 생긴 괴로운 느낌도 소멸하고 가라앉는다.'라고 꿰뚫어 안다.

비구여, 괴롭지도 즐겁지도 않음을 느낄 감각접촉을 반연하여 괴롭지도 즐겁지도 않은 느낌이 일어난다. 그는 괴롭지도 즐겁지도 않은 느낌을 느끼면서 '나는 괴롭지도 즐겁지도 않은 느낌을 느낀다.'라고 꿰뚫어 안다. '괴롭지도 즐겁지도 않음을 느낄 그 감각접촉의 소멸과 더불어 괴롭지도 즐겁지도 않음을 느낄 감각접촉을 반연하여 생긴 괴롭지도 즐겁지도 않은 느낌도 소멸하고 가라앉는다.'라고 꿰뚫어 안다.

비구여, 예를 들면 두 개의 막대기를 맞대어 비비면 열이 생겨 불꽃이 일어나고, 그 막대기를 떼어 분리시키면 그것에서 생긴 열기도 소멸하고 가라앉는 것과 같다.

비구여, 그와 같이 [243] 즐거움을 느낄 감각접촉을 반연하여 즐거운 느낌이 일어난다. 그는 즐거운 느낌을 느끼면서 '나는 즐거운 느낌을 느낀다.'라고 꿰뚫어 안다. '즐거움을 느낄 그 감각접촉의 소멸과 더불어 즐거움을 느낄 감각접촉을 반연하여 생긴 즐거운 느낌도 소멸하고 가라앉는다.'라고 꿰뚫어 안다.

비구여, 괴로움을 느낄 감각접촉을 반연하여 괴로운 느낌이 일어난다. 그는 괴로운 느낌을 느끼면서 '나는 괴로운 느낌을 느낀다.'라고 꿰뚫어 안다. '괴로움을 느낄 그 감각접촉의 소멸과 더불어 괴로움을 느낄 감각접촉을 반연하여 생긴 괴로운 느낌도 소멸하고 가라앉는다.'라고 꿰뚫어 안다.

비구여, 괴롭지도 즐겁지도 않음을 느낄 감각접촉을 반연하여 괴롭지도 즐겁지도 않은 느낌이 일어난다. 그는 괴롭지도 즐겁지도 않은 느낌을 느끼면서 '나는 괴롭지도 즐겁지도 않은 느낌을 느낀다.'라고 꿰뚫어 안다. '괴롭지도 즐겁지도 않음을 느낄 그 감각접촉의 소멸과 더불어 괴롭지도 즐겁지도 않음을 느낄 감각접촉을 반연하여 생긴 괴롭지도 즐겁지도 않은 느낌도 소멸하고 가라앉는다.'라고 꿰뚫어 안다."

20. "비구여, 이제 청정하고 순수하며 부드럽고 다루기 쉽고 빛나는 평온만이 남았다.[522] 비구여, 예를 들면 숙달된 금세공인이나 금세공인의 도제가 용광로를 준비하여 도가니를 가열하고 도가니 집게로 금을 집어서 도가니에 넣을 것이다. 그는 때때로 바람을 불어 가열하고 때때로 물을 축여 식혀주고 때때로 관찰하면 그 금은 제련되고 잘 제련되고 완전하게 제련되어 흠이 없고 부드럽고 다루기 쉽고 빛날 것이다. 그는 띠든 귀걸이든 목걸이든 금 화환이든 그 어떤 장신구든 그가 원하는 대로 자기의 목적을 성취한다. 비구여, 그와 같이 이제 청정하고 순수하며 부드럽고 다루기 쉽고 빛나는 평온만이 남았다."

---

522) "그런데 '평온만이 남았다(upekkhā yeva avasissati).'는 것에는 무슨 의미가 [내포되어] 있는가? 스승께서 설명해주실 것(kathana)이 남아 있다는 말씀이다. 선남자가 통찰할 것(paṭivijjhana)도 남았다는 것은 해당되지 않는다. 선남자는 친구로부터 교법을 듣고 왕궁(pāsāda-tala)에 머물 때에도 들숨날숨의 제4선(ānāpāna-catutthajjhāna)을 일으켰다. 또한 그만큼의 먼 거리를 걸어서 올 때 여행의 의무(yāna-kicca)를 성취했다. 그러므로 스승께서 설명해주실 것만 남았다."(MA.v.53~54)

21. "그는 이와 같이 꿰뚫어 안다. '내가 만일 이와 같이 청정하고 이와 같이 순수한 평온을 공무변처로 기울여서 적절하게[523] 마음을 닦는다면 이런 나의 평온은 그것을 의지하고 그것을 취착하여[524] 아주 오랜 세월을 머물게 될 것이다.[525] 내가 만일 이와 같이 청정하고 이와 같이 순수한 평온을 식무변처로 … [244] … 무소유처로 … 비상비비상처로 기울여서 적절하게 마음을 닦는다면 이런 나의 평온은 그것을 의지하고 그것을 취착하여 아주 오랜 세월을 머물게 될 것이다."

22. "그는 이와 같이 꿰뚫어 안다.[526] '내가 만일 이와 같이 청정하고 이와 같이 순수한 평온을 공무변처로 기울여서 적절하게 마음

---

523) '적절하게'는 tad-anudhamma를 옮긴 것인데 이것은 tam과 anudhamma의 합성어로 그(tad) 법을 따라(anudhamma)로 직역할 수 있다. 그래서 '적절하게'로 의역을 하였다. 주석서는 이렇게 설명한다.
"무색계禪(arūpa-avacara-jjhāna)이 법(dhamma)이고, 그것을 따르기 때문에 색계선이 그것을 따름(anudhamma)이다."(MA.v.55)
복주서는, "이것은 무색계의 유익함을 뒤따르는 법(arūpāvacarassa kusa-lassa anurūpadhamma)인데, 그 도닦음으로써 무색계선을 얻는 예비단계의 도닦음(pubba-bhāga-paṭipadā)이다."(MAṬ.ii.400)라고 설명하고 있다.

524) "'그것을 취착하여(tad-upādānā)'라고 하셨다. 여기서 취착하다는 것은 그 도닦음으로(tassā paṭipattiyā) 그것을 닦아서(paṭipajjamānena)라는 뜻이다."(MAṬ.ii.400)

525) "'아주 오랜 세월을 머물게 될 것이다(ciraṁ dīghamaddhānaṁ tiṭṭheyya).'라는 것은 2만 겁(kappa)을 머물게 될 것이라는 말이다."(MA.v.55)
아비담맛타 상가하(『아비담마 길라잡이』) 제5장 §16에 의하면 공무변처의 중생들의 수명은 2만 겁이고, 식무변처는 4만 겁이며, 무소유처는 6만 겁이고, 비상비비상처는 8만 4천 겁이다.

526) "네 가지 무색계선을 설명하고 나서 지금은 그것의 위험(ādīnava)을 보이시기 위해 이렇게 시작하셨다."(MA.v.55)

을 닦더라도 이것은 형성된 것이다.[527] 내가 만일 이와 같이 청정하고 이와 같이 순수한 평온을 식무변처로 … 무소유처로 … 비상비비상처로 기울여서 적절하게 마음을 닦더라도 이것은 형성된 것이다.'

그는 존재나 비존재[528]를 형성하지도 않고 의도하지도 않는다.[529] 그가 존재나 비존재를 형성하지도 의도하지도 않을 때 그는 세상의 어느 것에도 취착하지 않는다.[530] 그가 세상의 어느 것에도 취착하지 않을 때 그는 동요하지 않는다. 동요하지 않을 때 그는 스스로 완전한 열반을 얻는다. 그는 '태어남은 다했다. 청정범행은 성취되었다. 할 일을 다 해 마쳤다. 다시는 어떤 존재로도 돌아오지 않을 것이다.'라고 꿰뚫어 안다."[531]

---

527) "'이것은 형성된 것이다(saṅkhatam etaṁ).'라고 하셨다. 즉 2만 겁을 산다 하더라도 그것은 조건 지어진 것(pakappita)이고 형성된 것(saṅkhata)이고 만들어진 것(āyūhita)이다. 그러므로 그것은 무상하고(anicca) 견고하지 못하고(adhuva) 영원하지 못하고(asassata) 그때뿐이고(tāva-kālika), 그것은 죽고 무너지고 파괴되는 법(cavana-paribhedana-viddhaṁsana-dhamma)이다. 태어남을 따르고 늙음을 따르고 죽음을 따라 괴로움에 귀속된다(patiṭṭhita). 그것은 의지처가 되지 못하고(atāṇa) 보호처가 되지 못하고(aleṇa) 귀의처가 되지 못하고(asaraṇa) 피난처가 되지 못한다(asaraṇī-bhūta). 식무변처의 설명도 이와 같은 방법이다."(MA.v.55)

528) "'존재나 비존재(bhava vā vibhava vā)'라는 것에는 성취(vuddhi)나 패배(parihāniyā), 혹은 항상함과 단멸(sassat-uccheda)이 적용되어야 한다."(MA.v.57)

529) "'형성하지 않는다(nāyūhati).'는 것은 존재를 받게 하는 의도를 지어(bhava-kāraṇa-cetanā-vasena) 일을 모으지 않고(na samūheti) 쌓지 않는다(na sampiṇḍeti)는 뜻이고, '의도하지 않는다(na abhisañcetayati)'는 것은 의도하는 일(cetanā-byāpāra)이 없음을 말한다."(MAṬ.ii.400)

530) "'그는 세상의 어느 것에도 취착하지 않는다(na kiñci loke upādiyati).'는 것은 세상의 물질 등에 대해 어느 하나(eka-dhamma)에 대해서도 갈애를 가지고 취하지 않고(na gaṇhāti) 집착하지 않는다(na parāmasati)는 말씀이다."(MA.v.57)

531) "세존께서는 스스로 깨달음의 영역(buddha-visaya)에 머물러 아라한과의

23\. "만약 즐거운 느낌을 느끼면 그는[532] '그것은 무상하다.'라고 꿰뚫어 알고, '연연할 것이 못 된다.'라고 꿰뚫어 알고, '기뻐할만한 것이 아니다.'[533]라고 꿰뚫어 안다. 괴로운 느낌을 느끼면 그는 '그것은 무상하다.'라고 꿰뚫어 알고, '연연할 것이 못 된다.'라고 꿰뚫어 알고, '기뻐할만한 것이 아니다.'라고 꿰뚫어 안다. 괴롭지도 즐겁지도 않은 느낌을 느끼면 그는 '그것은 무상하다.'라고 꿰뚫어 알고, '연연할 것이 못 된다.'라고 꿰뚫어 알고, '기뻐할만한 것이 아니다.'라고 꿰뚫어 안다."

24\. "즐거운 느낌을 느끼면 그는 거기에 매이지 않고 그것을 느낀다.[534] 괴로운 느낌을 느끼면 그는 거기에 매이지 않고 그것을 느

절정(arahatta-nikūṭa)을 취하셨고 선남자는 자신의 능력에 따라(yatho-panissayena) 세 가지 사문의 과(tīṇi sāmañña-phalāni)를 통찰하셨다. 세 가지 과를 얻기 전에 세존께서 무더기[蘊]와 요소[界]와 감각장소[處]에 대한 궁극적인 공(accanta-suññatā)과 세 가지 특상(ti-lakkhaṇa)에 관계된 설법을 하실 때에도 세존에 대한 의심(kaṅkhā)이나 회의(vimati)는 다 끊어졌다. 그러나 불환과(anāgāmi-phala)를 얻고 나서 이 분이 스승님(satthā)이라는 결론(niṭṭha)에 도달하게 되었다. 그러나 세존께서 설법을 계속 이어가셔서 그것을 표할 수 없었다."(MA.v.57~58)

532) "여기서 '그(so)'는 아라한(arahā)을 말한다."(MA.v.58)

533) "'기뻐할만한 것이 아니다(anabhinanditā).'라는 것은 갈애와 사견(taṇhā-diṭṭhi)을 가지고 기뻐하기에 적당하지 않다고 꿰뚫어 안다는 말씀이다."(MA.v.58)

534) "'매이지 않고 느낀다(visaṁyutta).'고 하셨다. 즐거운 느낌을 대하여 탐욕의 잠재성향(rāga-anusaya)이 일어나거나 괴로운 느낌을 대하여 적의의 잠재성향(paṭigha-anusaya)이 일어나거나 괴롭지도 즐겁지도 않은 느낌을 대하여 무명의 잠재성향(avijjānusaya)이 일어나면, 이것은 거기에 매여(saṁyutta) 느끼는 것이다. 그러나 그런 것이 일어나지 않기 때문에 '매이지 않고 느낀다.'고 하셨다."(MA.v.58)
세 가지 느낌과 탐욕, 적의, 무명의 잠재성향의 관계에 대한 가르침은 『상윳따 니까야』 제4권 「버림 경」(S36:3), 「화살 경」(S36:6), 「간병실 경」

낀다. 괴롭지도 즐겁지도 않은 느낌을 느끼면 그는 거기에 매이지 않고 그것을 느낀다.

그는 몸의 마지막 느낌[535]을 느낄 때 '나는 지금 몸의 마지막 느낌을 느낀다.'라고 꿰뚫어 안다. [245] 생명의 마지막 느낌을 느낄 때 '나는 지금 생명의 마지막 느낌을 느낀다.'라고 꿰뚫어 안다. 그리고 그는 '이 몸 무너져 목숨이 끊어지면, 바로 여기서 이 모든 느낌들은 기뻐할 것이라고는 없게 되고 싸늘하게 식고 말 것이다.'[536]라고 꿰뚫어 안다.

이는 마치 호롱불이 기름과 심지를 의지하여 타는데 기름과 심지가 다하고 다른 연료를 공급해주지 않으면 연료부족으로 꺼지고 마는 것과 같다.

그와 같이 비구여, 비구는 몸의 마지막 느낌을 느낄 때 '나는 지금 몸의 마지막 느낌을 느낀다.'라고 꿰뚫어 안다. 생명의 마지막 느낌을 느낄 때 '나는 지금 생명의 마지막 느낌을 느낀다.'라고 꿰뚫어 안다. 그리고 그는 '이 몸 무너져 목숨이 끊어지면, 바로 여기서 이 모든 느낌들은 기뻐할 것이라고는 없게 되고 싸늘하게 식고 말 것이다.'

1/2(S36:7~8)의 해당부분을 참조할 것.

535) "'몸의 마지막 느낌(kāya-pariyantikā vedanā)'이란 몸의 최후(kāya-koṭika)의 느낌을 말한다. 몸의 [마지막] 진행(kāya-pavatta)이 일어나서 그 다음에는 더 이상 느낌이 일어나지 않음(anuppajjana-vedanā)을 뜻이다. '생명의 마지막 느낌(jīvita-pariyantikā vedanā)'에 대해서도 같은 방식의 설명이 적용된다."(MA.v.58)

536) "'기뻐할 것이라고는 없게 되고 싸늘하게 식고 말 것이다(anabhinanditāni sītībhavissanti).'라고 하셨다. 열두 가지 감각장소에 대해 오염원들(kilesā)의 취착(visevana)이 없기 때문에 기쁘게 여겨지지가 않게 되고(anabhinanditāni hutvā) 바로 그 열두 가지 감각장소에서 느낌들은 소멸한다. 오염원들이란 것은 참으로 열반을 얻으면 소멸되고(niruddhā) 다시 더 존재하지 않도록 그렇게 소멸되기 때문이다."(MA.v.58)

라고 꿰뚫어 안다."537)

25\. "그러므로 이와 같은 [통찰지를] 구족한 비구는 이런 최상의 통찰지의 토대를 구족하였다. 비구여, 이것이 최상의 성스러운 통찰지이니 바로 모든 괴로움의 소멸에 대한 지혜538)이다."

26\. "이런 그의 해탈539)은 진리에 확고하여 흔들림이 없다. 비구여, 허황한 법540)은 거짓이고 허황하지 않는 법인 열반은 진리이기 때문이다. 그러므로 이와 같은 [진리를] 구족한 비구는 이런 최상의 진리의 토대를 구족한다. 비구여, 이것이 최상의 성스러운 진리이니 바로 허황하지 않는 법인 열반이다."

27\. "전에 그가 어리석었을 때 그에게는 재생의 근거541)가 있었

---

537) 본경 §§23~24의 이 가르침은 『상윳따 니까야』 제3권 「앗사지 경」(S22:88) §§11~13과 제4권 「간병실 경」 1/2(S36:7~8) §11과 제6권 「등불 비유 경」(S54:8) §§9~11과 제2권 「철저한 검증 경」(S12:51) §§10~12(비유 부분이 다름) 등에도 나타나고 있다.

538) "'모든 괴로움의 소멸에 대한 지혜(sabbadukkhakkhaye ñāṇa)'는 아라한도에 대한 지혜(arahatta-magge ñāṇa)를 말한다. 그러나 본경에서는 아라한과에 대한 지혜(arahatta-phale ñāṇaṁ)를 말한다. 그러므로 [다음 문단에서] '그의 해탈은 진리에 확고하여 흔들림이 없다(tassa sā vimutti sacce ṭhitā akuppā hoti).'고 하신 것이다."(MA.v.59)

539) "여기서 '해탈(vimutti)'은 아라한과의 해탈(arahatta-phala-vimutti)이다."(MA.v.59)

540) "'허황한 법(mosa-dhamma)'이란 그 본성이 파괴되는 것(nassana-sabhāva)을 말한다."(MA.v.59)

541) "'재생의 근거(upadhi)'는 네 가지가 있다. 그것은 무더기라는 재생의 근거(khandhūpadhi), 오염원이라는 재생의 근거(kilesūpadhi), 업형성력이라는 재생의 근거(abhisaṅkhārūpadhi), 다섯 가닥의 얽어매는 감각적 욕망이라는 재생의 근거(pañcakāmaguṇūpadhi)이다."(MA.v.60)
복주서는 다음과 같이 상세하게 설명한다.
"거기에 근거하여(upadhīyati ettha) 괴로움이 있기 때문에 '재생의 근거

고 거기에 빠졌다. 이제 그것을 제거하고 그 뿌리를 자르고 그것을 야자수 줄기처럼 만들고 멸절시켜 미래에 다시는 일어나지 않게끔 했다.[542] 그러므로 이와 같은 [버림을] 구족한 비구는 이런 최상의 버림의 토대를 구족한다.[543] 비구여, 이것이 최상의 성스러운 버림이니 바로 모든 집착을 놓아버림이다."

(upadhi)'라 한다. 이 설명은 네 가지 재생의 근거 가운데 무더기와 감각적 욕망에 해당된다. 괴로움을 모으기(upadahanti dukkhaṁ) 때문에 '재생의 근거(upadhi)라 한다. 이 설명은 오염원과 업형성력이라는 재생의 근거에 해당된다."(MAṬ.ii.403)
'재생의 근거(upadhi)'에 대해서는 본서 제2권 「메추라기 비유 경」(M66) §14의 주해도 참조할 것.

542) 이 아라한에 대한 비유는 『상윳따 니까야』 제2권 「큰 나무 경」 1(S12:55) §4에서 어떤 사람이 나무를 잘라서 완전히 없애버리는 비유로 자세히 나타난다. 이 비유에 대한 주석서의 설명을 정리하면 다음과 같다.
큰 나무를 파괴하려는 자는 수행자(yoga-avacara)에, '괭이(kuddāla)'는 지혜(ñāṇa)에, '바구니(piṭaka)'는 삼매(samādhi)에 비유된다. 나무의 뿌리를 자르는 것은 수행자가 명상주제(kammaṭṭhāna)에 몰두하여 통찰지(paññā)가 증장하는 것과 같다. 나무를 토막토막 자르는 것은 이 몸을 네 가지 근본물질(mahā-bhūta)로 단순화시켜서 마음에 잡도리하는 것(manasi-kāra)과 같다. 나무를 쪼개는 것은 이 몸을 42가지 측면(『청정도론』 XI. 31~38참조)에서 자세하게 마음에 잡도리하는 것(vitthāra-manasi-kāra)과 같다.
나무를 산산조각내는 것은 파생된 물질(upādā-rūpa)과 알음알이를 통해서 정신·물질을 파악하는 것(nāmarūpa-pariggaha)과 같다. 뿌리를 자르는 것은 정신·물질의 조건들을 찾는 것(paccaya-pariyesana)과 같다. 불에 태우는 것은 점점 위빳사나를 증장시켜서 [아라한과라는] 수승한 결실을 증득하는 것과 같다. 재로 만드는 것은 아라한이 반열반에 들어 목숨이 다하는 것과 같다. 재를 날려 보내는 것은 아라한이 무여열반을 통해서 반열반에 들어 윤회를 가라앉히는 것과 같다.(SA.ii.84)

543) "처음부터(ādito) 사마타와 위빳사나로 오염원들을 버리고(kilesa-pariccāga) 예류도 등으로써 오염원들을 버리고 아라한도로써 오염원들을 버렸기 때문에 더 버릴 것이 없다. 그래서 '이와 같은 [버림을] 구족한 비구는 이런 최상의 버림의 토대를 구족한다(evaṁ samannāgato bhikkhu iminā paramena cāgādhiṭṭhānena samannāgato hoti).'라고 하셨다."(MA.v.60)

28. "전에 그가 어리석었을 때 그는 탐욕과 열망과 욕망이 있었다. 이제 그것을 제거하고 그 뿌리를 자르고 그것을 야자수 줄기처럼 만들고 멸절시켜 미래에 다시는 일어나지 않게끔 했다. 전에 그가 어리석었을 때 그는 분노와 악의와 혐오가 있었다. 이제 그것을 제거하고 그 뿌리를 자르고 그것을 야자수 줄기처럼 만들고 멸절시켜 미래에 다시는 일어나지 않게끔 했다. 전에 그가 어리석었을 때 그는 무명과 어리석음이 있었다. 이제 그것을 제거하고 [246] 그 뿌리를 자르고 그것을 야자수 줄기처럼 만들고 멸절시켜 미래에 다시는 일어나지 않게끔 했다. 그러므로 이와 같은 [고요함을] 구족한 비구는 이런 최상의 고요함의 토대를 구족한다. 비구여, 이것이 최상의 성스러운 고요함이니 바로 탐욕과 성냄과 어리석음의 고요함이다."

29. "'이 사람은 통찰지를 소홀히 여겨서는 안된다. 진리를 보호해야 한다. 버림을 길러야 한다. 고요함을 공부지어야 한다.'라고 한 것은 이것을 반연하여 한 말이다."

30. "'⑥ 여기에 굳게 선 자에게 공상(空想, 허황된 생각)이 일어나지 않으며 더 이상 공상이 일어나지 않을 때 고요한 성자라고 불린다.'라고 한 것은 무엇을 반연하여 설한 것인가?"

31. "비구여, '나는 있다.'544)라는 것은 공상(空想, 허황된 생각)545)

---

544) "'나는 있다.'라는 것은 하나의 '갈애에 기인한 공상(taṇhā-maññita)'이 된다."(MA.v.60)

545) "'공상(空想, 허황된 생각, maññita)'에는 갈애에 기인한 공상(taṇhā-maññita)과 자만에 기인한 공상(māna-maññita)과 사견에 기인한 공상(diṭṭhi-maññita)의 세 가지가 있다."(MA.v.60)
이런 세 가지 공상(空想)은 본서 「뿌리에 대한 법문 경」(M1) §3의 주해를 참고할 것. M1에서 허황된 생각[空想]은 maññanā를 옮긴 것이다. 본경에이다. '이것은 나다.'546)라는 것은 공상이다. '나는 있을 것이다.'547)라는 것은 공상이다. '나는 있지 않을 것이다.'548)라는 것은 공상이다. '나는 물질을 가진 자가 될 것이다.'라는 것은 공상이다. '나는 물질을 갖지 않은 자가 될 것이다.'라는 것은 공상이다. '나는 인식을 가진 자가 될 것이다.'라는 것은 공상이다. '나는 인식을 갖지 않은 자가 될 것이다.'라는 것은 공상이다. '나는 인식을 가진 것도 아니요 인식을 갖지 않은 것도 아닌 자가 될 것이다.'라는 것은 공상이다.549)

비구여, 공상은 병이고 공상은 종기이고 공상은 화살이다. 비구여, 그러나 모든 공상을 극복하여 성자는 고요하다고 말한다. 비구여, 고요한 성자는 태어나지 않고 늙지 않고 죽지 않는다. 그는 흔들리지 않고 갈망하지 않는다. 비구여, 그에게는 태어나야 할 어떤 이유도 없기 때문이다.550) 태어나지 않는데 어떻게 늙을 것이며, 늙지 않는데 어떻게 죽을 것인가? 죽지 않는데 어떻게 흔들릴 것이며, 흔들리지 않는데 어떻게 갈망할 것인가?"

나타나는 maññita는 √man(*to think*)의 과거분사이고 maññanā는 명사이다. 본경에서는 maññita를 공상으로 통일해서 옮겼다.

546) "'이것은 나다(ayaṁ ahamasmi).'라는 것은 물질 등에서 어떤 것을 취하여 '이것은 나다.'라고 여기면서 자아라는 사견(atta-diṭṭhi)에 의해 이렇게 말하는 것이다."(SA.ii.270)

547) "상견(sassata-diṭṭhi)에 의해 이렇게 말한다."(MA.v.60)

548) "단견(uccheda-diṭṭhi)에 의해 이렇게 말한다."(MA.v.60)

549) 이 아홉 가지 공상(허황된 생각)은 『상윳따 니까야』 제3권 「관찰 경」(S22:47) §4와 제4권 「보리 단 경」(S35:248) §8에도 나타나고 있다. 후자의 해당 주해도 참조할 것. 거기서는 maññita를 '사량(思量)'으로 옮겼다.

550) "'그에게는 태어나야 할 어떤 이유도 없기 때문이다(tañhissa natthi yena jāyetha).'라고 하셨다. 주석서에 의하면 존재를 받게 하는 갈애가 완전히 없어졌다는 말이다. 그 갈애가 없기 때문에 더 이상의 생사란 없다는 뜻이다.(MA.v.60)

32. "'여기에 굳게 선 자에게 공상이 일어나지 못하며 공상이 더 이상 일어나지 않을 때 고요한 성자라고 한다.'라고 한 것은 이것을 반연하여 설한 것이다.

비구여, 그대는 이 여섯 가지 요소의 간략한 분석을 잘 호지하라."

33. 그러자 뿍꾸사띠 존자는 "참으로 스승께서 내게 오셨구나. 참으로 선서께서 내게 오셨구나. 참으로 정등각자께서 내게 오셨구나."라고 [생각하면서] 자리에서 일어나 한쪽 어깨로 옷을 입고서 세존의 발아래 머리를 조아려 엎드리고 세존께 이렇게 말씀드렸다.

"세존이시여, 저는 잘못을 범했습니다. 어리석고 미혹하고 [247] 신중하지 못해서 제가 세존을 '도반이여'라고 호칭해야 하는 것으로 생각했습니다. 세존이시여, 제가 미래에 [다시 이와 같은 잘못을 범하지 않고] 제 자신을 단속할 수 있도록 제 잘못에 대한 참회를 받아주소서."

"비구여, 확실히 그대는 잘못을 범하였다. 어리석고 미혹하고 신중하지 못하여 그대는 나를 '도반이여'라고 호칭했다. 비구여, 그러나 그대는 잘못을 잘못으로 인정하고 법답게 참회를 했다. 그런 그대를 나는 섭수하노라. 비구여, 잘못을 잘못으로 인정한 다음 법답게 참회하고 미래에 [그러한 잘못을] 단속하는 자는 성스러운 율에서 향상하기 때문이다."

34. "세존이시여, 저는 세존의 곁에서 구족계를 받고자 합니다."

"비구여, 그대는 발우와 가사를 구비하였는가?"

"세존이시여, 저는 발우와 가사를 구비하지 못했습니다."

"비구여, 여래는 발우와 가사를 구비하지 않은 자에게 구족계를 주지 않는다."551)

35. 그러자 뿍꾸사띠 존자는 세존의 말씀을 기뻐하고 감사드리면서 자리에서 일어나 세존께 절을 올리고 오른쪽으로 돌아 [경의를 표한] 뒤 발우와 가사를 구하기 위해 자리를 떴다. 뿍꾸사띠 존자가 발우와 가사를 구하러 다닐 때 어떤 떠돌이 소가 그의 생명을 빼앗아 버렸다.[552]

---

551) 주석서에 의하면 선남자가 신통으로 발우와 가사를 만들어서라도 구족계를 받지 왜 그렇게 하지 못했는가에 대한 설명이 나온다. 주석서는 이렇게 설명한다.
"신통으로 만든 발우와 가사(iddhimaya-pattacīvara)는 그 생이 마지막인 사람들(pacchima-bhavikā)에게만 만들어지는데 이 선남자는 다시 [정거천에] 태어날 것이기 때문에(punapaṭisandhika) 만들지 못했다고 한다. 그렇다면 왜 세존께서는 스스로 발우와 가사를 찾아서 구족계를 주지 않으셨는가? 조건을 갖추지 못했기 때문이다(okāsa-abhāvato). 선남자의 생명이 다하여 마치 도기공의 집에 들어가서 앉아있는 것처럼 정거천에 태어나 불환자가 되었기 때문에 세존께서 스스로 찾으러 나가실 수 없었다."(MA.v.61)

552) "선남자는 발우와 가사를 구하러 다닐 때에도 빔비사라 왕이나 딱까실라의 상인들 가까이는 가지 않고 묘지(antara-vīthi)나 쓰레기 더미(saṅkāra-kūṭa) 같은 곳에서 구하려고 했다. 그렇게 하여 쓰레기 더미에서 천(pilotika)을 찾고 있을 때 그곳을 배회하던 어린 새끼 달린 어미 소(taruṇa-vacchā gāvī)가 달려와서 뿔로 들이받아 그의 생명을 앗아갔다. 선남자는 허공에서 생명이 다하여(āyu-kkhaya) 떨어졌고 쓰레기 더미에 머리를 숙이고 앉았는데 마치 금으로 만든 동상 같았다. 그는 죽자마자 바로 무번천(avihā-brahma-loka)에 태어났고, 거기 태어나자마자 아라한과를 얻었다. 그가 무번천에 태어나자 곧 바로 일곱 명이 아라한과를 얻었다고 한다."(MA.v.62)
계속해서 주석서는,

"일곱 분의 비구들이 해탈하여
무번천(無煩天)에 태어났나니
탐욕과 성냄을 완전히 제거하여
세상에 대한 애착을 건넜습니다."{170}

라는 『상윳따 니까야』 제1권 「가띠까라 경」(S1:50) §2의 게송을 언급하면서 뿍꾸사띠 존자도 이 일곱 분의 비구들 가운데 한 분이었다고 설명하고 있다.(MA.v.63)
무번천(無煩天, Avihā)은 불환자가 태어나는 다섯 가지 정거천(淨居天,

36. 그러자 많은 비구들이 세존을 뵈러 갔다. 세존을 뵙고 세존께 절을 올리고 한 곁에 앉았다. 한 곁에 앉아서 그 비구들은 세존께 이와 같이 말씀드렸다.

"세존이시여, 세존께서 간략하게 훈도해주셨던 뿍꾸사띠라는 선남자가 임종을 했습니다. 그가 태어날 곳[行處]은 어디이고 그는 내세에 어떻게 되겠습니까?"

"비구들이여, 뿍꾸사띠 선남자는 현자이다. 그는 법답게 도를 닦았다. 그는 법을 이유로 나를 성가시게 하지 않았다. 비구들이여, 뿍꾸사띠 선남자는 다섯 가지 낮은 족쇄를 완전히 부수고 [정거천에] 화생하였고 그 세계에서 다시 돌아오는 법이 없이 그곳에서 완전한 열반에 들 것이다."

세존께서는 이와 같이 설하셨다. 그 비구들은 흡족한 마음으로 세존의 말씀을 크게 기뻐하였다.

요소의 분석 경(M140)이 끝났다.

Suddhāvāsa) 가운데 제일 낮은 천상이다. 주석서에서는 '자신이 성취한 것으로부터 떨어지지 않는다(na hāyanti)고 해서 아위하라고 한다.'(VibhA. 521; DA.ii.480)고 하여, 무번천을 a(부정접두어)+vi(분리접두어)+√hā(*to abandon*)에서 파생된 것으로 설명하고 있다. 북방불교에서는 avṛha(a+√vṛh, *to tear*)나 abṛha/abṛhat로 a(부정접두어)+√bṛh(*to be great*)로 보기도 하여 티벳에서는 mi-che-ba(크지 않음)로도 옮겼다고 한다.(PED)

진리의 분석 경

Saccavibhaṅga Sutta(M141)

1. 이와 같이 나는 들었다. [248] 한때 세존께서는 바라나시의 이시빠따나에 있는 녹야원에 머무셨다.553) 거기서 세존께서는 "비구

---

553) 바라나시(Bārāṇasi)는 부처님 당시 인도 중원의 16국 가운데 하나였던 까시까(Kāsikā, 혹은 Kāsi)의 수도였고 지금도 힌두교의 대표적 성지로 널리 알려진 곳이다. 현재 인도에서 사용하고 있는 공식 명칭은 Vārāṇasi(와라나시)이다. 까시까(까시)는 부처님 당시에는 꼬살라(Kosala)로 합병되어 꼬살라의 빠세나디 왕이 다스리고 있었다고 한다. 바라나시는 강가 강 옆에 있었기 때문에 수로의 요충이었다.

이시빠따나(Isipatana)는 부처님의 초전법륜지로 우리에게 잘 알려진 곳이다. 지금의 사르나트(Sārnath)로 바라나시에서 15㎞ 정도 떨어진 곳에 있다. 세존께서 우루웰라(Uruvelā)에서 고행을 그만두시자 다섯 비구는 이곳에 와서 머물렀다. 『맛지마 니까야 주석서』는 이시빠따나라는 지명의 유래를 다음과 같이 설명하고 있다.

"예전에 벽지불(paccekabuddha)들이 간다마다나(Gandhamādana) 산(히말라야에 있음)에서 7일 동안 멸진정에 들었다가 걸식을 하기 위해 허공을 날아오다가 이곳에 내려서(nipatati) 도시로 들어가서 걸식을 하여 공양을 마친 후 다시 이곳에서 허공으로 올라(uppatati) 떠났다고 한다. 그래서 선인(仙人, isi)들이 이곳에 내리고 이곳에서 올라갔다고 해서 이시빠따나(Isi-patana)라 한다."(MA.ii.188)

녹야원으로 옮긴 원어는 Migadāya(미가다야)이다. 주석서는 "사슴(miga)들에게 두려움 없이 머무는 장소(abhayattha)로 주어졌기 때문에 미가다야라 한다."(MA.ii.188)고 설명하고 있다. 중국에서 녹야원(鹿野苑)으로 옮겼

들이여."라고 비구들을 부르셨다. "세존이시여."라고 비구들은 세존께 응답했다. 세존께서는 이렇게 말씀하셨다.

2. "비구들이여, 여래 · 아라한 · 정등각자는 바라나시의 이시빠따나에 있는 녹야원에서 위없는 법의 바퀴[法輪]를 굴렸나니[554] 그것은 사문이나 바라문이나 신이나 마라나 범천이나 이 세상 그 누구도 멈추게 할 수 없다. 그것은 네 가지 성스러운 진리를 설명하고, 가르치고, 선언하고, 확립하고, 드러내고, 분석하고, 해설한 것이다. 무엇이 네 가지인가?"

3. "그것은 괴로움의 성스러운 진리를 설명하고, 가르치고, 선언하고, 확립하고, 드러내고, 분석하고, 해설한 것이다. 괴로움의 일어남의 성스러운 진리를 … 괴로움의 소멸의 성스러운 진리를 … 괴로움의 소멸로 인도하는 도닦음의 성스러운 진리를 설명하고, 가르치고, 선언하고, 확립하고, 드러내고, 분석하고, 해설한 것이다."

4. "비구들이여, 여래 · 아라한 · 정등각자는 바라나시의 이시빠따나에 있는 녹야원에서 위없는 법의 바퀴[法輪]를 굴렸나니 그것

다. 부처님께서 다섯 비구에게 처음 설법(S56:11)을 하신 바로 그 동산이다. 한편 초기불전에는 라자가하의 맛다꿋치 녹야원(S1:38 §1, S4:13 §1, D16 §3.42), 박가의 악어산 베사깔라 숲에 있는 녹야원(M15 §1, S35:131 §1), 사께따의 안자나 숲에 있는 녹야원(S2:18 §1), 우준냐의 깐나깟탈라 녹야원(M90 §1) 등 여러 곳의 녹야원이 나타난다. 불교 수행자들뿐만 아니라 당시 여러 교단의 수행자들이 유행을 하다가 머물렀던 곳이기도 하다. 아마 각 지역에서 사슴을 보호하는 곳으로 지정한 곳인 듯하다.

554) 이것은 『상윳따 니까야』 제6권 「진리 상윳따」(S56)에서 「초전법륜 경」(S56:11)으로 정리되어 나타나는데 거기서 부처님께서는 중도로 팔정도를 천명하시고 사성제를 드러내신다. 그러므로 부처님의 상수제자인 사리뿟따 존자가 사성제와 팔정도를 설명하고 있는 본경은 이 「초전법륜 경」(S56:11)에 대한 교단 최초의 해설이요 주해라고 보면 될 듯하다.

은 사문이나 바라문이나 신이나 마라나 범천이나 이 세상 그 누구도 멈추게 할 수 없다. 그것은 네 가지 성스러운 진리를 설명하고, 가르치고, 선언하고, 확립하고, 드러내고, 분석하고, 해설한 것이다."

5. "비구들이여, 사리뿟따와 목갈라나를 따라 배우라. 비구들이여, 사리뿟따와 목갈라나를 섬겨라. 이 두 비구는 현자요 청정범행을 닦는 동료 수행자들을 도와주는 자이다. 비구들이여, 사리뿟따는 낳아준 친어머니와 같고 목갈라나는 태어난 자를 길러주는 유모와 같다. 비구들이여, 사리뿟따는 예류과로 인도하고 목갈라나는 더 높은 경지로 인도한다. 비구들이여, 사리뿟따는 네 가지 성스러운 진리들을 설명하고, 가르치고, 선언하고, 확립하고, 드러내고, 분석하고, 해설할 수 있다."

6. 세존께서는 이렇게 말씀하셨다. 이렇게 말씀하시고 선서께서는 자리에서 일어나셔서 거처로 들어가셨다. [249]

7. 거기서 사리뿟따 존자는 세존께서 나가신 지 얼마 지나지 않아서 "도반 비구들이여."라고 비구들을 불렀다. 그 비구들은 "도반이시여."라고 사리뿟따 존자에게 대답했다. 사리뿟따 존자는 이렇게 설하였다.

8. "도반들이여, 여래·아라한·정등각자께서는 바라나시의 이시빠따나에 있는 녹야원에서 위없는 법의 바퀴[法輪]를 굴리셨나니 그것은 … 무엇이 네 가지인가요?"

9. "그것은 괴로움의 성스러운 진리[苦聖諦]를 설명하고, 가르치고, 선언하고, 확립하고, 드러내고, 분석하고, 해설하신 것입니다. 괴로움의 일어남의 성스러운 진리[苦集聖諦]를 … 괴로움의 소멸의 성스

러운 진리[苦滅聖諦]를 … 괴로움의 소멸로 인도하는 도닦음의 성스러운 진리[苦滅道聖諦]를 설명하고, 가르치고, 선언하고, 확립하고, 드러내고, 분석하고, 해설하신 것입니다."

10. "무엇이 괴로움입니까? 태어남도 괴로움입니다. 늙음도 괴로움입니다. 죽음도 괴로움이고, 근심 · 탄식 · 육체적 고통 · 정신적 고통 · 절망도 괴로움이고, 원하는 것을 얻지 못하는 것도 괴로움입니다. 요컨대 취착의 [대상인] 다섯 가지 무더기[五取蘊]가 괴로움입니다."555)

11. "도반들이여, 그러면 어떤 것이 태어남입니까?556) 이런저런 중생들의 무리로부터 이런저런 중생들의 태어남, 출생, 도래함, 생김, 탄생, 오온의 나타남,557) 여섯 감각장소[六處]의 획득 — 도반들이여, 이를 일러 태어남이라 합니다."

12. "도반들이여, 그러면 어떤 것이 늙음입니까? 이런저런 중생들의 무리 가운데서 이런저런 중생들의 늙음,558) 노쇠함, 부서진 이,

555) 이하 본경 §§10~31에 나타나는 사성제와 팔정도에 대한 정의는 『디가 니까야』 제2권 「대념처경」(D22/ii.311~313) §§17~21에도 나타나고 있다. 그리고 본경 §§23~31의 팔정도에 대한 정의는 『상윳따 니까야』 제5권 「분석 경」(S45:8)에도 나타나고 있다. 본경에 달고 있는 주해들은 각묵 스님이 옮긴 「대념처경」(D22)의 해당 주해들 가운데서 뽑은 것이다.

556) 본경 §§11~13에 나타나는 태어남과 늙음과 죽음[生 · 老死]에 대한 정의는 본서 「바른 견해 경」(M9) §22와 §26에도 나타나고 있다.

557) "'오온의 나타남'이란 것은 궁극적 의미(paramattha, 구경법)로 설한 것이다. 하나의 구성성분을 가진 것 등에서 하나(색)와 넷(수 · 상 · 행 · 식)과 다섯(색 · 수 · 상 · 행 · 식)의 구성성분으로 나누어지는 무더기(蘊)들이 나타난 것이지 사람이 [태어난 것이] 아니다. 그러나 이것이 있을 때 '인간이 생겨났다.'라는 단지 일상생활에서 통용되는 언어(vohāra)가 있는 것이다." (DA.iii.798)

희어진 머리털, 주름진 피부, 수명의 감소, 감각기능[根]의 허약함 — 이를 일러 늙음이라 합니다."

13. "도반들이여, 그러면 어떤 것이 죽음입니까? 이런저런 중생들의 무리로부터 이런저런 중생들의 종말,559) 제거됨, 부서짐, 사라짐, 사망, 죽음, 서거, 오온의 부서짐,560) 시체를 안치함, 생명기능[命根]의 끊어짐561) — 이를 일러 죽음이라 합니다."

14. "도반들이여, 그러면 어떤 것이 근심입니까? 도반들이여, 이런저런 불행을 만나고 이런저런 괴로운 현상에 맞닿은 사람의 근심, 근심함, 근심스러움, 내면의 근심, 내면의 슬픔562) — 이를 일러 근

---

558) "'늙음(jarā)'이란 고유성질을 설명한 것이다. '노쇠함(jīraṇatā)'이란 형태의 성질을 설명한 것이다. '부서짐(khaṇḍicca)' 등은 변화를 설명한 것이다. 젊은 시절에 이빨은 희다. 그것이 나이가 들면서 점점 색깔도 변하고 여기저기가 빠진다. 이제 빠지고 남아있는 것에 비해 부서진 이빨을 '부서진 것'이라 한다."(DA.iii.798)

559) "여기서 '종말(cuti)'이라는 것은 고유성질에 따른 설명이다. '제거됨(cavanatā)'이란 것은 형태의 성질에 따른 설명이다. 죽음에 이른 무더기(蘊)들이 부서지고 사라지고 보이지 않게 되기 때문에 '부서짐(bheda)', '사라짐(antaradhāna)'이라고 부른다. '사망과 죽음(maccu-maraṇa)'이란 것은 찰나적인 죽음(khaṇika-maraṇa, 刹那死)이 아니다. '서거(kāla-kiriya)'라는 것은 죽어서 없어지는 것이다. 이 모든 것은 인습적 의미로서 설한 것이다."(*Ibid*)

560) "'오온의 부서짐(khandhānaṁ bhedo)'이란 것은 궁극적 의미에서 설한 것이다. 하나의 구성성분을 가진 것 등에서 하나와 넷과 다섯의 구성성분으로 나누어지는 무더기(蘊)들이 부서진 것이지 사람이 [죽은 것이] 아니다. 그러나 이것이 있을 때 '인간이 죽었다.'는 단지 일상생활에서 통용되는 언어가 있는 것이다."(DA.iii.798~99)

561) "'생명기능(命根)의 끊어짐(jīvit-indriyassa upacchedo)'은 모든 측면에서 궁극적 의미의 죽음이다. 아울러 이것은 인습적 의미로서의 죽음이라고도 불린다. 왜냐하면 생명기능의 끊어짐을 두고 세상에서는 '띳사가 죽었다. 풋사가 죽었다.'고 말하기 때문이다."(DA.iii.799)

심이라 합니다."

15. "도반들이여, 그러면 어떤 것이 탄식입니까? 도반들이여, 이런저런 불행을 만나고 이런저런 괴로운 상태와 마주친 사람의 한탄, 비탄,563) [250] 한탄함, 비탄함, 한탄스러움, 비탄스러움 — 이를 일러 탄식이라 합니다."

16. "도반들이여, 그러면 어떤 것이 육체적 고통입니까? 도반들이여, 몸의 고통, 몸의 불편함, 몸에 맞닿아 생긴 고통스럽고 불편한 느낌564) — 이를 일러 육체적 고통이라 합니다."

17. "도반들이여, 그러면 어떤 것이 정신적565) 고통입니까? 도반들이여, 정신적인 불편함, 마음에 맞닿아 생긴 고통스럽고 불편한 느낌 — 이를 일러 정신적 고통이라 합니다."

---

562) "'불행(byasana)'이란 친척의 불행 등 이런저런 불행을 말한다. '괴로운 현상(dukkha-dhamma)'이란 죽이고 묶는 등의 괴로움을 주는 것이다. '맞닿은(phuṭṭhassa)'이란 퍼진, 압도된이란 말이다. '근심(soko)'이란 친척의 불행 등에 대해 혹은 죽이고 묶는 등에 대해 혹은 그 밖의 다른 것이 있을 때 그것에 압도된 자에게 일어나는 것이다. 근심함의 특징을 가진 것이 '근심(soko)'이다. '근심스러움(socitatta)'이란 근심하는 상태이다. 그런데 이것은 내부에서 마르게 하고 말라붙게 하면서 일어나기 때문에 '내면의 근심(antosoko)', '내면의 슬픔(anto-parisoko)'이라 부른다."(*Ibid*)

563) "내 딸이나 내 아들이라고 일일이 지목하면서(ādissa ādissa) 한탄하고(de-vanti) 비탄한다고 해서 '한탄(ādeva)'이다. 그런 것을 목청껏 소리 지르면서(parikittetvā) 한탄한다(devanti)고 해서 '비탄(parideva)'이다. 그 다음의 둘은 이것의 상태를 설명한 것이다."(DA.iii.799)

564) "'몸의(kāyika)'라는 것은 몸의 감성의 토대를 말한다. 괴롭다는 뜻에서 '고통(dukkha)'이고, '불편함(asāta)'이란 달콤하지 않음이다. '몸에 맞닿아 생긴 고통'이란 몸에 맞닿음으로써 생긴 고통이다. '불편한 느낌'이란 달콤하지 않은 느낌이다."(DA.iii.799)

565) "'정신적인(cetasika)'이란 마음과 관계된 것이란 말이다. 나머지는 육체적 고통에서 설한 것과 같은 방법이다."(DA.iii.799)

18. "도반들이여, 그러면 어떤 것이 절망입니까? 도반들이여, 이런저런 불행을 만나고 이런저런 괴로운 상태와 마주친 사람의 실망, 절망, 실망함, 절망함[566] — 이를 일러 절망이라 합니다."

19. "도반들이여, 그러면 어떤 것이 원하는 것을 얻지 못하는 괴로움입니까? 도반들이여, 태어나기 마련인[567] 중생들에게 이런 바람이 일어납니다.[568] '오, 참으로 우리에게 태어나는 법이 있지 않기를! 참으로 그 태어남이 우리에게 오지 않기를!'이라고. 그러나 이것은 원한다고 해서 얻어지지 않습니다.[569] 원하는 것[570]을 얻지 못하는 이것도 괴로움입니다.

도반들이여, 늙기 마련인 중생들에게 … 병들기 마련인 중생들에게 … 죽기 마련인 중생들에게 … 근심・탄식・육체적 고통・정신적 고통・절망을 하기 마련인 중생들에게 이런 바람이 일어납니다. '오, 참으로 우리에게 근심・탄식・육체적 고통・정신적 고통・절망하는 법이 있지 않기를! 참으로 그 근심・탄식・육체적 고통・정

566) "'실망(āyāsa)'이란 가라앉고 흩어지는 형태를 얻은 마음의 피곤함이다. 강한 실망이 '절망(upāyāsa)'이다. 그 다음의 둘은 자신과 자신에 속하는 상태를 밝히는 상태를 설명하는 것이다."(DA.iii.799)

567) "'태어나기 마련인(jāti-dhamma)'이라는 것은 태어남의 고유성질을 말한다."(DA.iii.799)

568) "'바람이 일어난다(icchā uppajjati).'는 것은 갈애가 일어난다는 말이다." (DA.iii.799)

569) "'그러나 이것은 원한다 해서 얻어지지 않는다.'라는 것은 이러한 태어남이 다시 오지 않는 것은 도를 닦지 않고서는 원한다고 해서 얻어지지 않는다는 뜻이다."(DA.iii.799)

570) "'원하는 것(yam picchaṁ)'이란 원하지만 어떤 법으로도 그것을 얻지 못하는 그 얻을 수 없는 대상을 뜻하며 그런 것을 바라는 것은 괴로움이다. 이 방법은 모든 곳에서 다 적용된다."(DA.iii.799)

신적 고통 · 절망이 우리에게 오지 않기를!'이라고. 그러나 이것은 원한다고 해서 얻어지지 않습니다. 원하는 것을 얻지 못하는 이것도 괴로움입니다."

20. "도반들이여, 그러면 요컨대 취착의 [대상인] 다섯 가지 무더기[五取蘊]가 괴로움이라는 것은 어떤 것입니까? 그것은 취착의 [대상인] 물질의 무더기, 취착의 [대상인] 느낌의 무더기, 취착의 [대상인] 인식의 무더기, 취착의 [대상인] 심리현상들의 무더기, 취착의 [대상인] 알음알이의 무더기입니다. 도반들이여, 이를 두고 요컨대 취착의 [대상인] 다섯 가지 무더기[五取蘊]가 괴로움이라고 합니다.

도반들이여, 이를 일러 괴로움의 성스러운 진리라 합니다."

21. "도반들이여, 그러면 무엇이 괴로움의 일어남의 성스러운 진리[苦集聖諦]입니까? 그것은 다시 태어남을 가져오고[571] 향락과 탐욕이 함께하며[572] 여기저기서 즐기는[573] [갈애]이니, 즉[574] 감각적 욕망에 대한 갈애[欲愛],[575] 존재에 대한 갈애[有愛],[576] [251] 존재하지

571) "'다시 태어남을 가져오고(ponobbhavikā)'라는 단어는 다음과 같이 설명된다. — '다시 태어남을 만든다.'는 뜻이 '뿌놉바와(punobbhava)'이고, '습관적으로 다시 태어남을 만드는 것'이 '뽀놉바위까(ponobbhavikā)'이다." (DA.iii.799)

572) "'향락과 탐욕이 함께하며'라는 것은 [갈애가] 향락과 탐욕과 뜻으로는 하나라는 뜻이다."(DA.iii.799)

573) "'여기저기서 즐기는 것(tatratatra-abhinandini)'이란 어느 곳에서 몸을 받더라도 즐거워한다는 뜻이다."(DA.iii.800)

574) "'즉(seyyathidaṁ)'이란 부사로서 '어떤 것이 그것인가라고 만약 한다면'이란 뜻이다."(DA.iii.800)

575) "'감각적 욕망에 대한 갈애[欲愛, kāma-taṇhā]'란 다섯 가닥의 얽어매는 감각적 욕망에 대한 탐욕의 동의어이다."(DA.iii.800)

576) "'존재에 대한 갈애[有愛, bhava-taṇhā]'란 존재를 열망함에 의해서 생긴

않는 것에 대한 갈애[無有愛]577) 입니다.578) 도반들이여, 이를 일러 괴로움의 일어남의 성스러운 진리라 합니다."

22. "도반들이여, 그러면 무엇이 괴로움의 소멸의 성스러운 진리[苦滅聖諦]입니까? 그 갈애가 남김없이 빛바래어 소멸함,579) 버림, 놓아버림, 벗어남, 집착 없음580) 입니다.581) 도반들이여, 이를 일러 괴

상견(常見, sassata-diṭṭhi)이 함께하는 색계와 무색계의 존재에 대한 탐욕과 禪을 갈망하는 것의 동의어이다."(DA.iii.800)

577) "'존재하지 않는 것에 대한 갈애[無有愛, vibhava-taṇhā]'라는 것은 단견(斷見, uccheda-diṭṭhi)이 함께하는 탐욕의 동의어이다."(DA.iii.800)

578) 이다음 부분으로 「대념처경」(D22) §19에 나타나는 "다시 비구들이여, 이런 갈애는 어디서 일어나서 어디서 자리 잡는가? … 여기서 이 갈애는 일어나서 여기서 자리 잡는다."까지는 본경에 나타나지 않는다.

579) "남김없이 빛바래어 소멸함(asesa-virāga-nirodha)이라는 등은 모두 열반의 동의어들이다. 열반을 얻으면 갈애는 남김없이 빛바래고 소멸하기 때문이다. 그러므로 갈애가 남김없이 빛바래어 소멸함이라고 설하셨다. 열반을 얻으면 갈애가 떨어지고 놓아지고 풀어지지 달라붙지 않는다. 그러므로 열반은 버림, 놓아버림, 벗어남, 해탈, 집착 없음이라 불린다."(DA.iii.800~801)

580) "열반은 하나이지만 그 이름은 모든 형성된 것들의 이름과 반대되는 측면에서 여러 가지이다. 즉 남김없이 빛바램, 남김없이 소멸함, 버림, 놓아버림, 벗어남, 해탈, 집착 없음, 탐욕의 소멸, 성냄의 소멸, 어리석음의 소멸, 갈애의 소멸, 취착 없음, 생기지 않음, 표상 없음, 원함 없음, 업의 축적이 없음, 재생연결이 없음, 다시 태어나지 않음, 태어날 곳이 없음, 태어나지 않음, 늙지 않음, 병들지 않음, 죽지 않음, 슬픔 없음, 비탄 없음, 절망 없음, 오염되지 않음이다."(DA.iii.801)
여기에 언급되고 있는 26개의 열반의 동의어는 원어로는 각각 다음과 같다. asesavirāgo, asesanirodho, cāgo, paṭinissaggo, mutti, anālayo, rāga-kkhayo, dosakkhayo, mohakkhayo, taṇha-kkhayo, anuppādo, appa-vattaṁ, animittaṁ, appaṇihitaṁ, anāyūhanaṁ, appaṭisandhi, anu-papatti, agati, ajātaṁ, ajaraṁ, abyādhi, amataṁ, asokaṁ, apari-devaṁ, anupāyāsaṁ, asaṅkiliṭṭhaṁ(모두 주격으로 표기했음)

581) 이다음 부분으로 「대념처경」(D22) §20에 나타나는 "다시 비구들이여, 그

로움의 소멸의 성스러운 진리라 합니다."

23. "도반들이여, 그러면 무엇이 괴로움의 소멸로 인도하는 도닦음의 성스러운 진리[苦滅道聖諦]입니까? 그것은 성스러운 팔정도[八支聖道]이니, 즉 바른 견해[正見], 바른 사유[正思惟], 바른 말[正語], 바른 행위[正業], 바른 생계[正命], 바른 정진[正精進], 바른 마음챙김[正念], 바른 삼매[正定]입니다."582)

24. "도반들이여, 그러면 무엇이 바른 견해입니까? 도반들이여, 괴로움에 대한 지혜,583) 괴로움의 일어남에 대한 지혜, 괴로움의 소멸에 대한 지혜, 괴로움의 소멸로 인도하는 도닦음에 대한 지혜 — 이를 일러 바른 견해라 합니다."584)

런 이 갈애는 어디서 없어지고 어디서 소멸되는가? … 여기서 이 갈애는 없어지고 여기서 소멸된다."까지도 본경에 나타나지 않는다.

582) 아래에 나타나는 팔정도의 구성요소에 대한 정의는 『디가 니까야』 「대념처경」(D22/ii.311～313) §21과 『상윳따 니까야』 제5권 「분석 경」(S45:8)에도 나타나고 있다. 아래에 달고 있는 주해들은 각묵 스님이 옮긴 「대념처경」(D22)의 해당 주해들 가운데서 뽑은 것이다. 경에 나타나는 팔정도의 구성요소에 대한 정의는 『논장』의 『위방가』(분별론)에서도 경의 분류방법(Sutanta-bhājanīya)으로 반영되어 나타난다.(Vbh.235～236) 그러나 아비담마의 분류방법(Abhidhamma-bhājanīya)에 의하면 팔정도의 구성요소들은 예외 없이 모두 출세간적인 것(lokuttara)으로 여겨지고 있다. 팔정도에 대한 여러 설명은 『초기불교 이해』 제25장(386쪽 이하)을 참조할 것.

583) "괴로움에 대한 지혜(dukkhe ñāṇa)라는 등으로 네 가지 진리의 명상주제를 보이셨다. 여기서 처음의 두 가지 진리(고와 집)는 윤회하는 것(vaṭṭa)이고 나중의 둘(멸과 도)은 윤회에서 물러나는 것(vivaṭṭa)이다. 이들 가운데서 비구가 윤회하는 것을 명상주제로 하여 명상하면 윤회에서 물러나는 것에 대해서는 명상하지 못한다."(DA.iii.801)

584) "여기서 [괴로움과 일어남의] 두 가지 진리는 보기 어렵기 때문에 심오하고, [소멸과 도의] 두 가지는 심오하기 때문에 보기 어렵다. 괴로움의 진리는 일어날 때 분명하다. 몽둥이나 가시 등으로 때릴 때 '아, 괴롭다.'라는 말이 절로 나온다. 일어남의 진리는 먹고 싶어함 등을 통해서 일어날 때 분명하다.

25. "도반들이여, 그러면 무엇이 바른 사유입니까? 도반들이여, 출리에 대한 사유,[585] 악의 없음에 대한 사유, 해코지 않음[不害]에 대한 사유 — 이를 일러 바른 사유라 합니다."[586]

26. "도반들이여, 그러면 무엇이 바른 말입니까? 도반들이여, 거짓말을 삼가고, 중상모략을 삼가고, 욕설을 삼가고, 잡담을 삼가는 것 — 이를 일러 바른 말이라 합니다."[587]

그러나 특징을 통찰하는 것으로는 이 둘은 모두 심오하다. 이처럼 이 둘은 보기 어렵기 때문에 심오하다.
나머지 둘을 보기 위해 노력하는 것은 마치 우주의 꼭대기를 거머쥐려고 손을 펴는 것과 같고, 무간지옥에 닿으려고 발을 뻗는 것과 같고, 일곱 가닥으로 쪼갠 머리털 끝을 떼어내려는 것과 같다. 이처럼 이 둘은 심오하기 때문에 보기 어렵다. 이와 같이 보기 어렵기 때문에 심오하고, 심오하기 때문에 보기 어려운 네 가지 진리들에 대해서 공부짓는 등을 통해서 처음 단계의 지혜가 일어남을 두고 괴로움에 대한 지혜(dukkhe ñāṇa) 등으로 설하셨다. [그러나] 통찰하는 순간에는 그 지혜는 오직 하나다."(DA.iii.802)

585) "감각적 욕망의 반대되는 뜻으로 혹은 감각적 욕망에서 벗어남의 뜻으로 출리에 대한 사유(nekkhamma-saṅkappo)라고 한다."(MA.v.65)

586) '출리(出離)에 대한 사유'와 '악의 없음에 대한 사유'와 '해코지 않음[不害]에 대한 사유'는 각각 nekkhamma-saṅkappa, abyāpāda-saṅkappa, avi-hiṁsā-saṅkappa를 옮긴 것이다. "출리에 대한 사유 등은 감각적 욕망과 악의와 해코지를 삼가는 인식들의 다양함 때문에 처음에는 여럿이다. 그렇지만 도의 순간에는 이들 세 경우에 대해서 일어난 해로운 사유의 다리를 잘라버리기 때문에 이들은 더 이상 일어나지 않게 된다. 이렇게 도의 구성요소를 완성할 때에는 오직 하나의 유익한 사유가 일어난다. 이것을 '바른 사유[正思惟, sammā-saṅkappa]'라 한다."(DA.iii.802)
한편 여기서 사유로 옮기고 있는 saṅkappa는 생각이나 일으킨 생각으로 옮기고 있는 vitakka[尋]와 동의어이다.(『앙굿따라 니까야』「사밋디 경」(A9:14) §1 참조) 주석서들도 이렇게 밝히고 있다.(saṅkappā ti vitakkā — SnA.i.201 등) 『아비담마 길라잡이』 7장 §33 [해설]도 참조할 것.

587) "거짓말을 삼가는 것 등도 거짓말 등을 삼가는 인식들의 다양함 때문에 처음에는 여럿이지만 도의 순간에는 이 네 경우에 대해서 일어난 해롭고 나쁜 행실을 가진 의도의 다리를 잘라버리기 때문에 이들은 더 이상 일어나지 않게

27. "도반들이여, 그러면 무엇이 바른 행위입니까? 도반들이여, 살생을 삼가고, 주지 않은 것을 가지는 것을 삼가고, 삿된 음행을 삼가는 것[588] — 이를 일러 바른 행위라 합니다."[589]

28. "도반들이여, 그러면 무엇이 바른 생계입니까? 도반들이여, 성스러운 제자는 그릇된 생계를 버리고 바른 생계로 생명을 영위합니다. 도반들이여, 이를 일러 바른 생계라 합니다."[590]

된다. 이처럼 도의 구성요소를 완성할 때는 오직 하나의 유익한 절제(kusala-veramaṇi)가 일어난다. 이것을 '바른 말[正語, sammā-vācā]'이라 한다."(DA.iii.802)

절제(veramaṇi 혹은 virati)는 주석서와 아비담마에서부터 쓰이는 전문술어로서 팔정도 가운데서 바른 말[正語], 바른 행위[正業] 바른 생계[正命]의 셋을 지칭한다. 자세한 것은 『아비담마 길라잡이』 2장 §6을 참조할 것.

588) '삿된 음행을 삼가는 것'으로 옮긴 원어는 Ee, Be, Se에 모두 다 abrahmacariyā veramaṇī(순결하지 못한 삶을 삼가는 것)으로 나타난다. 이것은 성생활을 완전히 금하는 것으로 『비구계목』과 『비구니계목』에 속한다. 그러나 「대념처경」(D22) §21과 여기 본경의 해당부분(§27)과 『분별론』(Vbh.235) 등의 같은 부분에는 모두 kāmesu micchācārā veramaṇī(삿된 음행을 삼가는 것)으로 나타나고 있는데, 이것은 재가자들이 지키는 계목에 속한다.

그러나 본경에 해당하는 주석서는 왜 본경에서는 이렇게 나타나는지에 대한 설명이 없다. 이로 미루어 볼 때 본경의 이 부분은 주석서 문헌이 생긴 후에 벌어진 필사상의 오기가 아닌가 여겨지기도 한다. 그렇지 않다면 분명히 주석서는 그 이유를 설명했을 것이기 때문이다. 그래서 역자는 「대념처경」(D22) §21 등과 같이 '삿된 음행을 삼가는 것'으로 옮겼다.

589) "산목숨을 죽이는 것(살생)을 삼가는 것 등도 산목숨을 죽이는 것 등을 삼가는 인식들의 다양함 때문에 처음에는 여럿이지만 도의 순간에는 이 세 경우에 대해서 일어난 해롭고 나쁜 행실을 가진 의도의 다리를 잘라버리기 때문에 이들은 더 이상 일어나지 않게 된다. 이처럼 도의 구성요소를 완성할 때에는 오직 하나의 유익한 절제가 일어난다. 이것을 '바른 행위[正業, sammā-kammanta]'라 한다."(DA.iii.803)

590) "'그릇된 생계(micchā-ājīva)'란 먹는 것 등을 위해 일어난 몸과 말의 나쁜 행실이다. '제거하고(pahāya)'라는 것은 없애고 라는 말이다. '바른 생계로

29. "도반들이여, 그러면 무엇이 바른 정진입니까? 도반들이여, 여기 비구는 아직 일어나지 않은[591] 나쁘고 해로운 법들은 일어나지 않도록 하기 위해 열의를 일으키고[592] 정진하고 힘을 내고 마음을 다잡고 애를 씁니다.[593] 이미 일어난[594] 나쁘고 해로운 법들은 제거하기 위해 열의를 일으키고 정진하고 힘을 내고 마음을 다잡고 애를 씁니다. 아직 일어나지 않은 유익한[595] 법들은 일어나도록 하기 위해 [252] 열의를 일으키고 정진하고 힘을 내고 마음을 다잡고 애를 씁니다. 이미 일어난[596] 유익한 법들은 지속하게 하고[597] 사라지지 않

(sammā-ājīvena)'라는 것은 부처님께서 칭송하신 생계를 통해서라는 말이다. '생명을 영위한다(jīvitaṁ kappeti).'는 것은 생명을 지속하고 유지한다는 말이다. 바른 생계는 음모 등을 삼가는 인식들의 다양함 때문에 처음에는 여럿이지만 도의 순간에는 이 일곱 경우에 대해서 일어난 그릇된 생계라는 나쁜 행실을 가진 의도의 다리를 잘라버리기 때문에 더 이상 일어나지 않게 된다. 이처럼 도의 구성요소를 완성할 때에는 오직 하나의 유익한 절제가 일어난다. 이것을 '바른 생계[正命, sammā-ājīva]'라 한다."(DA.iii.803)

591) "'아직 일어나지 않은(anuppanna)'이라는 것은 '하나의 존재에 대해서나 그와 같은 대상에 대해서 아직 자신에게 일어나지 않은'이란 말이다. 남에게서 일어나는 것을 보고서 '오, 참으로 나에게는 이런 사악하고 해로운 법들이 일어나지 않기를'이라고 이와 같이 아직 일어나지 않은 사악한 해로운 법들을 일어나지 않게 하기 위해서 [열의를 생기게 한다.]"(DA.iii.803)

592) "'열의를 일으키고(chandaṁ janeti)'라는 것은 그들을 일어나지 않도록 하는 도닦음을 성취하는 정진의 열의를 생기게 한다는 말이다."(DA.iii.803)

593) "'애를 쓴다(padahati).'는 것은 '피부와 힘줄과 뼈만 남은들 무슨 상관이랴.'라고 생각하면서 노력하는 것이다."(DA.iii.803)

594) "'이미 일어난(uppanna)'이란 습관적으로 자신에게 이미 일어난 것이다. 이제 이런 것들을 일어나게 하지 않으리라고 생각하면서 이들을 버리기 위해서 열의를 생기게 한다."(DA.iii.803)

595) "'아직 일어나지 않은 유익한(anuppanna kusala)'이란 것은 아직 얻지 못한 초선(初禪) 등을 말한다."(DA.iii.803)

596) "'이미 일어난(uppanna)'이란 것은 이들을 이미 얻은 것이다."(DA.iii.803)

게 하고 증장하게 하고 충만하게 하고 닦기 위해 열의를 일으키고 정진하고 힘을 내고 마음을 다잡고 애를 씁니다. — 도반들이여, 이를 일러 바른 정진이라 합니다."598)

30. "도반들이여, 그러면 무엇이 바른 마음챙김입니까? 도반들이여, 여기 비구는 몸에서 몸을 관찰하며[身隨觀] 머뭅니다. 세상에 대한 욕심과 싫어하는 마음을 버리고 근면하고 분명히 알아차리고 마음챙기면서 머뭅니다. 느낌에서 느낌을 관찰하며[受隨觀] 머뭅니다. 세상에 대한 욕심과 싫어하는 마음을 버리고 근면하고 분명히 알아차리고 마음챙기면서 머뭅니다. 마음에서 마음을 관찰하며[心隨觀] 머뭅니다. 세상에 대한 욕심과 싫어하는 마음을 버리고 근면하고 분명히 알아차리고 마음챙기면서 머뭅니다. 법에서 법을 관찰하며[法隨觀] 머뭅니다. 세상에 대한 욕심과 싫어하는 마음을 버리고 근면하고 분명히 알아차리고 마음챙기면서 머뭅니다. 도반들이여, 이를 일러 바른 마음챙김이라 합니다."599)

31. "도반들이여, 그러면 무엇이 바른 삼매입니까?

도반들이여, 여기 비구는 감각적 욕망들을 완전히 떨쳐버리고 해

---

597) "'지속시키고(ṭhiti)'라는 것은 계속해서 일어나게 하여 머물게 하기 위해서라는 뜻이다."(DA.iii.803)

598) "이 바른 정진도 아직 일어나지 않은 해로움을 일어나지 않도록 하는 마음 등의 다양함 때문에 처음에는 여럿이지만, 도의 순간에는 이 네 경우에 대한 역할을 성취하여 도의 구성요소를 완성하면서 오직 하나의 유익한 정진이 일어난다. 이것을 '바른 정진[正精進, sammā-vāyāma]'이라 한다."(DA.iii.803)

599) "바른 마음챙김 역시 몸 등을 파악하는 마음의 다양함 때문에 처음에는 여럿이지만, 도의 순간에는 이 네 경우에 대한 역할을 성취하여 도의 구성요소를 완성하면서 오직 하나의 마음챙김이 일어난다. 이것을 '바른 마음챙김[正念, sammā-sati]'이라 한다."(DA.iii.803)

로운 법[不善法]들을 떨쳐버린 뒤, 일으킨 생각[尋]과 지속적 고찰[伺]이 있고, 떨쳐버렸음에서 생긴 희열[喜]과 행복[樂]이 있는 초선(初禪)을 구족하여 머뭅니다.

일으킨 생각과 지속적 고찰을 가라앉혔기 때문에 자기 내면의 것이고, 확신이 있으며, 마음의 단일한 상태이고, 일으킨 생각과 지속적 고찰은 없고, 삼매에서 생긴 희열과 행복이 있는 제2선(二禪)을 구족하여 머뭅니다.

희열이 빛바랬기 때문에 평온하게 머물고, 마음챙기고 알아차리며[正念 · 正知] 몸으로 행복을 경험한다. [이 禪 때문에] 성자들이 그를 두고 '평온하고 마음챙기며 행복하게 머문다.'고 묘사하는 제3선(三禪)을 구족하여 머뭅니다.

행복도 버리고 괴로움도 버리고, 아울러 그 이전에 이미 기쁨과 슬픔을 소멸하였으므로 괴롭지도 즐겁지도 않으며, 평온으로 인해 마음챙김이 청정한[捨念淸淨] 제4선(四禪)을 구족하여 머뭅니다.[600]

---

600) "禪은 예비단계에도 도의 순간에도 여럿이다. 예비단계에는 [禪의] 증득에 따라 여럿이지만, 도의 순간에는 여러 가지 도(즉 예류도부터 아라한도까지)에 따라 여럿이다. 왜냐하면 어떤 자는 첫 번째 도(예류도)를 초선을 통해서 얻거나 혹은 두 번째 도 등도 초선을 통해 얻거나 혹은 제2선 등 가운데 어느 한 禪을 통해서 얻기 때문이다. 어떤 자는 첫 번째 도를 제2선 등 가운데 어떤 禪을 통해서 얻기도 하고 두 번째 도 등도 제2선 등 가운데 어떤 선을 통해서 얻기도 하고 초선을 통해서 얻기도 하기 때문이다.
이와 같이 [예류도 등의] 네 가지 도는 禪을 통해서 같기도 하고 다르기도 하며 전적으로 같기도 하다. 그런데 이 차이점은 기초가 되는 禪(pādaka-jjhāna)에 의해서 결정된다.
기초가 되는 禪의 결정에 따라 우선 초선을 얻은 자가 초선에서 출정(出定)하여 위빳사나를 할 때 일어난 도가 초선을 통한 것이다. 도의 구성요소와 깨달음의 구성요소는 여기서 성취된다. 제2선에서 출정하여 위빳사나를 할 때 일어난 도가 제2선을 통해서 얻은 것이다. 여기서 도의 구성요소는 일곱 가지이다. 제3선에서 출정하여 위빳사나를 할 때 일어난 도가 제3선을 통해서 얻은 것이다. 여기서는 도의 구성요소는 일곱 가지이고 깨달음의 구성요소는 여섯 가지이다. 이 방법은 제4선에서 출정하는 것에서부터 비상비비상도반들이여, 이를 일러 바른 삼매라 합니다."601)

32. "도반들이여, 여래·아라한·정등각자께서는 바라나시의 이시빠따나에 있는 녹야원에서 위없는 법의 바퀴를 굴리셨나니 그것은 사문이나 바라문이나 신이나 마라나 범천이나 이 세상 그 누구도 멈추게 할 수 없습니다. 그것은 네 가지 성스러운 진리를 설명하고, 가르치고, 선언하고, 확립하고, 드러내고, 분석하고, 해설한 것입니다."

사리뿟따 존자는 이와 같이 설했다. 그 비구들은 흡족한 마음으로 사리뿟따 존자의 설법을 크게 기뻐하였다.

진리의 분석 경(M141)이 끝났다.

처까지 적용된다.

무색계에서는 '사종선(四種禪)'과 '오종선(五種禪)'이 일어난다. 이것은 출세간이지 세간적인 것이 아니라고 설했다. 왜 그런가? 여기서도 초선 등의 어떤 禪에서 출정하여 예류도를 얻고는 무색계 [禪]의 증득을 닦은 뒤 그는 무색계에 태어난다. 그 禪을 가진 자에게 그곳에서 세 가지 도가 일어난다. 이와 같이 기초가 되는 선에 따라 [도가] 결정된다.

그러나 어떤 장로들은 위빳사나의 대상인 무더기들[蘊]이 [도를] 결정한다고 주장하고 어떤 자들은 개인의 성향이 결정한다고 주장하고 어떤 자들은 [도의] 출현으로 인도하는 위빳사나가 결정한다고 주장하기도 한다. 그들의 주장에 대한 판별은 『청정도론』에서 [도의] 출현으로 인도하는 위빳사나의 해설에서 설한 방법대로 알아야 한다."(DA.iii.803~04)

『청정도론』 XXI.83 이하와 『아비담마 길라잡이』 808~809쪽도 참조할 것.

601) "이를 일러 '바른 삼매[正定, sammā-samādhi]'라 한다는 것은 이것은 예비단계에서는 세간적이고 나중에는 출세간에 속하는 바른 삼매가 된다고 설하신 것이다."(DA.iii.804)

보시의 분석 경

Dakkhiṇāvibhaṅga Sutta(M142)

1. 이와 같이 나는 들었다. [253] 한때 세존께서는 삭까에서 까뻴라왓투의 니그로다 원림에 머무셨다.

2. 그때 마하빠자빠띠 고따미602)가 한 벌의 새 옷을 가지고 세

602) 마하빠자빠띠 고따미(Mahāpajāpati Gotami) 장로니는 데와다하(Devadaha)의 숩빠붓다(Suppabuddha)의 딸이며 부처님의 어머니인 마하마야(Mahāmāyā) 부인의 동생이기도 하다. 마하마야 부인이 세존을 낳은 지 7일 만에 돌아가시자 세존을 양육하였으며 세존의 아버지인 숫도다나 왕과 결혼하여 세존의 계모가 되었다. 숫도다나 왕 사이에서 난다(Nanda, A1:14:4-12 주해 참조)를 낳았는데 난다는 유모에게 맡기고 자신은 세존을 돌봤다고 한다.
세존께서 삭까족과 꼴리야족 사이에 로히니 강물 때문에 일어난 분쟁을 중재하러 오셨을 때 500명의 삭까족 남자들이 출가하였다. 마하빠자빠띠는 그들의 아내들과 함께 세존께 여인들도 출가하게 해달라고 간청을 하였지만 세존께서는 거절하셨다. 세존께서 웨살리로 가시자 그녀는 500명의 여인들과 함께 맨발로 웨살리까지 가서 간청을 하였지만 세존께서는 역시 거절하셨다. 아난다 존자가 그녀의 편을 들어서 팔경계법으로 중재를 하여 마침내 비구니 교단이 성립되게 되었다.(『앙굿따라 니까야』 제5권 「고따미 경」(A8:51); Vin.ii.253ff; A.iv.274ff) 그래서 마하빠자빠띠 장로니는 비구니들 가운데서 가장 구참(rattaññū)이 된다. 팔경계법과 비구니의 출가에 대해서는 「고따미 경」(A8:51)을 참조할 것.

존을 뵈러 갔다.603) 가서는 세존께 절을 올리고 한 곁에 앉았다. 한 곁에 앉아서 마하빠자빠띠 고따미는 세존께 이렇게 말씀드렸다.

"세존이시여, 이 한 벌의 새 옷은 세존을 위해 제가 손수 물레질하여 짠 것입니다. 세존이시여, 제게 연민을 일으키시어 이것을 받아주십시오."

이렇게 말씀드리자 세존께서는 마하빠자빠띠 고따미에게 이렇게 말씀하셨다.

"고따미여, 승가에 보시하십시오. 승가에 보시하면 나에게도 공양하는 것이 되고 승가에도 공양하는 것이 될 것입니다."

두 번째로604) … 세 번째로 마하빠자빠띠 고따미는 세존께 이렇

---

603) "언제 고따미(Mahāpajāpati Gotami)는 세존께 한 벌의 옷(dussa-yuga)을 공양할 생각을 내었는가? 깨달음을 얻은 뒤 까삘라(Kapila-pura)를 처음으로 방문할(paṭhama-gamana) 때였다. 그때 탁발을 가는 세존을 보고 정반왕(Suddhodana-mahā-rājā)이 집으로 모시고 들어갔을 때 세존의 아름다운 모습(rūpa-sobh-agga)을 보고 마하빠자빠띠 고따미는 '내 아들의 모습이 참으로 아름답구나. 내 아들이 29년을 집에 있을 동안 내가 별로 해준 게 없는데 지금이라도 가사(cīvara-sāṭaka)를 공양하리라.'라고 생각했다.

그리하여 시장에서 목화솜을 구해 와서 손수 물레질을 하고(pisitvā) 마름질하고(pothetvā) 가느다란 실(sukhuma-sutta)을 자아내고(kantitvā) 하여 양재사(sippika)들의 도움으로 옷을 만들었다. 옷을 향내 나는 함(gandha-samugga)에 잘 넣고는 내 아들에게 공양하러 간다고 정반왕께 고하니 왕도 길을 준비하고 치우게 하는 등 적극 협조했다. 마하빠자빠띠도 온갖 장신구로 장식을 잘하여 궁녀들에 둘러싸인 채 옷이 담긴 함을 머리에 이고 세존께 다가갔다."(MA.v.66~67)

이 이야기는 『율장』 『소품』(Cūlavagga)의 제10장 「비구니 건도(犍度)」(Bhikkhuni-kkhandhaka, Vin.ii.253~256)에 나타나고 있다.

604) "마하빠자빠띠 고따미는 세존께 '세존이시여, 제가 옷 가게에서 옷을 사서 백 명의 비구에게도 천 명의 비구에게도 십만 명의 비구에게도 보시할 수 있습니다. 그러나 이것은 세존을 위해 제가 손수 물레질하고 손수 기워서 가져온 것이니 세존께서 받아주십시오.'라고 간청하면서 말씀드렸다. 그러나 세존께서는 세 번 다 거절하셨다."(MA.v.67)

게 말씀드렸다.

"세존이시여, 이 한 벌의 새 옷은 세존을 위해 제가 손수 물레질하여 짠 것입니다. 세존이시여, 제게 연민을 일으키시어 이것을 받아주십시오."

이렇게 말씀드리자 세존께서는 세 번째에도 마하빠자빠띠 고따미에게 이렇게 말씀하셨다.

"고따미여, 승가에 보시하십시오. 승가에 보시하면 나에게도 공양하는 것이 되고 승가에도 공양하는 것이 될 것입니다."605)

3. 이렇게 말씀하시자 아난다 존자는 세존께 이렇게 말씀드렸다.

"세존이시여, 마하빠자빠띠 고따미가 가져온 한 벌의 새 옷을 받아주십시오. 세존이시여, 마하빠자빠띠 고따미는 이모로서, 유모로서, 양모로서, 수유자로서 세존께 많은 도움을 주었습니다. 세존을 낳아주신 [친어머니]가 돌아가시자 자신의 젖을 먹였습니다.606)

세존이시여, 세존께서도 마하빠자빠띠 고따미에게 많은 도움을 주셨습니다. 세존이시여, 세존 덕에 마하빠자빠띠 고따미는 부처님께 귀의하고 법에 귀의하고 승가에 귀의했습니다.

세존이시여, 세존 덕에 마하빠자빠띠 고따미는 생명을 죽이는 것을 삼갔고 주지 않은 것을 가지는 것을 삼갔고 삿된 음행을 삼갔고 거짓말하는 것을 삼갔고 방일하는 근본이 되는 술 등을 마시는 것을

---

605) "그러면 세존께서는 왜 자신에게 보시하려는 것을 비구 승가(bhikkhu-saṅ-gha)에게 보시하라고 하셨는가? 어머니에 대한 연민(anukampā) 때문이었다. 세존께만 보시하려는 의도(cetanā)를 승가와 세존 둘 모두에게로 향한다면 그 의도는 결합되어 오랜 세월 이익과 행복을 줄 것이기 때문이었다."(MA.v.67)

606) "그때 난다 왕자(Nanda-kumāra)는 보살이 태어난 지 며칠 만에 태어난 아기였다. 그가 태어났을 때 마하빠자빠띠는 자신의 아들에게 수유하고 나서 스스로 보살에게도 수유했다."(MA.v.69)

삼갔습니다.

세존이시여, 세존 덕에 마하빠자빠띠 고따미는 부처님께 완전한 믿음을 구족했고 법에 완전한 믿음을 구족했고 승가에 완전한 믿음을 구족했고 성자들이 좋아하는 [254] 계율에 완전한 믿음을 구족했습니다.

세존이시여, 세존 덕에 마하빠자빠띠 고따미는 괴로움에 대해 의심이 없고 괴로움의 일어남에 대해 의심이 없고 괴로움의 소멸에 대해 의심이 없고 괴로움의 소멸로 인도하는 도닦음에 대해 의심이 없습니다. 세존이시여, 세존께서도 역시 마하빠자빠띠 고따미에게 많은 도움을 주셨습니다."

4. "그러하다, 아난다여. 참으로 그러하다, 아난다여. 그러나 어떤 사람이 다른 사람의 영향을 받아[607] 부처님께 귀의하고 법에 귀의하고 승가에 귀의했다면, 그 처음 사람이 나중 사람에게 인사하고 자리에서 일어나서 맞고 합장하고 예의 바르게 처신하며 의복, 음식, 거처, 병구완하는 약품을 제공하여 보답하는 것은 쉬운 일이 아니라고 나는 말한다.[608]

아난다여, 어떤 사람이 다른 사람의 영향을 받아 생명을 죽이는 것을 삼갔고 주지 않은 것을 가지는 것을 삼갔고 삿된 음행을 삼갔고 거짓말하는 것을 삼갔고 방일하는 근본이 되는 술 등을 마시는 것을

---

607) "'어떤 사람이 다른 사람의 영향을 받아(puggalo puggalaṁ āgamma)'라는 것은 제자인 사람(antevāsika-puggala)이 스승인 사람(ācariya-puggala)의 영향을 받는 것을 말한다."(MA.v.70)

608) "스승을 만나면 인사하고, 그 지역에 스승이 머물면 행동할 때 머리 숙여 인사하고 걷고, 인사하고 앉고, 인사하고 눕는다. 멀리서 스승님이 오시는 것을 보면 자리에서 일어나 맞이하는 등 스승에게 적절한 행동(paccūpakāra)을 하는 것이 쉬운 일이 아니라는 말씀이다."(MA.v.70)

삼갔다면, 그 처음 사람이 나중 사람에게 인사하고 자리에서 일어나서 맞고 합장하고 예의 바르게 처신하며 의복, 음식, 거처, 병구완하는 약품을 제공하여 보답하는 것은 쉬운 일이 아니라고 나는 말한다.

아난다여, 어떤 사람이 다른 사람의 영향을 받아 부처님께 완전한 믿음을 구족했고, 법에 완전한 믿음을 구족했고, 승가에 완전한 믿음을 구족했고, 성자들이 좋아하는 계율에 완전한 믿음을 구족했다면, 그 처음 사람이 나중 사람에게 인사하고 자리에서 일어나서 맞고 합장하고 예의 바르게 처신하며 의복, 음식, 거처, 병구완하는 약품을 제공하여 보답하는 것은 쉬운 일이 아니라고 나는 말한다.

아난다여, 어떤 사람이 다른 사람의 영향을 받아 괴로움에 대해 의심이 없고 괴로움의 일어남에 대해 의심이 없고 괴로움의 소멸에 대해 의심이 없고 괴로움의 소멸로 인도하는 도닦음에 대해 의심이 없다면, 그 처음 사람이 나중 사람에게 인사하고 자리에서 일어나서 맞고 합장하고 예의 바르게 처신하며 의복, 음식, 거처, 병구완하는 약품을 제공하여 보답하는 것은 쉬운 일이 아니라고 나는 말한다."

5. "아난다여, 그런데 열네 가지 개인을 위한 보시가 있다.609) 여래 · 아라한 · 정등각자께 보시하는 것이 첫 번째610) 개인을 위한 보시이다. 벽지불611)에게 보시하는 것이 두 번째 개인을 위한 보시

---

609) "무슨 이유로 이와 같이 시작하셨는가? 이 경은 '개인에게 하는 보시(pāṭi-puggalika dakkhiṇa)'로 인해 설해졌다. 아난다 장로도 세존께 '세존이시여, 받아주소서.'라고 말하면서 개인에게 하는 보시를 받아들이게 했다. 열네 가지 경우의 보시는 개인에게 하는 보시라는 것을 보이시기 위해 이렇게 시작하셨다."(MA.v.70~71)

610) "'첫 번째(ayaṁ paṭhamā)'라고 하셨다. 여래께 올리는 이 보시(dakkhiṇā)는 공덕(guṇa)의 측면에서도 첫 번째이고, 최상(jeṭṭhaka)의 측면에서도 첫 번째이다. 이것은 첫 번째(paṭhamā)이고 최상(aggā)이고 으뜸(jeṭṭhikā)이다. 이 보시에 견줄 보시는 없다."(MA.v.71)

이다. 여래의 제자인 아라한에게 보시하는 것이 세 번째 개인을 위한 보시이다. 아라한과의 실현을 닦는 자에게 보시하는 것이 네 번째 개인을 위한 보시이다. 불환자에게 보시하는 것이 다섯 번째 개인을 위한 보시이다. [255] 불환과의 실현을 닦는 자에게 보시하는 것이 여섯 번째 개인을 위한 보시이다. 일래자에게 보시하는 것이 일곱 번째 개인을 위한 보시이다. 일래과의 실현을 닦는 자에게 보시하는 것이 여덟 번째 개인을 위한 보시이다. 예류자에게 보시하는 것이 아홉 번째 개인을 위한 보시이다. 예류과의 실현을 닦는 자에게 보시하는 것이 열 번째 개인을 위한 보시이다. 감각적 욕망들에 대해 탐욕을 여읜 이교도612)에게 보시하는 것이 열한 번째 개인을 위한 보시이다. 행실이 바른 범부613)에게 보시하는 것이 열두 번째 개인을 위한 보시이다. 행실이 나쁜 범부614)에게 보시하는 것이 열세 번째 개인을 위한 보시이다. 축생에게 보시하는 것615)이 열네 번째 개인을 위한 보

---

611) '벽지불(辟支佛)'로 옮긴 '빳쩨까 부처님[獨覺, 벽지불, paccekabuddha]'에 대해서는 본서 「이시길리 경」(M116) §3의 주해를 참조할 것.

612) "여기서 '탐욕을 여읜 이교도(bāhiraka kāmesu vītarāga)'란 업을 설하고 도덕적 행위를 설하면서(kamma-vādi-kiriya-vādi) 다섯 가지 신통력을 갖춘 자를 말한다."(MA.v.71)

613) "'행실이 바른 범부(puthujjana-sīlavanta)'란 그의 본성이 소처럼 행동하는 자(go-sīla-dhātuka)로써 속이거나 사기 치지 않고 다른 이를 괴롭히지도 않고 여법하고 바르게 농업이나 상업으로 삶을 영위하는 자이다."(MA.v.71)
즉 마치 소의 원래 품성이 유순하고 속이지 않는 것처럼 삼귀의나 오계를 수지하지는 않았더라도 천성으로 행실이 바른 범부를 말한다.

614) "'행실이 나쁜 범부(puthujjana-dussīla)'란 어부나 낚시꾼(kevaṭṭa-maccha-bandha) 등 다른 이를 괴롭혀 삶을 영위하는 자를 말한다."(MA.v.71)

615) "'축생에게 보시하는 것(tiracchānagate dānaṁ deti)'이라고 하셨다. 양육(posana)하는 의미에서 보시한 것은 여기에 해당되지 않는다. 한 조각이나 반 조각 정도 준 것도 해당되지 않는다. 개나 돼지나 닭이나 까마귀 등 어떤

시이다."

6. "아난다여,616) 이 가운데서 축생에게 보시를 하면 백 배의 보답이 기대된다.617) 행실이 나쁜 범부에게 보시를 하면 천 배의 보답이 기대된다. 행실이 바른 범부에게 보시를 하면 십만 배의 보답이 기대된다. 감각적 욕망들에 대해 탐욕을 여읜 이교도들에게 보시를 하면 천억 배의 보답이 기대된다. 예류과의 실현을 닦는 자618)에게

것이 가까이 왔을 때 [이 보시가 미래에 나의 이익과 행복이 되기를 — MAṬ.ii.409] 바라면서 어떤 것을 보시하는 것이 여기서 말하는 축생에게 보시하는 것에 해당된다."(MA.v.71)

616) 어디에 한 보시가 큰 결실을 가져오는가는 재가자들의 큰 관심이기도 하다. 그래서 『상윳따 니까야』 제2권 「궁술 경」(S3:24) §2에서 빠세나디 꼬살라 왕은 "세존이시여, 그러면 어디에 한 보시가 큰 결실을 가져옵니까?"라고 질문을 드린다. 세존께서는 §6에서 다섯 가지 장애[五蓋]를 버리고 계・정・혜・해탈・해탈지견의 오법온을 갖춘 출가자에게 하는 보시가 큰 결실이 있다고 말씀하신다.

617) "이 보시는 백 생 동안 수명(āyu), 아름다운 용모(vaṇṇa), 행복(sukha), 힘(bala), 영감(paṭibhāna)이라는 이 다섯 가지의 이익을 되돌려주고 동요하지 않게 한다(nipparitasa). 그러서 이렇게 말씀하셨다."(MA.v.71)
『앙굿따라 니까야』 제2권 「수닷따 경」(A4:58)과 「음식 경」(A4:59)에는 수명, 아름다움, 행복, 힘의 보시를 통해서 천상이나 인간의 행복을 나누어 가지게 된다고 나타나고, 『앙굿따라 니까야』 제3권 「음식 경」(A5:37)에는 음식을 보시하면 수명과 아름다움과 명성과 명망과 천상과 높은 가문을 얻는다는 내용이 나타나는데 본경의 이 가르침과 일맥상통하다고 볼 수 있겠다.

618) "가장 낮게는 삼보에 귀의한 재가자(tisaraṇaṁ gata upāsaka)도 '예류과의 실현을 닦는 자(sotāpatti-phala-sacchikiriyāya paṭipanna)'라고 한다. 그에게 보시한 과보도 헤아릴 수 없고 잴 수 없다. 더 나아가 오계에 확고히 머문 자(pañcasīle patiṭṭhita), 십계에 확고히 머문 자, 사미, 구족계를 받은 비구, 구족계를 받고 의무를 충실히 이행하는 자(vatta-sampanna), 위빳사나를 실천하는 자(vipassaka), 위빳사나를 열심히 닦는 자(āraddha-vipassaka)의 순으로 이들에게 한 보시는 그보다 더 큰 과보가 있다. 가장 높게는 도를 구족한 자(magga-samaṅgī)를 '예류과의 실현을 닦는 자'라 한다.
[도(magga)는 한 순간밖에 일어나지 않는데(『아비담마 길라잡이』 제4장

보시를 하면 헤아릴 수 없고 잴 수 없는 보답이 기대된다. 그러니 예류자에게 보시를 하면 무슨 말이 필요하겠는가? 일래과의 실현을 닦는 자에게 … 일래자에게 … 불환과의 실현을 닦는 자에게 … 불환자에게 … 아라한과의 실현을 닦는 자에게 … 여래의 제자인 아라한에게 … 벽지불에게 … 여래・아라한・정등각자에게 보시를 하면 무슨 말이 필요하겠는가?"

7. "아난다여, 그런데 일곱 가지 승가를 위한 보시가 있다.619) 부처님을 상수로 하는 [비구와 비구니] 두 승가에 보시하는 것이 첫 번째 승가를 위한 보시이다.620) 여래가 완전한 열반에 들고 나서 비구와 비구니 두 승가에 보시하는 것이 두 번째 승가를 위한 보시이다. 비구 승가에 보시하는 것이 세 번째 승가를 위한 보시이다. 비구니 승가에 보시하는 것이 네 번째 승가를 위한 보시이다. '승가에서 이 정도의 비구와 비구니들을 제게 정해주십시오.'라고 말하고 보시하는 것이 [256] 다섯 번째 승가를 위한 보시이다. '승가에서 이 정도

---

§22와 제1장 §25 등 참조)] 그런 도를 구족한 자에게 보시를 하는 것이 가능한가? 가능하다. 예를 들면 위빳사나를 열심히 닦는 자가 가사를 수하고 발우를 들고 마을로 탁발을 간다. 그가 대문에 서 있을 때 그의 손에서 발우를 받아 부드러운 음식과 딱딱한 음식을 넣는다. 그 순간(khaṇa)에 비구에게 도가 일어나면(magga-vuṭṭhāna) 이러한 보시를 일러 '도를 구족한 자에게 한 보시'라 한다."(MA.v.72)

619) "'일곱 가지 승가를 위한 보시(satta saṅghagatā dakkhiṇā)'라고 하셨다. 세존께서는 '고따미여, 승가에 보시하라. 승가에 보시하면 나에게도 공양하는 것이 되고 승가에도 공양하는 것이 될 것이다.'라고 설하시면서, 일곱 가지 경우에 대해 보시하는 것을 승가를 위한 보시라고 한다는 것을 보이기 위해 이것을 설하셨다."(MA.v.73)

620) "한쪽에는 비구 승가가 있고 다른 쪽에는 비구니 승가가 있고 그 가운데 세존께서 앉아 계시는 것을 말한다. 이것이 승가를 위한 첫 번째 보시라는 것은 이 보시에 견줄 만한 보시(samappamāṇā dakkhiṇā)가 없기 때문이다. 두 번째 보시 등은 이 최상의 보시를 완성하지 못한다."(MA.v.73)

의 비구들을 제게 정해주십시오.'라고 말하고 보시하는 것이 여섯 번째 승가를 위한 보시이다. '승가에서 이 정도의 비구니들을 제게 정해주십시오.'라고 말하고 보시하는 것이 일곱 번째 승가를 위한 보시이다."

8. "아난다여, 미래세에 계행이 청정치 못하고 삿된 법을 가졌으며 노란 가사를 목에 두른 일족들이 있을 것이다.621) 사람들은 승가를 위해 그 계행이 청정치 못한 자들에게 보시를 베풀 것이다.622) 아난다여, 그렇더라도 승가를 위한 보시623)는 그 [공덕이] 헤아릴 수

---

621) "[승가라는 말 대신에] '일족들(gotrabhuno)'이라고 표현하셨다. 그들은 사문이라는 이름만 지니기 때문에(samaṇāti gottamattaṁ anubhavanti) 그런 일족(gotrabhuno)이라 한다. '노란 가사를 목에 두른(kāsāva-kaṇṭhā)'이라 하셨다. 그들은 노란 가사 조각을 목에 두르거나 팔에 묶어서 돌아다닌다. 집안에 자식과 아내를 두고 농업이나 상업 등의 직업(kasi-vaṇijjādi-kammāni)으로 그들을 부양한다."(MA.v.74)

622) "여기서 '승가를 위해 그 계행이 청정치 못한 자들에게 보시를 베풀 것이다(tesu dussīlesu saṅghaṁ uddissa dānaṁ dassanti).'라고 하셨고, 계행이 청정치 못한 승가(dussīla-saṅgha)라고 말하지 않았다. 왜냐하면 승가가 계행이 나쁘다(saṅgho dussīlo)라는 것은 있을 수 없기 때문이다. 승가를 위해, 승가에게 보시한다는 생각으로 계행이 나쁜 자에게 보시한다. 그러므로 세존께서 부처님을 상수로 하는 승가에 하는 보시는 그 공덕을 헤아릴 수 없다고 설하셨다. 노란 가사를 목에 두른 승가(kāsāva-kaṇṭha-saṅgha)에 하는 보시도 그 공덕을 헤아릴 수 없다고 하셨다. 승가에게 하는 보시는 승가를 존중할 수 있는 사람이 하는데 승가를 존중하는 것(cittīkāra)은 쉬운 일이 아니기 때문이다."(MA.v.74)

623) "'승가를 위한 보시(saṁghagata dakkhiṇa)'라고 하셨다. 어떤 이는 승가에게 보시를 하리라는 생각으로 시물을 준비하여 승원에 가서는 '스님, 승가를 위해 장로 한 분을 [추천해] 주십시오.'라고 말한다. 그는 승가에서 한 명의 사미를 추천받고는 '내가 한 명의 사미를 얻었다.'라고 생각한다. [한 개인에게로 마음이 기울었기 때문에(puggalavasena cittassa pariṇāmitattā) 처음에 승가에게 보시하리라는 생각이 — MAṬ.ii.412] 다르게(aññathatta) 나타난다. 그의 보시는 승가에게 한 보시가 아니다. 대장로를 추천받고는 대장로를 얻었다고 기쁨(somanassa)을 일으키면서 한 보시도 승가에게 한

없고 잴 수 없다고 나는 말한다.624) 아난다여, 개인에게 하는 보시가 승가에게 하는 보시보다 그 과보가 더 크다고 나는 절대 말하지 않는다."625)

9. "아난다여, 네 가지 보시의 청정이 있다. 무엇이 넷인가? 아난다여, 보시하는 자는 청정하지만 보시 받는 자는 청정치 못한 보시가 있다. 아난다여, 보시 받는 자는 청정하지만 보시하는 자는 청정치 못한 보시가 있다. 아난다여, 보시하는 자도 보시 받는 자도 청정하지 못한 보시가 있다. 아난다여, 보시하는 자도 보시 받는 자도 청정한 보시가 있다."

10. "아난다여, 그러면 어떤 것이 보시하는 자는 청정하지만 보시 받는 자는 청정치 못한 보시인가? 아난다여, 여기 보시하는 자는 계행이 청정하고 좋은 성품을 가졌지만 보시 받는 자는 계행이 청정치 못하고 나쁜 성품을 가졌다. 아난다여, 이것이 보시하는 자는 청정하지만 보시 받는 자는 청정치 못한 보시이다."

보시가 아니다. 그러나 어떤 이는 사미건 비구건 신참이건 장로건 어리석은 자건 현명한 자건 어떤 이라도 승가에서 추천받고는 당황하지 않고(nibbematika) 승가에게 보시하리라는 생각으로 승가를 존중한다. 그의 보시는 승가에게 한 보시(dakkhiṇā saṅghagatā)이다."(MA.v.74)

624) 『상윳따 니까야』 제1권 「공양하는 자 경」(S11:16) {916~917}에서도 세존께서는 이렇게 말씀하신다.
"네 가지 도를 닦는 자들과 네 가지 과에 머무는 자들
이러한 승가는 올곧으며 통찰지와 계를 구족하였노라. {916}
공양 올려 공덕 찾는 생명체들이 재생을 가져오는 공덕 지으려
이런 승가에 보시하면 큰 결실이 있노라."{917}

625) "개인인 아라한에게 보시하는 것(dinna-dāna)보다 승가를 대표하여 승가에서 지정하여(uddisitvā) 준 사람이라면 그가 비록 계행이 나쁘더라도(dus-sīla) 그에게 보시하는 것이 그 공덕이 더 크다(maha-pphalatara)."(MA.v.75)

11. "아난다여, 그러면 어떤 것이 보시 받는 자는 청정하지만 보시하는 자는 청정치 못한 보시인가? 아난다여, 여기 보시하는 자는 계행이 청정치 못하고 나쁜 성품을 가졌지만 보시 받는 자는 계행이 청정하고 좋은 성품을 가졌다. 아난다여, 이것이 보시 받는 자는 청정하지만 보시하는 자는 청정치 못한 보시이다."

12. "아난다여, 그러면 어떤 것이 보시하는 자도 보시 받는 자도 청정치 못한 보시인가? 아난다여, 여기 보시 하는 자도 계행이 청정치 못하고 나쁜 성품을 가졌고 보시 받는 자도 계행이 청정치 못하고 나쁜 성품을 가졌다. 아난다여, 이것이 보시하는 자도 보시 받는 자도 청정치 못한 보시이다."

13. "아난다여, 그러면 어떤 것이 보시하는 자도 보시 받는 자도 청정한 보시인가? 아난다여, 여기 보시하는 자도 계행이 청정하고 좋은 성품을 가졌고 받는 자도 계행이 청정하고 좋은 성품을 가졌다. [257] 아난다여, 이것이 보시하는 자도 보시 받는 자도 청정한 보시이다.

아난다여, 이러한 네 가지 보시의 청정이 있다."

14. 세존께서는 이렇게 말씀하셨다. 선서께서는 이렇게 말씀하시고 스승께서는 더 나아가 이렇게 말씀하셨다.

> "계행이 청정한 자가 계행이 청정치 못한 자들에게
> 행위의 결실이 크다는 것을 확신하면서
> 법답게 얻은 것을 아주 깨끗한 마음으로 보시할 때626)

---

626) "숙련된 농부(cheka kassaka)는 황무지 땅(asāra khetta)을 얻더라도 적절한때에 밭 갈고 덩어리를 걷어내고 씨앗을 심어 밤낮으로 보호하여(ā-

그러한 보시는 보시하는 자에 의해 청정해진다.627) {1}

계행이 청정하지 못한 자가 계행이 청정한 자들에게
행위의 결실이 크다는 것을 확신하지 못하고
법답지 않게 얻은 것 깨끗하지 못한 마음으로 보시할 때
그러한 보시는 받는 자에 의해서 청정해진다.{2}

계행이 청정치 못한 자가 계행이 청정치 못한 자들에게
행위의 결실이 크다는 것을 확신하지 못하고
법답지 않게 얻은 것 깨끗하지 못한 마음으로 보시할 때
그러한 보시는 어느 쪽에 의해서도 청정해지지 않는다.{3}

계행이 청정한 자가 계행이 청정한 자들에게
행위의 결실이 크다는 것을 확신하면서
법답게 얻은 것을 아주 깨끗한 마음으로 보시할 때
그러한 보시는 풍성한 과보를 가져온다고 나는 말한다. {4}

탐욕을 끊은 자가 탐욕을 끊은 자들에게628)

---

rakkha) 방일하지 않으면 다른 비옥한 땅(sāra-khetta)에서 얻는 곡식보다 더 많이 얻을 것이다. 이와 마찬가지로 계행이 청정한 자(sīlavā)가 계행이 청정치 못한 자(dussīla)에게 보시를 하더라도 큰 결실(phala)을 얻을 수 있다."(MA.v.76~77)

627) "'보시하는 자에 의해 청정해진다(dāyakato visujjhati)'는 것은 큰 과보가 있음(mahapphala-bhāva)에 의해 청정해진다. 즉 큰 과보(mahapphalā)가 있다는 뜻이다."(MA.v.76)

628) "'탐욕을 끊은 자가 탐욕을 끊은 자들에게(vītarāgo vītarāgesu)'라고 하셨다. 여기서 '탐욕을 끊은 자(vīta-rāga)'란 불환자(anāgāmī)를 말한다. 아라한은 탐욕을 완전히 끊은 자(ekanta-vīta-rāga)를 말한다. 그러므로 아라한이 아라한에게 하는 보시가 가장 으뜸(agga)이다. 아라한은 존재에 대한 집착(bhavālaya)과 존재에 대한 바람(bhava-patthana)이 없기 때문이다.

행위의 결실이 크다는 것을 확신하면서
법답게 얻은 것을 아주 깨끗한 마음으로 보시할 때
그러한 보시는 세속적인 보시 가운데
으뜸이라고 나는 말한다." {5}

보시의 분석 경(M142)이 끝났다.

제14장 분석 품이 끝났다.

그렇다면 번뇌 다한 자(khīṇāsava)는 보시의 과보를 믿지 않는가? 보시의 과보를 믿음에 번뇌 다한 자와 동등한 자가 없다. 그러나 번뇌 다한 자가 지은 행위(kata-kamma)는 이미 탐욕을 끊었기 때문에(nicchanda-rāgattā) 선(善, kusala)이나 불선(akusala)이 아니며 더 이상 과보를 가져오지 않고 오직 작용만 할 뿐이다(kiriya-ṭṭhāne tiṭṭhati). 그러므로 그의 보시가 으뜸이라고 했다."(MA.v.77)

제15장

여섯 감각장소 품

Saḷāyatana-vagga

(M143～152)

아나타삔디까를 교계한 경

Anāthapiṇḍikovāda Sutta(M143)

1. 이와 같이 나는 들었다. [258] 한때 세존께서는 사왓티에서 제따 숲의 아나타삔디까 원림(급고독원)에 머무셨다.

2. 그 무렵 아나타삔디까 장자629)가 중병에 걸려 극심한 고통에 시달렸다. 그러자 아나타삔디까 장자는 어떤 사람을 불러서 말했다.

"여보게, 그대는 세존을 찾아뵙게. 세존을 뵙고 내 이름으로 세존

---

629) 아나타삔디까(급고독) 장자(Anāthapiṇḍika gahapati)는 사왓티의 금융업자(seṭṭhi, 혹은 상인)였으며, 수마나 상인(Sumana-seṭṭhi)의 아들이다. 우리에게 수보리 존자로 잘 알려진 수부띠 존자(āyasmā Subhūti)는 아나타삔디까 장자의 동생이다. 그리고 이 급고독 장자가 제따 왕자와 함께 제따 숲(Jetavāna)에 지어서 승단에 기증한 사원의 이름이 바로 초기불전에 아주 많이 등장하는 아나타삔디까 원림(Anāthapiṇḍikassa ārāma) 즉 급고독원(給孤獨園)이다. 이 제따 숲의 아나타삔디까 원림은 우리나라에서 기원정사(祇園精舍)로 알려진 곳이고, 세존께서 말년 19년 동안을 여기서 보내셨다고 한다.(DhA.i.3; AA.i.314)
아나타삔디까 장자가 처음 세존을 친견한 일화는 『율장』(Vin.ii.154~159)에 아주 상세하게 묘사되어 나타난다. 『율장』에 따르면 급고독 장자가 세존을 처음 뵌 것은 세존께서 성도하신 다음 해에 그가 사업상 라자가하를 방문했을 때라고 한다.(Vin.ii.154) 그의 원래 이름은 수닷따(Sudatta)였으며 아나타삔디까(Anāthapiṇḍika)는 애칭으로 '무의탁자들에게 음식을 베푸는 자'라는 뜻이다.

의 발에 머리 조아려 절을 올리고, '세존이시여, 아나타삔디까 장자가 중병에 걸려 극심한 고통에 시달리고 있습니다. 그가 세존의 발에 머리 조아려 절을 올립니다.'라고 문안을 여쭙게.

그리고 사리뿟따 존자를 찾아뵙게. 뵙고 내 이름으로 사리뿟따 존자의 발에 머리 조아려 절을 올리고, '존자시여, 아나타삔디까 장자가 중병에 걸려 극심한 고통에 시달리고 있습니다. 그가 사리뿟따 존자의 발에 머리 조아려 절을 올립니다.'라고 문안을 여쭙게. 그리고 이렇게 말씀드려주게. '존자시여, 사리뿟따 존자께서는 연민을 일으키시어 아나타삔디까 장자의 거처를 방문해주시면 감사하겠습니다.' 라고."

"그러겠습니다, 존자시여."라고 그 사람은 아나타삔디까 장자의 말에 대답하고 세존을 뵈러갔다. 세존께 다가가서 세존께 절을 올리고 한 곁에 앉았다. 한 곁에 앉아서 세존께 이렇게 말씀드렸다.

"세존이시여, 아나타삔디까 장자가 중병에 걸려 극심한 고통에 시달리고 있습니다. 그가 세존의 발에 머리 조아려 절을 올립니다."

그리고 사리뿟따 존자를 찾아갔다. 가서는 사리뿟따 존자께 절을 올리고 한 곁에 앉았다. 한 곁에 앉아서 사리뿟따 존자께 이렇게 말씀드렸다.

"존자시여, 아나타삔디까 장자가 중병에 걸려 극심한 고통에 시달리고 있습니다. 그가 사리뿟따 존자의 발에 머리 조아려 절을 올립니다. 그리고 이렇게 말씀드립니다. '존자시여, 사리뿟따 존자께서는 연민을 일으키시어 아나타삔디까 장자의 거처를 방문해주시면 감사하겠습니다.'"

사리뿟따 존자는 침묵으로 동의하였다.

3. 그때 사리뿟따 존자는 아침에 옷매무새를 가다듬고 발우와 가사를 수하고 아난다 존자를 시자로 삼아 아나타삔디까 장자의 거처로 갔다. 가서는 [259] 마련된 자리에 앉았다. 앉아서 사리뿟따 존자는 아나타삔디까 장자에게 이렇게 말했다.

"장자여, 어떻습니까? 견딜만합니까? 지낼만합니까? 괴로운 느낌이 진정되고 더하지는 않습니까? 차도는 좀 있고 더 심하지는 않습니까?"

4. "사리뿟따 존자시여, 저는 견디기가 힘듭니다. 참기가 힘듭니다. 예리한 고통은 심해지고 가라앉질 않습니다. 더 강해지고 차도가 없습니다. 사리뿟따 존자시여, 마치 힘센 사람이 시퍼런 칼로 머리를 쪼개듯이 거센 바람이 제 머리를 내리칩니다. 사리뿟따 존자시여, 저는 견디기가 힘듭니다. … 더 강해지고 차도가 없습니다.

사리뿟따 존자시여, 마치 힘센 사람이 튼튼한 가죽끈으로 된 머리띠로 머리를 조이는 것처럼 그와 같이 제 머리에 극심한 두통이 생겼습니다. 사리뿟따 존자시여, 저는 견디기가 힘듭니다. … 더 강해지고 차도가 없습니다.

사리뿟따 존자시여, 마치 능숙한 백정이나 그의 도제가 예리한 도살용 칼로 배를 도려내듯이 그와 같이 거센 바람이 제 배를 도려냅니다. 사리뿟따 존자시여, 저는 견디기가 힘듭니다. … 더 강해지고 차도가 없습니다.

사리뿟따 존자시여, 마치 힘센 두 사람이 약한 사람의 양팔을 붙잡고 숯불 구덩이 위에서 굽고 태우듯이 그와 같이 제 몸에 맹렬한 불길이 치솟습니다. 사리뿟따 존자시여, 저는 견디기가 힘듭니다. 참기가 힘듭니다. 예리한 고통은 심해지고 가라앉질 않습니다. 더 강해지고 차도가 없습니다."

5. "장자여, 그러므로 여기서 그대는 이렇게 공부지어야 합니다.[630] '나는 눈을 취착하지 않으리라. 그러면 나의 알음알이는 눈에 의지하지 않을 것이다.'라고 공부지어야 합니다.

장자여, 그러므로 여기서 그대는 이렇게 공부지어야 합니다. '나는 귀를 취착하지 않으리라. … 나는 코를 취착하지 않으리라. … 나는 혀를 취착하지 않으리라. … 나는 몸을 취착하지 않으리라. … 나는 마노[意]를 취착하지 않으리라. 그러면 나의 알음알이는 마노에 의지하지 않을 것이다.'라고 공부지어야 합니다."

6. "장자여, 그러므로 여기서 그대는 이렇게 공부지어야 합니다. '나는 형색을 취착하지 않으리라. 그러면 나의 알음알이는 형색을 의지하지 않을 것이다.'라고 공부지어야 합니다.

장자여, 그러므로 여기서 그대는 이렇게 공부지어야 합니다. '나는 소리를 취착하지 않으리라. … 나는 냄새를 취착하지 않으리라. … 나는 맛을 취착하지 않으리라. … 나는 감촉을 취착하지 않으리라. … 나는 [마노의 대상인] 법을 취착하지 않으리라. 그러면 나의 알음알이는 [마노의 대상인] 법에 의지하지 않을 것이다.'라고 공부지어야 합니다."

7. "장자여, 그러므로 여기서 그대는 이렇게 공부지어야 합니

---

630) "세 가지 움켜쥠(tīhi gāhehi)으로 눈을 움켜쥐면 지금 생겨나서 괴롭히는, 죽음에 다다른 극심한 고통(māraṇ-antikā vedanā)을 가라앉게 하는 것은 어렵다. 그러므로 눈을 취착하지 않으리라(na cakkhuṁ upādiyissāmi)고 공부지을 것을 설하고 있다."(MA.v.78)
"세 가지 움켜쥠은 갈애와 자만과 사견으로 움켜쥠(taṇhā-māna-diṭṭhi-ggāhā)이다."(MAṬ.ii.417)

다. '나는 눈의 알음알이를 취착하지 않으리라. 그러면 나의 알음알이는 눈의 알음알이에 의지하지 않을 것이다.'라고 공부지어야 합니다.

장자여, 그러므로 여기서 그대는 이렇게 공부지어야 합니다. '나는 귀의 알음알이를 취착하지 않으리라. … 나는 코의 알음알이를 취착하지 않으리라. … 나는 혀의 알음알이를 취착하지 않으리라. … 나는 몸의 알음알이를 취착하지 않으리라. … 나는 마노의 알음알이를 취착하지 않으리라. 그러면 나의 알음알이는 마노의 알음알이에 의지하지 않을 것이다.'라고 공부지어야 합니다."

8. "장자여, 그러므로 여기서 그대는 이렇게 공부지어야 합니다. '나는 눈의 감각접촉을 취착하지 않으리라. 그러면 [260] 나의 알음알이는 눈의 감각접촉에 의지하지 않을 것이다.'라고 공부지어야 합니다.

장자여, 그러므로 여기서 그대는 이렇게 공부지어야 합니다. '나는 귀의 감각접촉을 취착하지 않으리라. … 나는 코의 감각접촉을 취착하지 않으리라. … 나는 혀의 감각접촉을 취착하지 않으리라. … 나는 몸의 감각접촉을 취착하지 않으리라. … 나는 마노의 감각접촉을 취착하지 않으리라. 그러면 나의 알음알이는 마노의 감각접촉에 의지하지 않을 것이다.'라고 공부지어야 합니다."

9. "장자여, 그러므로 여기서 그대는 이렇게 공부지어야 합니다. '나는 눈의 감각접촉에서 생긴 느낌을 취착하지 않으리라. 그러면 나의 알음알이는 눈의 감각접촉에서 생긴 느낌에 의지하지 않을 것이다.'라고 공부지어야 합니다.

장자여, 그러므로 여기서 그대는 이렇게 공부지어야 합니다. '나는 귀의 감각접촉에서 생긴 느낌을 취착하지 않으리라. … 나는 코의 감각접촉에서 생긴 느낌을 취착하지 않으리라. … 나는 혀의 감각접촉에서 생긴 느낌을 취착하지 않으리라. … 나는 몸의 감각접촉에서 생긴 느낌을 취착하지 않으리라. … 나는 마노의 감각접촉에서 생긴 느낌을 취착하지 않으리라. 그러면 나의 알음알이는 마노의 감각접촉에서 생긴 느낌에 의지하지 않을 것이다.'라고 공부지어야 합니다."

10. "장자여, 그러므로 여기서 그대는 이렇게 공부지어야 합니다. '나는 땅의 요소를 취착하지 않으리라. 그러면 나의 알음알이는 땅의 요소에 의지하지 않을 것이다.'라고 공부지어야 합니다.

장자여, 그러므로 여기서 그대는 이렇게 공부지어야 합니다. '나는 물의 요소를 취착하지 않으리라. … 나는 불의 요소를 취착하지 않으리라. … 나는 바람의 요소를 취착하지 않으리라. … 나는 허공의 요소를 취착하지 않으리라. … 나는 알음알이의 요소를 취착하지 않으리라. 그러면 나의 알음알이는 알음알이의 요소에 의지하지 않을 것이다.'라고 공부지어야 합니다."

11. "장자여, 그러므로 여기서 그대는 이렇게 공부지어야 합니다. '나는 물질을 취착하지 않으리라. 그러면 나의 알음알이는 물질에 의지하지 않을 것이다.'라고 공부지어야 합니다.

장자여, 그러므로 여기서 그대는 이렇게 공부지어야 합니다. '나는 느낌을 취착하지 않으리라. … 나는 인식을 취착하지 않으리라. … 나는 심리현상들[行]을 취착하지 않으리라. … 나는 알음알이를 취착하지 않으리라. 그러면 나의 알음알이는 알음알이에 의지하지 않을 것이다.'라고 공부지어야 합니다."

12. "장자여, 그러므로 여기서 그대는 이렇게 공부지어야 합니다. '나는 공무변처를 취착하지 않으리라. 그러면 나의 알음알이는

공무변처에 의지하지 않을 것이다.'라고 공부지어야 합니다.

장자여, 그러므로 여기서 그대는 이렇게 공부지어야 합니다. '나는 식무변처를 취착하지 않으리라. … 나는 [261] 무소유처를 취착하지 않으리라. … 나는 비상비비상처를 취착하지 않으리라. 그러면 나의 알음알이는 비상비비상처에 의지하지 않을 것이다.'라고 공부지어야 합니다."

13. "장자여, 그러므로 여기서 그대는 이렇게 공부지어야 합니다. '나는 이 세상을 취착하지 않으리라.[631] 그러면 나의 알음알이는 이 세상에 의지하지 않을 것이다.'라고 공부지어야 합니다.

장자여, 그러므로 여기서 그대는 이렇게 공부지어야 합니다. '나는 저 세상을 취착하지 않으리라.[632] 그러면 나의 알음알이는 저 세상에 의지하지 않을 것이다.'라고 공부지어야 합니다."

14. "장자여, 그러므로 여기서 그대는 이렇게 공부지어야 합니다. '나는 보고 듣고 생각하고 알고 탐구하고 마음으로 고찰한 것을 취착하지 않으리라. 그러면 나의 알음알이는 그것에 의지하지 않을 것이다.'라고 공부지어야 합니다."

---

631) "'나는 이 세상을 취착하지 않으리라(na idhalokaṁ upādiyissāmi).'는 것은 거처(vasana-ṭṭhāna)와 음식이나 옷(ghāsa-cchādana)을 취착하지 않는다는 뜻이다. 이것은 필수품들(paccayā)에 대해 동요하지 않기 위해(aparitassan-attha) 설한 것이다."(MA.v.78~79)

632) "'나는 저 세상을 취착하지 않으리라(na paralokaṁ upādiyissāmi).'고 했다. 여기서 '저 세상(para-loka)'은 인간세상(manussa-loka)을 제외한 나머지의 다른 세상을 말한다. 이러이러한 천상에 태어나서 이러이러한 자리에 있을 것이라거나 이러한 것을 먹을 것이고 입을 것이라고 이렇게 동요하는 것(paritassanā)을 버리게 하기 위해 설한 것이다. '나는 이것에도 취착하지 않으리라. 그러면 나의 알음알이도 그것에 의지하지 않을 것이다.'라고, 이와 같이 세 가지 움켜쥠에서 벗어나게 한 뒤에 장로는 가르침의 절정인 아라한과(arahatta-nikūṭa)로 가르침(desana)을 끝맺는다."(MA.v.79)

15. 이렇게 설했을 때 아나타삔디까 장자는 흐느끼며 눈물을 흘렸다. 그러자 아난다 존자가 아나타삔디까 장자에게 이렇게 말했다.

"장자여, 그대는 집착이 생기거나[633] 실의에 빠집니까?"

"아난다 존자시여, 저는 집착이 생기거나 실의에 빠지지 않습니다. 저는 오랜 세월을 스승님을 섬기고 마음을 잘 닦은 비구들을 섬겼지만 저는 이러한 법문을 들은 적이 없습니다."[634]

"장자여, 흰옷을 입은 재가자들에게 이러한 법문을 하지 않습니다. 장자여, 출가자들에게 이런 법문을 설합니다."

"사리뿟따 존자시여, 그렇다면 흰옷을 입은 재가자들에게도 이러한 법문을 설해주십시오. 사리뿟따 존자시여, 눈에 먼지가 적게 들어간 선남자들이 있습니다. 법을 듣지 않으면 그들은 타락할 것입니다. 그 법을 이해할만한 자들이 있을 것입니다."

16. 사리뿟따 존자와 아난다 존자는 아나타삔디까 장자에게 이런 법문으로 가르침을 설한 뒤 자리에서 일어나서 나갔다. 아나타삔디까 장자는 사리뿟따 존자와 아난다 존자가 나간 지 얼마 지나지 않아 [262] 몸이 무너져 죽은 뒤 도솔천에 몸을 받았다.

---

633) "'집착이 생겼다(olīyasi).'는 것은 자신의 성취(sampatti)와 재산에 대해 집착을 하고(olīyasi) 기대(apekkha)를 가지는 것을 말한다."(MA.v.79)

634) "세존께서 이러한 미묘하고 심오한 법문(sukhumā gambhīra-kathā)을 설하지 않으신 것은 아니지만 사리뿟따가 설한 이런 여섯 가지 안의 감각장소와 여섯 가지 밖의 감각장소 등은 전에 들은 적이 없기 때문에(na suta-pubbā) 이와 같이 말한 것이다.
더군다나 이 장자는 보시하는 성향이 강하고(dāna-adhimutta) 보시를 기뻐하여(dāna-abhirata) 부처님께 갈 때에도 빈손으로 간 적이 없었다. 음식이 마련되지 않으면 모래(vālika)라도 가져가서 향실에 뿌려 고르게 만들었다. 그는 보시를 하고 계를 보호하고 집으로 돌아갔다. 그리하여 세존께서는 24년간 이 장자에게 대부분 보시에 관한 법문(dāna-kathā)을 하셨다." (MA.v.79~80)

17. 그때 아나타삔디까 천신은 밤이 아주 깊어갈 즈음 아름다운 모습으로 온 제따 숲을 환하게 밝히면서 세존께 다가왔다. 와서는 세존께 절을 올리고 한 곁에 섰다. 한 곁에 서서 아나타삔디까 천신은 세존께 게송으로 말씀드렸다.635)

"이것이 바로 제따 숲
선인(仙人)의 승가636)가 머물고
법왕께서 거주하시니
내게 희열이 생기는 곳이라.

의도적 행위와 명지가 있고
법과 계행과 최상의 삶 있으니637)
이것으로 인간들이 청정해지지638)

---

635) 본경 §17의 이 게송은 『상윳따 니까야』 제1권 「제따 숲 경」(S1:48) {156~159}와 「급고독 경」(S2:20) {312~315}로도 나타나고 있다. 이 두 경에서도 아나타삔디까 천신이 읊은 것으로 나타난다.

636) "'선인(仙人)의 승가(isi-saṅgha)'란 비구 승가를 말한다. 이처럼 첫 번째 게송으로는 제따 숲을 찬탄하고 그 다음 게송으로는 성스러운 도(ariya-magga)를 찬탄한다."(MA.v.81)

637) "'의도적 행위(kamma)'는 도의 의도(magga-cetanā)이고, '명지(vijjā)'는 도의 지혜(maggapaññā)이고, '법(dhamma)'은 삼매의 편에 있는 법(samādhi-pakkhika dhamma)이고, '계행과 최상의 삶(sīla jīvita uttama)'은 계행에 확고한 자(patiṭṭhita)의 삶이 최상이라고 하는 것이다.
혹은 '명지'는 [팔정도 가운데] 바른 견해와 바른 사유(diṭṭhi-saṅkappa)이고, '법'은 바른 정진과 바른 마음챙김과 바른 삼매(vāyāma-sati-samādhi)이고, '계행'은 바른 말과 바른 행위와 바른 생계 수단(vācā-kammant-ājīvā)이고, '최상의 삶'은 이러한 계에 확고한 자의 삶을 최상이라 하는 것이다."(MA.v.81)

638) "'이것으로 인간들은 청정해진다(etena maccā sujjhanti)'는 것은 이러한 여덟 가지 도(팔정도, aṭṭhaṅgika magga)를 통해 중생은 청정해진다는 뜻이다."(MA.v.81)

가문 · 재산 때문이 아니라네.

그러므로 여기서 현명한 사람
자신의 이로움을 꿰뚫어 보아
지혜롭게 법을 깊이 검증할지라.
이와 같이 그곳에서 청정해지리.639)

사리뿟따께서는 통찰지와 계행
고요함을 두루 구족했나니
저 언덕에 도달한 비구 있다면
잘해야 그분과 동등할 정도입니다."640)

18. 아나타삔디까 천신은 이렇게 말했고 스승께서는 동의하셨다. 그러자 아나타삔디까 천신은 '스승께서 내게 동의하셨구나.'라고 세존께 절을 올리고 오른쪽으로 돌아 [경의를 표한] 뒤 그곳에서 사라졌다.

19. 그러자 세존께서는 그 밤이 지나고 비구들을 불러서 말씀하셨다. "비구들이여, 간밤에 밤이 아주 깊어갈 즈음 어떤 천신이 아름다운 모습으로 온 제따 숲을 환하게 밝히면서 나에게 다가왔다. 와서

639) "'지혜롭게 법을 깊이 검증하여(yoniso vicine dhammaṁ)'라는 것은 옳은 방법(upāya)으로 삼매의 편에 있는(samādhi-pakkhiya) 법을 고찰해야 한다(vicineyya)는 말이다. '그곳에서 청정해진다(evaṁ tattha visujjhati).'는 것은 그리하여 성스러운 도(ariya-magga)에서 청정해진다는 뜻이다. 혹은 옳은 방법(upāya)으로 다섯 가지 무더기의 법(pañca-kkhandha-dhamma)을 고찰해야 한다. 그리하여 네 가지 진리[四諦, catu saccā]에서 청정해진다는 말이다."(MA.v.81)

640) "이것은 사리뿟따를 찬탄(vaṇṇa)하는 게송이다. 이러한 통찰지 등에 의해 오직 사리뿟따가 으뜸(seyya)이다. 열반에 이른 비구라면 어떤 자라도 최상이지만 사리뿟따 장로를 넘어서지는 않는다는 말이다."(MA.v.81)

는 나에게 절을 올리고 한 곁에 섰다. 한 곁에 서서 그 천신은 나에게 게송으로 말하였다.

'이것이 바로 제따 숲

…

잘 해야 그분과 동등할 정도입니다.' [263]

비구들이여, 이렇게 말하고 그 천신은 '스승께서 내게 동의하셨구나.'라고 생각하면서 나에게 절을 올리고 오른쪽으로 돌아 [경의를 표한] 뒤 그곳에서 사라졌다."

20. 이렇게 말씀하시자 아난다 존자는 세존께 이렇게 말씀드렸다.

"세존이시여, 참으로 그는 아나타삔디까 천신일 것입니다. 세존이시여, 아나타삔디까 장자는 사리뿟따 존자에게 흔들리지 않는 청정한 믿음이 있었습니다."

"장하고 장하구나, 아난다여. 그대의 추론이 옳다. 아난다여, 그 천신은 다름 아닌 아나타삔디까였다."

세존께서는 이와 같이 설하셨다. 아난다 존자는 흡족한 마음으로 세존의 말씀을 크게 기뻐하였다.

아나타삔디까를 교계한 경(M143)이 끝났다.

찬나를 교계한 경[641]

Channovāda Sutta(M144)

1. 이와 같이 나는 들었다. 한때 세존께서는 라자가하에서 대나무 숲의 다람쥐 보호구역에 머무셨다.

2. 그 무렵 사리뿟따 존자와 마하쭌다 존자[642]와 찬나[643] 존자는 독수리봉 산에 머물고 있었다.

3. 그때 찬나 존자가 중병에 걸려 극심한 고통에 시달리고 있었다. 그러자 사리뿟따 존자는 해거름에 홀로 앉음에서 일어나서 마하쭌다 존자에게 갔다. 가서는 마하쭌다 존자에게 이렇게 말했다.

"도반 쭌다여, 찬나 존자에게 문병을 갑시다."

---

641) 본경은 『상윳따 니까야』 제4권 「찬나 경」(S35:87)과 동일하다. 본경에서 주를 달지 않은 부분은 「찬나 경」(S35:87)을 참조하기 바란다.

642) 마하쭌다 존자(āyasmā Mahā-Cunda)는 사리뿟따 존자의 동생이었다. 마하쭌다 존자에 대해서는 본서 제1권 「지워 없앰 경」(M8) §2의 주해를 참조할 것.

643) 주석서와 복주서에는 이 찬나 존자(āyasmā Channa)에 대한 설명이 나타나지 않는다. 그러나 부처님의 마부였으며 『상윳따 니까야』 제3권 「찬나 경」(S22:90)에 나타나는 찬나 존자와는 다른 사람인 듯하다.

"그럽시다, 도반이여."라고 마하쭌다 존자는 사리뿟따 존자에게 대답했다.

4. 그때 사리뿟따 존자와 마하쭌다 존자는 찬나 존자에게 갔다. 가서는 찬나 존자와 함께 환담을 나누었다. 유쾌하고 [264] 기억할만한 이야기로 서로 담소를 하고서 한 곁에 앉았다. 한 곁에 앉아서 사리뿟따 존자는 찬나 존자에게 이렇게 말했다.

"도반 찬나여, 어떻습니까? 견딜만합니까? 지낼만합니까? 괴로운 느낌이 진정되고 더하지는 않습니까? 차도는 좀 있고 더 심하지는 않습니까?"

5. "도반 사리뿟따여, 나는 견디기가 힘듭니다. 참기가 힘듭니다. 예리한 고통은 심해지고 가라앉질 않습니다. 더 강해지고 차도가 없습니다. … 도반 사리뿟따여, 나는 칼을 사용하려 합니다.644) 나는 살고 싶지 않습니다."

6. "찬나 존자는 칼을 사용하지 마십시오. 찬나 존자는 살아계셔야 합니다. 우리는 찬나 존자가 살아계시기를 바랍니다. 만일 찬나 존자에게 적당한 음식이 없다면 내가 찬나 존자를 위해 적당한 음식을 찾아보겠습니다. 만일 찬나 존자에게 적절한 약이 없다면 내가 찬나 존자를 위해 적절한 약을 찾아보겠습니다. 만일 찬나 존자에게 알맞은 시자가 없다면 내가 찬나 존자를 시중들겠습니다. 찬나 존자는

---

644) "'저는 칼을 사용하려 합니다(sattham āharissāmi).'라고 했다. 여기서 '칼(sattha)'이란 생명을 빼앗는 칼(jīvita-hāraka-sattha)을 뜻한다."(MA.v.82)
칼로 자결하는 것(sattha āharita)은 『상윳따 니까야』 제1권 「고디까 경」(S4:23) §4(주해 참조), 제3권 「왁깔리 경」(S22:87) §18, 제6권 「웨살리 경」(S54:9) §4에도 나타나고 있다.

칼을 사용하지 마십시오. 찬나 존자는 살아계셔야 합니다. 우리는 찬나 존자가 살아계시기를 바랍니다."

7. "도반 사리뿟따여, 제게 적절한 음식이 없어서도 아니며 제게 적절한 약이 없어서도 아니며 제게 잘하는 시자가 없어서도 아닙니다. 도반 사리뿟따여, 저는 오랜 세월 스승님을 마음으로 흠모하면서 섬겼고 마음으로 흠모하지 않으며 섬긴 것이 아닙니다. 도반 사리뿟따여, 제자가 스승을 마음으로 흠모하면서 섬기는 것은 당연하기 때문입니다. '찬나 비구는 비난받을 일 없이645) 칼을 사용할 것이다.'라고 도반 사리뿟따께서는 기억해 주십시오."

8. "만일 찬나 존자가 질문에 대답해줄 기회를 준다면 우리는 찬나 존자에게 질문을 하나 하고 싶습니다."

"도반 사리뿟따여, 질문하십시오. 제가 들으면 알 수 있을 것입니다."

9. "도반 찬나여, 그대는 눈이나 눈의 알음알이나 눈의 알음알이에 의해 알 수 있는 법들646)을 '이것은 내 것이다. 이것은 나다. [265] 이것은 나의 자아다.'라고 여깁니까?

귀나 귀의 알음알이나 귀의 알음알이에 의해 알 수 있는 법들을 … 코나 코의 알음알이나 코의 알음알이에 의해 알 수 있는 법들을 … 혀나 혀의 알음알이나 혀의 알음알이에 의해 알 수 있는 법들을

---

645) "'비난받을 일 없이(anupavajja)'란 다시 태어남이 없다(anuppattika), 재생연결이 없다(appaṭisandhika)는 말이다."(MA.v.82)
주석서의 이런 설명을 볼 때 그는 스스로가 아라한임을 넌지시 드러내고 있다. 찬나는 본인이 아라한이라고 드러내는데 아래 §13을 참조하기 바란다.

646) '눈의 알음알이에 의해 알 수 있는 법들(cakkhu-viññāṇa-viññātabbā dhammā)'에 대해서는 본서 「여섯 가지 청정 경」 M112 §10의 주해를 참조할 것.

… 몸이나 몸의 알음알이나 몸의 알음알이에 의해 알 수 있는 법들을 … 마노나 마노의 알음알이나 마노의 알음알이에 의해 알 수 있는 법들을 '이것은 내 것이다. 이것은 나다. 이것은 나의 자아다.'라고 여깁니까?"

"도반 사리뿟따여, 나는 눈이나 눈의 알음알이나 눈의 알음알이에 의해 알 수 있는 법들을 '이것은 내 것이 아니다. 이것은 내가 아니다. 이것은 나의 자아가 아니다.'라고 여깁니다.

귀와 귀의 알음알이와 … 코와 코의 알음알이와 … 혀와 혀의 알음알이와 … 몸과 몸의 알음알이와 … 마노나 마노의 알음알이나 마노의 알음알이에 의해 알 수 있는 법들을 '이것은 내 것이 아니다. 이것은 내가 아니다. 이것은 나의 자아가 아니다.'라고 여깁니다."

10. "도반 찬나여, 그대는 눈이나 눈의 알음알이나 눈의 알음알이에 의해 알 수 있는 법들에 대해 무엇을 보고 무엇을 최상의 지혜로 알아 '이것은 내 것이 아니다. 이것은 내가 아니다. 이것은 나의 자아가 아니다.'라고 여깁니까?

귀나 귀의 알음알이나 귀의 알음알이에 의해 알 수 있는 법들에 대해 … 코나 코의 알음알이나 코의 알음알이에 의해 알 수 있는 법들에 대해 … 혀나 혀의 알음알이나 혀의 알음알이에 의해 알 수 있는 법들에 대해 … 몸이나 몸의 알음알이나 몸의 알음알이에 의해 알 수 있는 법들에 대해 … 마노나 마노의 알음알이나 마노의 알음알이에 의해 알 수 있는 법들에 대해 무엇을 보고 무엇을 최상의 지혜로 알아 '이것은 내 것이 아니다. 이것은 내가 아니다. 이것은 나의 자아가 아니다.'라고 여깁니까?"

"도반 사리뿟따여, 나는 눈이나 눈의 알음알이나 눈의 알음알이에 의해 알 수 있는 법들에 대해 소멸을 보고 소멸을 최상의 지혜로 알아 '이것은 내 것이 아니다. 이것은 내가 아니다. 이것은 나의 자아가 아니다.'라고 여깁니다.

귀나 귀의 알음알이나 귀의 알음알이에 의해 알 수 있는 법들에 대해 … 코나 코의 알음알이나 코의 알음알이에 의해 알 수 있는 법들에 대해 … 혀나 혀의 알음알이나 혀의 알음알이에 의해 알 수 있는 법들에 대해 … 몸이나 몸의 알음알이나 몸의 알음알이에 의해 알 수 있는 법들에 대해 … 마노나 마노의 알음알이나 [266] 마노의 알음알이에 의해 알 수 있는 법들에 대해 소멸을 보고 소멸을 최상의 지혜로 알아 '이것은 내 것이 아니다. 이것은 내가 아니다. 이것은 나의 자아가 아니다.'라고 여깁니다."

11. 이렇게 말하자 마하쭌다 존자는 찬나 존자에게 이렇게 말했다.

"그러므로[647] 도반 찬나여, 여기서 그분 세존의 교법[648]을 항상 마음에 잡도리해야 합니다. '의지하는 자[649]는 동요하고,[650] 의지하지 않는 자는 동요하지 않는다. 동요하지 않을 때 편안하고[651] 편안

---

647) "존자는 죽음에 이르는 고통(māraṇ-antika-vedanā)을 감내할 수(adhivāsetuṁ) 없어서 자결할 것이라고 말한다. 그러므로 존자는 아직 범부(puthujjana)이고, 그러기에 이것을 마음에 잡도리해야 한다고 설하는 것이다."(MA.v.82)

648) 여기 나타나는 '세존의 교법(bhagavato sāsana)'은 『쿳다까 니까야』의 『자설경』(Ud.81)에도 나타나고 있다. 그리고 이것은 본서 제2권 「의도 경」 3(S12:40) §5에서 부처님께서 하신 말씀과도 비슷하다.

649) "'의지하는 자(nissita)'란 갈애와 사견(taṇhā-diṭṭhi)으로 의지하는 자를 말한다."(MA.v.82)

650) "'동요한다(calita)'는 것은 흔들린다(vipphandita)는 뜻이다. 즉 찬나 존자는 자신에게 일어난 느낌을 견디지도 못하고, '나는 느낀다.'라거나 '나의 느낌'이라는 생각을 제거하지도 못하고 거머쥐고 있기(appahīna-ggāha) 때문에 흔들리고 있다는 말이다. 이것으로 찬나 존자가 아직도 범부임을 밝히고 있다."(SA.ii.372)

할 때 치우침이[652] 없다. 치우침이 없을 때 오고 감이 없고, 오고 감이 없을 때 죽고 태어남이 없다. 죽고 태어남이 없을 때 이 세상도 없고 저 세상도 없고 그 둘의 중간도 없다.[653] 이것이 괴로움의 끝이다.[654]'라고."

12. 사리뿟따 존자와 마하쭌다 존자는 찬나 존자에게 이렇게 법문하고 자리에서 일어나 나갔다. 찬나 존자는 사리뿟따 존자와 마하쭌다 존자가 나간 지 얼마 지나지 않아 칼을 사용하여 [자결을 했다].[655]

---

651) "'편안함(passaddhi)'이란 것은 몸과 마음이 편안하다, 오염원으로부터 편안하다는 뜻이다."(MA.v.83)

652) "'치우침(nati)'이란 갈애에 의한 치우침(taṇhā-nati)을 뜻한다. 이것은 존재를 위한 집착(ālaya), 애착(nikanti), 강박관념(pariyuṭṭhāna)을 말한다. 이것이 없을 때 재생연결(paṭisandhi)에 의한 '다시 돌아옴(āgati)'이라는 것도 없고 죽음(cuti)에 의한 '감(gati)'이라는 것도 없다."(MA.v.83)

653) '그 둘의 중간도 없다(ubhayam antarena).'고 하셨다. 『상윳따 니까야』 제4권 「찬나 경」(S35:87)의 본문에 해당하는 주석서는 이 경문을 가지고 중유(中有, 中陰, antarā-bhava)로 이해하려는 사람들을 강하게 비난하고 있다.(SA.ii.372~373) 여기에 대해서는 『상윳따 니까야』 제4권 「찬나 경」(S35:87) §12의 주해와 「말룽꺄뿟따 경」(S35:95) §13의 주해와 제5권 「계(戒) 경」(S46:3) §13 (7)의 주해를 참조할 것. 특히 제5권 「토론장 경」(S44:9) §7과 주해를 참조할 것.

654) "'이것이 괴로움의 끝이다(esevanto dukkhassa).'라는 것은 윤회의 괴로움(vaṭṭadukkha)과 오염원의 괴로움(kilesadukkha)의 끝이고, 종결(pari-ccheda)이고, 한계(parivaṭuma-bhāva)라는 말이다."(MA.v.83)

655) "그 순간 그에게 죽음에 대한 두려움(maraṇa-bhaya)이 엄습해왔다. 그에게 태어날 곳의 표상(gati-nimitta)이 생겨나자 그는 곧바로 자신이 범부의 상태임(puthujjana-bhāva)을 알고 마음에 급박함(saṁvigga-citta)이 생겨 위빳사나를 확립하여 형성된 것들을 파악하면서(pariggaṇhanta) 아라한과를 얻었다. 그는 사마시시(samasīsī)가 되어 완전한 열반에 들었다."(MA.v.83)
사마시시(samasīsī)란 아라한과를 얻음과 동시에 완전한 열반에 드는 것을

13. 그때 사리뿟따 존자는 세존께 다가갔다. 가서는 세존께 절을 올리고 한 곁에 앉았다. 한 곁에 앉아서 사리뿟따 존자는 세존께 이렇게 말씀드렸다.

"세존이시여, 찬나 존자가 칼을 사용하여 자결을 했습니다. 그가 태어날 곳은 어디이고 그는 내세에 어떻게 되겠습니까?"

"사리뿟따여, 찬나 비구는 그대의 면전에서 비난받을 일이 없음을 설명하지 않았는가?"656)

"세존이시여, 뻽바지라라는 왓지족의 마을이 있습니다. 그곳에는 찬나 존자의 친구 가족들이 있고 친숙한 가족들이 있는데 호의적인 가족들입니다."657)

말한다. 사마시시에 대해서는 『상윳따 니까야』 제1권 「고디까 경」(S4:23) §6의 주해 참조할 것.

656) "'그대의 면전에서 비난받지 않음을 설명하지 않았는가(sammukhāyeva anupavajjatā byākata)?'라고 하셨다. 비록 찬나 존자가 자신에 대해 비난받을 일이 없음을 설명한 것은 아직은 범부일 때에 한 것이지만 이 말을 한 뒤 곧 바로 완전한 열반에 들었기 때문에 세존께서는 그 말을 취해서 이렇게 말씀하신 것이다."(MA.v.83)
즉 세존께서는 그가 무학이었을 때 선언한 것으로 여기시어 이렇게 말씀하신 것이다.

657) "'호의적인 가족들(upavajja-kulāni)'이란 그가 필수품을 얻기 위해 자주 방문하는 가족들(upasaṅkamitabba-kulāni)이다. 이것으로 사리뿟따 장로는 세존께 '세존이시여, 이와 같이 찬나 비구가 자기를 시중들어주는 남녀 신도를 두고 있었음에도 불구하고 그런 비구가 당신의 교법에서 완전한 열반에 들 수 있습니까?'라고 질문 드리는 것이다. 재가자들과 어울리지 않는 것이 도닦음의 전제 조건이기 때문에 이렇게 질문한 것이다. 이에 세존께서는 그가 신도들과 어울려 지내지 않았다(kulesu saṁsagga-abhāvaṁ)는 것을 보이시기 위해 '사리뿟따여, 찬나 비구의 친구 가족들과 그에게 친숙한 가족들이 있어 그에게 호의적인 가족들이라 하더라도'라고 말씀하셨다. 이 점에 이르러 찬나 장로는 재가자들과 섞여 지내지 않았다는 것이 분명해졌다."(MA.v.84)
여기서 '호의적'이라고 옮긴 upavajja라는 단어는 두 가지 뜻으로 해석이 가

"사리뿟따여, 찬나 비구의 친구 가족들과 그에게 친숙한 가족들이 있어 그에게 호의적인 가족들이라 하더라도 나는 그 정도를 가지고 그가 비난받아야 한다고 말하지 않는다. 사리뿟따여, 나는 이 몸을 내려놓고 다른 몸을 취착하는 자를 비난받아 마땅한 자라고 말한다. 찬나 비구에게는 그러한 것이 없다. 찬나 비구는 비난받을 일 없이 칼을 사용했다."

세존께서는 이와 같이 설하셨다. 사리뿟따 존자는 흡족한 마음으로 세존의 말씀을 크게 기뻐하였다.

찬나를 교계한 경(M144)이 끝났다.

능하다. 첫째는 Sk. upavrajya(upa+√vraj, *to approach*)에 대응되는 것으로, '방문할 만한'의 뜻이다. 둘째는 Sk. upavadya(upa+√vad, *to say*)에 대응되는 것으로 '비난받을만한'의 뜻이다. 본경에서 '비난받을 일 없이 자결한다고 할 때에도 이것의 반대 뜻으로 그렇게 사용되었다.
냐나몰리 스님은 '비난받을만한(*blameworthy*)'이라고 옮겼지만(냐나몰리 스님/보디 스님, 1116쪽 참조) 세존께서는 그런 가족들과 어울려 지내는 것이 잘못이 아니라 존재를 취착하는 일이 비난받을만한 일이라고 하셨고, 또 주석서의 뜻으로 볼 때도 '호의적'이라는 뜻이 더 타당하다고 생각되어 이렇게 옮겼다. 보디 스님과 각묵 스님도 이렇게 옮기고 있다.

뿐나를 교계한 경658)

Puṇṇovāda Sutta(M145)

1. 이와 같이 나는 들었다. [267] 한때 세존께서는 사왓티에서 제따 숲의 아나타삔디까 원림(급고독원)에 머무셨다. 그때 뿐나 존자659)는 해거름에 홀로 앉음에서 일어나 세존을 찾아갔다. 가서는 세존께 절을 올리고 한 곁에 앉았다. 한 곁에 앉아서 뿐나 존자는 세존께 이렇게 말씀드렸다.

2. "세존이시여, 세존께서 제게 간략하게 훈도해주시면 감사하

---

658) 본경은 「뿐나 경」(Puṇṇa-sutta, S35:88)으로 『상윳따 니까야』 제4권에도 나타나고 있다. 서문 부분과 마지막 부분은 조금 다르다.

659) 뿐나 존자(āyasmā Puṇṇa)는 수나빠란따(Sunāparanta, 지금의 마하라쉬뜨라 주)의 숩빠라까(Suppāraka)에서 장자의 아들로 태어났으며, 사업차 사왓티에 왔다가 부처님의 가르침을 듣고 출가하였다. 여러 생 동안 그는 뿐나 혹은 뿐나까로 불리었다고 한다.(ThagA.i.168) 뿐나 존자에 대한 더 자세한 설명은 본경 §7의 주해를 참조하기 바란다.
이 뿐나 존자(āyasmā Puṇṇa)는 본서 제1권 「역마차 교대 경」(M24)에 나타나는 뿐나 만따니뿟따 존자(āyasamā Puṇṇa Mantāṇiputta, Sk. Pūrṇa Maitrāyaṇīputa, 부루나 미다라니자, 富樓那 彌多羅尼子, 혹은 만따니의 아들 뿐나 존자)와는 다른 사람이다. 뿐나 만따니뿟따 존자에 대해서는 본서 제1권 「역마차 교대 경」(M24) §2의 주해를 참조할 것.

겠습니다. 그러면 저는 세존으로부터 법을 듣고 혼자 은둔하여 방일하지 않고 열심히, 스스로 독려하며 지내고자 합니다."

"뿐나여, 그렇다면 듣고 마음에 잘 새겨라. 이제 설하리라."

"그러겠습니다, 세존이시여."라고 뿐나 존자는 세존께 대답했다.

3. "뿐나여, 원하고 좋아하고 마음에 들고 사랑스럽고 감각적 욕망을 짝하고 매혹적인, 눈으로 인식되는 형색들이 있다. 비구가 만일 그것을 즐기고 환영하고 움켜쥐면 그에게 기쁨이 일어난다. 뿐나여, 기쁨이 일어나므로 괴로움이 일어난다고 나는 말한다.660)

뿐나여, … 귀로 인식되는 소리들이 있다. … 코로 인식되는 냄새들이 있다. … 혀로 인식되는 맛들이 … 몸으로 인식되는 감촉들이 있다. 원하고 좋아하고 마음에 들고 사랑스럽고 [268] 감각적 욕망을 짝하고 매혹적인, 마노로 인식되는 법들이 있다. 비구가 만일 그것을 즐기고 환영하고 움켜쥐면 그에게 기쁨이 일어난다. 뿐나여, 기쁨이 일어나므로 괴로움이 일어난다고 나는 말한다."

4. "뿐나여, 원하고 좋아하고 마음에 들고 사랑스럽고 감각적 욕망을 짝하고 매혹적인, 눈으로 인식되는 형색들이 있다. 비구가 만일 그것을 즐기지 않고 환영하지 않고 움켜쥐지 않으면 그에게 기쁨이 소멸한다. 뿐나여, 기쁨이 소멸하므로 괴로움이 소멸한다고 나는 말한다.

---

660) "'기쁨이 일어나므로 괴로움이 일어난다(nandī-samudayā dukkha-samu-dayo).'고 하셨다. 여기서 '기쁨(nandi)'은 갈애(taṇhā)를 두고 한 말이다. [눈과 형색 등에 대해] 기쁨이 일어나면(samodhāna) 다섯 가지 무더기의 괴로움이 생겨난다. 그러므로 이 문구는 여섯 가지 감각의 대문에서 일어나는 괴로움과 괴로움의 발생(samudaya), 이 두 가지 진리를 통해 윤회(vaṭṭa)를 설하셨다. 두 번째 문구는 소멸(nirodha)과 도(magga), 이 두 가지 진리를 통해 윤회에서 벗어남(vivaṭṭa)을 설하셨다."(MA.v.84)

뿐나여, … 귀로 인식되는 소리들이 있다. … 코로 인식되는 냄새들이 있다. … 혀로 인식되는 맛들이 있다. … 몸으로 인식되는 감촉들이 있다. 원하고 좋아하고 마음에 들고 사랑스럽고 감각적 욕망을 짝하고 매혹적인, 마노로 인식되는 법들이 있다. 비구가 만일 그것을 즐기지 않고 환영하지 않고 움켜쥐지 않으면 그에게 기쁨이 소멸한다. 뿐나여, 기쁨이 소멸하므로 괴로움이 소멸한다고 나는 말한다."

5. "뿐나여, 그대는 이렇게 간략하게 나의 법문을 들었다. 이제 어느 지방에서 머물려고 하는가?"

"세존이시여, 세존께서 이렇게 간략하게 법문을 설해주셨으니 수나빠란따661)라는 지방이 있는데 저는 그곳에서 머물고자 합니다."

"뿐나여, 수나빠란따 사람들은 거칠다. 뿐나여, 수나빠란따 사람들은 사납다. 뿐나여, 만일 수나빠란따 사람들이 그대에게 욕설을 하고 험담을 하면 거기서 그대는 어떻게 할 것인가?"

"세존이시여, 만일 수나빠란따 사람들이 저에게 욕설을 하고 험담을 하면 저는 이렇게 여길 것입니다. '이 수나빠란따 사람들은 나에게 손찌검을 하지 않으니 친절하다. 수나빠란따 사람들은 참으로 친절하다.'라고. 세존이시여, 거기서 저는 그렇게 여길 것입니다. 선서시여, 거기서 저는 그렇게 여길 것입니다."

"뿐나여, 만일 수나빠란따 사람들이 그대에게 손찌검을 하면 그대는 어떻게 할 것인가?"

"세존이시여, 만일 수나빠란따 사람들이 저에게 손찌검을 하면 저

---

661) 수나빠란따(Sunāparanta)는 뿐나 존자의 고향이다. 학자들은 수나빠란따의 수도는 숩빠라까(Suppāraka)였으며, 이것은 현재 인도 마하라쉬뜨라 주의 뭄마이(Mumai, Bombay) 옆에 있는 타나(Thāna) 지구에 속하는 소빠라(Sopāra)라고 한다.

는 이렇게 여길 것입니다. '이 수나빠란따 사람들은 나에게 흙덩이를 던지지 않으니 친절하다. 수나빠란따 사람들은 참으로 친절하다.'라고. 세존이시여, 거기서 저는 그렇게 여길 것입니다. 선서시여, 거기서 저는 그렇게 여길 것입니다."

"뿐나여, 만일 수나빠란따 사람들이 그대에게 흙덩이를 던지면 그대는 어떻게 할 것인가?"

"세존이시여, 만일 수나빠란따 사람들이 저에게 흙덩이를 던지면 저는 이렇게 여길 것입니다. '이 수나빠란따 사람들은 나를 몽둥이로 때리지 않으니 친절하다. 수나빠란따 사람들은 참으로 친절하다.'라고. 세존이시여, 거기서 저는 그렇게 여길 것입니다. 선서시여, 거기서 저는 그렇게 여길 것입니다." [269]

"뿐나여, 만일 수나빠란따 사람들이 그대를 몽둥이로 때리면 그대는 어떻게 할 것인가?"

"세존이시여, 만일 수나빠란따 사람들이 저를 몽둥이로 때리면 저는 이렇게 여길 것입니다. '이 수나빠란따 사람들은 나를 칼로 베지 않으니 친절하다. 수나빠란따 사람들은 참으로 친절하다.'라고. … 저는 그렇게 여길 것입니다."

"뿐나여, 만일 수나빠란따 사람들이 그대를 칼로 베면 그대는 어떻게 할 것인가?"

"세존이시여, 만일 수나빠란따 사람들이 저를 칼로 베면 저는 이렇게 여길 것입니다. '이 수나빠란따 사람들은 날카로운 칼로 내 목숨을 빼앗아 가지 않으니 친절하다. 수나빠란따 사람들은 참으로 친절하다.'라고. … 저는 그렇게 여길 것입니다."

"뿐나여, 만일 수나빠란따 사람들이 칼로 그대의 목숨을 빼앗아 간다면 그대는 어떻게 할 것인가?"

"세존이시여, 만일 수나빠란따 사람들이 칼로 저의 목숨을 빼앗아 간다면 저는 이렇게 여길 것입니다. '세존의 제자들 가운데는 몸이나 생명에 대해 싫증나고 혐오하여 [자결할] 칼을 찾는 자도 있다.[662] 그러나 나는 이것을 찾지 않았는데도 칼을 만났다.'라고. 세존이시여, 거기서 저는 그렇게 여길 것입니다. 선서시여, 거기서 저는 그렇게 여길 것입니다."

6. "장하구나, 뿐나여. 장하구나, 뿐나여. 그대는 이러한 자제력[663]과 고요함을 구족하였다면 수나빠란따 지방에 살 수 있을 것이다. 뿐나여, 지금이 적당한 시간이라면 그렇게 하라."[664]

7. 그러자 뿐나 존자는 세존의 말씀을 기뻐하고 감사드리면서 자리에서 일어나 세존께 절을 올리고 오른쪽으로 돌아 [경의를 표한 뒤] 거처를 정돈하고 발우와 가사를 수하고 수나빠란따 지방으로 유행을 떠났다.[665] 차례대로 유행하여 수나빠란따 지방에 도착하여 뿐

---

662) 여기에 대해서는 『상윳따 니까야』 제6권 「웨살리 경」(S54:9) §4를 참조할 것.

663) "'자제력(dama)'이란 감각기능의 단속(indriya-saṁvara) 등을 두고 한 말이고, '고요함(upasama)'도 이것과 동의어이다."(MA.v.85)

664) '지금이 적당한 시간이라면 그렇게 하라.'는 관용어구로 나타나는 yassa dāni kālam maññasi를 옮긴 것이다. '이제 그대가 고려하는 그 시간'으로 직역할 수 있다. 이 표현은 본서 제2권 「삿짜까 긴 경」(M36) §48, 「깐다라까 경」(M51) §6, 「유학(有學) 경」(M53) §3, 「우빨리 경」(M56) §18, 본서 제3권 「랏타빨라 경」(M82) §15, 「앙굴리말라 경」(M86) §13, 「외투 경」(M88) §20, 「법탑 경」(M89) §20, 「깐나깟탈라 경」(M90) §17, 「수바 경」(M99) §29, 「상가라와 경」(M100) §5, 「고빠까 목갈라나 경」(M108) §28 등과, 『상윳따 니까야』 제1권 「삭까의 예배 경」 1(S11:18) §3, 제4권 「오염원들이 흐름에 대한 법문 경」(S35:243) §5, 제6권 「탑묘 경」(S51:10) §7, 「웨살리 경」(S54:9) §7 등에도 나타난다.

665) "왜 이 뿐나 존자는 그곳으로 가기를 원했는가? 뿐나 비구는 수나빠란따 지

나 존자는 수나빠란따 지방에 머물렀다. 그때 뿐나 존자는 그 안거 동안 오백 명의 남자 신도들과 오백 명의 여자 신도들을 얻었다. 그는 그 안거 중에 세 가지 명지[三明][666]을 실현했고 나중에[667] 완전

역민(Sunāparanta-vāsika)이었다. 사왓티에서 거주하는 것이 적절치 않다고 판단하여 그곳으로 가려했던 것이다. 그에 대한 순차적인 이야기(anu-pubbi-kathā)는 다음과 같다.
수나빠란따 지방에 한 상인의 마을에 두 형제가 살았다. 그들 중에 어떤 때는 형님이 오백 대의 수레를 가지고 도시로 나가서 무역을 했다. 때로는 동생이 그렇게 하기도 했다. 그러나 이때 동생을 집에 두고 형님이 오백 대의 수레를 끌고 지역을 유행하면서 사업을 하던 차에 사왓티에 이르게 되었다. 그때 사왓티의 사람들이 손에 꽃을 들고 삼보를 공양하기 위해 제따 숲으로 가고 있었다. 그곳에서 어떤 사람에게서 이 세상에 부처님이 출현하셨다는 소식을 듣고 그들을 따라 부처님을 뵙고 가르침을 들었다. 그리고는 출가하고 싶은 생각이 들었다.
다음날 세존을 상수로 한 승가에 크게 보시를 하고는 스승 아래 출가하여 명상주제(kamma-ṭṭhāna)를 겨냥했다. 그러나 그가 명상주제를 마음에 잡도리함에도 불구하고 명상주제가 확립되지 않았다. 그리하여 그는, 이 지역은 내가 명상주제를 개발하기에 적절하지 않다. 스승께 다가가서 명상주제를 받아서 고향(saka-ṭṭhāna)으로 가는 것이 낫겠다고 생각했다. 이른 아침에 탁발을 하고 해거름에 홀로 앉음에서 일어나 세존을 찾아갔다. 세존께 가르침을 듣고 그곳을 떠나 수나빠란따 지방으로 향했다. 그래서 [본경의 본문에서] '그러자 뿐나 존자는 세존의 말씀을 기뻐하고'라고 했다.
그는 네 곳에서 머물렀다. 우선 수나빠란따 지역에 머물 때는 앗주핫타 산(Ajjuhattha-pabbata)에 들어가서 상인의 마을로 탁발을 갔다. 그곳에서 장로의 동생이 그를 알아보고 음식을 보시하면서 장로께 다른 곳에 가지 말고 그곳에서 머물러달라는 약속을 받아내면서 그곳에 머물게 했다.
그 후에 사뭇다기리위하라(Samuddagiri-vihāra, 바다와 인접한 암벽에 있는 승원)로 옮겼다. 그곳에서는 경행을 하기가 힘들었고 파도가 들이쳐 암벽에 부딪칠 때 아주 시끄러웠다. 장로는 명상주제를 마음에 잡도리하는 자들이 편안하게 머물 수 있기를 발원하면서 바다가 시끄럽지 않도록 결심하면서 머물렀다.
그 다음에 마뚤라 산(Mātula-giri)으로 갔다. 그곳에는 새 떼가 몰려들어 밤낮으로 한결같이 시끄러웠다. 장로는 그곳에 머물 수가 없었다.
그래서 마꿀라까 원림의 승원으로 갔다. 그곳은 상인의 마을에서 너무 멀지도 가깝지도 않아서 탁발을 오가는 데 적합했고 한적하고 조용했다. 장로는 그곳이 편안하다고 여기면서 안거를 보냈다. 이렇게 네 곳에서 머물렀다."
(MA.v.85~87)

한 열반에 들었다.668)

8. 그러자 많은 비구들이 세존을 뵈러 갔다. 가서는 세존께 절을 올리고 한 곁에 앉았다. 한 곁에 앉아서 그 비구들은 세존께 이와 같이 말씀드렸다.

"세존이시여, 세존께서 간략하게 법문을 해주셨던 뿐나라는 [270] 선남자가 임종을 했습니다. 그가 태어날 곳은 어디이고 그는 내세에 어떻게 되겠습니까?"

"비구들이여, 뿐나 선남자는 현자이다. 그는 법답게 도를 닦았다. 그는 법을 이유로 나를 성가시게 하지 않았다. 비구들이여, 뿐나 선남자는 완전한 열반에 들었다."

세존께서는 이와 같이 설하셨다. 그 비구들은 흡족한 마음으로 세존의 말씀을 크게 기뻐하였다.

뿐나를 교계한 경(M145)이 끝났다.

---

666) '세 가지 명지[三明, te-vijjā]'는 전생을 기억하는 지혜[宿命通, pubbe-nivāsānussati-ñāṇa], 중생들의 죽음과 다시 태어남을 [아는] 지혜[天眼通, cutūpapata-ñāṇa], 모든 번뇌를 멸진하는 지혜[漏盡通, āsavakkhaya-ñāṇa]의 셋을 말한다. 세 가지 명지[三明, te-vijjā]의 정형구는 본서 제1권 「두려움과 공포 경」(M4) §§27~33과 §28과 §33의 주해 등을 참조할 것.

667) 『상윳따 니까야』 제4권 「뿐나 경」(S35:88) §8에는 본경처럼 '나중에(aparena samayena)' 열반에 든 것으로 나타나지 않고 '그 안거 도중에(ten' ev' antaravassena)' 완전한 열반에 든 것으로 나타나고 있다.

668) "'완전한 열반에 들었다(parinibbāyi).'는 것은 무여열반의 경지(anupādi-sesā nibbāna-dhātu)에 들었다는 말이다. 많은 대중들이 칠일 간 장로의 몸에 예를 올리고(sarīrapūjaṁ katvā) 향나무를 모아 화장하여 사리(dhātu)를 수습하여 탑(cetiya)을 세웠다."(MA.v.92)

난다까의 교계 경

Nandakovāda Sutta(M146)

1. 이와 같이 나는 들었다. 한때 세존께서는 사왓티에서 제따 숲의 아나타삔디까 원림(급고독원)에 머무셨다.

2. 그때 마하빠자빠띠 고따미는 오백 명의 비구니들과 함께 세존을 뵈러왔다. 와서는 세존께 절을 올리고 한 곁에 섰다. 한 곁에 서서 마하빠자빠띠 고따미는 세존께 이렇게 말씀드렸다.

"세존이시여, 세존께서는 비구니들을 훈도해 주십시오. 세존이시여, 세존께서는 비구니들에게 가르침을 주십시오. 세존이시여, 세존께서는 비구니들에게 설법을 해주십시오."

3. 그때[669] 장로 비구들이 비구니들에게 차례를 정하여 훈도하고 있었는데 난다까 존자[670]는 그의 차례임에도 불구하고 비구니들

---

669) "세존께서 마하빠자빠띠가 요청하자 비구니 승가를 격려하고 비구 승가를 불러 모아 장로 비구들이 차례로 비구니들에게 가르침을 설하라고 승가에게 의무를 지웠다. 이 문단은 그와 관련된 것이다."(MAv.92)

670) 난다까 존자(āyasmā Nandaka)는 『앙굿따라 니까야』 「하나의 모음」(A1:14:4-11)에서 비구니들을 교계하는 자(bhikkhun-ovādaka)들 가운데서 으뜸이라고 거명된 분이다. 본경은 그가 왜 비구니들을 교계하는 자들

에게 훈도하고 싶어 하지 않았다. 그러자 세존께서는 아난다 존자를 불러서 말씀하셨다.

"아난다여, 오늘은 누가 비구니들에게 훈도할 차례인가?"

"세존이시여, 이 난다까 존자가 비구니들에게 훈도할 차례입니다. 세존이시여, 그러나 난다까 존자는 자기 차례임에도 비구니들에게 훈도하기를 원하지 않습니다."

4. 그때 세존께서는 난다까 존자를 불러서 말씀하셨다.671)

"난다까여, 비구니들을 훈도하라. 난다까여, 비구니들을 가르쳐라. 바라문이여, 비구니들에게 설법을 하라."

"그러겠습니다, 세존이시여."라고 [271] 난다까 존자는 세존께 대답하고서 오전에 옷매무새를 가다듬고 발우와 가사를 수하고 사왓티

가운데 으뜸인지를 보여주는 좋은 보기가 된다. 그는 사왓티의 부유한 장자 집안 출신이고 제따와나를 헌정하는 날에 부처님의 설법을 듣고 출가하여 오래지 않아서 아라한이 되었다고 한다.(AA.i.312, 등)

난다까 존자가 설한 경으로는 본경 외에도 『앙굿따라 니까야』 제1권 「살하 경」(A3:66)과 제5권 「난다까 경」(A9:4)이 있다.

671) "난다까 장로가 비구니들에게 훈도(ovāda)하고 싶어 하지 않는데도 세존께서는 난다까 장로에게 훈도하게 하셨다. 무슨 까닭인가? 이 비구니들이 장로를 보면 마음이 하나로 집중되고 신심이 생길 것이고, 그러면 그들은 장로의 훈도를 받아들이고 싶어 할 것이고, 법문을 듣고 싶어 할 것이기 때문이다. 그래서 세존께서는 '난다까가 자기의 차례가 되면 훈도를 할 것이고, 법문을 설할 것이다.'라고 생각하시면서 순번을 정하여 훈도하게 하셨다. 그러나 장로는 자기 순서(vāra)를 행하지 않았다.

왜냐하면 난다까 존자가 전생에 왕국을 통치할 때 그 비구니들은 그의 후궁들(orodhā)이었다. 장로는 전생을 아는 지혜[宿命通, pubbenivāsa-ñāṇa]로 그것을 알고서는 다음과 같이 생각했다. '내가 이 비구니 승가에 앉아서 법을 설할 때 숙명통을 가진 다른 비구가 보게 되면 이 존자는 아직도 전생의 후궁들과 헤어지지 못하고 그들에 둘러싸여 있다고 말할지도 모른다.' 이렇게 여기면서 장로는 법을 설하기를 거부했고 세존께서는 난다까 장로의 법문이 이 비구니들에게 이익을 줄 것이라는 것을 아시고 '그때 세존께서는 난다까 존자를 불러서 말씀하셨다.'"(MA.v.93)

로 탁발을 갔다. 사왓티에서 탁발하여 공양을 마치고 탁발에서 돌아와 다른 동료와 함께 라자까 원림으로 갔다. 비구니들은 난다까 존자가 멀리서 오는 것을 보았다. 보고는 자리를 마련하고 발 씻을 물을 마련하였다. 난다까 존자는 마련된 자리에 앉아서 발을 씻었다. 그 비구니들은 난다까 존자에게 절을 올리고 한 곁에 앉았다. 한 곁에 앉은 그 비구니들에게 난다까 존자는 이렇게 말했다.

5. "자매들이여, 이제 질문을 하면서 설할 것이니 그대들이 이해하면 '우리는 이해합니다.'라고 말하고, 이해하지 못하면 '우리는 이해하지 못합니다.'라고 말해야 합니다. 의문이나 혼란이 있으면 나에게 질문을 해야 합니다. '존자시여, 이것은 어떻게 됩니까? 그 뜻은 무엇입니까?'라고 해야 합니다."

"존자시여, 난다까 존자께서 저희들에게 이렇게 대해주시니 저희들은 마음이 흡족하고 기쁩니다."

6. "이를 어떻게 생각합니까, 자매들이여? 눈은 항상합니까, 무상합니까?"

"무상합니다, 존자시여."

"무상한 것은 괴로움입니까, 즐거움입니까?"

"괴로움입니다, 존자시여."

"무상하고 괴로움이고 변하기 마련인 것을 두고 '이것은 내 것이다. 이것이 바로 나다. 이것은 나의 자아다.'라고 보는 것이 타당하겠습니까?"

"그렇지 않습니다, 존자시여."

"이를 어떻게 생각합니까, 자매들이여? 귀는 … 코는 … 혀는 … 몸은 … 마노는 항상합니까, 무상합니까?"

"무상합니다, 존자시여."

"무상한 것은 괴로움입니까, 즐거움입니까?"

"괴로움입니다, 존자시여."

"무상하고 괴로움이고 [272] 변하기 마련인 것을 두고 '이것은 내 것이다. 이것이 바로 나다. 이것은 나의 자아다.'라고 보는 것이 타당하겠습니까?"

"그렇지 않습니다, 존자시여. 그것은 무슨 까닭인가요? 존자시여, 저희들은 전에 이미 '이 여섯 가지 안의 감각장소[六內處]들은 무상하다.'라고 있는 그대로 바른 통찰지로 보았기 때문입니다."

"장합니다, 자매들이여. 장합니다, 자매들이여. 이와 같이 성스러운 제자는 있는 그대로 바른 통찰지로 봅니다."

7. "이를 어떻게 생각합니까, 자매들이여? 형색은 항상합니까, 무상합니까?"

"무상합니다, 존자시여."

"무상한 것은 괴로움입니까, 즐거움입니까?"

"괴로움입니다, 존자시여."

"무상하고 괴로움이고 변하기 마련인 것을 두고 '이것은 내 것이다. 이것이 바로 나다. 이것은 나의 자아다.'라고 보는 것이 타당하겠습니까?"

"그렇지 않습니다, 존자시여."

"이를 어떻게 생각합니까, 자매들이여? 소리는 … 냄새는 … 맛은 … 감촉은 … 법은 항상합니까, 무상합니까?"

"무상합니다, 존자시여."

"무상한 것은 괴로움입니까, 즐거움입니까?"

"괴로움입니다, 존자시여."

"무상하고 괴로움이고 변하기 마련인 것을 두고 '이것은 내 것이다. 이것이 바로 나다. 이것은 나의 자아다.'라고 보는 것이 타당하겠습니까?"

"그렇지 않습니다, 존자시여. 그것은 무슨 까닭인가요? 존자시여, 저희들은 전에 이미 '이 여섯 가지 밖의 감각장소[六外處]들은 무상하다.'라고 있는 그대로 바른 통찰지로 보았기 때문입니다."

"장합니다, 자매들이여. 장합니다, 자매들이여. 이와 같이 성스러운 제자는 있는 그대로 바른 통찰지로 봅니다."

8. "이를 어떻게 생각합니까, 자매들이여? 눈의 알음알이는 항상합니까, 무상합니까?"

"무상합니다, 존자시여."

"무상한 것은 괴로움입니까, 즐거움입니까?"

"괴로움입니다, 존자시여."

"무상하고 괴로움이고 변하기 마련인 것을 두고 '이것은 내 것이다. 이것이 바로 나다. 이것은 나의 자아다.'라고 보는 것이 타당하겠습니까?"

"그렇지 않습니다, 존자시여." [273]

"이를 어떻게 생각합니까, 자매들이여? 귀의 알음알이는 … 코의 알음알이는 … 혀의 알음알이는 … 몸의 알음알이는 … 마노의 알음알이는 항상합니까, 무상합니까?"

"무상합니다, 존자시여."

"무상한 것은 괴로움입니까, 즐거움입니까?"

"괴로움입니다, 존자시여."

"무상하고 괴로움이고 변하기 마련인 것을 두고 '이것은 내 것이다. 이것이 바로 나다. 이것은 나의 자아다.'라고 보는 것이 타당하겠습니까?"

"그렇지 않습니다, 존자시여. 그것은 무슨 까닭인가요?[672] 존자시여, 저희들은 전에 이미 '이 여섯 가지 알음알이의 무리들[六識身]은 무상하다.'라고 있는 그대로 바른 통찰지로 보았기 때문입니다."

"장합니다, 자매들이여. 장합니다, 자매들이여. 이와 같이 성스러운 제자는 있는 그대로 바른 통찰지로 봅니다."

9. "자매들이여, 여기 기름 등불이 타고 있을 때 그 기름도 무상하고 변하기 마련이고, 심지도 무상하고 변하기 마련이고, 불꽃도 무상하고 변하기 마련이고, 불빛도 무상하고 변하기 마련입니다. 그런데 어떤 사람이 '이 기름 등불이 타고 있을 때, 기름과 심지와 불꽃은 무상하고 변하기 마련이지만 그 불빛만은 항상하고 영원하고 영속적이며 결코 변하는 법이 없다.'라고 말한다면 그것이 옳겠습니까?"

"옳지 않습니다, 존자시여. 그것은 무슨 까닭인가요? 존자시여, 기름 등불이 타고 있을 때 그 기름과 심지와 불꽃이 무상하고 변하기 마련인 것처럼 그 불빛 또한 무상하고 변하는 법이기 때문입니다."

"자매들이여, 그와 같이 어떤 사람이 말하기를, '여섯 가지 안의 감각장소들은 무상하지만, 그 여섯 가지 안의 감각장소들을 조건으로 경험하는 즐거움, 괴로움, 괴롭지도 즐겁지도 않은 느낌은 항상하고 영원하고 영속적이며 결코 변하는 법이 없다.'라고 한다면 그것이 옳겠습니까?"

---

672) 본경의 이 부분과 아래 §§9~11에 나타나는 '그것은 무슨 까닭인가요?'를 역자는 비구니 스님들이 한 말로 옮겼다. Ee에도 이렇게 편집되어 있고 냐나몰리 스님도 이렇게 옮기고 있다. 일창스님의 제언에 의하면 미얀마 번역본에도 비구니 스님들의 말로 번역되어있다고 한다. 그런데 Be에 의하면 본경의 이 부분과 아래 §§9~11에 나타나는 'taṁ kissa hetu(그것은 무슨 까닭인가요?)'는 난다까 존자의 말로 편집되어 나타난다.

“옳지 않습니다, 존자시여. 그것은 무슨 까닭인가요? 존자시여, 각각의 조건을 반연하여 그에 상응하는 각각의 느낌들이 생겨나고, [274] 각각의 조건들이 소멸하면 그에 상응하는 각각의 느낌들도 소멸하기 때문입니다.”

“장합니다, 자매들이여. 장합니다, 자매들이여. 이와 같이 성스러운 제자는 있는 그대로 바른 통찰지로 봅니다.”

10. “자매들이여, 심재를 가진 큰 나무가 서 있을 때 그 뿌리도 무상하고 변하기 마련이고, 수간도 무상하고 변하기 마련이고, 잔가지와 잎사귀도 무상하고 변하기 마련이고, 그늘도 무상하고 변하기 마련입니다. 그런데 어떤 사람이 ‘이 심재를 가진 큰 나무가 서 있을 때 뿌리와 수간과 잔가지와 잎사귀는 무상하고 변하기 마련이지만 그 그늘만은 항상하고 영원하고 영속적이며 결코 변하는 법이 없다.’라고 말한다면 그것이 옳겠습니까?”

“옳지 않습니다, 존자시여. 그것은 무슨 까닭인가요? 존자시여, 심재를 가진 큰 나무가 서 있을 때 뿌리와 수간과 잔가지와 잎사귀가 무상하고 변하기 마련인 것처럼 그 그늘 또한 무상하고 변하는 법이기 때문입니다.”

“자매들이여, 그와 같이 어떤 사람이 말하기를, ‘여섯 가지 안의 감각장소들은 무상하지만, 그 여섯 가지 안의 감각장소들을 조건으로 경험하는 즐거움, 괴로움, 괴롭지도 즐겁지도 않은 느낌은 항상하고 영원하고 영속적이며 결코 변하는 법이 없다.’라고 한다면 그것이 옳겠습니까?”

“옳지 않습니다, 존자시여. 그것은 무슨 까닭인가요? 존자시여, 각각의 조건을 반연하여 그에 상응하는 각각의 느낌들이 생겨나고, 각각의 조건들이 소멸하면 그에 상응하는 각각의 느낌들도 소멸하기 때문입니다."

"장합니다, 자매들이여. 장합니다, 자매들이여. 이와 같이 성스러운 제자는 있는 그대로 바른 통찰지로 봅니다."

11. "자매들이여, 능숙한 백정이나 그의 도제가 소를 잡아 안의 살덩어리를 손상하지 않고 밖의 가죽을 손상하지 않고 예리한 도살용 칼로 내부의 근육과 내부의 힘줄과 내부의 인대를 자르고 절단하고 도려낸다 합시다. [275] 그가 이와 같이 자르고 절단하고 도려낸 뒤 밖의 가죽을 벗겨서 다시 그 가죽으로 그 소를 덮어두고는 '그전처럼 이 소는 이 가죽으로 연결되어 있다.'라고 말한다면 그가 바르게 말한 것입니까?"

"아닙니다, 존자시여. 그것은 무슨 까닭인가요? 존자시여, 능숙한 백정이나 그의 도제가 소를 잡아 안의 살덩어리를 손상하지 않고 밖의 가죽을 손상하지 않고 예리한 도살용 칼로 내부의 근육과 내부의 힘줄과 내부의 인대를 자르고 절단하고 도려낸다 합시다. 그가 이와 같이 자르고 절단하고 도려낸 뒤 밖의 가죽을 벗겨서 다시 그 가죽으로 그 소를 덮어두고는 '그전처럼 이 소는 이 가죽으로 연결되어 있다.'라고 말하더라도 그 소는 이미 그 가죽과 분리되어 있기 때문입니다."

12. "자매들이여, 이 비유는 뜻을 전달하기 위해서 내가 만든 것입니다. 그 뜻은 이러합니다. 자매들이여, 안의 살덩어리란 것은 여섯 가지 안의 감각장소들을 두고 한 말입니다. 자매들이여, 밖의 가죽이란 것은 여섯 가지 밖의 감각장소들을 두고 한 말입니다. 내부의 근육과 내부의 힘줄과 내부의 인대라는 것은 향락과 탐욕을 두고 한 말입니다. 자매들이여, 예리한 도살용 칼이란 성스러운 통찰지를 두

고 한 말입니다. 성스러운 통찰지로 안의 오염원과 안의 족쇄와 안의 속박을 자르고 절단하고 도려냅니다."

13. "자매들이여, 일곱 가지 깨달음의 구성요소들[七覺支][673]을 닦고 많이 짓는 비구는 모든 번뇌가 다하여 아무 번뇌가 없는 마음의 해탈[心解脫]과 통찰지를 통한 해탈[慧解脫]을 바로 지금·여기에서 스스로 최상의 지혜로 알고 실현하고 구족하여 머뭅니다[漏盡通]. 자매들이여, 어떤 것이 일곱 가지입니까?

자매들이여, 여기 비구는 한적함에 의지하고 탐욕이 빛바램에 의지하고 소멸에 의지하고 놓아버림에 이르는 마음챙김의 깨달음의 구성요소[念覺支]를 닦습니다. … 법을 간택하는 깨달음의 구성요소[擇法覺支]를 닦습니다. … 정진의 깨달음의 구성요소[精進覺支]를 닦습니다. … 희열의 깨달음의 구성요소[喜覺支]를 닦습니다. … 편안함의 깨달음의 구성요소 [輕安覺支]를 닦습니다. … 삼매의 깨달음의 구성요소[定覺支]를 닦습니다. 한적함에 의지하고 탐욕이 빛바램에 의지하고 소멸에 의지하고 놓아버림에 이르는 평온의 깨달음의 구성요소[捨覺支]를 닦습니다.

자매들이여, 일곱 가지 깨달음의 구성요소들을 닦고 많이 짓는 비구는 모든 번뇌가 다하여 아무 번뇌가 없는 마음의 해탈[心解脫]과 통찰지를 통한 해탈[慧解脫]을 바로 지금·여기에서 스스로 최상의 지혜로 알고 실현하고 구족하여 머뭅니다." [276]

14. 그때 난다까 존자는 그 비구니들에게 이렇게 훈도하고서 비구니들을 해산시켰다.

---

673) 본경의 여기에 나타나고 있는 일곱 가지 깨달음의 구성요소들[七覺支, satta bojjhaṅga] 각각에 대한 주석서적인 설명은 본서 제1권 「모든 번뇌 경」(M2) §21의 주해를 참조할 것.

"자매들이여, 시간이 되었으니 그만 가십시오."

그러자 그 비구니들은 난다까 존자의 말씀을 기뻐하고 감사드리면서 자리에서 일어나 난다까 존자에게 절을 올리고 오른쪽으로 돌아 [경의를 표한] 뒤 세존을 뵈러 갔다. 가서는 세존께 절을 올리고 한 곁에 섰다. 한 곁에 선 비구니들에게 세존께서는 이렇게 말씀하셨다.

"비구니들이여, 시간이 되었으니 그만 가라."

그러자 그 비구니들은 세존께 절을 올리고 오른쪽으로 돌아 [경의를 표한] 뒤 물러갔다.

15. 그러자 세존께서는 비구니들이 물러간 지 얼마 되지 않아 비구들을 불러서 말씀하셨다.

"비구들이여, 예를 들면 14일의 포살일에 많은 사람들에게 달이 아직 차지 않았는지 가득 찼는지에 대해 의문과 혼란이 없다. 그것은 달이 아직 차지 않았기 때문이다. 비구들이여, 그와 같이 그 비구니들은 난다까의 법문으로 마음이 흡족하지만 그들의 의도한 바는 아직 채워지지 않았다."

16. ~ *26.* 그때 세존께서는 난다까 존자를 불러서 말씀하셨다.

"난다까여, 그러므로 그대는 내일 다시 그 비구니들에게 같은 방법으로 훈도를 하여라."

"그러겠습니다, 세존이시여."라고 난다까 존자는 세존께 대답했다.

그러자 난다까 존자는 그 밤이 지나고 오전에 옷매무새를 가다듬고 발우와 가사를 수하고 사왓티로 탁발을 갔다. 사왓티에서 탁발하여 공양을 마치고 탁발에서 돌아와 다른 동료와 함께 라자까 원림으로 갔다. 비구니들은 난다까 존자가 멀리서 오는 것을 보았다. … [277] …

<§§16～26은 본경 §§4～14와 같음.>

… "비구니들이여, 시간이 되었으니 그만 가라."라고. 그러자 그 비구니들은 세존께 절을 올리고 오른쪽으로 돌아 [경의를 표한] 뒤 물러갔다.

27. 그러자 세존께서는 비구니들이 물러간 지 얼마 되지 않아 비구들을 불러서 말씀하셨다.

"비구들이여, 예를 들면 15일의 포살일에 많은 사람들에게 달이 아직 차지 않았는지 가득 찼는지에 대해 의문과 혼란이 없다. 그것은 달이 가득 찼기 때문이다. 비구들이여, 그와 같이 그 비구니들은 난다까의 법문으로 마음이 흡족하고 그들의 의도한 바도 역시 가득 채워졌다. 오백 명의 비구니들 가운데 맨 마지막674) 비구니도 흐름에 든 자[預流]가 되어 [악취에] 떨어지는 법이 없고 [해탈이] 확실하며 바른 깨달음으로 나아가게 되었다."

세존께서는 이와 같이 설하셨다. 그 비구들은 흡족한 마음으로 세존의 말씀을 크게 기뻐하였다.

난다까의 교계 경(M146)이 끝났다.

---

674) "'맨 마지막(pacchimā)'이라고 하셨다. 그들의 '의도한 바(saṅkappā)'가 성향대로 가득 채워져서(ajjhāsaya-pāripūriyā) 공덕(guṇa)을 쌓은 측면에서 맨 마지막이었던 비구니도 예류자가 되었고, 나머지는 일래자, 불환자, 아라한이 되었다."(MA.v.97)

라훌라를 교계한 짧은 경[675)]

Cūḷarāhulovāda Sutta(M147)

1. 이와 같이 나는 들었다. 한때 세존께서는 사왓티에서 제따 숲의 아나타삔디까 원림(급고독원)에 머무셨다.

2. 그때 세존께서 한적한 곳에서 홀로 앉아 [명상하시던] 중에 이런 생각이 마음에 떠올랐다.

"라훌라의 해탈이 무르익을 법들[676)]이 성숙했다. 나는 라훌라를

---

675) 본경은 『상윳따 니까야』 제4권 「라훌라 경」(Rāhula-sutta, S35:121)과 같다. 그리고 본경은 본서 제2권 「라훌라를 교계한 긴 경」(M62)과 대비해서 「라훌라를 교계한 짧은 경」으로 불리고 있다.

676) 주석서는 '해탈을 무르익게 하는 법들(vimutti-paripācaniyā dhammā)'로 모두 15가지를 들고 있는데 이 15가지를 두 가지 방법으로 설명하고 있다.(MA.v.98) 첫째는 『무애해도』에 나타나는 방법이다. 주석서에서 인용하고 있는 『무애해도』를 여기 적어보면 다음과 같다.
"(1)~(3) 신심이 없는 자(assaddha puggala)를 피하고, 신심이 있는 자를 가까이하고 섬기고 시봉하고, 신심을 일으키는 가르침을 반조하는 것 (4)~(6) 게으른 자(kusīta)를 피하고, 정진하는 자(āraddha-vīriya)를 가까이하고 섬기고 시봉하고, 바른 정진을 반조하는 것 (7)~(9) 마음챙김을 놓아버린 자(muṭṭha-ssati)를 피하고, 마음챙김을 확립한 자(upaṭṭhita-ssati)를 가까이하고 섬기고 시봉하고, 마음챙김의 확립을 반조하는 것 (10)~(12) 삼매에 들지 않는 자(asamāhita)를 피하고, 삼매에 든 자(samāhita)를 가까이하

더 나아가 번뇌의 소멸로 인도하리라."

그러자 세존께서는 오전에 옷매무새를 가다듬고 발우와 가사를 수하시고 사왓티로 탁발을 가셨다. 사왓티에서 탁발하여 공양을 마치시고 탁발에서 돌아오셔서 라훌라 존자를 불러서 말씀하셨다.

"라훌라야, 자리를 가지고 오라. 장님들의 숲[677]으로 가서 [278] 낮

고 섬기고 시봉하고, 禪과 해탈(jhāna-vimokkha)을 반조하는 것 (13)~(15) 통찰지가 없는 자(duppañña)를 피하고, 통찰지가 있는 자(paññavā)를 가까이하고 섬기고 시봉하고, 깊은 지혜로 행한 행위를 반조하는 것. 이 열 다섯 가지 측면에 의해 다섯 가지 기능[五根, pañc-indriya]이 청정해진다."(Ps.ii.1~2; MA.v.98)

이처럼 세 가지 측면으로 다섯 가지 기능이 청정해지는 것을 열다섯 가지 법들이라고 주석서는 설명하고 있다.

해탈이 무르익을 열다섯 가지 법들을 설명하는 두 번째는 다음과 같다. 주석서를 인용한다.

"해탈을 무르익게 하는 또 다른 15가지 법들이 있다. 그것은 (1)~(5) 믿음 등 다섯 가지 기능 (6)~(10) [오온에 대해] 무상이라는 인식(anicca-saññā), 무상한 [오온에 대해] 괴로움이라는 인식(anicce dukkha-saññā), 괴로움인 [오온에 대해] 무아라는 인식(dukkhe anatta-saññā), 버림[을 관찰하는] 인식(pahāna-saññā), 탐욕의 빛바램에 대한 인식(virāga-saññā), 꿰뚫음에 동참하는 인식(nibbedha-bhāgiyā saññā) (11)~(15) 메기야(Meghi-ya)에게 설하신(『앙굿따라 니까야』 제5권 「메기야 경」(A9:3)과 『자설경』의 「메기야 경」(Ud4:1) 참조) 다섯 가지 법, 즉 선우, 계행, 유익한 대화, 정진, 통찰지이다."(MA.v.98)

677) '장님들의 숲'은 안다와나(Andha-vana)를 옮긴 것인데 사왓티 남쪽에 있는 숲의 이름이다. 많은 비구와 비구니들이 거주하였다고 하며 특히 한거(閑居)에 몰두하는 자들(paviveka-kāmā)이 거주하기에 좋은 숲으로 알려졌다. 깟사빠 부처님 시대에 깟사빠 부처님의 탑(cetiya)을 조성하기 위해서 야소다라(Yasodhara)라는 법을 암송하는(dhamma-bhāṇaka) 성스러운 사람(ariya-puggala)이 재물을 가지고 이 숲으로 갔다고 한다. 거기에는 500명의 도적들이 있었는데 그들은 야소다라의 눈을 손상시켜버렸다. [그 업의 과보로] 그들도 장님이 되어 이곳에 살았기 때문에(nivutthattā) 그때부터 이곳을 장님들의 숲이라 불렀다고 한다.(SA.i.189) 이 숲은 사왓티에서 남쪽으로 약 3km 떨어진 곳에 있다.

적지 않은 경들이 여기서 설해졌는데 그 가운데서도 본경이 잘 알려져 있다. 라훌라 존자는 이 가르침을 듣고 깨달음을 얻어 아라한이 되었다. 그리고 몇

동안의 한거를 하자."

"그러겠습니다, 세존이시여."라고 라훌라 존자는 세존께 대답하고 자리를 가지고 세존의 뒤를 따랐다.

그 무렵 수천 명의 천신들678)이 '오늘 세존께서는 라훌라 존자를 더 나아가 번뇌의 소멸로 인도하실 것이다.'라고 [생각하면서] 세존의 뒤를 따랐다. 그때 세존께서는 장님들의 숲으로 들어가셔서 어떤 나무 아래에 마련된 자리에 앉으셨다. 라훌라 존자도 세존께 절을 올리고 한 곁에 앉았다. 한 곁에 앉은 라훌라 존자에게 세존께서는 이렇게 말씀하셨다.

3. "이를 어떻게 생각하는가, 라훌라여. 눈은 항상한가, 무상한가?"

"무상합니다, 세존이시여."

"무상한 것은 괴로움인가, 즐거움인가?"

"괴로움입니다, 세존이시여."

"무상하고 괴로움이고 변하기 마련인 것을 두고 '이것은 내 것이다. 이것은 나다. 이것은 나의 자아다.'라고 보는 것이 타당하겠는가?"

"그렇지 않습니다, 세존이시여."

"이를 어떻게 생각하는가, 라훌라여? 형색은 항상한가, 무상한가? …

몇 『율장』의 계목들도 여기서 제정되었다고 한다.

678) 주석서에 의하면 이 천신들은 라훌라 존자가 전생에 빠두뭇따라(Padumuttara) 부처님의 발아래서 석가모니 부처님의 아들로 아라한이 되기를 처음으로 서원할 때 함께 했던 천신들이었다고 한다. 그중에 어떤 이들은 지신으로, 어떤 이들은 공중신으로, 어떤 이들은 사대왕천의 신으로, 어떤 이들은 범천의 신들로 태어났다. 이날 그 천신들은 모두 이 장님들의 숲으로 모였다고 한다.(MA.v.98~99)
빠두뭇따라 세존은 24불의 전통에 의하면 열 번째 부처님이다. 석가모니 부처님의 제자들은 대부분 이 부처님 재세시에 석가모니 부처님의 제자가 되겠다고 서원을 세웠다고 한다.(DPPN s.v. Padumuttara 참조)

눈의 알음알이는 항상한가, 무상한가? … [279] … 눈의 감각접촉은 항상한가, 무상한가? … 눈의 감각접촉을 조건으로 하여 일어난 느낌이든, 인식이든, 심리현상들이든, 알음알이든, 그것은 항상한가, 무상한가?"

"무상합니다, 세존이시여."

"무상한 것은 괴로움인가, 즐거움인가?"

"괴로움입니다, 세존이시여."

"무상하고 괴로움이고 변하기 마련인 것을 두고 '이것은 내 것이다. 이것은 나다. 이것은 나의 자아다.'라고 보는 것이 타당하겠는가?"

"그렇지 않습니다, 세존이시여."

4. ~ *8.* "이를 어떻게 생각하는가, 라훌라여. 귀는 … 소리는 … 귀의 알음알이는 … 귀의 감각접촉은 … 귀의 감각접촉을 조건으로 하여 일어난 느낌에 포함된 것이나 인식에 포함된 것이나 심리현상들에 포함된 것이나 알음알이에 포함된 것은 항상한가, 무상한가?" …

"코는 … 냄새는 … 코의 알음알이는 … 코의 감각접촉은 … 코의 감각접촉을 조건으로 하여 일어난 느낌에 포함된 것이나 인식에 포함된 것이나 심리현상들에 포함된 것이나 알음알이에 포함된 것은 항상한가, 무상한가?" …

"혀는 … 맛은 … 혀의 알음알이는 … 혀의 감각접촉은 … 혀의 감각접촉을 조건으로 하여 일어난 느낌에 포함된 것이나 인식에 포함된 것이나 심리현상들에 포함된 것이나 알음알이에 포함된 것은 항상한가, 무상한가?" …

"몸은 … 감촉은 … 몸의 알음알이는 … 몸의 감각접촉은 … 몸의 감각접촉을 조건으로 하여 일어난 느낌에 포함된 것이나 인식에 포함된 것이나 심리현상들에 포함된 것이나 알음알이에 포함된 것은 항상한가, 무상한가?" …

"마노는 … 법은 … 마노의 알음알이는 … 마노의 감각접촉은 … 마노의 감각접촉을 조건으로 하여 일어난 느낌에 포함된 것이나 인식에 포함된 것이나 심리현상들에 포함된 것이나 알음알이에 포함된 것은 항상한가, 무상한가?"

"무상합니다, 세존이시여."

"무상한 것은 괴로움인가, 즐거움인가?"

"괴로움입니다, 세존이시여."

"무상하고 괴로움이고 변하기 마련인 것을 두고 '이것은 내 것이다. 이것은 나다. 이것은 나의 자아다.'라고 보는 것이 타당하겠는가?"

"그렇지 않습니다, 세존이시여."

9. "라훌라여, 이와 같이 보면서 잘 배운 성스러운 제자는 눈에 대해서도 염오하고 형색들에 대해서도 염오하고 눈의 알음알이에 대해서도 염오하고 눈의 감각접촉에 대해서도 염오하고 눈의 감각접촉을 조건으로 하여 일어난 느낌이든, 인식이든, 심리현상들이든, 알음알이든, 그것에 대해서도 염오한다.

귀에 대해서도 … 소리에 대해서도 … 귀의 알음알이에 대해서도 … 귀의 감각접촉에 대해서도 … 포함된 것에 대해서도 …

코에 대해서도 … 냄새에 대해서도 … 코의 알음알이에 대해서도 … 코의 감각접촉에 대해서도 … 포함된 것에 대해서도 …

혀에 대해서도 … 맛에 대해서도 … 혀의 알음알이에 대해서도 … 혀의 감각접촉에 대해서도 … 포함된 것에 대해서도 …

몸에 대해서도 … 감촉에 대해서도 … 몸의 알음알이에 대해서도 … 몸의 감각접촉에 대해서도 … 포함된 것에 대해서도 …

마노에 대해서도 염오하고 법에 대해서도 염오하고 마노의 알음알이에 대해서도 염오하고 마노의 감각접촉에 대해서도 염오하고 [280] 마노의 감각접촉을 조건으로 하여 일어나는 즐겁거나 괴롭거나 괴롭지도 즐겁지도 않은 느낌에 포함된 것이나 인식에 포함된 것이나 심리현상들에 포함된 것이나 알음알이에 포함된 것에 대해서도 염오한다."

10. "염오하므로 탐욕이 빛바랜다. 탐욕이 빛바래므로 해탈한다. 해탈하면 해탈했다는 지혜가 생긴다. '태어남은 다했다. 청정범행은 성취되었다. 할 일을 다 해 마쳤다. 다시는 어떤 존재로도 돌아오지 않을 것이다.'라고 꿰뚫어 안다."679)

세존께서는 이와 같이 말씀하셨다. 라훌라 존자는 흡족한 마음으로 세존의 말씀을 크게 기뻐하였다. 이 가르침이 설해졌을 때 라훌라 존자는 취착 없이 마음이 번뇌에서 해탈했다. 그리고 그 수천 명의 천신들에게도 '생긴 것은 무엇이건 모두 멸하기 마련이다[集法卽滅法]'라는 티끌 없고 때 없는 법의 눈이 생겼다.680)

라훌라를 교계한 짧은 경(M147)이 끝났다.

---

679) 본경 §§3~10에 나타나는 ① 육내외처로 해체해서 보기 ② 무상·고·무아 ③ 염오 ④ 이욕 ⑤ 해탈 ⑥ 구경해탈지의 정형구는 니까야의 도처에서 강조되고 있는 해탈·열반을 실현하는 여섯 단계의 과정이다. 여기에 대해서는 본서 제1권 「뱀의 비유 경」(M22) §29의 주해를 참조하기 바란다. 그리고 『초기불교 이해』 54~55, 58, 137, 139이하, 174이하, 177이하, 191~192, 209쪽 등을 참조하고, 『상윳따 니까야』 제4권 「해제」 §3과 제3권 「해제」 §3을 중심으로도 살펴볼 것을 권한다.

680) "[본서 제2권] 「우빨리 경」(M56)과 [제3권] 「디가나카 경」(M74)에서는 첫 번째 도를 법의 눈[法眼, dhamma-cakkhu]이라고 했고, [제3권] 「브라흐마유 경」(M91)에서는 세 가지 과를 법의 눈이라고 했으며, 본경에서는 네 가지 도와 네 가지 과를 법의 눈이라고 한다. 왜냐하면 어떤 천신은 예류자가 되었고, 또 어떤 천신은 일래자, 불환자, 아라한이 되었기 때문이다." (MA.v.99)

여섯씩 여섯[六六] 경

Chachakka Sutta(M148)

1. 이와 같이 나는 들었다. 한때 세존께서는 사왓티에서 제따 숲의 아나타삔디까 원림(급고독원)에 머무셨다. 그곳에서 세존께서는 "비구들이여."라고 비구들을 부르셨다, "세존이시여."라고 비구들은 세존께 응답했다. 세존께서는 이렇게 말씀하셨다.

2. "비구들이여, 나는 그대들에게 법을 설하리라. 나는 시작도 훌륭하고 중간도 훌륭하고 끝도 훌륭하며 의미와 표현을 구족했고 더할 나위 없이 완벽하고 지극히 청정한 법을 설하고, 범행(梵行)을 드러낼 것이니 그것은 여섯씩 여섯이다. 그것을 듣고 마음에 잘 새겨라. 이제 설하리라."

"그러겠습니다, 세존이시여."라고 비구들은 세존께 대답했다. 세존께서는 다음과 같이 설하셨다.

개요

3. "여섯 가지 안의 감각장소들을 알아야 한다.[681] 여섯 가지

681) "'알아야 한다(veditabbāni)'는 것은 위빳사나와 함께한(saha-vipassana)

밖의 감각장소들을 알아야 한다. 여섯 가지 알음알이의 무리를 알아야 한다. 여섯 가지 감각접촉의 무리를 알아야 한다. 여섯 가지 느낌의 무리를 알아야 한다. 여섯 가지 갈애의 무리를 알아야 한다.”

해체해서 보기(vinibbhoga-dassana)

4. “‘여섯 가지 안의 감각장소를 알아야 한다.’라고 한 것은 무엇을 반연하여 한 말인가?
눈의 감각장소, 귀의 감각장소, 코의 감각장소, 혀의 감각장소, 몸의 감각장소, 마노[意]의 감각장소가 있다.
‘여섯 가지 안의 감각장소를 알아야 한다.’라고 한 것은 이것을 반연하여 한 말이다. 이것이 첫 번째 여섯이다.” [281]

5. “‘여섯 가지 밖의 감각장소를 알아야 한다.’라고 한 것은 무엇을 반연하여 한 말인가?
형색의 감각장소, 소리의 감각장소, 냄새의 감각장소, 맛의 감각장소, 감촉의 감각장소, 법의 감각장소가 있다.
‘여섯 가지 밖의 감각장소를 알아야 한다.’라고 한 것은 이것을 반연하여 한 말이다. 이것이 두 번째 여섯이다.”

6. “‘여섯 가지 알음알이의 무리를 알아야 한다.’라고 한 것은 무엇을 반연하여 한 말인가?
눈과 형색들을 조건으로 눈의 알음알이가 일어난다. 귀와 소리들을 조건으로 귀의 알음알이가 일어난다. 코와 냄새들을 조건으로 코

도(magga)로써 알아야 한다는 뜻이다.”(MA.v.100)
“즉 느낌을 있는 그대로 아는 것은 도의 역할(magga-kicca)이고, 그 도를 얻는 방법이 위빳사나이기 때문에 위빳사나와 함께한 도로써 알아야 한다고 했다.”(MAṬ.ii.430)

의 알음알이가 일어난다. 혀와 맛들을 조건으로 혀의 알음알이가 일어난다. 몸과 감촉들을 조건으로 몸의 알음알이가 일어난다. 마노[意]와 법들을 조건으로 마노의 알음알이682)가 일어난다.

'여섯 가지 알음알이의 무리를 알아야 한다.'라고 한 것은 이것을 반연하여 한 말이다. 이것이 세 번째 여섯이다."

7. "'여섯 가지 감각접촉의 무리를 알아야 한다.'라고 한 것은 무엇을 반연하여 한 말인가?

눈과 형색들을 조건으로 눈의 알음알이가 일어난다. 이 셋의 화합이 감각접촉이다. 귀와 소리들을 조건으로 귀의 알음알이가 일어난다. 이 셋의 화합이 감각접촉이다. 코와 냄새들을 조건으로 코의 알음알이가 일어난다. 이 셋의 화합이 감각접촉이다. 혀와 맛들을 조건으로 혀의 알음알이가 일어난다. 이 셋의 화합이 감각접촉이다. 몸과 감촉들을 조건으로 몸의 알음알이가 일어난다. 이 셋의 화합이 감각접촉이다. 마노와 법들을 조건으로 마노의 알음알이가 일어난다. 이 셋의 화합이 감각접촉이다.

'여섯 가지 감각접촉의 무리를 알아야 한다.'라고 한 것은 이것을 반연하여 한 말이다. 이것이 네 번째 여섯이다."

8. "'여섯 가지 느낌의 무리를 알아야 한다.'라고 한 것은 무엇을 반연하여 한 말인가?

눈과 형색들을 조건으로 눈의 알음알이가 일어난다. 이 셋의 화합이 감각접촉이다. 감각접촉을 조건으로 느낌이 있다. 귀와 소리들을 조건으로 귀의 알음알이가 일어난다. 이 셋의 화합이 감각접촉이다.

682) "여기서 '마노의 알음알이(manoviññāṇena)'란 [32가지 세간적인 과보의 마음 중에서 한 쌍의 전오식(dve pañca-viññāṇāni)을 제외한 22가지 과보로 나타난 마음(lokiya-vipāka-citta)을 말한다."(MA.v.100)

감각접촉을 조건으로 느낌이 있다. 코와 냄새들을 조건으로 코의 알음알이가 일어난다. 이 셋의 화합이 감각접촉이다. 감각접촉을 조건으로 느낌이 있다. 혀와 맛들을 조건으로 혀의 알음알이가 일어난다. 이 셋의 화합이 감각접촉이다. 감각접촉을 조건으로 느낌이 있다. 몸과 감촉들을 조건으로 몸의 알음알이가 일어난다. 이 셋의 화합이 감각접촉이다. 감각접촉을 조건으로 느낌이 있다. 마노와 법들을 조건으로 마노의 알음알이가 일어난다. 이 셋의 화합이 감각접촉이다. 감각접촉을 조건으로 느낌이 있다.

'여섯 가지 느낌의 무리를 알아야 한다.'라고 한 것은 이것을 반연하여 한 말이다. [282] 이것이 다섯 번째 여섯이다."

9. "'여섯 가지 갈애의 무리를 알아야 한다.'라고 한 것은 무엇을 반연하여 한 말인가?

눈과 형색들을 조건으로 눈의 알음알이가 일어난다. 이 셋의 화합이 감각접촉이다. 감각접촉을 조건으로 느낌이 있다. 느낌을 조건으로 갈애[683]가 있다.

귀와 소리들을 조건으로 귀의 알음알이가 일어난다. 이 셋의 화합이 감각접촉이다. 감각접촉을 조건으로 느낌이 있다. 느낌을 조건으로 갈애가 있다.

코와 냄새들을 조건으로 코의 알음알이가 일어난다. 이 셋의 화합이 감각접촉이다. 감각접촉을 조건으로 느낌이 있다. 느낌을 조건으로 갈애가 있다.

혀와 맛들을 조건으로 혀의 알음알이가 일어난다. 이 셋의 화합이

683) "'느낌을 조건으로 한 갈애(vedanāpaccayā taṇhā)'란 과보의 느낌을 조건으로(vipāka-vedanā-paccayā) 속행의 순간(javana-kkhaṇa)에 일어난 갈애를 말한다."(MA.v.100)

감각접촉이다. 감각접촉을 조건으로 느낌이 있다. 느낌을 조건으로 갈애가 있다.

몸과 감촉들을 조건으로 몸의 알음알이가 일어난다. 이 셋의 화합이 감각접촉이다. 감각접촉을 조건으로 느낌이 있다. 느낌을 조건으로 갈애가 있다.

마노와 법들을 조건으로 마노의 알음알이가 일어난다. 이 셋의 화합이 감각접촉이다. 감각접촉을 조건으로 느낌이 있다. 느낌을 조건으로 갈애가 있다.

'여섯 가지 갈애의 무리를 알아야 한다.'라고 이렇게 한 말은 이것을 반연하여 한 말이다. 이것이 여섯 번째 여섯이다."684)

[해체하면] 무아가 보인다(anattabhāva-dassana)

10. "만일 '눈이 자아다.'라고 말한다면 그것은 타당하지 않다.685) 눈의 일어남과 사라짐은 알 수 있다. 일어남과 사라짐을 알

684) 이렇게 하여 본경은 6근-6경-6식-6촉-6수-6애의 육지연기를 설하신다. 이 육지연기의 여섯 가지가 다시 각각 여섯 개씩의 구성요소를 가지고 있기 때문에 본경의 제목을 여섯씩 여섯 즉 육육(六六) 경이라고 부르는 것이다. 이렇게 36가지로 해체해서 보면 이 36가지 가운데 그 어느 것도 자아라고 주장할 수가 없다는 것을 부처님께서는 이제 아래 §10 이하에서 멋지게 설명하신다. 그리고 §40에서는 이 36가지에 대해서 염오가 일어나고 §41에서는 이욕-해탈-구경해탈지가 실현된다.

이처럼 본경은 나와 세상이라는 존재를 육육 삼십육으로 해체해서 보면 무상(일어남과 사라짐, §10이하)이 보이고, 무상을 보게 되면 무아에 사무치게 된다(§10이하)고 강조하고 있다. 그렇게 되면 염오-이욕-해탈-구경해탈지를 통해서 깨달음을 실현하는 것이다. 그러므로 본경이야말로 ① 해체해서 보기 - ② 무상·고·무아 - ③ 염오 - ④ 이욕 - ⑤ 해탈 - ⑥ 구경해탈지의 6단계의 가르침을 고스란히 담고 있는 멋진 경이라 하지 않을 수 없다. 이 6단계의 가르침에 대해서는 본서 제1권 「뱀의 비유 경」(M22) §29의 주해를 참조하기 바란다. 그리고 『초기불교 이해』 제14장 어떻게 해탈·열반을 실현할 것인가와 『상윳따 니까야』 제4권 「해제」 §3과 제3권 「해제」 §3을 중심으로도 살펴볼 것을 권한다.

수 있기 때문에 ['눈이 자아다.'라고 말하면] '나의 자아가 일어나고 사라진다.'는 말이 되어버린다. 그러므로 '눈이 자아다.'라고 말한다면 그것은 타당하지 않다. 그러므로 눈은 자아가 아니다.

만일 '형색들이 자아다.'라고 말한다면 그것은 타당하지 않다. 형색들의 일어남과 사라짐은 알 수 있다. 일어남과 사라짐을 알 수 있기 때문에 ['형색들이 자아다.'라고 말하면] '나의 자아가 일어나고 사라진다.'는 말이 되어버린다. 그러므로 '형색들이 자아다.'라고 말한다면 그것은 타당하지 않다. 그러므로 눈은 자아가 아니다. 형색들은 자아가 아니다.

만일 '눈의 알음알이가 자아다.'라고 말한다면 그것은 타당하지 않다. 눈의 알음알이의 일어남과 사라짐은 알 수 있다. 일어남과 사라짐을 알 수 있기 때문에 ['눈의 알음알이가 자아다.'라고 말하면] '나의 자아가 일어나고 사라진다.'는 말이 되어버린다. 그러므로 '눈의 알음알이는 자아다.'라고 말한다면 그것은 타당하지 않다. 그러므로 눈은 자아가 아니다. 형색들은 자아가 아니다. 눈의 알음알이는 자아가 아니다.

만일 '눈의 감각접촉이 자아다.'라고 말한다면 그것은 타당하지 않다. 눈의 감각접촉의 일어남과 사라짐은 알 수 있다. 일어남과 사라짐을 알 수 있기 때문에 ['눈의 감각접촉이 자아다.'라고 말하면] '나의 자아가 일어나고 사라진다.'는 말이 되어버린다. 그러므로 '눈의 감각접촉이 자아다.'라고 말한다면 그것은 타당하지 않다. 그러므로

685) '타당하지 않다.'는 na upapajjati를 의역한 것이다. upapajjati는 주로 '다시 태어나다, 일어나다'의 뜻으로 사용되지만 여기서는 주석서에서 "타당하지 않다, 옳지 않다(na yujjati)"(MA.v.100)로 설명하고 있어서 이렇게 옮겼다. 한편 Ee에는 uppajjati로 나타나는데 이것은 냐나몰리 스님의 지적처럼(냐나몰리 스님/보디 스님, 1355쪽 1330주해 참조) 잘못 편집된 것이다.

눈은 자아가 아니다. 형색들은 자아가 아니다. 눈의 알음알이는 자아가 아니다. 눈의 감각접촉은 자아가 아니다.

만일 '느낌이 자아다.'라고 말한다면 [283] 그것은 타당하지 않다. 느낌의 일어남과 사라짐을 알 수 있다. 일어남과 사라짐을 알 수 있기 때문에 ['느낌이 자아다.'라고 말하면] '나의 자아가 일어나고 사라진다.'는 말이 되어버린다. 그러므로 '느낌이 자아다.'라고 말한다면 그것은 타당하지 않다. 그러므로 눈은 자아가 아니다. 형색들은 자아가 아니다. 눈의 알음알이는 자아가 아니다. 눈의 감각접촉은 자아가 아니다. 느낌은 자아가 아니다.

만일 '갈애가 자아다.'라고 말한다면 그것은 타당하지 않다. 갈애의 일어남과 사라짐은 알 수 있다. 일어남과 사라짐을 알 수 있기 때문에 ['갈애가 자아다.'라고 말하면] '나의 자아가 일어나고 사라진다.'는 말이 되어버린다. 그러므로 '갈애가 자아다.'라고 말한다면 그것은 타당하지 않다. 그러므로 눈은 자아가 아니다. 형색들은 자아가 아니다. 눈의 알음알이는 자아가 아니다. 눈의 감각접촉은 자아가 아니다. 느낌은 자아가 아니다. 갈애는 자아가 아니다.

11. "만일 '귀가 자아다.' … '소리들이 자아다.' … '귀의 알음알이가 자아다.' … '귀의 감각접촉이 자아다.' … '느낌이 자아다.' … '갈애가 자아다.'라고 말한다면 그것은 타당하지 않다. 갈애의 일어남과 사라짐은 알 수 있다. 일어남과 사라짐을 알 수 있기 때문에 ['갈애가 자아다.'라고 말하면] '나의 자아가 일어나고 사라진다.'는 말이 되어버린다. 그러므로 '갈애가 자아다.'라고 말한다면 그것은 타당하지 않다. 그러므로 귀는 자아가 아니다. 소리들은 자아가 아니다. 귀의 알음알이는 자아가 아니다. 귀의 감각접촉은 자아가 아니다. 느낌은 자아가 아니다. 갈애는 자아가 아니다."

12. "만일 '코가 자아다.' … '냄새들이 자아다.' … '코의 알음알이가 자아다.' … '코의 감각접촉이 자아다.' … '느낌이 자아다.' … '갈애가 자아다.'라고 말한다면 그것은 타당하지 않다. 갈애의 일어남과 사라짐은 알 수 있다. 일어남과 사라짐을 알 수 있기 때문에 ['갈애가 자아다.'라고 말하면] '나의 자아가 일어나고 사라진다.'는 말이 되어버린다. 그러므로 '갈애가 자아다.'라고 말한다면 그것은 타당하지 않다. 그러므로 코는 자아가 아니다. 냄새들은 자아가 아니다. 코의 알음알이는 자아가 아니다. 코의 감각접촉은 자아가 아니다. 느낌은 자아가 아니다. 갈애는 자아가 아니다."

13. "만일 '혀가 자아다.' … '맛들이 자아다.' … '혀의 알음알이가 자아다.' … '혀의 감각접촉이 자아다.' … '느낌이 자아다.' … '갈애가 자아다.'라고 말한다면 그것은 타당하지 않다. 갈애의 일어남과 사라짐은 알 수 있다. 일어남과 사라짐을 알 수 있기 때문에 ['갈애가 자아다.'라고 말하면] '나의 자아가 일어나고 사라진다.'는 말이 되어버린다. 그러므로 '갈애가 자아다.'라고 말한다면 그것은 타당하지 않다. 그러므로 혀는 자아가 아니다. 맛들은 자아가 아니다. 혀의 알음알이는 자아가 아니다. 혀의 감각접촉은 자아가 아니다. 느낌은 자아가 아니다. 갈애는 자아가 아니다."

14. "만일 '몸이 자아다.' … '감촉들이 자아다.' … '몸의 알음알이가 자아다.' … '몸의 감각접촉이 자아다.' … '느낌이 자아다.' … '갈애가 자아다.'라고 말한다면 그것은 타당하지 않다. 갈애의 일어남과 사라짐은 알 수 있다. 일어남과 사라짐을 알 수 있기 때문에 ['갈애가 자아다.'라고 말하면] '나의 자아가 일어나고 사라진다.'는 말이 되어버린다. 그러므로 '갈애가 자아다.'라고 말한다면 그것은 타당하

지 않다. 그러므로 몸은 자아가 아니다. 감촉들은 자아가 아니다. 몸의 알음알이는 자아가 아니다. 몸의 감각접촉은 자아가 아니다. 느낌은 자아가 아니다. 갈애는 자아가 아니다."

15. "만일 '마노[意]가 자아다.' … '법들이 자아다.' … '마노의 알음알이가 자아다.' … '마노의 감각접촉이 자아다.' … '느낌이 자아다.' … [284] … '갈애가 자아다.'라고 말한다면 그것은 타당하지 않다. 갈애의 일어남과 사라짐은 알 수 있다. 일어남과 사라짐을 알 수 있기 때문에 ['갈애가 자아다.'라고 말하면] '나의 자아가 일어나고 사라진다.'는 말이 되어버린다. 그러므로 '갈애가 자아다.'라고 말한다면 그것은 타당하지 않다. 그러므로 마노는 자아가 아니다. 법들은 자아가 아니다. 마노의 알음알이는 자아가 아니다. 마노의 감각접촉은 자아가 아니다. 느낌은 자아가 아니다. 갈애는 자아가 아니다."

존재 더미[有身]의 일어남(sakkāya-samudaya)

16. "비구들이여,686) 이것이 존재 더미[有身]687)의 일어남으로 인도하는 도닦음이다. 눈을 두고 '이것은 내 것이다. 이것은 나다. 이것은 나의 자아다.'688)라고 여긴다.689) 형색들을 두고 … 눈의 알음

---

686) "이 가르침은 세 가지 움켜쥠(ti gāhā)을 통해 윤회(vaṭṭa)를 보이시기 위해 시작하셨다. 그리고 괴로움(dukkha)과 일어남(samudaya)의 두 가지 성스러운 진리를 통해 윤회를 보이시기 위해서 설하셨다고도 할 수 있다."(MA.v.100)

687) '존재 더미[有身, sakkāya]'란 취착의 [대상인] 다섯 가지 무더기[五取蘊]들을 말한다.
본서 제2권 「교리문답의 짧은 경」(M44) §2에서 "도반 위사카여, 세존께서는 취착의 [대상인] 이들 다섯 가지 무더기[五取蘊]들을 존재 더미[有身, sakkāya]라고 하셨습니다."라고 나타난다.
「교리문답의 짧은 경」(M44) §§2~5에서는 존재 더미[有身, sakkāya]를 통해서 사성제를 설명하고 있으니 참조할 것.

알이를 두고 … 눈의 감각접촉을 두고 … 느낌을 두고 … 갈애를 두고 '이것은 내 것이다. 이것은 나다. 이것은 나의 자아다.'라고 여긴다."

17. ~ *21.* "귀를 두고 '이것은 내 것이다. 이것은 나다. 이것은 나의 자아다.'라고 여긴다. … 코를 두고 … 혀를 두고 … 몸을 두고 … 마노를 두고 '이것은 내 것이다. 이것은 나다. 이것은 나의 자아다.'라고 여긴다. 법들을 두고 … 마노의 알음알이를 두고 … 마노의 감각접촉을 두고 … 느낌을 두고 … 갈애를 두고 '이것은 내 것이다. 이것은 나다. 이것은 나의 자아다.'라고 여긴다."

존재 더미[有身]의 소멸(sakkāya-nirodha)

22. "비구들이여,690) 이것이 존재 더미[有身]의 소멸로 인도하는 도닦음이다. 눈을 두고 '이것은 내 것이 아니다. 이것은 내가 아니다. 이것은 나의 자아가 아니다.'라고 여긴다.691) 형색들을 두고 … 눈의 알음알이를 두고 … 눈의 감각접촉을 두고 … 느낌을 두고 … 갈애를 두고 '이것은 내 것이 아니다. 이것은 내가 아니다. 이것은 나의 자아가 아니다.'라고 여긴다."

23. ~ *27.* 귀를 두고 '이것은 내 것이 아니다. 이것은 내가 아니

---

688) "이 세 가지는 갈애와 자만과 사견의 움켜쥠(taṇhā-māna-diṭṭhi-gāhā)이라고 알아야 한다."(MA.v.100)

689) "'여긴다(samanupassati)'는 것은 세 가지 움켜쥠(gāha-ttaya)을 통해 본다는 뜻이다."(MA.v.100)

690) "이와 같이 윤회를 보이신 뒤 지금은 세 가지 움켜쥠의 반대(paṭipakkha)로, 소멸(nirodha)과 도(magga)의 두 가지 진리를 통해 윤회에서 벗어남(vivaṭṭa)을 보이시기 위해 이 가르침을 시작하셨다."(MA.v.100)

691) "여기서 '여긴다(samanupassati)'는 것은 무상(anicca), 고(dukkha), 무아(anatta)로 본다는 뜻이다."(MA.v.100)

다. 이것은 나의 자아가 아니다.'라고 여긴다. … 코를 두고 … 혀를 두고 … 몸을 두고 … 마노를 두고 '이것은 내 것이 아니다. 이것은 내가 아니다. 이것은 나의 자아가 아니다.'라고 여긴다. 법들을 두고 … 마노의 알음알이를 두고 … 마노의 감각접촉을 두고 … 느낌을 두고 … [285] … 갈애를 두고 '이것은 내 것이 아니다. 이것은 내가 아니다. 이것은 나의 자아가 아니다.'라고 여긴다."

잠재성향

28. "비구들이여,[692] 눈과 형색들을 조건으로 눈의 알음알이가 일어난다. 이 셋의 화합이 감각접촉이다. 감각접촉을 조건으로 즐겁거나 괴롭거나 괴롭지도 즐겁지도 않은 느낌이 일어난다.

즐거운 느낌에 닿을 때 만일 그것을 즐기고 환영하고 움켜쥐면 그에게 탐욕의 잠재성향이 잠재하게 된다.[693] 괴로운 느낌에 닿을 때 만일 근심하고 상심하고 슬퍼하고 가슴을 치고 울부짖고 광란하면 그에게 적의의 잠재성향이 잠재하게 된다. 괴롭지도 즐겁지도 않은 느낌에 닿을 때 만일 그 느낌의 일어남과 사라짐과 달콤함과 재난과 벗어남을 있는 그대로 알지 못하면 그에게 무명의 잠재성향이 잠재하게 된다.

비구들이여, 그가 참으로 즐거운 느낌에 대해 탐욕의 잠재성향을 버리지 않고, 괴로운 느낌에 대해 적의의 잠재성향을 파괴하지 않고, 괴롭지도 즐겁지도 않은 느낌에 대해 무명의 잠재성향을 뿌리 뽑지 않고, 무명을 버리지 않고, 명지를 일으키지 않고, 지금 · 여기에서

---

692) "이와 같이 윤회에서 벗어남(vivaṭṭa)을 보이신 뒤 지금은 세 가지 잠재성향(anusaya)을 통해 다시 윤회(vaṭṭa)를 설명하신다."(MA.v.100)

693) 세 가지 '잠재성향(anusaya)'과 세 가지 느낌과의 관계에 대해서는 본서 제2권 「교리문답의 짧은 경」(M44) §§25~28을 참조할 것.

괴로움[694]을 끝낼 것이라는 것은 불가능하다."

29. ~ *33.* "비구들이여, 귀와 소리들을 조건으로 귀의 알음알이가 일어난다. … 코와 냄새들을 조건으로 코의 알음알이가 일어난다. … 혀와 맛들을 조건으로 혀의 알음알이가 일어난다. … 몸과 감촉들을 조건으로 몸의 알음알이가 일어난다. … 마노와 법들을 조건으로 마노의 알음알이가 일어난다. 이 셋의 화합이 감각접촉이다. 감각접촉을 조건으로 즐겁거나 괴롭거나 괴롭지도 즐겁지도 않은 느낌이 일어난다.

즐거운 느낌에 닿을 때 만일 그것을 즐기고 환영하고 움켜쥐면 그에게 탐욕의 잠재성향이 잠재하게 된다. 괴로운 느낌에 닿을 때 만일 근심하고 상심하고 슬퍼하고 가슴을 치고 울부짖고 광란하면 그에게 적의의 잠재성향이 잠재하게 된다. 괴롭지도 즐겁지도 않은 느낌에 닿을 때 만일 그 느낌의 일어남과 사라짐과 달콤함과 재난과 벗어남을 있는 그대로 알지 못하면 그에게 무명의 잠재성향이 잠재하게 된다.

비구들이여, 그가 참으로 즐거운 느낌에 대해 탐욕의 잠재성향을 버리지 않고, 괴로운 느낌에 대해 적의의 잠재성향을 파괴하지 않고, 괴롭지도 즐겁지도 않은 느낌에 대해 무명의 잠재성향을 뿌리 뽑지 않고, 무명을 버리지 않고, 명지를 일으키지 않고, 지금·여기에서 괴로움을 끝낼 것이라는 것은 불가능하다." [286]

잠재성향을 버림

34. "비구들이여,[695] 눈과 형색들을 조건으로 눈의 알음알이가

694) "여기서 '괴로움(dukkha)'이란 윤회의 괴로움(vaṭṭa-dukkha)과 오염원의 괴로움(kilesa-dukkha)이다."(MA.v.101)

일어난다. 이 셋의 화합이 감각접촉이다. 감각접촉을 조건으로 즐겁거나 괴롭거나 괴롭지도 즐겁지도 않은 느낌이 일어난다.

즐거운 느낌에 닿을 때 만일 즐기지 않고 환영하지 않고 움켜쥐지 않으면 그에게 탐욕의 잠재성향이 잠재하지 않는다. 괴로운 느낌에 닿을 때 만일 근심하지 않고 상심하지 않고 슬퍼하지 않고 가슴을 치고 울부짖고 광란하지 않으면 그에게 적의의 잠재성향이 잠재하지 않는다. 괴롭지도 즐겁지도 않은 느낌에 닿을 때 만일 그 느낌의 일어남과 사라짐과 달콤함과 재난과 벗어남을 있는 그대로 알면 그에게 무명의 잠재성향이 잠재하지 않는다.

비구들이여, 그가 참으로 즐거운 느낌에 대해 탐욕의 잠재성향을 버리고, 괴로운 느낌에 대해 적의의 잠재성향을 파괴하고, 괴롭지도 즐겁지도 않은 느낌에 대해 무명의 잠재성향을 뿌리 뽑고, 무명을 버리고 명지를 일으킴으로써[696] 지금 · 여기에서 괴로움을 끝낼 것이라는 것은 가능하다."

35. ~ *39.* "비구들이여, 귀와 소리들을 조건으로 귀의 알음알이가 일어난다. … 코와 냄새들을 조건으로 코의 알음알이가 일어난다. … 혀와 맛들을 조건으로 혀의 알음알이가 일어난다. … 몸과 감촉들을 조건으로 몸의 알음알이가 일어난다. … 마노와 법들을 조건으로 마노의 알음알이가 일어난다. 이 셋의 화합이 감각접촉이다. 감각접촉을 조건으로 즐겁거나 괴롭거나 괴롭지도 즐겁지도 않은 느낌이

---

695) "세 가지 잠재성향을 통해 윤회를 설명하신 뒤 지금은 그 잠재성향들의 반대, 즉 그들을 버림(paṭikkhepa)으로 윤회에서 벗어남(vivaṭṭa)을 설명하신다."(MA.v.101)

696) "'무명을 버리고 명지를 일으킴으로써(avijjaṁ pahāya vijjaṁ uppādetvā)'라는 것은 윤회의 뿌리(vaṭṭa-mūlika)인 무명을 버리고, 아라한도의 명지(arahatta-magga-vijjā)를 일으킨다는 말씀이다."(MA.v.101)

일어난다.

즐거운 느낌에 닿을 때 만일 즐기지 않고 환영하지 않고 움켜쥐지 않으면 그에게 탐욕의 잠재성향이 잠재하지 않는다. 괴로운 느낌에 닿을 때 만일 근심하지 않고 상심하지 않고 슬퍼하지 않고 가슴을 치고 울부짖고 광란하지 않으면 그에게 적의의 잠재성향이 잠재하지 않는다. 괴롭지도 즐겁지도 않은 느낌에 닿을 때 만일 그 느낌의 일어남과 사라짐과 달콤함과 재난과 벗어남을 있는 그대로 알면 그에게 무명의 잠재성향이 잠재하지 않는다.

비구들이여, 그가 참으로 즐거운 느낌에 대해 탐욕의 잠재성향을 버리고, 괴로운 느낌에 대해 적의의 잠재성향을 파괴하고, 괴롭지도 즐겁지도 않은 느낌에 대해 무명의 잠재성향을 뿌리 뽑고, 무명을 버리고, 명지를 일으킴으로써 지금 · 여기에서 괴로움을 끝낼 것이라는 것은 가능하다."

염오 - 이욕 - 해탈 - 구경해탈지

40. "비구들이여, 이와 같이 보면서 잘 배운 성스러운 제자는 눈에 대해 염오하고 형색들에 대해 염오하고 눈의 알음알이에 대해 염오하고 눈의 감각접촉에 대해 염오하고 느낌에 대해 염오하고 갈애에 대해 염오한다.

그는 귀에 대해서도 염오하고 … 코에 대해서도 염오하고 … 혀에 대해서도 염오하고 … 몸에 대해서도 염오하고 … 마노에 대해서도 염오하고 법들에 대해서도 염오하고 마노의 알음알이에 대해서도 염오하고 마노의 감각접촉에 대해서도 염오하고 느낌에 대해서도 염오하고 갈애에 대해서도 염오한다."

41. "염오하면서 [287] 탐욕이 빛바랜다. 탐욕이 빛바래므로 해탈한다. 해탈할 때 해탈했다는 지혜가 생긴다. '태어남은 다했다. 청정범행은 성취되었다. 할 일을 다 해 마쳤다. 다시는 어떤 존재로도 돌아오지 않을 것이다.'라고 꿰뚫어 안다."

세존께서는 이와 같이 설하셨다. 그 비구들은 흡족한 마음으로 세존의 말씀을 크게 기뻐하였다. 이 가르침이 설해졌을 때 60명의 비구들은 취착 없이 번뇌에서 마음이 해탈했다.697)

여섯씩 여섯[六六] 경(M148)이 끝났다.

---

697) 주석서는 세존께서 직접 이 가르침을 설하실 때 60명의 비구들이 아라한과를 얻은 것은 그리 놀랄만한 일이 아니라고 적고 있다. 법의 총사령관인 사리뿟따나 목갈라나나 80명의 큰 장로들이 설할 때에도 각각 60명의 비구들이 아라한과를 얻었으며, 또한 땀바빠니디빠(Tambapaṇṇi-dīpa) 즉 스리랑카에서는 말레야데와 장로(Māleyyadeva-tthera)가 이 경을 설할 때 60명의 비구가 아라한과를 얻는 등 많은 이들이 아라한과를 얻었다고 한다. 그리고 삼장법사 쭐라나가(Cūḷanāga) 장로가 많은 인간들과 신들에게 이 경을 설했는데 설법 끝에 천 명의 비구들이 아라한이 되었으며 신들 가운데는 단 한 명이 범부로 남았을 뿐이라고 주석서는 밝히고 있다.(MA.v.101)

위대한 여섯 감각장소 경[698]

Mahāsaḷāyatanika Sutta(M149)

1. 이와 같이 나는 들었다. 한때 세존께서는 사왓티에서 제따 숲의 아나타삔디까 원림(급고독원)에 머무셨다. 그곳에서 세존께서는 "비구들이여."라고 비구들을 부르셨다. "세존이시여."라고 비구들은 세존께 응답했다. 세존께서는 이렇게 말씀하셨다.

2. "비구들이여, 그대들에게 위대한 여섯 감각장소를 설하리라. 그것을 듣고 마음에 잘 새겨라. 이제 설하리라."

"그러겠습니다, 세존이시여." 라고 비구들은 세존께 대답했다. 세

---

698) 본경의 제목은 빠알리어로 Mahā-saḷāyatanika Sutta이다. 주석서는 이것을 "위대한 여섯 가지 감각장소들을 깨닫게 하는 법문(mahantānaṁ channaṁ āyatanānaṁ jotakaṁ dhammapariyāyaṁ)"(MA.v.103)으로 설명을 하여, 여기에 나타나는 'mahā-'라는 술어를 본서의 다른 경들에 나타나는 '짧은(cūḷa-)'에 상대되는 '긴(mahā-)'으로 간주하지 않고 있다. 만일 본경의 'mahā-'를 '긴'으로 해석해서 본경의 제목을 '긴 여섯 가지 감각장소 경'으로 이해하면 본경에 대응되는 '짧은 여섯 가지 감각장소 경'이 있어야 하는데 본서에는 이런 제목의 경이 나타나지 않는다. 그러므로 주석서의 이런 해석은 타당하다고 여겨진다. 냐나몰리 스님도 '*The Great Sixfold Base*'로 옮겼다.(냐나몰리 스님/보디 스님, 1137쪽 참조)
본서 「위대한 마흔 가지 경」(M117)의 '위대한'도 'mahā-'를 옮긴 것인데 본경과 같은 이유가 적용된다.

존께서는 다음과 같이 설하셨다.

3. "비구들이여, 눈을 있는 그대로 알지 못하고[699] 보지 못하며, 형색들을 있는 그대로 알지 못하고 보지 못하며, 눈의 알음알이를 있는 그대로 알지 못하고 보지 못하며, 눈의 감각접촉을 있는 그대로 알지 못하고 보지 못하며, 눈의 감각접촉을 조건으로 일어난 즐겁거나 괴롭거나 괴롭지도 즐겁지도 않은 느낌을 알지 못하고 보지 못할 때에, 눈에 집착하고 형색들에 집착하고 눈의 알음알이에 집착하고 눈의 감각접촉에 집착하고 눈의 감각접촉을 조건으로 일어난 즐겁거나 괴롭거나 괴롭지도 즐겁지도 않은 느낌에 집착한다.

그가 집착하고 얽매이고 미혹하고 만족하게 여길 때에 미래에 취착의 [대상인] 다섯 가지 무더기들[五取蘊]이 쌓이게 된다. 그리고 그에게 다시 태어남을 가져오고 향락과 탐욕이 함께하며 여기저기서 즐기는 갈애가 증장하게 된다. 그에게 육체적인 불안[700]이 커지고 [288] 정신적인 불안도 커진다. 육체적인 고통도 커지고 정신적인 고통도 커진다. 육체적인 열병도 커지고 정신적인 열병도 커진다. 그는 육체적인 괴로움과 정신적인 괴로움을 겪는다."

4. ~ *8.* "비구들이여, 귀를 있는 그대로 알지 못하고 보지 못하며, …

코를 있는 그대로 알지 못하고 보지 못하며, …

혀를 있는 그대로 알지 못하고 보지 못하며, …

---

699) "'알지 못하고(ajānaṁ)'라는 것은 위빳사나와 함께한 도(saha-vipassana magga)로써 알지 못하는 것을 말한다."(MA.v.103)

700) 여기서 '불안'과 '고통'과 '열병'은 각각 darathā, santāpā, pariḷāhā를 옮긴 것이다.(셋 다 복수로 나타남) 주석서에 의하면 '육체적인 것(kāyikā)'이란 다섯 가지 문을 통해 일어난 것(pañca-dvārika)이고, '정신적인 것(cetasikā)'은 마노의 문을 통해 일어난 것(mano-dvārika)이다.(MA.v.103)

몸을 있는 그대로 알지 못하고 보지 못하며, …

마노를 있는 그대로 알지 못하고 보지 못하며 [마노의 대상인] 법들을 있는 그대로 알지 못하고 보지 못하며, 마노의 알음알이를 있는 그대로 알지 못하고 보지 못하며, 마노의 감각접촉을 있는 그대로 알지 못하고 보지 못하며, 마노의 감각접촉을 조건으로 일어난 즐겁거나 괴롭거나 괴롭지도 즐겁지도 않은 느낌을 알지 못하고 보지 못할 때에, 마노에 집착하고 법들에 집착하고 마노의 알음알이에 집착하고 마노의 감각접촉에 집착하고 마노의 감각접촉을 조건으로 일어난 즐겁거나 괴롭거나 괴롭지도 즐겁지도 않은 느낌에 집착한다.

그가 집착하고 얽매이고 미혹하고 만족하게 여길 때에 미래에 취착의 [대상인] 다섯 가지 무더기들[五取蘊]이 쌓이게 된다. 그리고 그에게 다시 태어남을 가져오고 향락과 탐욕이 함께하며 여기저기서 즐기는 갈애가 증장하게 된다. 그에게 육체적인 불안이 커지고 정신적인 불안도 커진다. 육체적인 고통도 커지고 정신적인 고통도 커진다. 육체적인 열병도 커지고 정신적인 열병도 커진다. 그는 육체적인 괴로움과 정신적인 괴로움을 겪는다."

9. "비구들이여, 눈을 있는 그대로 알고 보며, 형색들을 있는 그대로 알고 보며, 눈의 알음알이를 있는 그대로 알고 보며, 눈의 감각접촉을 있는 그대로 알고 보며, 눈의 감각접촉을 조건으로 일어난 즐겁거나 괴롭거나 괴롭지도 즐겁지도 않은 느낌을 있는 그대로 알고 볼 때에, 눈에 집착하지 않고 형색들에 집착하지 않고 눈의 알음알이에 집착하지 않고 눈의 감각접촉에 집착하지 않고 눈의 감각접촉을 조건으로 일어난 즐겁거나 괴롭거나 괴롭지도 즐겁지도 않은 느낌에 집착하지 않는다.

그가 집착하지 않고 얽매이지 않고 미혹하지 않고 만족하게 여기지 않을 때에 미래에 취착의 [대상인] 다섯 가지 무더기들[五取蘊]이 쌓이지 않는다. 그리고 그에게 다시 태어남을 가져오고 향락과 탐욕이 함께하며 여기저기서 즐기는 갈애가 제거된다. 그에게 육체적인 불안이 제거되고 정신적인 불안도 제거된다. 육체적인 고통도 제거되고 정신적인 고통도 제거된다. 육체적인 열병도 제거되고 정신적인 열병도 제거된다. [289] 그는 육체적인 즐거움과 정신적인 즐거움을 누린다."

10. "그와 같은 사람의[701] 견해가 바른 견해이다. 그와 같은 사람의 사유가 바른 사유이다. 그와 같은 사람의 정진이 바른 정진이다. 그와 같은 사람의 마음챙김이 바른 마음챙김이다. 그와 같은 사람의 삼매가 바른 삼매이다. 그전에 이미 그의 몸의 업과 말의 업과 생계는 아주 청정해졌다.[702] 이와 같이 그에게 성스러운 팔정도[八支聖道]는 수행을 통해 완성된다.

그가 이와 같이 성스러운 팔정도를 닦을 때 네 가지 마음챙김의 확립[四念處][703]도 수행을 통해 완성되고, 네 가지 바른 노력[四正勤]

---

701) 본 문단에는 모두 다섯 번의 '그와 같은 사람의'가 나타나는데 이것은 thatā-bhūtassa를 옮긴 것이다. 역자가 저본으로 삼은 Ee에는 다섯 번 모두 yathābhūtassa로 나타나고, Be에는 모두 tathābhūtassa로 나타난다. 그리고 Se에는 첫 번째 것은 yathābhūtassa로 나타나고 나머지 네 곳은 모두 tathābhūtassa로 나타난다. 역자는 yathābhūtassa로 나타나는 Ee의 원어가 문맥상도 맞지 않고 또 주석서에서도 Be의 단어를 취해 설명하고 있으므로 Be를 따라서 tathābhūtassa로 읽었다. 주석서는 이렇게 설명한다.
"'그와 같은 사람(tathābhūtassa)'이란 유익한 마음이 함께한 정신적 즐거움을 누리는 자(kusala-citta-sampayutta-ceto-sukha-samaṅgībhūta)를 말한다."(MA.v.103)

702) "즉 팔정도 가운데서 계에 해당하는 세 가지, 즉 말과 행위와 생계는 도가 일어나기(magg-uppattito) 전에 혹은 위빳사나를 시작하기 전부터(vipassan-ārambhato pi vā pubbeva) 이미 '아주 청정해졌다(suddha)'는 말씀이다."(MAṬ.ii.434)

도 수행을 통해 완성되고, 네 가지 성취수단[四如意足]도 수행을 통해 완성되고, 다섯 가지 기능[五根]도 수행을 통해 완성되고, 다섯 가지 힘[五力]도 수행을 통해 완성되고, 일곱 가지 깨달음의 구성요소[七覺支]도 수행을 통해 완성된다.704) 그에게 사마타와 위빳사나라는 이 두 가지 법이 조화롭게 나타난다.705) 그는 최상의 지혜로 철저히 알아야 할 법들을 최상의 지혜로 철저히 안다. 최상의 지혜로 버려야 할 법들을 최상의 지혜로 버린다. 최상의 지혜로 닦아야 할 법들을 최상의 지혜로 닦는다. 최상의 지혜로 실현해야 할 법들을 최상의 지혜로 실현한다."

11. "비구들이여, 어떤 것이 최상의 지혜로 철저히 알아야 할 법

---

703) "여기서 '네 가지 마음챙김의 확립(cattāro satipaṭṭhānā)'은 도와 함께한(magga-sampayuttā) 네 가지 마음챙김(cattāro satipaṭṭhānā)을 말한다."(MA.v.104)
"즉 바른 마음챙김은 도의 순간(magga-kkhaṇa)에 몸의 관찰 등 네 가지 역할(kicca)을 성취하기 때문에 그것을 네 가지로 나누어서 설명하시기 위해 '도와 함께한 네 가지 마음챙김(maggasampayuttā cattāro sati-paṭṭhā-nā)'이라고 하셨다. 네 가지 도와 함께하는 것(catu-magga-sampayutta-tā)으로 보면 안된다. 네 가지 바른 노력 등도 마찬가지이다."(MAṬ.ii.435)

704) 팔정도가 완성되면 사념처부터 칠각지까지의 37보리분법의 나머지 6가지 주제도 완성된다고 말씀하고 계신다.
37가지 깨달음의 편에 있는 법[菩提分法, bodhipakkhiyā dhammā]의 37가지 술어에 대한 간단한 언급과 정의는 본서 제3권 「사꿀루다이 긴 경」(M77)의 §§15~21에 나타나고 있으니 참조할 것.

705) "'그에게 사마타와 위빳사나라는 이 두 가지 법이 조화롭게 나타난다(tass-ime dve dhammā yuganandhā vattanti samatho ca vipassanā ca).' 라고 하셨다. 여기서 조화롭게(yuganandhā)란 한 순간에 함께 존재하여 조화롭게(eka-kkhaṇika-yuganandhā)라는 뜻이다. 증득(samāpatti, 즉 사마타)은 다른 순간에(aññasmiṁ khaṇe) 존재하고 위빳사나는 다른 순간에 존재하여 [함께하지 않는다]. 이처럼 이 둘은 다른 순간에 존재하는 것(nānā-khaṇikā)이다. 그러나 성스러운 도(ariya-magga)에서는 한 순간에 존재한다."(MA.v.104)

들인가? 취착의 [대상인] 다섯 가지 무더기들[五取蘊]이라고 말해야 한다. 취착의 [대상인] 물질의 무더기[色取蘊], 취착의 [대상인] 느낌의 무더기[受取蘊], 취착의 [대상인] 인식의 무더기[想取蘊], 취착의 [대상인] 심리현상들의 무더기[行取蘊], 취착의 [대상인] 알음알이의 무더기[識取蘊]이다. 이것이 최상의 지혜로 철저히 알아야 할 법들이다.

비구들이여, 어떤 것이 최상의 지혜로 버려야 할 법들인가? 무명과 존재에 대한 갈애[有愛]이니 이것이 최상의 지혜로 버려야 할 법들이다.

비구들이여, 어떤 것이 최상의 지혜로 닦아야 할 법들인가? 사마타와 위빳사나이니 이것이 최상의 지혜로 닦아야 할 법들이다. [290]

비구들이여, 어떤 것이 최상의 지혜로 실현해야 할 법들인가? 명지와 해탈706)이니 이것이 최상의 지혜로 실현해야 할 법들이다."

12. ~ *14.* "비구들이여, 귀를 있는 그대로 알고 보며, … 이것이 최상의 지혜로 실현해야 할 법들이다."

15. ~ *17.* "비구들이여, 코를 있는 그대로 알고 보며, … 이것이 최상의 지혜로 실현해야 할 법들이다."

18. ~ *20.* "비구들이여, 혀를 있는 그대로 알고 보며, … 이것이 최상의 지혜로 실현해야 할 법들이다."

21. ~ *23.* "비구들이여, 몸을 있는 그대로 알고 보며, … 이것이 최상의 지혜로 실현해야 할 법들이다."

24. "비구들이여, 마노를 있는 그대로 알고 보며, 법들을 있는 그

706) "'명지와 해탈(vijjā ca vimutti ca)'이란 아라한도의 명지(arahatta-magga-vijjā)와 아라한과의 해탈(phala-vimutti)이다."(MA.v.104)

대로 알고 보며, 마노의 알음알이를 있는 그대로 알고 보며, 마노의 감각접촉을 있는 그대로 알고 보며, 마노의 감각접촉을 조건으로 일어난 즐겁거나 괴롭거나 괴롭지도 즐겁지도 않은 느낌을 있는 그대로 알고 볼 때에 마노에 집착하지 않고 법들에 집착하지 않고 마노의 알음알이에 집착하지 않고 마노의 감각접촉에 집착하지 않고 마노의 감각접촉을 조건으로 일어난 즐겁거나 괴롭거나 괴롭지도 즐겁지도 않은 느낌에 집착하지 않는다.

그가 집착하지 않고 얽매이지 않고 미혹하지 않고 만족하게 여기지 않을 때에 미래에 취착의 [대상인] 다섯 가지 무더기들[五取蘊]이 쌓이지 않는다. 그리고 그에게 다시 태어남을 가져오고 향락과 탐욕이 함께하며 여기저기서 즐기는 갈애가 제거된다. 그에게 육체적인 불안이 제거되고 정신적인 불안도 제거된다. 육체적인 고통도 제거되고 정신적인 고통도 제거된다. 육체적인 열병도 제거되고 정신적인 열병도 제거된다. 그는 육체적인 즐거움과 정신적인 즐거움을 누린다."

25. "그와 같은 사람의 견해가 바른 견해이다. 그와 같은 사람의 사유가 바른 사유이다. 그와 같은 사람의 정진이 바른 정진이다. 그와 같은 사람의 마음챙김이 바른 마음챙김이다. 그와 같은 사람의 삼매가 바른 삼매이다. 그전에 이미 그의 몸의 업과 말의 업과 생계는 아주 청정해졌다. 이와 같이 그에게 성스러운 팔정도[八支聖道]는 수행을 통해 완성된다.

그가 이와 같이 성스러운 팔정도를 닦을 때 네 가지 마음챙김의 확립[四念處]도 수행을 통해 완성되고, 네 가지 바른 노력[四正勤]도 수행을 통해 완성되고, 다섯 가지 기능[五根]도 수행을 통해 완성되고, 다섯 가지 힘[五力]도 수행을 통해 완성되고, 일곱 가지 깨달음의 구성요소[七覺支]도 수행을 통해 완성된다. 그에게 사마타와 위빳사나라는 이 두 가지 법이 조화롭게 나타난다. 그는 최상의 지혜로 철저히 알아야 할 법들을 최상의 지혜로 철저히 안다. 최상의 지혜로 버려야 할 법들을 최상의 지혜로 버린다. 최상의 지혜로 닦아야 할 법들을 최상의 지혜로 닦는다. 최상의 지혜로 실현해야 할 법들을 최상의 지혜로 실현한다."

26. "비구들이여, 어떤 것이 최상의 지혜로 철저히 알아야 할 법들인가? 취착의 [대상인] 다섯 가지 무더기들[五取蘊]이라고 말해야 한다. 취착의 [대상인] 물질의 무더기, 취착의 [대상인] 느낌의 무더기, 취착의 [대상인] 인식의 무더기, 취착의 [대상인] 심리현상들의 무더기, 취착의 [대상인] 알음알이의 무더기이다. 이것이 최상의 지혜로 철저히 알아야 할 법들이다.

비구들이여, 어떤 것이 최상의 지혜로 버려야 할 법들인가? 무명과 존재에 대한 갈애[有愛]이니 이것이 최상의 지혜로 버려야 할 법들이다.

비구들이여, 어떤 것이 최상의 지혜로 닦아야 할 법들인가? 사마타와 위빳사나이니 이것이 최상의 지혜로 닦아야 할 법들이다.

비구들이여, 어떤 것이 최상의 지혜로 실현해야 할 법들인가? 명지와 해탈이니 이것이 최상의 지혜로 실현해야 할 법들이다."

세존께서는 이와 같이 설하셨다. 그 비구들은 흡족한 마음으로 세존의 말씀을 크게 기뻐하였다.

위대한 여섯 감각장소 경(M149)이 끝났다.

나가라윈다의 장자들 경

Nagaravindeyya Sutta(M150)

1. 이와 같이 나는 들었다. 한때 세존께서는 많은 비구 승가와 함께 꼬살라를 유행하시다가 나가라윈다707)라는 꼬살라의 바라문 성읍에 도착하셨다.

2. 나가라윈다에 사는 바라문 장자들은 이렇게 들었다.

"사꺄의 후예이고, 사꺄 가문에서 출가한 사문 고따마라는 분이 많은 비구 승가와 함께 [291] 꼬살라에서 유행하다가 나가라윈다에 도착했다. 그분 고따마 존자께는 이러한 좋은 명성이 따른다. '이런 [이유로] 그분 세존께서는 아라한[應供]이며, 완전히 깨달은 분[正等覺]이며, 명지와 실천을 구족한 분[明行足]이며, 피안으로 잘 가신 분[善逝]이며, 세간을 잘 알고 계신 분[世間解]이며, 가장 높은 분[無上士]이며, 사람을 잘 길들이는 분[調御丈夫]이며, 하늘과 인간의 스승[天人師]이며, 부처님[佛]이며, 세존(世尊)이다. 그는 신을 포함하고 마라를 포함하고 범천을 포함한 세상과 사문·바라문들을 포함하고 신과

---

707) 주석서는 나가라윈다(Nagaravinda)에 대한 설명을 하지 않고 있다. 니까야에서는 본경에만 나타나는 지명인 듯하다.

사람을 포함한 무리들을 스스로 최상의 지혜로 알고 실현하여 드러낸다. 그는 시작도 훌륭하고 중간도 훌륭하고 끝도 훌륭하며 의미와 표현을 구족했고 더할 나위 없이 완벽하고 지극히 청정한 법을 설하고, 범행(梵行)을 드러낸다.'라고. 참으로 그러한 아라한을 뵙는 것은 축복이다."

3. 그러자 나가라윈다에 사는 바라문 장자들은 세존을 뵈러 갔다. 세존을 뵙고는 어떤 자들은 세존께 절을 올리고 한 곁에 앉았고, 어떤 자들은 세존과 함께 환담을 나누고 유쾌하고 기억할만한 이야기로 서로 담소를 나누고 한 곁에 앉았고, 어떤 자들은 세존께 합장하여 인사드리고 한 곁에 앉았고, 어떤 자들은 세존의 앞에서 이름과 성을 말한 뒤 한 곁에 앉았고, 어떤 자들은 말없이 한 곁에 앉았다. 한 곁에 앉은 나가라윈다에 사는 바라문 장자들에게 세존께서는 이렇게 말씀하셨다.

4. "장자들이여, 만일 외도 유행승들이 그대들에게, '장자들이여, 어떤 부류의 사문·바라문들이 존경받지 않아야 하고 존중받지 않아야 하고 공경받지 않아야 하고 숭배받지 않아야 합니까?'라고 묻는다면, 그대들은 이런 질문을 받고 그 외도 유행승들에게 이와 같이 설명해야 합니다.

'사문·바라문들이 있어 눈으로 인식되는 형색들에 대해 탐욕을 버리지 못했고 성냄을 버리지 못했고 어리석음을 버리지 못했으며 안으로 마음이 고요하지 못하고 몸과 말과 마음으로 때로는 옳은 행위를 하고 때로는 옳지 않은 행위를 하는[708] 그런 사문·바라문들

---

708) '때로는 옳은 행위를 하고 때로는 옳지 않은 행위를 하는'은 samavisamaṁ caranti(옳고 옳지 않음을 행한다)를 옮긴 것이다. 주석서에서 "때로는 옳은 행위를 하고(kālena samaṁ caranti) 때로는 옳지 않은 행위(kālena vi-

은 존경받지 않아야 하고 존중받지 않아야 하고 공경받지 않아야 하고 숭배받지 않아야 합니다. 그것은 무슨 까닭인가요?

우리도 역시 눈으로 인식되는 형색들에 대해 탐욕을 버리지 못했고 성냄을 버리지 못했고 어리석음을 버리지 못했으며 안으로 마음이 고요하지 못하고 몸과 말과 마음으로 때로는 옳은 행위를 하고 때로는 옳지 않은 행위를 하기 때문입니다. 우리는 그런 사문 · 바라문 존자들에게서 더 옳은 행위를 보지 못하기 때문에 그들은 존경받지 않아야 하고 존중받지 않아야 하고 공경받지 않아야 하고 숭배받지 않아야 합니다.

사문 · 바라문들이 있어 귀로 인식되는 소리들에 대해 … 코로 인식되는 냄새들에 대해 … 혀로 인식되는 맛들에 대해 … 몸으로 인식되는 감촉들에 대해 … 마노[意]로 인식되는 법들에 대해 탐욕을 버리지 못했고 성냄을 버리지 못했고 어리석음을 버리지 못했으며 안으로 마음이 고요하지 못하고 몸과 말과 마음으로 때로는 옳은 행위를 하고 때로는 옳지 않은 행위를 하는 그런 사문 · 바라문들은 존경받지 않아야 하고 존중받지 않아야 하고 공경받지 않아야 하고 숭배받지 않아야 합니다. 그것은 무슨 까닭인가요?

우리도 역시 마노로 인식되는 법들에 대해 탐욕을 버리지 못했고 성냄을 버리지 못했고 어리석음을 버리지 못했으며 [292] 안으로 마음이 고요하지 못하고 몸과 말과 마음으로 때로는 옳은 행위를 하고 때로는 옳지 않은 행위를 하기 때문입니다. 우리는 그런 사문 · 바라문 존자들에게서 더 옳은 행위를 보지 못하기 때문에 그들은 존경받지 않아야 하고 존중받지 않아야 하고 공경받지 않아야 하고 숭배받지 않아야 합니다.'

---

samaṁ)를 하는 것"(MA.v.105)이라고 설명하고 있어서 이렇게 옮겼다.

장자들이여, 그대들이 이런 질문을 받으면 그 외도 유행승들에게 이와 같이 설명해야 합니다.”

5. “장자들이여, 만일 외도 유행승들이 그대들에게, ‘장자들이여, 어떤 부류의 사문 · 바라문들이 존경받아야 하고 존중받아야 하고 공경받아야 하고 숭배받아야 합니까?’라고 묻는다면, 그대들은 이런 질문을 받고 그 외도 유행승들에게 이와 같이 설명해야 합니다.

‘사문 · 바라문들이 있어 눈으로 인식되는 형색들에 대해 탐욕을 버렸고 성냄을 버렸고 어리석음을 버렸으며 안으로 마음이 고요하고 몸과 말과 마음으로 옳은 행위를 하는 그런 사문 · 바라문들은 존경받아야 하고 존중받아야 하고 공경받아야 하고 숭배받아야 합니다. 그것은 무슨 까닭인가요?

우리는 눈으로 인식되는 형색들에 대해 탐욕을 버리지 못했고 성냄을 버리지 못했고 어리석음을 버리지 못했으며 안으로 마음이 고요하지 못하고 몸과 말과 마음으로 때로는 옳은 행위를 하고 때로는 옳지 않은 행위를 하기 때문입니다. 우리는 그런 사문 · 바라문 존자들에게서 더 옳은 행위를 보기 때문에 그들은 존경받아야 하고 존중받아야 하고 공경받아야 하고 숭배받아야 합니다.

사문 · 바라문들이 있어 귀로 인식되는 소리들에 대해 … 코로 인식되는 냄새들에 대해 … 혀로 인식되는 맛들에 대해 … 몸으로 인식되는 감촉들에 대해 … 마노로 인식되는 법들에 대해 탐욕을 버렸고 성냄을 버렸고 어리석음을 버렸으며 안으로 마음이 고요하고 몸과 말과 마음으로 옳은 행위를 하는 그런 사문 · 바라문들은 존경받아야 하고 존중받아야 하고 공경받아야 하고 숭배받아야 합니다. 그것은 무슨 까닭인가요?

우리는 마노로 인식되는 법들에 대해 탐욕을 버리지 못했고 성냄을 버리지 못했고 어리석음을 버리지 못했으며 안으로 마음이 고요하지 못하고 몸과 말과 마음으로 때로는 옳은 행위를 하고 때로는 옳지 않은 행위를 하기 때문입니다. 우리는 그런 사문 · 바라문 존자들에게서 더 옳은 행위를 보기 때문에 그들은 존경받아야 하고 존중받아야 하고 공경받아야 하고 숭배받아야 합니다.'

장자들이여, 그대들이 이런 질문을 받으면 그 외도 유행승들에게 이와 같이 설명해야 합니다."

6. "장자들이여, 만일 외도 유행승들이 '그런데 무슨 이유와 무슨 근거로 당신들은 그 존자들에 대해 '참으로 그 존자들은 탐욕을 버렸거나 탐욕을 버리는 수행을 하며, 성냄을 버렸거나 성냄을 버리는 수행을 하며, 어리석음을 버렸거나 어리석음을 버리는 수행을 한다.'라고 말합니까?'라고 묻는다면, 그대들은 이런 질문을 받고 그 외도 유행승들에게 이와 같이 설명해야 합니다.

'거기서 그 존자들은 [293] 숲이나 밀림 같은 외딴 거처를 의지합니다. 그런데 거기에는 눈으로 인식되는 형색들을 보고 그것을 즐길 만한 그런 형색들이 없습니다.709) 거기에는 귀로 인식되는 소리들을 듣고 그것을 즐길 만한 그런 소리들이 없습니다. 거기에는 코로 인식되는 냄새들을 맡고 그것을 즐길 만한 그런 냄새들이 없습니다. 거기

709) "'그런 형색들이 없습니다(natthi kho pana tattha tathārūpā).'라고 하였다. 숲에도 푸른 초원과 짬빠까 숲 등 아주 아름다운(atimanuññā) 형색 등의 다섯 가닥의 얽어매는 감각적 욕망(pañca kāmaguṇā)이 있지만 여기서 말하는 것은 여자의 형색 등(itthi-rūpādi)을 두고 하는 말이다. 여자의 형색들은 남자의 마음을 유혹하기 때문이다.

『앙굿따라 니까야』 제1권 「형색 등의 품」(A1:1:1)에서도, "비구들이여, 이 형색 이외에 다른 어떤 것도 이렇듯 남자들의 마음을 유혹하는 것을 나는 보지 못하나니, 그것은 바로 여자의 형색이다. 비구들이여, 여자의 형색은 남자의 마음을 유혹한다."라고 설하셨다."(MA.v.105)

에는 혀로 인식되는 맛들을 맛보고 그것을 즐길 만한 그런 맛들이 없습니다. 거기에는 몸으로 인식되는 감촉들을 닿아서 그것을 즐길 만한 그런 감촉들이 없습니다.

도반들이여, 이런 이유와 이런 근거로 우리들은 그 존자들에 대해서 이렇게 말합니다. '참으로 그 존자들은 탐욕을 버렸거나 탐욕을 버리는 수행을 하며 성냄을 버렸거나 성냄을 버리는 수행을 하며 어리석음을 버렸거나 어리석음을 버리는 수행을 합니다.'라고.'

장자들이여, 그대들이 이런 질문을 받으면 그 외도 유행승들에게 이와 같이 설명해야 합니다."

7. 이렇게 말씀하시자 나가라윈다에 거주하는 바라문 장자들은 세존께 이렇게 말씀드렸다.

"경이롭습니다, 고따마 존자시여. 경이롭습니다, 고따마 존자시여. 마치 넘어진 자를 일으켜 세우시듯, 덮여있는 것을 걷어내 보이시듯, [방향을] 잃어버린 자에게 길을 가리켜주시듯, 눈 있는 자 형상을 보라고 어둠 속에서 등불을 비춰주시듯, 고따마 존자께서는 여러 가지 방편으로 법을 설해주셨습니다. 저희들은 이제 고따마 존자께 귀의하옵고 법과 비구 승가에 귀의합니다. 고따마 존자께서는 저희들을 재가신자로 받아주소서. 오늘부터 목숨이 붙어 있는 그날까지 귀의하옵니다."

나가라윈다의 장자들 경(M150)이 끝났다.

탁발음식의 청정 경

Piṇḍapātapārisuddhi Sutta(M151)

1. 이와 같이 나는 들었다. 한때 세존께서는 라자가하에서 대나무 숲의 다람쥐 보호구역에 머무셨다. 그때 사리뿟따 존자는 해거름에 홀로 앉음710)에서 일어나 세존을 뵈러 갔다. 가서는 세존께 절을 올리고 한 곁에 앉았다. 한 곁에 앉은 사리뿟따 존자에게 세존께서는 이렇게 말씀하셨다. [294]

2. "사리뿟따여, 그대의 감관은 맑구나. 피부색은 깨끗하고 빛나는구나. 사리뿟따여, 그대는 요즈음 어떤 머묾으로 많이 머무는가?"

"세존이시여, 저는 요즈음 자주 공(空)에 들어 머뭅니다."711)

---

710) "여기서 '홀로 앉음(paṭisallāna)'이란 낮 동안에 홀로 앉아서 닦는 과의 증득(phala-samāpatti)을 말한다."(MA.v.105)

711) 이 말은 본서 「공(空)에 대한 짧은 경」(M121) §3에서 세존께서 하신 말씀으로도 나타나고 있다. 주석서는 이렇게 설명한다.
"'공에 들어 머묾(suññatāvihāra)'이란 공을 통한 과의 증득으로 머묾(suññata-phala-samāpatti-vihāra)을 뜻한다."(MA.v.105)
"이것은 공을 수관(隨觀)하여(suññata-anupassanā-vasena) 얻은 아라한과의 증득을 말한다."(MAṬ.ii.437)
공을 통한 과의 증득에 대해서는 본서 「공(空)에 대한 짧은 경」(M121) §13의 주해와 §3의 주해도 참조할 것. 초기불전에서 공(空, suññata)에 대한 논

"장하구나. 사리뿟따여. 장하구나, 사리뿟따여. 그대는 요즈음 자주 대인(大人)의 머묾[712]으로 머무는구나. 사리뿟따여, 이것이 대인의 머묾이니 그것은 바로 공이다."

3. "사리뿟따여, 그러므로 여기 비구가 만일 '내가 요즈음 자주 공에 들어 머물리라.'라고 원한다면 그 비구는 다음과 같이 숙고해야 한다.

'내가 마을로 탁발을 들어가는 길이거나 그 지역에서 탁발을 하거나 마을에서 탁발을 마치고 돌아올 때, 거기서 눈으로 인식되는 형색들에 대해 욕구나 탐욕이나 성냄이나 어리석음이나 적의[713]가 내 마

의는 본서 「공(空)에 대한 짧은 경」(M121)과 「공(空)에 대한 긴 경」(M122)에 잘 나타나고 있으므로 참조할 것.

712) "'대인(大人)의 머묾(mahā-purisa-vihāra)'이란 부처님과 벽지불과 여래의 큰 제자(buddha-paccekabuddha-tathāgata-mahā-sāvakā)인 대인들의 머묾을 말한다."(MA.v.106)

713) "여기서 '욕구(chanda)'란 처음에 일어난(pubb-uppattikā) 약한 갈애(dubbala-taṇhā)이다. 이것은 [마음을] 물들일 수 없다. '탐욕(rāga)'은 계속적으로(aparāparaṁ) 일어나는 강한 갈애(balava-taṇhā)이다. 이것은 [마음을] 물들일(rañjetuṁ) 수 있다. '성냄(dosa)'이란 몽둥이로 때리는 등을 실행할 수 없는 처음에 일어난 약한 분노(kodha)이다. '적의(paṭigha)'란 [때리는 등을] 실행할 수 있는 계속적으로 일어나는 강한 분노이다. '어리석음(moha)'이란 미혹함(mohana-sammohana)을 통해서 일어나는 무지(aññāṇa)이다.
이와 같이 이 다섯은 세 가지 해로움의 뿌리[不善根, akusala-mūla = 탐·진·치]로 섭수된다. 이들을 섭수하여 이것에 뿌리를 두고 있는 모든 오염원(kilesa)들을 다 모으게 된다. 한편 욕구와 탐욕을 통해서는 8가지 탐욕에 뿌리박은 마음들을, 성냄과 적의를 통해서는 두 가지 성냄에 뿌리박은 마음들을, 어리석음을 통해서는 두 가지 어리석음에 뿌리박은 마음들을 섭수하게 된다. 이렇게 하여 12가지 [해로운] 마음들이 일어나는 것을 설한 것이다."(SA.iii.64)
12가지 해로운 마음들에 대한 상세한 설명은 『아비담마 길라잡이』 제1장 §§4~7을 참조할 것. 여기서 언급되는 다섯 가지 오염원들은 『상윳따 니까

음에 있는가?'[714]

사리뿟따여, 만일 비구가 반조하여 '내가 마을로 탁발을 들어가는 길이거나 그 지역에서 탁발을 하거나 마을에서 탁발을 마치고 돌아올 때, 거기서 눈으로 인식되는 형색들에 대해 욕구나 탐욕이나 성냄이나 어리석음이나 적의가 내 마음에 있다.'라고 안다면 그 비구는 그런 나쁘고 해로운 법들을 버리기 위해 정진해야 한다.

사리뿟따여, 만일 비구가 반조하여 '내가 마을로 탁발을 들어가는 길이거나 그 지역에서 탁발을 하거나 마을에서 탁발을 마치고 돌아올 때, 거기서 눈으로 인식되는 형색들에 대해 욕구나 탐욕이나 성냄이나 어리석음이나 적의가 내 마음에 없다.'라고 안다면 그 비구는 희열과 환희심으로 유익한 법들을 밤낮으로 공부지으면서 머물 수 있다."

4. ~ *8.* "사리뿟따여, 다시 비구는 다음과 같이 숙고해야 한다. '내가 마을로 탁발을 들어가는 길이거나 그 지역에서 탁발을 하거나 마을에서 탁발을 마치고 돌아올 때, 거기서 귀로 인식되는 소리들에 대해 … 코로 인식되는 냄새들에 대해 … 혀로 인식되는 맛들에 대해 … 몸으로 인식되는 감촉들에 대해 … 마노로 인식되는 법들에 대해 욕구나 탐욕이나 성냄이나 어리석음이나 적의가 내 마음에 있는가?' [295]

사리뿟따여, 만일 비구가 반조하여 '내가 마을로 탁발을 들어가는 길이거나 그 지역에서 탁발을 하거나 마을에서 탁발을 마치고 돌아

야』 제4권 「류트 비유 경」(S35:246) §3에도 나타나고 있다.

714) "'적의가 내 마음에 있는가(paṭighaṁ vāpi cetaso)?'라는 것은 내 마음 안에 저항하는 오염원의 덩어리(paṭihaññana-kilesa-jāta)가 조금이라도 있는지를 숙고하는 것을 말한다."(MA.v.106)

올 때, 거기서 귀로 인식되는 소리들에 대해 … 코로 인식되는 냄새들에 대해 … 혀로 인식되는 맛들에 대해 … 몸으로 인식되는 감촉들에 대해 … 마노로 인식되는 법들에 대해 욕구나 탐욕이나 성냄이나 어리석음이나 적의가 내 마음에 있다.'라고 안다면 그 비구는 그런 나쁘고 해로운 법들을 버리기 위해 정진해야 한다.

사리뿟따여, 만일 비구가 반조하여 '내가 마을로 탁발을 들어가는 길이거나 그 지역에서 탁발을 하거나 마을에서 탁발을 마치고 돌아올 때, 거기서 귀로 인식되는 소리들에 대해 … 코로 인식되는 냄새들에 대해 … 혀로 인식되는 맛들에 대해 … 몸으로 인식되는 감촉들에 대해 … 마노로 인식되는 법들에 대해 욕구나 탐욕이나 성냄이나 어리석음이나 적의가 내 마음에 없다.'라고 안다면 그 비구는 희열과 환희심으로 유익한 법들을 밤낮으로 공부지으면서 머물 수 있다."

9. "사리뿟따여, 다시 비구는 다음과 같이 숙고해야 한다.

'나에게 다섯 가닥의 얽어매는 감각적 욕망은 제거되었는가?'

사리뿟따여, 만일 비구가 반조하여 '나에게 다섯 가닥의 얽어매는 감각적 욕망은 제거되지 않았다.'라고 안다면 그 비구는 다섯 가닥의 얽어매는 감각적 욕망을 버리기 위해 정진해야 한다.

사리뿟따여, 만일 비구가 반조하여 '나에게 다섯 가닥의 얽어매는 감각적 욕망은 제거되었다.'라고 안다면 그 비구는 희열과 환희심으로 유익한 법들을 밤낮으로 공부지으면서 머물 수 있다."

10. "사리뿟따여, 다시 비구는 다음과 같이 숙고해야 한다.

'나에게 다섯 가지 장애[五蓋]들은 제거되었는가?'

사리뿟따여, 만일 비구가 반조하여 '나에게 다섯 가지 장애들은 제거되지 않았다.'라고 안다면 그 비구는 다섯 가지 장애들을 버리기 위해 정진해야 한다.

사리뿟따여, 만일 비구가 반조하여 '나에게 다섯 가지 장애들은 제거되었다.'라고 안다면 그 비구는 희열과 환희심으로 유익한 법들을 밤낮으로 공부지으면서 머물 수 있다."

11. "사리뿟따여, 다시 비구는 다음과 같이 숙고해야 한다.

'나는 취착의 [대상인] 다섯 가지 무더기들[五取蘊]을 철저하게 알았는가?'

사리뿟따여, 만일 비구가 반조하여 '나는 취착의 [대상인] 다섯 가지 무더기들을 철저하게 알지 못했다.'라고 안다면 그 비구는 취착의 [대상인] 다섯 가지 무더기들을 철저하게 알기 위해 정진해야 한다.

사리뿟따여, 만일 비구가 반조하여 [296] '나는 취착의 [대상인] 다섯 가지 무더기들을 철저하게 알았다.'라고 안다면 그 비구는 희열과 환희심으로 유익한 법들을 밤낮으로 공부지으면서 머물 수 있다."

12. "사리뿟따여, 다시 비구는 다음과 같이 숙고해야 한다.

'나는 네 가지 마음챙김의 확립을 닦았는가?'

사리뿟따여, 만일 비구가 반조하여 '나는 네 가지 마음챙김의 확립을 닦지 못했다.'라고 안다면 그 비구는 네 가지 마음챙김의 확립을 닦기 위해 정진해야 한다.

사리뿟따여, 만일 비구가 반조하여 '나는 네 가지 마음챙김의 확립을 닦았다.'라고 안다면 그 비구는 희열과 환희심으로 유익한 법들을 밤낮으로 공부지으면서 머물 수 있다."

13. ~ *19.* "사리뿟따여, 다시 비구는 다음과 같이 숙고해야 한다.

'나는 네 가지 바른 노력[四正勤]을 … 네 가지 성취수단[四如意足]

을 … 다섯 가지 기능[五根]을 … 다섯 가지 힘[五力]을 … 일곱 가지 깨달음의 구성요소[七覺支]를 … 성스러운 팔정도[八支聖道]를 … [297] … 사마타와 위빳사나를 닦았는가?'

사리뿟따여, 만일 비구가 반조하여 '나는 사마타와 위빳사나를 닦지 않았다.'라고 안다면 그 비구는 사마타와 위빳사나를 닦기 위해 정진해야 한다.

사리뿟따여, 만일 비구가 반조하여 '나는 사마타와 위빳사나를 닦았다.'라고 안다면 그 비구는 희열과 환희심으로 유익한 법들을 밤낮으로 공부지으면서 머물 수 있다."

20. "사리뿟따여, 다시 비구는 다음과 같이 숙고해야 한다.

'나는 명지와 해탈을 실현했는가?'

사리뿟따여, 만일 비구가 반조하여 '나는 명지와 해탈을 실현하지 못했다.'라고 안다면 그 비구는 명지와 해탈을 실현하기 위해 정진해야 한다.

사리뿟따여, 만일 비구가 반조하여 '나는 명지와 해탈을 실현했다.' 라고 안다면 그 비구는 희열과 환희심으로 유익한 법들을 밤낮으로 공부지으면서 머물 수 있다."

21. "사리뿟따여, 누구든지 과거세의 사문 · 바라문들이 탁발음식을 청정하게 했다면, 그들은 모두 이와 같이 거듭거듭 반조해서 탁발음식을 청정하게 했다. 사리뿟따여, 누구든지 미래세의 사문 · 바라문들이 탁발음식을 청정하게 할 것이라면, 그들은 모두 이와 같이 거듭거듭 반조해서 탁발음식을 청정하게 할 것이다. 사리뿟따여, 누구든지 지금의 사문 · 바라문들이 탁발음식을 청정하게 한다면, 그들은 모두 이와 같이 거듭거듭 반조해서 탁발음식을 청정하게 한다.

사리뿟따여, 그러므로 그대는 이와 같이 공부지어야 한다. '우리는 거듭거듭 반조해서 탁발음식을 청정하게 하리라.'라고. 사리뿟따여, 그대는 참으로 이와 같이 공부지어야 한다."

세존께서는 이와 같이 설하셨다. 사리뿟따 존자는 흡족한 마음으로 세존의 말씀을 크게 기뻐하였다.

탁발음식의 청정 경(M151)이 끝났다.

감각기능을 닦음 경

Indriyabhāvanā Sutta(M152)

1. 이와 같이 나는 들었다. [298] 한때 세존께서는 까장갈라[715]의 무켈루 숲에 머무셨다.

2. 그때 빠라사리야[716]의 제자인 웃따라 바라문 학도[717]가 세존을 뵈러 갔다. 뵙고서는 세존과 함께 환담을 나누었다. 유쾌하고 기억할만한 이야기로 서로 담소를 하고서 한 곁에 앉았다. 한곁에 앉은 빠라사리야의 제자인 웃따라 바라문 학도에게 세존께서는 이렇게

---

715) 까장갈라(Kajaṅgalā)는 인도 중원(Majjhimadesa)의 동쪽 경계에 해당하는 도시이다.(AAṬ.iii.302) 부처님 당시에 아주 번창한 곳이었다고 하며, 현장의 『대당서역기』에도 언급되어 있다고 한다. 『앙굿따나 니까야』 제6권 「큰 질문 경」 2(A10:28)는 이곳 까장갈라의 대나무 숲에서 까장갈라 비구니(Kajaṅgala bhikkhuni)가 까장갈라의 청신사들에게 설한 설법이다.

716) 주석서에는 빠라사리야 바라문(Pārāsariya brāhmaṇa)에 대한 설명이 나타나지 않는다. DPPN은 『장로게』(Thag)에 여러 게송들이 전승되어 오는 빠라빠리야 장로(Pārāpariya thera)와 동일인이 아닌가 추측하고 있다.

717) 이 웃따라 바라문 학도(Uttara māṇava)는 본서 제3권 「브라흐마유 경」(M91) §4 이하에 등장하는 웃따라 바라문 학도와는 다른 사람이다. 그곳의 웃따라는 브라흐마유 바라문(Brahmāyu brāhmaṇa)의 제자이고 이곳의 웃따라는 빠라사리야 바라문(Pārāsariya brāhmaṇa)의 제자이다.

말씀하셨다.

"웃따라여, 빠라사리야 바라문은 제자들에게 감각기능을 닦는 것을 가르치는가?"

"고따마 존자시여, 빠라사리야 바라문은 제자들에게 감각기능을 닦는 것을 가르칩니다."

"웃따라여, 그러면 빠라사리야 바라문은 어떻게 제자들에게 감각기능을 닦는 것을 가르치는가?"

"고따마 존자시여, 여기 눈으로 형색을 보지 않고 귀로 소리를 듣지 않습니다. 고따마 존자시여, 이와 같이 빠라사리야 바라문은 제자들에게 감각기능을 닦는 것을 가르칩니다."

"웃따라여, 그렇다면 장님은 이미 감각기능을 닦은 자가 될 것이고, 귀머거리도 감각기능을 닦은 자가 될 것이다. 웃따라여, 빠라사리야 바라문의 말대로라면 장님은 눈으로 형색을 보지 않기 때문이요, 귀머거리는 귀로 소리를 듣지 않기 때문이다."

이렇게 말씀하시자 빠라사리야의 제자인 웃따라 바라문 학도는 말없이 의기소침하여 어깨를 늘어뜨리고 고개를 숙이고 우울한 표정으로 아무런 대답을 못하고 앉아있었다.

3. 그러자 세존께서는 빠라사리야의 제자인 웃따라 바라문 학도가 말없이 의기소침하여 어깨를 늘어뜨리고 고개를 숙이고 우울한 표정으로 아무런 대답을 못하고 앉아있는 것을 아시고 아난다 존자를 불러서 말씀하셨다.

"아난다여, 빠라사리야 바라문이 제자들에게 감각기능을 닦는 것을 가르치는 것과 성자의 율에서 위없는 감각기능을 닦는 것은 다르다."

"세존이시여, 지금이 바로 그때입니다. 선서시여, 지금이 세존께서 [299] 성자의 율에서 위없는 감각기능을 닦는 것에 대해 설해주실 바로 그때입니다. 세존으로부터 배워서 비구들은 잘 호지할 것입니다."

"아난다여, 그렇다면 듣고 마음에 잘 잡도리하라. 나는 설하리라."

"그러겠습니다, 세존이시여."라고 아난다 존자는 세존께 대답했다. 세존께서는 이렇게 말씀하셨다.

4. "아난다여, 그러면 성자의 율에서는 어떻게 위없는 감각기능을 닦는가?

아난다여, 여기 비구가 눈으로 형색을 보고 마음에 드는 것이 일어나고, 마음에 들지 않는 것이 일어나고, 마음에 들기도 하고 마음에 들지 않기도 한 것이 일어난다.718) 그는 이와 같이 꿰뚫어 안다.

'나에게 마음에 드는 것이 일어났고, 마음에 들지 않는 것이 일어났고, 마음에 들기도 하고 마음에 들지 않기도 한 것이 일어났다. 이것은 형성되었고 거칠고 조건 따라 일어난 것이다. 그러나 이것은 고요하고 이것은 수승하나니 그것은 바로 평온이다.'719)

---

718) "눈의 문에서 형색 등의 대상이 원하는 대상(iṭṭha ārammaṇa)이면 '마음에 드는 것(manāpa)'이 일어나고, 원하지 않은 대상에 대해서는 '마음에 들지 않는 것(amanāpa)'이 일어나고, 중립적인(majjhatta) 대상에 대해서는 '마음에 들기도 하고 마음에 들지 않기도 한 것(manāpa-amanāpa)'이 일어난다. 그것에 탐하거나(rajjituṁ) 싫어하거나(dussituṁ) 미혹하지(muyhituṁ) 않고 잘 파악하여 위빳사나가 중립(majjhatta)에 머물게 한다."(MA.v.107)
"위빳사나가 중립에 머물게 한다(vipassanaṁ majjhatte ṭhapeti)는 것은 점차적으로 위빳사나의 평온(vipassan-upekkhā)이 일어나게 하여 형성된 것들에 대한 평온(saṅkhār-upekkhā)에 도달하여 머물게 한다는 뜻이다."(MAṬ.ii.440)

719) "'그것은 바로 평온이다(yadidaṁ upekkhā).'라고 하셨다. 이것은 위빳사나의 평온(vipassan-upekkhā)을 말한다. '이것은 고요하고 이것은 수승하나니(etaṁ santaṁ etaṁ paṇītaṁ)'라는 것은 괴롭히지 않음(atappika)을 뜻한다."(MA.v.107)
복주서는 여기 주석서에 나타나는 '위빳사나의 평온'을 위빳사나라 불리는(vipassanā-saṅkhātā) 평온으로 설명한다. 복주서는 이렇게 설명한다.
"여기서 위빳사나의 평온이란 위빳사나를 시작한 자(āraddha-vipassaka)

그에게 일어난 마음에 드는 것과 마음에 들지 않는 것과 마음에 들기도 하고 마음에 들지 않기도 한 것은 그에게서 소멸하고 평온이 확립된다.

아난다여, 마치 눈있는 사람이 눈을 떴다가는 감고 감았다가는 뜨는 것과 같이 그렇게 빠르고 그렇게 신속하고 그렇게 쉽게, 그에게 어떤 것이 일어났건, 그것이 마음에 드는 것이건, 마음에 들지 않는 것이건, 마음에 들기도 하고 마음에 들지 않기도 한 것이건, 그것은 그에게서 소멸하고 평온이 확립된다.

아난다여, 이것이 성자의 율에서 눈으로 인식되는 형색들에 대해 위없는 감각기능을 닦는 것이다."

5. "아난다여, 다시 여기 비구가 귀로 소리를 듣고 마음에 드는 것이 일어나고, 마음에 들지 않는 것이 일어나고, 마음에 들기도 하고 마음에 들지 않기도 한 것이 일어난다. 그는 이와 같이 꿰뚫어 안다.

'나에게 마음에 드는 것이 일어났고, … 평온이 확립된다.

아난다여, 마치 힘센 사람이 별 어려움 없이 손가락을 튀기듯이 그렇게 빠르고 그렇게 신속하고 그렇게 쉽게, 그에게 어떤 것이 일어났건, 그것이 마음에 드는 것이건, 마음에 들지 않는 것이건, 마음에 들기도 하고 마음에 들지 않기도 한 것이건, 그것은 그에게서 소멸하고 평온이 확립된다.

아난다여, 이것이 성자의 율에서 귀로 인식되는 소리들에 대해 위

가 위빳사나의 지혜로 삼특상(lakkhaṇa-ttaya)을 보아서 형성된 것들의 무상함 등을 구분할 때(anicca-bhāvādi-vicinane) 이루어지는 중립의 상태인(majjhatta-bhūtā) 위빳사나라 불리는 평온(vipassanā-saṅkhātā upekkhā)을 말한다."(MAṬ.ii.439)

형성된 것들에 대한 중립적인 평온에 대해서는 『청정도론』 XXI.61~66을 참조할 것.

없는 감각기능을 닦는 것이다.”

6. “아난다여, 다시 여기 비구가 코로 냄새를 맡고 마음에 드는 것이 일어나고, 마음에 들지 않는 것이 일어나고, 마음에 들기도 하고 마음에 들지 않기도 한 것이 일어난다. 그는 이와 같이 꿰뚫어 안다.

'나에게 마음에 드는 것이 일어났고, … 평온이 확립된다.

아난다여, 마치 [300] 약간 기울어진 연잎에 물방울이 닿으면 그곳에 남아있지 않고 굴러 떨어지는 것처럼 그렇게 빠르고 그렇게 신속하고 그렇게 쉽게, 그에게 어떤 것이 일어났건, 그것이 마음에 드는 것이건, 마음에 들지 않는 것이건, 마음에 들기도 하고 마음에 들지 않기도 한 것이건, 그것은 그에게서 소멸하고 평온이 확립된다.

아난다여, 이것이 성자의 율에서 코로 인식되는 냄새들에 대해 위없는 감각기능을 닦는 것이다.”

7. “아난다여, 다시 여기 비구가 혀로 맛을 보고 마음에 드는 것이 일어나고, 마음에 들지 않는 것이 일어나고, 마음에 들기도 하고 마음에 들지 않기도 한 것이 일어난다. 그는 이와 같이 꿰뚫어 안다.

'나에게 마음에 드는 것이 일어났고, … 평온이 확립된다.

아난다여, 마치 힘센 사람이 그의 혀끝에 모아둔 침을 별 어려움 없이 내뱉듯이 그렇게 빠르고 그렇게 신속하고 그렇게 쉽게, 그에게 어떤 것이 일어났건, 그것이 마음에 드는 것이건, 마음에 들지 않는 것이건, 마음에 들기도 하고 마음에 들지 않기도 한 것이건, 그것은 그에게서 소멸하고 평온이 확립된다.

아난다여, 이것이 성자의 율에서 혀로 인식되는 맛들에 대해 위없는 감각기능을 닦는 것이다.”

8. "아난다여, 다시 여기 비구가 몸으로 감촉을 느끼고 마음에 드는 것이 일어나고, 마음에 들지 않는 것이 일어나고, 마음에 들기도 하고 마음에 들지 않기도 한 것이 일어난다. 그는 이와 같이 꿰뚫어 안다.

'나에게 마음에 드는 것이 일어났고, … 평온이 확립된다.

아난다여, 마치 힘센 사람이 구부렸던 팔을 펴고 폈던 팔을 구부리는 것처럼 그렇게 빠르고 그렇게 신속하고 그렇게 쉽게, 그에게 어떤 것이 일어났건, 그것이 마음에 드는 것이건, 마음에 들지 않는 것이건, 마음에 들기도 하고 마음에 들지 않기도 한 것이건, 그것은 그에게서 소멸하고 평온이 확립된다.

아난다여, 이것이 성자의 율에서 몸으로 인식되는 감촉들에 대해 위없는 감각기능을 닦는 것이다."

9. "아난다여, 다시 여기 비구가 마노로 법들을 지각하고 마음에 드는 것이 일어나고, 마음에 들지 않는 것이 일어나고, 마음에 들기도 하고 마음에 들지 않기도 한 것이 일어난다. 그는 이와 같이 꿰뚫어 안다.

'나에게 마음에 드는 것이 일어났고, … 평온이 확립된다.

아난다여, 마치 사람이 온종일 달구어진 철판 위에 두 세 방울의 물을 떨어뜨리면 물이 떨어지는 것은 느리지만 그것은 즉시에 증발해서 사라지게 되는 것처럼[720] 그렇게 빠르고 그렇게 신속하고 그렇게 쉽게, 그에게 어떤 것이 일어났건, 그것이 마음에 드는 것이건, 마음에 들지 않는 것이건, 마음에 들기도 하고 마음에 들지 않기도 한

---

720) 이 비유는 본서 제2권 「메추라기 비유 경」(M66) §16과 『상윳따 니까야』 제4권 「괴로움을 야기 시키는 법 경」(S35:244) §10에도 나타난다.

것이건, 그것은 그에게서 소멸하고 평온이 확립된다.

아난다여, 이것이 성자의 율에서 마노로 인식되는 법들에 대해 위없는 감각기능을 닦는 것이다."

10. "아난다여, 그러면 어떻게 그는 도를 닦는 유학인가?

아난다여, 여기 비구가 눈으로 형색을 보고 … 귀로 [301] 소리를 듣고 … 코로 냄새를 맡고 … 혀로 맛을 보고 … 몸으로 감촉을 느끼고 … 마노로 법을 지각하고 마음에 드는 것이 일어나고, 마음에 들지 않는 것이 일어나고, 마음에 들기도 하고 마음에 들지 않기도 한 것이 일어난다. 그는 그에게 일어난 마음에 드는 것과 마음에 들지 않는 것과 마음에 들기도 하고 마음에 들지 않기도 한 것에 대해서 부끄러워하고 수치스러워하고 혐오한다.

아난다여, 이와 같이 그는 도를 닦는 유학이다."

11. *~16.* "아난다여, 그러면 어떻게 그는 감각기능을 닦은 성자인가?

아난다여, 여기 비구가 눈으로 형색을 보고 … 귀로 소리를 듣고 … 코로 냄새를 맡고 … 혀로 맛을 보고 … 몸으로 감촉을 느끼고 … 마노로 법들을 지각하고 마음에 드는 것이 일어나고 마음에 들지 않는 것이 일어나고 마음에 들기도 하고 마음에 들지 않기도 한 것이 일어난다.

① 만일 그가 원하기를 '혐오스러운 것에서 혐오스럽지 않다고 인식하면서[721] 머물리라.'라고 한다면 그는 혐오스럽지 않다고 인식하

---

721) "① '혐오스러운 것에 혐오스럽지 않다고 인식하면서(paṭikūle appaṭikūlasaññī)'라고 하셨다. 이것은 혐오스러운 대상(paṭikūla)에 대해 자애를 확장하거나(mettā-pharaṇa) 요소(dhātu)라고 비추어 바라보면서(upasaṁhāra) 혐오스럽지 않다고 인식하면서 머무는 것을 말한다. … ② 혐오

면서 머문다. ② 만일 그가 원하기를 '혐오스럽지 않은 것에서 혐오스럽다고 인식하면서 머물리라.'라고 한다면 그는 혐오스럽다고 인식하면서 머문다. ③ 만일 그가 원하기를 '혐오스러운 것과 혐오스럽지 않은 것에서 혐오스럽지 않다고 인식하면서 머물리라.'라고 한다면 그는 혐오스럽지 않다고 인식하면서 머문다. ④ 만일 그가 원하기를 '혐오스럽지 않는 것과 혐오스러운 것에 혐오스럽다고 인식하면서 머물리라.'라고 한다면 그는 혐오스럽다고 인식하면서 머문다. ⑤ 만일 그가 원하기를 '혐오스러운 것과 혐오스럽지 않는 것의 [302] 둘 다를 피하고 평온하게 머물리라.'라고 한다면 그는 마음챙기고 분명하게 알아차리면서 평온하게 머문다.722)

아난다여, 이렇게 그는 감각기능을 닦은 성자이다."723)

스럽지 않은 대상(appaṭikūla)에 대해서도 부정관(不淨觀, asubha)을 확장(pharaṇa)하거나 무상이라고 비추어 바라보면서 혐오스럽다고 인식하면서 머문다. …

그러면 둘 다를 피하고 ⑤ 중립적(majjhatta)으로 머물고 싶을 때는 어떻게 해야 하는가? 원하는 것과 원하지 않는 것(iṭṭha-aniṭṭhā)이 영역에 다가올 때(āpātha-gatā) 기뻐하지도(somanassika) 슬퍼하지도(domanassika) 않아야 한다."(MA.v.107~108)

722) 『무애해도』는 이 다섯 가지를 성스러운 신통(ariya iddhi)이라 부르면서 앞에서 인용한 주석서(MA.v.107~108)와 같은 방법으로 설명하고 있다.

723) 이 다섯 가지는 『앙굿따라 니까야』 제3권 「띠깐다끼 경」(A5:144)의 기본 주제이다. 본경에서 이 다섯 가지는 '감각기능을 닦은 성자(ariya bhāvit-indriya)' 즉 아라한이 가지는 기능으로 설명되고 있지만 「띠깐다끼 경」(A5:144)에서는 탐욕과 성냄과 어리석음을 조합하면서 이들이 일어나지 않게 하기 위해서 이러한 다섯 가지 인식을 가져야 한다고 설하고 계신다. 그래서 이 경은 탐·진·치를 이미 다 해소한 아라한에게는 해당되지 않는다. 그래서 「띠깐다끼 경」(A5:144)에 해당하는 주석서는 아라한을 제외한 모든 범부와 성자들이 「띠깐다끼 경」의 가르침을 공부지을 수 있다고 다음과 같이 설명한다.

"이처럼 본경에서는 다섯 가지 경우로 위빳사나를 설하셨다. 처음 위빳사나를 시작한(āraddha-vipassaka) 비구도 이대로 [공부]지을 수 있고, 지혜가

17. "아난다여, 이처럼 나는 성자의 율에서 위없는 감각기능을 닦음을 설했고 도를 닦는 유학을 설했고 감각기능을 닦은 성자를 설했다."

18. "아난다여, 항상 제자들의 이익을 기원하며 제자들을 연민하는 스승이 마땅히 해야 할 바를 나는 연민으로 했다. 아난다여, 여기 나무 밑이 있다. 여기 빈집이 있다. 참선을 하라. 아난다여, 방일하지 마라. 나중에 후회하지 마라. 이것이 그대들에게 주는 나의 간곡한 당부이다."

세존께서는 이와 같이 설하셨다. 아난다 존자는 흡족한 마음으로 세존의 말씀을 크게 기뻐하였다.

감각기능을 닦음 경(M152)이 끝났다.

제15장 여섯 감각장소 품이 끝났다.

III. 마지막 50개 경들의 묶음이 끝났다.

있고 뛰어난 통찰지를 가진 많이 배운 사문도 이대로 [공부]지을 수 있으며, 예류자, 일래자, 불환자도 이대로 [공부]지을 수 있지만 번뇌 다한 자(아라한)에게는 해당되지 않는다."(AA.iii.290)

역자 후기

올해 2012년은 빠알리 삼장을 완역하리라는 원을 세우고 초기불전연구원이 개원한 지 10년이 되는 해이다. 개원 10년을 맞는 올 해에 『맛지마 니까야』 번역을 마무리 지어 출간함으로 해서 금구의 말씀이 고스란히 간직되어 있는 4부 니까야를 모두 완역출간하게 되었다. 4부 니까야를 출간하기까지 수행과 교학과 언어적 소양, 어느 것 하나도 구족하지 못한 채 신심과 열정만으로는 감히 감당하기 어려웠던 수많은 일들이 역자의 뇌리에 주마등처럼 스쳐 지나간다. 특히 체력과의 타협은 언제나 크나큰 인내심을 요구했고, 한 때는 본서가 빛을 볼 가망성이 없어 보이기까지 했다. 이제 많은 분들의 도움으로 힘들었던 시절을 모두 견뎌내고 출간이라는 목적지에 이르렀으니 그 감회란 말로 다 표현할 수가 없다.

초기불전연구원은 2002년 10월 개원하여 제일먼저 상좌부 아비담마의 핵심에 해당하는 『아비담맛타 상가하』를 『아비담마 길라잡이』(상·하)로 번역해냈다. 이를 바탕으로 이듬해인 2004년에는 초기불전을 바르게 이해하는 노둣돌인 『청정도론』을 전3권으로 번역·출간하였다. 본원에서는 이처럼 2600년 동안 단절 없이 전승되어온 상좌부 불교의 부동의 준거가 되는 『청정도론』과 『아비담마 길라잡이』를 먼저 한글로 옮긴 뒤 이를 나침반으로 삼아 본격적으로 니까야 번역에 매진하였다.

그리하여 2006년에는 이 가운데 『디가 니까야』를, 2007년에는 『앙굿따라 니까야』를, 2009년에는 『상윳따 니까야』를 차례차례 번역하여 출간하였고, 이제 드디어 『맛지마 니까야』를 완역하여 출간함으로 해서 부처님의 원음이 고스란히 담긴 4부 니까야 번역과 출간의 대미를 장식하게 된 것이다. 이것은 불법승 삼보님의 가피와 호법선신들의 옹호와 신심단월들의 외호가 있었기에 가능하였을 것이다.

기꺼이 도와주시고 격려해주시고 후원해주신 분들께 이제 감사의 인사를 올리려 한다. 먼저 초기불전연구원의 지도법사이신 각묵스님께 감사드린다. 큰 수술 후라 아직은 건강에 세심한 주의가 필요했음에도 불구하고 체력고갈로 힘겨워하던 역자를 대신해 몸을 사리지 않고 몇 달을 태국에 칩거하여 교정과 출판의 모든 일을 거뜬히 해주셔서 역자를 비롯한 모두를 놀라게 했다. 이러한 스님의 노고가 없었더라면 본서는 출간될 수가 없었을 것이다. 신심과 원력으로 어려움을 감내해주신 각묵스님께 먼저 합장정례를 올린다.

본서에는 교정을 봐주신 분들의 많은 노고도 함께 배어있다. 그분들께도 감사의 말씀을 드린다. 먼저 일창스님께 깊이 감사드린다. 스님은 미얀마 번역본과 닛사야(대역)를 일일이 참조하여 제언을 주신 것은 물론 관련된 자료도 보내주셨다. 스님의 훌륭한 안목과 빼어난 제언은 역자가 본서를 재교정하여 다듬는 데 큰 도움이 되었다. 교정보는 내내 희열이 넘쳤다고 하신 일창스님께 감사드린다. 아울러 본서의 교정에 동참해서 여러 제언을 해주신 혜진 스님께도 감사드린다.

『디가 니까야』를 시작으로 본서까지 4부 니까야 모두를 교정해주신 울산의 김성경 선생님과 정양숙 선생님의 신심은 역자를 감동케 했다. 이 분들과 함께 4부 니까야 완역을 하게 되어 기쁘다. 아울러 힘든 작업이지만 법에 대한 신심으로 세심하게 교열을 봐주신 동호회 서울·경기 모임의 행선 송영상 부회장님, 이현옥 법우님, 오승현 법우님과 역자의 곁에서 마지막 점검을 맡아주신 미소가득 김연주 법우님께도 감사한 마음 가득하다. 본서는 이렇게 여러 스님들과 법우님들의 성심어린 교정에 힘입어 출간하게 된 것이다. 교정에 동참해주신 스님들과 법우님들께 다시 한 번 깊은 감사의 마음을 전한다.

무엇보다도 번역 작업에 매달려 상좌의 역할을 조금도 못한 역자에게 변함없이 큰 힘이 되어주시고 묵묵히 지켜봐주신 은사스님께 엎드려 삼배드린다.

역자의 본사인 세등선원 원장이신 능환스님을 위시한 대중스님들과 강원에서 가르침을 베풀어주시던 때부터 지금까지 크고 작은 일에 조언을 주시고 도움 주시는 대우스님과 대구의 계현스님께도 감사드린다. 그리고 혜찬스님, 총지스님을 비롯한 여러 도반스님들이 있어 역자는 항상 마음 든든하다.

본원의 선임연구원 황경환 거사님과 최은영 보살님 내외분, 싱가포르의 김톨라니(보련화) 불자님, 이 역경 불사는 처음부터 내내 이 분들의 관심과 함께 해왔으니, 지금의 기쁨은 모두 이 분들에서 비롯되었다고 해도 과언이 아닐 것이다.

본서의 출간은 적지 않은 분들이 귀한 정재를 보시해주셨기 때문에 가능하였다. 벌써 몇 년 전 본서의 출간을 위해 보시를 해주신 일운스님과 입적하신 동생 스님의 이름으로 보시를 해주신 원학스님께 감사드린다. 스님들의 보시에 이제야 화답하게 되었다.

그리고 역자의 건강에 도움 될 필수품을 열심히 날라다주시는 동호회 부산・경남 모임의 메따 송정욱 부회장님과 동호회 회원이신 유지현 거사님, 인도네시아에 거주하시는 이미선(무상과) 불자님께서도 정재를 희사해주셨다. 그리고 매달 후원금을 보내주시면서 초기불전연구원에 격려와 성원을 주시는 김영민 불자님을 비롯한 초기불전연구원 후원회원님들도 계신다. 이분들의 외호의 염원에 어긋나지 않게 앞으로도 더 열심히 역경 불사에 매진할 것을 다짐한다.

그 외에도 많은 분들이 떠오른다. 항상 본원의 역경불사가 원만회향되기를 발원하시고 후원하시며 초기불전연구원 동호회를 결성하여 전국회장 소임을 맡아 동호회가 잘 정착되도록 여러 모로 애를 쓰신 신시다물 김석화 회장님께도 감사드린다. 지친 몸으로 요양차 찾았던 낯선 필리핀,

그곳에서 만난 석연스님과 역자와 일면식도 없던 마닐라선원의 창건주이신 김규영 거사님과 박옥희 보살님 내외분의 정성스런 보살핌도 오래 기억될 것이다.

초기불전연구원의 사무와 보리원의 살림을 살뜰하게 맡아주시는 차명연・김창득 불자님 내외분과 훈훈한 인간미를 느끼게 해준 차분남 불자님께도 고마움을 전한다. 그 외에도 보리원의 대소사에 기꺼운 마음으로 봉사해주시고 힘이 되어주시는 동호회 부산・경남 모임의 공적 회장님과 영산 총무님을 비롯한 여러 회원님들, 동호회 서울・경기 모임의 벗두리 부회장님과 정선 총무님을 비롯한 여러 회원님들, 실상사 모임의 회원님들, 영주의 주봉환, 서울의 정춘태, 고현주, 대구의 임수희, 김정애, 보리원 보배2호 조향숙 법우님도 빼놓을 수 없다.

끝으로 본서에 예쁜 옷을 입혀주시기 위해 애쓰신 디자이너 황영수, 조윤희 불자님과 좋은 책으로 출판해주신 <문성인쇄>의 관계자 여러분들께 감사함을 전한다.

이제 『맛지마 니까야』가 4권으로 완역 출간되었다. 『맛지마 니까야』는 특히 수행에 관계된 귀중한 말씀을 많이 담고 있다. 이러한 가르침을 제대로 음미하기 위해 혼신의 힘을 쏟다보니 전체적으로 3200개가 넘는 많은 주해를 달게 되었다. 주로 주석서 문헌을 참조하고 『청정도론』과

『아비담마 길라잡이』를 의지한 것이다. 돌이켜보면 복주서의 설명을 더 많이 인용하지 못한 것이 아쉽지만 독자들의 수행에 조금이라도 도움되는 의미 있는 번역이 되었기를 바라는 마음 크다.

번역을 마친 뒤 나름대로 윤문과 교정, 또한 중요한 문장과 술어 등에 대한 각묵 스님과의 토론을 통해 몇 번의 점검을 거쳤지만 역자가 오역을 하거나 탈역을 한 부분이 있을까 두렵다. 부족한 부분이 있으면 언제든지 너그러이 질정해주시어 역경불사가 더 성숙될 수 있도록 도와주실 것을 부탁드린다.

본서가 나오기까지 물심양면으로 지원을 아끼지 않으신 모든 분들께 다시 한 번 감사드리면서 대한민국 불자님들께 『맛지마 니까야』를 바친다.

이 세상에 부처님 가르침이 오래오래 머물기를!

불기 2556(2012)년 9월
장유 보리원에서

대림 삼가 씀

참고문헌

I. 『맛지마 니까야』 및 그 주석서와 복주서 빠알리 원본

The Majjhima Nikāya. 3 vols. Vol 1 edited by V. Trenckner; Vols 2 and 3 edited by Robert Chalmers. First published 1888-99. Reprint. London. PTS, 1977-79.

The Majjhima Nikāya. 3 vols. Igatpuri, Vipassana Research Institute (VRI), Devanagari edition, 1995.

The Majjhima Nikāya. 3 vols. edited by Kashyap, Bhikkhu J. Bihar, Nava Nalanda, Devanagari edition, 1958.

The Majjihma Nikāya. 3 vols. edited by International Buddhist Research & Information Center(IBRIC). 2005.

The Caṭṭha Saṅghāyana CD-ROM edition (3th version). Igatpuri: VRI, 1998.

The Majjhima Nikāya Aṭṭhakathā (Papañcasūdanī). 4 vols. edited by Rhys David, T. W. and Carpenter J. E. and Stede, W. PTS, 1886-1932.

The Majjhima Nikāya Aṭṭhakathā. 3 vols. Igatpuri, VRI, Deva-nagari edition, 1995.

The Caṭṭha Saṅghāyana CD-ROM edition (3th version). Igatpuri: VRI, 1998)

The Majjhima Nikāya Aṭṭhakathā Ṭīka, 3 vols. Igatpuri, VRI,

Devanagari edition, 1995.
The Caṭṭha Saṅghāyana CD-ROM edition (3th version). Igatpuri: VRI, 1998)

II. 빠알리 삼장 번역본

Dīgha Nikāya:

T. W. Rhys Davids, *Dialogues of the Buddha* (3 vols). London: PTS, First Published 1899, Reprinted 1977.

Walshe, Maurice. *Thus Have I Heard: Long Discourse of the Buddha*. London: Wisdom Publications, 1987.

각묵 스님, 『디가 니까야』 (전3권) 초기불전연구원, 2006, 3쇄 2010.

片山一良, 『長部』 (대품의 1권까지 3권), 동경, 2003-2004.

Majjhima Nikāya:

Horner, I. B. *The Collection of the Middle Length Sayings*, PTS, 1954-59.

Ñāṇamoli Bhikkhu and Bodhi Bhikkhu. *The Middle Length Discourse of the Buddha*, Kandy: BPS, 1995.

片山一良, 『中部』 (전6권), 동경, 1997-2002.

Saṁyutta Nikāya:

Woodward, F. L. *The Book of the Kindred Sayings,* PTS, 1917-27.

Bodhi, Bhikkhu. *The Connected Discourses of the Buddha* (2 Vol.s). Wisdom Publications, 2000.

각묵 스님, 『상윳따 니까야』 (전6권) 초기불전연구원, 2009.

Aṅguttara Nikāya:

Woodward and Hare. *Book of Gradual Sayings* (5 vols). London: PTS, 1932-38.

대림 스님, 『앙굿따라 니까야』(전6권) 초기불전연구원, 2006~2007.

Vinaya Pitaka: Horner, I. B. *The Book of the Discipline.* 6 vols. London: PTS, 1946-66.

Dhammasangaṇi: Rhys Davids, C.A.F. *A Buddhist Manual of Psychological Ethics.* 1900. Reprint. London: PTS, 1974.

Vibhaṅga: Thittila, U. *The Book of Analysis* London: PTS, 1969.

Dhātukathā: Nārada, U. *Discourse on Elements.* London: PTS, 1962.

Puggalapaññatti: Law, B.C. *A Designation of Human Types.* London: PTS, 1922, 1979.

Kathāvatthu: Shwe Zan Aung and C.A.F. Rhys Davids. *Points of Controversy* London: PTS, 1915, 1979.

Paṭṭhana: U Nārada. *Conditional Relations* London: PTS, Vol.1, 1969; Vol. 2, 1981.

Atthasālinī (Commentary on the Dhammasāṅganī): Pe Maung Tin. *The Expositor* (2 Vol.s), London: PTS, 1920-21, 1976.

Sammohavinodanī (Commentary on the Vibhaṅga): Ñāṇamoli, Bhikkhu. *The Dispeller of Delusion.* Vol. 1. London: PTS, 1987; Vol. 2. Oxford: PTS, 1991.

Visuddhimagga: Ñāṇamoli, Bhikkhu. *The Path of Purification.* (tr. of Vism) Berkeley: Shambhala, 1976.

대림 스님, 『청정도론』(전3권) 초기불전연구원, 2004, 3쇄 2009.

III. 사전류

(1) 빠알리 사전

Pāli-English Dictionary (PED), by Rhys Davids and W. Stede, PTS, London, 1923.

Pāli-English Glossary of Buddhist Technical Terms (NMD), by Ven. Ñāṇamoli, BPS, Kandy, 1994.

A Dictionary of the Pali Language (DPL), by R.C. Childers, London, 1875.

Buddhist Dictionary, by Ven. Ñāṇatiloka, Colombo, 1950.

Concise Pāli-English Dictionary (BDD), by Ven. A.P. Buddha-datta, 1955.

Dictionary of Pāli Proper Names (DPPN), by G.P. Malala-sekera, 1938.

Critical Pāli Dictionary (CPD), by Royal Danish Academy of Sciences & Letters

A Dictionary of Pāli (Part I: a - kh), by Cone, M. PTS. 2001.

(2) 기타 사전류

Buddhist Hybrid Sanskrit Grammar and Dictionary (BHD), by F. Edgerton, New Javen: Yale Univ., 1953.

Sanskrit-English Dictionary (MW), by Sir Monier Monier-Williams, 1904.

Practical Sanskrit-English Dictionary (DVR), by Prin. V.S. Apte, Poona, 1957.

Dictionary of Pāṇini (3 vols), Katre S. M. Poona, 1669.

A Dictionary of Sanskrit Grammar, Abhyankar, K. V. Baroda, 1986.

A Dictionary of the Vedic Rituals, Sen, C. Delhi, 1978.

Puranic Encyclopaedia, Mani, V. Delhi, 1975, 1989.

Root, Verb-Forms and Primary Derivatives of the Sanskrit

Language, by W. D. Wintney, 1957.

A Vedic Concordance, Bloomfield, M. 1906, 1990.

A Vedic Word-Concordance (16 vols), Hoshiarpur, 1964-1977.

An Illustrated Ardha-Magadhi Dictionary (5 vols), Maharaj, R. First Edition, 1923, Reprint: Delhi, 1988.

Abhidhāna Rājendra Kosh (*Jain Encyclopaedia,* 7 vols), Suri, V. First Published 1910-25, Reprinted 1985.

Prakrit Proper Names (2 vols), Mehta, M. L. Ahmedabad, 1970.

Āgamaśabdakośa (Word-Index of Aṅgasuttāni), Tulasi, A. Ladnun, 1980.

『梵和大辭典』 鈴木學術財團, 동경, 1979.

『佛教 漢梵大辭典』 平川彰, 동경, 1997.

『パーリ語佛教辭典』 雲井昭善 著, 1997

IV. 기타 참고도서.

Banerji, S. Chandra. *A Companion to Sanskrit Literature,* Delhi, 1989.

Basham, *History and Doctrines of the Ājivikas,* London, 1951.

Barua, B. M. *History of Pre-Buddhist Indian Philosophy,* Calcutta, 1927.

____________, *Inacriptions of Aśoka(Translation and Glossary),* Calcutta, 1943, Second ed. 1990.

Bhandarkar Oriental Research Institute, edited, *The Mahābhārata* (4 vols), Poona, 1971-75.

Bodhi, Bhikkhu. *A Comprehensive Manual of Abhidhamma*

(CMA). Kandy: BPS, 1993. (Pāli in Roman script with English translation)

______________, *The Discourse on the All-Embracing Net of Views: The Brahmajāla Sutta(D1) and Its commentaries.* BPS, 1978.

______________, *The Discourse on the Fruits of Recluseship: The Sāmaññaphala Sutta(D2) and Its Commentaries,* BPS, 1989.

______________, *The Discourse on the Root of Existence: The Mūlapariyāya Sutta(M1) and its Commentaries,* BPS, 1980, 1992.

______________, *The Great Discourse on Causation: The Mahā-nidāna Sutta(D15) and its Commentaries,* BPS, 1984, 1995.

Brough, John. *The Gāndhāri Dharmapada,* London: Oxford University Press, 1962.

Bronkhorst, J. *The Two Traditions of Meditation in Ancient India,* Delhi, 1993.

Burlingame, E.W. *Buddhist Legends* (trans. of DhpA). PTS, 1921, 1969.

CBETA, Chinese Electronic Tripitaka Collection, CD-ROM edition: Taisho Tripitaka(大正新修大藏經) Vol.1-55 & 85; Shinsan Zokuzokyo(Xuzangjing) Vol. 1-88, Chinese Buddhist Electronic Text Association(CBETA, 中華電子佛典協會), Taipei, 2008.

Chapple, Christopher. *Bhagavad Gita (English Tr.), Revised Edition* New York, 1984.

Collins, S. *Nirvana and Other Buddhist Felicities: Utopias of the Pali Imaginaire.* Cambridge, 1998.

________, *Selfless Persons: Imagery and Thought in Theravāda Buddhism.* Cambridge 1982.

Cone, Margret. "Patna Dharmapada." *Journal of the Pali Text Society* 13 (1989): 101-217.

Cowell, E.B. ed. *The Jātakas or Stories of the Buddha's Former Births,* 6 vols, 1895-1907. Reprint, 3 vols. PTS, 1969.

Cowell, E.B. and R.A. Neil, eds. *Divyāvadāna,* Cambridge 1886.

Deussen, Paul. *Sixty Upanisads of the Veda.* Delhi, 1980.

Dutt, Nalinaksha. *Buddhist Sects in India.* Delhi, 1978.

Eggeling, J. *Satapatha Brahmana* (5 Vol.s SBE Vol. 12, 26, 41, 43-44), Delhi, 1989.

Enomoto, Fumio. *A Comprehensive Study of the Chinese Saṁyuktāgama. Part 1: Saṁgītanipāta.* Kyoto 2994.

Fahs, A. *Grammatik des Pali,* Verlag Enzyklopadie, 1989.

Fairservis W. A. *The Harappan Civilization and Its Writing,* Delhi, 1992.

Geiger, W. *Mahāvaṁsa or Great Chronicle of Ceylon.* PTS.

________. *Cūḷavaṁsa or Minor Chronicle of Ceylon (or Mahā-vaṁsa Part II),* PTS.

________. *Pali Literature and Language,* English trans. By Batakrishna Ghosh, 1948, 3th reprint. Delhi, 1978.

Geiger, Wilhelm. A Pāli Grammar. Rev. ed. by K.R. Norman. PTS, 1994.

Gethin, R.M.L. *The Buddhist Path to Awakening, A Study of the Bodhi-Pakkhiyā Dhammā.* Leiden, 1992.

Gnanarama, Ven. P. *An Approach to Buddhist Social Philosophy,* BPS, 1996.

Gombrich, Richard F. *How Buddhism Began: The Conditioned*

Genesis of the Early Teachings. London, 1996.

____________________. "Old Bodies Like Carts." *Journal of the Pali Text Society* 11(1987): 1-3.

Hamilton, Sue. *Identity and Experience: The Constitution of the Human Being according to Early Buddhism.* London, 1996.

Harvey, Peter. *The Selfless Mind: Personality, Consciousness, and Nirvāṇa in Early Buddhism.* Curzon, 1995.

_______________. "Signless Meditation in Pāli Buddhism." *Journ-al of the International Association of Buddhist Studies* 9(1986): 28-51.

Hinüber, Oskar von. *A Handbook of Pāli Literature*, Berlin, 1996.

____________________. *Selected Papers on Pāli Studies*, Oxford: PTS, 1994.

Horner I. B. *Early Buddhist Theory of Man Perfected,* 1937.

____________. *Milinda's Questions* (tr. of Mil). 2 vols. London: PTS, 1963-64.

International Buddhist Research & Information Center(IBRIC). *Tipitaka, The SLTP CD-ROM edition*, 2005.
http://jbe.gold.ac.uk/ibric.html

Ireland, John D. *Saṁyutta Nikāya: An Anthology,* Part I (Wheel No. 107/109). Kandy: BPS, 1967.

_______________. *Vaṅgīsa: An Early Buddhist Poet* (Wheel No. 417/418). Kandy: BPS, 1997.

Jacobi, H. *Jaina Sūtras* (SBE Vol.22), Oxford, 1884, Reprinted 1989.

Jambuvijaya, edited by Muni, *Āyāraṅga-Suttam,* Bombay,

1976.

__________________, *Sūyagaḍaṅga-Suttam,* Bombay, 1978.

Jayatklleke, K.N. Early Buddhist Theory of Knowledge. London, 1963.

Jayawardhana, Somapala. *Handbook of Pali Literature*, Colom-bo, 1994.

Jones, J.J., trans. *The Mahāvastu.* 3 vols. London, 1949-56.

Kangle, R. P. *The Kauṭilīya Arthaśāstra* (3 vols), Bombay, 1969.

Kloppenborg, Ria. *The Paccekabuddha: A Buddhist Ascetic.* BPS Wheel No. 305/307, 1983.

Lalwani, K. C. *Kalpa Sūtra,* Delhi, 1979.

Law, B.C. *History of Pali Literature.* London, 1933 (2 Vol.s)

Macdonell, A.A., and Keith. *Vedic Index of Names and Subjects.* 2 vols., 1912. Reprint, Delhi, 1958.

Mahāprajña, Yuvācārya, *Uvaṅga Suttāṇi* (IV, Part I), Ladnun, 1987.

Malalasekera, G. P. *The Pali Literature of Ceylon,* 1928. Reprint. Colombo, 1958.

Manné, Joy. "Categories of Sutta in the Pāli Nikāyas and Their Implications for Our Appreciation of the Buddhist Teaching and Literature." *Journal of the Pali Text Society* 15(1990): 29-87.

________. "On a Departre Formula and its Translation." *Buddhist Studies Review* 10(1993): 27-43.

Masefield, Peter. *The Udāna Commentary* (tr. of UdA). 2 vols. Oxford:PTS, 1994-5.

Mills, Laurence C.R., "The Case of the Murdered Monks."

Journal of the Pali Text Society 16(1992):71-75.

Müller, F. Max. *The Upanishads.* 2 vols. Reprint, Delhi, 1987.

Ñāṇamoli, Bhikkhu. *The Guide* (tr. of Nett). London:PTS, 1962.

__________. *The Life of the Buddha according to the Pali Canon.* 1972.

__________. *The Middle Length Discoursed of the Buddha* (tr. of Majjhima Nikāya, ed. and rev. by Bhikkhu Bodhi), Boston; Kandy: BPS, 1995.

__________. *Mindfulness of Breathing (ānāpānasati).* Kandy: BPS, 1964.

__________. *Minor Reading and the Illustrator of Ultimate Meaning* (tr. of Khp and KhpA). London: PTS, 1962.

__________, *The Path of Purification.* (tr. of Vism) Berkeley: Shambhala, 1976.

Ñāṇananda, Bhikkhu. *The Magic of the Mind: An Exposition of the Kālakārāma Sutta.* Kandy: BPS, 1974.

__________. *Saṁyutta Nikāya: An Anthology,* Part II (Wheel No. 183/185). Kandy: BPS, 1972.

Naimicandriya, Commented by, *Uttarādhyayana-Sūtra,* Valad, 1937.

Nārada Mahāthera. *A Manual of Abhidhamma.* 4th ed. Kandy: BPS, 1980. (Pāli in Roman script with English translation)

Norman, K.R. *Collected Papers* (5 vols), Oxford, 1990-93.

__________. *Elders' Verses I* (tr. of Thag). London: PTS, 1969.

__________. *Elders' Verses II* (tr. of Thig). London: PTS,

1971.

____________. *Pāli Literature Including the Canonical Literature in Prakrit and Sanskrit of All the Hīnayāna Schools of Buddhism*, Wiesbaden, 1983.

Nyanaponika Thera. Ven. *Abhidhamma Studies*, Kandy: BPS, 1998.

____________________ *The Heart of Buddhist Medition.* London, 1962; BPS, 1992.

Nyanaponika Thera and Hellmuth Hecker. *Great Disciples of the Buddha: Their Lives, Their Works, Their Legacy.* Boston; Kandy: BPS, 1997.

Nyanatiloka Thera. *Guide through the Abhiddhamma Piṭaka*, Kandy: BPS, 1971.

Pruitt, William. *Commentary on the Verses of the Theris* (tr. of ThigA). Oxford: PTS, 1998.

______________. edited by, Norman, K. R. translated by, *The Pātimokkha*, London: PTS, 2001.

Radhakrishnan, S. *Indian Philosophy*, 2 vols Oxford, 1991.

________________. *Principal Upanisads.* Oxford, 1953, 1991.

Rāhula, Walpola Ven. *What the Buddha Taught*, Colombo, 1959, 1996.

______________. *History of Buddhism in Ceylon.* Colombo 1956, 1993.

Rewata Dhamma. *The First Discourse of the Buddha: Turning the Wheel of the Dhamma.* Boston, 1997.

Rhys Davids, C.A.F, and F.L. Woodward. *The Book of the Kindred Sayings* (tr. of Saṁyutta Nikāya). 5 vols. London: PTS, 1917-30. Rhys Davids tr. 9(1917), 2(1922); Woodward tr. 3(1925), 4(1927), 5(1930).

Rhys Davids, T.W. *Buddhist India.* 1903. Reprint, Delhi, 1997.

Rhys Davids, T.W. and C.A.F. *Dialogues of the Buddha* (tr. of Dīgha Nikāya). 3 vols. London: PTS, 1899-1921.

Senart, edited, *Mahāvastu.* 3 vols. Paris, 1882-97.

Soma Thera, *The Way of Mindfulness,* 5th ed. Kandy: BPS, 1981.

Thomas, E. J. *The Life of the Buddha,* 1917, reprinted 1993.

Thittila, Ashin. *The Book of Analysis* (tr. of Vibh). London: PTS, 1969.

Umasvami, Acharya. *Tattvarthadhigama Sutra.* Delhi, 1953.

Vasu, Srisa Chandra. *Astadhyayi of Panini* (2 Vol.s). Delhi, 1988.

Vipassana Reserach Institute. *Ti-pitaka, The Caṭṭha Saṅghāya-na CD-ROM edition* (3th version). Igatpuri: VRI, 1998.

Walshe, Maurice. *The Long Discourses of the Buddha* (tr. of Dīgha Nikāya). Boston, 1987, 1995.

______________. *Saṁyutta Nikāya: An Anthology,* Part III (Wheel No. 318/321). Kandy: BPS, 1985.

Warren, Henry C. & Dhammananda Kosambi. *Visuddhamagga,* Harvard Oriental Series (HOS), Vol. 41, Mass., 1950.

Wijesekera, O.H. de A. *Buddhist and Vedic Studies.* Delhi, 1994.

Winternitz, M. *History of Indian Literature* (3 vols), English trans. by Batakrishna Ghosh, Revised edition, Delhi, 1983.

Witanchchi, C. *"ānanda." Encyslopaedia of Buddhism,* Vol. I fasc. 4. Coombo, 1965.

Warder, A.K. *Indian Buddhism,* 2nd rev. ed. Delhi, 1980.

Yardi, M.R. *Yoga of Patañjali.* Delhi, 1979.

각묵 스님, 『디가 니까야』(전3권) 초기불전연구원, 2006, 3쇄 2010.
________, 『상윳따 니까야』(전6권) 초기불전연구원, 2009.
________, 『네 가지 마음챙기는 공부』 초기불전연구원, 2003, 개정판 3쇄 2008.
________, 『금강경 역해 — 금강경 산스끄리뜨 원전 분석 및 주해』 불광출판부, 2001, 7쇄 2012.
________, 『초기불교이해』 초기불전연구원, 2010, 3쇄 2012
________, 「간화선과 위빳사나, 무엇이 같고 다른가」 『선우도량 제3호』 2003.
________, 「범본과 한역 <금강경>의 내용 검토」 『승가학보 제8집』 조계종 교육원, 2008.
________, 「현대사회와 율장 정신」 동화사 계율학 대법회 제7회 발제문 2006.
________, *Develpment of the Vedic Concept of Yogakśema.* 『현대와 종교』 20집 1호, 대구, 1997
권오민, 『아비달마 구사론』(전4권) 동국역경원, 2002, 2쇄 2007.
______, 『아비달마 불교』 민족사, 2003.
김묘주 옮김, 『성유식론 외』 동국역경원, 2006
김성철 옮김, 『중론』 불교시대사, 2004
김인덕 지음, 『중론송 연구』 불광출판부, 2000.
김윤수 옮김, 『주석 성유식론』 한산암, 2006
냐나뽀니까 스님, 이준승 옮김, 『사리뿟따 이야기』 고요한소리, 1997.
대림 스님, 『앙굿따라 니까야』(전6권) 초기불전연구원, 2006 ~2007.
________, 『청정도론』(전3권) 초기불전연구원, 2004, 3쇄 2009.
________, 『들숨날숨에 마음챙기는 공부』 초기불전연구원, 개정판 2

쇄 2008.
________, 『염수경 - 상응부 느낌편』 고요한소리, 1996.
________, *A Study in Paramatthamañjūsa (With Special Refer-ence to Paññā)*, Pune University, 2001.(박사학위 청구논문)
대림 스님/각묵 스님, 『아비담마 길라잡이』(전2권) 초기불전연구원, 2002, 9쇄 2011.
라다끄리슈난, 이거룡 옮김, 『인도 철학사』(전4권) 한길사, 1999.
마쓰야 후미오, 이원섭 역, 『아함경 이야기』 1976, 22쇄 1997.
마하시 사야도, 일창 스님 옮김 『위빳사나 수행방법론』 이솔, 2012, 근간.
뿔라간들라 R. 이지수 역, 『인도철학』 민족사, 1991.
삐야다시 스님, 김재성 옮김, 『부처님, 그분』 고요한소리, 1990.
사토우 미츠오, 김호성 역, 『초기불교교단과 계율』 민족사, 1991.
에띠엔 라모뜨, 호진 스님 옮김, 『인도불교사』 1/2 시공사, 2006
이재숙, 『우파니샤드』(전2권) 한길사, 1996.
이지수, 「安慧의 <釋>에따른 唯識三十頌의 이해」 불교학보, 1998.
赤沼智善, 『漢巴四部四阿含互照錄』 나고야, 소화4년.
中華電子佛典協會, CBETA 電子佛典集(CD-ROM), 台北, 2008.
平川 彰, 이호근 역, 『印度佛教의 歷史』(전2권) 민족사, 1989, 1991.
_______, 권오민 옮김, 『초기・부파불교의 역사』 민족사, 1989.
_______, 박용길 역, 『율장연구』 토방, 1995.

찾아보기

【가】

37보리분법(菩提分法) ☞ 깨달음의 편에 있는 법들(bodhipakkhiyā dha-mmā)

가나까 목갈라나 바라문(Gaṇaka Mo-ggallāna brāhmaṇa) M107.1ff.

가난한 사람(daḷidda)의 비유 M66.11

가난함(daḷidda) M129.25, M135.13

가능한 것(bhabba) M136.21.

가따 삭까사람(Ghāṭā) M122.2

가띠까라 도기공(Ghaṭikāra kumbha-kāra) M81.6ff.

가르침(dhamma) M27.9; [연기의] 가르침(dhamma) M72.18; 네 가지 가르침의 요약(dhammuddesa) M82.35ff. 참 법(dhamma)

가마니(mutoḷī)와 곡물(dhañña)의 비유 M10.10, M119.7

가사, 의복, 옷(cīvara) M2.13, M5.25, M13.2, M77.8f, M114.41
참 삼의(三衣)

가야(Gayā, 지명) M26.25

각가라 호수(Gaggarā pokkharaṇi) M51.1

갓난아이(dahara kumāra)의 비유 M48.11, M58.7, M64.3, M78.8, M80.16

간답바(gandhabba) M38.26

갈애(taṇhā) M9.11, M9.37ff, M11.5, M16.8ff, M38.17ff, M82.41, M148.9, M149.3f; 갈애를 끊었음(acch-ecchi taṇhaṁ) M1.171, M2.22, M20.8, M22.33, M73.6, M149.9f; 갈애는 화살(taṇhā kho salla) M105.18, M105.23; 갈애를 멸진하여 해탈함(taṇhā-saṅkhaya-vimu-tta) M37.3, M38.41; 갈애가 자아다(taṇhā attā) M148.10ff; 갈애, 자기존재의 일어남(taṇhā, sak-kāya-samudaya) M44.3; 갈애, 괴로움의 일어남(taṇhā, dukkha-samudaya) M9.16, M141.21

감각기능[根, indriya] M43.21f, M75.8, M152.2ff. 참 감각장소[處]

감각장소, 장소[處, āyatana] M9.49ff, M10.40, M38.17ff, M102.25, M 115.10, M121.10, M121.12, M140 .9, M149.2ff; 밖의 감각장소[六外處, cha bāhirāni āyatāni] M137 .5, M146.7, M148.5; 안의 감각장소[六內處, cha ajjhattikāni āyata-nāni] M105.27ff, M137.4, M146 .6, M148.4; 감각장소의 무상(ani-cca) M146.6f, M147.3ff; 감각장소의 무아(anattā) M148.10ff; 감각장소를 갈망함(chand-arāga) M 133.13f, M133.17f, M149.3, M149 .9; 감각장소에 취착하지 않음(an-upādā) M112.9f, M143.5f; 경지(āyatana) M106.3 참 장소[處, 4처, āyatana]

감각적 욕망1(kāma) M18.4, M19.26, M22.9, M76.51, M106.2f, M125. 7, M139.3; 감각적 욕망의 재난(kāma, ādīnava) M13.8ff, M14.4, M22.3, M45.3, M54.15ff, M75.16 ff; 감각적 욕망의 달콤함(kāma, assāda) M13.7ff; 감각적 욕망의 요소(kāma-dhātu) M115.7; 욕계의 요소(kāma-dhātu) M115.8; 감각적 욕망의 속박(kāma-yoga) M 22.35; 감각적 욕망에 기인한 번뇌[慾漏, kāmāsava] M2.6; 감각적 욕망의 비유(kāma) M19.26, M22. 3, M54.15ff, M75.13ff; 감각적 욕망을 원인으로 함(kāma-hetu) M 13.11; 감각적 욕망을 근원으로 함(kāma-nidāna) M13.11; 감각적 욕망을 기반으로 함(kāma-adhi-karaṇa) M13.11; 감각적 욕망과 관련된 사유(kāma-vitakka) M2.20, M19.2; 감각적 욕망을 능가하는 즐거움(kām-agga-sukha) M80.13

감각적 욕망2(kāmacchanda) M2.6, M2.20, M16.8, M19.3, M22.9, M33.6, M33.19, M48.8, M64.2ff, M108.26, M122.15 참 탐욕, 참 갈애, 참 다섯 가지 장애, 참 번뇌

감각접촉[觸, phassa] M9.45ff; M18. 16; M28.8, M38.17ff, M44.20, M 57.8ff, M62.13ff, M109.9, M137. 7, M140.19, M143.9, M147.3ff, M148.7; 감각접촉[觸]과 무아(pha-ssa anattā) M148.10ff; 감각접촉의 음식(phassa-āhāra) M9.11

감내함(adhivāsanā) M2.18, M119. 35, M125.30

감지한 것(muta) M1.21, M22.15f, M112.3f.

강가 강(Gaṅgā nadi) M21.16, M34 .1f, M64.8

강가 강(Gaṅgā nadī)의 비유 M64.8

강가 강(Gaṅgā nadi)을 태움의 비유 M21.16

개미집(vammika)의 비유 M23.2ff.

개종시키는 요술(āvaṭṭani māyā) M 56.8, M56.25f.

개체(atta-bhāva) M114.11

거룩한 마음가짐[四梵住, brahma-vi-hāra] M83.6ff, M7.14, M52.9 참 자애, 연민, 더불어 기뻐함, 평온

거룩한 마음의 표시(brahmadeyya) M95.2

거만(atimāna) M3.14, M7.3ff, M15.3ff, M54.4, M54.13, M135.15

거울(dhanuggaha)과 물대야(udaka-patta)의 비유 M15.8, M77.33

거짓말(musā-vāda) M41.9, M54.4, M54.8, M61.3ff, M114.6; 거짓말을 멀리 여읨(musā-vādā paṭi-virata) M27.13, M41.13, M47.14, M114.6

거처(senāsana) M2.15, M77.8f, M114.43

건초횃불의 비유(tiṇukkūpamā) M22.3, M54.17

걸쇠를 푼 자(niraggaḷa) M22.34

검은 바위(Passa-kāla-silā) M14.15

검증(vīmaṁsa) M16.26, M77.17; 검증하는 자(vīmaṁsaka) M47.2; 검증된(vīmaṁsānucaritaṁ) M12.2; 시험하는(vīmaṁsamāna) M89.18

겁(劫, kappa) M34.45; 중간 겁(an-tara-kappā) M76.16

게(kakkaṭaka)의 비유 M35.24

게으름(kusita) M4.16

견(見, dassana) M14.17, M36.17; 견(見)에 뿌리한(dassana-mūlikā) M47.16; 위없는 견해(dassana-an-uttariya) M35.26

견해(diṭṭhi)1[바른 견해] M38.14; 바른 견해[正見, sammā diṭṭhi] M9.2ff, M41.4, M43.13f, M60.11ff, M114.10, M141.24, M149.10; 바른 견해가 먼저다(sammā-diṭṭhi pubbaṅgamā hoti) M117.4ff, M117.34f; [바른] 견해를 동등하게 구족함(diṭṭhi-sāmañña-gata) M48.6ff, M104.21; [바른] 견해를 구족한 사람(diṭṭhisampanna puggala) M48.11ff, M115.12; 재생의 근거(upadhi)를 가져오는 바른 견해 M117.7; 도의 구성요소인 바른 견해 M117.8; 견해를 얻은 자(diṭṭhi-ppatta) M65.11, M70.18

견해(diṭṭhi)2[나쁜 의미의 견해] M11.6f, M22.24, M74.4; 견해를 고수함(sandiṭṭhi-parāmāsi) M8.12ff, M15.3ff, M15.6f, M38.14, M74.6ff, M103.10ff, M104.11; 자아가 있다는 견해들(diṭṭhiyo, atta-vāda-paṭisaṁyuttā) M2.8, M8.3, M11.9ff, M22.15f, M22.20f, M22.23, M22.25, M44.7, M102.1ff, M102.14ff, M109.10, M131.8, M138.20; 세상이 있다는 견해들(diṭṭhiyo, loka-vāda-paṭisaṁyuttā) M8.3, M48.8, M102.14ff; 그릇된/삿된 견해(micchā-diṭṭhi) M40.3, M40.7, M41.10, M57.3, M57.5, M60.8ff, M104.10, M114.10, M117.5; 나쁜/삿된 견해(pāpaka diṭṭhigata) M22.2ff, M38.2ff, M49.2, M93.18; 견해의 청정[見淸淨, diṭṭhi-visuddhi] M24.9ff; 10가지 설명하지 않는 견해[十事無記, diṭṭhi-gatāni] M25.10, M63.2ff, M72.3ff; 사변적 견해(diṭṭhi-gata) M72.15; 견해의 정글 등 x(diṭṭhi-gahana etc.) M2.8, M72.14; 견해의 속박(diṭṭhi-yoga) M22.35

경국지색(janapada-kalyāṇī)의 비유 M79.10

경우, 원인(ṭhāna) M5.10, M12.10, M115.12ff.

계, 계행(sīla) M6.2, M24.2, M32.7, M43.14, M44.11, M48.6, M53.7, M77.11, M78.11, M81.18, M104.21, M107.3, M108.14, M125.15, M142.3f; 계의 구족(sīla-sampadā) M12.21, M24.2, M29.3, M30.9; 계를 원만히 함(sīlesvevassa pari - pūra-kārī) M6.3, M11.3-2, M 11.13; 계의 청정[戒淸淨, sīla-visuddhi] M24.9ff.

계를 범함 ☞ 범계(犯戒, āpatti)

계급(vaṇṇa) M40.13f, M84.5ff, M 90.10ff, M93.5ff, M96.3ff, M96 .10ff.

계율과 의식에 대한 집착[戒禁取, sīla-bbata-parāmāsa] M2.11, M9.34, M11.10ff, M64.3

고귀한 자의 공양(ājānīya-bhojana) M54.25

고기(maṁsa) 파는 비유 M96.4, M 96.11

고깃덩이의 비유(maṁsapesūpamā) M22.3, M54.16

고따무카 바라문(Ghoṭamukha brāh-maṇa) M94.2

고문, 여러 가지 고문의 정형구(vividhāni kammakaraṇāni) M13.14, M129.4, M130.7

고백(paṭiññā) M104.18

고빠까 목갈라나 바라문(Gopaka Mo-ggallāna brāhmaṇa) M108.4ff.

고시따 원림(Ghosita) M48.1, M76.1, M128.1

고싱가살라 숲(Gosiṅgasāla vana) M 31.2, M32.1

고양이 가죽(biḷāra-bhastā)의 비유 M21.18

고양이(biḷāra)의 비유 M50.13

고요함(upasama) M8.8ff, M26.15f, M26.19, M40.13, M63.8, M64.9ff, M66.21, M75.18, M83.21, M102.25, M104.2, M140.7, M145.6; 고요함의 즐거움(upasama-sukha) M66.21, M122.3, M139.9; 고요함의 토대(upasama-adhiṭṭhāna) M 140.28

고찰(upavicāra) M137.8, M140.10

고통에서 벗어난(abyābajjhā) M90.13. M114.11

고행을 하는 자(vatika) M57.2

고향 떠난(cira-vippavuttha) 사람의 비유 M105.9

공(空, suññata) M44.20, M64.9, M 122.6; 공(空)에 들어 머묾(suñña

-tā-vihāra) M121.3, M121.13, M122.6ff, M151.2ff; 공한 감각접촉[觸, suññata phassa] M44.20; 공한 마음의 해탈(suññatā ceto-vimutti) M43.30, M43.33, M43.35ff; 자아가 공함(suñña, attā) M43.33, M106.7; 청정한 공의 경지가 생김(parisuddhā-suññata-avakkanti) M121.4ff; 지극히 청정한 구경의 위없는 공(parisuddha paramānuttara suññata) M121.13

공덕(puñña) M35.30

공동묘지의 관찰(아홉 가지~, nava sivathika) M10.14ff, M13.21ff, M119.9ff.

공무변처(空無邊處, ākāsānañcāyata-na) M1.15, M8.8, M30.17, M31.14, M43.10, M59.11, M66.30, M77.22, M137.26, M140.21f, M143.11; 공무변처와 공(空, suñña-ta) M121.6; 공무변처를 토대로 한 불환과의 증득 M52.12, M64.13, M111.11f; 공무변처와 마라를 눈멀게 함(andhamakāsi māraṁ) M25.16, M26.38

공부지음(sikkhā) M5.32, M16.6, M56.18, M67.16ff, M104.6; 순차적인 공부지음(anupubba-sikkhā) M27.7ff, M39.3ff, M51. M13ff, M53.5ff, M70.22f, M107.2ff, M112.12ff, M125.13ff, M145.7 공부지음 참 삼학(三學, tisso sikkhā)

공상(空想), 허황된 생각(maññānā, maññita) M1.3ff. M72.15, M113.21f, M113.29, M140.30ff.

공평하게 나누어서 수용하는(appaṭi-vibhatta-bhogi) M48.6, M104.21

과대평가(adhimāna) M105.5

관심의 대상, 많은 관심을 일으키는 것 (bahu-saṅkappa) M82.25

광과천(vehapphala) M1.13, M49.10, M49.21

광명1(āloka) M4.28; 광명상을 가진 (āloka-saññī) M27.18

광명2(ābhā) M127.10

광명3(obhāsa); 제한된 광명(paritta obhāsa) M128.29

광음천(Ābhassara deva) M1.11, M49.10, M49.19

광천(ābha) M41.18-42

괴로움[苦, dukkha] M2.8, M10.2, M11.7f, M13.8ff, M22.38, M29.2ff, M30.8ff, M35.21, M67.17ff, M68.5, M77.14, M87.3ff, M101.23, M136.2, M136.6, M138.3, M139.4, M139.13, M141.16, M145.3f, M149.3; 괴로움의 성스러운 진리[苦聖諦, dukkha-ariya-sacca] M2.11, M9.15, M10.44, M28.3, M141.10ff; 괴로움의 일어남[苦集, dukkha samudaya) M29ff, M9.16, M28.28, M38.17, M38.30, M75.24, M115.11, M138.3, M141.21, M145.3; 괴로움의 멸진(dukkha-kkhaya) M2.22, M12.2, M

12.26, M14.17, M20.8, M48.6ff, M144.11, M148.28ff; 괴로움의 끝(anto dukkhassa) M144.11; 괴로움의 소멸의 성스러운 진리[苦滅聖諦, dukkha-nirodha-ariya-sacca] M9.17, M141.22; 괴로움의 소멸로 인도하는 도닦음(dukkha-ni-rodha-gāminī-paṭipadā] 참 성스러운 팔정도

교법(sāsana) M56.18, M65.4, M65.14ff′, M70.27, M73.13f, M74.15, M89.12, M89.18, M91.36, M122.25f, M137.22ff. 참 법(dhamma)

구경의 경지(niṭṭhā) M11.5

구경의 지혜(aññā) M10.46, M65.29f, M68.10, M68.14, M70.22, M70.27, M105.2ff, M112.2ff; 바른 구경의 지혜(sammad-aññā) M1.51, M105.2; 구경의 지혜로 해탈한(sammadaññā vimutta) M1.51 참 번뇌를 소멸하는 지혜[漏盡通]

구분교(九分敎, 아홉 가지 구성요소를 가진 스승의 교법, navaṅga-satthu-sāsana) M22.10

구전(口傳, anussava) M76.24ff, M95.14f, M100.7, M102.15f.

구족계(upasampadā) M7.22, M57.14ff, M73.16f, M75.26ff. 참 출가(pabbajjā)

굴레(yoga) M98.11-4

굴릿사니 비구(Gulissāni bhikkhu) M69.2

궁수(dhanuggaha)의 비유 M12.62

귀의의 정형구(saraṇa-gamana) M4.35, M7.21, M27.27, M30.24, M41.44, M54.26, M56.15, M73.15, M74.16, M84.10, M85.61, M91.37, M94.32, M142.4

그늘(chāyā)과 햇빛(ātapa)의 비유 M102.17ff.

그릇된 견해(micchā-diṭṭhikā) M8.12. 참 견해(diṭṭhi)2

그릇된 길[道], 여덟 가지 그릇된 길(aṭṭhaṅgika micchā-magga) M19.26, M117.35, M126.9, M31.21, M41.20, M97.30, M120.8 참 팔정도(ariya aṭṭhaṅgika magga)

그리기(likhati)의 비유 M21.14

근거(assāsa) M11.3

근거가 있는(attha-saṁhita) M99.13

근본물질(mahā-bhūta) M9.54, M28.5ff, M33.4, M76.7, M106.4, M109.9; 네 가지 근본물질[四大, cattāri mahā-bhūtāni] M9.54, M119.8; 여섯 가지 근본물질(mahā-bhūta) M112.7f, M115.5, M140.8, M143.10

근심(soka) M26.10, M141.14 참 슬픔(domanassa)

금강수(金剛手, Vajirapāṇī) M35.14

금세공인(suvaṇṇa-kāra)의 비유1 M77.31

금세공인(suvaṇṇa-kāra)의 비유2 M140.20

급히(sīgha) 가는 비유 M20.6

기능[根, indriya]; 다섯 가지 기능[五根, pañca indriya] M12.15, M70.20f, M77.18, M103.3, M104.5, M118.13, M149.10, M151.15; 기능이 손상되어(upahat-indriya) M75.16

기둥(thambha) M53.4, M102.12, M125.23 참 완고함

기둥(thambha)에 묶인 개(sā)의 비유 M102.12

기름 등불(tela-ppadīpa)의 비유 M43.22, M140.24, M146.9

기름(tela)과 모래(vālika)의 비유 M126.10

기름(tela)과 참깨가루(tila-piṭṭhi)의 비유 M126.15

기만(upalāpanā) M34.1

기쁨1, 정신적 즐거움(somanassa) M129.28, M137, M8, M137.10f, M140.10

기쁨2(rati) M6.7, M75.10, M119.33

기쁨3(nandī) ☞ 즐김(nandī)

기억을 일깨워 수습함(sati-vinaya) M104.16

기억해야할 법들(여섯 가지~, sāraṇīyā dhammā) M48.6, M104.21f.

길 가는 자(addhāna-magga-paṭipanna)의 비유 M128.19

길(magga)의 비유 M8.14

길들임(dama) M60.14; 자재력(dama) M145.6

길을 묻는(maggaṁ puṭṭha) 비유 M99.22

길을 안내하는 자(maggakkhāyī) M107.14

까꾸산다 부처님(Kakusandha Buddha) M50.9ff.

까빠티까 바라문 학도(Kāpaṭhika māṇava) M95.11ff.

까삘라왓투(Kapilavatthu, 지명) M14.1, M18.1, M53.1, M122.1, M134.1, M142.1

까시(Kāsi) M70.1 참 바라나시(Bārāṇasi)

까시나(kasiṇa) M77.24, M102.3

까장갈라(Kajaṅgalā, 지명) M152.1

깐나깟탈라(Kaṇṇakatthala, 지역) M90.1

깐다라까 유행승(Kandaraka paribbājaka) M51.1ff.

깔라 붓다락키따 장로(Kāḷa-Buddharakkhita), 삿짜까의 후신 M35.2

깔라라자나까(Kaḷārajanaka, 니미 왕의 아들) M83.20

깔라케마까 삭까 사람(Kāḷakhemaka Sakka) M122.2

깔리1(Kālī, 두시 마라의 누이) M50.8

깔리2(Kālī, 하녀 이름) M21.9

깜마사담마(Kammāsadhamma, 성읍) M10.1, M75.1, M106.1

깜보자 지방(Kamboja janapada) M93.6

깟사빠 부처님(Kassapa Buddha) M81.3ff.

깟사빠 존자 ☞ 마하깟사빠 존자(āyasmā Mahā-Kassapa)

깟짜나 존자 ☞ 마하깟짜나 존자(āyasmā Mahā-Kaccāna)

깨끗하고 확신함(subha adhimutta) = 세 번째 해탈(vimokha) M77.22, M137.26;

깨끗한 자(sottiya, Sk.śrotriya) M39.22

깨끗함(vodāna) M12.16

깨달음, 바른 깨달음(sambodhi) M1.171ff, M3.8, M12.23, M16.26, M26.15f, M36.31, M53.19, M83.21, M139.5; 깨달음의 즐거움(sam-bodha-sukha) M66.21, M122.3, M139.9; 바른 깨달음으로 나아가는 자(sambodhi-parāyano) M6.11

깨달음을 위한 길(magga bodhāya) M36.31

깨달음의 구성요소[七覺支, 칠각지, satta bojjhaṅga] M2.21, M10.42, M77.20, M118.29ff, M146.13, M151.13

깨달음의 편에 있는 법들[菩提分法, bodhipakkhiyā dhammā] M77.21N, M103.3N, M104.5N, M118.13N, M149.10N

깨어있음에 전념함(jāgariya-anuyoga) M39.10, M53.10, M69.12, M107.6, M125.18

꺼진 불(aggi nibbuta)의 비유 M72.19

꼬라바 왕(Koravya) M82.27ff.

꼬살라(Kosala, 국명) M41.1, M60.1, M68.1, M81.1, M95.1, M100.1

꼬삼비(Kosambī, 지명) M48.1, M76.1, M128.1

꼬시야(Kosiya, 인드라의 다른 이름) M37.8

꼴리야 족(Koliya) M57.1

꽃 무더기(puppha-rāsi)의 비유 M56.30

꾸루(Kuru, 지역) M10.1, M75.1, M82.1, M106.1

꾸마라깟사빠 존자(āyasmā Kumāra-kassapa) M23.1ff.

꾸시나라(Kusinārā, 지명) M103.1

꾹꾸따 원림[鷄林, Kukkuṭārāma] M52.2

꾼다다나 존자(āyasmā Kuṇḍadhāna) M68.2

꿀 덩어리(madhupiṇḍika)의 비유 M18.22

꿈의 비유(supinakūpamā) M22.3, M54.19

꿰뚫어 안다(pajānāti) M10.6, M43.9, M98.11-2

끼끼 왕(Kikī rāja) M81.14ff.

끼따기리(Kīṭāgiri, 성읍) M70.3ff.

끼사 산낏짜 아지와까 수행자(Kisa Saṅkicca ājīvaka) M36.5, M76.53

낌빌라 존자(āyasmā Kimbila) M31.2, M68.2, M128.8ff.

【나】

나가라까(Nagaraka, 성읍) M89.2f.

나가라윈다(Nagaravinda, 바라문 성읍) M150.1

나가사말라 존자(āyasmā Nāgasamāla) M12.64

나는 있다(asmi) M9.8. M140.31

나디까(Nādikā, 마을) M31.1

나라는 것(ahaṁ-kāra) M72.15, M109.13, M112.11

나무(rukkha)의 비유 M12.39ff.

나무와 그늘(rukkha, chāyā)의 비유 M146.10

나무의 비유(rukkhaphalūpamā) M22.3, M54.21

나병환자(kuṭṭhī purisa)의 비유 M75.13ff.

나쁜 바람[願, pāpiccha] M5.10ff, M15.3ff, M40.3, M40.7, M104.10

나체수행자 깟사빠(Kassapa acela) M124.2ff.

나팔수(saṅkha-dhama)의 비유 M77.32, M99.24

낙엽(paṇḍu-palāsa)의 비유 M105.11, M75.13ff.

난다 왓차 아지와까 수행자(Nanda Vaccha ājīvaka) M36.5, M76.53

난다까 존자(āyasmā Nandaka) M146.3ff.

난다나 정원(Nandana-vana) M75.11

난디야 존자(āyasmā Nandiya) M31.2, M68.2, M128.8ff.

날 때부터 눈먼 사람(jaccandha)의 비유 M75.20, M99.12

날라까빠나(Naḷakapāna, 성읍) M68.1

날란다(Nāḷandā, 지명) M56.1f, M56.13

날리장가 바라문(Nāḷijaṅgha brāhmaṇa) M87.6,

낮은 가문에 태어나게 하는 길(nīcā-kulīna-saṁvattanika) M129.25, M135.15

내생에 관한 것(samparāyika) M90.10

네 가지 거룩한 마음가짐[四梵住] ☞ 거룩한 마음가짐

네 가지 바른 노력[四正勤] ☞ 노력(padhāna)

네 가지 성스러운 진리[四聖諦] ☞ 사성제(cattāri ariya-saccāni)

노력(padhāna) M16.26, M70.23, M77.17, M95.22, M101.23ff; 노력하는 자의 구성요소[五勤支, pañca padhāniyaṅgā] M85.58f, M90.10ff; 네 가지 바른 노력[四正勤, cattāro sammappadhāna] M44.12, M77.16, M78.10ff, M103.3, M104.5, M118.13, M149.10, M151.13

노름꾼(akkha-dhutta)의 비유 M129.26, M129.49

노예에서 해방된 사람(dāsabyā mutta)의 비유 M39.14

논리가, 이론가(takkī) M76.27ff, M95.14f, M100.7, M102.15f.

논쟁 ☞ 분쟁(vivāda)

높은 가문(uccā-kula) M113.3, M129.48, M135.16

높은 율(abhivinaya) M69.17

놓아버림(paṭinissagga) M118.21

누각(kūṭāgāra)의 비유 M48.7

눈 감는 것(nimīleyya)의 비유 M152.4, M20.5·

눈먼 거북이(kāṇa kacchapa)의 비유 M129.24

느낌(vedanā) M9.4ff, M18.16, M43.7, M43.9, M44.22ff, M59.3ff, M74.10, M143.9, M148.8; 느낌의 무더기[受蘊, vedanā-kkhandha] M28.28, M109.8f; 느낌과 무아(vedanā anattā) M35.16, M148.10ff; 느낌과 유익한 법들의 증장(vedanā-kusalā dhammā abhivaḍḍhata) M70.7ff; 느낌과 세 가지 잠재성향(vedanā, anusaya) M44.25ff, M148.28ff; 느낌의 관찰(vedanā-nupassanā) M10.32f, M37.3, M51.3f, M74.11, M118.25, M125.22ff, M140.19; 감각접촉을 조건으로 한 느낌(phassa-paccayā vedanā) M18.16, M28.8, M38.17ff, M109.9, M140.19, M148.28ff; 느낌의 달콤함, 재난, 벗어남(vedanā - assāda, ādīnava, nissaraṇa) M13.32ff; 느낌의 무상함(vedanā - anicca) M146.9f; 여래의 느낌(vedanā, tathāgata) M123.22; 아라한의 느낌(vedanā - arahant) M140.23f; 성스러운 제자의 느낌(vedanā - ariya-sāvaka) M36.9, M38.40; 범부의 느낌(vedanā - puthujjana) M36.8, M38.30; 느낌과 존재의 태어남(vedanā, bhūtassa upapatti) M12.37ff, M57.8ff; 느낌에 대한 니간타의 견해(ve-danā, nigaṇṭha) M101.12ff.

늙음(jarā) M9.22, M13.19, M26.7, M82.30, M130.5, M141.12; 늙음과 죽음(jarā-maraṇa) M9.21ff, M38.17ff, M115.11, M138.3

니간타(nigaṇṭha) M14.15ff, M56.11f, M101.2ff, M101.22

니간타 나따뿟따(Nigaṇṭha Nātaputta, 육사외도) M14.17, ·30.2, M36.48, M56.2ff, M56.20ff. M58.2f, M77.6, M104

니간타 나따뿟따와 일체지자(Nigaṇṭha Nātaputta) M14.17, M79.6, M101.10

니그로다 원림(Nigrodhārāma) M14.1, M18.1, M53.1, M122.1, M134.1, M142.1

니미 왕(Nimi rāja) M83.12ff.

【다】

다난자니 바라문(Dhānañjāni) M97.2ff.

다난자니 바라문 여인(Dhānañjānī brāhmaṇī) M100.2

다른 마을(gāma)에 간 사람의 비유 M39.19, M77.34

다사마 장자(Dasama gahapati) M52.2ff.

다섯 가지 기능[五根] ☞ 기능[根, indriya]

다섯 가지 무더기[五蘊, pañca-kkhandha] ☞ 무더기[蘊, khandha]

다섯 가지 얽어매는 감각적 욕망(pañca kāma-guṇa) M13.7, M23.4 참 감각적 욕망(kāma)

다섯 가지 장애[五蓋, pañca nīvaraṇa] ☞ 장애[蓋, nīvaraṇa]

다수결(yebhuyyassikā) M104.15

다시 태어남, 태어남, 재생(upapatti) M12.57, M57.8, M68.8ff; 다시 태어나기를 원함(upapatti, ākaṅkhe-yya) M41.15ff, M120.2ff; 참 윤회(saṁsāra)

다시 태어남[再生, punabbhava] M26.18, M43.16f, M123.20

다시 태어남을 아는 지혜[天眼通, cut-ūpapātañāṇa] M4.29

다양함, 다른 것(nānatta) M1.24, M54.21, M102.14f, M128.25, M137.19f.

다툼(raṇa) M139.13f.

단다빠니 삭까사람(Daṇḍapāni) M18.3ff.

단멸, 사후 단멸론(uccheda-vāda) M22.20, M22.37, M30.2, M36.48, M60.7, M76.7ff. 참 견해(diṭṭhi)

단박에(ādikena eva) M70.22

단속(saṁvara) M105.28ff; 감각기능의 단속(saṁvara, indriyāni) M2.12, M27.15, M33.20, M39.8, M51.16, M53.8, M69.10, M75.8, M107.4, M125.16; 번뇌의 단속(saṁ-vara, āsavā) M2.2ff; 네 가지 단속으로 단속함(cātu-yāma-saṁ-vara-saṁvuta) M56.12

단일함, 동일한 것(ekatta) M1.23, M54.15, M54.21, M102.14, M137.19

달콤함(assāda) M11.7. M109.12

닭과 계란(kukkuṭi aṇḍāni)의 비유 M16.27, M53.19

담론 ☞ 토론(sākaccha)

담마딘나 비구니(Dhammadinna) M21, M44.1ff.

당나귀(gadrabha)의 비유 M50.13

대나무 숲(Veḷuvana) M23, M24.1, M44.1, M61.1, M69.1, M73.1, M 77.1, M79.1, M97.1, M108.1, M 108.25,

대인(大人), 대인의 머묾(mahā-puri -sa) M91.5, M91.6ff, M91.9, M91.28ff, n.850, M92.10, M92. M13ff, M151.2

대인상[三十二大人相, mahā-purisa -lakkhaṇa] M91.9

대장장이의 바람 불기(kammāra-gag -gari)의 비유 M36.21

대중공사(大衆公事, adhikaraṇa) M 65.22ff, M104.12ff.

더 높은 법(아비담마, abhidhamma) M32.8, M69.17, M103.4 참 법 (dhamma)

더불어 기뻐함[喜, muditā) M7.15, M40.11, M50.14, M55.9, M62.20, M118.14; 더불어 기뻐함[喜]을 토대로 한 불환과의 증득(anāgami) M52.10; 더불어 기뻐함을 통한 무량한 마음의 해탈(muditā, appamā -ṇā ceto-vimutti) M43.31, M 127.7; 더불어 기뻐함은 범천에 이르는 길(muditā, brahmalokūpa- ga) M83.5, M97.34, M99.26

데와다하(Devadaha, 지명) M101.1

데와닷따(Devadatta) M29.1, M58.3

데왈라, 아시따 데왈라 선인(Asita De -vala isi) M93.18

도(magga) M2.11, M10.2

도공(bhamakāra)의 비유 M10.4

도기공, 숙련된 도기공(dakkha kum- bha-kāra)의 비유 M77.31

도기공(kumbhakāra)의 비유 M122. 27

도닦음(paṭipadā) M106.5; 위없는 도닦음(paṭipadānuttariya) M35.26; 괴로움의 소멸로 인도하는 도닦음 [苦滅道聖諦, dukkha-nirodha- gāminī-paṭipadā] M2.11, M9.11, M43.2, M141.23; 도를 닦는다(paṭi -panno hoti) M60.34; 바른 도닦음(sammā-paṭipatti) M99.4; 그릇된 도닦음(micchā-paṭipadā) M 99.4, M139.4

도덕부정론(akiriya-vāda) M30.2N, M56.4N, M60.13ff. M76.10ff, M 117.38

도둑질 ☞ 주지 않은 것을 가짐(a- dinnādāna)

도살장의 비유(asi-sūnūpamā) M22.3

도솔천(tusita) M31.21, M41.21, M 97.30, M120.9, M123.3ff, M143. 16

도와 도닦음(magga/paṭipadā) M104 .5, M120.3

독(visa) 묻은 화살(salla)의 비유 M63.5, M101.7, M105.19ff, M105 .24ff.

독사(āsī-visa)의 비유 M105.30

독수리봉 산(Gijjhakūṭa pabbata) M 14.15, M29, M1, M74.1, M116.2

독이 섞인 박(tittakālābu)의 비유 M46.18

독이 섞인 마실 것(āpānīya)의 비유 M46.19, M105.29

돌멩이(silā-guḷa)의 비유 M119.23

동료 수행자들(sahadhammikā) M11.3-2

동요(paritassanā) M22.18f, M22.20f, M138.20ff.

동요하지 않음, 집착하지 않음(atammayatā) M47.13, M113.21ff, M137.20

동쪽 원림[東園林, Pubbārāma] M26.3, M37.1, M88.2, M107.1, M109.1, M110.1, M118.1, M121.1

두려움(bhaya) M4.4ff, M4.20, M6.8 M67.14ff, M115.2, M119.34, M128.19

두시 마라(Dusi Māra) M50.8

두타행의 나열(dhutaṅga) M5.29, M32.7, M40.5f, M77.9, M113.12f, M124.9ff.

둠무카 릿차위의 후예(Dummukha Licchaviputta) M35.23

들뜸과 후회(uddhacca-kukkucca) M48.8, M108.26; 들뜸과 후회를 버림(uddhacca-kukkucca, pahāna) M27.18, M39.13, M51.19

들음(suta) M1.20, M22. M15f, M112.3f.

디가 까라야나(Dīgha Kārāyana, 대장군) M89.2, M89.8

디가따빳시 니간타(Dīgha-tapassī ni-gaṇṭha) M56.2ff, M56.20ff.

디가나카 유행승(Dīghanakha paribbājaka) M74.1ff, M74.15

디가 빠라자나 약카(Dīgha Parajana yakkha) M31.21

따룩카 바라문(Tārukkha brāhmaṇa) M98.2, M99.13

땅(paṭhavī)의 비유 M62.13

땅을 파 없앰(apaṭhavi)의 비유 M21.12

땅의 요소[地界, pathavī-dhātu] M1.3, M28.6ff, M49.11, M62.8, M121.5, M140.14;

땅의 요소로 해체해서 보는 수행(patha-vī-dhātu) M62.13

때 아닌 때 먹지 않음(vikāla-bhojanaṁ pajahati) M27.13, M51.14, M66.6~67, M67.17, M70.2ff;

떨쳐버림, 멀리 여읨, 한거(viveka) M2.21, M3.5., M12.48, M27.17, M39.12, M44.21, M51.18, M65.14f, M77.8f, M88.4, M107.8, M122.6, M122.22ff, M125.20, M146.13; 떨쳐버림의 즐거움(paviveka-sukha) M66.21, M122.3, M139.9; 한거에 전념한다.(vivekāvatta) M91.12; 멀리 여읨으로 향함(viveka-ninna) M122.6

떨쳐버림의 즐거움(paviveka-sukha)

M66.21
뗏목의 비유(kullūpama) M22.13, M38.14
또데야 바라문(Todeyya) M98.2, M99.2, M99.13
똥구덩이(gūthakūpa)의 비유 M12.38

【라】

라자가하[王舍城, Rājagaha] M23, M5.31, M14.15, M24.1, M29.1, M44.1, M55.1, M61.1, M69.1, M73.1, M74.1, M77.1, M77, M97.1, M108.1, M116.1, M124.1, M125.1, M126.1, M133.1, M136.1, M140.1, M144.1, M151.1
라자가하 가는 길(Rājagaha-gāmi magga)의 비유 M107.14
라훌라 존자(āyasmā Rāhula) M61.2ff, M62.2ff, M147.2ff.
랏타빨라 존자(āyasmā Raṭṭhapāla) M82.4ff.
레와따 존자(āyasmā Revata) M32.1ff, M68.2
로마사깡기야 존자(āyasmā Lomasa-kaṅgiya) M134.1ff.
릿차위(Licchavi, 종족) M35.5ff.

【마】

마가다(Magadha, 국명) M26.20, M77.6
마간디야 유행승(Māgandiya paribbājaka) M75.3ff.
마노[意, mano] M28.37; 청정한 마노의 알음알이[意識, parisuddha ma-no-viññāṇa] M43.10, M43.21; 마음의 행위(mano-kamma) M61.17; 마음의 행위(mano-samācāra) M114.7; 마음으로 만드는 몸(manomaya-kāya) M77.30; 마노의 고찰(mano-pavicārā) M137.8; 마음으로 존경받을 만한 비구들(mano-bhāvanīyānā bhikkhū) M78.2; 마음이 묶인 신들(mano-sattā nāma devā) M56.11
마두라(Madhurā, 지명) M84.1
마따자 무기(mataja āvudha-jāta)의 비유 M40.4
마딸리(Mātali, 인드라의 마부) M83.14
마라(Māra) M47, M12.29f, M19.26, M25.7ff, M25.12ff, M26.34ff, M49.5ff, M49.29f, M50.2ff, M115.15, M119.23ff; 마라의 영역(Māra-dheyya) M34.3ff, M106.2; 마라의 영역이 아닌 것(amāra-dheyya) M34.3; 마라의 힘(Māra) M25.8ff, M49.6
마보[馬寶, 말 보배, assa-ratana] M88.18, M129.37

마음[心, citta] M10.32f, M62.28, M118.20, M118.26; 마음[心]을 닦는 수행(citta-bhāvana) M36.4, M36.9; 마음은 다양하다(citta nānappakāraka) M78.10ff; 마음의 장비(cittassa parikkhāra) M99.21; 마음을 지배함(cittaṁ vasaṁ vatteti) M32.9; 마음의 청정[心清淨, citta-parisuddhi] M24.9ff; 마음의 오염원(cittassa upakkilesa) M7.3, M128.27; 마음이 안으로 들러붙음(ajjhattaṁ citta saṇṭhita) M138.12ff; 마음을 압도하여 머문다(cittaṁ pariyādāya tiṭṭhanti) M138.20; 마음의 작용(citta-saṅkhāra) M44.15; 마음의 의도적 행위[心行, citta-saṅkhāra] M9.62; 마음을 일으킴(cittuppāda) M8.13ff, M114.8; 높은 마음[增上心, adhicitta] M20.2ff.

마음부수[心所, cetasikā] M44.15

마음에 잡도리함(manasikāra) M2.3, M118.25; 마음에 잡도리하지 않음(amanasikāra) M121.4. M128.17

마음은 제한되어 있는(paritta-cetaso) M38.30

마음을 아는 지혜[他心通, ceto-pariya-ñāṇa] M6.16, M12.8, M12.37ff, M31.20, M73.21, M77.33, M108.20, M119.39

마음의 고집과 천착과 잠재성향(cetaso adiṭṭhāna-abhinivesa-anusaya) M112.6

마음의 삭막함[心穢, 심예, ceto-khila] M16.3ff, M56.29

마음의 삼매(ceto-samādhi) M136.9

마음의 해탈[心解脫, ceto-vimutti] M6.19, M12.36, M12.42, M25.9, M38.40, M40.14, M41.43, M43.14, M43.26ff, M52.3ff, M53.22, M54.24, M64.16, M71.9, M73.24, M77.36, M78.11, M99.24, M108.23, M119.42, M120.37, M122.4, M127.4ff, M146.13; 고귀한 마음의 해탈(mahaggatā ceto-vimutti) M127.8ff; 일시적인 마음의 해탈(sāmāyika ceto-vimutti) M122.4; 확고부동한 마음의 해탈(akuppā ceto-vimutti) M26.18, M26.30, M29.7, M30.23, M43.35ff. 참 해탈1(vimutti), 참 통찰지를 통한 해탈[慧解脫], 참 양면으로 해탈한[兩面解脫] 자, 참 무량한 마음의 해탈, 참 자애[慈]를 통한 무량한 마음의 해탈, 참 연민[悲]을 통한 무량한 마음의 해탈, 참 더불어 기뻐함[喜]을 통한 무량한 마음의 해탈, 참 평온[捨]을 통한 무량한 마음의 해탈, 참 공한 마음의 해탈, 참 무소유처를 통한 마음의 해탈, 참 일시적인 마음의 해탈, 참 표상 없는 마음의 해탈, 참 확고부동한 마음의 해탈

마음이 한 끝에 집중됨[心一境性, cittassa ekaggatā] M117.3, M125.2 참 삼매(samādhi)

마음챙김[念, sati] M4.17, M53.16, M66.16, M69.14; 마음챙김의 깨달

음의 구성요소[念覺支, sati-sambojjhaṅga] M118.30; 네 가지 마음챙김의 확립[四念處, cattāro sati-paṭṭhānā] M10.2, M10.46, M12.62, M33.25, M44.12, M51.3f, M77.15, M103.3, M104.5, M118.13, M118.23ff, M125.22ff, M149.10, M151.12; 몸에 대한 마음챙김(kāyagata-sati) M119.2ff; 들숨날숨에 대한 마음챙김(ānāpānā-ssati) M10.4, M62.5, M62.24ff, M118.15ff, M119.4; 바른 마음챙김[正念, sammā sati] M117.9ff, M141.30, M149.10; 세 가지 성자들의 마음챙김의 확립(satipaṭṭhānā yad ariyo sevati) M137.22ff; 마음챙김만 잘하면 된다(sati-karaṇīyam eva hoti) M19. 12; 마음챙김을 일으키도록 하는(satuppāda-karaṇīya) M21.7; 마음챙기며 출정한다(sato vuṭṭhahati) M111.18; 그릇된 마음챙김(micchā-sati) M8.12

마지막 생(antimā jāti) M123.20

마카데와 왕(Makhādeva rāja) M83.3

마하깟사빠 존자(āyasmā Mahā-Kassapa) M32.1f, M32.7, M32.14

마하깟짜나 존자(āyasmā Mahā-Kaccāna) M21, M18.10ff, M84.2ff, M133.7ff, M138.5ff.

마하꼿티따 존자(āyasmā Mahā-Koṭṭhita) M43.1ff.

마하나마 삭까 사람(Mahānāma) M14.2ff, M14.1, M53.6ff.

마하목갈라나 존자(āyasmā Mahā-Moggallāna) M21, M5.3ff, M15.1ff, M32.1f, M32.8, M32.15, M37.5ff, M50.f, M67.13, M69.20, M141.5

마하빠자빠띠 고따미(Mahā-Pajāpatī Gotamī) M142.2ff, M146.2

마하쭌다 존자(āyasmā Mahā-Cunda) M8.2ff, M144.2ff.

막칼리 고살라(Makkhali Gosāla, 육사외도) M30.2, M36.5, M36.48, M76.53, M77.6

만족(santosa) M24.2, M27.14, M32.7, M51.15, M77.8f, M108.16

말[語, vācā] M8.12, M12.2; 바른 말[正語, sammā-vācā] M60.11ff, M117.18ff, M139.10ff, M141.26; 그릇된 말(micchā-vācā) M60.8ff, M117.17; 다섯 가지 말의 길(pañca vacana-pathā) M21.1ff; 말에 대한 여래의 여섯 가지 태도(vācā, tathāgata) M58.8

말다툼 ☞ 분쟁(vivāda)

말루와 넝쿨(māluvā-sipāṭikā)의 비유 M45.4

말룽꺄뿟따 존자(āyasmā Māluṅkyāputta) M63.2ff, M64.2f.

말리까 왕비(Mallikā devi) M87.5f, M87.23ff.

말리까 원림(Mallikā ārāma) M78.1

말살 ☞ 지워 없앰(sallekha)

말의 의도적 행위[口行, vacī-saṅkhāra] M9.62, M44.15

맛난 음식(manuñña-bhojana)의 비유 M105.15

망고 숲(Amba-vana) M55.1

멀리 여읨 ☞ 떨쳐버림(viveka)

멋진 마차(ājañña-ratha)의 비유 M21.7, M119.31

메달룸빠(Medaḷumpa, 삭까 족의 성읍) M89.1

며느리(suṇisā)의 비유 M28.10, M37.9

명지[明, vijjā], 삼명(三明) M4.28ff, M9.8, M11.17, M36.39ff, M39.19ff, M43.17, M44.29, M53.24, M56.29, M71.6ff, M73.28, M118.41ff, M119.22, M148.28ff, M149.11, M151.20

명지와 해탈(vijjā-vimutti) M118.41; 명지와 해탈(vijjā ca vimutti ca) M149.11

명칭(vokāra) M98.9

모든(sabba) M1.2, M1.25, M37.3, M49.23ff.

모든 표상(sabba-nimittā) M43.27

전체에 내재된 전체의 특질(sabbassa sabbatta) M49.24

일체지자(sabbavidū) M26.25-2

모욕(makkha) M3.10, M7.3ff, M15.3ff, M40.3, M40.7, M104.7

모태에 듦, 수태(gabbhassa avakkanti) M38.26, M93.18

목갈라나 존자 ☞ 마하목갈라나 존자(āyasmā Mahā-Moggallāna)

목수(phalagaṇḍa)의 비유 M20.3

목욕, 내면의 목욕(antara sināna) M7.18

목욕가루덩이(nahāniya-cuṇṇa)의 비유 M39.15, M77.25, M119.18

목욕을 마친 자(nahātaka, Sk. snāta-ka) M39.22

목적(vosāna) M82.42-3

몰리야팍구나 존자(āyasmā Moḷiya-phagguna) M21.2ff.

몸(kāya) M10.3, M23.4, M28.9, M74.9, M75.21, M77.29; 몸으로 짓는 [세 가지] 그릇된 행실(kāyena adhammacariyā visamacariyā) M41.8, M41.12, M114.5; 몸의 작용(kāya-saṅkhāra) M44.15, M118.18; 몸의 의도적 행위(kāya-saṅkhāra) M57.8, M9.62; 몸과 무아(kāya) M28.7ff; 몸을 관찰함(kāya-anupassanā) M10.4ff, M74.9, M118.24; 몸에 대한 마음챙김(kāya-gata-sati) M10.10, M119.3ff; 몸으로 체험한 자(kāya-sakkhi) M65.11, M70.17; 몸에 대한 욕망(kāya-chanda) M74.9; 몸의 무력증(kāya-duṭṭhulla) M64.9, M127.16; 한 가지 형태의 몸(kāy-aññatara) M118.24; 몸의 마지막 느낌(kāya-pariyantikā vedanā) M140.24; 몸에 계박된(kāya-paṭibaddha) M44.15; 몸

에 대한 욕망(kāya-chanda) M74.9; 일곱 가지 몸(satta kāyā) M76.16ff.

못생기게 됨(dubbaṇṇa-saṁvattani-ka) M135.9

무관심으로 대하는(ajjhupekkheyyā-ma) M25.6-2

무더기[蘊, khandha]; 다섯 가지 무더기[五蘊, pañca-kkhandha] M26, M10.38, M23.4, M28.4, M28.28, M109.4ff, M149.3, M149.9, M149.11, M151.11; 오취온(五取蘊, 취착의 [대상인] 다섯 가지 무더기, pañca upādāna-kkhandhā) M44.6, M75.24, M109.6, M143.11; 오온과 여래(khandha) M72.20; 동요의 토대로서의 오온(khandha - paritassanā) M138.20; 오온과 변하는 성질 등(virāga) M112.5f; 오온의 무상·고·무아(anicca, dukkha, anattā) M22.26, M35.4, M35.20, M64.9ff, M109.15, M147.3ff; 오온무아(anattā) M22.16, M22.27, M22.40, M35.24f, M62.3, M109.13, M109.16; 오온과 존재더미[有身, sakkāya] M44.2; 오온과 자아(attā) M22.15, M35.10ff, M44.7, M109.10, M131.8, M138.20; 오온과 괴로움(dukkha) M9.15, M141.20; 오온과 기쁨(nandi) M131.4ff; 오온의 달콤함 재난 벗어남(assāda, ādīnava, nissaraṇa) M109.12; 오온의 일어남과 사라짐(samudaya, atthaṅgama) M10.38, M72.15, M122.16f.

무량광천(appamāṇābha deva) M127.9

무량한 마음의 해탈(appamāṇā ceto-vimutti) M43.30f, M43.35, M127.4ff.

무력증(duṭṭhulla) M128.21

무명(avijjā) M2.6, M4.28ff, M9.65ff, M9.70, M19.26, M23.4, M38.18, M38.21, M44.29, M80.16, M105.18, M115.11, M125.10, M149.11; 무명이 제거됨(pahīnā) M9.8, M22.31, M140.28; 무명의 잠재성향(anusaya) M18.8, M44.25ff, M148.28ff, M148.34ff; 무명에 기인한 번뇌[無明漏, avijjāsava] M2.6; 무명의 속박(avijjā-yoga) M22.35

무상(無常, anicca) M26, M22.22, M28.8, M35.4, M50.18; 무상을 통찰함(aniccaṁ pajānāti) M52.4ff, M62.23, M62.29, M64.9ff, M106.5, M118.21, M121.11; 몸(kāya)의 무상 M23.4, M28.7ff, M74.9, M77.29; 느낌(vedanā)의 무상 M13.36, M37.3, M74.11, M140.19, M146.9ff; 육외처(bāhirāni āyatanāni)의 무상 M137.11ff, M144.6f; 무상·고·무아(anicca, dukkha, anattā) M28, M40, M22.26, M35.20, M109.15, M146.6ff, M147.3ff.

무색계(aruppa) M60.29ff.

무소유처(無所有處, ākiñcaññāyatana) M1.17, M8.10, M26.15, M30.19, M31.16, M43.10, M59.13, M66.32, M102.4, M105.12, M140.21f, M143.12; 무소유처와 공(suñ-ña) M121.8; 무소유처를 토대로 한 불환과(anāgāmi-phala)의 증득 M52.14, M64.15, M111.15f; 무소유처와 마라를 눈멀게 함(andha-makāsi Māraṁ) M25.18, M26.40; 무소유처를 통한 마음의 해탈(ceto-vimutti) M43.30, M43.32, M43.36; 무소유처에 적합한 도닦음(ākiñcaññāyatana-sappāyā-paṭipadā) M106.6ff.

무아(無我, anattā) M27, M8.3; 오온 무아 M22.16, M22.26f, M22.40, M35.4, M35.20, M35.24f, M62.3, M109.13, M109.16; 제법무아(sabbe dhammā anattā) M35.4, M115.12; 네 가지 근본물질[四大, cattāro mahā-bhūtā] 의 무아 M28.6ff, M62.8ff, M112.8, M140.4ff; 눈의 알음알이 등을 통해 알아진 법들의 무아 M144.9f, M146.6ff, M147.3ff, M148.10ff.

무인론자(ahetuka-vāda) M60.21ff, M76.13ff.

무쟁(無諍, 다툼 없음, araṇa) M139.13; 다툼 없이 머무는 자[無諍住, araṇa-vihāri] M139.13

무학(無學, asekha) M65.34, M78.14 참 아라한

문답[方等, vedalla] M22.10; 교리문답(vedalla) M42.3

문자 풀과 갈대(muñja, isīka)의 비유 M77.30

물 대는 자(nettikā) M86.18-2

물(āpo)의 비유 M62.14

물독(udaka-maṇi)의 비유 M119.25; 28; 29

물방울(udaka)의 비유 M152.6

물의 요소[水界, āpo-dhātu] M1.4, M28.11ff, M49.12, M62.9, M140.15; 물을 닮는 수행(āposama bhāvana) M62.14

물질[色], 형색[色, rūpa] M9.54, M16.10, M28.26, M33.4, M33.17, M60.31, M106.4ff; 물질의 무더기[色蘊, rūpa-kkhandha] M28.5, M28.28, M109.8f; 물질의 달콤함, 재난, 벗어남(assāda, ādīnava, nissaraṇa) M13.18ff; 물질은 무아(rūpa anattā) M35.15, M62.3; 물질이라는 헤아림으로부터 해탈한(rūpasaṅkhāya vimutto) M72.20; 물질의 인식(rūpa-saññā) M102.4; 파생된 물질(upādāya rūpa) M9.54, M28.5, M33.3, M106.4; 형색의 표상(rūpa-nimitta) M128.28

미가라마따(녹자모, 鹿子母) 강당(Migāramātu-pāsāda) M26.3, M37.1, M50.26, M88.2, M107.1, M109.1, M110.1, M118.1, M121.1

미틸라(Mithilā, 지명) M83.1ff, M91.2, M91.24

믿음[信, saddhā] M22.47, M53.11,

M65.27, M70.19, M70.23, M85.58, M90.10, M95.14f, M95.33, M102.15f; 견(見)에 뿌리한 믿음(dassana-mūlikā saddhā) M47.16, M60.4; 믿음을 따르는 자(saddhānusāri) M22.46, M34.10, M65.11, M70.21

【바】

바구(Bhagu) M68.2, M128.7

바까 범천(Baka Brahmā) M49.2ff.

바다(samudda)의 비유 M119.22

바라나시 도시(Bārāṇasi) M26.24ff, M81.13f, M94.1, M141.1f. 참 까시(Kāsi)

바라드와자(Bhāradvāja) M98.3ff.

바라문(brāhmaṇa) M48ff, M50.12ff, M50.17ff, M84.4ff, M93.5ff, M95.12ff, M96.3ff, M96.10ff, M98.3ff, M99.4ff, M100.7, M107.2; 번뇌 다한 아라한으로서의 바라문(brāhmaṇa) M18.4, M27.7, M39.24, M89.17, M98.11ff.

바람(vāyo)의 비유 M62.16

바람의 요소[風界, vāyo-dhātu] M1.6, M28.21ff, M49.14, M62.11, M140.17; 바람을 닮는 수행(vāyo-sama bhāvana) M62.16

바르지 못한 사람(asappurisa) M110.3ff, M113.2ff.

바르지 못한 성품(asaddhamma) M110.4

바른 깨달음 ☞ 깨달음(sambodhi)

바른 노력[四正勤] ☞ 노력(padhāna)

바른 법, 훌륭한 성품(saddhamma) M53.11ff, M110.16

바른 사람(sappurisa) M110.14ff, M113.2ff; 바른 사람들의 법(sappuri-sa-dhamma) M1.3

바른 생계[正命] ☞ 생계[命, ājīva]

바른 정진[正精進, sammā vāyāma] ☞ 정진2

바른 행실(ācāra) M6.2

바른 행위[正業, sammā kammanta] ☞ 행위1

바후까 강(Bāhukā) M7.19

박가(Bhagga, 국명) M15.1, M50.1, M85.1

박가와 도기공(Bhaggava) M140.1

박꿀라 존자(āyasmā Bakkula) M124.1ff.

반야(般若, 慧) ☞ 통찰지[慧, paññā]

반열반(般涅槃) ☞ 완전한 열반(pari-nibbāna)

발라까(Bālaka, 마을) M56.5

발라깔로나까라 마을(Bālakaloṇakāra gāma) M128.7

밧달리(Bhaddāli) M65.3ff.

방일(pamāda) M3.15, M7.3ff, M25.8ff, M29.2ff, M37.11, M130.4ff.

배움(suta) M32.4, M33.22, M43.14, M53.14, M108.15

백정(goghātaka)의 비유1 M36.24, M97.29, M143.4

백정(goghātaka)의 비유2 M10.12, M119.8

뱀 머리의 비유(sappasir-ūpamā) M 22.3

뱀(alagadda)의 비유 M22.ff.

뱀과 껍질(ahi, karaṇḍa)의 비유 M 77.30

뱀의 사체(ahikuṇapa)의 비유 M20.4

뱀장어처럼 빠져나가는 자, 애매모호한 자(amarā-vikkhepa) M76.30ff.

버려야 할 것(pahātabba) M91.31

버린다(pajahati) M7.4

버림1(pahāna) M43.12, M118.27
제거되고 완전히 버려진다(pahānaṁ hoti, paṭinissaggo hoti) M8.3

버림2(vinodanā) M2.4

버림3, 철저한 버림(vossagga) M2.21

버터와 물(navanīta, udaka)의 비유 M126.12

버터와 커드(navanīta, dadhi)의 비유 M126.17

번뇌[漏, āsava] M38, M2.2ff, M9.69ff, M36.47, M49.30, M68.7, M121.12; 번뇌의 소멸(āsavānaṁ khaya) M2.3, M6.19, M7.18, M 12.24, M12.36, M12.42, M25.20, M26.42, M30.21, M31.18, M32.17, M40.14, M41.43, M52.3ff, M 53.22, M54.24, M64.9ff, M71.9, M73.24, M74.14, M77.36, M108.23, M112.3ff, M119.42, M121.11, M146.13, M147.10; 번뇌를 소멸하는 지혜[漏盡通, āsavānaṁ khaya-ñāṇa] M4.31f, M27.25f, M36.42f, M39.21, M51.26f, M65.20f, M76.49f, M76.52, M79.43f, M101.44f, M112.19f; 누진통의 정형구에 대한 비유 M39.21, M77.36; 번뇌 거리가 되는 사건들(āsavaṭṭhānīyā dhammā) M65.30f.

범계(犯戒, 계를 범함, āpatti) M5.10ff, M48.11, M65.23ff, M103.9ff, M104.16ff, M105.22; 범계를 고하고 드러내고 공개함(deseti vivara-ti uttānīkaroti) M48.11, M61.11, M65.7, M65.13, M104.18, M140.33

범부(puthujjana) M1.3ff, M2.5ff, M 24.13, M36.8, M46.3, M64.5, M 115.12, M137.14, M142.5f; 범부와 유신견(sakkāya-diṭṭhi) M22.15, M44.7, M109.10, M131.8, M 138.20; 계행이 나쁜 범부(puthu-jjana-dussīla) M142.5; 계를 지닌 범부(puthujjana-sīlavanta) M 142.5

범천(brahmā) M1.10, M22.36, M49.5, M49.18, M50.29, M55.7, M55.11, M84.4, M90.15, M93.5, M115.15, M120.12; 범천의 회중(brah-ma-parisā) M12.29f; 범천의 세상(brahma-loka) M6.14, M83.6,

M83.21, M97.31ff, M99.22ff;
브라흐마가 되어(brahma-bhūta) M92.19 참 으뜸이 되는

법(dhamma) M1.2. M3.2. M16.4-6. M33.10. M38.8, M48.14. M68.10; 법의 정형구(dhamma, ehipassika) M7.6, M38.25; 법을 귀의처로 함(dhamma-paṭisaraṇa) M108.9; 법에 대한 흔들리지 않는 믿음의 정형구(dhamme aveccappasāda) M7.6, M9.2ff, M11.15, M47.14; 법에 대한 깨끗한 믿음(dhamme pasāda) M11.3-2; 법에 대해 회의하고 의심함(dhamma kaṅkhati vicikicchati) M16.4; 법의 상속자(dhamma-dāyāda) M3.2f; 법다운 추론(dhammanvaya) M89.10ff; 법의 심오함 등(dhamma gambhīra etc.) M26.19, M72.18, M95.17ff; 법을 설하는 목적(dhamma-desana) M22.20, M35.26; 법을 설한다(dhammaṁ deseti) M12.26, M35.26; 법을 사유하여 받아들임(dhamma-nijjhāna-khanti) M70.23, M95.26; M22.10; 법들도 버려야 하거늘(dhammāpi pahātabbā) M22.14; 법을 설함(dhamma-desanā) M32.4, M33.21, M139.8; 법을 봄(dhamma, diṭṭha-dhamma) M56.18, M74.15, M75.24, M91.36, M147.10; 법의 바퀴(dhamma-cakka) M26.25ff, ·M92.17ff, M111.23, M141.2; 법을 따르는 자(dhamma-anusāri) M22.46, M34.10, M65.11, M70.20; 법을 즐김(dhamma-nandi) M52.4ff, M64.9ff;

법을 간택하는 깨달음의 구성요소[擇法覺支, dhamma-vicaya-sam-bojjhaṅga] M117.8, M118.31; 법을 따르는 자(dhamma-anusārī) M22.46, M34.10 M70.20; 법을 따름(dhamma-cārī) M97.16; 법을 본다(dhammaṁ passati) M28.28; 법을 아는 통찰지(dhamm-anvaya) M12.5; 법답게 추론함 M89.10; 법을 앎(dhamma-veda) M33.10; 법을 좋아하고 법을 즐기는(dhammarāga dhammanandi) M52.4; 법의 실천(dhamma-samādānāni) M45.2; 법의 요소[法界, dhamma-dhātu] M58.11; 법의 탑(dhamma-cetiyāni) M89.21; 법왕(dhamma-rājā) M92.17; 법담(法談, dhammī kathā) M26.4, M43.14, M122.12, M122.20,

밝은 법(sukka dhamma) M47.14; 어두운 법(kaṇha dhamma) M47.14; 무쟁(無諍)의 법(araṇa dhamma) M139.13; 분쟁의 법(saraṇa dhamma) M139.13; 변하지 않는 법(avipariṇāma-dhamma) M2.8; 비법(adhamma) M97.6; 정법이 아닌 것을 받아들이도록 설득함(a-saddhamma-saññatti) M60.8,

세존이 설하신 한 가지 법(eka-dhamma) M52.4ff, M64.9ff; 시작도 중간도 끝도 훌륭한 법(dham-ma, ādikalyāṇa etc.) M27.11, M41.2, M51.12, M60.2, M82.2, M91.3, M148.2; 귀 기울여 법을 배

움(ohitasoto dhammaṁ suṇāti) M48.13, M65.32, M70.23, M75.25, M95.29f, M137.22ff; 스승께서 버려야 한다고 설한 법들(dhammā, satthā pahānam āha) M3.6; 크고 작은 법(dhammassa anudhamma) M91.39; 법과 뗏목의 비유(dhamma, kullūpama) M22.20, M38.14; M35.26; 출세간법이 인간의 재산임(sandhana) M96.12; 원인에 대한 영감(dhamma-veda) M7.8, M33.23, M48.14, M99.21;
법, 마노의 대상(dhamma) M10.36ff, M118.27. 참 감각장소(āyatana); 더 높은 법(아비담마, abhidhamma1) M32.8, M69.17, M103.4;
법다운 것(anudhamma) M70.27; 법다운 대답(sahadhammika vāda-parihāra) M101.11; 법다움(dhammika) M48.6, M83.3, M101.23
법문(pariyāya) M1.2
법과 율(dhamma vinaya) M103.5; 법과 율에서 향상과 증장과 충만함(dhamma-vinaye vuḍḍhi virūḷhi vepulla) M16.14, M21.8, M33.16; 바르게 설해진 법과 율(svākkhāta dhamma-vinaya) M11.15, M22.42ff, M27.3ff, M27.26, M47.14f, M85.60, M89.10ff; 잘못 선언된 법과 율(durakkhāta dhamma-vina-ya) M11.13, M104.2;
벗어난, [속박에서] 벗어난(visaṁyutta) M22.35; 풀려난 자(visaṁyutta) M98.11; 매이지 않고 느낀 다(visaṁyutta) M140.24;
벗어남(nissaraṇa) M11.7
베다(Veda) M91.2, M93.3, M95.8; 베다에 통달한 자(vedagū) M39.23, M91.33
베사깔라 숲(Bhesakalā) M15.1, M50.1, M85.1
베풂, 관대함(cāga) M68.10ff, M96.9, M99.9, M99.18f, M99.21, M120.3, M140.27 참 보시(dāna)
벨루와가마까(Beluvagāmaka) M52.1
변정천(subhakiṇṇa) M1.12, M49.10, M49.20, M57.9
변하고 빛바래고 소멸함(vipariṇāma-virāga-nirodha) M137.11
병 없음(건강함, appābādha) M65.2, M70.4, M75.19ff, M85.58, M90.10, M135.8
병이 나은 사람(ābādhā mutta)의 비유 M39.14
보디 왕자(Bodhi rājakumāra) M85.2ff.
보름달(puṇṇa canda)의 비유 M146.15, M146.27
보리분법(菩提分法) ☞ 깨달음의 편에 있는 법들
보물의 보배[寶貝寶, maṇi-ratana] M129.38
보물창고 입구(nidhi-mukha)의 비유 M52.15, M128.20

보살(bodhisatta) ☞ 부처님

보시(dāna) M35.30, M56.17, M110.12, M110.23, M135.14, M142.5ff.

보존(gati) M12.62

본 것(diṭṭha) M1.19, M22.15f, M112.3f. M55.5; 보았기 때문에 의심스러운 것(diṭṭha-parisaṅkita) M55.5

봉사(pāricariyā) M96.3

부딪힘의 인식(paṭigha-saññā) M8.8, M25.16 참 적의1(paṭigha)

부미자 존자(āyasmā Bhūmija) M126.2ff.

부시막대(uttarāraṇi)의 비유 M36.17, M119.24, M119.27, M126.13, M126.18, M140.19

부유한 장자(aḍḍha gahapati)의 비유 M66.12

부정(不淨, asubha) M10.10, M50.18, M62.22, M118.14, M119.7

부처님[佛, buddha];

부처님의 정의(Buddho tādi pavuccati) M91.31, M91.33, M92.19; 깨달으신 분(buddha) M35.26; 일체를 아는 분(sabbaññū) M71.5, M90.5ff; 길을 여신 분(maggassa uppādetā) M108.5; 알고 보시는 분(jānam jānāti passam passati) M18.12, M133.9;

부처님의 탄생 M123.3ff; 부처님의 유년시절 M14.5, M26.13, M75.10; 부처님의 깨달음을 위한 탐구(pari-yesanā) M4.3ff, M12.44ff, M19.2ff, M26.13ff, M36.12ff; 부처님의 깨달음 M4.28ff, M26.18, M36.38ff; 부처님, 정등각자(sammā-sambuddha) M27.3ff, M27.26, M47.14, M89.10ff; 부처님의 좋은 명성(kalyāṇa kittisadda) M41.2, M60.2, M75.4, M82.2, M91.3, M140.5; 부처님, 무리의 스승이신 분(gaṇācariya) M35.26, M77.6ff, M89.13; 부처님께 불가능한 일(aṭ-ṭhāna) M115.14ff; 부처님, 조어장부(調御丈夫, purisa-damma-sārathi) M137.25f; 탁월한 통찰지를 가지신 분(paññā-veyyatti) M12.62, M27.2, M99.30; 어리석음의 본성을 초월한 분(asammoha-dhamma) M4.21, M12.63, M36.47; 과거와 미래의 부처님들 M51.2f, M123.2; 부처님의 서른두 가지 대인상[三十二大人相, mahā-purisa-lakkhaṇāni] M91.9; 부처님에 대한 칭송(pasaṭṭha) M27.2, M95.9, M99.30; 부처님의 신통 등(iddhi-vidha) M12.6, M49.26, M86.5, M91.7, M92.14; 부처님, 무리를 지도하는 스승(gaṇam anusā-situṁ arahati) M137.22ff; 부처님의 비난을 살만한 행위 [없음](opārambha samācāra) M88.8ff, M91.10ff; 부처님에 대한 흔들리지 않는 깨끗한 믿음(aveccappasāda, 淸淨信) M7.5, M11.15, M47.14f; 부처님의 눈[佛眼, Buddhacakkhu] M26.21; 부처님의 족적(Buddha-

padāni) M27.3ff.
부처님의 교법에 몰두한다(yuñjati Bu-ddha-sāsane) M86.18
분노(kodha, kopa) M3.9, M5.10ff, M7.3, M15.3, M16.7, M21.2, M23.4, M40.3, M40.7, M54.4, M54.12, M67.16, M104.6, M135.9, M140.28 참 악의, 성냄
분발(ussoḷhi) M16.26
분쟁, 논쟁, 말다툼(vivāda) M13.11ff, M18.8, M48.2ff, M59.5, M74.6ff, M89.11, M103.15f, M104.2, M104.5f, M128.3ff; 여섯 가지 분쟁의 뿌리(cha vivāda-mūlāni) M104.6ff.
불(aggi)의 비유1 M38.8, M96.12
불(tejo)의 비유2 M62.15
불가능한 것(aṭṭhāna) M115.12ff.
불방일(appamāda) M31.8f, M70.11ff, M128.13
불사(不死, amata) M26.12, M26.18, M26.20f, M52.15, M64.9ff, M106.13; 불사의 문(amata-dvāra) M26.20, M34.12 불사 참 열반
불선(不善) ☞ 해로운(akusala)
불의 요소[火界, 火大, tejo-dhātu] M1.5, M28.16ff, M49.13, M62.10, M140.16; 불을 닮는 수행(tejo-sama bhāvana) M62.15
불 지피기(abhinibbatta)의 비유 M90.12, M93.11
불행한 곳[惡處/惡趣, duggati] M12.36 참 악처(惡處, duggati)
불환자(anāgāmi) M6.13, M10.46, M22.43, M34.7, M52.4ff, M64.9ff, M68.1ff, M70.27, M73.9, M73.11, M91.39, M118.10, M140.36, M142.5f. 참 유학, 참 성스러운 제자
브라흐마가 되어(brahma-bhūta) M92.19 참 으뜸이 되는(brahma-bhūta)
브라흐마유 바라문(Brahmāyu brāh0maṇa) M91.2ff.
비구(bhikkhu); 비구의 여러 명칭(사문 등) M39.22ff; 비구, 집착을 초월함(tiṇṇa visattika) M25.20, M26.42; 비구의 훈도하기 어려운 자질 15가지(dovacassa-karaṇā dhammā) M15.3, M21.10, M65. 23, M65.25, M69.9, 03.11ff; 비구의 훈도하기 쉬운 자질 15가지(so-vacassa-karaṇā dhammā) M15.5, M21.10, M65.24, M65.26, M69.9, M103.10; 비구의 잘못된 바람(icchā) M5.10ff; 비구의 청정한 믿음을 내게 하는 10가지 법(dasa pasādaniyā dhammā) M108.13ff; 비구가 빛남(sobhana) M32.4ff, M122.3; 비구의 향상과 증장과 충만함(vuḍḍhi virūḷhi vepulla) M16.13, M16.25, M33.3, M33.16; 마음이 해탈한 비구(vimutta-citta bhikkhu) M22.36, M37.3, M72.16f, M74.13; 사유의 행로에 대해 자유자재한 비구(bhi-

kkhu vasī vitakka-pariyāya-pa-thesu) M20.8; 비구와 모든 번뇌의 단속(sabbāsava-saṁvara) M2.22; 비구와 자신을 반조해야 함(attānaṁ paccavekkhitabba) M15.7f; 비구와 죽음을 길들임(danta-maraṇa) M125.32; 비구, 공양받아 마땅함 등(āhuneyya *etc.*) M65.34, M125.30; 비구들의 학습계목을 받아지님(bhikkhūnaṁ sikkhā-sājīva-samāpanna) M27.13, M51.14

비구(bhikkhu)의 비유 M12.21

비구니(bhikkhuni) M21.2ff, M56.19, M65.9, M68.14ff, M73.8, M142.7, M146.2ff.

비상비비상처(非想非非想處, nevasaññā-nāsaññāyatana) M1.18, M8.11, M26.16, M30.20, M31.17, M59.14, M66.33, M105.14, M140.21f, M143.12; 비상비비상처와 공(空, suñña) M121.9; 비상비비상처를 토대로 한 수행 M111.17; 비상비비상처와 마라를 눈멀게 함(andhamakāsi māraṁ) M25.19, M26.41; 비상비비상처는 최상의 취착의 대상 M106.11; 비상비비상처에 적합한 도닦음(sappāyā-paṭipadā) M106.9

빌린 물건의 비유(yācitakūpamā) M22.3, M54.20

빔비사라 왕(Bimbisāra Seniya) M23, M14.20ff, M95.9

빚낸 사람(iṇaṁ ādātā)의 비유 M39.14

빚 없이 음식을 수용한다(anaṇo bhuñ-jāmi bhojanaṁ) M86.18-3

빠꾸다 깟짜야나(Pakudha Kaccāya-na, 육사외도) M30.2, M36.48, M77.6

빠딸리뿟따(Pāṭaliputta, 지명) M52.2, M94.33

빠띠목카[戒目, 계목, pātimokkha] M6.2, M53.7, M104.5, M108.10 참 계, 계행

빠라사리야 바라문(Pārāsariya brāh-maṇa) M152.2

빠라지까에 가까운 범계(pārājika-sāmanta) M104.16

빠세나디 꼬살라 왕(rājā Pasenadi Kosala) M24.14, M35.12, M86.8ff, M87.5, M87.24ff, M88.3ff, M89.2ff, M90.2ff, M95.8f.

빠와(Pāva, 지명) M104.2

빠와리까 망고 숲(Pāvārikambava-na) M56.1

빠자빠띠(Pajāpati, 신의 이름) M1.9, M22.36, M49.5, M49.17

빤두뿟따 아지와까 수행자(Paṇḍuputta ājīvaka) M5.31

빤짜깡가 목수(Pañcakaṅga) M59.2ff, M78.2ff, M127.2ff.

빳조따 왕(Pajjota, Caṇḍappajjota) M18.10N, M108.2

빳쩨까 부처님[獨覺, 벽지불, 僻支佛,

paccekabuddha] M116.3ff, M142.5f.

뻔뻔스러움(sārambha) M3.13, M7.3ff.

뻿사 코끼리 조련사의 아들(Pessa hatthārohaputta) M51.1, M51.4ff.

뼈다귀의 비유(aṭṭhikaṅkalūpamā) M22.3, M54.15

뽀딸리뿟따 유행승(Potaliputta paribbājaka) M136.2

뽀딸리야 장자(Potaliya gahapati) M54.3ff.

뽁카라사띠 바라문(Pokkharasāti brāhmaṇa) M95.8f, M98.2, M99.10ff.

뿌납바수까(Punabbasuka) 육군비구(六群比丘) M70.4ff.

뿌라나 왕의 시종(Purāṇa thapati) M89.18

뿌라나 깟사빠(Pūraṇa Kassapa, 육사외도) M30.2, M36.48, M77.6

뿌리(mūla) M55.7; 모든 법들[諸法]의 뿌리(sabba-dhamma-mūla) M1.2; 여섯 가지 분쟁의 뿌리(cha vivāda-mūlāni) M104.6; 해로움[不善]의 뿌리(akusala-mūla) M9.5; 유익함[善]의 뿌리(kusala-mūla) M9.7

뿍꾸사띠 존자(āyasmā Pukkusāti) M140.3ff, M140.33

뿐나 만따니뿟따 존자(āyasmā Puṇṇa Mantāṇiputta) M24.2ff.

뿐나 존자1(āyasmā Puṇṇa) M57.2

뿐나 존자2(āyasmā Puṇṇa) M145.1ff.

삘로띠까 유행승(Pilotika paribbājaka) M27.2

삥갈라꼿차 바라문(Piṅgalakoccha brāhmaṇa) M30.2

【사】

사기(sāṭheyya) M3.12, M7.3ff, M15.3ff, M40.3, M40.7, M104.9

사께따(Sāketa, 지명) M24.14

사꿀라 자매(Sakulā bhaginī, 소마와 자매지간) M90.3

사꿀루다이 유행승(Sakuludāyi paribbājaka) M77.2ff, M79.1ff, M79.45f.

사낭꾸마라 범천(Sanankumāra Brahmā) M53.22

사대(四大) ☞ 근본물질[四大]

사대천왕(Cātumahārājika deva) M12.29f, M31.21, M41.18, M97.30, M20.6

사띠 비구(Sāti bhikkhu) M38.2ff, M38.41

사람[個我, puggala] ☞ 인간

사람들을 보는(passeyya) 비유 M39.20, M77.35

사랑에 빠진 남자(sāratta purisa)의

비유 M101.24ff.

사량 분별(papañca) M11.5, M18.8, M18.16; 사량 분별이 함께한 인식의 더미(papañca-saññāsaṅkhā) M18.8

사리뿟따 존자(āyasmā Sāriputta) M12.3ff, M24.3, M24.132.1, M32.4ff, M32.16, M62.5, M74.14, M141.5; 바른 견해에 대해(sammā diṭṭhi) M9.1ff; 사리뿟따 존자와 법의 대장군(senāpati) M92.18f; 법의 상속자에 대해(dhamma-dāyāda) M3.4ff; 사성제의 정의 M9.14ff, M28.2ff, M141.8ff; 참다운 비구에 대해 M32.9; 행해야할 것에 대해(sevitabba-asevitabba) M114.4ff; 흠 없음에 대해(anaṅgaṇa) M5.ff; 숲 속에 거주하는 비구에게(āraññaka-bhikkhu) M69.3ff; 사리뿟따 존자에 대한 책망(Sāriputta) M67.12, M97.38; 사리뿟따 존자에 대한 칭송 M24.17, M111.2, M11.21ff; 사리뿟따 존자의 교계(ovāda) M97.6ff, M143.4ff, M44.4ff; 사리뿟따 존자의 대화 M24.6ff, M43.1ff; 차례대로 법에 대해 위빳사나를 닦은 것(dhamma-vipassanā) M111.3ff.

사마가마(사마 마을, Sāma-gāma) M104.1

사마나만디까의 아들(Samaṇamaṇḍikā putta) M78.1ff.

사마타[止, samatha] M38ff, M6.3, M32.5, M43.14, M48.9, M73.18, M149.10, M149.11, M151.19; 사마타와 위빳사나(samatho ca vipassanā ca) M73.18 참 삼매, 禪

사막을 건넌 사람(kantārā nitthiṇṇa)의 비유 M39.14

사문(samaṇa) M11.2f, M27.7, M39.2ff, M39.23, M40.2ff, M84.9, M89.17; 사문의 오점(samaṇa-dosa) M40.3 참 비구, 참 유행승

사미띠 수레공의 아들(Samīti yānakāra-putta) M5.31

사밋디 존자(āyasmā Samiddhi) M133.1ff, M136.2ff.

사성제(四聖諦, 네 가지 성스러운 진리, cattāri ariyasaccāni) M2.11, M9.14ff, M10.44, M28.2ff, M43.2f, M63.9, M77.14, M81.18, M141.2f, M141.8ff, M142.3f; 사성제와 법의 눈이 생기는 정형구 M56.18, M74.15, M91.36; 사성제와 법의 바퀴(dhamma-cakka) M141.2

사슴(miga)의 비유 M26.32ff.

사슴의 무리(miga-saṅgha)의 비유 M19.25f, M25.2ff.

사악한 자(Pāpiman) ☞ 마라(Māra)

사왓티(Sāvatthī,지명) M23, M2.1

사유1(saṅkappa); 바른 사유[正思惟, sammā saṅkappa] M60.11ff, M78.9, M78.13, M117.12ff, M141.25, M149.10; 그릇된 사유(micchā saṅkappa) M8.12,, M60.8ff,

M78.9, M78.12, M117.11

사유2(vitakka); 일으킨 생각[尋, vitakka] M18.16, M20.3, M117.14, M125.24; 나쁜 사유를 제거함(vitakka pahīna) M2.20, M20.3ff, M33.19; 두 가지 사유(dvedhā-vitakka) M19.2ff, M122.13

사자후(sīha-nāda) M11.2, M12.9

사정근(四正勤) ☞ 노력(padhāna)

사함빠띠 범천(Sahampati Brahmā) M26.20f, M67.8f.

삭까 족(Sakka) M46, M37.2ff, M50.28, M83.13ff, M115.15

산다까 유행승(Sandaka paribbājaka) M76.2ff, M76.54

산봉우리 그림자(pabbatakūṭa, chāyā)의 비유 M129.5, M129.30

산속 호수(pabbata-saṅkhepa udaka-rahada의 비유 M39.21, M77.36

산자야 바라문(Sañjaya brāhmaṇa) M90.6f, M90.16

산자야 벨랏티뿟따(Sañjayena Belaṭṭhiputta, 육사외도) M30.236.48, M77.6

산지까뿟따 바라문 학도(Sañjikāputta māṇava) M85.3

산지와 존자(āyasmā Sañjīva, 까꾸산다 부처님의 상수제자) M50.9ff.

살라 바라문 마을(Sālā brāhmaṇa-gāma) M41.1, M60.1

살라 나무 숲(sāla-vana)의 비유1 M21.8

살라 나무(sāla-rukkha)의 비유2 M72.21

살생(殺生) ☞ 생명을 죽이는 것(pāṇātipāti)

삶의 족쇄(bhava-saṁyojana) M1.51, M34.6, M35.25, M51.3, M71.11, M139.7

삼매(samādhi) M4.18, M7.8, M12.16, M16.26, M19.8, M20.3ff, M24.2, M32.7, M36.45, M40.8, M44.11, M44.12, M69.15, M77. 17, M122.7ff, M128.31; 삼매를 구족함(samādhi-sampanna) M12.21; 삼매의 구족에 취함(samādhi-sam-padāya majjati) M29.4, M30.10; 삼매의 깨달음의 구성요소[定覺支, samādhi-sambojjhaṅga] M118.35; 삼매가 사라짐 = 삼매의 장애물(samādhi cavi) M128.16ff; 바른 삼매(sammā samādhi) M117.3, M141.31, M149.10; 삼매의 표상(samādhi-nimitta) M36.45, M122.10; 삼매에 들다(samādhiyati) M118.36

삼명(三明) ☞ 명지[明, vijjā]

삼사라(saṁsāra) ☞ 윤회

삼십삼천(tāvatiṁsa deva) M12.29f, M31.21, M37.6, M41.19, M75.11, M83.13, M90.14, M97.30, M120.7, M134.2

삼십이상(三十二相) ☞ 대인상(大人相)

삼의(三衣, ti-cīvara) M88.18
삼학(三學, tisso sikkhā, tayo khandhā) M44.11, M53.5 참 공부지음(sikkhā)
삿짜까 니간타의 후예(Saccaka nigaṇṭha) M35.2ff, M36.2ff.
상가라와 바라문 학도(Saṅgārava māṇava) M100.3ff.
상견(常見, 영속론, sassata-vāda) M2.8, M22.15f, M22.20, M22.25, M38.2ff, M49.3ff, M102.14ff. 참 견해
상수멸(想受滅, saññā-vedayita-nirodha) M41, M30.21, M31.18, M43.23, M44.16ff, M50.9, M59.15, M66.34, M113.29; 상수멸과 죽음(mata)의 차이 M43.25; 상수멸과 번뇌의 소멸 M25.20, M26.42, M30.21, M111.19f; 상수멸과 마라를 눈멀게 함(andhamakāsi māraṁ) M25.20, M26.42; 팔해탈의 여덟 번째인 상수멸 M77.22, M137.29
상아 세공인(danta-kāra)의 비유 M77.31
상카라[行, saṅkhāra] M55!, M26.19, M35.4, M102.4ff, M102.10, M115.12; 참 의도적 행위[行]
생계[命, ājīva] M4.7, M39.7, M104.5; 바른 생계[正命, sammā ājīva] M117.30ff, M141.28; 그릇된 생계(micchā ājīva) M117.29, M141.28
생긴 것(bhūta); 이렇게 생긴 것(tathā-bhūta) M28.28; 이것은 생긴 것이다(bhūtam idaṁ) M38.9
생명을 죽이는 것[殺生, pāṇātipāti] M41.8, M51.9f, M54.4, M54.6, M55.12, M114.5, M135.5; 생명을 죽이는 것을 멀리 여읨(pāṇātipātā paṭivirata) M27.13, M41.12, M51.14, M114.5, M135.6; 생명을 죽이는 것(살생)의 과보(pāṇātipāti) M135.5f.
서계(vata) M76.16, M98.11; 세계를 구족한 자(vata-sampanna) M98.3
선(善) ☞ 유익함[善, kusala]
禪(jhāna), 네 가지 禪 M36, M39, M6.9, M8.4ff, M13.32ff, M30.13ff, M45.7, M51.20ff, M53.18, M59.7, M107.10, M113.21ff; 禪과 부처님의 깨달음(jhāna) M4.22ff, M36.31, M36.34ff; 禪을 토대로 한 불환과의 증득 M52.4ff, M64.9ff, M111.3ff; 禪, 마라를 눈멀게 함(andhamakāsi Māraṁ) M25.12ff, M26.34ff; 禪과 출리의 즐거움 등(nekkhamma-sukha *etc.*) M66.21, M139.9; 禪, 유익한 법을 성취하는 청정범행 M76.43ff, M79.37ff, M101.38ff; 부처님이 칭송하신 禪(bhagavā vaṇṇesi) M108.27; 禪, 집착의 대상이 됨(ālaya) M66.26ff; 禪과 바른 삼매의 정의(sammā-samādhi) M141.31; 禪과 인간의 법을 초월한 것(uttari manussadhammā) M31.10ff, M65.16ff; 禪과 여래의 네 가지 족적

(cattāri padāni) M27.19ff; 초선(paṭhama-jhāna)의 정의 M36.31, M43.18ff, M44.28, M78.12, M111.3f; 제2선의 정의 M78.13, M111.5f; 제3선의 정의 M111.7f;제4선의 정의 M43.26, M44.28, M66.25, M111.9f; 네 가지 禪에 대한 비유 M39.15ff, M77.25ff, M119.18ff.
선처(善處, sugati) M7.3
성냄(dosa) M1.99ff, M3.8, M9.5, M11.5, M14.2, M43.35ff, M45.6, M73.4, M95.18, M140.28, M150.4ff, M151.3ff. 참 분노, 참 악의
성스러운 제자(ariya-sāvaka) M2.9ff, M14.4, M36.9, M46.4, M64.6, M115.12; 성스러운 제자와 유신견(有身見, sakkāya-diṭṭhi) M22.16, M44.8, M109.11, M131.9, M138.21; 성스러운 제자의 일곱 가지 지혜(ñāṇa) M48.8ff.
성스러운 진리 ☞ 사성제(四聖諦)
성스러운 침묵(ariya tuṇhībhāva) M26.4
성스러운 팔정도 참 팔정도(八正道, ariya aṭṭhaṅgika magga)
성자(ariya) M22.35, M39.28, M137.21ff, M152.11ff; 성자의 율에서는(ariyassa vinaye) M8.4ff, M8.8ff, M36.7ff, M38.27, M54.3ff, M65.13, M105.22, M140.33, M152.3ff.
성스러운(ariya) M48.8. M117.2
성취 수단[如意足], 네 가지 성취수단(iddhi-pādā) M16.26, M77.17, M103.3, M104.5, M118.13, M149.10, M151.14
성품(dhammatā) M48.11
세니야, 개처럼 사는 서계를 닦는 자(Seniya kukkuravatika) M57.2ff
세력, 큰 힘(mahesakkha) M123.17, M135.12
세밀히 조사함, 재어 봄(tulana) M70.23, M95.23
세속적인(gehasitā) M21.6; 세속에 얽힌(gehasitā) M119.4; 재가에 바탕 한 것(geha-sitāni) M137.9; 재가의 생활습관(gehasita-sīla) M125.23
세속을 여읜(nirāmisa) M118.33; 세속을 여읜 즐거움(nirāmisa sukha) M10.32, M102.19
셀라 바라문(Sela brāhmaṇa) M92.6ff.
소광천(parittābha deva) M127.9
소마 자매(Somā bhaginī, 사꿀라와 자매지간) M90.3
소멸[滅, nirodha] M2.11, M3.8ff, M22.38, M26.15f, M26.19, M38.9ff, M59.16, M62.29, M83.21, M118.21, M139.5, M144.10; 존재[有]의 소멸(bhava-nirodha) M60.32ff; 형성된 것들[有爲]의 소멸(saṅkhānaṁ nirodha) M102.4ff; 존재 더미[有身]의 소멸(sakkāya-nirodha) M44.4, M64.8, M148.22ff;

괴로움의 소멸[苦滅, dukkha-nirodha] M9.17, M22.38, M28.28, M38.20, M38.40, M75.25, M115.11, M141.22, M145.4

소치는 사람(gopālaka)의 비유 M19.7, M19.12, M33.2, M33.15, M34.2, M34.4

속박, 마음의 속박(cetaso vinibandhā) M16.8ff.

속상함(vighāta) M72.14; 속상해함(vighātavā) M138.20

속임(māyā) M3.12, M7.3ff, M15.3ff, M40.3, M40.7, M104.9

손가락 튀기기(accharika pahareyya)의 비유 M152.5

쇠꼬챙이(ayo-siṅghāṭaka)의 비유 M58.3

수기(授記, 記別, 상세한 설명, veyyā-karaṇa) M22.10

수나빠란따(Sunāparanta, 지역) M145.5

수낙캇따 릿차위의 후예(Sunakkhatta Licchaviputta) M12.2ff, M105.3ff.

수담마 의회(Sudhamma sabhā) M50.29, M83.13

수레바퀴를 보는 것(nemi-maṇḍala)의 비유 M32.6

수레바퀴의 테(rathassa nemi)의 비유 M5.31

수명(āyu) M43.22; 수명(āyu-saṅkhārā) M43.23; 수명을 길게 하는 길(dīghāyuka-saṁvattanikā) M135.6; 수명을 짧게 하는(단명) 길(appāyuka-saṁvattanikā) M135.5

수바 바라문 학도, 또데야의 아들(Subha māṇava Todeyyaputta) M99.2ff, M135.2ff.

수바가 숲(Subhaga-vana) M1.1, M49.1

수부띠 존자(āyasmā Subhūti) M139.14

수승한(paṇīta) M26.19; 수승한 몸을 받은(paṇīte kāye patiṭṭhitā) M49.5

수승한 바퀴[梵輪, brahma-cakka] M12.9

수승한 법(abhidhamma) M69.17. M103.4

수용함(paṭisevanā) M2.4

수치심(ottappa) M39.3, M53.13

수태 참 모태에 듦(gabbhassa avakkanti)

수행에 대한 일반적 언급들, M2.4, M6.2, M32.12, M36.21ff, M50.13, M62.8ff, M108.27 참 삼매, 참 禪, 참 사마타, 참 위빳사나, 참 마음챙김, 참 보리분법

숙고(paṭisaṅkhā) M2.12

순다리까 바라드와자 존자(āyasmā Sundarika-bhāradvāja) M7.19ff.

순차적인 가르침(ānupubbi-kathā) M56.18

숨수마라기리(악어산, Suṁsumāra-giri) M15.1, M50.1, M85.1

숯불 구덩이(aṅgārakāsu)의 비유1 M12.37, M22.3, M54.18

숯불 구덩이(aṅgārakāsu)의 비유2 M36.25, M97.29, M143.4

숫양(eḷaka)의 비유 M35.5

숲 속 외딴 거처에 머무는 자(āraññaka) M4.2ff, M5.29, M17.2ff, M32.7, M69.3ff, M77.9, M150.6

스승(satthā) M36, M24.3, M101.11, M122.2; 스승에 대한 깨끗한 믿음(satthari pasāda) M11.3-2; 스승에 대해 회의하는(satthari kaṅkhati) M16.3

스승의 재난(ācariy-ūpaddava) M122.22

슬픔, 정신적 고통(domanassa) M13.9f, M22.18, M22.20, M36.8, M38.30, M44.28, M87.3, M129.3ff, M137.8, M137.12f, M140.10, M141.17 참 괴로움[苦, dukkha]

승가(saṅgha) M7.7, M52.16, M65.30f, M67.7ff, M69.3ff, M108.7ff, M118.8ff; 일곱 가지 승가를 위한 보시(satta saṅghagatā dakkhiṇā) M142.2, M142.7f; 화합하는 승가(samagga saṅgha) M103.4ff, M104.5.; 잘 도닦는 승가(supaṭipanna saṅgha) M27.3f, M27.26, M47.14f, M51.1ff, M89.10ff.

승자천(勝者天, abhibhū) M1.14, M26.25, M49.22

시기를 잘 보아야 함(kālaññū) M139.10

식무변처(識無邊處, viññāṇañcāyatana] M1.16, M8.9, M30.18, M31.15, M43.10, M59.12, M66.31, M77.22, M137.26, M140.21f, M143.12; 식무변처와 공(空, suññata) M121.7; 식무변처를 토대로 한 불환과의 증득 M52.13, M64.14, M11.13f; 식무변처와 마라를 눈멀게 함(andhamakāsi Māraṁ) M25.17, M26.39

식물들(bhūtagāmā)의 비유 M35.10

신(神, deva), 천상(deva) M1.8, M12.36, M22.36, M31.21, M41.18ff, M49.16, M56.11, M83.4. M90.13f, M100.42, M120.6ff, M120.19ff, M127.9ff; 위대한 천신(deva-mahattatā) M110.24

신성한 귀[天耳, dibba-sota] M6.15, M12.7, M73.20, M75.6, M77.32, M108.19, M119.38

신성한 눈[天眼, dibba-cakkhu] M4.29, M6.18, M27.24, M32.6, M36.40, M51.25, M71.8, M73.23, M76.48, M79.7f, M79.42, M108.22, M119.41; 신성한 눈으로 태어날 곳으로 인도하는 업(gati-saṁvattanika kamma)을 앎 M12.37ff, M130.2; 신성한 눈으로 중생의 태어날 곳을 앎 M136.9ff; 신성한 눈

[天眼]과 비유(dibba-cakkhu) M 39.20, M77.35, M130.2

신통, 성취(iddhi) M6.14, M11.6, M 37.11, M56.13, M73.19, M77.31, M108.13, M119.37, M129.42ff. 참 최상의 지혜(abhiññā)

신통지 ☞ 최상의 지혜(abhiññā)

실천(caraṇa) M53.23

실타래(sutta-guḷa)의 비유 M119.26

실현(sacchikiriyā) M79.28

싫어함, 권태(arati) M6.7, M62.20, M98.11, M119.33

심리현상들[行, saṅkhārā] M28.28, M109.8f; 심리현상들과 무아(saṅkhārā anatta) M35.18; 참 의도적 행위[行], 참 상카라[行]

심연(aghā) M123.7

심재(sāra) M29.7

심재(sāra)의 비유 M18.12, M29.2ff, M30.3ff, M35.22, M64.7, M133.9

심해탈(心解脫) ☞ 마음의 해탈[心解脫, ceto-vimutti]

십사무기(十事無記) ☞ 견해2

십팔계(十八界) ☞ 요소[界, dhātu]

【아】

아귀(peta) M12.36, M12.39, M97.30 M130.2

아나타삔디까(급고독) 장자(Anāthapiṇḍika) M23, M143.2ff.

아난다 존자(āyasmā Ānanda) M 21, M18.22, M26.2, M32.1, M 32.3, M36.3, M59.4ff, M64.4ff, M67.3ff, M68.2, M81.2ff, M83.2 ff, M83.21, M85.7, M88.2ff, M 104.3ff, M106.10ff, M108.1ff, M 136.3ff, M143.3, M152.3ff;
아난다 존자와 공(空)에 대해서(suññata) M121.2ff; 아난다 존자와 많이 배움[多聞, bahussuta] M 32.4; 아난다 존자와 불사(不死)의 문(amata-dvārāni) M52.1ff; 아난다 존자와 신들에 대해(devā) M 90.14; 아난다 존자와 여래(tathā-gata)의 특질에 대해 M123.2ff; 아난다 존자와 요소에 능숙한 자(dhātu-kusala) M115.4ff; 아난다 존자와 유익하고 나쁜 행위(samācāra) M88.8ff; 아난다 존자와 도를 닦고 있는 유학(有學)의 경지(sekha pāṭipadā) M53.5ff; 아난다 존자와 이상적인 비구상(bhikkhu) M32.4; 아난다 존자와 지복한 하룻밤 경(Ānanda) M132. 2ff; 아난다 존자와 청정범행(brahmacariya) M76.6ff.

아누룻다 존자(āyasmā Anuruddha) M31.2ff, M32.1f, M32.6, M32.13, M68.2, M127.2ff, M128.8ff.

아라한(arahant) M22.42, M23.4, M 34.6, M35.25, M51.3, M70.12, M73.6ff, M76.51f, M80.14, M107 .11, M118.9, M142.5f, M152.11ff; 아라한이 됨의 정형구 M7.22, M

57.15, M73.26, M75.28, M82.14, M86.16, M92.27; 아라한이 진정한 바라문(brāhmaṇa) M18.4, M27.7, M39.24, M89.17, M98.11ff; 아라한의 여러 이름 M22.30ff, M39.22ff; 아라한의 토대들(adhiṭṭhāna) M140.25ff; 아라한과 공상(空想, 허황된 생각, maññanā)이 없음 M1.51ff, M140.30ff; 아라한과 무학(asekha)의 십정도 M65.34, M78.14, M117.34; 아라한을 검증하는 방법 M112.2ff; 아라한과 학대하지 않음(atapa) M51.28; 아라한의 서로 다름(vemattatā) M44, M64.16, M70.15f.

아릿타 비구(Ariṭṭha bhikkhu) M22.2ff.

아말라까 열매(āmaṇḍa)의 비유 M120.12

아바야 왕자(Abhaya rājakumāra) M58.2ff.

아비야 깟짜나 존자(āyasmā Abhiya Kaccāna) M127.13ff.

아빠나(Apaṇa, 성읍) M54.1, M66.f, M92.1

아수라(asura) M37.8

아완띠뿟따(Avantiputta) M84.2ff.

아자따삿뚜 웨데히뿟따 왕(Ajātasattu Vedehiputta) M35.12, M88.18, M108.2

아지따 께사깜발리(Ajita Kesakambalī, 육사외도) M30.2, M36.48, M77.6

아지와까(ajīvaka) M71.13f, M76.53

아찌라와따 사미(Aciravata samaṇuddesa) M125.2ff.

아찌라와띠 강(Aciravati) M88.7, M88.19

악의(vyāpāda/bya-) M2.20, M7.3, M19.4, M33.6, M33.19, M40.3, M41.10, M48.8, M55.7, M64.2ff, M108.26, M114.7f, M140.28; 악의를 버림(vyāpāda-pahīna) M27.18, M39.13, M40.7, M41.14; M51.19, M62.18, M114.7f, M140.28; 악의 없음(abyāpāda) M19.9, M114.8f.

악처(惡處, duggati) M7.3; 불행한 곳[惡處/惡趣, duggati] M12.36

악행을 판결함(대중이 갈마로써 ~, tassa-pāpiyyasikā) M104.19

안 것(viññāta) M1.22, M22.15f, M112.3f.

안온(khema) M34.12; 안온함(khema-tā) M7.20

알고 본다(jānāti passati) M115.4; 아시는 분, 보시는 분(jānatā passatā) M11.3 참 지와 견[知見, ñāṇa-dassana]

알라라 깔라마(Aḷāra Kālāma) M26.15, M26.22

알아차림[正知, sampajāna] M10.8, M27.16, M39.11, M51.17, M107.7, M119.6, M122.9, M125.19 참 마음챙김[念, sati]

알음알이[識, viññāṇa] M9.57ff, M18.16, M38.2, M38.17ff, M43.4ff, M43.9, M49.25, M77.29, M102.7, M137.6, M140.19, M143.5ff, M143.7, M148.6; 알음알이의 무더기[識蘊, viññāṇa-kkhandha] M28.28, M109.8f; 열망과 욕망에 묶인 알음알이(chanda-rāga-paṭi-baddha viññāṇa) M133.13ff; 알음알이는 조건을 반연하여 생김(paccayam paṭicca uppajjati viñ-ñāṇa) M38.3, M38.8; 알음알이가 밖으로 흩어지고 산만함(bahid-dhā viññāṇa vikkhitta visaṭa) M138.10f; 알음알이의 무상(ani-cca) M146.8; 알음알이와 무아(an-attā) M35.19, M146.8, M147.3ff, M148.10ff; 재생으로 나아가는 알음알이(saṁvattanika viññāṇa) M106.3ff; 상응하는 알음알이가 일어남(viññāṇa-bhāgassa pātubhāva) M28.27; 마노의 알음알이[意識, mano-viññāṇa] M43.10 참 무더기[蘊, khandha]

암 메추라기(laṭukikā)의 비유 M66.8

암발랏티까(Ambalaṭṭhikā) M61.2

앗사굿따 장로(Assagutta thera) M79.46N

앗사뿌라(Assapura) M39.1, M40.1

앗사지 존자(āyasmā āyasmā Assa-ji) M35.3f.

앗사지(Assaji, 육군비구) M70.4ff.

앗살라야나 바라문 학도(Assalāyana māṇava) M93.3ff.

앗타까나가라(Aṭṭhakanagara) M52.2

앙가(Aṅga) M39.1, M40.1, M77.6

앙굴리말라 존자(āyasmā Aṅgulimāla) M86.2ff.

앙굿따라빠(Aṅguttarāpa) M54.1, M66.1, M92.1

애욕 ☞ 탐욕2(rāga)

얇봄(palāsa) M3.10, M7.3ff, M15.3ff, M40.3, M40.7, M104.7

야생 코끼리(nāga-vana)의 비유 M125.12

야자수(tāla)의 비유 M36.47, M49.30, M68.7, M105.17

약카(yakkha, Sk. yakṣa) M25.5-2, M31.21, M56.29-2

양면으로 해탈한 자[兩面解脫, ubhato-bhāga-vimutta] M70.15 참 해탈(vimutti)

양심(hirī) M39.3, M53.12

양약에 섞인 오줌(pūtimutta)의 비유 M46.20

양조 혼합사(soṇḍikā-dhutta)의 비유 M35.5

양조업자(soṇḍikā-kammakāra)의 비유 M35.5

어둡고 밝은 과보(kaṇha-sukka-vi-pāka) M57.7

어리석은 자(bāla) M33.5, M115.2,

M129.2ff; 어리석은 자의 특징(bāla-lakkhaṇa) M129.2; 어리석은 자들의 지껄임(bāla-lāpana) M106.2

어리석음(moha) M1.123ff, M9.5, M11.5, M14.2, M36.46f, M43.35ff, M45.6, M73.4, M95.19, M140.28, M150.4ff, M151.3ff. 참 무명(avijjā)

어린 송아지(taruṇa vaccha)의 비유 M67.7

어린 씨앗(taruṇa bīja)의 비유 M67.7

어미 소(gāvī)의 비유 M48.12

업(業, kamma) M4.29, M56.3, M86.17, M99.24ff; 업에 대한 자세한 분석(mahā-kamma-vibhaṅga) M136.7ff; 업과 느낌(kamma vedanā) M136. M6; 업의 상속자(kamma-dāyāda) M135.4ff; 업의 윤회(kamma-vaṭṭa) M106.10; 업의 소멸(kammakkhayā) M57.11; 업에 대한 니간타의 이론(kamma) M14.17ff, M56.3, M101.2ff; 세 가지 업(kamma) M56.4; 네 가지 업(cattāri kammāni) M57.7ff; 몸의 행위 등[三業, kāya-, vacī-, mano-kamma]의 청정 M61.8ff; 행한 업(kamma-samādānānaṁ) M12.11; 제한된 업(pamāṇakata kamma) M99.24; 어두운 업(kamma kaṇha) M57.7; 어둡고 밝은 업(kamma kaṇha-sukka) M57.7; 어둡지도 밝지도 않은 업(kamma akaṇha asukka) M57.7

에메랄드(veḷuriya)의 비유 M77.29, M123.12

에수까리 바라문(Esukārī brāhmaṇa) M96.2ff.

여덟 가지 구성요소를 가진 성스러운 도 ☞ 팔정도(ariya aṭṭhaṅgika magga)

여래(Tathāgata) M1.147ff, M11.14, M19.26, M47.16, M55.7ff, M58.8, M58.11, M72.15, M72.20, M88.13, M88.17, M101.46, M102.4, M105.27, M107.3, M107.14, M142.5f; 여래가 세상에 출현하심(Tathāgato loke uppajjati) M27.11, M51.12; 여래의 발자국(Tathāgata-pada) M27.19ff; 여래는 정신적 오염원들을 제거하셨음(saṅkilesikā pahīna) M36.47, M49.30, M68.7; 여래의 네 가지 담대함[四無畏, vesārajjāni) M12.22ff; 여래를 참구하고 검증함(Tathā-gate samannesanā vīmaṁsaka) M47.4ff; 여래의 열 가지 힘[十力, dasa-bala) M12.9ff; 여래와 사후의 문제(parammaraṇā) M25.10, M63.2ff, M72.9ff; 여래의 경이롭고 놀라운 일(Tathāgata acchariya-bbhuta-dhamma) M123.2ff, M123.22; 여래와 공(空)에 머무심(suññatā-vihāra) M121.3, M122.6

여섯 가지 [안과 밖의] 감각장소[六處, saḷ-āyatana] ☞ 감각장소(āyata

-na)
여여한 분(tādī) M86.18-2
여울목(tittha)의 비유 M8.14
여인보(女人寶, itthi-ratana) M129.39
여인, 여자(mātu-gāma, itthi) M67.19, M68.2ff, M73.11ff, M115.15
역마차 바꿔 타기(ratha-vinīta)의 비유 M24.14
연기(緣起, paṭiccasamuppāda) M1.171, M11.16, M38.9ff, M38.16ff, M75.24f, M98.13, M115.11; 연기를 보는 자는 법을 본다(yo paṭicca-samuppādaṁ passati so dhammaṁ passati) M28.28; 이것에게 조건이 됨[此緣性, idappaccayatā]인 연기(緣起)는 보기 어려움 M26.19; 연기의 공식: 이것이 있을 때 저것이 있고…[此有故彼有…, imasmiṁ sati idaṁ hoti…] M38.19, M79.7, M115.11; 연기에 능숙한 자(paṭiccasamuppāda-kusala) M115.11
연꽃(uppala, paduma)의 비유 M26.21, M39.17, M77.27, M119.20
연못(pokkharaṇī)의 비유 M119.30
연민1[悲, karuṇā] M7.14, M26.21, M40.10, M50.14, M55.8, M62.19, M118.4; 연민[悲]을 토대로 한 불환과의 증득 M52.9; 연민을 통한 무량한 마음의 해탈(appamāṇā cetovimutti) M43.31, M127.7; 연민하는 마음과 범천의 세계에 태어남(brahma-lokūpaga) M4.21, M4.34, M12.63, M31.22, M83.5, M97.33, M99.25;
연민2(anukampā) M3.2; 세상을 연민함(loka-anukampakā) M4.21, M12.63; 모든 생명의 이익을 위하여 연민함(sabba-pāṇa-bhūta-hita-anukampī) M27.13, M39.13, M41.12; 제자들에 대한 연민(sāvakesu anukampā) M3.2, M8.18 M19.27, M103.2, M106.15, M122.25, M137.22ff, M152.18
열 가지 족쇄 ☞ 족쇄[結, saṁyojana]
열망, 열의, 욕구, 욕심(chanda) M21.6, 70.23, M95.25, M109.5, M141.29, M151.3; 열망과 탐욕의 차이(chandarāga-vemattata) M109.7 [참] 감각적 욕망(kāma), [참] 탐욕(lobha), [참] 갈애(taṇhā)
열반(nibbāna) M1.26, M12.36, M26.12, M26.19, M75.19ff, M83.21, M102.23f, M140.26; 열반과 불사(不死, amata) M26.12, M26.18, M64.9ff; 열반은 청정범행의 목적(brahma-cāriyassa attha) M24.10, M35.26, M44.29; 열반을 실현하는 방법(paccattaññeva parinibbāyati) M11.17, M26.18, M26.30, M37.3, M106.10ff, M107.2ff, M113.40f, M140.22; 지금/여기에서의 열반(diṭṭha-dhamma-nibbāna) M102.2; 열반으로 마음을 기울이는 자(sammā-nibbāna-adhimutta) M105.16ff, M105.23; 열반은 최상의 행복(nibbāna para-

ma sukha) M75.19; 열반을 실현함(nibbānassa sacchikiriya) M10.2, M51.4, M103.15, M125.23 참 무여열반, 참 불사(不死)

열병(pariḷāha) M72.14

염라대왕(Yama-rāja) M130.3; 염라대왕의 사자, 저승사자(deva-dūta) M83.4, M130.4ff.

염오(厭惡), 역겨움(nibbidā) M22.28, M26.15f, M28.6ff, M62.8ff, M74.12, M83.21, M109.17, M140.14ff, M147.9, M148.40, M50.18f.

염원(āsa) M126.9

영감(veda) M7.8, M33.23, M48.14, M99.21

영지(領地, rājabhogga) M95.2

예류자(sotāpanna) M6.11, M22.45, M34.9, M48.15, M68.13ff, M118.12, M142.5f, M146.27 참 유학, 참 성스러운 제자

오근[五根] ☞ 기능[根, indriya]

오두막에서 난 불(naḷāgārā aggi)의 비유 M115.2

오비구(pañcavaggiyā bhikkhū) M26.24

오빠사다(Opāsāda, 바라문 마을) M95.1

오염된 광명을 가진 천신들(saṅkiliṭṭhābhā devatā) M127.9ff.

오염원(saṅkilesa) M12.16, M26.11

오염원(upakkilesa) M7.3, M14.2, M128.27

오염된 법들(saṅkiliṭṭhā dhammā) M47.4

오온(pañca-kkhandha) ☞ 무더기[蘊, khandha]

옥에서 석방된 사람(bandhanā mutta)의 비유 M39.14

온기(usmā) M43.22

올빼미(ulūka)의 비유 M50.13

옳은 방법(ñāya) M125.23

옳은 방법인 유익한 법(ñāya dhamma kusala) M76.6, M96.13, M99.4

옷감(vattha)의 비유 M7.2, M7.12

옷장(dussa-karaṇḍaka)의 비유 M32.9

와사바(Vāsabhā, 빠세나디 왕의 왕비 중 한 사람) M87.25

와셋타 바라문(Vāseṭṭha brāhmaṇa) M98.3ff.

와지리 공주(Vajīrī kumārī) M87.24

완결(pariyosāna) M29.7

완고함(thambha) M3.13, M7.3ff, M15.3ff, M135.15 참 기둥

완성(pārami) M77.15

완성한 자(kevalī) M91.32

완전한 열반, 반열반(parinibbāna) M8.16; 완전한 열반에 들었다(parinibbāyi) M145.7 참 열반(nibbāna)

왓사까라 바라문(Vassakāra brāhma

-ṇa) M108.6ff.
왓지 족(Vajji) M31.21, M34.1
왓차곳따 유행승(Vacchagotta paribbājaka) M71.2ff. M72.2ff, M73.2ff.
왕사성(王舍城) ☞ 라자가하(Rājagaha)
왕의 코끼리(rañño nāga)의 비유 M61.7, M66.9
요나(Yonā, Yonakā, 국명) M93.6
요소[界, dhātu], 18계(十八界, dhātu) M10.12, M62.8ff, M115.4ff, M119.8; M140.7. M140.8
요자나(yojana) M26.3 주해
욕구(chanda) ☞ 열망, 열의(chanda)
욕계 존재(kāma-bhava) M9.30, M43.15; 욕계의 요소(kāma-dhātu) M115.8
욕망 ☞ 탐욕2(rāga)
욕설(pharusa-vāca) M41.9, M114.6 욕설을 멀리 여읨(pharusa-vāca paṭivirata) M27.13, M41.13, M51.14, M114.6
욕심1(abhijjhā) M7.3ff, M10.2ff, M40.3, M41.10, M114.7, M114.8, M114.9, M140.28; 욕심을 제거함(abhijjhaṁ pahīna) M27.18, M39.13, M40.7, M41.14, M51.19, M114.7ff, M140.28 참 탐욕, 참 감각적 욕망, 참 갈애
욕심2(chanda) ☞ 열망, 열의(chanda)
용(naga) M5.33, M23.4, M56.29-2
용광로(ukkāmukha)의 비유 M7.12
우다이 존자1(āyasmā Udāyi) M59.2ff, M66.3ff.
우다이 존자2(āyasmā Udāyi) M136.6
우데나 존자(āyasmā Udena) M94.1f
우둔하게 하는 길(duppañña-saṁvattanikā) M135.17
우루웰라(Uruvelā) M26.17, M26.25
우빠까 아지와까(Upaka ājīvaka) M26.25
우빨리 장자(Upāli gahapati) M56.5ff.
우유와 암소 뿔(khīra, visāṇa)의 비유 M126.11
우유와 암소 젖꼭지(khīra, thana)의 비유 M126.16
우유죽, 탈리빠까(thāli-pāka) M35.29 훌륭한 자를 위한 음식(thāli-pāka) M93.15
우준냐(Ujuññā/Uruññā) M90.1
욱까쩰라(Ukkācelā, 강가 강 언덕의 마을) M34.1
욱깟타(Ukkaṭṭhā) M1.1, M49.2
웃다까 라마뿟따(Uddaka Rāmaputta) M26.16, M26.23
웃따라 바라문 학도1(Uttara māṇava) M91.4ff.
웃따라 바라문 학도2(Uttara māṇa-

va) M152.2

원인(nidāna) M11.16, M77.12

원인에 대한 영감(dhamma-veda) M 7.8, M33.23, M48.14, M99.21;

원함 없음(appaṇihita) M44.20

웨데히까(위데하 거주 자, Vedehikā) M21.9

웨란자(Verañjā, 지명) M42.2

웨발링가(Vebhaliṅga, 지명) M81.3, M81.5f.

웨살리(Vesālī, 지명) M12.1, M35.1, M36.1, M52.1, M71.1, M105.1

웨자얀따 궁전(Vejayanta pāsāda, 제석천의 궁전) M37.8ff, M50.27

웨카낫사 유행승(Vekhanassa paribbājaka) M80.2ff.

웻사완나 왕(Vessavaṇṇa mahārājā, 사대왕천의 신) M37.9ff.

위데하(Videha) M34.2, M83.1.3, M 91.1

위두다바 대장군(Viḍūḍabha senāpati) M87.26, M90.14, M90.16

위두라(Vidhura, 까꾸산다 부처님의 상수제자) M50.9, M50.20f.

위빳사나(vipassanā) M6.3, M32.5, M43.14, M73.18, M77.29, M111.2ff, M149.10f, M151.19; 위빳사나를 의지함(vipassanā-nissita) M 106.10 참 마음챙김, 참 통찰지, 참 사마타

위사카 청신사(Visākha upāsaka) M 44.1ff.

유가안은(瑜伽安隱, yogakkhema), 위없는 유가안은(anuttara~) M1.27, M16.27, M17.3, M26.12, M 26.18, M37.2f, M52.3ff, M53.19

유순(兪旬, 踰旬, yojana) M89.5

유신(有身) ☞ 존재 더미(sakkāya)

유신견(有身見), [불변하는] 존재 더미가 있다는 견해(sakkāya-diṭṭhi) M 2.11, M44.7f, M64.2ff, M109.10f. M131.8f, M 138.20 참 존재 더미[有身, sakāya]

유익한[善, kusala] M8.13, M8.15, M9.6, M19.7, M20.3, M21.8, M 26.15, M60.10ff, M61.9ff, M70.7ff, M73.3ff, M76.43ff, M77.16, M78.9ff, M88.14ff, M96.13, M99.4, M99.8f, M99.21, M101.27, M 114.5ff, M117.35f, M122.18; 유익함의 뿌리(kusala-mūla) M9.7 참 해로운[不善, akusala]

유일한 길(ekāyana) M10.2

유학[有學, sekha] M1.27ff, M23.4, M35.24, M51.3, M53.5ff, M70.13, M73.17, M107.11, M117.34, M 152.10 참 무학, 참 성스러운 제자

유행승(遊行僧, paribbājaka) M11.3, M13.2, M54.25, M59.16, M76.4, M77.4, M78.3

육근(六根) ☞ 감각기능[根, indriya]

육처(六處) ☞ 감각장소[處, āyatana]

윤보(輪寶, cakka-ratana) M91.5 M

129.34f.
윤회1(saṁsāra) M27, M30, M40, M12.57, M22.32, M38.2ff. 참 다시 태어남(upapatti)
윤회2(vaṭṭa) M22.42
으뜸이 되는(brahma-bhūta) M18.12; 브라흐마가 되어(brahma-bhū-ta) M92.19; 스스로 고결하게(bra-hma-bhūtena attanā) M51.5
음식1(bhojana) M5.32, M86.18, M129.35; 한 자리에서만 먹음(ekā-sana-bhojana) M21.7, M65.2ff, M113.20; 음식을 적게 먹는 고행(appāhāratā) M12.52ff, M36.28, M77.8f; 음식, 고기 먹는 것을 금함(maṁsaṁ aparibhoga) M55.5ff; 음식에 적당한 양을 아는 자(bho-jane mattaññu) M39.9, M53.9, M69.11, M107.5, M125.17; 음식을 배불리 먹음(udara-avadeha-kaṁ bhuñjati) M16.11; 때 아닌 때 먹지 않음(vikāla-bhojanaṁ pajahati) M27.13, M51.14, M66.6~67, M67.17, M70.2ff.
음식2, 자양분(āhāra) M9.10ff, M8.9ff, M38.15f, M50.18
응유(dadhi)의 비유 M46.21
의기양양함(ubbilla) M128.20
의도된(abhisañcetayita) M52.4
의도적 행위[行, saṅkhāra] M9.61ff, M17ff, M57.8ff, M115.11; 몸과 말과 마음의 의도적 행위(kāya-, vacī-, mano-saṅkhāra) M10.4, M43.25, M44.13ff, M62.26f, M117.14, M118.18f; 의도적 행위들[行]과 머묾(saṅkhārā ca vihārā ca) M120.3
의심(vicikicchā) M2.11, M4.12, M16.3ff, M23.4, M38.10, M48.8, M64.2ff, M108.26, M128.16; 의심을 제거함(vicikicchā pahāya) M27.18, M38.11, M39.13, M51.19, M81.18, M142.3f; 의심을 극복함에 의한 청정(kaṅkhā-vitaraṇa-visuddha) M24.9
의지를 버렸다(ceto-vimutti parihā-yi) M25.9
이것에게 조건이 됨[此緣性, idap-paccayatā]인 연기(緣起) M26.19 참 연기(緣起)
이득(lābha) M4.15, M24.3, M29.2, M48.6
이득과 존경(lābha sakkāra) M29.2, M30.8, M47.8, M50.17ff, M65.31, M68.9. M113.7f.
이론가 ☞ 논리가(takkī)
이상(attha) M4.21; 궁극의 의미(at-tha) M22.10; 목적(attha) M29.7. M12.26; 뜻(attha) M48.14, M33.10, M103.5
이시길리 산(Isigili) M14.5, M116.1f.
이시닷따 왕의 시종(Isidatta thapati) M89.18
이시빠따나(Isipatana, 지역) M26.26, M141.1f.

이야기(kathā); 27/32가지 쓸데없는 이야기(tiracchāna-kathā) M76.4, M77.4, M78.3, M79.5, M122.12; 법담(法談, dhammī kathā) M26.4, M43.14, M122.12, M122.20

인간, 사람[個我, puggala] M5.2, M51.5ff, M66.13, M136.8; 일곱 부류의 인간들(satta puggalā) M70.14ff; 두 가지 인간(puggala) M114.48

인간의 법을 초월함, 인간을 초월한 법(uttari-manussa-dhamma) M12.2, M26.27, M31.10ff, M65.14f, M69.19, M99.10ff, M128.15

인드라(Indra) M22.36

인색(macchariya) M3.11, M7.3ff, M15.3ff, M40.3, M40.7, M104.8, M135.13

인습적인 표현(vohāra) M112.3f.

인식(saññā) M18.4, M18.8, M18.16, M43.8f, M75.16, M78.12f, M102.4, M102.6, M102.9, M106.2ff, M114.9, M121.4. M152.11; 인식의 무더기[想蘊, saññā-kkhandha] M28.28, M109.8f; 인식과 공(空, suññа) M121.4ff; 인식과 무아(anattā) M35.17; 인식으로 이루어진(saññā-mayā) M60.31; 인식 없음(asaññā) M102.5ff, M102.9 참 무더기(온, 오온)

인욕(khanti) M2.18

인내력(khanti-bala) M98.11

일래자(一來者, sakadāgāmi) M42, M6.12, M22.44, M34.8, M68.12ff, M118.11, M142.5f. 참 유학, 참 성스러운 제자

일시적 해탈(samaya-vimutti) M8.11; 일시적 해탈(samaya-vimokkha) M29.6 참 해탈(vimutti)

일시적이지 않은 해탈(asamaya-vimutti) M29.6; 일시적이지 않은 해탈(asāmāyika) M122.4. 참 해탈(vimutti)

일시적 해탈(samaya-vimutti) M8.11

일시적인 마음의 해탈(sāmāyika ceto-vimutti) M122.4

일으킨 생각[尋] M43.19f, M44.15; 일으킨 생각은 없고 지속적인 고찰만 있는 삼매(avitakka vicāra-matta samādhi) M128.31. 참 禪 참 사유(vitakka)

일체승자(sabba-abhibhū) M26.25

일체지(一切知, sabbaññu), 일체지지(一切知智, sabbaññuta-ñāṇa) M14.17, M71.5, M76.21ff, M79.6, M90.5ff.

임신한(gabbhinī) 바라문 아내의 비유 M56.27

잇차낭깔라(Icchānaṅkala, 바라문 마을) M98.1

있는 그대로(yathā-bhūtaṁ) M14.4, M28.6; 있는 그대로 안다[如實知見, yathābhūtaṁ pajānāti] M12.13, M11.7

【자】

자결, 칼로 자결하는 것(sattha āhari-ta) M144.5ff.

자기 학대(atta-kilamatha) M12.44ff, M14.17, M36.5, M36.20ff, M40.5f, M45.5, M51.8, M51.10, M101.2, M1012ff, M139.4

자눗소니 바라문(Jānussoṇi brāhma-ṇa) M4.2, M27.2ff, M98.2, M99.13, M99.30f.

자리(āsana) M69.4

자만(māna) M2.22, M3.14, M7.3ff, M9.8, M20.8, M22.20, M22.35, M62.23, M109.13, M112.11, M112.20, M122.17
자만의 잠재성향(māna-anusaya) M72.15
나라는 자만(asmi-māna) M22.35, M62.23, M122.17

자세(iriyāpatha) M4.20, M10.6, M119.5, M122.11
위의(iriyāpatha) M91.8

자아(attā); 자아에 대한 교리(atta-vāda) M8.3. M22.23; 자아의 교리에 대한 취착(atta-vād-upādāna) M9.34. M11.10; 광명이 자아다(evaṁvaṇṇo attā hoti) M79.11; 자아에 속한 것(attaniya) M22.41. M43.33, M106.7 참 무아(anattā)

자아가 있다는 견해 ☞ 유신견(有身見, sakkāya-diṭṭhi)

자애[慈, mettā] M7.13, M40.9, M55.6f, M62.18, M93.9, M96.14, M118.14; 자애[慈]를 토대로 한 불환과의 증득 M52.8; 자애를 통한 무량한 마음의 해탈(appamāṇā ceto-vimutti) M43.31, M127.7; 자애, 범천에 태어나는 길(brahma-loka) M83.5, M97.32, M99.24; 자애와 신구의 삼업 M31.7, M33.27, M48.5, M104.21, M128.12; 자애는 모욕에 대한 바른 대처법임 M21.6, M21.11, M21.20, M50.14f.

자야세나 왕자(Jayasena) M125.2ff, M126.2ff.

자연스럽게(anudhamma) M112.4; 적절하게(anudhamma) M140.21

자자(自恣, pavāraṇā) M118.3, M7.20N

잘생김(pāsādika) M135.10;

잠재성향(anusaya) M9.8ff, M18.8, M32.4, M44.25ff, M64.3, M64.6, M148.28ff.

잡담(samphappalāpa) M41.9, M114.6; 잡담을 멀리 여읨(samphappa-lāpā paṭiviratā) M27.13, M41.13, M51.14, M114.6

장군촌(장군의 마을, Senāni-gama) M26.17

장님 줄서기(andha-veṇi)의 비유 M95.13, M99.9

장님들의 숲(Andha-vana) M23.1, M24.5, M147.2

장소[處, āyatana, 四處, 공무변처부터 비상비비상처까지] M1.15ff, M8.8ff, M25.16ff, M30.17ff. 참 공무변처, 참 식무변처, 참 무소유처, 참 비상비비상처

장애[蓋, nīvaraṇa]; 다섯 가지 장애[五蓋, pañca nīvaraṇa] M36, M10.36, M23.4, M27.18, M43.20, M51.19, M54.6, M99.15, M107.9, M125.21, M151.10; 다섯 가지 장애와 비유 M39.13

장애가 되는 법들(antarāyikā dhammā) M12.25

장자(gahapati) M54.3, M66.12, M67.18, M71.11f, M75.11, M99.4ff, M99.20, M143.15

장자의 보배[長子寶, gahapati-ratana] M129.40

재가신자 ☞ 청신사(upāsaka)

재가에 바탕 한 것(geha-sitāni) M137.9; 재가의 생활습관(geha-sita-sīla) M125.23

재가의 삶, 세속적인 삶(gharāvāsa, gehasita) M21.6, M27.12, M51.13, M82.4, M112.12, M119.4ff, M125.23, M137.10ff.

재난(ādīnava) M11.7, M109.12

재빠르게 일어나는 생각들(sara-saṅkappā) M119.4

재산(네 가지 재산, cattāri dhanāni) M96.10ff, f. M135.14

재생의 근거(upadhi) M26.6ff, M26.19, M64.9, M66.14ff, M105.28ff, M140.27; 재생의 근거를 가져오는(upadhi-vepakka) M117.6; 재생의 근거를 멀리 여의고(upadhi-vivekā) M64.9

재칼(kotthu)의 비유 M50.13

저승사자(deva-dūta) M83.4, M130.4ff.

저주(dhik, sapa, *curse*) M56.14

저택(pāsāda)의 비유 M12.41

적멸(nibbuta)1 M26.25-2. M51.5. M98.11-2

적멸(nibbuti)2 M48.9

적의1(paṭigha) M9.8, M44.25ff, M62.21, M148.28ff, M148.34ff, M151.3ff; 부딪힘의 인식(paṭigha-saññā) M8.8, M25.16 참 성냄, 참 악의

적의2(upanāha) M3.9, M7.3ff, M15.3ff, M40.3, M104.6

전륜성왕(cakkavatti-rājā) M91.5, M92.10, M115.14f, M129.33ff.

전면에 마음챙김을 확립하고(parimukhaṁ satim upaṭṭhapetvā) M10.4, M27.18, M118.17 참 마음챙김[念, sati]

전생을 기억하는 지혜[宿命通, pubbe-nivāsa-anussati-ñāṇa] M4.27, M6.12, M27.23, M36.38, M51.24, M71.7, M73.22, M76.47, M79.7f, M79.41, M101.42, M108.21, M119.40; 전생을 기억하는 지혜[宿命

通]와 비유 M39.19, M77.34
절망(upāyāsa) M72.14, M141.18
절박감(saṁvega) M28.10, M37.11
점차적인 도닦음(anupubba-paṭipadā) M70.22 참 도닦음(paṭipadā)
점차적인 행(anupubba-kiriyā) M70.22
정거천(淨居天, Suddhāvāsa) M47, M12.57ff. 참 불환자
정법이 아닌 것을 받아들이도록 설득함(asaddhamma-saññatti) M60.8
정신・물질[名色, nāma-rūpa] M56, M9.53ff, M38.17ff, M109.9, 1040, M115.11
정신[名, nāma] M9.54
정신질환 상태였음을 인정하여 수습함(amūḷha-vinaya) M104.17
정지(停止, saṇṭhāna) M20.6, M19.27
정직함(asaṭha) M85.58, M90.10
정진1(vīriya) M3.3, M4.16, M24.2, M32.7, M53.14, M69.13, M70.27, M85.58, M90.10, M128.22f; 정진의 깨달음의 구성요소[精進覺支, vī-riya-sambojjhaṅga] M118.32
정진2, 바른 정진[正精進, sammā vā-yāma] M117.9ff, M141.29, M149.10
제따 숲(Jetavana) M2.1, 등
제따 숲의 풀(jetavane tiṇa)의 비유 M22.41
제사(yañña) M12.60, M93.15
제어(saṁyama) M60.14, M98.13
제자(sāvaka) ☞ 성스러운 제자(ari-ya-sāvaka)
제자의 재난(antevās-ūpaddava) M122.23
조각난 바윗돌(bhinnā puthu-silā)의 비유 M105.13
조건[緣, paccaya] M38.3; 조건을 반연하여 알음알이가 생긴다(pacca-yaṁ paṭicca uppajjati viññāṇaṁ) M38.8; 조건[緣]에 의한 가르침(paccay-ākāra-dhamma) M72.18N; 이것에게 조건이 됨[此緣性, idappaccayatā]인 연기(緣起) M26.19 참 연기(緣起)
조건으로(paṭicca); 눈과 형색을 조건으로 눈의 알음알이가 일어난다(cakkhuñcāvuso paṭicca rūpe ca uppajjati cakkhuviññāṇaṁ) M18.16, M38.8, M148.6
조어장부(調御丈夫, purisa-damma-sārathi) M137.25f.
조띠빨라 바라문 학도(Jotipāla māṇa-va) M81.6ff.
조화로움, 법들의 조화로움(dhamma-sāmaggi) M27.13, M31.6f, M48.6, M51.14, M59.5, M89.11, M103.3ff, M104.21, M128.11f.
족쇄[結, saṁyojana], M1.99, M2.11, M10.40, M22.34, M54.6, M

64.2ff, M66.14ff, M66.34, M138.10ff, M139.7f; 세 가지 족쇄 M6.11

족적(네 가지 족적, cattāri padāni) M27.3

존재1(bhūta) M1.7, M49.15; 존재로 인해 존재의 태어남이 있다.(bhūtā bhūtassa upapatti hoti) M57.8

존재2[有, bhava] M1.171, M9.29ff, M38.17ff, M43.15, M49.27f; 존재의 소멸(bhava-nirodha) M60.32ff; 존재나 비존재(bhava vā vibha-va vā) M140.22; 이런 저런 존재[諸有, bhava-abhava] M18.4; 존재에 기인한 번뇌[有漏, bhavāsa-va] M2.6; 존재에 대한 견해(bha-va-diṭṭhi) M11.6; 존재의 사슬(bhava-netti) M86.18-3; 존재의 소멸(bhava-nirodha) M60.32; 존재의 속박(bhava-yoga) M22.35; 삶의 족쇄(bhava-saṁyojana) M1.51, M34.6, M35.25, M51.3, M71.11, M139.7

존재 더미[有身, sakkāya] M44.2ff, M64.8, M102.12, M106.13, M148.16ff; 존재 더미[有身]의 일어남(sakkāya-samudaya) M44.3, M148.16ff; 존재 더미의 소멸(sak-kāya-nirodha) M97.36 참 유신견(sakkāya-diṭṭhi)

존재의 파괴자(bhūnahuno) M75.5

주장신보(主藏臣寶, 국무대신 보배, pariṇāyaka-ratana) M129.41

주지 않은 것을 가짐(adinnādāna) M41.8, M54.4, M54.7, M114.5; 주지 않은 것을 가지는 것을 멀리 여읨(adinnādāna paṭivirata) M27.13, M41.12, M51.14, M114.5

주처(住處, āvāsa) M12.57

죽음[死, maraṇa] M9.22, M26.9, M130.8, M141.13; 공부지음을 버리고 환속함은 죽음임(maraṇa) M105.22; 죽음의 영역(maccu-dhe-yya) M34.3, M34.5

준마(assājānīya)의 비유 M65.33, M107.3

중도(中道, majjhimā paṭipadā) M3.8ff, M139.5 참 성스러운 팔정도

중상모략(pisuṇāvāca) M4.9, M54.4, M54.9, M114.6; 중상모략을 멀리 여읨(pisuṇāvācā paṭivirata) M27.13, M41.13, M51.14, M114.6

중생의 경지(36가지~, satta-pada) M137.9ff, M137.16

즉시에(ṭhānaso) M58.9, M100.42

즐거움, 행복(sukha) M7.8, M40.8, M62.27, M118.19, M139.9; 禪을 통한 즐거움 M39.15ff, M43.19f, M77.25ff, M119.18ff; 감각적 욕망을 여읜 즐거움 M14.4, M36.32, M68.6, M75.10, M75.12, M80.13f, M102.19f; 감각적 욕망의 즐거움(kāma sukha) M13.7, M59.6, M66.19, M80.13, M139.9; 괴로움으로 얻어지는 행복(dukkhena adhigantabba sukha) M14.20,

M85.9f, M101.27; 또 다른 고상하고 수승한 즐거움들 M59.7ff; 즐거움의 요소(sukha-dhātu) M115.6; 오로지 즐거운 느낌(ekanta-sukhā vedanā) M12.42, M102.14; 전일한 행복(ekanta-sukha) M14.21f; 행복뿐인 세계(ekanta-sukha loka) M79.26

즐김, 향락, 기쁨(nandī) M1.3ff, M1.171, M18.8, M23.4, M38.30, M43.15, M49.5, M49.27f, M131. 4ff, M133.13ff, M145.3f, M148. 28ff; 법을 즐김(dhamma-nandi) M52.4ff, M64.9ff.

증득(samāpatti) M12.16, M31.20, M43.26, M44.16, M52.12, M111.18, M113.21, M136.2; 과의 증득(phala-samāpatti) M8.2N, M43.30N, 121.13N

지금·여기[現今]의 법(diṭṭha-dhamma) M100.6; 지금 여기서(diṭṭheva dhamme) M51.5

지금의 법들(ajja-dhammā) M107.16

지배의 경지[八勝處, aṭṭha abhibhāyatana] M77.23

지복한 하룻밤(bhaddekaratta) M131

지속적 고찰[伺, vicāra] M19.2, M43.19f, M44.15 참 禪

지옥(niraya) M12.21, M12.36f, M13.15, M50.22ff, M57.3, M57.5, M57.8, M86.17, M97.6ff, M97.30, M129.7ff, M130.2, M130.10ff; 참 태어남2(악처에 태어남)

지와 견[知見, ñāṇa-dassana] M2.3, M38.23f, M77.12, M128.32, M149.9; 지와 견의 구족(ñāṇa-dassana-sampadā) M29.5, M30.11; 지와 견에 의한 청정[知見淸淨, ñāṇa-dassana-visuddhi] M24.9ff; 성자들에게 적합한 지와 견의 특별함(alam-ariya-ñāṇa-dassana-visesa) M12.2, M26.27, M31.10ff, M65.14f, M99.10ff, M128.15; 지와 견이 생겼다(ñāṇañca pana me dassanaṁ udapādi) M26.18. 참 알고 본다(jānāti passati)

지와까 꼬마라밧짜(Jīvaka Komārabhacca, 부처님의 주치의) M55.1f.

지워 없앰(sallekha) M3.3, M8.4, M8.12, M122.20

지혜(ñāṇa); 바른 지혜(sammā-ñāṇa) M8.12; 그릇된 지혜(micchā-ñāṇa) M8.12

지혜 없이 마음에 잡도리함[非如理作意, ayoniso manasikāra] M2.3, M2.5ff.

지혜롭지 못하게 청정범행을 닦음(ayoniso brahmacariyaṁ carati) M126.4

지혜롭게 마음에 잡도리함[如理作意, yoniso manasikāra] M2.3, M2.11, M43.13

직접 대면하여 수습함(sammukhā-vinaya) M104.14

진리(sacca) M54.4, M95.15ff, M99.21; 진리의 토대(sacca-adhiṭṭhāna) M140.26; 진리의 깨달음(sacca-anubodha) M95.16; 진리에 도달함(sacca-anuppatti) M95.21; 진리를 보호해야 한다(saccam anurakkheyya) M140.7 [참] 사성제(四聖諦)

진실을 말함(sacca-vādī) M27.13, M41.13, M47.14, M58.8, M114.6

진흙탕에 빠진 자(palipa-palipanna)의 비유 M8.16

질투(issā) M3.11, M7.3ff, M15.3ff, M40.3, M40.7, M104.8, M135.11

집착(ālaya) M26.19

짚으로 덮어서 수습함(tiṇa-vatthāraka) M104.20

짜뚜마(Catuma, 마을) M67.1

짠다나 천신(Candana devaputta, 급고독 장자의 후신) M134.2

짠달라깝빠(Caṇḍalakappa, 지역) M100.2

짬빠(Campā, 지명) M5.1

짱끼 바라문(Caṅkī) M95.2, M98.2, M99.13

쭌다 사미(Cunda samaṇuddesa) M104.3f.

쭐라나가(Cūḷanāga, 삼장법사)

【차】

찬나 존자(āyasmā Channa) M144.2ff.

찬성(ruci) M95.14f, M101.11, M102.15

창에 찔리는 것(sattiyā haññamāna)의 비유 M129.8

처참한 곳[四惡處, catubbidha apāya] M12.35

천상(sagga) M12.36, M12.41, M22.47, M56.18, M71.12, M71.14, M75.11, M129.32, M130.2 [참] 태어남2(선처에 태어남)

철저히 앎, 통달지(pariññā) M11.10ff, M13.3ff; 철저히 안(pariññāta) M1.3ff; 취착을 철저히 앎(upādāna, pariññā) M11.10ff; 모든 법을 철저히 앎(sabbe dhammā, parijānāti) M37.3; 느낌을 철저히 앎(vedanā, pariññā) M13.38; 오취온을 철저히 알아야 함(pañc-upādānakkhandhā, pariññeyya) M149.11, M151.11; 감각적 욕망을 철저히 앎(kāma pariññā) M13.17

철판(ayokaṭāha)의 비유 M66.16, M152.9

청동 그릇(kaṁsa pāti)의 비유1 M5.4ff

청동 그릇(kaṁsa-pāti)의 비유2 M5.29ff

청신녀(upāsikā) M68.21ff, M73.11ff

청신사, 재가신자(upāsaka) M51.4,

M68.18ff, M73.9ff, M77.6, M143.15., 참 귀의의 정형구(saraṇa-gamana)

청정범행, 청정한 범행[梵行, brahma-cariya] M27.11f, M37.2f, M45.6, M51.12f, M63.4ff, M68.5, M73.13, M82.4, M89.10, M100.7, M112.12, M148.2; 청정한 삶[梵行, brahma-cariya] M27.13, M51.14, M73.9, M73.11, M99.9, M99.21; 청정범행의 목적(attha) M24.10, M29.7, M30.23, M44.29, M79.37ff; 유익한 법을 성취하는 청정범행 M76.34ff, M126.4, M126.14; 청정범행을 완성한 자(bra-hma-cariyassa kevalī) M91.33 네 가지 청정범행이 아닌 것(a-brahmacariya-vāsa) M76.6ff; 청정범행을 닦는 자의 재난(brahma-cariyūpaddava) M122.24; 네 가지 안식을 주지 못하는 청정범행(an-assāsika brahma-cariya) M76.20ff; 잘못 닦은 청정범행의 보기 M12.44ff, M16.12

청정한 광명을 가진 천신들(parisud-dhābhā devatā) M127.9ff.

청정(visuddhi) M10.2, M24.11; 사성계급의 청정(cātu-vaṇṇi visud-dhi) M90.17, M93.4ff; 보시의 청정(dakkhiṇā-visuddhi) M142.9ff 일곱 가지 청정[七淸淨, visuddhi) M24.9ff.N; 청정에 대한 여러 주장과 견해(vādi, diṭṭhi) M12.52ff.

청정한 믿음[淸淨信, pasāda] M6.6, M11.3f, M31.22, M106.3ff, M108.13ff; 흔들리지 않는 깨끗한 믿음, 완전한 믿음(avecca-ppasāda) M7.5, M9.2ff, M81.18, M142.4

최고의 패(kaṭa) M129.49; 최고의 패를 가진 것(kaṭa-ggaha) M60.12

최상의 지혜, 신통지(abhiññā) M1.27ff, M3.8ff, M26.15f, M30.2, M37.3, M43.12, M47.14f, M49.10ff, M74.14, M77.12, M83.21, M119.29ff, M139.5, M149.10; 최상의 지혜의 완결과 완성을 성취함(abhi-ññā-vosāna-pārami-ppattā) M77.15ff, M100.7f.

최악의 패(kali) M129.26; 최악의 패를 가진 것(kali-ggaha) M60.9

축생의 모태(tiracchāna-yoni) M12.36, M12.38, M57.3, M97.30, M129.18ff, M130.2

축원 법문(anumoda) M5.16, M91.17, M92.25

출가(pabbajjā) M7.22, M11.3, M27.7, M27.12, M39.2, M40.2, M40.13f, M51.13, M57.14ff, M73.15f, M75.26ff, M82.6ff, M83.4f, M112.12; 믿음으로 출가함(saddhā pabbajita) M5.32, M29.2, M30.8, M67.16ff, M68.5, M107.15; 믿음없이 출가함(na saddhā pabbaji-ta) M5.32, M107.15; 네 가지 좌절(cattāri pārijuññāni)로 인한 출가 M82.29ff

출리(nekkhamma) M19.8, M125.7,

M137.11, M137.13, M137.15; 출리의 즐거움 등(nekkhamma-sukha) M66.21, M122.3, M139.9

출현(vuṭṭhāna) M12.16

복권이 제정된 것(vuṭṭhānaṁ paññā-yati) M48.11

취착(upādāna) M9.33ff, M11.5, M11.9ff, M24.13, M37.3, M38.17ff, M38.30, M102.15f, M102.24, M106.10ff, M115.11, M138.20f, M140.22, M143.5ff; 네 가지 취착(cattāri upādānāni) M9.34, M11.9; 취착의 [대상인] 다섯 가지 무더기들[五取蘊, pañca upādāna-kkhandhā] M44.6, M75.24, M109.6 참 무더기[蘊, kkhandha]; 취착의 대상 가운데 최상의 대상(upādāna-seṭṭha) M106.11; 자아의 교리에 대한 취착(attavādūpādāna) M11.14, M22.23

취착 없음(anupādā) M74.14; 취착 없이 해탈함(anupādā vimokkha) M102.25; 취착 없이 해탈한다(anupādā vimutta) M72.15; 취착 없는 완전한 열반(anupādā-parinibbāna) M24.10; 취착 없이 적멸에 든 자(anupādāya nibbuto) M98.11{34}

취착의 자취가 남아 있는(upādisesa) M10.46

친구, 두 친구(dve sahāyakā)의 비유 M125.9

칠각지(七覺支) ☞ 깨달음의 구성요소[七覺支, satta bojjhaṅga]

침 뱉는 것(kheḷa-piṇḍaṁ vameyya)의 비유 M152.7

칭송과 비난(ukkaṁseti, vambheti) M29.2ff, M30.8ff, M60.8ff, M113.3ff, M139.6ff.

【카】

칼(sattha) M23.4, M135.7

칼과 쇠살의 비유(sattisūlūpamā) M22.3

칼과 칼집(asi, kosi)의 비유 M77.30

코끼리 길들이기(hatthi-damma)의 비유1 M90.11, M125.8

코끼리(hatthi) 길들이기의 비유2 M85.56f.

코끼리 발자국(hatthipada)의 비유 M27.3ff, M28.2

코끼리 보배[象寶, hatthi-ratana] M88.18, M129.36

코끼리(kuñjara)의 비유 M35.5, M56.7

큰 숲[大林, Mahāvana] M35.1, M36.1, M71.1, M105.1

【타】

타화자재천(paranimmitavasavatti deva) M31.21, M41.23, M97.30, M120.11

탁발음식(piṇḍa-pāta) M5.29, M32.7, M77.9, M114.42, M151.3

탄식(parideva) M13.9, M29.2, M141.15f 참 괴로움[苦, dukkha]

탈리빠까(thāli-pāka) ☞ 우유죽

탐구, 구함(pariyesanā) M26.5; 12

탐욕1(lobha) M3.8, M7.3ff, M9.5, M14.2, M54.4, M54.10, M73.4, M95.17 참 갈애

탐욕2, 욕망, 애욕(rāga) M1.75ff, M5.6f, M11.5, M16.8ff, M43.35ff, M45.6, M48.8, M62.22, M67.19, M140.28, M148.34ff, M149.3, M150.4ff, M151.3ff; 탐욕의 잠재성향(rāga-anusaya) M44.25ff, M148.28ff; 탐욕은 표상을 만듦(rāga nimitta-karaṇa) M43.37

탐욕의 빛바램[離欲, virāga] M22.29, M26.15f, M26.19, M28.6ff, M62.8, M74.12, M83.21, M109.18, M118.21, M140.14ff, M147.10, M148.40

태생1(jāti) M86.15, M92.20, M93.17, M98.8ff.

태생2, 여섯 부류의 태생(abhijāti) M101.22

태양(ādicca)의 비유 M46.22

태어날 곳(gati) M12.35ff, M57.3, M57.5, M130.2; 보존(gati) M12.62 참 다시 태어남(upapatti)

태어남1[生, jāti] M9.25ff, M26.6, M38.17ff, M91.33, M115.11, M130.4, M141.11; 태어남과 죽음을 버렸고(pahīna-jāti-maraṇa) M91.33

태어남2(upapatti); 악처에 태어남(upa-patti, apāya duggati vinipāta niraya) M4.29, M7.2, M12.37ff, M13.15, M40.3, M41.4ff, M45.3, M45.5, M46.14f, M50.13, M57.3, M57.5, M60.9ff, M84.6, M110.13, M115.17, M129.6, M130.2ff, M135.5ff, M136.8ff; 선처에 태어남(upapatti, sugati sagga-loka) M4.29, M7.2, M12.40f, M41.4ff, M45.6f, M46.16f, M50.17, M60.12ff, M84.7, M110.24, M115.17, M127.9, M129.31, M135.6ff, M136.8ff; 마음이 해탈한 비구가 태어나는 곳(upapatti, vimutta-citta bhikkhu) M72.16f, M120.37 참 다시 태어남

태어남3(네 부류의 태어남, 四生, yo-ni) M12.32f.

토대(adhiṭṭhāna) M140.11ff.

토론, 담론(sākaccha) M12.30, M43.14

톱(kakaca)의 비유 M21.20, M28.9

통달지 ☞ 철저히 앎(pariññā)

통찰지[慧, paññā] M38., M4.19, M24.2, M32.7, M43.2f, M43.5f, M43.11f, M44.11, M53.17, M69.16, M70.18, M77.13, M85.58, M90.10, M106.3ff, M111.2, M117.8, M135.18, M140.13ff; 통찰지의 토

대(paññādhiṭṭhāna) M140.25; 통찰지에 의한 총명함(paññā-veyya-tti) M12.62, M27.2, M99.30; 성스러운 통찰지(ariyā paññā) M12.56, M23.4, M105.27, M140.25, M146.12; 통찰지를 무력하게 만드는(paññāya dubbalīkaraṇe) M27.19

통찰지를 통한 해탈[慧解脫, paññā-vimutti) M6.19, M12.36, M12.42, M38.40, M40.14, M41.43, M43.14, M53.22, M54.24, M71.9, M73.24, M77.36, M78.11, M108.23, M119.42, M120.37, M146.13;

통찰하다(vipassati) M131.3

툴라꼿티따 꾸루의 읍(Thullakoṭṭhita Kurūnaṁ nigāma) M82.1ff.

【파】

파생된 물질 ☞ 물질[色, rūpa]

팔다리 잘린(hattha-pādā chinnā) 자의 비유 M76.52

팔을 펴는(bāhaṁ pasāreyya) 비유 M26.20, M37.6, M37.13, M49.3, M67.8, M152.8

팔정도, 성스러운 팔정도(ariya aṭṭha-ṅgika magga) M32., M9.11, M19.26, M33.24, M44.5, M44.9ff, M77.21, M83.21, M103.3, M104.5, M115.13, M126.14, M149.10, M151.18; 팔정도와 중도(ariya aṭṭhaṅgika magga) M3.8ff, M139.5; 팔정도와 도성제(ariya aṭṭh-aṅgika magga) M9.18, M141.23; 팔정도의 정의(ariya aṭṭhaṅgi-ka magga) M117.3ff, M141.23ff

편안함[輕安, passaddhi] M7.8, M40.8, M118.34

평온[捨, upekkhā] M12.51, M22.39, M28.11, M62.13ff, M101.23, M103.14, M106.10, M106.12, M137.8, M140.10, M140.20ff, M152.4ff M152.11ff; 평온이 함께한 거룩한 마음가짐(upekkhā-sahagata brahma-vihāra) M7.16, M40.12, M50.14, M55.10f, M62.21, M118.4; 평온을 통한 무량한 마음의 해탈(upekkhā appamāṇā ceto-vimu-tti) M43.31, M127.7; 평온, 범천의 세상에 태어나는 길(brahma-lokūpaga) M83.5, M97.35, M99.27; 다양함을 지니고 다양함을 의지한 평온(nānattā nānattasitā up-ekkhā) M54.15, M54.21, M137.18f; 단일함을 지니고 단일함을 의지한 평온(ekattā ekattasitā upe-kkhā) M54.15, M54.21, M137.19f; 평온의 깨달음의 구성요소[捨覺支, upekkhā-sambojjhaṅga] M118.36; 평온을 토대로 한 불환과의 증득(upekkhā) M52.11; 재가에 의지한 평온(gehasitā upekkhā) M137.14; 출가에 의지한 평온(ne-kkhammasitā upekkhā) M137.15; 안으로 평온함(ajjhupekkhitā) M118.27

평화, 평화로운(santi, santa) M6.10,

M14.4, M26.16, M34.14, M35.26, M68.6, M70.15ff, M86.18. M98.13; 평화로운 해탈(santa vimok-kha) M6.10; 무색계의 평화로운 해탈(santā vimokhā āruppā) M69.18

포살(布薩, uposatha) M7.20, M83.3, M108.10, M118.3, M109.2, M129.34

표상(nimitta) M12.23, M43.27, M109.13; 다섯 가지 표상(nimitta) M20.2ff; 아름다운 표상(subha-nimitta) M5.6f. M10.36; 부정한 표상(asubha-nimitta) M10.36; 삼매의 표상(samādhi-nimitta) M36.45, M122.10; 외부의 표상(bahi-ddhā sabba-nimittā) M109.13, M112.11

표상 없음(animitta) M44.20; 표상 없는 마음의 삼매(animitta ceto-samādhi) M121.10f; 표상 없는 감각접촉(animitta phassa) M44.20; 표상 없는 마음의 해탈(animittā ceto-vimutti) M43.28ff, M43.34, M43.37

풀려남(nijjarā) M14.17

【하】

학습계목(sikkhāpada) M6.2

한거1(閑居, paviveka) M3.6, M102.17

한거2 ☞ 떨쳐버림(viveka)

한거하여(pavivitta) M3.5, M24.2

한계를 만듦(pamāṇa-karaṇa) M43.35

할릿다와사나(Haliddavasana, 꼴리야의 성읍) M57.1

해로운[不善, akusala] M8.15, M9.3f, M18.8, M19.7, M20.3., M21.8, M39.23ff, M60.7ff, M61.9ff, M70.7ff, M73.3ff, M77.16, M78.9ff, M88.10ff, M101.27, M106.2f, M114.5ff, M117.35f, M122.22ff; 해로움의 뿌리(akusala-mūla) M9.5

해코지(vihiṁsā) M2.20, M19.5, M33.6, M33.19, M51.9f, M62.19, M114.8f, M135.7; 해코지 않음(avihiṁsā) M8.12, M19.10, M114.8f, M135.8 참 생명을 죽이는 것[殺生]

해탈1(vimutti) M22.29, M24.2, M32.7, M37.8, M38.41, M44.29, M74.12, M90.12, M109.18, M118.4ff, M147.10, M148.41, M149.11, M151.20; 일시적이지 않은 해탈(asamaya-vimutti) M29.6, M122.4; 일시적 해탈(samaya-vimutti) M8.11; 일시적인 마음의 해탈(sāmāyika ceto-vimutti) M122.4; 확고부동한 마음의 해탈(akuppā ceto-vimutti) M26.18, M26.30, M29.7, M30.23, M43.35ff; 바른 해탈(sammā-vimutti) M8.12; 양면으로 해탈[兩面解脫]한 자(ubha-to-bhāga-vimutta) M70.15; 마음의 해탈[心解脫, ceto-vimutti]

참 마음의 해탈[心解脫]; 통찰지를 통한 해탈[慧解脫, paññā-vimutti] 참 통찰지를 통한 해탈[慧解脫]

해탈2(vimokkha) M6.10, M12.16; 성스러운 해탈(ariya vimokkha) M106.13; 팔해탈(八解脫, aṭṭha vi-mokkha) M77.22, M137.26; 물질이 없는[無色] 평화로운 해탈(santa āruppa vimokha) M6.10, M69.18, M70. M15ff; 위없는 해탈(anuttara vimokkha) M35.26, M44.28, M137.13; 취착 없는 해탈(anupādā vimokkha) M102.25

해탈지견(解脫知見, vimutti-ñāṇa-dassana) M24.2, M26.18, M32.7

해탈한(vimutta) M10.34, M123.2; 위없는 해탈(vimutta-anuttariya) M35.26; 해탈할 때 해탈했다는 지혜가 생긴다(vimuttasmiṁ vimuttamiti ñāṇaṁ hoti) M22.29; 믿음으로 해탈한 자(saddhā-vimutta) M65.11, M70.19; 통찰지로 해탈한 자(paññā-vimutta) M65.11, M70.16; 양면으로 해탈[兩面解脫]한 자(ubhato-bhāga-vimutta) M70.15

해태와 혼침(thina-middha) M4.10, M8.12, M38.13, M48.8, M108.26, M128.18; 해태와 혼침을 버림(thina-middha pahāna) M27.18, M39.13, M51.19

행동의 영역(gocara) M6.2

행복(sukha) ☞ 즐거움(sukha)

행위1(kammanta); 바른 행위[正業, sammā kammanta] M117.24ff, M141.27; 그릇된 행위(micchā kammanta) M117.23

행위2(samācāra) M53.23, M4.4ff, M4.29, M39.4ff, M41.8ff, M41.12ff, M60.7ff, M78.10, M88.10ff, M88.14ff, M114.5ff, M115.16ff.

향락 ☞ 즐김(nandī)

향락과 탐욕(nandi-rāga) M19.26, M23.4, M146.12;

향상과 증장(vuḍḍhi, virūḷhi) M16.2

허공(ākāsa)의 비유 M62.17

허공의 요소(ākāsa-dhātu) M28.26, M62.12, M140.18

허무론자(natthika-vāda) M60.5ff, M76.7f. 참 견해(diṭṭhi)

허영(mada) M3.15, M7.3ff.

허황된 생각 ☞ 공상(空想, maññānā, maññita)

현자(賢者, paṇḍita) M33.5, M44.31. M111.2. M115.2, M129.27

형성된 것(saṅkhata) M140.22; 형성된 요소(saṅkhatā dhātu) M115.9

형성된(abhisaṅkhata) M52.4

혜(慧) ☞ 통찰지[慧, paññā]

혜해탈(慧解脫) ☞ 통찰지를 통한 해탈(paññā-vimutti)

호수(pokkharaṇī)의 비유1 M12.42, M40.13

호수(udaka-rahada)의 비유2 M39.16, M77.26, M119.19

홀로 앉음(paṭisallāna) M32.2, M61.2, M151.1

화락천(Nimmānarati devatā) M31.21, M41.22, M97.30, M120.10

화살 만드는 사람(usu-kāra)의 비유 M101.28

화환(māla)의 비유 M5.33

확고부동한 마음의 해탈(akuppā ceto-vimutti) M26.18, M29.7, M30.23, M43.35, M122.4; 나의 해탈은 확고부동함(akuppā me vimutti) M26.18 참 마음의 해탈[心解脫, ceto-vimutti]

확신(sampasāda) M111.6

환희(pāmojja) M7.8, M33.23, M40.9, M48.14, M99.21

회중(會衆, parisā/parisati) M12.29f.

훈도하는 자(ovādaka) M24.2

훌륭한 성품(saddhamma) M110.16

흔들림(iñjita) M66.22ff, M105.10

흔들림 없음(āneñja/ānejja) M66.25ff, M105.10, M106.3ff, M122.9f.

흔적이 남아 있지 않음[無餘, anupādi-sesa] M105.20; 흔적이 남아있음[有餘, saupādisesa] M105.19. 참 취착의 자취가 남아 있는(upādi-sesa)

흠과 흠 없음(aṅgana, anaṅgana) M5.2ff.

희열(pīti) M7.8, M40.8, M62.27, M102.17f, M118.19, M118.33; 禪(jhāna)의 정형구에 나타나는 희열(pīti) M39.15f, M43.19f, M77.25f, M119.18f; 감각적 욕망을 여읜 희열(kāmehi aññatra pīti) M14.4, M68.6, M99.17

희열과 행복(pīti-sukha) M14.4, M81.19

흰 천(odāta vattha)을 쓴 사람의 비유 M39.1877.28, M119.21

히말라야 산(himavā)의 비유 M129.9, M129.47

힘[力, bala]; 다섯 가지 힘[五力] M77.19, M103.3, M104.5, M118.13, M149.10, M151.16

힘센 사람(balavā purisa)의 비유 M20.7, M35.5, M36.20, M36.22f, M56.7, M97.29, M143.4

힘쓰는 일(balakaraṇīya)의 비유 M35.10

비유 찾아보기

가난한 사람의 비유 M66.11
가마니와 곡물의 비유 M10.10, M119.7
간난아이의 비유 M48.11, M58.7, M64.3, M78.8, M80.16
강가 강의 비유 M64.8
강가 강을 태움의 비유 M21.16
개미집의 비유 M23.2f.
거울과 물대야의 비유 M15.8, M77.33
건초횃불의 비유 M22.3, M54.17
게의 비유 M35.24
경국지색의 비유 M79.10
고기 파는 비유 M96.4, M96.11
고깃덩이의 비유 M22.3, M54.16
고양이 가죽의 비유 M21.18
고양이의 비유 M50.13
고향 떠난 사람의 비유 M105.9
궁수의 비유 M12.62
그늘과 햇빛의 비유 M102.17ff.
그리기의 비유 M21.14
금세공인의 비유1 M77.31
금세공인의 비유2 M140.20
급히 가는 비유 M20.6
기둥에 묶인 개의 비유 M102.12
기름 등불의 비유 M43.22, M140.24, M146.9
기름과 모래의 비유 M126.10
기름과 참깨가루의 비유 M126.15
길 가는 자의 비유 M128.19
길의 비유 M8.14
길을 묻는 비유 M99.22
꺼진 불의 비유 M72.19
꽃 무더기의 비유 M56.30
꿀 덩어리의 비유 M18.22
꿈의 비유 M22.3, M54.19
나무의 비유 M12.39ff.
나무와 그늘의 비유 M146.10
나무의 비유 M22.3, M54.21
나병환자의 비유 M75.13ff.
나팔수의 비유 M77.32, M99.24
낙엽의 비유 M105.11, M75.13ff.

날 때부터 눈먼 사람의 비유 M75.20, M99.12
노름꾼의 비유 M129.26, M129.49
노예에서 해방된 사람의 비유 M39.14
누각의 비유 M48.7
눈 감는 것의 비유 M152.4, M20.5·
눈먼 거북이의 비유 M129.24
다른 마을에 간 사람의 비유 M39.19, M77.34
닭과 계란의 비유 M16.27, M53.19
당나귀의 비유 M50.13
대장장이의 바람불기의 비유 M36.21
도공의 비유 M10.4
숙련된 도기공의 비유 M77.31
도기공의 비유 M122.27
도살장의 비유 M22.3
독 묻은 화살의 비유 M63.5, M101.7, M105.19ff., M105.24ff.
독사의 비유 M105.30
독이 섞인 박의 비유 M46.18
독이 섞인 마실 것의 비유 M46.19, M 105.29
돌멩이의 비유 M119.23
땅의 비유 M62.13
땅을 파 없앰의 비유 M21.12
뗏목의 비유 M22.13, M38.14
똥구덩이의 비유 M12.38
라자가하 가는 길의 비유 M107.14
마따자 무기의 비유 M40.4
말루와 넝쿨의 비유 M45.4
맛난 음식의 비유 M105.15
멋진 마차의 비유 M21.7, M119.31
며느리의 비유 M28.10, M37.9
목수의 비유 M20.3
목욕가루덩이의 비유 M39.15, M77. 25, M119.18
문자 풀과 갈대의 비유 M77.30
물의 비유 M62.14
물독의 비유1 M119.25; 28; 29
물방울의 비유 M152.6
바다의 비유 M119.22
바람의 비유 M62.16
백정의 비유1 M36.24, M97.29, M 143.4
백정의 비유2 M10.12, M119.8
뱀 머리의 비유 M22.3
뱀의 비유 M22.ff.
뱀과 껍질의 비유 M77.30
뱀의 사체의 비유 M20.4
버터와 물의 비유 M126.12
버터와 커드의 비유 M126.17
병이 나은 사람의 비유 M39.14
보름달의 비유 M146.15, M146.27
보물창고 입구의 비유 M52.15, M128 .20

부시막대의 비유 M36.17, M119.24, M119.27, M126.13, M126.18, M 140.19
부유한 장자의 비유 M66.12
불의 비유1 M38.8, M96.12
불의 비유2 M62.15
불 지피기의 비유 M90.12, M93.11
비구의 비유 M12.21
빌린 물건의 비유 M22.3, M54.20
빛낸 사람의 비유 M39.14
뼈다귀의 비유 M22.3, M54.15
사람들을 보는 비유 M39.20, M77.35
사랑에 빠진 남자의 비유 M101.24ff.
사막을 건넌 사람의 비유 M39.14
사슴의 비유 M26.32ff.
사슴의 무리의 비유 M19.25f, M25.2ff
산봉우리 그림자의 비유 M129.5, M 129.30
산속 호수의 비유 M39.21, M77.36
살라 나무 숲의 비유 M21.8
살라 나무의 비유 M72.21
상아 세공인의 비유 M77.31
소치는 사람의 비유 M19.7, M19.12, M33.2, M33.15, M34.2, M34.4
손가락 튀기기의 비유 M152.5
쇠꼬챙이의 비유 M58.3
수레바퀴를 보는 것의 비유 M32.6
수레바퀴의 테의 비유 M5.31
숯불 구덩이의 비유1 M12.37, M22.3, M54.18
숯불 구덩이의 비유2 M36.25, M97. 29, M143.4
숫양의 비유 M35.5.
식물들의 비유 M35.10
실타래의 비유 M119.26
심재의 비유 M18.12, M29.2ff., M30. 3ff., M35.22, M64.7, M133.9
아말라까 열매의 비유 M120.12
암 메추라기의 비유 M66.8
야생 코끼리의 비유 M125.12
야자수의 비유 M36.47, M49.30, M68 .7, M105.17
양약에 섞인 오줌의 비유 M46.20
양조 혼합사의 비유 M35.5.
양조업자의 비유 M35.5.
어린 송아지의 비유 M67.7
어린 씨앗의 비유 M67.7
어미 소의 비유 M48.12
에메랄드의 비유 M77.29, M123.12
여울목의 비유 M8.14
역마차 바꿔 타기의 비유 M24.14
연꽃의 비유 M26.21, M39.17, M77. 27, M119.20
연못의 비유 M119.30
오두막에서 난 불의 비유 M115.2
옥에서 석방된 사람의 비유 M39.14

올빼미의 비유 M50.13
옷감의 비유 M7.2, M7.12
옷장의 비유 M32.9
왕의 코끼리의 비유 M61.7, M66.9
용광로의 비유 M7.12
우유와 암소 뿔의 비유 M126.11
우유와 암소 젖꼭지의 비유 M126.16.
응유의 비유 M46.21
임신한 바라문 아내의 비유 M56.27
장님 줄서기의 비유 M95.13, M99.9
재칼의 비유 M50.13
저택의 비유 M12.41
제따 숲의 풀의 비유 M22.41
조각난 바윗돌의 비유 M105.13
준마의 비유 M65.33, M107.3
진흙탕에 빠진 자의 비유 M8.16
창에 찔리는 것의 비유 M129.8
철판의 비유 M66.16, M152.9
청동 그릇의 비유1 M5.4ff.
청동 그릇의 비유2 M5.29ff.
두 친구의 비유 M125.9
침 뱉는 비유 M152.7
칼과 쇠살의 비유 M22.3
칼과 칼집의 비유 M77.30
코끼리 길들이기의 비유1 M90.11, M125.8
코끼리 길들이기의 비유2 M85.56f.
코끼리 발자국의 비유 M27.3ff., . M28.2
코끼리의 비유 M35.5, M56.7
태양의 비유 M46.22
톱의 비유 M21.20, M28.9
팔다리 잘린 자의 비유 M76.52
팔을 펴는 것의 비유 M26.20, M37.6, M37.13, M49.3, M67.8, M152.8
허공의 비유 M62.17
호수의 비유1 M12.42, M40.13
호수의 비유2 M39.16, M77.26, M119.19
화살 만드는 사람의 비유 M101.28
화환의 비유 M5.33
흰 천을 쓴 사람의 비유 M39.1877.28, M119.21
히말라야 산의 비유 M129.9, M129.47
힘센 사람의 비유 M20.7, M35.5, M36.20, M36.22f., M56.7, M97.29, M143.4
힘쓰는 일의 비유 M35.10

『맛지마 니까야』 출판은 초기불전연구원을 후원해 주시는 아래
스님들과 신심단월님들의 보시가 있었기에 가능하였습니다.
깊이 감사드립니다.

수인스님, 지환스님, 일운스님, 원학스님, 혜찬스님, 계현스님, 정보스님, 운문사 신행회, 진겸스님, 황선스님, 송산스님, 고산스님
황경환, 김톨라니, 김영민, 이미선, 송정욱, 유지현, 김석화, 정춘태, 차분남, 이대락, 김승석, 이준용, 박명준, 홍담수, 김정애, 김수정, 김혜연, 이태설, 이완기, 김종복, 주봉환, 김자년, 이향숙, 차곡지, 안희찬, 김순종, 김명옥, 김준우, 서옥점, 진병순, 최현숙, 이현옥, 박승대, 설재영, 최은영, 신영천, 성기서, 정진애, 임수희, 김효숙, 황금심, 허종범, 구지연, 곽정인, 송영상, 박미옥, 김해령, 김명희, 박병종, 김성경, 정상진, 이법현주, 이정훈, 이광우, 이효상, 전복희, 김숙자, 진병순, 박보야, 강영욱, 임명숙, 황성문, 배주환, 김준태, 김종삼, 장영은, 김봉덕, 최윤호, 조향숙, 김연주, 이종남, 김학란, 유은경, 김연석, 배정일, 박종남, 윤민화, 김재욱, 김재복, 손준웅, 이상우, 김용겸, 홍금표, 양지원, 이기돈, 박애순, 이희도, 윤주자, 최은옥, 김미자, 윤선일, 안규미, 강인숙, 송원영, 손영환

역자 · 대림스님

세등선원 수인(修印) 스님을 은사로 출가. 봉녕사 승가대학 졸업.
11년간 인도 뿌나 대학교(Pune University) 에서 산스끄리뜨어와 빠알리어 수학.
3년간 미얀마에서 아비담마 수학.
현재 초기불전연구원 원장 소임을 맡아 삼장 번역불사에 몰두하고 있음.

역서로 『염수경(상응부 느낌상응)』(1996), 『아비담마 길라잡이』(전2권, 2002, 12쇄 2016, 전정판 2쇄, 2018, 각묵스님과 공역), 『들숨날숨에 마음챙기는 공부』(2003, 개정판 2005), 『청정도론』(전3권, 2004, 9쇄 2023), 『앙굿따라 니까야』(전6권, 2006~2007, 6쇄 2021), 니까야강독(I/II, 2013, 4쇄 2017, 각묵스님과 공역)이 있음

맛지마 니까야 제4권

2012년 10월 10일 초판1쇄 인쇄
2024년 1월 2일 초판6쇄 발행

옮긴 이 | 대림스님
펴낸 이 | 대림스님
펴낸 곳 | 초기불전연구원
경남 김해시 관동로 27번길 5-79
전화 (055)321-8579
홈페이지 | http://tipitaka.or.kr
http://cafe.daum.net/chobul
이 메 일 | chobulwon@gmail.com
등록번호 | 제13-790호(2002.10.9)
계좌번호 | 국민은행 604801-04-141966 차명희
하나은행 205-890015-90404 (구.외환 147-22-00676-4) 차명희
농협 053-12-113756 차명희
우체국 010579-02-062911 차명희

ISBN 978-89-91743-26-7
ISBN 978-89-91743-22-9(전4권)

값 | 30,000원